DICTIONNAIRE GÉNÉRAL

ET RAISONNÉ

DES JUSTICES DE PAIX

TYPOGRAPHIE HENNUYER, RUE DU BOULEVARD, 7. BATIGNOLLES.
Boulevard extérieur de Paris.

DICTIONNAIRE GÉNÉRAL

ET RAISONNE

DES JUSTICES DE PAIX

EN MATIÈRE CIVILE, ADMINISTRATIVE

DE SIMPLE POLICE ET D'INSTRUCTION CRIMINELLE

PAR M. J.-L. JAY,

AVEC LA COLLABORATION DE

MM.

LE HIR, avocat à la Cour impériale de Paris, docteur en droit, juge de paix suppléant du onzième arrondissement de Paris ;

MAULDE, avocat à la Cour de cassation et au Conseil d'Etat ;

MM.

GUILBON, juge de paix à Palaiseau (Seine-et-Oise), auteur du *Traité de la police du roulage* ;

LANCELLE, juge de paix à Cambrai, canton ouest (Nord) ;

BARBIER-TRIPART, docteur en droit, juge de paix du canton *nord*, à Poitiers.

SECONDE ÉDITION,

REVUE, CORRIGÉE ET CONSIDÉRABLEMENT AUGMENTÉE.

—

TOME PREMIER.

PARIS

AU BUREAU DES ANNALES DES JUSTICES DE PAIX,

RUE GUÉNÉGAUD, 27 ;

ET CHEZ AUGUSTE DURAND, LIBRAIRE-ÉDITEUR,

RUE DES GRÈS, 7.

—

1859

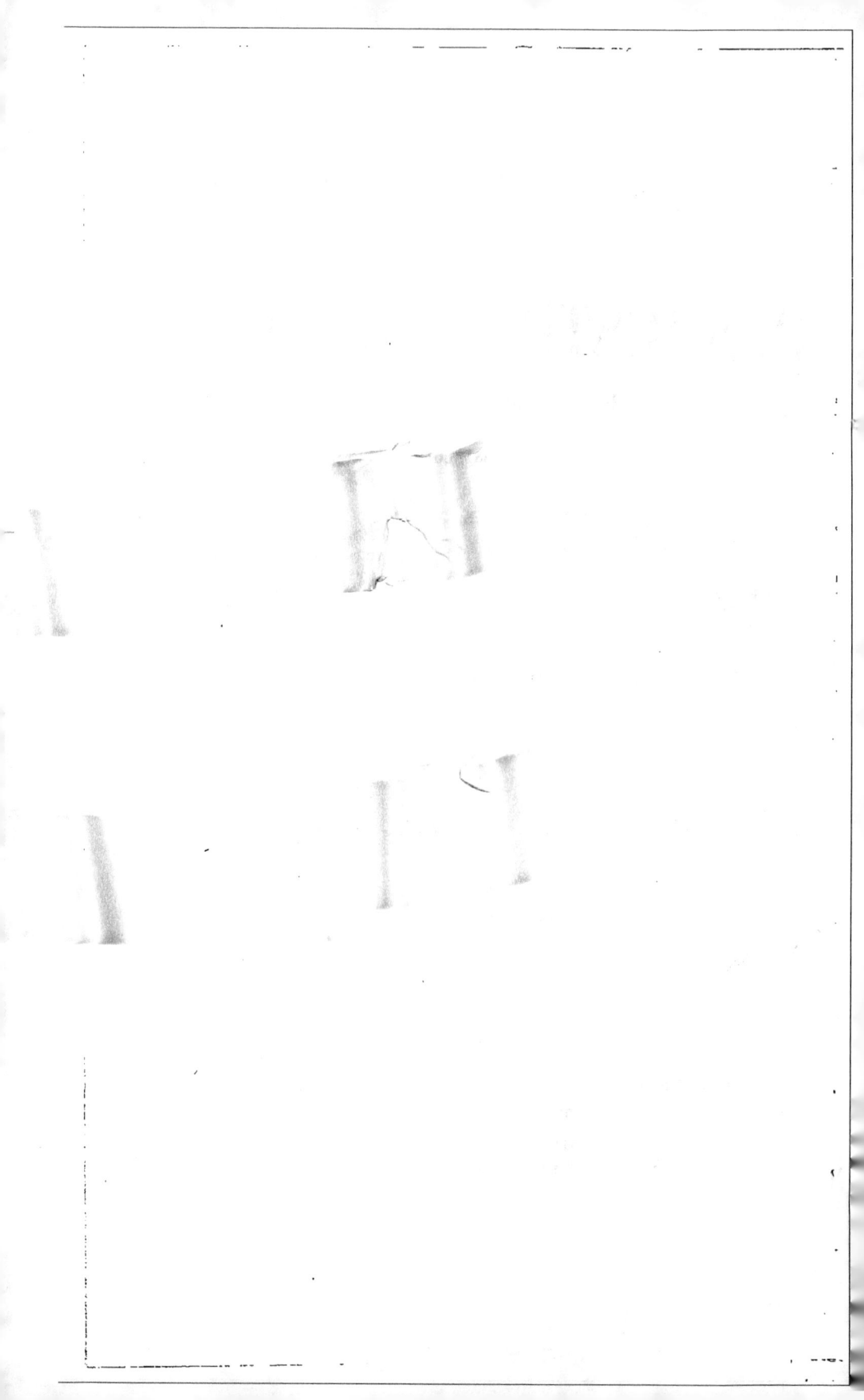

DICTIONNAIRE GÉNÉRAL
DES JUSTICES DE PAIX

EN MATIÈRE CIVILE, ADMINISTRATIVE,

DE SIMPLE POLICE ET D'INSTRUCTION CRIMINELLE.

A.

ABANDON. Action d'abandonner, de délaisser une chose ou de cesser de lui donner les soins qu'elle réclame.

1. Ceux qui abandonnent dans les rues , chemins, places, lieux publics, ou dans les champs, des coutres de charrues, pinces, barres, barreaux, ou autres instruments dont peuvent abuser les malfaiteurs, doivent être punis d'une amende de 1 à 5 francs. C. pén., art. 471, § 1 et 7. — V. *Echelles, Instruments aratoires.*

2. De même les conducteurs de voitures ou de bêtes de charge qui contreviennent aux règlements par lesquels ils sont obligés de se tenir constamment à portée de leurs chevaux, bêtes de trait ou de charge, et en état de les guider et conduire, encourent, aux termes de l'article 475 du Code pénal, une amende de 6 à 10 francs. — Cette pénalité s'applique à toutes personnes, et aucune excuse ne peut être admise en pareille matière. — V. *Police du roulage.*

ABANDON D'ANIMAUX. 1. Le fait de laisser les animaux à l'état d'abandon ou de divagation, soit sur le terrain d'autrui, soit dans les rues, en contravention aux règlements de police, est puni, ou comme délit rural, ou comme contravention de simple police (L. 6 oct. 1791, tit. II, art. 12); tout cela indépendamment de la responsabilité que l'article 1385 fait peser sur le propriétaire de ces animaux, pour le dommage qui est résulté de leur état d'abandon.

2. En conséquence, jugé que le fait d'avoir laissé un cheval à l'abandon dans des pièces de terre ensemencées et chargées de récoltes constitue une contravention à la loi des 28 septembre–6 octobre 1791, contravention qui ne peut être excusée par le motif

qu'on ne pouvait imputer au prévenu aucun fait personnel de négligence ou d'imprudence. — V. *Animaux, Délit rural.*

ABANDON D'ENFANT. L'enfant abandonné est celui qui a
été délaissé dans un lieu quelconque, soit solitaire, soit non solitaire.

1. L'exposition d'un enfant est un délit ou un crime, suivant les
circonstances qui l'ont accompagnée. Si elle a lieu dans un endroit
solitaire, c'est un délit puni de six mois à deux ans d'emprisonnement. Si l'exposition a été faite par un tuteur ou un instituteur, la
peine est plus forte et l'amende plus considérable. C. pén., art. 349
et 350.

2. Si, par suite de l'exposition, l'enfant est demeuré mutilé ou
estropié, l'action sera considérée comme blessures volontaires ; si la
mort s'en est suivie, elle sera considérée comme meurtre. *Ibid.*,
art. 351, 309 et 314.

3. Dans tous ces cas, le juge de paix ou l'officier de police qui a
été instruit de ces faits est tenu de se rendre sur le lieu de l'exposition, de dresser procès-verbal de l'état de l'enfant, de son âge apparent, des marques extérieures, vêtements et autres indices qui
peuvent éclairer sur sa naissance.

4. L'expédition de ce procès-verbal est envoyée, dans les vingt-
quatre heures, à l'officier public, qui le transcrit en entier sur le
registre des actes de naissance.

5. L'officier public donne un nom à l'enfant, et il est placé dans
une maison destinée à recevoir les enfants trouvés, à moins qu'il ne
soit réclamé par quelque parent. C. Nap., art. 58.

6. Quant aux enfants recueillis dans les hospices, le législateur
s'est occupé de leur constituer un conseil de tutelle par la loi du
15 pluviôse an XIII. Voir cette loi à sa date, en notre *Bulletin des
lois des justices de paix.*

ABANDON D'UNE CHOSE GREVÉE DE SERVITUDES.

1. En général on peut se dispenser de l'entretien d'une chose
commune, en renonçant à sa copropriété. Pardessus, *Des servitudes,*
n° 184.

2. De là la disposition de l'article 656 du Code Napoléon, d'a-
près laquelle : «Tout copropriétaire d'un mur mitoyen peut se dispenser de contribuer aux réparations et reconstructions, en abandonnant le droit de mitoyenneté, pourvu que le mur mitoyen ne
soutienne pas un bâtiment qui lui appartienne. »

3. De là également l'article 699, d'après lequel, dans le cas même
où le propriétaire d'un fonds assujetti à une servitude est chargé,
par le titre qui la constitue, de faire à ses frais les ouvrages néces-

saires pour sa conservation; il peut toujours s'affranchir de cette charge en abandonnant le fonds assujetti au propriétaire du fonds auquel la servitude est due.

4. Par parité de raisons, ces dispositions s'appliquent évidemment aussi au copropriétaire d'une haie commune ou d'un fossé mitoyen. Lepage, *Nouveau Desgodets*, t. I, p. 329.

5. Mais faut-il abandonner le fonds assujetti en entier? ou suffit-il d'abandonner la partie sur laquelle s'exerce la servitude? Cette question est controversée. M. Delvincourt (t. I, p. 420) pense qu'il faut, dans tous les cas, abandonner le fonds entier; MM. Pardessus (n° 69), Malleville (*Comment. du C. Nap.* sur l'article 699), Toullier (3, n° 680) et Duranton (5, n° 615) sont d'avis, au contraire, qu'il suffit d'abandonner la partie de l'héritage sur laquelle s'exerce la servitude.

6. Relativement aux murs mitoyens qui se trouvent dans les villes et faubourgs, où la clôture des propriétés est forcée d'après l'article 663 du Code Napoléon, est née, d'autre part, la question de savoir si la mitoyenneté peut de même en être abandonnée par l'un des copropriétaires pour se dispenser de contribuer à leurs réparations. MM. Delvincourt (t. I, p. 559), Pardessus (n° 168) et Duranton (5, n° 319) sont pour la négative, qui a aussi été sanctionnée par la Cour de Paris, le 22 novembre 1825, et par la Cour de Bordeaux, le 7 décembre 1827; quant à nous, nous préférons l'opinion contraire, qui est soutenue par MM. Toullier (3, n° 218) et Malleville sur l'article 663, et qui, outre une décision de la Cour de Rouen, du 24 novembre 1824, a encore pour elle l'autorité de la Cour de cassation, arrêts des 29 décembre 1819, et 5 mars 1828 (*J. du Pal.*, et 3 a. d., de 1828, 57); ce dernier, infirmatif de celui de la Cour de Paris, ci-dessus cité.

7. L'abandon de la mitoyenneté s'étend nécessairement à la propriété des terrains sur lesquels sont placés les murs, haies ou fossés. Pardessus, n° 169.

8. Au reste cet abandon, en ce qui concerne les murs mitoyens, n'enlève pas à celui qui le fait la faculté de recouvrer la mitoyenneté dans la suite, en remboursant le prix de la totalité ou même d'une partie de ce qu'il a abandonné, à dire d'experts, comme il pourrait acquérir la mitoyenneté qui n'aurait jamais cessé d'appartenir à son voisin.

9. L'abandon de la chose grevée de servitude doit être notifié au propriétaire qui demande que des réparations soient faites; et l'acceptation de celui-ci doit être régulièrement faite par une réponse

consignée sur la notification ou dans un acte extra-judiciaire séparé ; mais cette acceptation peut aussi n'être que tacite et résulter de certaines circonstances laissées à l'appréciation du juge.

10. *Enregistrement.* Un acte d'abandon de la nature de ceux prévus par les articles 656 et 699 du Code Napoléon est passible d'un droit de 5 fr. 50 c. par 100 francs, plus le dixième sur la valeur de l'objet abandonné. Cette valeur doit donc être estimée dans l'acte ; sinon les parties sont tenues, aux termes de l'article 16 de la loi du 22 frimaire an VII, d'y suppléer par une déclaration certifiée au pied de l'acte.

ABATTOIRS. Ce sont des édifices destinés à remplacer les tueries particulières des bestiaux.

L'ordonnance du 15 avril 1838 a rangé les abattoirs dans la première classe des établissements insalubres, incommodes ou dangereux. Des arrêtés locaux règlent ces établissements, et l'infraction à ces règlements donne lieu à l'application de l'article 471, n° 15 du Code pénal. — V. *Bouchers, Etablissements insalubres, Pouvoir municipal, Tribunaux de simple police.*

ABEILLES. Espèce de mouche qui produit le miel et la cire.

1. La propriété des abeilles est immobilière par destination, lorsque les ruches qui les contiennent ont été placées par le propriétaire pour l'exploitation du fonds (C. Nap., art. 524) ; mais elle est meuble de sa nature. Or, sont meubles : 1° les essaims qu'un fermier entretient sur un fonds ; 2° ceux qu'un usufruitier, ou un succursaliste, ou un curé y ont établis.

2. Les abeilles qui se trouvent dans les bois ou qui sont attachées à des arbres, buissons ou haies, dans les champs, sans avoir été recueillies par personne, sont au nombre des choses qui appartiennent au premier occupant. Carré, *Des justices de paix*, t. II, p. 196.

3. Lorsqu'un essaim a été recueilli et placé dans une ruche, il est la propriété de celui qui l'a légitimement en sa possession, et, s'il s'envole, il a le droit de le réclamer et de s'en ressaisir, tant qu'il n'a pas cessé de le suivre. L. 28 sept. 1791, tit. I, sect. III, art. 5.

4. Mais si l'essaim, après avoir été *perdu de vue*, tombe au pouvoir de quelqu'un ou va se fixer chez un voisin, celui-ci n'est pas tenu de le restituer ; il peut le conserver.

5. D'après cette distinction, il n'est pas douteux que l'article 3, tit. I de la loi du 6 octobre 1791, qui dispose qu'en cas de saisie des ruches on ne peut en opérer le déplacement que dans les mois de décembre, janvier et février, doit continuer à recevoir son application lorsque ces ruches ne peuvent pas être considérées comme immeuble par destination ; et que, dans le cas contraire seulement, l'article 592 du Code de procédure en défend la saisie, si ce n'est avec l'immeuble dont elles ne sont qu'un accessoire.

6. Chaque propriétaire a, sans doute, le droit d'avoir des abeilles sur son terrain en aussi grande quantité qu'il lui plaît ; mais toute personne peut se plaindre de l'incommodité qui résulte du voisinage d'un essaim, et l'autorité administrative a le droit de prendre des arrêtés contre les abeilles comme contre tous autres animaux malfaisants. — V. ANNALES 1859, p. 76.

7. Les abeilles, considérées comme meubles, peuvent faire l'objet d'une action possessoire, et les juges de paix, selon les limites de leur compétence, peuvent connaître des contestations.

ABONNEMENT. Il est défendu aux commissaires-priseurs de faire aucun abonnement, si ce n'est avec l'Etat ou les établissements publics. L. 18 juin 1853, art. 4.

ABOUTISSANTS (TENANTS ET). On appelle ainsi les confins d'un héritage ; et, spécialement, on nomme *aboutissants* les limites de la longueur, et *tenants* les limites de la largeur.

Les citations en matière d'action possessoire doivent contenir les tenants et aboutissants de l'objet du litige. C. proc., art. 64.

ABREUVOIRS. Ce sont les endroits d'une rivière, d'un lac, ou de toute autre pièce d'eau, destinés à faire boire et baigner les bestiaux domestiques.

1. Les règlements de l'autorité locale doivent tendre à ce que leur pente soit et reste douce et facile, afin qu'il n'y arrive aucun accident.

2. Il est défendu d'y conduire des bestiaux infectés de maladies contagieuses, à peine de 100 francs d'amende. Arrêté du Directoire, en date du 27 messidor an V.

3. Dans l'intérêt de la sûreté publique, les maires peuvent prescrire expressément, s'ils le jugent nécessaire, un mode de conduite des chevaux à l'abreuvoir. Cass., 26 mars 1842.

4. Le fait d'avoir laissé des chevaux aller seuls à l'abreuvoir public d'une ville, sans les conduire en laisse, constitue la contravention prévue par l'article 471, n° 15, du Code pénal, et non celle qui est réprimée par l'article 471, n° 4, du même Code. Cass., 15 mai 1845 ; ANNALES, 1re série, t. I, p. 3.

5. On appelle *droit d'abreuvoir* une servitude qui confère à quelqu'un la faculté de faire abreuver ses bestiaux sur le terrain d'autrui. Cette servitude est du nombre de celles qui ne peuvent s'acquérir que par titre, et elle s'exerce pour le nombre d'animaux que les parties ont déterminé, ou qu'elles sont présumées avoir eu en vue.

ABRÉVIATION. C'est la suppression de quelques lettres ou de quelques syllabes dans un mot ou plusieurs mots dans un écrit.

Les abréviations ne doivent pas avoir lieu dans les actes publics (C. Nap., art. 42; loi du 25 ventôse an XI, art. 13). — Nous conseillons donc aux greffiers de n'en faire aucun usage dans les minutes, grosses et expéditions.

ABRÉVIATION DE DÉLAI. — **V.** *Citation.*

ABSENCE, ABSENT. En jurisprudence, on entend par *absent* l'individu qui a cessé de paraître au lieu de son domicile ou de sa résidence habituelle, sans laisser de représentants, sans donner de ses nouvelles, et dont l'existence est par conséquent incertaine. — **V.** *Acte de notoriété, Conseil de famille, Scellés.*

ABSTENTION. — **V.** *Récusation.*

ABUS D'AUTORITÉ. Le magistrat ou le fonctionnaire public qui excède ses pouvoirs, ou en use pour vexer ses justiciables ou ses concitoyens, commet un abus d'autorité.

ABUS DE CONFIANCE. Délit qui consiste à profiter de la confiance de quelqu'un pour lui nuire.

Les cas où il y a abus de confiance punissable sont énoncés dans les articles 406, 407, 408, et 409 Code pénal. — **V.** *Greffier.*

ACCEPTATION. C'est l'acte par lequel on consent à recevoir ce qui a été donné, légué, offert ou proposé.

1. Le consentement donné en justice ne lie pas la partie qui l'a donné, tant que l'autre partie ne l'a point accepté. Jusque-là il peut être révoqué. C. Nap., art. 1836; Cass., 13 mai 1824.

2. L'acceptation d'une offre et l'acquiescement à un acte ou à une proposition faite devant un juge de paix, siégeant comme juge, produit un contrat judiciaire. Carré, *Procéd. civ.*, n° 229.

3. Mais pareils acquiescements ou acceptations consentis devant le même magistrat, tenant le bureau de conciliation, et consignés dans son procès-verbal, n'auraient force que d'obligation privée (C. proc., art. 54; Carré, *loc. cit.*), et ne pourraient être opposés à la partie qui les aurait faits, qu'autant qu'elle les aurait signés, ou aurait fait des déclarations supplétives de la signature. L. 2 mai 1855, art. 2.

4. Dans tous les cas, il y aurait encore une différence entre le consentement donné devant le juge et celui donné devant le conciliateur, parce que l'acte dressé par le premier emporte exécution parée, tandis que le procès-verbal du second n'est pas exécutoire par lui-même.

ACCEPTATION DE DONATION. 1. « La donation entre vifs n'engage le donateur et ne produit aucun effet que du jour où elle est acceptée en *termes exprès*. » C. Nap., art. 932.

2. Le donateur peut donc jusqu'à cette acceptation, *expresse* et non *tacite*, disposer de la chose par lui donnée, soit en l'hypothéquant, soit en la vendant, soit même en la donnant à une personne autre que le premier donataire.

3. La femme mariée, *majeure* ou *mineure*, ne peut accepter une donation sans le consentement de son mari *majeur*, ou sans l'autorisation de la justice. C. Nap., art. 217, 219, 506, 934 et 935.

4. Si le mari est *mineur*, l'acceptation ne peut être faite par la femme *majeure* ou *mineure* qu'avec l'autorisation de la justice, donnée en présence ou sur ajournement du mari.

5. Si, nonobstant ces principes, la femme mariée a accepté seule, la question de savoir si son incapacité peut lui être opposée par le donateur ou ses héritiers est controversée entre M. Toullier (t. V, n° 193) pour la négative, et MM. Merlin (*Rép.*, v° *Donation*), Grenier (n° 61), et les auteurs du *Dictionnaire du Notariat*, pour l'affirmative.

6. Pareille difficulté se présente relativement à la donation faite à un mineur, qui, sans égard aux dispositions des articles 462, 463 et 935 dn Code Napoléon, l'aurait acceptée sans l'assistance de son tuteur et l'autorisation de son conseil de famille ; et cette difficulté a été résolue au profit du mineur, c'est-à-dire conformément à l'opinion de M. Toullier, dans un cas où, non pas un mineur lui-même, mais un tuteur, sans être autorisé par le conseil de famille, avait accepté une donation faite à son pupille. Voici les motifs de cette décision :

« Attendu que si le tuteur, en acceptant la donation, n'a pas été « spécialement autorisé à cet effet, il ne résulte de là *qu'une nul-* « *lité relative* dont le mineur seul, devenu majeur, pourrait se pré- « valoir ; que la combinaison des articles 463, 439 et 1125 du Code « Napoléon ne laisse aucun doute sur ce point ; qu'il serait con- « tre toute justice de faire tourner au préjudice des mineurs les « dispositions que la loi n'a prescrites qu'en leur faveur. » Metz, 27 avr. 1824.

7. Aux termes de l'article 509 du Code Napoléon, l'interdit est assimilé au mineur pour sa personne et pour ses biens ; cependant la décision du nombre précédent, en la supposant incontestable à l'égard de celui-ci, ne pourrait jamais militer en faveur de celui-là, parce qu'elle est fondée, avant tout, sur ce qu'un mineur pubère peut avoir une volonté, et donner un consentement *tel quel*, tandis que l'interdit est présumé, d'après les causes qui peuvent donner lieu à l'interdiction, être dans l'impuissance de faire un acte sérieux et raisonnable.

8. Celui qui est placé sous l'assistance d'un acte judiciaire peut accepter seul une donation. — V. *Conseil judiciaire.*

9. La disposition de l'article 463 du Code Napoléon ne s'applique pas au mineur émancipé; celui-ci peut accepter une donation avec l'assistance de son curateur.

10. « Les père et mère du mineur émancipé ou non émancipé ou les autres ascendants, même du vivant des père et mère, quoiqu'ils ne soient ni tuteurs ni curateurs du mineur, pourront accepter pour lui. » (C. Nap., art. 935, *in fine*). Cette disposition dérogatoire à l'article 463 est fondée sur l'affection présumée des personnes y énoncées.

11. Mais la mère ou l'aïeule sous puissance de mari pourrait-elle accepter une donation faite en faveur de son fils ou petit-fils mineur, sans l'autorisation qui lui serait nécessaire pour accepter une donation qui lui serait faite à elle-même ? *Oui.* Toullier, t. V, n° 198 ; Pothier, *De la puissance maritale*, n° 49 ; *Dict. du Not.*, v° *Acceptation*, n° 15.

12. L'acceptation peut être faite du vivant du donateur (non après sa mort), par un acte postérieur et authentique dont il reste minute ; mais alors la donation n'a d'effet, à l'égard du donateur que du jour où l'acte qui constate cette acceptation lui a été notifié. C. Nap., art. 932, *in fine.*

13. En ce qui concerne l'acceptation de donation par le conseil de famille, on procède de différentes manières. Le notaire prépare, sur papier libre, un projet de donation qui doit être inséré en entier dans la délibération, et celle-ci doit contenir la composition des lots et toutes les conditions. Mais il nous semble préférable de faire l'acte de donation complet et définitif, moins l'acceptation du mineur ; dans ce dernier cas une expédition de l'acte authentique est soumise au conseil de famille, et l'on se contente de viser l'acte de donation dans la délibération, puisque cet acte est authentique et qu'il ne peut être altéré.

14. Il est vrai que cette seconde manière de procéder nécessite un *acte d'acceptation* à la suite de l'acte de donation, avec signification de l'acceptation au donataire, s'il n'intervient pas. Mais on y gagne des frais considérables d'expédition des détails de la donation dans la délibération, etc., outre que cette seconde manière d'opérer nous semble beaucoup plus digne, plus convenable et plus prompte, en ce qu'elle dispense d'écouter et de peser toutes les observations que les parties peuvent avoir l'occasion de faire au notaire, lors de la lecture d'actes fort longs et fort compliqués.

ACCEPTATION DE SUCCESSION. 1. Elle peut avoir lieu purement et simplement, ou sous bénéfice d'inventaire.

2. L'acceptation pure et simple résulte, soit de ce que l'on prend la qualité d'héritier pur et simple, dans un acte authentique ou privé, soit de ce que l'on fait un acte qui suppose nécessairement l'intention d'accepter, et qu'on n'aurait droit de faire qu'en qualité d'héritier. C. Nap., art. 778.

3. L'acceptation bénéficiaire doit être faite au greffe du tribunal de première instance dans l'arrondissement duquel la succession s'est ouverte, sur un registre à ce destiné. *Ibid.*, art. 793.

4. Les successions échues aux mineurs et aux interdits ne peuvent être valablement acceptées ou répudiées sans une autorisation préalable du conseil de famille (C. Nap., art. 461 et 776) ; l'acceptation, dans ce cas, d'ailleurs, ne peut jamais avoir lieu que sous bénéfice d'inventaire.

5. Ces dispositions doivent s'appliquer aux legs universels ou à titre universel, qui font du légataire un véritable héritier institué.

6. L'autorisation du conseil de famille n'a pas besoin d'être homologuée par le tribunal. Paris, 27 août 1813 ; Cass., 22 nov. 1815.

ACCESSION. Ce mot est employé pour exprimer la réunion d'une chose à une autre ; l'accession est une manière d'acquérir la propriété des choses qui s'unissent ou s'incorporent à celles dont on est déjà propriétaire. — V. C. Nap., art. 546 à 578 et suiv.

ACCESSOIRE. C'est ce qui s'unit à une chose principale et en dépend.

La règle de droit, qui veut que l'accessoire suive le sort et la nature du principal, rend souvent fort importante la question de savoir si une chose est ou n'est pas l'accessoire d'une autre ; car il résulte de cette règle que l'accessoire existe, se transporte et s'éteint avec le principal, sans qu'il ait été l'objet d'aucune stipulation particulière ; et c'est ainsi que les arrérages des rentes, les intérêts et les dépens, participent aux priviléges et hypothèques des créances qui les ont produits ou occasionnés, et s'éteignent avec elles. Les accessoires d'une chose ne sont jugés tels que pour l'usage auquel on les applique, et non par leur valeur, qui peut excéder de beaucoup le prix de la chose même.

ACCIDENTS. Evénements fortuits dont le résultat est de causer du dommage à quelqu'un.

1. Celui par la faute duquel un accident est arrivé en doit, dans tous les cas, réparation à celui auquel il porte préjudice (C. Nap., art. 1382). De plus, cet accident peut constituer une contravention ou un délit, et alors une autre réparation est encore due à la société. — V. *Contravention, Délit, Secours.*

2. Mais le devoir d'une bonne administration étant plutôt de prévenir les infractions de ce genre que d'en faire punir les auteurs, la loi du 24 août 1790 a, pour arriver à ce résultat, chargé l'autorité municipale, notamment : d'obvier ou de remédier aux événements fâcheux qui pourraient être occasionnés par les insensés ou les furieux laissés en liberté, et par la divagation des animaux malfaisants et féroces ; d'empêcher, par des précautions convenables, et de faire cesser, par la distribution des secours nécessaires, les accidents et fléaux calamiteux, tels que les incendies, les épidémies, les épizooties, etc.; de prévenir, par des arrêtés sur le nettoiement, l'illumination et la sûreté des rues, quais, places et voies publiques, les accidents qui pourraient y survenir. L. 1790, tit. II, art. 3.

A-COMPTE. C'est la partie d'une somme que l'on paye ou que l'on reçoit, en déduction d'une somme totale qui est due.

Les juges de paix peuvent connaître d'une demande dont le taux n'excède pas celui de leur compétence, lorsqu'elle résulte d'une créance plus considérable, et qui a été réduite par des à-compte. — V. *Compétence.*

ACQUIESCEMENT. C'est le consentement ou l'adhésion qu'une personne donne à un acte, à une demande judiciaire ou à un jugement.

Table sommaire.

Division.

§ 1er. *Considérations générales.*

1. Acquiescer à un acte, c'est en consentir l'exécution ; à une demande, c'est avouer qu'elle est bien fondée ; à un jugement, c'est renoncer à tous moyens d'attaquer.

2. Lorsque l'acquiescement est relatif à un intérêt commun à plusieurs parties, il prend le nom d'*adhésion*.

3. Lorsqu'il est donné pour l'exécution d'actes d'un intérêt particulier, comme un testament, on l'appelle *consentement*.

4. On ne saurait appeler d'un jugement auquel on a acquiescé : l'acquiescement est donc une fin de non-recevoir contre l'appel. — V. *Appel.*

5. Payer tout ou partie de la somme à laquelle on est condamné, c'est exécuter la sentence, et par conséquent acquiescer, à moins que la condamnation ne fût exécutoire par provision, et que l'on ne fût sommé par commandement judiciaire et forcé par contrainte, auxquels cas encore il est prudent de faire toutes protestations ou réserves d'appeler. Il en serait de même du payement des dépens.

6. On acquiesce encore en paraissant et coopérant, sans protestations ni réserves, à une opération ordonnée par un jugement interlocutoire ; et même, comme la loi permet d'appeler du jugement interlocutoire avant le jugement définitif, plusieurs auteurs ont pensé que les réserves ne sauveraient pas, en pareil cas, le droit d'appel.

7. La signification d'un jugement, sans réserve du droit d'appeler, emporterait acquiescement.

8. Quant aux jugements qui prononcent sur un déclinatoire, l'article 14 ne permettant d'en appeler qu'après le jugement définitif, il s'ensuit évidemment qu'on n'acquiesce pas à la compétence, en continuant devant le juge incompétent.

9. Le jugement rendu par un juge de paix sur un intérêt qui excède les limites de sa compétence, et sans une prorogation formelle de juridiction, peut être validé par l'acquiescement de la partie condamnée, et l'inscription prise en vertu de ce jugement est valable. Cass., 24 févr. 1821 ; ANNALES, 1re série, t. I, p. 20.

10. Le payement fait par le condamné, entre les mains du greffier, d'une certaine somme à valoir sur l'enregistrement et le coût du jugement, dont il se fait délivrer une expédition, n'emporte pas l'acquiescement à ce jugement, et par conséquent renonciation au droit d'en appeler. C. proc., art. 443 ; Cass., 12 nov. 1827 ; ANNALES, 1re série, t. I, p. 23.

11. Jugé en ce sens que le payement des dépens fait sous la réserve d'appel n'emporte pas acquiescement, surtout si le jugement est exécutoire par provision. Bordeaux, 16 mars 1827 ; Cass., 2 janv. 1816.

12. Jugé aussi que le payement fait entre les mains du greffier des frais d'enregistrement et autres dus à ce dernier, ainsi que de ceux faits dans une enquête par l'huissier de l'adversaire, n'emporte pas acquiescement au jugement dont il a été plus tard interjeté appel, alors qu'on ne peut supposer à la partie condamnée aucune intention d'exécuter ce jugement. Trib. civ. de Bordeaux, 22 janv. 1853 ; ANNALES, vol. de 1853, p. 116, et deuxième édition, p. 212.

13. L'acquiescement donné par le prévenu au jugement de condamnation intervenu contre lui ne le rend pas non recevable à opposer, par exemple, la nullité du procès-verbal sur l'appel interjeté par la partie poursuivante de la disposition acquiescée. Cass., 25 oct. 1824.

14. Mais cependant jugé que l'individu qui paye au bureau de l'enregistrement l'amende et les frais auxquels il a été condamné par un jugement de simple police, et qui exécute les travaux ordonnés par le même jugement, y acquiesce formellement, et se rend non recevable à en interjeter ultérieurement appel. Cass., 5 nov. 1829.

§ 2. *Des personnes qui peuvent acquiescer.*

15. Pour donner un acquiescement valable, il faut, en général, avoir la capacité de disposer de la chose à laquelle il se rapporte ; ce serait donc inutilement qu'un mineur, un interdit, une personne assistée d'un conseil judiciaire, une femme mariée, des administrateurs de biens particuliers ou d'établissements publics, etc., acquiesceraient, sans une autorisation expresse, aux jugements rendus contre eux.

16. Si le mineur est émancipé, il peut acquiescer à une demande mobilière; l'article 482 du Code Napoléon, qui règle sa capacité, ne lui interdisant que l'exercice des actions immobilières.

17. Si, au contraire, il s'agit d'un mineur non émancipé, d'un interdit, etc., l'acquiescement n'est valable qu'autant qu'il est donné par le tuteur, en observant que, si l'acquiescement porte sur un objet mobilier, l'autorisation seule suffit; tandis que s'il porte sur un objet immobilier, il faut que cette autorisation soit homologuée par le tribunal. C. Nap., art. 464.

18. La femme, marchande publique, peut acquiescer sans le consentement de son mari, à toutes les demandes et tous les jugements relatifs à son commerce. C. Nap., art. 220; C. comm., art. 4, 5 et 7.

19. L'acquiescement donné par l'héritier bénéficiaire, au delà de ses pouvoirs comme administrateur, est valable; mais il entraîne la déchéance du bénéfice d'inventaire. Arg. C. Nap., art. 780.

20. Par exception à ces principes, il a cependant été jugé : 1° Qu'une femme peut acquiescer au jugement qui prononce l'adjudication de ses biens dotaux qu'elle n'a pas la faculté d'aliéner (Riom, 3 avr. 1810); 2° qu'un prodigue peut acquiescer également au jugement qui lui nomme un conseil judiciaire (Turin, 4 janv. 1812). Mais ces arrêts sont fortement critiqués.

21. Les communes ne peuvent acquiescer aux demandes judiciaires dirigées contre elles, qu'autant qu'elles y sont autorisées par une délibération du Conseil municipal, approuvée par le Conseil de préfecture. Cass., 6 févr. 1816.

22. L'acquiescement donné par l'un des co-intéressés n'oblige pas les autres. Cass., 13 niv. an X.

23. L'erreur, et les autres circonstances qui détruisent les consentements, vicient les acquiescements, de même que tous les contrats en général. Et, en cette matière, il y a erreur, dit Merlin (*Rép.*, v° *Acquiescement*), lorsque la partie n'acquiesce à un jugement que parce qu'elle l'a mal compris.

24. Quant à la simple erreur de droit, c'est-à-dire celle qui résulte de l'ignorance de ce qui est prescrit par la loi, elle ne vicie pas l'acquiescement. Bordeaux, 15 mess. an III.

§ 3. *Sur quelles choses peut porter l'acquiescement.*

25. L'acquiescement peut avoir lieu en toutes choses qui n'intéressent que celui dont il émane; mais si la matière touche à l'ordre public, alors elle intéresse tout le monde, et l'acquiescement ne peut être donné valablement par quelque personne que ce soit, s'il ne concourt qu'avec le laps de temps fixé par la loi pour éteindre tout recours contre l'acte ou le jugement acquiescé. C. Nap., art. 6, 1172.

26. Les matières d'ordre public sont : 1° celles qui se rapportent à l'état des personnes, telles que : dissolution de mariage, séparation de corps, etc. (Cass., 17 août 1807; Caen, 15 déc. 1826 ; Cass., 2 janv. 1823); — 2° celles qui se rapportent à la liberté individuelle ; ainsi on ne peut acquiescer à un jugement qui prononce la contrainte par corps (Montpellier, 19 juin 1807; Paris, 12 juill. 1825 ; Bordeaux, 21 déc. 1825 ; Rouen, 15 nov. 1825 et 5 nov. 1827); — 3° celles qui touchent à la répression des crimes, délits ou infractions aux lois ou à la discipline ; ainsi une renonciation par un commissaire de police ou un procureur impérial à l'appel, même d'un simple jugement de police, serait entièrement nulle ; et, de même, il a été jugé par la Cour de cassation, le 15 décembre 1824, que le ministère public ne pourrait, par des significations sans réserve, être réputé avoir acquiescé à un jugement qui avait refusé de prononcer la destitution d'un officier ministériel.

§ 4. *D'où peut résulter l'acquiescement.*

27. A la définition de l'acquiescement donnée en tête de cet article, il faut ajouter qu'il est *tacite* ou *formel : tacite*, lorsqu'il résulte de faits ou circonstances qui font présumer la volonté d'exécuter l'acte ou le jugement sur lequel il porte ; *formel*, lorsqu'il résulte d'une déclaration faite par acte notarié, par exploit, ou par acte sous seing privé.

28. Il a été jugé par la Cour de cassation, le 26 prairial an VI et le 6 février 1816, que l'acquiescement formel pouvait même résulter d'une simple lettre missive, ou d'une adhésion mise à la suite de l'expédition d'un jugement.

29. Le désistement, qui est une espèce d'acquiescement, est valable lorsqu'il est consigné dans le procès-verbal d'un juge de paix, même incompétent. Cass., 23 juin 1807.

30. Il n'est pas nécessaire, d'après deux arrêts de la Cour d'Orléans des 2 mai 1823 et 2 juin 1824, que l'acquiescement donné par exploit porte la signature de la partie au nom de laquelle il est fait; mais ces arrêts sont critiqués. On argumente contre eux de l'article 402 du Code de procédure, qui exige cette signature pour la validité de désistement qui, comme nous l'avons dit, est une espèce d'acquiescement.

51. L'*acquiescement tacite* résulte, comme nous l'avons déjà dit, d'actes actifs ou passifs et renfermant un consentement implicite ; lors donc que ces actes contiennent des protestations et réserves, ils n'emportent pas acquiescement ; mais il en serait différemment s'il s'agissait d'une exécution exempte de toute contrainte, parce que la réserve contraire au fait est considérée comme non avenue. Cass., 22 flor. an IX et 23 août 1810.

52. Pour exemple d'acquiescement tacite à un acte, nous citerons le cas où un oyant compte se serait d'abord contenté de débattre les dépenses du rendant, puis aurait consenti librement l'allocation de plusieurs des points débattus, et viendrait ensuite demander le rejet du compte tout entier. Cass., 30 avr. 1817.

53. L'acquiescement tacite que l'on invoque le plus souvent est celui relatif aux jugements ; il résulte ordinairement :

1° De la nature des conclusions prises avant la fin du procès ; ainsi des conclusions tendant à la confirmation pure et simple d'un jugement de première instance rendent l'intimé non recevable, malgré la disposition de l'article 443 du Code de procédure, à appeler incidemment de ce jugement. Cet appel incident n'est autorisé que pour relever l'intimé de la déchéance qu'on aurait pu faire résulter contre lui d'un acte antérieur à l'appel de son adversaire. La loi a considéré l'acquiescement de l'intimé comme conditionnel ; l'exécution ne se réalisant pas, il rentre dans tous ses droits. Mais il est plusieurs cas où il peut résulter de l'acquiescement de l'intimé une fin de non-recevoir contre son appel (V. Cass., 31 déc. 1809, 23 janv. 1810, 5 juill. 1828, et arrêts de Metz, Amiens, Poitiers, Aix, Bourges, Bordeaux et Paris, des 19 mars 1820, 20 juin et 27 juillet 1824, 13 janvier 1826, 30 janvier et 28 juillet 1827, et 22 mars 1833).

2° De la signification du jugement à avoué. Lorsque cette signification est nécessaire pour faire courir les délais de l'appel, elle emporte acquiescement (Liège, 16 janv. 1811, et notamment Cass., 20 nov. 1826).

3° De la signification à partie sans réserve. Cette signification contient implicitement la soumission d'exécuter le jugement (V. Cass., 13 nov. 1813, 12 août 1817).

4° De la sommation d'exécuter le jugement. Cette sommation est exclusive de l'idée de l'attaquer (Paris, 19 mars 1833).

5° Du payement des frais. Ce payement est un acquiescement incontestable, lorsqu'il a précédé toute poursuite, quand même la décision serait exécutoire par provision. Bordeaux, 8 mai 1829.

34. Mais si quelque contrainte avait précédé ou accompagné le payement, on pourrait décider qu'il n'emporte pas acquiescement. V. arrêts de : Metz, 28 avr. 1818; Poitiers, 25 mai 1824; Cass., 4 mai 1818.

35. L'acquiescement ne peut s'induire que d'un fait ou d'un acte positif de la partie, et non pas de ce qu'elle aurait subi ou toléré un acte de son adversaire, fait en vertu du jugement qui la condamne. Cass., 24 août 1830 ; Poitiers, 9 mars 1827 ; Toulouse, 24 janv. 1828 ; Cass., 31 janv. 1828.

36. On ne peut acquiescer à un jugement avant qu'il soit rendu, ou en d'autres termes renoncer à l'appel et autres voies de réformation. Cass., 1er flor. an IX.

37. La déclaration de s'en rapporter à justice n'emporte pas acquiescement au jugement à intervenir. Cass., 18 germ. an II ; Paris, 13 mars 1810 et 30 mai 1814.

§ 5. *Effets de l'acquiescement.*

38. L'acquiescement, étant une espèce de condamnation volontaire, emporte extinction complète de la difficulté ou du procès, et oblige à satisfaire à l'objet de la demande ou au dispositif du jugement, en capital, intérêts et frais. Paris, 17 mai 1813.

39. L'acquiescement à un jugement rend non recevable à attaquer un autre jugement qui n'est que la conséquence du premier. Spécialement, lorsqu'un débiteur, poursuivi en vertu de jugements passés en force de chose jugée, a demandé et obtenu qu'il fût procédé à un compte entre lui et ses adversaires, et qu'en conséquence ces derniers produisissent les pièces justificatives de leurs créances, l'acquiescement donné à l'arrêt qui prescrit cette production de pièces rend les créanciers poursuivants non recevables à attaquer plus tard, comme violant la chose jugée par les premières condamnations prononcées à leur profit, un second arrêt par lequel il est enjoint à un tiers de représenter des pièces pouvant servir au règlement du compte ordonné entre les parties. Cass., 4 janv. 1831.

40. Mais la maxime *tot capita, tot sententiæ* exerce toute son influence sur cette matière, et lorsqu'un jugement contient plusieurs dispositions distinctes, l'exécution de l'une de ces dispositions n'emporte pas acquiescement sur les autres points (V. Cass., 3 juin 1828, 16 déc. 1828 et 25 juin 1832). Ainsi la partie qui prête serment sur un chef distinct peut appeler des autres chefs du jugement. Montpellier, 21 nov. 1825; Nancy, 14 déc. 1827.

41. Toutefois, l'acquiescement est divisible à l'égard des personnes qui le donnent et de celles en faveur desquelles il est consenti. Grenoble, 15 janv. 1813.

42. Si le jugement est en dernier ressort, l'acquiescement produit une fin de non-recevoir contre le recours en cassation. Il a en conséquence été jugé par la Cour suprême, le 23 novembre 1829, que celui qui a payé les dépens prononcés par un jugement de cette nature, sans y être contraint par des poursuites, doit être déclaré non recevable dans son pourvoi, surtout lorsqu'il a exigé de l'adversaire la remise de toutes les pièces de procédure.

ACQUIT-A-CAUTION. — V. *Douanes.*

ACTE. Le mot *acte,* dans sa signification générale, exprime aussi bien un fait ou une convention propre à une ou plusieurs parties, que l'écrit ou la circonstance d'où résulte le fait ou la convention ; ainsi, dans l'usage, on dit indifféremment un *contrat* de vente ou un *acte* de vente, un *titre* de propriété ou un *acte* de propriété, un *titre* exécutoire ou un *acte* exécutoire.

1. Mais, dans sa signification technique, le mot *acte* ne désigne que l'écrit qui constate ce qui a été dit, consenti ou convenu.

2. La validité des actes ou écrits constatant les conventions est surbordonnée à quelques conditions générales de forme, qui sont différentes selon que l'acte est sous signature privée ou authentique, et qui, pour ceux-ci, sont différentes encore, selon qu'ils sont de telle ou telle nature. — V. ci-après ces deux sortes d'actes.

ACTE ADMINISTRATIF. On entend sous cette dénomination tous les actes qui émanent de l'administration, soit qu'elle statue sur des cas particuliers, soit qu'elle ordonne ou défende par voie réglementaire, soit qu'elle agisse ou contracte comme un simple particulier. — C'est ainsi que les résolutions ou les engagements du pouvoir administratif se produisent sous le nom d'*ordonnances,* de *règlements,* d'*arrêtés* ou de *contrats;* qu'ils émanent du chef du pouvoir, des ministres, des préfets, des maires, ou de tous autres à qui sont déléguées l'administration publique et l'exécution des lois, tous ces actes prennent également le nom d'*actes administratifs.* — V. *Action possessoire, Alignement, Eau, Maire, Pouvoir municipal.*

ACTE AUTHENTIQUE. L'acte authentique est celui qui a été reçu par des officiers publics ayant le droit d'instrumenter dans le lieu où l'acte a été rédigé, et avec les solennités requises. C. Nap., art. 1317.

TOME I.   2

1. Cette définition s'applique particulièrement aux contrats et obligations passés devant notaire. Mais il existe beaucoup d'autres actes également revêtus du caractère d'authenticité, et qui font foi jusqu'à inscription de faux. Tels sont les actes administratifs qui émanent, soit des ministres, préfets, sous-préfets, conseillers de préfecture et maires, agissant comme délégués de la puissance publique, soit des chefs de diverses administrations et même de leurs préposés, tels que les procès-verbaux des gardes de l'administration forestière, des douanes, des octrois, des droits réunis, etc., etc. On doit également ranger dans cette classe les actes consignés dans des registres publics, tels que ceux de l'état civil, du conservateur des hypothèques, de l'enregistrement, etc., etc. ; enfin, les actes judiciaires, ce qui comprend non-seulement les décisions des tribunaux, mais tous les actes d'instruction, les procès-verbaux dressés par des officiers de justice, les rapports d'experts désignés par jugement, et enfin les différentes sortes d'exploits et actes de procédure.

2. Tous les actes faits par les juges de paix dans l'exercice de leur compétence, soit judiciaires, soit extra-judiciaires, sont authentiques. L'article 54 du Code de procédure déclarant que les conventions des parties insérées au procès-verbal de conciliation *ont force de conventions privées*, quelques auteurs ont prétendu que ces conventions n'avaient pas un caractère authentique ; que l'on ne pouvait s'en prévaloir, en justice réglée, qu'après avoir fait reconnaître les signatures, ainsi que cela est nécessaire pour les actes sous seing privé : c'est là une erreur que M. Merlin a relevée avec la plus grande force ; la locution employée dans l'article 54 est peu exacte, il faut en convenir ; mais de ce que les conventions passées au bureau de paix n'ont que la force de *conventions privées*, cela signifie-t-il qu'elles ne sont pas prouvées authentiquement? Tout ce qui en résulte, c'est que ces conventions n'emportent pas hypothèque, qu'elles ne sont pas exécutoires de plein droit ; et les procès-verbaux du bureau de paix ont cela de commun avec beaucoup d'actes authentiques. Il n'y a que les jugements et les actes de notaire revêtus de la formule exécutoire qui soient susceptibles d'exécution parée. Quant à l'hypothèque, l'acte notarié ne la confère que moyennant une stipulation spéciale, et de tous les actes judiciaires qui sont authentiques, les jugements sont les seuls qui emportent de plein droit l'hypothèque générale. Si donc le juge qui tient le bureau de paix est appelé à concilier et non à juger, il n'est pas moins un officier public compétent ; le procès-verbal qu'il dresse en cette qualité fait foi, jusqu'à inscription de faux, de la comparution des parties, de leur signature ou de la déclaration que l'une d'elles ne sait pas signer, et qui doit être mentionnée dans le procès-verbal. Les conventions qu'il constate ont par conséquent toute la force d'obligations contenues en un acte authentique.

3. L'acte authentique atteste d'une manière certaine ce qui s'est passé entre les parties qui y figurent ; il en fait preuve même contre les tiers. L'article 1319 du Code, portant que l'acte authentique fait pleine foi de la convention *entre les parties contractantes et leurs héritiers et ayants cause* est donc inexact et incomplet. L'acte authentique ne lie, à la vérité, que les parties contractantes, mais il fait pleine foi, *contrà omnes*, tant de la convention que des autres faits qui y sont consignés.

ACTE DE L'ÉTAT CIVIL. — V. *Acte de notoriété, Décès.*

ACTE DE COMMERCE. 1. La loi répute acte de commerce tout achat de denrées et marchandises pour les revendre, soit en nature, soit après les avoir travaillées et mises en œuvre, ou même pour en louer simplement l'usage ; toute entreprise de manufactures, de commission, de transport par terre et par eau, toute entreprise de fournitures, d'agences, bureaux d'affaires, établissements de vente à l'encan, de spectacles publics ; toute opération de change, banque et courtage ; toutes les opérations des banques publiques, entre toutes personnes, les lettres de change ou remise d'argent faite de place en place. Art. 632.

2. La loi répute pareillement actes de commerce toute entreprise de construction, et tous achats, ventes et reventes de bâtiments pour la navigation intérieure et extérieure ; toutes expéditions maritimes ; tous achats ou reventes d'agrès, apparaux et avitaillements ; tous affrétements ou nolissements, emprunts ou prêts à la grosse ; toutes assurances et autres contrats concernant le commerce de mer ; tous accords et conventions pour salaires et loyers d'équipages; tous engagements de gens de mer pour le service des bâtiments de commerce (art. 633). L'article 634 dit encore : « Les tribunaux de commerce connaîtront également des actions contre les facteurs, commis des marchands ou leurs serviteurs, pour le fait seulement du trafic du marchand auquel ils sont attachés ; des billets faits par les receveurs, payeurs, percepteurs ou autres comptables des deniers publics. »

3. La rédaction de ces articles , quoique bien détaillée, n'est cependant qu'énonciative. Aussi, plusieurs Cours impériales ont-elles

interprété différemment ces mêmes articles en ce qui concerne la matière et la qualité des personnes. Cependant, il est à remarquer que, dans les faits énoncés et énumérés dans les articles précités, il y a beaucoup de précision. Le législateur laisse peu à l'interprétation ; il caractérise les faits, il en détermine la nature, puis il leur assigne des juges. Or, d'après la législation actuelle, les matières commerciales ne sont nullement du ressort des juges de paix. La loi du 24 août 1790, celle du 25 mai 1838 et la discussion qui l'a précédée ne laissent aucun doute à cet égard. Ces magistrats doivent donc renvoyer d'office pour cause d'incompétence *ratione materiæ*, quelle que soit la quotité de la somme demandée, toutes les causes qui auraient pour motifs les matières énumérées dans les articles 631, 632, 633, 635 et 636 du Code de commerce, ce dernier article combiné avec l'article 112 du même Code. — V. *Compétence*, § 4.

ACTE DE FRANCISATION. On appelle ainsi l'acte par lequel un navire, un bâtiment ou un bateau est reconnu pour appartenir à un port et à un armateur français.

1. Cette matière est réglée par la loi du 21 septembre 1793, dont les dispositions sont encore en vigueur, et sont même exécutées avec beaucoup de rigueur. L'article 2 de cette loi est ainsi conçu : « Tout armateur, en présentant le congé et les titres de propriété du tribunal, sera tenu de déclarer, en présence d'un juge de paix, et de signer sur le registre des bâtiments français qu'il est propriétaire du bâtiment ; qu'aucun étranger n'y est intéressé directement ou indirectement ; et que sa dernière cargaison, arrivée des colonies ou des comptoirs, n'est point un armement en commission ni une propriété étrangère. »

2. D'après l'article 12 de la loi du 27 vendémiaire an II (21 sept. 1793), le serment à prêter par le propriétaire avant la délivrance des congés et acte de francisation sera en cette forme : — Je ... (*nom, état, domicile*) jure et affirme que (*nom du bâtiment, du port auquel il appartient*) est un (*espèce, tonnage du bâtiment, et description suivant le certificat du mesureur-vérificateur*), qui a été construit à (*lieu de construction*), en (*année de construction ; s'il a été pris ou confisqué, ou perdu sur la côte, exprimer le lieu, le temps des jugements et vente*) ; que je suis seul propriétaire dudit bâtiment, ou conjointement avec (*nom, état, domicile des intéressés*), et qu'aucune autre personne quelconque n'y a droit, titre, intérêt, portion ou propriété ; que je suis citoyen de France, soumis et fidèle à la constitution des Français, ainsi que les associés ci-dessus (*s'il y en a*);

qu'aucun étranger n'est directement ou indirectement intéressé dans le susdit bâtiment.

5. La loi du 13 mai 1791 et celle du 27 vendémiaire an II, encore en vigueur aujourd'hui, s'opposent également à ce que des étrangers puissent être propriétaires pour une portion quelconque de navires français. Mais une modification y a été apportée par l'article 11 de la loi du 9 juin 1845, qui exige seulement, pour qu'un navire soit réputé français, que la moitié au moins appartienne à des Français. — V. *Navire*.

ACTE DE NOTORIÉTÉ. On appelle ainsi l'acte par lequel on constate un fait notoire, ou on supplée à un acte écrit, qu'on est dans l'impossibilité de produire.

Table sommaire.

Division.

§ 1er. *Des actes de notoriété en général.*

1. La *notoriété* est une croyance publique, qu'il ne faut pas confondre avec le témoignage isolé de deux ou plusieurs personnes sur tel fait qui serait à leur connaissance, sans qu'il fût *notoire*. Ce témoignage serait bon, sans doute, comme simple certificat, mais il ne serait pas aussi imposant que l'acte de notoriété proprement dit,

qui est un acte solennel que le juge ne peut faire sans le concours du greffier ; il doit être conservé en minute et porté sur le répertoire.

2. On admet généralement qu'il a été dans l'intention du législateur d'attribuer aux juges de paix une compétence générale, à l'effet de constater toutes espèces de faits relatifs aux décès, à l'identité des personnes, au droit de succéder, etc.

3. D'un autre côté, les notaires ont eu le droit, dans tous les temps, de recevoir également les actes de notoriété. Nous pensons donc que, dans le cas où la loi n'a pas exprimé une intention contraire, on peut employer indifféremment le ministère des notaires ou celui des juges de paix pour dresser ces actes.

4. L'officier de l'état civil qui procède à un mariage doit se faire remettre l'acte de naissance de chacun des futurs époux, et si l'un d'eux est dans l'impossibilité de se procurer cet acte, il peut y suppléer en rapportant un acte de notoriété délivré par le juge de paix du lieu de sa naissance, ou par celui de son domicile. C. Nap., art. 70.

5. Cet acte doit contenir la déclaration faite par sept témoins de l'un ou de l'autre sexe, parents ou non parents, des prénoms, nom, profession et domicile du futur époux et de ceux de ses père et mère, s'ils sont connus ; le lieu et, autant que possible, l'époque de sa naissance et les causes qui empêchent d'en rapporter l'acte ; enfin, les témoins signent l'acte de notoriété avec le juge de paix, et, s'il en est qui ne puissent ou ne sachent signer, il en est fait mention. *Ibid.*, art. 71.

6. On ne pourrait pas étendre l'effet d'un pareil acte à un autre point que celui pour lequel il a été établi. « Ainsi, dit Toullier, il ne pourrait servir à prouver les droits de filiation de celui qui l'a obtenu, ni lui procurer les droits de famille, tels que celui de succéder. » Néanmoins il devrait faire preuve contre ceux qui l'auraient signé et contre leurs héritiers ; d'où suit que le juge de paix ne peut le dresser qu'en prenant soin de mentionner qu'il ne le délivre qu'en exécution et en conformité de l'article 70, et pour en remplir l'objet.

7. L'article 70 du Code Napoléon dit, comme nous l'avons déjà fait remarquer, que l'acte de notoriété dont il s'agit peut être délivré par le juge de paix du lieu de la naissance des époux, ou par celui de leur domicile. Or, en matière de mariage, le domicile s'établit d'après l'article 74 du même Code, par une simple résidence de six mois. Est-ce bien le juge de paix de cette résidence que le législateur a eu en vue dans l'article 70 ? Nous ne le pensons pas.

Ce n'est qu'au domicile réel que l'opinion publique peut être éclairée sur l'*état* de l'époux, et que l'on peut trouver des personnes dignes d'être crues lorsqu'elles viennent attester que cet *état* a constamment été reconnu de telle ou telle manière. D'ailleurs, le domicile spécial de l'article 74 ne se rapporte absolument qu'à la célébration du mariage; cela résulte de la première partie de cet article, combinée avec la seconde; en effet, si l'on y lit d'abord : « Le mariage sera contracté dans la commune où l'un des deux époux aura son domicile, » il est ajouté ensuite : « Ce domicile, *quant au mariage*, s'établit par six mois. » Donc le juge de paix du domicile réel a seul le droit de dresser l'acte de notoriété dont il s'agit. *Sic*, Carré, *Droit français*, t. III, p. 408.

8. La loi n'exige pas non plus que les témoins des actes de notoriété fassent leur déclaration sous la foi du serment : le juge de paix ne pourrait donc pas repousser le témoin qui se refuserait à une affirmation de ce genre; mais il pourrait faire mention de ce refus, et cette particularité, jointe à d'autres circonstances, pourrait avoir de l'influence sur la décision du tribunal, lorsqu'on réclamerait de lui l'homologation prescrite par l'article 72 du Code Napoléon. — V. *Certificat de propriété*.

9. L'article 9 du décret du 1er mars 1808 porte que lorsqu'une personne, ayant des titres héréditaires, se propose d'affecter des biens à la formation d'un majorat transmissible à sa descendance, le produit de ces biens doit être justifié : 1º par des baux formant ensemble une durée de vingt-sept ans ; 2º par l'extrait du rôle des impositions ; mais, à défaut de baux, le requérant doit produire un état estimatif des revenus, et un acte de notoriété donné devant le juge de paix ou un notaire, par sept notables de l'arrondissement, et constatant la *commune renommée*, y est-il dit, pour annoncer que ces témoins doivent plutôt certifier un fait notoire pour tous, qu'exprimer ce qui est à leur connaissance personnelle.

10. Ce décret ne dit pas explicitement que c'est le juge de paix ou le notaire de l'arrondissement où sont situés les biens qui doit recevoir l'acte de notoriété ; mais cela a été dans son esprit, et c'est d'ailleurs la conséquence nécessaire de ce qu'il exige que les témoins aient leur domicile dans ce même arrondissement.

11. La législature s'est occupée en 1835 et 1849 de ce qui concerne les majorats, mais quelles que soient les modifications apportées au décret du 1er mars 1808, il n'en est pas moins toujours en vigueur, et pendant longtemps encore il sera nécessaire d'y avoir recours et de l'interpréter.

12. La caisse d'amortissement est autorisée à rembourser les cautionnements des titulaires décédés ou interdits, aux héritiers ou ayants droit, sur le simple rapport, notamment, d'un certificat ou d'un acte de notoriété contenant les noms, prénoms et domiciles des héritiers et ayants droit, la qualité dans laquelle ils possèdent et procèdent, l'indication de leur portion dans le cautionnement à rembourser, et l'époque de leur jouissance. Décr. 18 sept. 1808, I.

13. Ce certificat doit être délivré par le notaire détenteur de la minute, lorsqu'il y a eu inventaire ou partage par acte public, ou transmission gratuite par acte entre vifs ou par testament; sinon, et lorsqu'il n'existera aucun desdits actes en forme authentique, par le juge de paix du domicile du décédé, sur l'attestation de deux témoins; ou, enfin, si la propriété en est constatée par jugement, c'est le greffier dépositaire de la minute qui délivre le certificat. *Ibid.*

14. Sur l'attestation de deux témoins, les juges de paix délivrent aussi à l'héritier successible d'un ecclésiastique pensionnaire décédé l'acte ou certificat de notoriété qui atteste sa qualité, afin d'obtenir les arrérages échus de la pension de son auteur. L. 28 flor. an VII.

15. Dans le cas du décès d'un propriétaire d'inscription 5 pour 100 consolidés viagère, ou de pensions sur le grand livre de la dette publique, s'il n'y a encore ni testament ni inventaire qui constate la quantité, l'identité et la qualité des successibles, le juge de paix délivre l'acte de notoriété sur l'attestation de quatre citoyens jouissant des droits civils. Décr. 18 fruct. an XIII.

16. Les propriétaires desdites rentes qui en reçoivent eux-mêmes les arrérages sont tenus de justifier d'un certificat d'individualité délivré sur papier libre et sans frais par les maires des communes, ou le juge de paix du canton, dont les signatures doivent être dûment légalisées. *Ibid.*

17. Parmi les cas non prévus par la loi, et dans lesquels le juge de paix est compétent pour recevoir un acte de notoriété, se trouve celui où, sur la contestation de l'envoi en possession provisoire des biens d'un absent, il s'agit de fixer l'époque de ses dernières nouvelles. Il a été jugé par un arrêt de cassation du 24 novembre 1811, qu'alors il n'y a pas lieu d'ordonner l'enquête exigée par l'article 116 du Code Napoléon; qu'il suffisait d'un simple *acte de notoriété*, délivré par le juge de paix du dernier domicile de l'absent, sauf aux juges à y avoir tel égard que de raison.

18. Dans les cas non déterminés par la loi, et où il y a cependant lieu de délivrer des actes de notoriété, les juges de paix et les notaires sont fort embarrassés sur le nombre de témoins dont ils doivent admettre les déclarations; car, dans les cas prévus, ce nombre varie de deux à sept. Nous pensons qu'en ces circonstances ils doivent se déterminer par analogie de cas prévus, en exigeant, s'il y a doute, le plus grand nombre de témoins, et en repoussant, dans tous les cas, le témoignage d'une seule personne, comme étant insuffisant pour attester qu'un fait est généralement connu.

19. S'il s'agit de constater un fait unique, les déclarations des témoins sont faites en un seul contexte; mais si ces déclarations portaient sur des faits complexes ou multipliés, chaque témoin devrait être entendu séparément.

20. La loi du 25 ventôse an II, en attribuant aux notaires le droit de recevoir des actes de notoriété, n'a ni abrogé ni modifié les dispositions de la loi du 28 floréal an VII, qui règlent le mode de transcription des rentes sur l'Etat. Paris, 30 juill. 1853; ANNALES DES JUST. DE PAIX, vol. de 1854, p. 225.

21. Par suite, lorsqu'il n'y a ni inventaire, ni partage, ni donation entre-vifs, ni testament en la forme authentique, réglant les droits des héritiers, c'est le juge de paix seul du domicile du défunt qui a qualité pour délivrer aux ayants droit l'acte de notoriété nécessaire pour la remise du nouvel extrait d'inscription. *Ibid.*

§ 2. *Des actes de notoriété pour tenir lieu d'actes respectueux.*

22. Dans le cas d'absence déclarée, les droits de la puissance paternelle étaient délégués à l'époux présent, ou à l'ascendant le plus proche; mais s'il s'agit du mariage d'une personne dont l'ascendant est absent, sans que l'absence ait été déclarée ni provoquée, l'article 155 du Code Napoléon dispose qu'il sera passé outre à la célébration du mariage, sur la représentation d'un acte de notoriété délivré par le juge de paix du lieu où l'ascendant a eu son dernier domicile connu, sur la déclaration de quatre témoins appelés d'office par ce juge de paix. — L'homologation de cet acte n'est pas nécessaire.

23. Toutefois, si le lieu du dernier domicile de l'ascendant n'était pas connu, l'acte de notoriété prescrit par l'article 155 du Code Napoléon pourrait être remplacé par un autre acte de notoriété passé devant notaire, ou devant le juge de paix. Avis du Conseil d'Etat, du 4 thermidor an XIII: — « Considérant, porte cet avis, que si, comme cela arrive souvent dans les classes pauvres, par l'ignorance du dernier domicile, on ne peut recourir à l'acte de notoriété prescrit par l'article 155, et destiné à constater l'absence d'un domicile connu, dans ce cas la raison suggère de se contenter de la déclaration des témoins ; que déjà, dans beaucoup d'occasions semblables, des officiers de l'état civil de Paris ont procédé aux mariages sur des actes de notoriété passés ou devant notaire ou devant les juges de paix, par des témoins que les parties ont produits ; qu'il n'en est résulté aucun inconvénient ni plainte ; qu'il en est résulté, au contraire, beaucoup, lorsque, dans des cas pareils, on a voulu être plus rigoureux et exiger davantage, etc. »

Comme on le voit, d'après cet avis, les parties, pour cet acte de notoriété, peuvent produire elles-mêmes les témoins ; il n'est pas absolument nécessaire que le juge de paix les appelle d'office devant lui.

§ 3. *Des actes de notoriété relatifs aux concessions faites en Algérie.*

24. Les actes de notoriété destinés à constater les ressources pécuniaires des demandeurs en concession de terres sont, tant en France qu'en Algérie, passés devant les juges de paix. Décr. 23 avr. 1852, art. 1er.

25. Dans les localités de l'Algérie où il n'existe pas de juge de paix, ces actes sont délivrés, soit par les commissaires civils, soit par les commandants de place, suivant le territoire. *Ibid.*

26. Il est alloué à tous greffiers de justice de paix, pour vacation par chaque acte, *deux francs. Ibid.*, art. 2.

27. Ces actes, délivrés en Algérie par les fonctionnaires indiqués au numéro 25, ci-dessus, ne donnent droit à aucune rétribution. *Ibid.*

28. Les actes de notoriété sont délivrés en brevet sur papier timbré, et enregistrés au droit fixe de *un franc. Ibid.*

29. Détail des droits :

Enregistrement, décime compris.	1 fr. 10 c.
Timbre. . . ·	0 35
Vacation du greffier (ainsi taxée par le décret). .	2 00
Total. . . .	3 fr. 45 c.

30. Une différence de perception ne pourrait exister entre les actes de cette nature que dans le cas où, au lieu d'une feuille à 35 centimes, il en serait employé une à 70 centimes. — Dans tous les cas, les greffiers doivent observer strictement que cet acte de notoriété doit être spécialement *délivré en brevet.*

31. Deux témoins suffisent pour pouvoir dresser cet acte; s'il s'en présente quatre, c'est encore mieux, abondance de biens ne nuisant pas.

Ces témoins doivent déclarer connaître parfaitement le concessionnaire dont on énonce les noms, qualités et demeure ; ils doivent déclarer aussi qu'il possède 1°...; 2°...; 3°... valeurs mobilières ou immobilières. — S'il s'agit de valeurs immobilières, les témoins déclarent qu'elles sont d'une valeur approximative de...; qu'elles ne sont grevées d'aucune hypothèque, ou qu'elles sont grevées jusqu'à concurernce d'une somme de...

32. Le décret du 23 avril 1852, ainsi que nous l'avons exposé ci-dessus, déclare que les actes de notoriété dont il s'agit ici seront passés devant les juges de paix; mais, nous a-t-on demandé, est-ce devant le juge de paix du domicile de celui qui demande la délivrance de l'acte de notoriété que doit être dressé cet acte, ou doit-il être passé devant le juge de paix de la situation du terrain justifié comme ressource pécuniaire?

33. Il est évident, selon nous, que c'est le juge de paix du domicile de celui qui réclame la délivrance de cet acte de notoriété qui doit le délivrer. Il ne s'agit pas toujours, en effet, de constater que le requérant possède tel fonds de terre; il peut n'avoir pour fortune que des valeurs mobilières : d'un autre côté, il pourrait avoir plusieurs immeubles à Paris, à Brest, à Marseille ; il faudrait donc trois actes de notoriété. Il est donc plus naturel et plus convenable de choisir le juge de paix du domicile.

34. Quant à la forme de l'acte, la loi n'en indique pas ; on suit donc, à cet égard, son inspiration.

§ 4. *Enregistrement.*

35. Les actes de notoriété passés devant les juges de paix sont soumis au droit de *deux francs.* L. 28 avr. 1816, art. 43, n° 2.

36. Mais les actes de notoriété, rédigés dans la forme prescrite par les articles 70 et 71 du Code Napoléon, pour remplacer l'acte de naissance de chacun des futurs époux, doivent être visés pour timbre et enregistrés *gratis*, lorsqu'ils concernent des individus qui justifient par un certificat du maire de leur commune, légalisé par le sous-préfet, qu'ils sont dans l'indigence. Décis. du ministre des finances, 11 nov. 1824, 4 oct. 1839, 24 fév. 1840 et 23 août 1841 ;

ordonn. des 30 oct. 1846, 13 janv. 1847 et 10 déc. 1850. — V. ci-après au mot *Indigence*, notamment n° 11, où il est expliqué d'après cette dernière loi que le certificat d'indigence n'est plus visé et approuvé par le sous-préfet, mais bien par le juge de paix du canton, qui doit faire mention, dans le visa, de l'extrait des rôles ou du certificat négatif du percepteur.

§ 5. *Droits des greffiers des justices de paix.*

37. Il est alloué aux greffiers par l'article 16 du décret de 1807, pour les actes de notoriété, savoir : pour les actes de notoriété dressés en exécution des articles 70 et 71 du Code Napoléon, dans les villes de première classe, 3 fr. 34 c.; dans les villes où il y a un tribunal de première instance, 2 fr. 50 c., et dans les autres villes et cantons ruraux, 1 fr. 67 c.

38. Et pour tous les autres actes de notoriété, dans les villes de première classe, 67 centimes ; de deuxième, 50 centimes ; et de troisième, 34 centimes.

39. Malgré les termes quelque peu ambigus de l'article 16 du décret de 1807, nous pensons que ces droits doivent être invariables, quel que soit le temps employé à la rédaction des actes de notoriété.

40. Quant aux droits des actes de notoriété relatifs aux concessions faites en Algérie, voir ci-dessus, § 3, n° 26.

ACTE EN CONSÉQUENCE D'UN AUTRE ACTE. — V. *Enregistrement,* n° 89 et suiv.

ACTE SOUS SEING PRIVÉ. On appelle ainsi tout acte et toute écriture non authentiques opérant obligation ou décharge.

1. L'acte sous seing privé, reconnu par celui auquel on l'oppose ou légalement tenu pour reconnu, a, relativement aux faits qui peuvent être constatés dans cette forme, entre ceux qui l'ont souscrit, leurs héritiers et ayants cause, la même foi que l'acte authentique. C. Nap., art. 1332.

2. Mais pour attribuer à l'acte sous seing privé la même force contre les ayants cause qu'à l'acte authentique, il faut d'abord commencer par prouver contre eux leur qualité d'ayants cause, c'est-à-dire que leur auteur avait contracté, lorsqu'il leur a transféré ses droits et ses obligations, parce qu'autrement ils ne le représentent plus, et par conséquent ils ne peuvent plus être assujettis à remplir ses obligations, pas plus qu'ils ne seraient admis à jouir des droits qu'il aurait postérieurement acquis.

3. Celui auquel on oppose un acte sous seing privé est tenu d'avouer ou de désavouer formellement son écriture ou sa signature ; mais ses héritiers ou ayants cause peuvent se contenter de déclarer qu'ils ne reconnaissent point l'écriture ou la signature de leur auteur. C. Nap., art. 1323.

4. Ce n'est point une obligation pour les juges d'ordonner la vérification d'écriture ; ils peuvent tenir la signature pour vérifiée, si d'ailleurs leur conscience est suffisamment éclairée. Cela résulte de la combinaison des articles 1324 du Code Napoléon et 195 du Code de procédure. Cass., 11 fév. 1818.

5. Si c'est devant un juge de paix qu'une partie déclare s'inscrire en faux ou dénier son écriture, le juge doit lui en donner acte, parapher la pièce et renvoyer la cause devant les juges qui doivent en connaître (C. proc., art. 14); mais il est incontestable que ce renvoi ne doit avoir lieu que lorsque la pièce est vraiment utile pour la décision de la cause : c'est en vain que l'on prouve ce qui, prouvé, ne produit aucun effet.

6. Pour la forme des actes sous seing privé en général, aucune condition irritante n'est exigée par la loi. Il n'est donc pas indispensable qu'ils fassent mention de leurs dates, et du lieu où ils ont été faits.

7. Les greffiers peuvent, sans doute, selon nous, recevoir le dépôt volontaire de tous actes sous seing privé et certifier les signatures informes ou illisibles apposées sur ces actes ; mais ce pouvoir, attribué aux greffiers par plusieurs auteurs, est dénié par d'autres ; et comme, en définitive, il est défendu aux greffiers de percevoir des honoraires pour ces actes de dépôt ou pour ces certifications, ils font mieux de s'en abstenir. L'abstention est d'autant plus nécessaire que, si l'efficacité du dépôt venait à être contestée, les parties se trouveraient gravement compromises, croyant avoir un acte authentique lorsqu'elles n'auraient qu'un acte sous seing privé.

ACTION. Moyen légitime de réclamer en justice ce qui nous appartient ou ce qui nous est dû.

Table sommaire.

Division.

§ 1er. Actions publiques.

§ 2. Actions civiles.

§ 3. Actions réelles.

§ 4. Actions personnelles et mobilières.

§ 5. Actions mixtes.

§ 6. De la manière d'exercer les actions, et des tribunaux devant les-
      quels elles se portent.

§ 1. *Actions publiques.*

1. L'action publique est celle qui est exercée au nom de la société pour obtenir réparation des crimes, délits ou contraventions dont elle a eu à souffrir.

2. Lorsque l'action publique a été intentée avant ou pendant l'action civile, l'exercice de celle-ci est suspendu tant qu'il n'a pas été prononcé définitivement sur la première. C. d'inst., art. 3.

3. Cependant, lorsqu'une partie, après avoir opté pour la voie civile, prend la voie correctionnelle contre l'usage d'un titre qu'elle prétend simulé, elle ne peut demander qu'il soit sursis au jugement de l'action civile jusqu'au jugement de l'action correctionnelle. Cass., 15 juin 1829.

4. Si le prévenu élève une question de propriété d'où dépende le point de savoir s'il existe ou non un délit, les tribunaux criminels doivent surseoir, et renvoyer la connaissance de la question préjudicielle aux tribunaux compétents. Cass., 5 janv., 17 fév., 3 mars et 4 août 1809 ; 26 mai, 26 juin et 4 sept. 1812.

5. Mais le sursis ne doit être prononcé qu'autant que l'exception préjudicielle est *concluante* et *personnelle* au délinquant. V. arrêts Cass., 2 therm. an XI, 9 nov. 1806, 27 mars, 12 juin et 26 déc. 1807, 7 janv. et 25 mars 1808, 7 avr. 1809, 4 janv. et 8 nov. 1810, 4 sept. 1812, 22 juill. 1819, 19 déc. 1828, 29 janv. et 14 août 1829.

6. L'action publique pour l'application de la peine s'éteint par la mort du prévenu. C. d'inst., art. 2.

7. Elle s'éteint aussi par une amnistie.

8. Enfin, elle s'éteint également par la prescription. — V. *Prescription.*

§ 2. *Actions civiles.*

9. Indépendamment de l'action publique, dont le but est la punition du coupable et dont nous venons de parler, les faits atteints par la loi pénale donnent encore lieu à une seconde action, dont l'objet est d'obtenir la réparation du préjudice causé ; celle-ci est appelée *action civile.*

10. Toute personne, ayant un intérêt *direct* et un droit *formé* à la punition d'un délit, est recevable à intenter l'action civile.

11. L'action civile appartient exclusivement à ceux qui ont éprouvé quelque dommage de la contravention qui en est la base ; un tribunal de police commet donc un excès de pouvoir lorsque, sur la poursuite du ministère public, et même à sa réquisition expresse, après avoir prononcé contre un délinquant les peines établies par la loi, il le condamne à des dommages-intérêts envers les pauvres qui ne sont point en instance. Cass., 16 nov. 1821.

§ 3. *Actions réelles.*

12. L'action est réelle quand on réclame l'attribution d'un droit ou d'une *chose immobilière,* indépendamment de toute considération de la personne contre laquelle elle est dirigée, de telle sorte que celle-ci n'étant tenue qu'en sa qualité de détentrice, si elle cesse de posséder avant d'être actionnée, l'action suit la chose entre les mains du nouveau détenteur.

13. Nous disons une *chose immobilière,* parce que les actions *réelles mobilières,* ou du moins celles que l'on pourrait appeler ainsi, n'ont aucun caractère qui les fasse distinguer, et elles se confondent avec les actions personnelles et mobilières. Favard, v° *Action.*

14. Il est essentiel de bien saisir les différences qui existent entre les actions *personnelles* et les actions *réelles,* non-seulement parce que ces actions ne sont pas portées aux mêmes tribunaux, mais encore parce que l'action réelle se prescrit par dix ou vingt ans, avec juste titre et bonne foi, et l'autre seulement par trente années. C. Nap., art. 2262, 2265. — V. *Prescription.*

15. D'autre part, celui qui a une action *réelle* peut d'abord agir

au possessoire, et il n'en est pas de même lorsqu'on n'a qu'une simple action personnelle. — V. *Action possessoire.*

16. Par l'action personnelle on demande que la personne de l'obligé ou de son représentant fasse ou donne ce qu'elle est obligée de faire ou de donner. Par l'action réelle on demande que la chose soit déclarée appartenir au réclamant ou affectée à son droit réel (tel qu'un droit de servitude) ; si l'on conclut aussi, suivant l'usage, à ce que l'actionné soit tenu de délaisser l'héritage ou de consentir au droit réel et aux suites de ce droit, c'est qu'il est impossible d'agir autrement. Ce qui prouve que, même dans ce cas, on s'adresse en effet à la chose, c'est que si le possesseur la délaisse, il est affranchi de toute action, tandis que l'obligé ne peut se mettre à l'abri de l'action personnelle en abandonnant ses biens ; il faut absolument qu'il remplisse toute l'obligation à laquelle il est soumis.

§ 4.. *Actions personnelles et mobilières.*

17. L'action personnelle est celle par laquelle on agit en justice contre celui qui nous est personnellement obligé, en vertu d'une obligation conventionnelle ou d'un engagement sans convention (C. Nap., art. 1370 et suiv.) résultant de l'autorité seule de la loi, d'un quasi-contrat, d'un délit ou d'un quasi-délit.

18. Cette action dérive de ce que les auteurs appellent *jus ad rem,* le droit à la chose. Elle a pour objet l'exécution de l'obligation de donner ou de faire quelque chose, la nullité ou rescision d'un acte illégal, ou la réparation de quelque dommage.

19. En général, les actions personnelles sont mobilières. Et lorsqu'elles sont à la fois personnelles et immobilières, elles prennent le nom d'actions mixtes.

§ 5. *Actions mixtes.*

20. Les actions mixtes sont à la fois personnelles et réelles, parce que, outre la revendication d'une chose, elles embrassent toujours des prestations. — V. Annales, 1re série, t. I, p. 35.

§ 6. *De la manière d'exercer les actions, et des tribunaux devant lesquels elles se portent.*

21. Celui qui a plusieurs actions et qui n'en exerce qu'une n'est pas censé avoir renoncé à exercer les autres. Toullier, X, n°s 170 et suiv.

22. En conséquence, lorsque le vendeur d'un immeuble a d'abord tenté de se faire payer de son prix, soit en dirigeant des poursuites contre son acquéreur, soit en demandant sa collocation dans un ordre ouvert sur lui, il n'est pas, pour cela, non recevable à intenter ultérieurement l'action en résolution.

23. D'après l'article 3 du Code de procédure : « En matière purement personnelle ou mobilière, la citation sera donnée devant le juge du domicile du défendeur ; s'il n'a pas de domicile, devant le juge de sa résidence ; » et aux termes de l'article 59 du même Code : « *En matière personnelle*, le défendeur sera assigné devant le tribunal de son domicile ; s'il n'a pas de domicile, devant le tribunal de sa résidence ; s'il y a plusieurs défendeurs, devant le tribunal du domicile de l'un d'eux, au choix du demandeur ; *en matière réelle*, devant le tribunal de la situation de l'objet litigieux ; *en matière mixte*, devant le juge de la situation, ou devant le juge du domicile du défendeur. »

24. Mais, indépendamment des règles tracées par ces deux articles du Code de procédure, il existe des actions particulières sur lesquelles la loi a, dans d'autres dispositions, réglé la compétence des tribunaux.

25. Ainsi, l'*action en reddition de compte* doit être portée devant le juge du domicile du comptable, excepté pour les comptables judiciaires qui sont poursuivis devant le juge qui les a commis, et pour les tuteurs qui le sont devant le juge du lieu où la tutelle a été déférée.

26. Ainsi, l'*action pour le payement des droits d'enregistrement* se porte devant les juges d'arrondissement du bureau qui doit les percevoir. L. 22 frim. an VII, art. 64, et Cass., 5 mai et 30 déc. 1806.

27. Ainsi, l'*action en exécution d'un acte*, dans lequel l'obligé a fait élection de domicile, se porte devant le juge du domicile élu. C. Nap., art. 111.

28. Ainsi, l'action hypothécaire est soumise au tribunal de la situation des biens. Cass., 17 déc. 1809.

29. Ainsi, enfin, les *actions successorales* se portent devant le juge du lieu où la succession s'est ouverte. Ces actions sont : les demandes entre héritiers, jusqu'au partage inclusivement ; les demandes intentées par les créanciers avant le partage ; les demandes relatives à l'exécution des dispositions à cause de mort, jusqu'au jugement définitif, et les répudiations de l'hérédité et de la communauté. C. Nap., art. 822 et art. 1457, et C. proc., 59 et 997.

30. L'action civile en dommages et intérêts contre le propriétaire du fonds supérieur, pour fait de prise d'eau en temps prohibé, n'est pas une action purement personnelle et mobilière, de la compétence du juge de paix. Elle constitue, au contraire, comme devant faire juger ou préjuger le droit de prise d'eau, une action réelle ou mixte qui doit être portée devant le tribunal de première instance. Cass., 8 avr. 1829 ; ANNALES, 1re série, t. I, p. 38.

31. Le juge de paix, saisi de l'action en payement d'une obligation résultant d'un billet, reste compétent pour en connaître, alors même que le défendeur prétendrait que l'obligation est sans cause, comme ayant eu pour objet le rachat d'une redevance féodale. L. 24 août 1790, art. 9, tit. III ; Cass., 2 févr. 1814 ; ANNALES, 1re série, t. I, p. 39.

32. L'action en payement des arrérages d'une rente foncière non contestée est mobilière et personnelle ; par suite, le juge de paix peut en connaître si le montant de la demande n'excède pas sa compétence. Cass., 13 oct. 1813. *Ibid.*, p. 40.

33. L'action en dommages-intérêts formée par des habitants d'une commune contre un individu forain pour avoir illégalement exercé, au préjudice de leurs troupeaux, un droit de vaine pâture, sur le territoire de la commune, est purement mobilière. Cass., 8 mai 1838. *Ibid.*, p. 41.

34. La réclamation d'une rente qu'on prétend établie sur la maison du débiteur constitue, si l'existence de la rente est déniée par ce dernier, non une action purement personnelle et mobilière, mais une action mixte, qui n'est pas de la compétence du juge de paix, quelque modique que soit la rente réclamée. C. proc., art. 2 ; Cass., 8 déc. 1829. *Ibid*, p. 43.

35. Jugé dans ce sens que l'action, personnelle de sa nature, qui est dirigée contre un héritier, perd ce caractère et devient mixte, et par conséquent hors des attributions du juge de paix, lorsque cet héritier est détenteur des biens hypothéqués à la créance du demandeur, et qu'il est assigné en cette qualité, comme en celle d'héritier. L. 24 août 1790, art. 9 ; C. Nap., art. 873 ; C. proc., art. 2 et 3 ; Cass., 24 août 1826. Mais jugé que, si la rente n'est pas contestée, l'action est mobilière et personnelle. Cass., 13 oct. 1813.

ACTION POSSESSOIRE. Les actions possessoires sont celles qui ne sont relatives qu'à la possession, et qui tendent, soit à y faire maintenir le demandeur, en cas de simple trouble, soit à l'y faire réintégrer en cas de spoliation. On les désigne ainsi par opposition à celles qui ont pour but la propriété, et que l'on appelle *actions pétitoires*.

1. La *possession* fait présumer la propriété. De là toute l'importance de la matière des actions possessoires.

2. Celui qui obtient la possession, poursuivi au pétitoire, n'est tenu à aucune preuve ; c'est à son adversaire de détruire la présomption de propriété résultant de la possession.

5. Mais il ne suffit pas d'user, par la possession pendant une courte absence du maître, de la chose possédée, pour rejeter sur lui le fardeau de la preuve. L'ancien possesseur peut agir contre le nouveau, en prouvant l'antériorité de sa possession, s'il forme sa demande dans un certain délai, et si sa possession réunit certains caractères exigés par la loi ou la jurisprudence.

Table sommaire.

Division.

§ 1er. De la nature des actions possessoires et de leurs différentes espèces.

§ 2. De la complainte.

§ 3. De la réintégrande.

§ 4. De la dénonciation de nouvel œuvre.

§ 5. Des choses qui peuvent être l'objet des actions possessoires.

§ 6. Des conditions requises pour l'exercice des actes possessoires.

§ 7. Des personnes qui peuvent intenter les actions possessoires et y défendre.

§ 8. Quel est l'effet de la règle qui défend de cumuler le possessoire et le pétitoire.

§ 1er. *De la nature des actions possessoires et de leurs différentes espèces.*

4. La nature de l'action se détermine par les conclusions du demandeur. Elle est *pétitoire* si on réclame un droit de propriété, *possessoire* s'il s'agit uniquement d'un droit de possession ; mais nous devons ajouter qu'il faut s'attacher plutôt à l'intention du demandeur qu'au sens littéral des mots employés dans l'assignation. Pour déterminer le caractère de l'action, et en conséquence de ce principe qui prend sa source dans l'article 1156 du Code Napoléon, et qui s'applique d'ailleurs à toutes les matières du droit, il a été jugé que l'action ne cesse pas d'être possessoire, par cela seul que le demandeur fournit, à l'appui de ses conclusions en maintenue de possession, des allégations tendant à établir sa propriété. Cass., 30 nov. 1818, et 1er mars 1819. ANNALES, 1re série, t. I, p. 131 et 133.

5. Mais l'action est *pétitoire* si le demandeur conclut à ce que le défendeur soit déclaré non propriétaire ; parce que dans ce cas c'est le droit de la propriété, et non le fait de la possession, qui forme l'objet du litige. Cass., 3 oct. 1810.

6. De même, si le défendeur soutient que le terrain litigieux n'est pas le même que celui énoncé dans le titre du demandeur, qui ne rapporte pas d'autre preuve de sa possession annale que ce titre, l'action est encore pétitoire. Cass., 12 avr. 1813.

7. La nature de l'action ne se modifie pas par les moyens que plaide le défendeur pour repousser la demande (Cass., 23 févr. et 13 juin 1814, 1er mars 1819 et 9 févr. 1820). Ainsi, l'action reste possessoire, soit que le défendeur soutienne que la propriété du fonds lui appartient, et non pas au demandeur (Cass., 8 brum. an XIII), soit qu'il allègue avoir un droit de servitude ou être fondé en titre pour exercer l'acte duquel résulte le trouble (Cass., 19 vend. an XI et 10 juin 1816), soit enfin qu'il s'appuie sur un acte administratif (Cass., 28 août 1812). Et le juge de paix qui, dans l'un de ces cas, ajourne le jugement du possessoire après la décision à intervenir sur le pétitoire, viole la règle qui veut que le possessoire soit jugé avant le pétitoire. Cass., 29 déc. 1828.

8. Il appartient au juge du possessoire d'apprécier les caractères de la possession, et de déclarer, par exemple, si elle a eu lieu ou non à titre précaire.

9. Décidé que les juges de paix ont plein pouvoir pour apprécier si la possession invoquée à l'appui d'une demande en complainte possessoire réunit les conditions déterminées par la loi, et si, dès lors, elle a été paisible, non équivoque et exercée à titre de propriétaire. Cass., 11 févr. 1857; ANNALES, 1857, p. 406.

10. En conséquence, il n'y a ni déni de justice, ni cumul du possessoire et du pétitoire, ni excès de pouvoir, de la part du juge du possessoire qui, après avoir déclaré qu'il reste sur les caractères de la possession des parties un doute sérieux, et que l'interprétation des titres peut seule éclaircir ce doute, renvoie ces parties à se pourvoir au pétitoire, et ordonne néanmoins le séquestre de la propriété litigieuse. C. Nap., art. 4, 1961; C. proc., art. 23, 25, 27; L. 25 mai 1838, art. 6. *Ibid.*

11. Une possession à titre précaire ne peut donner lieu à une action en complainte. Et spécialement, le changement hydraulique d'après lequel un propriétaire inférieur tient constamment plein, pour le jeu de ses usines, un réservoir qu'il avait la faculté de tenir plein ou vide, mais que, depuis plus d'un an, il tenait tantôt plein, tantôt vide, à sa convenance et dans son seul intérêt, ne peut être, de la part du propriétaire supérieur qui se plaint du refoulement des eaux causé par le nouveau mode adopté, la base d'une action en complainte. C. proc., art. 23; C. Nap., art. 644; Cass., 4 déc. et 25 juill. 1837; ANNALES, 1re série, t. I, p. 67 et 199.

12. L'usage plus ou moins restreint fait par un particulier, dans son seul intérêt et à sa convenance, d'un droit qu'il a la faculté d'exercer d'une manière absolue, ne peut faire acquérir aux tiers qu'une possession à titre précaire. Cass., 4 déc. et 25 juill. 1837. *Ibid.*

13. La possession publique, paisible et à titre non précaire, par les habitants d'une commune, d'un chemin ou d'une rue, n'a pas le caractère d'une simple servitude discontinue ou d'un passage sur un fonds en faveur d'un autre fonds; dès lors, si un tiers, se prétendant propriétaire du chemin, en interrompt la circulation, la commune, dont les habitants ont joui pendant plus d'une année, peut se pourvoir par voie de complainte. Cass., 24 déc. 1844; ANNALES, 1re série, t. I, p. 93.

14. C'est une simple action possessoire, et non pas une action en dénonciation de nouvel œuvre, que celle formée par plusieurs propriétaires riverains, à l'effet de faire ordonner que l'eau d'un ruis-

seau, détournée par le propriétaire supérieur au moyen d'une rigole nouvellement établie sur son fonds, soit rendue à son cours ordinaire, pour qu'il puisse en jouir comme par le passé. L. 24 août 1790; C. proc., art. 23; Cass., 28 avril 1829. ANNALES, p. 69.

15. Cette action a été régulièrement formée dans l'année du trouble, et a dû être accueillie par les tribunaux, lorsque, d'une part, les propriétaires riverains sont en possession depuis longues années de prendre partie des eaux pour l'irrigation de leurs propriétés, à la faveur d'ouvrages établis sur leurs propres fonds, et que, d'autre part, la nouvelle entreprise du propriétaire supérieur est cause que le volume d'eau qui leur parvient est moins considérable qu'il ne l'était auparavant. C. Nap., art. 641 et 644; C. proc., art. 23. *Ibid.*

16. L'action intentée par le riverain d'un cours d'eau, contre un riverain supérieur, pour obtenir réparation d'un trouble à la possession qu'il prétend avoir des eaux, est une action possessoire. L. 24 août 1790, tit. III, art. 10; C. proc., art. 23; Cass., 17 août 1836. *Ibid.*, p. 195.

17. Mais l'action est pétitoire, quand le demandeur requiert d'être réintégré dans la propriété d'un terrain usurpé sur lui. Cass., 10 niv. an IV. *Ibid.*, p. 198.

18. La décision du juge du possessoire qui ordonne d'office la preuve d'une convention qui, ayant pour résultat d'affecter de précarité la possession du demandeur, en ce qu'elle établirait notamment qu'il n'a recueilli les produits du terrain litigieux qu'en vertu d'un échange de fruits, est interlocutoire, et, par conséquent, susceptible d'appel. C. proc., art. 31; Cass., 7 août 1849. *Ibid.*, p. 197.

§ 2. *De la complainte.*

19. L'action en complainte tend à être maintenu dans la possession annale d'un immeuble ou d'un droit *réel* immobilier, à laquelle il a été porté atteinte. Elle est fondée sur ce que celui qui possède une chose depuis plus d'un an en est, par provision, réputé propriétaire. Il suit de là qu'elle ne peut en général être intentée que pour les immeubles à l'égard desquels la possession prolongée pendant le temps réglé pour la prescription peut attribuer la propriété.

20. Toutes les fois que l'on est troublé dans une possession réunissant les caractères requis par la loi, il y a lieu à complainte. Peu importe que le trouble ne cause aucun préjudice actuel; il suffit qu'il annonce, de la part du défendeur, l'intention d'acquérir

la possession, ou de la rendre équivoque en la personne du demandeur. Pothier, *De la Possession*, n° 103 ; Cass., 2 déc. 1829.

21. Le trouble est l'empêchement apporté à la possession. Il est
de *fait* ou de *droit*. Comme exemple du trouble de *fait*, nous citerons le cas où un tiers vient sciemment enlever la récolte d'un
champ qu'il n'a ni semé ni cultivé, au préjudice de celui qui avait
fait ces travaux ; et comme trouble de *droit* nous citerons le cas où,
dans un acte, un exploit, etc., la possession est méconnue ou contestée. V. Merlin, *Rép.*, v° *Complainte*, § 14 ; Henrion de Pansey,
chap. XXXVII.

22. La coupe d'une certaine quantité de foin faite par un voisin,
sans annoncer qu'il a l'intention de posséder le terrain sur lequel il
l'a faite, ne donne pas lieu à complainte, parce que, dans cette action, on considère le droit et non le fait de la possession.

23. Néanmoins la complainte est recevable de la part du propriétaire d'un immeuble contre un tiers qui prétend avoir le *droit* de
posséder cet immeuble en qualité de fermier, et qui fait acte de
jouissance, quand bien même il ne s'agirait alors que d'une possession à titre précaire, parce qu'il existe un trouble de *fait* et non
isolé, qui suffit pour motiver la complainte. Cass., 6 frim. an XIV
et 19 nov. 1829 ; Merlin, *Rép.*, v° *Complainte*, n° 3.

24. Il y a également lieu à complainte : 1° s'il a été dressé contre
le possesseur un procès-verbal de contravention pour avoir ouvert
un fossé sur un terrain qu'on prétend dépendre d'un chemin vicinal ; 2° ou quand on exécute, sur rapports d'experts ou même sur
l'avis d'un arpenteur, une plantation de bornes ou haies, de nature
à porter atteinte à la possession d'un voisin. Cass., 10 janv. 1827
et 27 août 1829.

25. Mais la complainte est non recevable : 1° pour le trouble
apporté par l'exécution d'un jugement : il faut se pourvoir alors par
les voies ouvertes contre ce jugement (Merlin, *Quest.*, v° *Complainte*
§ 1) ; 2° pour celui causé par une assignation au pétitoire (Cass.,
20 janv. 1824) ; 3° pour celui résultant d'un acte administratif,
par exemple l'abornement et l'apposition d'affiches autorisés par
la loi du 9 ventôse an XIII, dans le but de rechercher les limites
de chemins vicinaux. Cass., 26 déc. 1836 ; avis du Cons. d'Etat,
22 nov. 1826.

26. On ne peut pas considérer une demande en partage comme
un trouble de possession. — Par suite, une pareille demande ne
peut donner lieu à une action possessoire en complainte. Cass., 25
avr. 1842; ANNALES, 1re série, t. II, p. 8.

27. L'action en complainte est non recevable de la part du propriétaire contre celui qui est prouvé par une enquête avoir de tout
temps, et notamment dans l'année qui a précédé le trouble, exercé
sans titre une servitude, même discontinue et imprescriptible, telle
qu'une servitude de passage. C. proc., art. 23 ; Cass., 11 nov. 1829.
Annales, p. 4.

28. Une action en complainte peut être considérée comme ayant
pour objet une servitude de passage, et non la possession d'un chemin commun, lorsque ce chemin ne borde point la propriété du
demandeur, et que la demande introductive d'instance s'est renfer-
mée dans les limites d'un fait de passage. — Par suite, cette action
en complainte est non recevable, comme s'appliquant à une servitude
discontinue. C. Nap., art. 2228, 2229 ; C. proc., art. 23 ; Cass.,
7 avr. 1852 ; Annales, 1853, p. 18, et réimpression, p. 172.

29. Il est de principe qu'un fait ne saurait être réputé *trouble*,
si celui qui en est l'auteur a agi dans la limite de ses droits.—Pour
qu'il y ait lieu à complainte, il faut que les faits qui servent de base
à cette demande portent réellement préjudice au complaignant, et,
à cet égard, il appartient exclusivement aux juges du fond de décider si tel ou tel fait constitue un trouble, un préjudice pouvant autoriser la complainte.

30. Le juge du possessoire, saisi d'une action en complainte pour
entreprise faite par un riverain sur les eaux du canal d'un moulin,
n'est pas obligé, en maintenant le propriétaire du moulin en possession des eaux du canal, de déclarer le maintenir en possession
du canal lui-même, alors d'ailleurs que l'entreprise ne porte pas
sur le sol. Cass., 17 janv. 1842.

31. Il ne faut pas perdre de vue que le trouble susceptible de
donner lieu à l'action en complainte peut résulter aussi bien d'une
prétention que d'un fait ; mais pour qu'une prétention de propriété
ou de servitude ait cet effet, il faut qu'elle soit manifestée par un
acte judiciaire ou extrajudiciaire, comme une sommation, une saisie-arrêt aux mains de fermiers, un procès-verbal dressé par un
garde forestier ou champêtre, contraire aux droits du possesseur ;
dans tous ces cas, celui qui éprouve le trouble peut appeler au possessoire. Mais une demande en partage ne saurait être considérée
comme apportant à la possession un trouble donnant lieu à l'action
en complainte (Cass., 25 avr. 1842). — Que dire du cas où un terrain appartenant à un tiers aurait été indûment compris dans un
jugement d'adjudication rendu sur saisie immobilière ? Le tribunal de Toulouse, par jugements en date des 17 décembre 1822 et

4 juin 1847, a jugé que le tiers ne pouvait agir par la voie possessoire.

52. Par arrêt du 10 janvier 1827, la Cour de cassation a jugé que celui qui a été assigné en police correctionnelle pour avoir creusé un fossé sur un chemin public, et qui, ayant soutenu que le lieu où le fossé a été creusé était sa propriété, a été renvoyé se pourvoir à fin civile, a pu régulièrement assigner le maire de la commune au possessoire ; mais la même Cour a décidé, par un autre arrêt du 18 août 1823, que la demande au possessoire ne pourrait plus être intentée, si devant le premier tribunal on avait fait formellement valoir non la possession, mais la propriété, et que les parties eussent été renvoyées à se pourvoir sur la question préjudicielle de *propriété*. Curasson, en rapportant cet arrêt, fait observer, avec raison, que la question de propriété n'étant en rien du ressort du juge criminel, il est difficile que l'on compromette devant lui le possessoire. Le jugement de renvoi ne peut donc être d'aucune influence sur la nature de l'action ni sur la juridiction où elle doit être portée ; et c'est en effet ce qui a été depuis reconnu par la Cour de cassation elle-même, par arrêt du 23 janvier 1844.

§ 3. *De la réintégrande.*

53. L'action en réintégrande a pour but, comme l'indique son nom, de faire réintégrer dans sa possession celui qui en a été dépouillé.

54. La réintégrande ne diffère de la *complainte* qu'en ce que, pour pouvoir intenter celle-ci, il suffit d'éprouver un trouble de *fait* ou de *droit*, tandis que la réintégrande n'a lieu qu'en cas de dépossession, de dessaisissement réel.

55. L'action en réintégrande, n'étant en quelque sorte que la dénonciation d'un délit, ne demande pas la possession civile et peut être exercée par tous les possesseurs ou gardiens en général, du moins lorsqu'il ont été dépouillés de l'objet à eux confié, par violence ou voies de fait. Cass., 10 nov. 1819, 16 mai 1820, 28 déc. 1826.

56. La réintégrande n'ayant lieu qu'en cas de dépossession, il faut donc, pour intenter cette espèce d'action, avoir été dépossédé ; cependant, on a prétendu, et cette prétention appartient à Henrion de Pansey, que l'on pouvait exercer la réintégrande sans prouver une possession annale : il suffit, dit ce savant magistrat, chap. LII, que le demandeur établisse qu'il possédait au moment de la spoliation ; l'auteur va même plus loin, en ajoutant « que celui qui succombe sur une demande en complainte ne peut plus agir qu'au pétitoire, mais que la voie possessoire est encore ouverte à celui qui, sur une demande en réintégrande, a été condamné à restituer l'objet dont il s'était emparé par violence. » Cette opinion, adoptée par M. Garnier et même par Proud'hon, combattue par Toullier, Troplong et Curasson, a surtout le défaut de fonder une doctrine tout à fait en dehors de la loi, et qui, il faut le dire, ne trouverait de base dans aucun texte, eût-on même recours aux interprétations les plus hasardées. Et, cependant, la Cour de cassation a adopté l'opinion d'Henrion de Pansey et y a toujours persisté, en jugeant qu'en matière de réintégrande, il suffit au demandeur de prouver qu'il avait la possession de pur fait, c'est-à-dire la détention naturelle et simplement matérielle, au moment où la violence ou voie de fait a été commise. Voir, entre autres arrêts, ceux des 28 décembre 1826, 4 juin 1835, 19 août 1839, 5 avril 1841, 5 août 1845, 23 novembre 1846 et 10 août 1847.

37. Quelque respect qu'inspire l'autorité de la Cour suprême, on ne peut s'empêcher de remarquer que la doctrine par elle adoptée est absolument contraire au texte de la loi. « Les actions possessoires, dit l'article 23 du Code de procédure, *ne seront recevables* qu'autant qu'elles auront été formées *dans l'année du trouble* par ceux qui, *depuis une année au moins,* étaient en possession paisible par eux ou les leurs, à titre non précaire. » — « Le défendeur au possessoire, dit l'article 29, ne pourra se pourvoir au pétitoire qu'après que l'instance sur le possessoire aura été terminée. » — Comment, en présence d'expressions si formelles et lorsque la réintégrande, aussi bien que la complainte, est mise par la loi au nombre des actions *possessoires,* soutenir que la possession annale n'est pas nécessaire au demandeur en réintégrande comme elle l'est au demandeur en complainte ; que celui qui a été condamné à réintégrer le possesseur peut ensuite se pourvoir lui-même au possessoire ; enfin que la réintégrande est aujourd'hui, comme avant la loi de 1790, une action tout à fait à part, qui a ses règles propres, et dont on doit chercher le caractère et la définition dans l'ancien droit ? — Les partisans de cette opinion sont forcés de créer une procédure, des règles spéciales, de se faire législateurs ! N'est-il pas naturel de penser qu'en déférant aux juges de paix la connaissance des « déplacements de bornes, des usurpations de terre, des entreprises sur les cours d'eau et de *toutes autres actions possessoires,* » la loi du 24 août 1790 a compris la réintégrande au nombre des actions possessoires ; que, par suite, l'article 23 du Code de procédure, en exigeant la possession annale pour l'exercice des *actions possessoires*, a disposé à l'égard de la réintégrande comme pour toutes les autres actions de ce genre; qu'enfin la loi de 1838, en énumérant la réintégrande avec les autres actions possessoires dont les juges de paix doivent connaître, n'a pas non plus reconnu un caractère à part à cette action ?

38. L'action en réintégrande n'est donc qu'une action possessoire comme la complainte et la dénonciation de nouvel œuvre; et le juge de paix ne doit se préoccuper, pour se fixer sur la compétence, que de savoir si le demandeur a la possession annale et si l'action a été intentée dans l'année du trouble.

39. Quoi qu'il en soit, d'après la jurisprudence de la Cour de cassation, pour exercer une action en réintégrande, il suffit d'avoir une possession matérielle et actuelle au moment de la voie de fait dont on se plaint. Et cette action peut être exercée contre celui-là même qu'on a dépossédé par voie de fait, et qui se trouvait, au moment de la violence, en possession plus qu'annale de l'immeuble. Cass., 5 août 1845; ANNALES, 1re série, t. IV, p. 312.

40. Le fait, par les riverains d'un cours d'eau, d'en avoir détourné les eaux au préjudice d'un riverain inférieur, constitue un simple trouble, qui ne peut servir de base à une action en réintégrande; — mais l'action du riverain troublé, quoique mal à propos qualifiée de demande en réintégrande, n'en est pas moins de la compétence du juge de paix, soit à titre d'action pour entreprise sur un cours d'eau (L. 25 mai 1838, art. 6), soit à titre de complainte possessoire, s'il est constant que la possession du demandeur était plus qu'annale. Cass., 17 nov. 1857; ANNALES, 1858, p. 204.

41. Jugé encore que l'action en réintégrande ne peut avoir pour base qu'un acte violent et arbitraire, troublant dans une certaine mesure l'ordre et la paix publique. — Qu'ainsi, le fait par un propriétaire d'avoir repris la jouissance d'une portion de terre qu'il avait cédée à son voisin, dans le bornage de leurs propriétés respectives, et d'y avoir arraché quelques arbres et arbustes, sans toutefois se rendre coupable de dévastation de plants et récoltes ni de destruction violente de terrains, ne saurait motiver, de la part du voisin, une action en réintégrande, mais donne simplement lieu à une complainte possessoire. Cass., 12 mai 1857; ANNALES, 1858, p. 29.

42. Mais s'il n'est pas nécessaire d'avoir une possession civile et annale pour agir en réintégrande, il est au moins indispensable d'avoir une possession matérielle de l'objet litigieux, au moment du fait qui donne lieu à cette action. Cass., 11 juin 1828. ANNALES, p. 314.

43. Ainsi, lorsqu'un tribunal reconnaît qu'un demandeur en réintégrande, qui prétend avoir été dépouillé par violence et voies de fait, n'a jamais été en possession de l'objet litigieux, c'est le cas de déclarer l'action en réintégrande non recevable. C. proc., art. 23. *Ibid.*

43 bis. L'action en réintégrande, lorsqu'elle a pour objet une valeur indéterminée, doit subir les deux degrés de juridiction, quoique les dommages-intérêts demandés n'excèdent pas 50 francs. Cass., 5 mars 1828. *Ibid.*, t. IV, p. 316.

44. L'action en réintégrande, supposant tout à la fois une possession réelle et actuelle et une dépossession par violence ou voie de fait, est inadmissible dans le cas de suppression d'une servitude discontinue et non apparente, telle qu'une servitude de passage. C. proc., art. 25. *Ibid.*

45. Les servitudes discontinues ne pouvant s'établir que par titres, un fermier est non recevable dans son action en rétablissement et en maintenue d'un droit de passage dont il est privé par une voie de fait. C. Nap., art. 691. *Ibid.*

46. Une action en réintégrande est valablement intentée par celui qui ne possède qu'à titre précaire, tel qu'un fermier. Cass., 10 nov. 1819. *Ibid.*, p. 326.

47. Jugé de même que le possesseur à titre d'antichrèse est recevable à intenter l'action en réintégrande. Cass., 16 mai 1820. *Ibid.*, p. 328.

48. Les églises et chapelles ne sont imprescriptibles qu'autant qu'elles sont publiquement et actuellement consacrées au culte divin... L'action en réintégrande existe encore dans notre droit actuel... Le juge saisi d'une action en réintégrande n'est pas obligé d'ordonner la preuve de la détention, alors même qu'elle serait déniée, si cette dénégation lui paraît fondée sur l'erreur ou la mauvaise foi. Cass., 4 juin 1835. *Ibid.*, p. 329.

§ 4. De la dénonciation de nouvel œuvre.

49. Cette action possessoire est une espèce de complainte que l'on intente contre celui qui a fait ou commencé sur son fonds un nouvel ouvrage contre l'ancienne disposition des lieux, et qui porte préjudice au plaignant, en le troublant dans sa propriété, ou dans un droit réel qu'il se prétend fondé à exercer sur l'héritage voisin. Favard, v° *Dénonciation de nouvel œuvre*; Carré, *Droit français*, 2, 231.

50. En attribuant aux juges de paix les dénonciations du nouvel œuvre pratiquées dans l'année, l'article 6 de la loi du 25 mai 1838 n'a fait que confirmer, à ce sujet, la disposition de celle du 24 août 1790, qui attribuait aux juges de paix la connaissance de toutes les actions possessoires. Curasson, *Compétence des Juges de paix*, t. II, p. 23.

51. Cette action peut donc être portée devant le juge de paix. Si les travaux commencés par le voisin ne sont pas achevés, on peut demander la suspension par l'action en dénonciation du nouvel œuvre. Le juge de paix peut ordonner la suppression des travaux qui auraient été faits depuis son ordre de suspendre.

52. Dans les autres actions possessoires, le trouble se fait par une entreprise quelconque sur le fonds du possesseur; mais ici l'action est dirigée contre celui qui a fait sur son propre fonds quelque ouvrage nuisible au possesseur d'un fonds voisin. Or, un propriétaire est libre de faire sur son terrain tous les ouvrages qu'il lui plaît; si le voisin le laisse achever sans se plaindre, il est à présumer qu'il n'a pas le droit de les empêcher; la demande tendant à les faire supprimer ne peut donc être basée que sur un titre et intentée au pétitoire, autrement il y aurait violation du droit de propriété. — Cette doctrine est celle de la Chambre des requêtes de la Cour de cassation, en dissidence formelle sur ce point avec la Chambre civile, et elle a été sanctionnée par plusieurs arrêts.

53. La dénonciation de nouvel œuvre, avons-nous dit dans notre *Traité de la compétence judiciaire des juges de paix*, p. 26, n'est qu'une espèce particulière de trouble de fait, et se confond avec l'action en complainte; cependant cette définition est bien loin de celle qui a été adoptée et soutenue par plusieurs auteurs : ainsi l'on a prétendu que la dénonciation de nouvel œuvre ne pouvait avoir lieu que relativement à des travaux faits par le voisin sur son propre fonds, mais qui tendraient à grever de servitude ou à priver d'un droit de servitude le fonds du demandeur, et que le juge de paix auquel la dénonciation était soumise n'avait pouvoir que de défendre la continuation des travaux et constater l'état des lieux au moment de la dénonciation, mais sans jamais autoriser à faire détruire des ouvrages commencés, à plus forte raison des ouvrages terminés. Henrion de Pansey, qui avait émis cette doctrine, l'a fait consacrer par deux arrêts de cassation des 15 mars 1826 et 4 mars 1827 ; mais

depuis, il a été, ainsi qu'avant ces arrêts, mainte et mainte fois jugé par la Cour suprême que le juge de paix est compétent pour tout ce qui se rapporte aux actions possessoires; que sa compétence s'applique aux travaux pratiqués par les défendeurs sur leurs propres terrains; qu'il peut en ordonner la destruction, que les ouvrages soient terminés ou qu'ils soient seulement commencés, la loi n'exigeant autre chose sinon que l'action soit formée dans l'année du trouble. Cass., 25 juill. 1835 et 5 févr. 1838.

54. Ainsi, soit qu'un voisin ait empêché l'exercice d'une servitude de passage en posant une barrière, soit qu'il ait bâti une maison faisant égout sur le terrain d'autrui, soit qu'il ait ouvert dans un édifice par lui construit des fenêtres asservissant le terrain voisin à un droit de jour, il est certain que le propriétaire lésé dans son droit, dont il jouissait paisiblement depuis an et jour, pourra faire ordonner par le juge de paix que la barrière sera détruite, que l'égout sera détourné, que les fenêtres seront bouchées ou masquées à la hauteur prescrite par la loi. C. Nap., art. 676 et suiv. — Il est vrai que dans certains cas, et si, par exemple, le voisin avait bâti au mépris d'un droit de jour que j'eusse acquis sur sa propriété, il pourrait être condamné à reculer son édifice de 19 décimètres (C. Nap., art. 678); mais un pareil droit donnerait plutôt lieu à l'action pétitoire qu'à l'action possessoire, puisque la possession annale ne suffirait pas pour acquérir un droit de jour. — Du moment donc où la possession est bien avérée, il n'importe que la construction qui y ait fait obstacle ait été bâtie sur le terrain du demandeur ou sur le terrain du défendeur au possessoire; quoique le droit du demandeur ne repose que sur la possession annale, présomption équivoque et qu'un titre peut renverser; le juge de paix devra ordonner toute suppression, même destruction, pour mettre fin au trouble; et, suivant la règle générale de l'article 27 du Code de procédure, le défendeur au possessoire ne sera admis, s'il a succombé, à se pourvoir au pétitoire, qu'après avoir satisfait aux condamnations prononcées contre lui.

§ 5. Des choses qui peuvent être l'objet des actions possessoires.

55. Le Code de procédure n'ayant pas déterminé les choses qui peuvent être l'objet des actions possessoires, et la loi du 24 août 1790 portant seulement, dans son titre X que, «le juge de paix connaîtra : 1° des déplacements de bornes, des usurpations de terre, arbres, haies, fossés et autres clôtures, commis dans l'année ; 2° des entreprises sur les cours d'eau servant à l'arrosement des prés, com-

mises pareillement dans l'année, et de toutes autres actions possessoires (1), » il faut remonter, pour suppléer à ce que laisse à désirer
la nouvelle législation, à l'ordonnance de 1667. On y lit, tit. XVII,
art. 1er : « Si aucun est troublé en la possession et jouissance d'un
héritage ou droit réel, ou d'une universalité de meubles qu'il possédait publiquement, sans violence, et à autre titre que celui de fermier ou possesseur précaire, il peut, dans l'année du trouble, former
complainte en cas de saisine et de nouvelleté contre celui qui lui a
fait le trouble. »

56. Nous devons admettre cette disposition comme servant encore
de base aux actions possessoires ; mais nous devons faire observer
qu'aujourd'hui l'article 2279 du Code Napoléon ayant proclamé en
principe qu'en fait de meubles possession vaut titre, il nous paraît
impossible d'admettre l'action possessoire, comme le faisait l'ordonnance de 1667, pour une généralité de meubles. On a d'ailleurs peu
à regretter cette modification aux anciens principes, car les auteurs
et la jurisprudence étaient loin d'être d'accord autrefois sur ce qu'on
devait entendre par une généralité de meubles.

57. Reste donc l'action possessoire pour immeubles et droits réels
immobiliers, et nous allons rechercher les principaux cas qui peuvent
y donner lieu ; mais, avant tout, il ne faut pas perdre de vue que
ces droits immobiliers doivent être susceptibles de s'acquérir par la
prescription, car la possession annale étant soumise à toutes les conditions requises pour prescrire, on ne concevrait pas que la simple
jouissance pendant un an fût capable de faire acquérir un droit,
quand la possession trentenaire ne le pourrait pas.

58. Ainsi, un droit qu'un particulier prétend s'arroger d'empêcher son voisin de bâtir sur son propre terrain constitue une servitude non apparente, qui ne peut être prescrite (C. Nap., art. 691),
et qui ne peut par conséquent donner lieu à la complainte.

59. Ainsi un droit de parcours ne peut non plus être l'objet d'une
action possessoire, parce qu'il n'est pas susceptible d'être acquis par
la prescription, soit qu'on le considère comme servitude, soit qu'on
le considère comme acte de tolérance.

60. Ainsi la simple possession annale d'une servitude discontinue ne peut autoriser la complainte, quand même elle aurait commencé sous l'empire d'une coutume qui admettait la prescription
de ces sortes de servitudes, s'il n'est pas constant que la possession

_____

(1) La loi du 25 mai 1838 n'a rien changé ni ajouté aux attributions conférées aux juges de paix, en cette matière, par la législation antérieure.

annale se soit accomplie avant la promulgation du Code. Cass., 13 août 1810.

61. Ainsi, dans le cas même où le complaignant pourrait se prévaloir d'une possession antérieure au Code de plus d'une année, son action ne serait pas recevable; autrement on s'exposerait à maintenir dans une servitude discontinue celui qui n'aurait encore acquis et ne pourrait acquérir à l'avenir, par prescription, aucun droit à son exercice. Cass., 10 févr. 1812 et 3 oct. 1814.

62. Mais lorsque la jouissance du possesseur est appuyée sur un titre, peu importe le mode de possession; puisque le droit est certain, il y a lieu à l'action en complainte. Cass., 24 juill. 1816, 6 juill. 1812, 17 mai 1820 et 30 mars 1830.

63. Il en est de même lorsqu'il y a destination du père de famille, parce qu'elle vaut titre, aux termes de l'article 692 du Code Napoléon. Cass., 2 mars 1810.

64. Il en est encore ainsi lorsqu'il s'agit de servitudes établies par la loi, qui est le titre le plus incontestable que l'on puisse avoir pour soi : en conséquence, le propriétaire du fonds supérieur peut exercer la complainte, dans l'année du trouble, contre le propriétaire inférieur qui a fait sur son fonds des travaux destinés à empêcher l'écoulement naturel des eaux. Cass., 13 juin 1814.

65. Et enfin, pareille décision doit être encore rendue lorsque l'on veut se faire maintenir, par voie possessoire, dans la jouissance d'un passage, en cas d'enclave. Cass., 7 mai 1829, 16 mars 1830, 19 nov. 1832.

66. L'article 2226 du Code Napoléon porte que l'on ne peut prescrire le domaine des choses qui ne sont pas dans le commerce; et l'on entend par là celles qui ne sont pas susceptibles d'être achetées ou vendues, et de devenir ainsi une propriété privée.

67. C'est en conséquence de ce principe que la Cour de cassation a jugé, le 1er décembre 1823, que l'on ne peut réclamer, par voie possessoire, la jouissance d'une chapelle faisant partie d'une église qui a toujours été consacrée à l'exercice d'un culte.

68. Mais rien n'empêchant qu'un terrain serve à la tenue d'une halle ou d'un marché, et soit en même temps une propriété privée, l'action en complainte peut être exercée pour se faire maintenir dans la possession du droit d'y percevoir une certaine taxe. Cass., 1er août 1809.

69. De même, un terrain qui n'est ni une place publique, ni une rue ou dépendance d'une rue, et qui ne sert à aucun usage public, considéré comme propriété purement communale, ne peut être rangé dans la classe des choses qui sont dans le domaine public et hors du commerce, et il peut, en conséquence, être l'objet d'une action possessoire. Cass., 7 avr. 1834.

70. Un droit de nue propriété peut autoriser la complainte, s'il s'agit d'une atteinte portée au droit sur le fonds, par exemple, d'une anticipation de terrain; mais le nu propriétaire ne peut, pour compléter la possession ou prescription annale, joindre à sa propre possession celle qu'a eue l'usufruitier dont la possession est éteinte. Cass., 6 mars 1822. — CONTRA, Proudhon, *Traité d'usufr.*, t. V, 2ᵐᵉ édit., p. 2; Carou, *Des act. poss.*, nᵒˢ 740 et 741; Augier, *Encyclopédie des J. de paix*, vᵒ *Act. poss.*, p. 84 et 85; Henrion de Pansey, 6ᵐᵉ édit., p. 401; Domat, liv. III, tit. VII; Potier, *De la poss.*, nᵒ 100. — M. Garnier, *Des actions possessoires*, a cherché à justifier l'arrêt ci-dessus cité du 6 mars 1822. Mais nous ne saurions accepter les raisons de M. Garnier pas plus que la doctrine de cet arrêt. — V. nos motifs ci-après, vᵒ *Usufruit*, nᵒ 7.

71. La possession d'un droit d'usage peut, tout aussi bien que celle d'un usufruit, être maintenue ou restituée par voie possessoire, l'usage n'étant qu'un usufruit restreint aux besoins de la personne.

72. « Mais, dit M. Carré, il ne faut pas confondre le droit d'*usage* avec les *usages* dont les habitants d'une commune, ou les détenteurs de tel ou tel héritage seraient en possession dans des bois ou des pâturages appartenant à un ou plusieurs particuliers: ces droits d'usage ne peuvent plus aujourd'hui être considérés que comme des servitudes discontinues, lesquelles ne sauraient (V. ci-dessus, nᵒˢ 59 et suiv.) être l'objet d'une action possessoire, à moins qu'elles ne soient fondées sur un titre. »

75. « Les redevances en nature, connues dans l'ancien droit sous les noms de *champart* et *complant*, ne sauraient non plus, ajoute M. Montigny, être assimilées à un droit d'usage, ni autoriser la complainte : ou l'acte en vertu duquel elles sont réclamées n'est qu'un simple bail, ou il implique une aliénation du fonds. Dans le premier cas, le bailleur à complant n'est pas plus fondé à réclamer, par voie possessoire, le service de la redevance en nature, que le serait un propriétaire pour le payement de ses fermages. Dans le second cas, le compart ou complant doit être assimilé aux rentes foncières déclarées rachetables par les lois de 1790, 1792, 1793, et l'article 530 du Code Napoléon, et réputées meubles par la détermination de la loi, aux termes de l'article 529 du même Code. Or, l'action possessoire ne peut être exercée pour des meubles. » *Sic*, Cass.,

29 juill. 1828 et 9 août 1831. *Contrà*, Henrion, ch. XLIII; Carré, n° 2373.

74. Les haies séparatives de deux héritages peuvent être l'objet d'une action en complainte; vainement on objecterait que l'article 670 du Code Napoléon ne reconnaît que deux espèces de droits à cet égard : le droit de propriété, lorsqu'il y a signe ou possession d'une nature exclusive en faveur de l'un des propriétaires, et le droit de mitoyenneté, lorsque ce signe ou cette possession n'existe pas; car la possession est admise en cette matière, et c'est là le signe certain de l'admissibilité des actions possessoires. Cass., 8 vend. an XIV.

75. Par la même raison, la possession indivise d'une propriété commune autorise la complainte contre celui des communistes qui veut s'attribuer une jouissance exclusive. Cass., 27 juin et 19 nov. 1828.

76. Les eaux qui bordent ou qui traversent les héritages peuvent aussi être l'objet des actions possessoires. Cass., 24 févr. 1808, 16 juin 1810, 1er mars 1815, 28 avr. 1829, 5 avr. 1830.

77. Les francs-bords d'un canal non navigable ni flottable, dont l'État n'est propriétaire qu'à titre purement privé, peuvent faire, au profit des riverains, l'objet d'une possession susceptible de servir de base à une action possessoire. Cass., 1er août 1855; ANNALES, 1856, p. 35. — V. *Francs-bords*.

78. Le juge de paix est compétent pour connaître d'une contestation élevée au possessoire entre deux particuliers qui réclament la possession d'une eau dont la source est sur un terrain communal, l'un par le motif qu'il a possession d'an et jour, l'autre parce que l'usage de ces eaux lui aurait été concédé par délibération du Conseil municipal approuvée par le préfet. Cass., 15 prair. an XII; ANNALES, 1re série, t. II, p. 373.

79. Le trouble apporté à la possession d'un cours d'eau peut donner lieu à l'action possessoire, alors même que les travaux qui occasionnent le trouble seraient exécutés et appuyés sur un terrain étranger au demandeur et spécialement sur les fonds du défendeur lui-même. Cass., 18 avr. 1838 ; ANNALES, 1re série, t. II, p. 391.

80. Les cours d'eau sont, en effet, susceptibles de possession, et les entreprises sur les cours d'eau sont rangées, par l'article 3 du Code de procédure, parmi les objets des actions possessoires. Pour apprécier si un trouble a été apporté à la possession d'un cours d'eau, il n'importe donc nullement de savoir, par exemple, comme dans l'espèce de l'arrêt ci-dessus cité, du 18 avril 1818, à qui ap-

partient le terrain sur lequel ont été appuyés ou exécutés les travaux qui ont pu causer le trouble.

81. Décidé, dans ce sens, que le propriétaire d'un étang alimenté
par une source qui ne prend pas naissance sur son fonds, mais dans
le fonds supérieur, n'a pas le droit de détourner les eaux sortant de
l'étang du cours qu'elles suivent depuis un temps immémorial, au
préjudice des héritages inférieurs qui en sont arrosés. Les propriétaires de ces héritages peuvent être maintenus dans la jouissance
des eaux, sur action possessoire, sans même qu'ils aient besoin, dans
ce cas, de justifier qu'ils ont fait des ouvrages apparents sur le
fonds supérieur. C. Nap., art. 642, 644; Cass., 20 févr. 1839; An-
NALES, 1re série, t. II, p. 392.

82. Le juge saisi d'une action possessoire fondée sur le trouble
résultant, au préjudice de l'un des riverains d'un cours d'eau, du
mode d'irrigation employé par son coriverain, cumule le possessoire et le pétitoire, lorsque, pour ordonner la réparation du dommage, il considère ce mode d'irrigation, non comme portant atteinte
à la possession annale du demandeur, mais simplement comme
contraire à un usage immémorial, dont un arrêté municipal a prescrit l'observation entre les riverains, et qui serait seul de nature à
concilier l'intérêt de l'agriculture avec le respect dû à la propriété.
C. proc., art. 23, 25; Cass., 29 nov. 1852; ANNALES, 2e série,
t. IV, p. 112, et réimpression, p. 210.

83. Le principe consacré par cet arrêt est conforme à la jurisprudence constante de la Cour de cassation. — Jugé dans ce sens
que le jugement qui, statuant sur une action en maintenue possessoire d'une rigole d'arrosement, n'ordonne pas seulement cette
maintenue, mais qui, en s'appuyant sur l'article 645 du Code Napoléon et sur le titre qui détermine les droits respectifs des parties,
ordonne en outre que ce titre sera exécuté selon sa forme et teneur,
et qui fixe par voie de règlement d'eau la largeur et la profondeur
de la rigole en litige, cumule le possessoire et le pétitoire. Cass.,
14 déc. 1841; ANNALES, 1re série, t. I, p. 178.

84. L'exécution des règlements d'eau entre riverains ne peut, en
effet, être ordonnée par le juge du possessoire. Le juge du possessoire n'est pas appelé à ordonner l'observation de ces règlements, et
encore moins à les établir; son unique mission est de maintenir tout
mode d'usage des eaux consacré par une possession plus qu'annale,
sauf aux parties à faire fixer leurs droits au pétitoire, d'après les règlements en vigueur, ou à faire régler ces droits, s'il n'existe pas de
règlements.

85. Le trouble apporté à la possession plus qu'annale de la force motrice d'un cours d'eau, en ce que, notamment, l'un des usiniers riverains de ce cours d'eau l'aurait rendu intermittent, au préjudice des riverains inférieurs, en adoptant le mode de jouissance par *éclusées*, peut servir de base à une action possessoire. C. proc., art. 23 ; Cass., 3 août 1852 ; ANNALES, 1852, p. 380, et réimpression, p. 163.

86. L'action possessoire exercée à raison de changements apportés dans le mode de jouissance d'un cours d'eau, par l'un des riverains, a pu être considérée comme formée en temps utile dans l'année à partir du jour où des travaux ont donné aux faits de jouissance nouveaux le caractère d'un véritable trouble, encore qu'ils se seraient produits quelquefois plus d'un an avant la demande, s'ils n'ont eu lieu qu'accidentellement, et sans révéler chez leur auteur l'intention d'user d'un droit. C. proc., art. 23. *Ibid.*

87. Le juge saisi d'une action possessoire, à raison d'une entreprise commise sur un cours d'eau par l'un des usiniers riverains, peut, en maintenant les autres riverains dans la possession qu'ils avaient du cours d'eau avant cette entreprise, défendre à l'auteur du trouble de retenir les eaux dans le bief de son moulin au delà d'une certaine hauteur déterminée par expert, à peine de dommages-intérêts par chaque contravention, alors, d'ailleurs, que la mesure ainsi ordonnée n'a été devant lui l'objet d'aucune contestation : ce n'est pas là un règlement d'eau excédant les limites de la compétence du juge du possessoire. *Ibid.*

88. Le riverain d'un cours d'eau, en possession depuis un an et un jour de la jouissance exclusive des eaux pour l'irrigation de son fonds, doit être admis à se faire maintenir dans cette jouissance, par action possessoire, lorsqu'il y est troublé par un riverain supérieur qui, exerçant pour la première fois son droit d'irrigation, a détourné les mêmes eaux. C. proc., art. 23 ; L. 25 mai 1838, art. 6 ; Cass., 4 mars 1846 ; ANNALES, 1re série, t. I, p. 110, et Cass., 6 mars 1855 ; ANNALES, vol. de 1855, p. 233.

89. C'est à tort que cette action lui serait déniée, soit à raison de ce que les ouvrages au moyen desquels les eaux sont introduites dans son fonds ne seraient ni apparents, ni établis sur le fonds supérieur, conditions inapplicables aux cours d'eau bordant les propriétés privées ; soit à raison de ce que la possession manquerait des conditions utiles à prescrire, conditions qui ne peuvent être débattues qu'au pétitoire. C. Nap., art. 642, 644. *Ibid.*

90. Les questions qui touchent aux actions possessoires en matière de cours d'eau sont, en général, très-délicates ; celle qui est résolue ci-dessus par l'arrêt de la Cour de cassation, du 4 mars 1846, l'est plus particulièrement, à raison de l'incertitude de la jurisprudence sur ce point. — On se trouve, en effet, en présence de ce principe qui domine les actions possessoires, que ces actions ne sont recevables qu'autant que la possession que l'on entend conserver est de nature à engendrer la prescription. Or, la faculté d'irrigation, réservée aux propriétaires riverains, est imprescriptible : si l'on s'arrête à cette idée, on doit en conclure qu'un riverain ne peut prétendre se perpétuer, au moyen d'une action possessoire, dans la possession exclusive qu'un autre riverain viendrait à troubler après l'an et jour, en usant de son droit d'irrigation, et qu'il ne pourrait se plaindre que de l'exercice abusif de ce droit. C'est par cette double considération que la Cour de cassation a écarté, par arrêt du 10 février 1824, l'action possessoire du riverain troublé dans le cas où l'auteur du trouble était resté dans les limites de son droit de riveraineté, jusque-là non exercé ; et que, par d'autres arrêts, des 5 avril 1830 et 6 décembre 1836, elle a déclaré recevable la complainte dirigée contre un riverain qui avait abusé de ce droit.

91. Mais la Cour de cassation, par l'arrêt ci-dessus cité du 4 mars 1846, n'a pas persévéré dans cette jurisprudence ; elle a admis, au contraire, en termes généraux, que les entreprises sur les cours d'eau étaient susceptibles de faire l'objet d'une action possessoire, sans en limiter l'exercice, au cas où le trouble proviendrait d'un abus de jouissance, et, par conséquent, en l'appliquant au trouble qui aurait pour origine l'exercice, par les riverains, de la faculté légale d'irrigation. Les arrêts qui semblent l'avoir décidé ainsi sont ceux des 18 avril 1838 et 4 janvier 1841.

92. Cette dernière doctrine paraît plus juridique ; car ce n'est pas d'une manière absolue que le droit d'irrigation est imprescriptible. Il est imprescriptible, en ce sens que le non-usage ne peut, à lui seul, faire perdre au riverain qui s'est abstenu le droit d'exercer plus tard l'irrigation ; mais il est prescriptible s'il est intervenu contre ce riverain des actes de *contradiction*, c'est-à-dire des actes qui doivent faire légalement présumer que ce riverain a renoncé à la servitude d'eau qu'il tenait de la situation des lieux, ou qu'il l'a aliénée. Or, s'il y a des cas où la possession exclusive des eaux peut être légitime, il s'ensuit invinciblement que le trouble apporté à cette possession, même par le riverain qui croirait exercer son droit légal d'irrigation, tombe dans le cas de l'action possessoire. — Ce n'est pas à dire que le riverain actionné au possessoire et qui succombera, sans doute, si son adversaire justifie d'une possession d'an

et jour, soit à jamais déchu de son droit. Mais nous entrons ici dans le domaine du pétitoire, où ce droit sera débattu et pourra triompher. Toujours est-il que l'action possessoire semble, en principe, devoir être admissible ; et cette opinion est aussi celle de MM. Pardessus, *Servitudes*, n° 326 ; Proudhon, n°s 1547, 1495 ; et de M. Dalloz aîné, nouvelle édition de la *Jurisprudence générale*, v° *Action possessoire*, n° 396, où il fait cependant sentir le danger qu'il y aurait à exagérer cette doctrine, et où il exige un trouble formel de la part du riverain supérieur pour que l'action du riverain inférieur soit recevable.

93. Toutefois la Cour de cassation a décidé que le trouble apporté, par l'un des riverains d'un cours d'eau, à la jouissance de ses coriverains, ne donne lieu à une action possessoire qu'autant que ce trouble constitue l'*abus* d'un droit, et est *préjudiciable*, s'il s'agit d'une jouissance exercée seulement en vertu de l'article 644 du Code Napoléon. — Mais lorsque les droits respectifs des riverains, sur le cours d'eau, sont déterminés par des titres, et notamment par des règlements administratifs, tout fait de l'un des riverains qui serait contraire à la possession plus qu'annale des autres riverains, telle qu'elle est réglée par ces titres, peut servir de base à une action possessoire, alors même qu'il n'en serait pas résulté de préjudice appréciable. Cass., 16 janv. 1856 ; ANNALES, 1856, p. 475.

La distinction faite par cette décision nous paraît contraire aux principes reçus en matière possessoire ainsi que nous l'avons expliqué ci-dessus, n° 92.

94. Le droit, dont un propriétaire a joui pendant plusieurs années, de faire écouler sur un terrain séparé du sien par une ruelle publique, au moyen d'un aqueduc construit à travers cette ruelle, les eaux pluviales tombant de ses bâtiments et celles coulant sur la ruelle elle-même, peut, lorsque ces eaux ont leur libre et naturel écoulement vers le terrain qui les reçoit, être l'objet d'une action possessoire. C. Nap., art. 639 ; C. proc., art. 23 ; Cass., 3 août 1852 ; ANNALES, 1853, p. 26, et réimpression, p. 179.

95. Jugé de même que celui qui reçoit dans son héritage des eaux pluviales qui y sont amenées à travers des propriétés publiques et privées, au moyen de travaux faits de main d'homme, a, sur les fonds supérieurs, une servitude d'aqueduc continue et apparente de sa nature. Elle donne lieu en sa faveur à l'exercice de l'action possessoire s'il a été troublé dans sa jouissance. Cass., Ch. des req., 16 mars 1853 ; ANNALES, 1854, p. 185.

96. Le droit de puiser de l'eau à la fontaine d'un voisin constitue une servitude discontinue, qui n'est pas non plus prescriptible, et ne peut, conséquemment, donner lieu à une action possessoire. Cass., 23 nov. 1808.

97. Cette décision devrait encore être maintenue, quand bien même des travaux apparents auraient été faits sur le fonds assujetti (Cass., 21 oct. 1807), sauf le cas, du moins nous le pensons, où ces travaux pourraient être considérés comme constituant une preuve de copropriété de la fontaine.

98. Enfin, la Cour de cassation a également jugé, le 2 février 1820, qu'un fait de passage ne peut non plus donner lieu à la complainte.

99. Pour terminer ce paragraphe, nous devons ajouter que les choses immobilières par leur nature ne sont pas les seules à l'égard desquelles la loi donne ouverture à l'action possessoire; elle est également recevable par rapport à celles que la loi répute immeubles fictifs par leur destination ou par leur application : tels sont les objets mentionnés dans les articles 524 et suivants du Code Napoléon.

§ 6. *Des conditions requises pour l'exercice des actions possessoires.*

100. Nous avons dit (ci-dessus, n° 1) que la possession faisait *présumer la propriété*, et que de là résultait toute l'importance de la matière des actions possessoires. Ici, nous devons examiner quels sont les caractères que doit avoir la possession pour donner lieu à cette présomption, et pour justifier par conséquent l'exercice de l'action possessoire.

101. L'article 2229 du Code Napoléon a dit d'abord que, pour pouvoir prescrire, il faut une possession continue et non interrompue, paisible, publique, non équivoque, et à titre de propriétaire. L'article 23 du Code de procédure civile a ajouté que les actions possessoires ne seront recevables qu'autant qu'elles auront été formées dans l'année du trouble, par ceux qui, depuis une année au moins, étaient en possession paisible, par eux ou les leurs, à titre non précaire. Ces deux dispositions se concilient parfaitement et s'expliquent l'une par l'autre ; ainsi, si on excepte les cas de réintégrande, pour donner lieu à l'action possessoire, la possession doit être : 1° *continue et non interrompue; 2° paisible; 3° publique ; 4° non équivoque ; 5° à titre de propriétaire; 6° annale, et n'avoir jamais cessé depuis plus d'une année.*

102. 1° *Continue et non interrompue :* c'est-à-dire qu'on use de la chose par une série d'actes certains de possession, et qu'il n'y a pas eu, par exemple, une citation en justice pour rompre le cours de la possession.

103. 2° *Paisible :* ainsi la possession troublée par des contradictions de fait souvent réitérées ou fondées sur des actes de violence ne pourrait produire aucun droit en faveur du prétendu possesseur. Vazeille, n° 45.

104. La possession serait infectée de violence, quand même l'usurpateur serait demeuré étranger aux voies de fait commises par un tiers. Ce sont là les principes en matière de contrats, et nous ne voyons pas ce qui pourrait en détourner l'application aux faits de possession.

105. 3° *Publique :* c'est-à-dire *au vu* et *au su* de tous ceux qui ont été à portée d'en avoir connaissance.

106. Si la possession a commencé par être clandestine, elle reste toujours insuffisante pour donner lieu aux actions possessoires ; et de même une possession publique dans le principe ne cesse pas de produire ses effets si elle devient clandestine. Pothier, *De la Possession*, ch. 1er, n° 18 ; Favard, v° *Complainte*, sect. 1re, § 2, n° 4.

107. Des travaux souterrains, des actes commis furtivement et à la dérobée, ne peuvent constituer une possession publique : ainsi des empiétements successifs et insensibles d'un voisin sur la propriété attenante à la sienne ne pourraient servir de base à l'action possessoire. Cass., 28 avr. 1811 et 28 févr. 1821.

108. 4° *Non équivoque :* c'est-à-dire qu'il doit être certain pour tous que l'on possède pour soi et avec l'intention de s'approprier la chose détenue ; et, en effet, d'après l'article 2232 du Code Napoléon, les actes de pure faculté et de simple tolérance ne peuvent fonder ni prescription ni possession.

109. En conséquence du même principe, il a été jugé par la Cour de cassation, le 25 août 1812, que le propriétaire de l'héritage inférieur, qui a joui pendant un an et jour des eaux qui prennent leur source dans l'héritage supérieur et s'écoulent dans le sien, ne peut intenter une action possessoire à l'effet d'être maintenu dans la jouissance de ces eaux, s'il n'a fait un ouvrage *apparent* sur le fonds supérieur pour faciliter l'écoulement de ces eaux sur son héritage, et que les travaux faits sur son propre fonds ne suffiraient pas.

110. De même le terrain que couvre l'eau d'un étang, quand elle est à la hauteur de la décharge, n'est susceptible d'une possession qui puisse servir de base à l'action possessoire que de la part du propriétaire de l'étang. Cass., 23 avr. 1811; Favard, v° *Complainte ;* Carré, *Loi de la procédure.*

111. 5° *A titre de propriétaire :* il faut que l'on ne puisse pas douter que le possesseur jouit pour lui-même. — V. § 7 ci-après.

112. La possession est réputée à titre de propriétaire lorsqu'elle est basée sur un titre translatif de propriété, tel qu'une vente, un échange, une donation, etc.

113. On est toujours présumé posséder pour soi et à titre de propriétaire, s'il n'est prouvé que l'on a commencé à posséder pour un autre. C. Nap., art. 2230.

114. Quand on a commencé à posséder pour un autre, on est toujours présumé posséder au même titre, s'il n'y a preuve du contraire. *Ibid.*, art. 2231.

115. La possession qui est précaire entre les mains d'un individu continue à rester telle entre les mains de ses héritiers ou successeurs à titre universel. C'est une conséquence du principe en vertu duquel ils sont réputés continuer la possession de leur auteur. C. Nap., art. 2237.

116. Celui qui, après avoir été condamné au possessoire, par un jugement passé en force de chose jugée, a continué de posséder pendant un an et un jour, ne peut plus se pourvoir au possessoire; le jugement rendu contre lui a rendu sa possession précaire. Cass., 12 juin 1819, 17 mars 1819 ; Berriat-Saint-Prix, t. I, p. 115.

117. 6° *Annale, et n'ayant pas cessé depuis un an :* c'est-à-dire que la possession ait existé depuis au moins une année, et qu'elle n'ait pas fait place à une autre possession d'un an, qu'aurait pu acquérir un tiers sur l'objet en litige.

118. L'intervalle pendant lequel la possession est suspendue par la nature des choses ou par force majeure est comptée pour en fixer la durée. Carré, *Droit français*, t. II, p. 381.

119. Pour déterminer la durée de la possession, l'article 2235 du Code Napoléon déclare que l'on peut joindre à sa possession celle de son auteur, de quelque manière qu'on lui ait succédé, soit à titre unique ou particulier, soit à titre lucratif ou onéreux.

120. Ainsi, si le propriétaire, troublé dans l'exercice d'une servitude prescriptible, prouve qu'elle existait lors de l'aliénation des deux fonds, et qu'il n'a cessé de l'exercer depuis, son action sera recevable, encore qu'il ait acquis ce fonds depuis moins d'un an (Cass., 15 déc. 1832). Mais il a été jugé que l'acquéreur qui a joui pendant plus d'une année ne peut demander par action possessoire à être maintenu dans la possession vicieuse de son auteur, si le vendeur avait déjà, avant la vente, succombé dans une action semblable. Cass., 17 mars 1819.

121. Il a également été jugé qu'entre deux acquéreurs du même immeuble dont aucun n'a la possession annale, la préférence, quant à la possession, appartient à celui dont le titre a acquis le premier une date certaine, encore que l'autre ait pris possession le premier, parce que cette possession de fait ne peut être considérée que comme un trouble à la possession légale du premier acquéreur. Cass., 12 fruct. an X et 19 vend. an XI.

122. De ce qui précède, il résulte que la possession annale produit ce que les jurisconsultes appellent la *saisine* qui donne seule droit d'intenter l'action possessoire ; mais que faudrait-il décider dans le cas où des contestations s'élèveraient au possessoire entre deux personnes qui n'auraient ni l'une ni l'autre la possession annale ? Il serait alors naturel de prononcer en faveur de celui qui a possédé le premier. C'est ainsi que la Cour de cassation a décidé, par arrêt du 9 novembre 1825, que l'article 23 du Code de procédure civile n'est applicable dans toute sa rigueur qu'au cas où c'est le propriétaire ou le précédent possesseur qui est rentré dans sa possession. C'est aussi là l'opinion de M. Merlin, *Répert.*, v° *Défaut*, § 10, art. 2.

123. Une conséquence tirée du même principe par ce dernier auteur et par M. Carré (*Droit français*, t. II, p. 385 et 402), c'est qu'une possession précaire ou clandestine suffit, malgré ses vices, pour agir au possessoire contre un tiers qui ne peut pas même invoquer une pareille possession.

124. Comme nous l'avons constamment fait pressentir, et comme nous l'avons dit ci-dessus, n° 117, la possession civile est prescrite et ne peut pas produire d'effet, lorsqu'un tiers s'est mis en possession du même objet et en a joui pendant plus d'un an ; et c'est ce qui fait qu'aux termes de l'article 23 du Code de procédure civile, les actions possessoires ne sont plus recevables, lorsqu'elles ne sont pas formées dans l'année du trouble.

125. Cette prescription court-elle contre les mineurs comme contre les majeurs ? On cite pour l'affirmative de cette question l'article 398 du Code de procédure civile, où il est dit que la prescription d'instance court contre l'État, les établissements publics et toutes personnes mineures, sauf leur recours contre les administrateurs et tuteurs ; et on ajoute que ce n'est là d'ailleurs qu'une conséquence du principe posé par l'article 2251 du Code Napoléon, et auquel aucune exception n'a été apportée pour le cas dont il s'agit. *Sic*, Carré, *Droit français*, t. II, p. 386; Guichard, *Quest. possess.*, p. 271.

126. Le délai d'un an court non du moment où le trouble a été connu, mais du moment même où il a pris naissance; peu importe qu'il s'agisse d'un trouble de droit résultant d'un acte signifié au fermier et que celui-ci a négligé de dénoncer au propriétaire. Il est juste que, puisque l'on peut acquérir la possession par le fait de ses préposés, on puisse la perdre de la même manière; cela résulte d'ailleurs évidemment des articles 614 et 1768 du Code Napoléon, d'après lesquels les usufruitiers et les fermiers sont tenus, sous des peines personnelles, d'avertir les propriétaires de toutes les atteintes portées à leur droit. Cass., 12 oct. 1814; Merlin, v° *Complainte*; Favard, *ibid.*

127. La possession à partir d'une époque annuelle et solennelle, telle que le jour de Pâques, jusqu'au retour de la même époque plus un jour, suffit pour autoriser la complainte, encore bien qu'entre ces deux époques il se soit écoulé moins d'une année. Cass., 19 mars 1834.

128. En matière possessoire, il suffit que les faits de possession du demandeur ne soient pas contestés et qu'ils s'expliquent à l'aide d'un titre apparent, pour qu'il y ait lieu d'ordonner la maintenue possessoire, alors même qu'il s'agirait d'un droit d'affouage contesté par une commune au demandeur, sur le motif qu'il n'est pas domicilié dans la circonscription de la section de cette commune qui a droit à l'affouage. C. forest., p. 105; Cass., 11 juin 1839; AN-NALES, 1re série, t. I, p. 384.

129. L'action possessoire en maintenue d'un droit de passage sur le fonds d'autrui, et des ouvrages apparents exécutés sur ce fonds pour en faciliter l'exercice, est non recevable, comme constituant la demande en maintenue d'une servitude discontinue non fondée en titre. C. Nap., art. 688, 891; Cass., 9 mars 1846. *Ibid.*, p. 86.

130. L'action possessoire n'est pas recevable de la part de celui qui se prétend troublé dans l'exercice d'une servitude imprescriptible, lorsque sa possession n'est pas fondée sur un titre. C. Nap., art. 691; Cass., 10 sept. 1811. *Ibid.*, p. 97.

131. En cas d'expropriation par suite d'élargissement d'un chemin vicinal, les propriétaires dont les terrains ont été incorporés à la voie publique peuvent, lorsque leur propriété est contestée, établir par voie d'action possessoire qu'ils étaient depuis plus d'un an et jour en possession des terrains expropriés. — Le délai d'un an pour former une telle action possessoire court, non du jour de l'arrêté de classement ou de la prise de possession de la commune, mais du jour de la décision préfectorale portant refus d'accorder l'indemnité réclamée : ce refus constitue seul le trouble spécifié par l'article 23 du Code de procédure civile. Cass., 13 janv. 1847. ANNALES, p. 107.

152. Le trouble apporté à une servitude de passage peut être l'objet d'une action possessoire lorsque le passage est fondé sur un titre, quoique ce titre n'établisse pas, en termes formels, le droit de la servitude, si, d'ailleurs, il fait présumer un droit de possession autre que la tolérance ou la priorité, si, par exemple, le chemin est énoncé dans les titres de propriété du défendeur, avec mention qu'il conduit à la propriété du demandeur. Cass., 7 juin 1847. *Ibid.*, p. 112.

153. Les droits d'usage dans les bois sont susceptibles d'être acquis par la prescription, et peuvent, dès lors, donner lieu à une action possessoire. C. Nap., art. 691, 2229; C. proc., art. 23; Cass., 8 nov. 1848. *Ibid.*, p. 114.

154. Tout trouble apporté à la possession légale d'un immeuble autorise l'action possessoire, encore qu'il proviendrait de l'exécution d'un jugement d'adjudication qui a attribué cet immeuble à l'auteur du trouble : le possesseur, ainsi troublé, n'est pas tenu d'agir au pétitoire par voie de tierce opposition à ce jugement. C. proc., art. 23, 717; Cass., 7 févr. 1849. *Ibid.*, p. 114.

155. Tout ce qui est légalement susceptible d'une possession matérielle, intellectuelle ou civile, peut être l'objet d'une action possessoire; ainsi un simple droit, celui d'empêcher la culture d'un terrain, pouvant faire la matière de le possession , d'après l'article 2228 du Code Napoléon, peut aussi faire la matière de l'action en complainte, si celui auquel ce droit appartient a été, depuis moins d'un an et jour, troublé dans sa jouissance. Cass., 15 févr. 1841. *Ibid*, p. 122.

156. Un droit de vive et grasse pâture, étant, de sa nature, prescriptible, peut être l'objet d'une action possessoire. Cass., 6 janv. 1852; ANNALES, 1852, p. 131.

157. Les francs-bords d'un canal peuvent être l'objet d'une possession séparée de celle de ce canal, et susceptible dès lors de servir de base à une action possessoire. — En conséquence, le riverain qui a la possession plus qu'annale des francs-bords d'un canal a le droit de s'opposer au rejet sur ces francs-bords des terres provenant du curage du canal, alors qu'il n'est justifié à cet égard de l'existence d'aucune servitude. Cass., 21 mars 1855; ANNALES, 1856, p. 110.

138. Il est de jurisprudence constante, en effet, que la propriété d'un canal et celle de ses francs-bords ne sont pas tellement unies et incorporées, qu'elles forment un tout indivisible; par suite, la propriété des francs-bords peut, isolément de celle du canal, s'aliéner ou se perdre par la prescription.

139. Mais la propriété des francs-bords du canal peut, jusqu'à preuve contraire, être présumée appartenir au propriétaire du canal. Voir au mot *Eau*, nos 73, 74 et suiv.

140. Une place dans la chapelle d'une église ne peut être l'objet d'une possession exclusive *animo domini*, qu'on puisse acquérir par prescription, et qui, par suite, donne lieu à l'action possessoire. Cass., 19 avr. 1825; ANNALES, 1re série, t. I, p. 141.

141. Par sa nature d'édifice public consacré au culte, une église est, en effet, hors du commerce; une place, dans une église, ne peut donc pas être l'objet d'une jouissance exclusive *animo domini*.

142. Mais les actes de possession exclusive que fait un individu sur une chose dont il n'a que la *jouissance commune* avec d'autres peuvent donner lieu, de la part de ces derniers, à l'action possessoire. Cass., 8 déc. 1824 et 27 juin 1827; ANNALES, 1re série, t. I, p. 182.

143. Les terrains non clos qui existent devant une habitation, le long d'une rue ou place publique, sont présumés appartenir à la voie publique, sauf la preuve contraire (C. Nap., art. 2226). — Par suite, ils sont imprescriptibles et ne peuvent, pour ce motif, être l'objet d'une action possessoire. C. Nap., art. 538; C. proc., art. 23; Cass., 13 mars 1854; ANNALES, 1854, p. 222.

144. Un chemin communal non classé administrativement comme chemin vicinal est susceptible de propriété privée, et, dès lors, peut être l'objet d'une complainte possessoire de la part du particulier qui en avait, plus d'un an avant le trouble, la possession paisible et à titre non précaire. C. proc., art. 25; C. Nap., art. 691, Cass., 3 juill. 1850, 20 mars 1854 et 26 janv. 1857; ANNALES, 1850, p. 305; vol. de 1854, p. 308; vol. de 1857, p. 302.

145. Jugé dans le même sens que, depuis la publication de la loi de 1836, le caractère de chemin public ne peut plus être accordé qu'aux chemins vicinaux reconnus et classés. Cass., 24 juin 1856.

146. Ainsi les anciens chemins simplement classés sur les états administratifs des chemins publics d'une commune doivent être déclarés avoir perdu leur destination, si, après la loi de 1836, aucun classement administratif leur imprimant le caractère de chemins vicinaux n'est intervenu. D'où la conséquence que ces chemins sont susceptibles de prescription et d'action possessoire.

147. Enfin, une dernière réflexion qu'il ne faut pas omettre ici, c'est que la possession qui sert de base aux actions possessoires n'exige pas la bonne foi. Cass., 26 juin 1822.

§ 7. Des personnes qui peuvent intenter les actions possessoires ou y défendre.

148. Pour exercer les actions possessoires, il faut, avons-nous dit, avoir la saisine ou possession civile exercée par nous-mêmes ou par des tiers qui nous représentent; de là il résulte que ces tiers, possédant pour nous, ne peuvent posséder pour eux.

149. Ainsi les dépositaires, les séquestres judiciaires, les fermiers ou locataires, etc., ne peuvent donner lieu à l'action possessoire de la part du propriétaire de l'objet qu'ils détiennent.

150. Ils ne peuvent non plus exercer l'action possessoire à l'égard des tiers : toutefois, quand ils ont ainsi agi d'une manière illégale, la procédure peut être régularisée par l'intervention du propriétaire dans l'instance. Cass., 8 juill. 1819.

151. D'autre part, il ne faut pas perdre de vue que si les détenteurs à titre précaire, et le fermier, par exemple, ne peuvent pas exercer l'action possessoire, ils peuvent du moins réclamer des dommages et intérêts contre l'auteur du trouble, et une indemnité contre le propriétaire pour défaut de jouissance. Cass., 5 pluv. an XI, 7 sept. 1818, 16 mai 1820 et 17 avr. 1827.

152. A la différence des détenteurs dont nous venons de parler, l'*emphytéote* a un droit réel sur la chose qu'il détient, et il peut, en conséquence, agir et défendre au possessoire. Cass., 26 juin 1822 et 18 juill. 1832.

153. De même pour l'*usufruitier*, relativement à son usufruit; il en est propriétaire et il peut défendre sa propriété au pétitoire comme au possessoire. Cass., 6 mars 1822 et 14 déc. 1840. Proudhon, t. I, p. 24; Carré, *Droit français*, t. II., p. 565.

154. Mais *quid* à l'égard de l'*antichrésiste ?* Il n'est pas nanti d'un droit immobilier, et, par conséquent, l'action possessoire doit lui être déniée ; cette opinion est aussi celle de MM. Carré, t. II, p. 269, et Delvincourt, t. II, p. 554 et 742.

155. Quant au *communiste*, il a incontestablement l'action possessoire contre celui qui convertit la possession commune en possession exclusive. Cass., 10 nov. 1812, 27 juin 1827 et 19 nov. 1828.

156. Chaque habitant d'une ville, ayant un droit personnel à la jouissance des biens communaux, peut également agir au possessoire soit contre un tiers (Cass., 12 févr. 1831), soit contre la commune qui l'aurait troublé dans un droit qu'il prétend lui appartenir. Cass., 9 juin 1820.

157. Mais lorsqu'en vertu d'un réglement local, les habitants d'une ville ont droit de jouir d'une chose tant qu'ils résideront dans son enceinte, celui qui a été privé de ce droit, pour défaut de résidence, ne peut agir au possessoire pour se faire maintenir dans la jouissance, parce que cette demande ne peut être motivée sur la possession, mais seulement sur le fait de la résidence qui ne peut être apprécié par le juge du possessoire. Cass., 7 juin 1820.

158. L'exercice de l'action possessoire fait partie des attributions des administrateurs. Ainsi, ils peuvent former cette action et y défendre sans autorisation spéciale ; notamment les tuteurs (C. Nap., art. 450 et suiv.) et les maris communs en biens, pour ceux de la communauté et pour ceux appartenant à leurs femmes. C. Nap., art. 1421, 1428, 1549.

159. L'action doit être dirigée contre la personne qui prétend à la possession ou qui a le droit d'en profiter dans le cas où elle cesserait d'appartenir au défendeur ; ainsi la complainte pour trouble causé par un maire, un locataire, un fermier est formée contre la commune ou le propriétaire. Cass., 11 janv. 1827.

160. Si le droit dans la possession duquel on est troublé est divisible, comme un droit de passage, le demandeur en complainte n'est pas tenu de mettre en cause tous les copropriétaires du fonds servant, surtout lorsque l'opposition à l'exercice de son droit ne provient que du fait de l'un des copropriétaires. Rennes, 7 juin 1816.

§ 8. *Quel est l'effet de la règle qui défend de cumuler*
le possessoire et le pétitoire.

161. Le possessoire et le pétitoire ne seront jamais cumulés ;

telle est la disposition de l'article 25 du Code de procédure civile; mais nous avons vu d'autre part que l'on pouvait joindre à sa possession celle de son auteur (n°s 119 et 120), et que l'action possessoire était autorisée pour certains droits réels imprescriptibles, lorsqu'ils reposaient sur un titre (n° 62), et il suit de là qu'il faut reconnaître au juge du possessoire le droit d'apprécier dans certains cas les titres, non en eux-mêmes, mais sous le rapport de leur efficacité quant à la possession. « Mais alors, dit M. Henrion de Pansey, ce n'est pas un titre qu'applique le juge, c'est un indicateur qu'il consulte ; ce n'est pas le pétitoire qu'il juge, c'est le possessoire qu'il éclaire ; il ne contrevient donc pas à la loi qui défend de cumuler le possessoire et le pétitoire. »

162. Ainsi, il n'y pas cumul du possessoire avec le pétitoire si le juge, après avoir exprimé dans les motifs de sa décision qu'il résultait des titres que l'une des parties était propriétaire de l'objet litigieux, se borne à statuer sur la possession. Cass., 31 juill. 1828; 28 juin 1830 et 19 déc. 1831.

163. Il a été aussi jugé par la Cour de cassation, le 3 novembre 1824, que le juge du possessoire peut consulter le titre indiqué par l'une des parties, même quand ce titre émanait de l'autorité administrative; mais que si l'autre partie en contestait la validité, le juge de paix devait surseoir au jugement de l'action possessoire jusqu'après la décision de l'autorité compétente.

164. Le juge du possessoire, saisi d'une action en complainte relative à un terrain que des arrêtés préfectoraux non attaqués déclarent être une dépendance du domaine public, doit prononcer son incompétence, et non pas seulement se borner à surseoir jusqu'à ce que l'autorité administrative ait constaté la nature de ce terrain, surtout s'il n'y a pas eu de conclusions à fin de sursis, de la part du demandeur. Cass., 9 avr. 1856, ANNALES, vol. de 1856, p. 457.

165. Toutefois est-ce à dire que le juge de paix devant lequel il est allégué que la chose litigieuse fait partie du domaine public doive par cela seul se dessaisir? Nous ne le pensons pas. Au lieu de prononcer son incompétence, nous sommes d'avis qu'il doit décider au fond : si cette allégation lui paraît douteuse, il doit interpréter ce doute en faveur du possesseur annal et le maintenir dans sa jouissance. Si, au contraire, il est évident, d'après le simple aspect des lieux, que ceux-ci sont une dépendance du domaine public, il doit débouter le demandeur de son action possessoire, sans qu'on soit fondé à lui reprocher de cumuler par là le possessoire et le pétitoire.

166. De même une prise d'eau pratiquée dans un cours d'eau dépendant du domaine public peut servir de base à une action possessoire, au cas de trouble apporté par l'Etat, ou ses ayants cause, à la jouissance de cette prise d'eau, si elle a été exercée en vertu de titres de concession antérieurs, soit à l'édit de 1566 qui n'a déclaré le domaine public inaliénable que pour l'avenir (C. Nap., art. 2226, 2229; C. de proc., art. 23), soit à l'époque où le cours d'eau a été rendu navigable, et est ainsi devenu une dépendance du domaine public. Cass., 17 août 1857. ANNALES, 1858, p. 24.

167. Le juge du possessoire peut, en cas pareil, maintenir le demandeur dans sa possession de la prise d'eau, le droit à cette prise d'eau ayant contribué à subsister, même depuis la déclaration de navigabilité et la proclamation du principe de l'inaliénabilité du domaine public. *Ibid.*

168. Le juge du possessoire qui ordonne le maintien d'une servitude peut, sans empiéter sur les attributions du juge du pétitoire, prendre, relativement à l'exercice de cette servitude, des mesures qui ne changent pas le mode suivant lequel elle était antérieurement pratiquée. *Ibid.*

169. Et spécialement, ce juge a le droit, en ordonnant le maintien d'une prise d'eau, de condamner le défendeur, s'il ne veut pas ouvrir lui-même la vanne au moyen de laquelle s'opère cette prise d'eau, à en remettre la clef au demandeur. *Ibid.*

170. En matière de servitudes légales, c'est la loi même qui sert de titre; le juge peut donc, dans ce cas, prendre connaissance de la loi et vérifier, en fait, si son application peut avoir lieu. Cass., 7 mars 1829; 16 mars 1830.

171. Il en est de même lorsque la propriété se fonde sur des présomptions ou appréciations de faits et circonstances; alors le juge du possessoire peut encore prendre en considération tous ces éléments de convention. Ainsi la Cour de cassation a décidé le 26 août 1829, à l'occasion d'un droit de passage, que le juge du possessoire avait pu déclarer qu'il résultait des circonstances de la cause que ce droit avait été exercé à titre de propriété et non à titre de servitude. *Sic*, autre décision de la même Cour du 4 mars 1828, relativement à un droit de passage.

172. Mais il y aurait cumul du possessoire avec le pétitoire, si le juge admettait l'une des parties à prouver par témoins que l'autre n'est pas propriétaire (C. proc., art. 24; Cass., 18 juin 1626); s'il déclarait qu'il existe en faveur de l'une des parties une possession immémoriale (Cass., 2 juill. 1823); s'il faisait dépendre le droit de l'une des parties de la validité ou de la nullité des titres de l'autre (Cass., 11 août 1819); si, en statuant sur des faits antérieurs à l'année du trouble, il ordonnait la suppression d'un fossé établi depuis longues années (Carré, t. II, p. 486); s'il rejetait une complainte, sous prétexte que les frais de trouble sont motivés par un intérêt d'ordre public (Cass., 25 juin 1806); s'il se fondait sur les dispositions des articles 644 et 645 du Code Napoléon pour refuser la maintenue provisoire de la possession d'un cours d'eau (Cass., 20 avr. 1824); enfin, s'il évoquait le pétitoire, même en donnant pour motif que l'appréciation des titres de propriété est nécessaire pour juger la question de possession. Cass., 29 déc. 1828.

173. Dans une instance où l'on ne conteste ni la possession ni la propriété, il ne peut y avoir cumul du possessoire et du pétitoire. Cass., 27 août 1827.

174. Un jugement qui, statuant sur une action possessoire, déboute le demandeur, attendu qu'il ne prouve pas son droit de communion sur le passage en la possession duquel il veut être maintenu, ne cumule pas par là le possessoire et le pétitoire, s'il réserve au demandeur la faculté d'agir au pétitoire. C. proc., art. 25; Cass., 9 nov. 1825. ANNALES, 1re série, t. I, p. 157.

175. Il n'y aurait pas davantage cumul si le jugement maintenait en possession le demandeur qui établirait sa copropriété. Cass., 4 mars 1828.

176. Le juge du possessoire n'est pas réputé avoir cumulé le possessoire et le pétitoire lorsque, pour caractériser la possession, et déterminer si les faits d'où elle résulte sont ou non précaires, il se livre à l'examen des titres de propriété, alors, d'ailleurs, que le pétitoire a été expressément réservé. Cass., 28 juin 1830 et 9 juill. 1844. *Ibid.*, p. 171 et 186.

177. Annihiler des faits de possession invoqués à l'appui d'une action possessoire, par l'unique motif que la propriété aurait été antérieurement reconnue au défendeur, constitue un cas de cumul du pétitoire et du possessoire. C. proc., art. 28, 25; C. Nap., art. 2229; Cass., 17 mai 1848. *Ibid.*, p. 173.

178. Le jugement qui déclare une action possessoire non recevable, par le motif que l'auteur du trouble n'a fait qu'user de son droit, est nul pour cumul du possessoire avec le pétitoire. Spécialement la décision qui considère comme mal fondée une complainte exercée pour trouble consistant dans le dépôt, sur le terrain du demandeur, de terres provenant du curage d'un cours d'eau, contrevient à la règle de l'article 25 du Code de procédure, si cette décision est motivée sur ce que le défendeur n'a fait qu'exercer un droit de servitude dérivant de la disposition des lieux et de la destination du père de famille. Cass., 4 déc. 1855. ANNALES, 1856, p. 156.

179. Le juge du possessoire qui refuse de maintenir une commune en possession des droits d'usage qu'elle allègue, sur le fondement que les titres par elle produits pour justifier qu'elle possède utilement une servitude discontinue et non apparente, ne s'appliquent pas à elle, mais à quelques-uns de ses habitants seulement, ne cumule pas le possessoire et le {pétitoire. Cass., 23 nov. 1841. *Ibid.*, p. 175.

180. Sur une action possessoire relative à un atterrissement formé dans un canal, le juge cumule le possessoire et le pétitoire, en déclarant cette action non recevable par le double motif que l'atterrissement appartient au défendeur comme accessoire du canal qui est sa propriété, et que le demandeur ne pourrait prescrire tout ou partie de ce canal d'après la destination du père de famille. C. proc. civ., art. 25; C. Nap., art. 692; Cass., 17 nov. 1841. *Ibid.*

181. Le juge de paix qui, sur une action possessoire, ordonne une plantation de bornes, conformément aux conclusions du demandeur, ne cumule pas le possessoire et le pétitoire, surtout s'il déclare que ces bornes ne pourront nuire à l'exercice de l'action pétitoire, si on voulait l'intenter. Cass., 26 janv. 1827. *Ibid.*, p. 177.

182. Le jugement qui, statuant sur une action en maintenue possessoire d'une rigole d'arrosement, n'ordonne pas seulement cette maintenue, mais qui, en s'appuyant sur l'article 645 du Code Napoléon et sur le titre qui détermine les droits respectifs des parties, ordonne, en outre, que ce titre sera exécuté selon sa forme et teneur, et qui fixe, par voie de règlement d'eau, la largeur et la profondeur de la rigole en litige, cumule le possessoire et le pétitoire. C. proc. civ., art. 24 et 25; C. Nap., art. 646 ; Cass., 14 déc. 1841. *Ibid.*, p. 178.

183. Le jugement qui, après examen des titres, actes et circonstances, décide que le terrain objet du procès est une place publique, et non susceptible d'une possession privée, n'a pas enfreint la règle qui défend de cumuler le pétitoire et le possessoire. Cass., 23 févr. 1840. *Ibid.*, p. 180.

184. Le jugement qui, sur une action en complainte, admet le défendeur à prouver que le plaignant n'est pas propriétaire du chemin qu'il réclame, et qu'il n'en a que l'usage commun avec le public, viole l'article 24 du Code de procédure, qui veut que l'enquête ne porte pas sur le fond du droit, et cumule ainsi le possessoire et le pétitoire. C. proc., art. 24, 25 et 27; Cass., 18 juin 1816. ANNALES, 1856, p. 181.

185. Le juge du possessoire a pu, sans mériter le reproche du cumul avec le pétitoire, et alors d'ailleurs qu'il s'est borné à prononcer sur le possessoire, décider, d'après l'examen des titres, que la possession annale du demandeur était illicite, comme portant sur une propriété inaliénable, et que dès lors cette possession ne pourrait pas devenir le fondement d'un droit privé. C. proc., art. 23 ; C. Nap., art. 229; Cass., 16 juill. 1837. *Ibid.*, p. 194.

186. Il y a, au contraire, cumul du pétitoire avec le possessoire dans le jugement qui, sur une demande tendant à ce que les excavations faites sur une avenue soient comblées, déboute le demandeur de son action, par la raison que le terrain litigieux serait borné de tous côtés par des terrains appartenant à d'autres qu'au demandeur, qu'aucun des cantons ne lui appartiendrait, et qu'il n'aurait pas la possession exclusive du terrain litigieux. Cass., 23 nov. 1836. *Ibid.*, p. 196.

187. Le juge du possessoire peut et doit même consulter les titres de propriété pour caractériser la possession alléguée devant lui ; mais il ne peut recourir à ces actes, au point de vue de la propriété, sans cumuler le possessoire et le pétitoire. Cass., 6 janv. 1852; ANNALES, 1852, p. 131.

188. Quoique quelques-uns des motifs d'un jugement, statuant sur une action possessoire, se rattachent au droit de propriété, le jugement n'est pas nul pour cause de cumul du possessoire et du pétitoire, si ces motifs n'ont, en réalité, pour objet que de caractériser la possession ; et si, surtout, le dispositif se borne à prononcer sur la possession, sans juger le droit de propriété. Cass., 2 févr. 1848 ; ANNALES, 1re série, t. 1, p. 172.

189. Le juge du possessoire a qualité pour apprécier, sous le point de vue de l'action possessoire, les titres produits par une des parties à l'effet de justifier sa prétendue possession et de déterminer les faits de dépaissance par elle articulés. Cass., 4 déc. 1843. *Ibid.*, p. 135.

190. Pour éclairer le possessoire et déterminer quel est le caractère de la possession, le juge peut se fonder sur un titre d'acquisition pour décider que le demandeur doit être maintenu dans la possession annale d'un cours d'eau destiné à alimenter une usine, comme en ayant joui à titre de propriétaire. C. proc., art. 25 ; C. Nap., art. 644 et 714; Cass., 7 janv. 1829. *Ibid.*, p. 162.

191. De même encore le juge du possessoire, saisi d'une demande relative à une servitude discontinue, peut, sans cumuler le possessoire et le pétitoire, et sans violer l'article 1320 du Code Napoléon, puiser les éléments de sa décision dans l'appréciation des titres de propriété, alors même qu'ils n'émaneraient pas des parties en cause. C. proc., art. 25 ; Cass., 26 janv. 1825, 19 juill. 1830 et 16 janv. 1843. ANNALES, t. I, p. 177 et 179.

192. Le demandeur au pétitoire n'est plus recevable à agir au possessoire (C. proc., art. 26). En intentant l'action pétitoire, il est censé avoir reconnu qu'il n'était pas possesseur.

193. Mais celui qui s'est désisté d'une première demande au pétitoire peut-il ensuite former l'action possessoire pour trouble antérieur à cette demande? Non, dit M. Carré (t. II, p. 463) : celui qui saisit de l'action pétitoire le tribunal compétent pour la juger s'est constitué demandeur ; cela suffit, sans qu'il soit besoin de s'occuper, comme l'a fait M. Pigeau, de savoir s'il y a eu ou non contrat judiciaire, pour que l'on doive appliquer, dans toute sa rigueur, la disposition de l'article 26 du Code de procédure civile. Ainsi donc, le droit de se pourvoir au possessoire a cessé pour le demandeur, parce que c'est au fait seul de sa demande que la loi attache la présomption qu'il a reconnu la possession du défendeur, présomption d'où dérive la défense qu'elle lui fait de former désormais l'action possessoire.

194. Celui qui, assigné au correctionnel par le ministère public, comme coupable d'anticipation sur un chemin vicinal, se prétend propriétaire du terrain qu'on dit usurpé, et demande le renvoi à fins civiles, n'est point censé, par cette défense, engager le pétitoire, surtout si la commune n'est pas partie dans l'instance ; en conséquence, il est recevable à intenter l'action en complainte contre la commune, à raison du procès-verbal qu'elle a fait dresser contre lui. Cass., 10 janv. 1817.

195. Le demandeur au pétitoire peut également se pourvoir au pétitoire, à raison du trouble apporté à sa possession postérieurement à sa demande. On ne peut lui reprocher de n'avoir pas d'abord agi au possessoire pour faire réparer un trouble qui n'existait pas ; il pouvait d'ailleurs avoir intérêt à faire reconnaître sa propriété encore que sa possession ne fût pas troublée.

196. En matière d'action possessoire, le jugement est nul, pour cumul du possessoire avec le pétitoire, lorsqu'il décide que les faits de possession articulés par le demandeur seraient des faits délictueux, s'il était reconnu qu'ils ont été exercés sans droit et contrairement aux titres produits. Un tel jugement, fait, en effet, dépendre le possessoire du jugement à intervenir au pétitoire. Cass., 31 mars 1857. ANNALES, vol. de 1857, p. 346.

197. Toutefois il importe de faire remarquer que lorsque le juge de paix se trouve dans l'impossibilité de statuer sur le mérite de la possession, il peut renvoyer les parties à se pourvoir au pétitoire, sans contrevenir à la règle qui défend le cumul du pétitoire et du possessoire. Cass., 17 mars 1819. ANNALES, 1re série, t. II, p. 263.

§ 9. *Devant quel juge doivent être portées les actions possessoires.*

198. Toutes les actions possessoires sont de la compétence exclusive du juge de paix de la situation de l'objet litigieux. L. 24 août 1790, art. 10 du titre III ; C. proc., art. 59 ; L. 25 mai 1838, art. 6.

199. Autrefois, la réintégrande pouvait être portée devant le juge civil ou devant le juge criminel. Aujourd'hui le juge de paix de la situation de l'immeuble, à l'occasion de la possession duquel a eu lieu la violence ou la voie de fait qui donne lieu à la réintégrande, est seul compétent pour en connaître.

200. Lorsque les difficultés sur le possessoire s'élèvent pendant le cours d'une action au pétitoire, le demandeur à cette dernière action ne pourrait point, ainsi que nous l'avons dit ci-dessus, n° 192, saisir le juge de paix d'une action possessoire ; mais le juge de paix n'en serait pas moins compétent et seul compétent pour connaître d'une action en complainte formée dans une pareille position par le défendeur qui serait troublé subitement dans sa possession.

201. Le jugement qui statue ainsi sur la possession, incidemment à une instance au pétitoire, n'est pas simplement préparatoire ; il est définitif, et il peut conséquemment être attaqué par toutes les voies légales avant le jugement sur le pétitoire. Cass., 4 août 1819.

202. D'autre part, lorsque, devant le juge de paix saisi d'une action possessoire, il s'élève un litige sur la propriété, ce magistrat ne cesse pas pour cela d'être compétent ; seulement il doit se borner à statuer sur le possessoire. Cass., 23 févr. 1814, 16 juin 1816.

203. Décidé de même que le juge de paix ne doit pas se déclarer incompétent lorsqu'une partie allègue que le terrain qui fait l'objet d'une action possessoire est un chemin vicinal. Cass., 31 juill. 1832 et 4 déc. 1833 ; ANNALES, 1re série, t. I, p. 64.

204. Il doit également se borner à surseoir à tout jugement, jusqu'à ce qu'il ait été prononcé sur la vicinalité du chemin litigieux par l'autorité administrative compétente, afin que, sur cette décision rapportée à l'audience, il soit statué ce que de droit. *Ibid.*

205. De même, lorsqu'une partie, en défendant à une action possessoire, prétend n'avoir fait qu'user du droit que lui attribue un jugement sur la propriété, rendu par un autre tribunal, le juge valablement saisi de l'action possessoire ne doit pas se dessaisir de la cause d'une manière absolue, mais il doit se borner à surseoir sur le possessoire jusqu'à ce qu'il ait été statué sur l'interprétation du jugement invoqué. L. 16-24 août 1790, art. 10, tit. III ; C. proc. civ., art. 3, 23, 25 et 170; Cass., 9 avr. 1851. ANNALES, 1852, p. 86, et réimpression, p. 42.

206. On doit juger les actions possessoires d'après les faits de possession, et non d'après les titres de propriété (C. proc., art. 23). — La compétence du juge de paix, en cette matière, est indépendante de l'autorisation accordée ou refusée par l'administration pour l'établissement de l'ouvrage qui donne lieu à la complainte. Cass., 14 août 1833. ANNALES, 1re série, t. I, p. 67.

207. Les actions possessoires intentées contre les communes sont de la compétence des juges de paix, comme celles dirigées contre les particuliers. L. 9 vent. an XII, art. 6 ; ordonn. 27 juin 1819, art. 6 ; Cass., 19 janv. 1831. *Ibid.*, p. 74.

208. Un juge de paix saisi d'une action possessoire relative à un immeuble situé partie dans son canton, partie dans un autre canton, est compétent pour prononcer sur la demande, en ce qui concerne la portion de l'immeuble établie dans sa circonscription. Et dans le cas où il a connu de la demande pour le tout, le tribunal d'appel ne doit annuler le jugement qu'au chef qui s'applique à la possession de l'immeuble situé hors de la juridiction du juge de paix, alors surtout qu'en appel la demande a été réduite à la portion de l'immeuble située dans les limites de cette juridiction. Cass., 6 mai 1846. *Ibid.*, p. 78.

209. Le juge de paix est compétent pour statuer sur l'action possessoire relative à la jouissance d'un droit de pâturage, intentée contre une commune par un particulier qui ne l'habite pas, bien qu'un règlement de pâturage n'admette aux droits d'usage sur les biens communaux que les habitants de la commune. — On ne peut dire qu'il s'agisse là de l'interprétation d'un acte administratif, un pareil règlement ne pouvant être que régulateur des droits d'usage, mais sans toucher aux questions de propriété et aux droits qui auraient pu être acquis à des tiers, droits dont l'appréciation reste dans le domaine exclusif de l'autorité judiciaire. Cass., 7 juin 1819. *Ibid.*, p. 80.

210. L'action en maintenue en possession et jouissance d'un immeuble affermé intentée par le fermier au nom du bailleur, et fondée sur la possession d'an et jour, est de nature possessoire, et, comme telle, doit être portée devant le juge de paix, et non devant le tribunal civil. Montpellier, 2 févr. 1849. ANNALES, t. I, p. 88.

211. L'action formée par un propriétaire pour trouble causé par la plantation de bornes faite par le maire sur un chemin communal, et qui anticiperait sur sa propriété, et pour plantation d'arbres à haute tige à une distance moindre que la distance légale, constitue un action possessoire de la compétence du juge de paix, et non une action dont la connaissance doive être dévolue à l'autorité administrative, comme se référant à l'exécution de l'acte administratif qui a déterminé la largeur du chemin sur lequel ces plantations ont été faites. Cass., 9 juin 1845. *Ibid.*, p. 91.

212. Lorsque, sur une action relative à une suppression de vues, l'une des parties prend des conclusions tendant à ce qu'on suspende des constructions dont l'élévation obstruerait les jours sur lesquels le litige existe, elle forme une véritable action possessoire dont la connaissance n'appartient qu'au juge de paix. C. proc., art. 25 ; Cass., 22 juin 1825. *Ibid.*, p. 103.

213. L'incompétence d'un tribunal de première instance, en matière d'action possessoire, est absolue et peut être prononcée d'office en tout état de cause et même en appel. C. proc., art. 25, 169 et 170. *Ibid.*

214. Par cela seul que le défendeur à une action possessoire excipe de son droit de propriété, il ne s'ensuit pas que cette action change de nature, et que le juge de paix cesse d'être compétent (C. proc., art. 23 et 25 ; Cass., 9 févr. 1820. ANNALES, p. 137). C'est, en effet, la demande introductive d'instance qui fixe d'une manière irrévocable la nature de la contestation.

215. Le locataire troublé dans sa possession par un autre locataire du même immeuble doit porter son action devant le tribunal civil, et non devant le juge de paix par voie d'action possessoire. Cass., 17 avr. 1827. ANNALES, p. 149.

216. Cette décision est exacte ; car il est reconnu que le preneur ne possédant qu'à *titre précaire* ne peut intenter l'action possessoire. L'action que le preneur peut intenter est simplement une action personnelle qui naît de son contrat de bail, et qui, par sa nature, rentre dans la compétence du tribunal civil.

217. Si, pendant l'instance au pétitoire, le possesseur est troublé dans sa jouissance, la prohibition du cumul du possessoire et du pétitoire ne s'oppose pas à ce qu'il puisse former une complainte

possessoire (C. proc., art. 25). Et cette action possessoire doit être
portée, non devant le tribunal civil comme un incident à l'action au
pétitoire, et jointe à cette action, mais devant le juge de paix, seul
compétent pour en connaître. Cass., 5 août 1845. ANNALES, t. I,
p. 172.

218. Le juge du possessoire, saisi d'une demande tendant tout à
la fois au possessoire et au pétitoire, doit statuer sur l'objet de sa
compétence, et renvoyer pour le surplus devant qui de droit. Il ne
peut se déclarer incompétent purement et simplement sur le tout.
Cass., 30 janv. 1837. *Ibid.*, p. 195.

219. Lorsque le défendeur à une action en complainte soutient
que le terrain litigieux n'est pas le même que celui énoncé dans le
titre du demandeur, et que ce dernier n'offre point d'autre preuve
de sa possession que ce titre, le juge de paix doit s'abstenir et renvoyer les parties à se pourvoir au pétitoire. Cass., 12 avr. 1813.
Ibid., t. II, p. 19.

220. De même, le juge de paix saisi d'une action en complainte
doit renvoyer les parties à se pourvoir devant l'autorité administrative, si le défendeur invoque un arrêté émané d'elle qui lui concède
le terrain litigieux. L. 16-24 août 1790, tit. II, art. 13 ; Cass., 13 flor.
an IX. *Ibid.*, t. II, p. 19.

221. Sans doute toutes les actions possessoires sont de la compétence exclusive des juges de paix ; mais, comme dans l'espèce qui a
donné lieu à cette décision, lorsque le trouble dont le demandeur se
plaint n'est que l'exécution d'un acte administratif, le juge de paix
doit positivement se déclarer incompétent.

222. Mais jugé que celui qui a été troublé dans la possession
d'un cours d'eau, par une voie de fait exécutée en vertu d'un arrêté
administratif, est admis à porter complainte devant le juge de paix
contre les agents de l'autorité municipale et la commune, sans qu'on
puisse lui opposer l'incompétence du juge de paix, sous prétexte
que la complainte mettrait en question la légalité de l'acte administratif. Cass., 4 nov. 1846. *Ibid.*, p. 32.

223. Le juge de paix est compétent pour connaître de l'action
formée dans l'année du trouble, relativement à un nouvel œuvre
terminé. Cass., 27 mai 1834 et 25 juill. 1835. *Ibid.*, p. 259 et 260.

224. C'est là une saine interprétation de la loi ; l'action possessoire à l'effet de faire rétablir la possession en l'état où elle
était avant le trouble est de la compétence exclusive du juge de paix;
le caractère de cette action n'est pas dénaturé par la circonstance
que les ouvrages qui constituent le trouble ont été faits et terminés

sur le fonds du demandeur avant l'action ; la loi ne distingue pas à cet égard ; il suffit que l'action soit possessoire pour que le juge de paix soit compétent.

225. Le juge de paix, compétent pour connaître d'une action possessoire, l'est aussi pour statuer sur la demande en dommages-intérêts qui en est l'accessoire. Cass., 15 avr. 1857 ; ANNALES, 1857, p. 348.

226. Mais il ne peut statuer qu'en premier ressort sur une action possessoire, quand même le dommage causé par le trouble ne s'élèverait pas à 100 francs, parce que la demande porte non-seulement sur les dommages et intérêts, mais encore sur le rétablissement dans la possession troublée, qui est une chose indéterminée. La Cour de cassation, qui avait d'abord adopté une jurisprudence en ce sens, s'était prononcée ensuite pour l'opinion contraire, suivant cinq ou six arrêts, dont le dernier est du 12 juillet 1812. Mais elle est revenue, d'une manière définitive, à sa première doctrine, à l'appui de laquelle on peut citer notamment ses arrêts des 14 messidor an XI, 24 prairial an XII, 25 mai 1813, 25 mai 1822, 11 avril 1825, 14 février 1828, 11 avril 1827.

227. Décidé en ce sens, par jugement du tribunal de Saint-Amand, en date du 31 mars 1854, que les jugements rendus au possessoire sont toujours sujets à appel, quelque minime que soit l'intérêt de la contestation ; que la loi est formelle et qu'elle ne fait aucune distinction. ANNALES, 1854, p. 289.

§ 10. *De l'instruction et du jugement des actions possessoires.*

228. Les actions possessoires, comme toutes celles de la compétence du juge de paix, s'engagent par une citation qui peut être donnée aujourd'hui, non plus seulement par les huissiers audienciers, mais par tous les huissiers du canton. L. 25 mai 1838, art. 16 et suiv.

229. S'il s'agit d'une dénonciation de nouvel œuvre, celui qui veut intenter l'action doit prévenir l'auteur des travaux par une sommation extrajudiciaire, dont l'effet est de prolonger le délai pendant lequel on peut agir, de constituer le défendeur en demeure de remettre les lieux dans leur état primitif, et de le rendre passible de dommages et intérêts plus considérables, lorsque l'action est admise. Cass., 11 juill. 1820.

230. En cas d'urgence, et notamment dans celui de la dénonciation du nouvel œuvre dont nous venons de parler, le juge de paix peut permettre de citer le défendeur à bref délai, même à jour et heure indiqués. C. proc., art. 6.

231. C'est au demandeur à prouver la possession, et au défendeur à établir les griefs de précarité ou autres qui peuvent être invoqués contre cette possession ; du reste, on doit suivre à cet égard les principes et présomptions posés par les articles 2230 et suivants du Code Napoléon, et dont nous avons parlé ci-dessus, n°s 113 et 114. — Si la possession ou le trouble sont déniés, le juge ordonne une enquête. C. proc., art. 24.

232. Les preuves se font tant par titres que par témoins; et lorsque le juge est suffisamment éclairé, soit avant, soit pendant l'enquête, il rend sa décision. Cass., 25 juill. 1826 ; 28 juin 1830.

233. Parmi les actes de possession, ceux qui sont en plus grand nombre et les plus appropriés à la destination de la chose qui en est l'objet doivent l'emporter.

234. Lorsque l'action possessoire doit être fondée sur un titre, et notamment dans le cas dont nous avons parlé, n° 62 ci-dessus, le juge de paix a le droit et le devoir d'exiger la représentation de ce titre, et d'en apprécier les clauses, de statuer sur sa validité et d'en ordonner l'exécution sous le rapport de la possession. Cass., 6 juill. 1812, 10 mai 1813 et 10 mai 1820.

235. Le juge de paix a également le droit, comme nous l'avons dit ci-dessus, n°s 161 et suivants, lorsque les faits de possession sont douteux, d'apprécier les titres pour savoir de quelle nature est la possession. *Sic*, arrêts déjà cités, et Cass., 12 fruct. an X, 24 juill. 1810, 23 avr. 1812, 21 déc. 1820, 26 janv. et 19 avr. 1825, 31 juill. 1828 ; Merlin, *Questions*, v° *Complaintes*.

236. Peu importe que le titre qu'il s'agit d'apprécier, quant à la possession, émane de l'autorité administrative ; la compétence du juge de paix embrasse toutes les actions possessoires, quelles que soient la nature et l'origine des biens à l'occasion desquels elles sont intentées. Cass., 28 août 1810. — V. *suprà*, n° 150.

237. Le juge de paix saisi d'une demande en complainte de la part d'un propriétaire de bois contre de prétendus usagers ne peut examiner que le fait de la possession annale, sans consulter les titres qui autoriseraient l'usager à exercer son droit d'usage, nonobstant la possession annale du propriétaire. Cass., 26 févr. 1824.

238. La règle est qu'en matière possessoire, il n'y a pas lieu à admettre les demandes en garantie, parce qu'il ne s'agit que d'un simple fait indépendant de ce qui pourra être jugé postérieurement sur le droit.

239. Cependant à cette règle il existe trois exceptions : la première est relative au fermier, qui est même tenu, sous les peines de droit, de mettre en cause le propriétaire ; la deuxième concerne l'acquéreur, pendant l'année de son acquisition, parce qu'il est présumé avoir dû compter sur la possession de son vendeur ; et la troisième concerne encore l'acquéreur, pour le cas où il est poursuivi à l'occasion d'un trouble ou d'une voie de fait provenant de son vendeur. Cass., 11 janv. 1809.

240. Un principe en matière possessoire est que *complainte sur complainte ne vaut* (Berriat, p. 116 ; Henrion, ch. XLVII ; Favard, vᵒ *Complainte*). On en tire plusieurs conséquences : ainsi l'on en induit que lorsque la possession civile appartient à un tiers autre que les deux contendants dans une instance déjà existante, ce tiers est non recevable à former une nouvelle instance principale au possessoire, mais qu'il peut intervenir dans le premier débat ; on en induit également que celui qui, après avoir succombé au possessoire, a joui depuis an et jour ne peut plus demander à être maintenu dans cette possession, qui ne peut plus être que précaire.

241. *Jugement.* Au jour fixé pour l'audience, si le défendeur ne comparaît pas, les conclusions du demandeur lui sont adjugées, si elles paraissent justes et bien vérifiées (arg. C. proc., art. 150). Si c'est, au contraire, le demandeur qui ne comparaît pas, le juge prononce un défaut-congé qui laisse les choses dans le même état qu'avant l'action. Favard, vᵒ *Complainte*, § 5, nᵒ 11.

242. Lorsqu'aucune des parties ne fait preuve de possession, le juge doit absoudre le défendeur. Carré, *Lois de la procédure*, art. 24.

243. Lorsque, au contraire, les deux parties font également preuve de possession, et que le juge est incertain sur la possession préférable, il peut renvoyer les parties à procéder au pétitoire, ou les maintenir dans leur position respective du terrain litigieux. Poitiers, 29 janv. 1813 ; et Cass., 28 avr. 1813.

244. Dans tous les cas, le juge de paix ne devrait accorder la possession que lorsqu'il serait dans l'impossibilité de statuer définitivement ; il n'entre pas dans l'esprit de la loi qu'il rende un premier jugement provisoire pour prononcer ensuite sur la possession annale. Cass., 4 août 1819.

245. La partie qui succombe au possessoire doit être condamnée à la restitution des fruits qu'elle a perçus pendant sa possession jugée indue, sans préjudice de tous dommages-intérêts, s'il y a lieu.

246. Le juge de paix peut ne pas liquider par son jugement les restitutions et dommages-intérêts, s'il manque des éléments nécessaires pour opérer cette liquidation ; alors il ordonne qu'elle sera faite ultérieurement (C. proc., art. 27) ; et ce n'est pas là une mesure contraire au principe qui défend aux juges d'exception de connaître de l'exécution de leurs jugements.

247. En matière de complainte, le juge de paix a incontestablement le droit d'ordonner que les choses seront remises dans le même état qu'avant l'action qu'il déclare bien fondée : mais on s'est demandé si, dans le cas de *dénonciation de nouvel œuvre*, il peut de même ordonner la destruction des travaux commencés, ou se borner à prononcer que toutes choses demeureront en état jusqu'au jugement à intervenir sur le pétitoire ? Nous avons répondu à cette question, ci-dessus, n°s 53 et 54.

248. La partie qui succombe au possessoire doit, comme en toute matière, être condamnée aux dépens. C. proc., art. 130.

249. « En cas de réintégrande, dit l'article 2060 du Code Napoléon, pour le délaissement, ordonné par justice, d'un fonds dont le propriétaire a été dépouillé par voie de fait, il y aura lieu à la contrainte par corps, pour la restitution des fruits qui en ont été perçus pendant l'indue possession, et pour le payement des dommages-intérêts adjugés au propriétaire. »

250. Les jugements rendus au possessoire n'ont aucune influence sur le pétitoire : ainsi des faits déclarés faux par le juge du possessoire peuvent être déclarés vrais par ceux du pétitoire.

251. Le juge de paix a un pouvoir discrétionnaire, lorsque les deux parties justifient avoir simultanément la possession de l'objet litigieux, soit pour les renvoyer au pétitoire sans statuer sur la complainte, soit pour ordonner le séquestre de l'objet contesté pendant l'instance pétitoire, soit enfin pour attribuer la possession provisionnelle (appelée *récréance*) à celle des parties qu'il croit avoir le droit le plus apparent et offrir le plus de garantie. Cass., 14 nov. 1832 ; ANNALES, 1re série, t. I, p. 91.

252. Le droit de récréance ou possession provisionnelle que, sous l'ancien droit, les tribunaux pouvaient accorder à celle des parties qui leur paraissait offrir le plus de garantie, lorsque, sur l'action en complainte, les deux parties justifiaient qu'elles étaient simultanément en possession de l'objet litigieux, n'est en contradiction avec aucune disposition du Code Napoléon ou du Code de procédure Cass., 14 nov. 1832. *Ibid.*, p. 186.

253. En conséquence, l'article 1961 du Code Napoléon, qui permet aux juges d'ordonner le séquestre, est purement facultatif et subordonné pour son application à l'importance de l'objet en litige, et aux considérations de fait dont l'appréciation est confiée aux tribunaux. C. Nap., art. 1961, *Ibid.*

254. Au sujet de la récréance, Pothier (*Traité de la Poss.*, n° 105) s'exprime ainsi : « Lorsque les enquêtes sont contraires, de manière que le juge ne puisse connaître laquelle des parties qui se disputent la possession de l'héritage a cette possession, le juge, en ce cas, sans rien statuer sur la possession, ordonne que les parties instruiront au pétitoire. Quelquefois le juge ordonne que la possession sera séquestrée pendant le procès au pétitoire. Quelquefois aussi il accorde la récréance à l'une des parties, c'est-à-dire une possession provisionnelle pendant le procès au pétitoire. Cette récréance n'a d'autre effet que de donner à la partie à qui elle a été accordée le droit de jouir de l'héritage contentieux pendant le procès au pétitoire, à la charge d'en rendre compte à l'autre partie, dans le cas auquel cette partie obtiendrait au pétitoire. Mais cette récréance n'a pas l'effet qu'a la sentence de pleine maintenue, de déclarer possesseur celui qui l'a obtenue, et de le faire présumer propriétaire, sans qu'il ait besoin de prouver son droit de propriété, tant que l'autre partie n'aura pas pleinement justifié le sien. Au contraire, la sentence de simple récréance laisse la possession *in incerto,* et ne déclare point possesseur celui qui l'a obtenue; elle ne le dispense pas, par conséquent, d'établir sur l'instance au pétitoire le droit de propriété qu'il prétend avoir de l'héritage contentieux. » — Henrion de Pansey (*Traité de la compétence des juges de paix*, chap. XLVIII) parle également de la récréance. — Chauveau, Curasson et Troplong enseignent la même doctrine. M. Garnier s'y rattache, après avoir professé le contraire.

255. Lorsque, par une action en complainte portée devant le juge de paix, le demandeur et le défendeur ont également échoué dans la preuve de la possession annale, le juge peut ordonner le séquestre ou la récréance, de sorte que la jouissance de l'objet litigieux reste indivise entre les parties jusqu'au jugement de la question de propriété.

256. Il en est ainsi alors même que le défendeur n'a pas demandé, par des conclusions expresses, à faire preuve de la possession, s'il a d'ailleurs fait entendre des témoins dans une contre-enquête. Cass., 6 nov. 1842; ANNALES, 1re série, t. II, p. 26.

257. Lorsque, sur une action possessoire, des enquêtes ont été ordonnées, et, loin d'éclairer le juge, ne présentent que des résultats contraires qui rendent douteuse la possession respectivement articulée, le juge du possessoire n'est pas obligé de renvoyer les parties au pétitoire et d'ordonner soit le séquestre, soit la récréance, si d'ailleurs il trouve dans les titres produits des motifs suffisants pour accorder la possession plutôt à l'une des parties qu'à l'autre.

258. Le jugement qui refuse d'ordonner une preuve testimoniale en matière possessoire, étant définitif, comme en toute autre matière, et non interlocutoire, le juge d'appel qui infirme ce jugement peut retenir la cause et la juger, si d'ailleurs elle est en état de l'être. Cass., 9 déc. 1840. ANNALES, t. I, p. 176.

259. Lorsque, sur une action possessoire intentée par un voisin contre l'autre, les parties ont été appointées en preuve, et qu'il résulte des enquêtes respectives qu'elles ont cumulativement et sans trouble exercé des actes de possession sur le terrain contesté, le juge peut les maintenir toutes deux dans cette possession, sans être tenu d'ordonner le séquestre de l'objet litigieux. Cass., 28 avr. 1814. *Ibid.*, p. 180.

260. Un juge de paix peut maintenir en possession le demandeur, sans être obligé, s'il trouve sa religion suffisamment éclairée, d'ordonner une enquête. Cass., 25 juill. 1826. *Ibid.*, p. 148.

261. En matière d'action possessoire, le juge n'est pas tenu d'ordonner l'enquête demandée par une des parties. C. proc., art. 24; Cass., 1830. *Ibid.*, p. 186.

262. Le jugement qui prononce sur l'appel d'une sentence du juge de paix, rendue au possessoire, est en dernier ressort, encore bien que, contrairement aux principes, ce jugement ait statué au pétitoire. — Les parties n'ont, pour faire annuler un pareil jugement, d'autre voie de recours que celle du pourvoi en cassation. L. 1ᵉʳ mai 1790; C. proc., art. 27; Cass., 7 août 1833. *Ibid.*, p. 194.

263. Les actions possessoires doivent être jugées indépendamment et sans mélange des actions pétitoires, même lorsqu'il y a connexion intime entre les actions. Cass., 20 juill. 1836. *Ibid.*

264. Lorsque le demandeur au possessoire n'offre pas de justifier sa possession exclusive, et que, d'ailleurs, son adversaire prouve qu'il a eu aussi la possession de l'objet litigieux, le juge peut prononcer en faveur de ce dernier, sans être obligé d'ordonner que le demandeur fera preuve de sa possession exclusive. C. proc., art. 24; Cass., 31 août 1831. *Ibid.*, p. 167.

265. En matière possessoire, lorsque le demandeur et le défendeur ayant été admis, sur leur demande respective, à faire la preuve de leur possession annale, il arrive que ni l'un ni l'autre ne justifient suffisamment cette possession aux yeux du juge, celui-ci peut ordonner le séquestre de l'immeuble, jusqu'au jugement de la question de propriété. C. Nap., art. 1961 ; C. proc., art. 23; Cass., 31 juill. 1838. ANNALES, t. I, p. 197.

266. Dans ce cas, il n'y a pas lieu de réserver les dépens de l'instance au possessoire. *Ibid.*

267. Le jugement qui, alors que les parties ont succombé l'une et l'autre, compense les dépens, n'a pas besoin de motiver cette décision, qui est la conséquence de la décision principale. C. proc., art. 13. *Ibid.*

268. Le jugement qui ordonne la preuve d'une possession est simplement interlocutoire et sans préjugé sur le caractère de la possession.

269. Le jugement qui admet la preuve de la possession annale invoquée à l'appui d'une action en complainte est un simple préparatoire qui n'a point l'autorité de la chose jugée touchant le caractère de la possession. Cass., 25 juill. 1837. *Ibid.*, p. 199.

§ 11. *De l'exécution du jugement sur le possessoire.*

270. Le défendeur au possessoire ne peut se pourvoir au pétitoire qu'après que l'instance sur le possessoire a été terminée ; et, s'il a succombé, qu'après avoir pleinement satisfait aux condamnations prononcées contre lui. C. proc., art. 27.

271. C'est là une juste peine imposée à l'auteur du trouble ; mais, d'un autre côté, la loi devait prévenir l'abus que le possesseur pourrait faire de cet avantage, et l'article 27 ajoute que, si la partie qui a obtenu les condamnations était en retard de les faire liquider, le juge du pétitoire pourrait fixer, pour cette liquidation, un délai après lequel l'action au pétitoire serait reçue.

272. En s'appesantissant sur le texte de l'article 27 du Code de procédure, on s'aperçoit qu'on n'interdit qu'au défendeur d'agir au pétitoire, sans que l'instance sur le possessoire ait été terminée ; de là la question de savoir si le demandeur se trouve dans une position plus favorable, et s'il pourrait agir au pétitoire avant que l'instance par lui introduite au possessoire fût jugée ? Cette question ne peut se présenter que lorsque le demandeur se serait désisté de son action au possessoire, car différemment on retomberait sous le coup de l'article 25 du Code de procédure, qui défend le cumul du possessoire avec le pétitoire. Mais lorsqu'il s'est ainsi désisté ou qu'il a succombé au possessoire, son action au pétitoire ne pourrait, en raison du défaut de payement des frais ou de celui de l'exécution complète du jugement, être arrêtée, ainsi que le serait celle du défendeur condamné; la raison de cette différence est que l'obligation de satisfaire au jugement, avant de pouvoir intenter un autre procès, est une exception aux régles générales, qui accorde un juste privilége au possesseur contre le défendeur jugé coupable d'usurpation ou de trouble; mais le demandeur n'est pas dans le même cas, il ne résulte point de son déboutement qu'il ait usurpé ou troublé la possession de personne, et conséquemment il n'existait nul motif pour l'empêcher d'agir au pétitoire, sans condition exorbitante, lorsqu'il trouve que cette voie lui est plus favorable.

273. D'ailleurs, à l'égard du défendeur lui-même, il a été jugé, en quelque sorte par exception à la disposition créée contre lui par l'article 27, que lorsqu'il a défendu à une action possessoire formée et jugée pendant qu'un ancien procès au pétitoire était resté sans poursuites, il peut reprendre ce procès sans être tenu de satisfaire préalablement aux condamnations sur le possessoire. Riom, 29 juin 1809.

274. Une exception semblable à la précédente, et plus formelle s'il est possible, a été introduite pour le cas où l'action possessoire et l'action pétitoire n'ont point de rapport entre elles, quoique relatives au même fonds. Cass., 30 mars 1830.

275. Enfin, une décision plus importante encore, relativement à la règle dont il s'agit, est celle de la Cour de cassation du 5 juillet 1826, qui a déclaré que la fin de non-recevoir en résultant n'est point d'ordre public; qu'elle est ouverte par le silence du défendeur en première instance et en Cour impériale, et qu'on ne peut s'en prévaloir pour la première fois devant la Cour de cassation. — V. *Bornage, Eau, Servitude, Usufruitier, Voirie.*

ACTION PUBLIQUE. — V. *Action*, § 1er.

ACTION RÉELLE. — V. *Action*, § 3.

ADJOINT AU MAIRE. Fonctionnaire nommé pour aider, et, au besoin, pour remplacer le maire en cas d'absence ou d'empêchement.

1. Lorsqu'il y a *empêchement complet*, les fonctions du maire sont déléguées par la loi d'une manière absolue à l'adjoint disponible, suivant l'ordre des nominations, et, à défaut d'adjoint, à un conseiller municipal, suivant l'ordre du tableau.

2. Lorsqu'il y a empêchement *partiel*, le maire peut déléguer une partie de ses fonctions à un ou plusieurs adjoints, et, à défaut d'adjoints, à un ou plusieurs conseillers municipaux, suivant l'ordre du tableau : par exemple, il peut charger l'un des adjoints de la police, un autre de l'état civil, un troisième de la surveillance des édifices publics. — Mais il ne pourrait déléguer la totalité de ses pouvoirs : s'il jouit des honneurs attribués au titre de maire, il doit supporter quelques-unes des charges que ce titre impose.

3. Ne peuvent être maires ni adjoints : — les membres des Cours ou tribunaux de première instance, ou les juges de paix ; — les militaires et employés des armées de terre et de mer, en activité de service ou en disponibilité ; — les ingénieurs des mines ou des ponts et chaussées, lorsqu'ils sont en activité de service ; — les agents ou employés des administrations financières ou des forêts ; — les fonctionnaires et employés des colléges communaux ni les instituteurs primaires ; — les préfets, les sous-préfets, secrétaires généraux, les conseillers de préfectures ni les citoyens qui sont déjà membres d'un autre Conseil municipal ; — enfin on ne peut prendre pour adjoints les agents salariés du maire, tels que ses intendants, ses régisseurs, ses jardiniers.

4. Après leur nomination, le maire et les adjoints prêtent serment : cette formalité les investit de leur pouvoir et achève leur caractère public.

5. Tantôt l'adjoint supplée *de droit* le maire ; tantôt il agit comme son *délégué* ; tantôt il agit *concurremment* avec lui ; tantôt, enfin, il remplit les fonctions de *ministère public*.

6. L'adjoint remplace de droit le maire, lorsque celui-ci cesse de remplir ses fonctions, même temporairement, par une cause quelconque ; ou lorsqu'il faut passer un acte qui le concerne personnellement.

7. S'il y a plusieurs adjoints, c'est le premier dans l'ordre de nomination qui est appelé.

8. A défaut d'adjoints, la suppléance passe au conseiller municipal le premier inscrit dans l'ordre du tableau.

9. Dès que l'empêchement a cessé, le maire reprend ses fonctions de droit, sans formalités préalables.

10. Le maire, ou l'adjoint qui le supplée *de droit*, peut déléguer une partie de ses pouvoirs à un ou plusieurs adjoints, sans avoir

égard à l'ordre d'inscription sur la liste. Cette délégation étant une pure faculté, il peut la révoquer quand bon lui semble.

11. Il est chargé, de même que le maire, de délivrer les certificats constatant l'insolvabilité ou l'absence des redevables du Trésor public, de dénoncer au procureur impérial les crimes et délits, de dresser les procès-verbaux pour les constater, de faire saisir les prévenus en flagrant délit, en un mot, de faire tous les actes relatifs à la police

12. L'adjoint remplit les fonctions de *ministère public*, lorsque le maire siége comme juge de simple police. — V. *Maire.*

ADJUDICATAIRE, ADJUDICATION. L'adjudication est un acte judiciaire ou purement volontaire par lequel un meuble ou un immeuble est vendu ou loué au plus offrant et dernierenchérisseur; et l'adjudicataire est le dernier enchérisseur qui reste acquéreur ou locataire de l'objet de l'adjudication.

D'après l'article 713 du Code de procédure civile, il est défendu aux juges, juges suppléants, procureurs généraux, avocats généraux, procureurs impériaux, substituts des procureurs généraux et impériaux, et greffiers du tribunal où se fait la vente, de se rendre adjudicataires, à peine de nullité de l'adjudication et de tous dommages et intérêts. Mais cette prohibition peut-elle s'appliquer aux juges de paix ? « Non, répond M. Carré : 1° en aucun cas il ne peut arriver que, directement ou par suite de commission du tribunal civil, il ait à procéder à une adjudication ; 2° les lois prohibitives ne peuvent être étendues d'un cas à un autre ; 3° on dirait vainement que les juges de paix concourent, comme présidents du Conseil de famille, aux délibérations nécessaires pour procéder aux ventes des biens des mineurs et des interdits, parce que ce n'est point de l'autorité du Conseil de famille que se font les ventes de ces biens, mais de l'autorité du tribunal qui a homologué la délibération. » Nous partageons cette opinion.

ADOPTION. C'est un acte qui crée des rapports de paternité et de filiation entre deux personnes de familles étrangères.

Division.

§ 1er. De l'adoption et de ses effets.
§ 2. Des formes de l'adoption.

§ 1er. De l'adoption et de ses effets.

1. L'adoption est permise aux personnes de l'un ou de l'autre sexe ; mais celui qui veut adopter ne doit avoir, à l'époque de l'adoption, ni enfants ni descendants légitimes ; il doit être âgé de cinquante ans révolus, et avoir au moins quinze ans de plus que l'individu qu'il se propose d'adopter. C. Nap., art. 343.

2. Nul ne peut être adopté par plusieurs, si ce n'est par deux époux, et nul époux ne peut adopter qu'avec le consentement de son conjoint. *Ibid.*, art. 344.

3. L'adoption est un contrat solennel qui établit entre deux individus les rapports les plus intimes, puisque ces rapports tiennent de la paternité et de la filiation ; il faut donc que l'adoption ne puisse être le fruit d'une exaltation capricieuse, et ne puisse devenir la source de stériles regrets : c'est pour cela que la loi veut que l'on ne puisse adopter que celui à qui l'on a, *dans sa minorité*, pendant six ans au moins, fourni des secours, et donné des soins non interrompus. C. Nap., art. 345.

4. Si un individu a sauvé la vie à son semblable, soit dans un combat, soit en le retirant des flammes ou des flots, la loi se montre moins sévère dans les conditions qu'elle impose. Il suffit, dans ce cas, que l'adoptant soit majeur, plus âgé que l'adopté, sans enfants ni descendants légitimes ; et, s'il est marié, que son conjoint consente à l'adoption. *Ibid.*

5. L'adoption ne peut, en aucun cas, avoir lieu avant la majorité de l'adopté. *Ibid.*, art. 346.

6. Si l'adopté a son père et sa mère, et qu'il n'ait pas accompli sa vingt-cinquième année, il doit obtenir le consentement de l'un et de l'autre. *Ibid.*

7. Lorsqu'il n'y a ni père ni mère, la loi n'exige pas le consentement des aïeuls et aïeules.

8. L'adoption confère le nom de l'adoptant à l'adopté, en l'ajoutant au nom propre de ce dernier. C. Nap., art. 347.

§ 2. *Des formes de l'adoption.*

9. L'adopté et l'adoptant doivent d'abord passer acte de leurs consentements respectifs devant le juge de paix du domicile de celui-ci. C. Nap., art. 353.

10. Dans les dix jours suivants, une expédition de cet acte est remise, par la partie la plus diligente, au procureur impérial près le tribunal de première instance dans le ressort duquel se trouve le domicile de l'adoptant, pour être soumise à l'homologation de ce tribunal. *Ibid.*, art. 354.

11. Le tribunal doit examiner si toutes les conditions de la loi sont remplies, et si la personne qui se propose d'adopter jouit d'une bonne réputation.

12. Aucune forme particulière n'est imposée par la loi pour l'adoption testamentaire; d'où il suit qu'il n'est pas nécessaire d'en poursuivre l'homologation devant les tribunaux; il n'y a pas, en effet, d'informations à prendre sur la moralité de l'adoptant.

13. L'adoption testamentaire, qui n'est permise, du reste, qu'au tuteur officieux, n'a pas, comme l'adoption ordinaire, le caractère d'irrévocabilité, puisqu'elle n'a lieu qu'au profit d'un mineur, pour lequel on ne peut accepter la succession de l'adoptant que sous bénéfice d'inventaire (C. Nap., art. 461), acceptation que le mineur aura la faculté de ratifier, lorsqu'il sera parvenu à sa majorité.

14. Le consentement du conjoint n'est pas nécessaire pour l'adoption testamentaire; la loi n'exige pas cette formalité. C. Nap., art. 366.

15. L'adoption testamentaire et l'acte d'acceptation doivent être inscrits sur les registres de l'état civil, afin que les tiers soient avertis du changement d'état de l'adopté. Nous ne pensons pas, néanmoins, que l'omission de cette formalité entraînât la nullité, car la loi ne l'exige pas; mais nous sommes d'avis qu'il est convenable de l'observer.

AFFICHES. On entend par affiches des feuilles manuscrites ou imprimées, apposées dans un lieu public, soit par ordre du gouvernement et de l'administration, soit en vertu de permissions légales ou de décisions judiciaires, soit enfin par la seule volonté des particuliers dans un intérêt industriel ou commercial.

1. Le fait d'enlèvement d'affiches apposées par ordre de l'autorité (dans l'espèce l'affiche du *Moniteur*) ne constitue pas une infraction à la loi du 9 fructidor an VI, mais bien à l'article 479, n° 9, du Code pénal; et dès lors le tribunal de police peut, conformément au droit que lui en donne cet article, apprécier souverainement l'intention du prévenu et le relaxer, s'il reconnaît qu'il a agi sans intention malveillante, et que son action n'a pas les caractères de méchanceté nécessaires pour constituer la contravention. Cass., 9 févr. 1856; ANNALES, 1856, p. 370.

2. Jugé dans ce sens que celui qui, après avoir détaché une affiche apposée par ordre de l'administration, la fait immédiatement replacer, n'est pas passible de la peine portée par la loi contre ceux qui, méchamment, enlèvent ou déchirent des affiches. Cass.,

6 oct. 1832 ; ANNALES, 1re série, t. I, vo *Affiches*, no 12, et la note à la suite de cet arrêt.

3. Toutes les affiches apposées aux lieux prescrits par quelques dispositions de lois sont soumises, à moins de dispense spéciale, au timbre de dimension, comme constituant de véritables actes judiciaires. Circ. régl. 13 brum. an IX, no 1908 ; Cass., 2 avr. 1818.

4. Il doit en être de même pour les certificats de notaires, greffiers, commissaires-priseurs et maires, lorsqu'il s'agit d'affiches apposées dans un tout autre intérêt que celui de l'Etat. Même décision. — V. *Vente de meubles.*

5. Est légal et obligatoire l'arrêté municipal qui règle le mode d'affichage, et l'on est tenu de s'y conformer, à moins que les affiches placardées n'aient été ordonnées soit par la loi, soit par l'autorité administrative ou judiciaire. Ainsi l'officier ministériel qui veut placarder, au lieu ordinaire de l'affichage public, les affiches annonçant une vente volontaire de meubles, est tenu de se conformer préalablement à l'arrêté municipal qui interdit aux particuliers d'apposer aucune affiche ou annonce sans la permission de l'autorité municipale, et sans avoir déposé à la mairie un exemplaire daté et signé par l'afficheur public. Cass., 28 déc. 1855 ; ANNALES, 1856, p. 206.

6. Jugé aussi que le règlement de police, qui défend de faire apposer des affiches et avis au public par un autre que par l'afficheur public, est légal et obligatoire. Cass., 26 févr. 1842 ; ANNALES DES J. DE PAIX, 1re série, t. I, p. 207.

7. Comme pour les matières civiles, il y a pour les matières pénales, indépendamment des cas où l'affiche est expressément prescrite par la loi, d'autres cas où les juges ont la faculté seulement de l'ordonner.

8. Ainsi, lorsqu'à l'audience du juge de paix une partie lui manque de respect, ce magistrat peut la condamner à une amende de 10 francs, et à l'affiche du jugement dans toutes les communes du canton. C. proc., art. 10.

9. Quant aux cas dans lesquels la loi n'a pas donné aux juges la faculté d'ordonner l'affiche de leurs jugements, non-seulement ils ne pourraient l'ordonner d'office, mais encore, en principe, ils ne le doivent pas, même sur la demande des parties. Une jurisprudence constante l'a ainsi établi en ce qui concerne les tribunaux de simple police.

10. Ainsi l'affiche d'un jugement de condamnation est une peine qui ne se trouve pas énumérée dans la loi et qu'un tribunal de police n'a pas le droit de prononcer. Cass., 7 germ. an VIII ; ANNA-LES DES J. DE PAIX, 1re série, t. II, p. 209.

11. Jugé de même que les tribunaux de simple police, même en cas de récidive, ne peuvent ordonner l'affiche de leur jugement à la charge des condamnés. Cass., 28 févr. 1839 ; ANNALES, 1re série, t. I, p. 209.

AFFIRMATION DES PROCÈS-VERBAUX. C'est la déclaration de certains fonctionnaires, faite devant un magistrat compétent, que les énonciations contenues dans un procès-verbal par eux dressé sont conformes à la vérité.

1. Les juges de paix sont chargés de recevoir l'affirmation des procès-verbaux des fonctionnaires ou employés ayant droit de constater les contraventions en matière d'octrois, de contributions indirectes, de douanes, d'eaux et forêts, de police, etc. L. 15, 29 sept. 1791, 29 flor. an VII, 27 frim. an VIII, 29 flor. an X, 1er germ. an XIII, 18 août 1810 ; C. d'instr. crim., art. 18 ; C. for., art. 165.

2. Dans certains cas, les maires et adjoints peuvent aussi recevoir, en concours avec les juges de paix, les affirmations des procès-verbaux des gardes champêtres et forestiers, et ceux des préposés à la conservation de la voirie, qui constatent des contraventions commises hors de la commune où ils résident.

3. Mais la loi du 28 floréal an X, art. 11, n'autorise les maires et adjoints à recevoir les affirmations de procès-verbaux de gardes champêtres et forestiers que pour les délits commis sur le territoire de la commune qu'ils administrent. Le Code forestier, ajoutant à cette disposition, a permis aux gardes forestiers d'affirmer leurs procès-verbaux devant l'officier municipal de la commune de leur *résidence*. (V. art. 165). La même facilité n'ayant été accordée par aucune loi aux gardes champêtres, il s'ensuit que celui qui serait commissionné par deux communes, et on en a de nombreux exemples, ne pourrait accomplir, dans la commune de sa résidence, la formalité de l'affirmation pour les délits commis dans l'autre.

4. Legraverend (t. I, chap. V, p. 220) fait remarquer que le maire et l'adjoint ne sont compétents qu'à défaut du juge du paix et de ses suppléants, dans les communes habitées par ces magistrats, et il ajoute que les maires et adjoints doivent, dans ces communes, mentionner l'absence ou l'empêchement du juge de paix et de ses suppléants. Cette observation n'est plus applicable en matière forestière, car le Code forestier, art. 165, est conçu dans des termes qui laissent aux gardes l'option entre le maire ou le juge de paix; mais elle subsiste toujours en ce qui concerne les procès-verbaux des gardes champêtres; nous pensons, néanmoins, que dans le silence du procès-verbal d'affirmation, l'absence ou l'empêchement du juge de paix et de ses suppléants devraient être présumés, et que l'omission de cette mention ne saurait être une cause de nullité d'une affirmation régulière sous les autres rapports.

5. Un procès-verbal est nul lorsqu'il a été affirmé devant un autre juge de paix ou maire que celui du lieu de la contravention. Cass., 2 oct. 1806. — Voir, pour les développements, au mot *Procès-verbaux*.

6. Les procès-verbaux de la gendarmerie en matière de contravention aux lois et règlements sur la grande voirie et sur la police du roulage ne sont pas assujettis à la formalité de l'affirmation. L. 17 juill. 1856; ANNALES, vol. de 1856, p. 429.

AGE. En matière pénale, l'âge de l'accusé est quelquefois un motif ou d'acquittement ou de diminution de la peine, et quelquefois un motif d'aggravation.

1. « Lorsque l'accusé aura moins de seize ans, dit l'article 66, s'il est décidé qu'il a agi sans discernement, il sera acquitté. » Les articles 67 et suivants abaissent la peine applicable à l'accusé de moins de seize ans, lorsqu'il est décidé qu'il a agi avec discernement.

2. Mais les dispositions du Code pénal sur l'âge sont encore restreintes aux crimes et aux délits. Cependant, l'excuse tirée de l'âge est une loi générale qui domine toutes les lois. « Prétendrait-on, dit M. Faustin Hélie (t. II, p. 188), créer une exception à cette loi commune à l'égard des délits spéciaux? Mais il faudrait prouver alors que l'enfant, dont l'intelligence est trop débile pour concevoir la criminalité d'un délit commun, a toute l'intelligence nécessaire pour apprécier et comprendre les délits spéciaux ; il faudrait admettre qu'inhabile à discerner la culpabilité d'un vol ou d'un assassinat, sa conscience lui révélerait sans peine la criminalité d'un délit de douanes, d'une contravention aux lois de la chasse, d'une infraction à la police sanitaire. Or, n'est-il pas évident que les délits spéciaux, qui varient, chez les divers peuples, suivant les besoins et les mœurs, et qui puisent leur criminalité relative dans la loi, et non dans la conscience humaine, sont plus difficiles à saisir que des infractions communes, que les plus simples notions de la morale révèlent plus ou moins vivement? A la vérité, dans certaines matières spéciales, le fait matériel constituera à lui seul la

contravention ; aussi, nous n'hésitons point à reconnaître, avec la Cour de cassation (arrêt du 22 novembre 1811), que les contraventions *purement matérielles* échappent à l'application de notre régle.

3. Mais toutes les contraventions qui admettent la fraude comme élément constituent de véritables délits, et c'est surtout en ce qui concerne les infractions de cette nature que la présomption de non-discernement devrait protéger les mineurs de seize ans.

4. Cependant des mineurs au-dessous de seize ans, déclarés coupables d'une contravention de police, mais renvoyés des poursuites parce qu'ils ont agi sans discernement, doivent néanmoins être condamnés aux dépens. Cass., 10 juin 1842.

AGENT DE L'AUTORITÉ PUBLIQUE. Cette dénomination s'applique à toute personne investie d'une portion quelconque de pouvoir.

Sont agents de l'autorité publique, non-seulement les magistrats de l'ordre judiciaire ou administratif, tels que les juges, les membres du ministère public, les juges de paix, les préfets, les maires, mais aussi les officiers de police judiciaire, tels que commissaires de police, officiers de gendarmerie, gardes champêtres et forestiers, etc. — V. ces mots.

AGENT DE POLICE. On appelle ainsi l'agent préposé à la surveillance publique et au maintien du bon ordre.

1. Sous l'empire de la loi des 19-22 juillet 1791, tit. Ier, art. 12, les agents de police avaient le droit de constater par des procès-verbaux les contraventions de police; mais le Code du 3 brumaire an IV et le Code d'instruction criminelle leur ont enlevé ce droit, en ne les comprenant pas dans l'énumération limitative des officiers de police judiciaire.

2. Toutefois leur existence est reconnue par diverses dispositions de lois postérieures au Code pénal. Mais leurs fonctions se bornent à surveiller, soit l'exécution des arrêtés de l'autorité municipale, soit le maintien du bon ordre dans toutes les parties de la police, et à faire des rapports, aux officiers de police près desquels ils sont placés, de tout ce qu'ils voient de contraire au bon ordre.

3. Les procès-verbaux ou rapports des simples agents de police ne sont donc pas suffisants pour constater légalement l'existence de contraventions; ils n'ont d'autorité devant les tribunaux que lorsqu'ils sont appuyés par des preuves légales.

4. Ainsi le prévenu d'une contravention, constatée par un semblable rapport, peut être renvoyé de la plainte, alors que, par exemple, n'avouant pas la contravention, il se borne à dire qu'il

ignore si elle a eu lieu, alors surtout qu'il n'est produit aucun témoin. Cass., 15 oct. 1842 et 24 févr. 1855; ANNALES, vol. de
1855, p. 148.

5. Ces rapports n'ont donc que le caractère de dénonciation, et
ils ne peuvent être pris en considération qu'à titre de renseignements.

AGENT VOYER. C'est un fonctionnaire chargé par l'administration de construire, de réparer et de conserver les chemins
vicinaux.

1. La loi du 21 mai 1836, art. 10, a autorisé les préfets à
nommer des agents voyers, lesquels prêtent serment devant le
tribunal de l'arrondissement dans lequel ils doivent exercer leurs
fonctions.

2. Les agents voyers étant spécialement chargés de surveiller
l'entretien, la réparation et la construction des chemins vicinaux,
ils ont été investis du droit de constater les contraventions et les
délits, et d'en dresser des procès-verbaux. L. 21 mai 1836, art. 11.

3. Les procès-verbaux des agents voyers ne sont pas assujettis à
l'affirmation. Cass., 29 nov. 1851; ANNALES, vol. de 1852, p. 214,
et réimpression, p. 96. — V. *Procès-verbaux*, § 15.

AJOURNEMENT. — V. *Exploit.*

ALARME (*Fausse*). Il peut arriver que par malveillance, par
méchanceté, ou même par ignorance, on répande le trouble et l'in-
quiétude. Toute personne qui, par une fausse alarme, trouble la
tranquillité publique, peut être punie des peines portées par les
articles 479, n° 8, et 480 du Code pénal.

ALIÉNÉS (*Etablissement d'*). D'après la loi du 30 juin, art. 4,
les juges de paix peuvent être chargés de visiter les établissements
publics ou privés consacrés aux aliénés. Dans ce cas, lorsqu'ils se
transporteront à plus de cinq kilomètres de leur résidence, ils
auront droit aux indemnités déterminées par l'article 88 du décret
du 18 juin 1811. Ordonn. 2 mai 1844, art. 1er.

ALIGNEMENT. C'est le tracé de la ligne qui sépare la propriété publique de la propriété privée; c'est-à-dire la limite indiquée sur laquelle on peut planter ou élever des constructions.

Table sommaire.

1. Il est de droit public, en France, qu'aucune construction ne peut être faite sur la voie publique sans autorisation préalable, et cela encore bien qu'il n'existerait pas de règlement prohibitif. Ordonn. Cons. d'État, 12 janv. 1825 ; Cass., 1er févr. 1833.

2. Jugé dans le même sens que le droit de voirie a toujours compris en France le pouvoir, notamment de régler l'alignement, la hauteur et la régularité des bâtiments et constructions élevés ou réparés, joignant la voie publique, et d'empêcher les entreprises de toute nature qui seraient contraires à la décoration des villes, bourgs et villages. Cass., 8 août 1833.

3. Le propriétaire d'une maison comprise dans un plan d'alignement approuvé par une ordonnance commet une contravention, lorsque, sur un emplacement intérieur, séparé de la voie publique actuelle par une clôture, il établit une nouvelle clôture dans le but d'abattre ensuite l'ancienne. Cass., 1er déc. 1832, 4 mai 1833 ; Orléans, 11 juill. 1833.

4. L'alignement, lorsqu'il est *antérieur aux constructions* faites le long de la route, a pour effet de soumettre à la démolition la construction faite sans autorisation, et qui se trouve en deçà ou au delà de la ligne. Voir, pour ce cas, ci-après, n° 9.

5. En cas de constructions sans autorisation sur ou joignant les chemins publics vicinaux ou ruraux, le contrevenant est passible d'amende ; mais la démolition ne doit être ordonnée qu'autant que les constructions causent un dommage à la petite voirie, c'est-à-dire lorsqu'elles présentent un empiétement sur la largeur légale de la voie publique. Cass., 2 janv. 1847 ; ANNALES, 1re série, t. V, p. 410.

6. Jugé ainsi qu'en condamnant à l'amende pour constructions élevées hors l'alignement tracé par l'autorité, on doit ordonner aussi la démolition de ces constructions. Ordonn. Cons. d'État, 27 mai 1831.

7. Il y a pareillement lieu, dans le même cas, de faire démolir la reconstruction de la partie d'une maison abattue comme menaçant ruine, encore bien que cette démolition partielle entraîne la nécessité d'abattre la maison entière. Cass., 30 déc. 1826.

8. La circonstance que le propriétaire aurait négligé de demander l'alignement n'entraînerait pas la démolition des constructions, si elles se trouvaient sur l'alignement : sa négligence entraînerait simplement l'application de l'amende. Ordonn. Cons. d'Etat, 3 et 17 juin 1818, 4 févr. 1824; Cormenin, v° *Voirie*, p. 629.

9. Lorsqu'il est *postérieur à la construction*, l'alignement empêche seulement de la réparer ou consolider si elle empiète sur la voie publique. L'administration attend qu'elle tombe de vétusté, afin de ne débourser que la valeur du terrain. — V. *Badigeonnages, Crépissage, Travaux confortatifs*.

10. Si des constructions ont été commencées avant que la permission, quoique demandée, ait été accordée, il n'y a pas moins contravention. Ordonn. Cons. d'Etat, 29 juill. 1832.

11. Jugé de même que celui qui a construit sans autorisation n'est pas fondé à se faire décharger de l'amende, sous le prétexte qu'il aurait demandé l'autorisation, et que ce ne serait que deux mois après, et dans la crainte de laisser passer la saison propre aux constructions, qu'il se serait déterminé à faire réparer sa maison. Ordonn. Cons. d'Etat, 12 avr. 1832.

12. L'autorisation, avant d'entreprendre des travaux, n'étant exigée par les lois actuelles que pour les constructions à établir sur la voie publique, ou pour réparation à faire aux murs de face, sur route ou sur rue, il suit de là qu'aucune autorisation préalable n'est nécessaire pour construire ou réparer, dans l'intérieur, des portions qui n'auraient pas pour objet de consolider le mur de face, ou qui ne toucheraient pas à la voie publique actuelle, lors même que ces propriétés seraient destinées, par des plans arrêtés en Conseil d'Etat, à faire, dans un temps plus ou moins éloigné, partie de la voie publique. Cass., 25 juill. 1829.

13. Les questions d'alignement et de démolition sont distinctes de la question de propriété. Celles-là sont du ressort de l'autorité administrative; celle-ci du ressort de l'autorité judiciaire. L. 8 mars 1810; Décr. 21 janv. 1813; Ordonn. Cons. d'Etat, 12 déc. 1818.

14. Le délai que le juge peut accorder pour la démolition des constructions indûment élevées ne doit être que du temps présumé nécessaire pour opérer cette démolition. — Ainsi, il y aurait lieu à demander la cassation du jugement qui accorderait deux ans, par exemple, pour faire la démolition. Edit de déc. 1807; Cass., 8 juill. 1843. ANNALES, 1re série, t. V, p. 420.

15. La fixation de l'alignement a pour effet de frapper d'une servitude *non ædificandi* les terrains destinés à faire ultérieurement partie de la voie publique. Cass., 21 déc. 1844. Annales, t. V, p. 421.

16. En conséquence, le propriétaire qui construit sur des terrains compris dans l'alignement est coupable de contravention, bien que ces terrains soient encore séparés de la voie publique par un mur de clôture... et que les travaux opérés n'aient rien de confortatif pour ce mur de clôture. C. pén., art. 471, n° 5. *Ibid.*

17. Le propriétaire qui devance d'un jour l'autorisation de construire sur ou joignant la voie publique peut bien n'être pas condamné à détruire les travaux exécutés, mais demeure passible d'amende. Cass., 3 oct. 1846. Annales, 1re série, t. V, p. 245.

18. Le juge ne peut se dispenser d'ordonner la démolition de la construction non autorisée faite à une maison sujette à reculement, sous le prétexte que le maire a connu ces travaux, et que, ni avant ni depuis leur construction, il n'a fixé d'alignement. Cass., 24 janv. 1834. *Ibid.*

19. Le propriétaire qui surélève une maison sujette à reculement doit être condamné à une amende pour avoir construit sans autorisation, et, en outre, à la démolition de ses ouvrages, conformément à l'édit de 1607, encore bien qu'il n'ait touché ni aux fondations ni aux étages inférieurs, en sorte que les travaux n'aient aucun caractère confortatif. Cass., 8 févr. 1845. *Ibid.*, p. 434. Cass., 12 juill. 1855. Annales, 1856, p. 76, et les observations faites à la suite de cette décision.

20. De même le propriétaire d'une maison soumise à l'alignement ne peut faire exécuter un recrépissage sur la partie retranchable de sa maison, sans avoir obtenu l'autorisation préalable de l'autorité municipale ; le juge de police saisi de la contravention ne peut se refuser à ordonner la démolition de l'œuvre indûment faite, sous le prétexte que cette œuvre ne constitue qu'une légère crépissure et qu'elle ne peut donner aucune consolidation à la maison. Cass., 12 juill. 1855. Annales, 1856, p. 77.

21. Le droit de décider si des travaux faits dans de telles circonstances sont confortatifs ou non appartient exclusivement à l'autorité administrative. Même arrêt.

22. Le juge saisi de la répression d'une contravention résultant de ce qu'un mur a été construit sans autorisation sur la voie publique doit ordonner sa destruction entière, et non se borner à ordonner la démolition du mur dans une certaine dimension. Edit de déc. 1607, art. 6 ; C. instr. crim., art. 161.

23. Le refus d'obtempérer à l'injonction que fait un maire à un particulier d'avoir à combler les excavations par lui pratiquées sous la voie publique est un fait de répression de la compétence du juge de simple police. C. instr. crim., art. 137 et 139 ; Cass., 12 mai 1843. ANNALES, 1855, p. 435.

24. Enfin, il est de jurisprudence bien constante que la peine de la démolition n'est pas seulement encourue pour le fait d'avoir *reconforté* sans autorisation, mais qu'il suffit, pour y donner lieu, qu'on ait construit sans autorisation. Cass., 7, 8 mars et 8 juin 1844.

25. L'alignement des constructions et des plantations établies sur ou joignant la voie publique doit être obtenu par écrit, à peine de nullité. Cass., 30 juin 1853, et 28 mars 1856 ; ANNALES, 1854, p. 94, et 1856, p. 335. — V. *Badigeonnage, Crépi, Crépissage, Travaux publics.*

ALIMENT. — V. *Comestibles, Lait, Pension alimentaire.*

ALLUVION. C'est l'accroissement que reçoit un fonds, par les terres nouvelles que les eaux d'un fleuve ou d'une rivière y apportent successivement et insensiblement (C. Nap., art. 556). On appelle aussi *alluvion* l'accroissement qui résulte des terres que les eaux laissent à découvert en se retirant.

1. L'atterrissement diffère de l'alluvion, en ce que celle-ci s'opère d'une manière insensible, tandis que l'atterrissement s'opère d'une manière plus rapide.

2. Mais quand les terres se sont réunies et accrues peu à peu, même sous l'eau, il n'importe que l'eau se retire tout d'un coup, ou par un mouvement lent et progressif ; il y a toujours alluvion. Cass., 25 juin 1827.

3. L'alluvion profite au propriétaire riverain, soit qu'il s'agisse d'un fleuve ou d'une rivière navigable, flottable ou non, mais à la charge, dans le premier cas, de laisser le marchepied ou chemin de halage. C. Nap., art. 556.

4. Il en est de même des relais que forme l'eau courante qui se retire insensiblement de l'une de ses rives, en se portant sur l'autre. Le propriétaire de la rive découverte profite du terrain délaissé par les eaux, sans que le riverain du côté opposé y puisse venir réclamer le terrain qu'il a perdu. *Ibid.*, art. 557.

5. L'alluvion profite à l'usufruitier (art. 596), à la communauté, au fonds dotal qui s'en augmente, et même au fermier pendant sa jouissance. Et, ce qu'il ne faut pas perdre de vue, le droit s'exerce au profit du propriétaire riverain, lors même que sa propriété est séparée du fleuve par un chemin de halage, ou même par un chemin public.

6. Jugé, d'après ces principes, que les terrains d'alluvion découverts par la retraite des eaux d'un fleuve appartiennent aux propriétaires riverains, au droit de leurs propriétés respectives. — La possession de ces terrains mis à découvert n'en confère pas la propriété aux détenteurs, s'ils ne prouvent qu'ils sont propriétaires des portions de terrain situées entre le fleuve et l'héritage des réclamants. Rouen, 26 avr. 1839.

7. Les questions relatives à la propriété des îles et atterrissements sont de la compétence des tribunaux ordinaires, toutes les fois qu'elles naissent entre particuliers et qu'elles n'intéressent ni l'Etat ni l'utilité commune des riverains, ou toutes les fois que, nées entre l'Etat ou une commune et un particulier, elles n'ont trait qu'à une question de propriété privée.

8. On ne doit pas attribuer le caractère légal d'alluvion seulement aux atterrissements qui se forment d'une manière apparente à la surface des eaux, par leur retraite lente et successive. Mais on doit considérer comme tels les atterrissements formés successivement sous les eaux qui les couvrent, et qui sont ensuite laissés tout à coup à découvert par la retraite subite de ces eaux. C. Nap., art. 556 ; 25 juin 1827; ANNALES, 1re série, t. I, p. 214.

9. Un tel atterrissement forme une alluvion dont les propriétaires riverains doivent profiter exclusivement, et sans que ceux de la rive opposée, dont le fleuve a ruiné la propriété, puissent y venir réclamer le terrain qu'ils ont perdu par ses invasions. *Ibid.*

10. Lorsqu'un atterrissement formé dans le lit d'un fleuve n'a pas le caractère d'accroissement insensible qui constitue l'alluvion et lorsque d'ailleurs cet atterrissement n'adhère point au fonds riverain, le propriétaire riverain ne peut en réclamer la propriété à titre d'alluvion. C. Nap., art. 556 ; Cass., 2 mai 1826. *Ibid.*, p. 218.

11. Mais les atterrissements qui se forment progressivement le long des fleuves ou rivières navigables appartiennent, par droit d'alluvion, aux riverains, encore qu'ils soient le résultat de travaux d'endiguement entrepris par l'Etat. Cass., 6 août 1849. *Ibid.*, p. 221.

AMENDE. Peine pécuniaire imposée par la loi pour contravention à certaines règles ou à certains devoirs.

Table sommaire.

Division.

§ 1er. Principes généraux en matière d'amende.
§ 2. Responsabilité civile.

§ 1er. *Principes généraux en matière d'amende.*

1. Il y a deux sortes d'amende : celles imposées par plusieurs lois de finances ou réglementaires de plusieurs professions, — elles sont généralement encourues de plein droit ; et celles qui représentent le premier degré de la pénalité en matière criminelle, — lesquelles ne peuvent résulter que d'un jugement de condamnation. — V. *Contravention, Peine, Police du roulage, Responsabilité, Tribunaux de police.*

2. En principe, l'amende ne pèse que sur le délinquant, et ne peut être à la charge des personnes civilement responsables. Cass., 25 févr. 1820, 8 août et 4 sept. 1825, 15 déc. 1827.

3. L'amende, en général, étant une peine, il faut appliquer le principe écrit dans l'art 365 du Code d'instruction criminelle, en ce qui concerne les crimes et délits d'après lequel les peines ne doivent pas être cumulées ; mais il en est autrement pour les contraventions ; il y a lieu en ce dernier cas au cumul des peines.— V. *Contraventions.*

4. Ce n'est pas devant la juridiction criminelle, mais devant la juridiction civile que doivent être poursuivies les amendes en matière civile. Turin, 6 avr. 1808.

5. En général, c'est le ministère public qui provoque la condamnation à l'amende, en matière civile comme en matière criminelle ; mais il est des cas où son concours n'est pas nécessaire, comme en matière d'enquête, par exemple, où l'amende est prononcée d'office par le juge commissaire, lorsque le témoin ne comparaît pas, quoique régulièrement assigné.

TOME I. 7

6. Dans les causes portées devant la justice de paix, soit en conciliation, soit autrement, aucun huissier ne peut ni assister comme conseil les parties, ni les représenter comme fondé de pouvoirs, à peine d'une amende de 25 à 50 francs, qui est prononcée sans appel par le juge de paix. L. 25 mai 1838, art. 18.

7. Le témoin cité dans une enquête, et qui fait défaut, encourt une amende qui ne peut être moindre de 10 francs ni excéder 100 francs pour la première fois, et qui, en cas de réassignation, est nécessairement de 100 francs. C. proc., art. 263 et 264.

8. Celui qui succombe sur sa demande en renvoi devant un autre tribunal est condamné à une amende d'au moins 50 francs (*Ibid.*, art. 374). — Il en est de même en cas de récusation, et en ce cas l'amende est au moins de 100 francs. *Ibid.*, art. 390.

9. Mais il n'y a point d'amende prononcée contre celui qui exerce une récusation en justice de paix.

10. L'appelant qui succombe dans son appel est condamné à une amende de 5 francs, s'il s'agit d'un jugement du juge de paix. C. proc., art. 471.

11. L'amende est de 150 francs pour les pourvois en cassation contre les décisions contradictoires des tribunaux de simple police, et de 75 francs contre les jugements par défaut.

12. Celui qui a dirigé contre un juge ou contre un tribunal une prise à partie est condamné à une amende de 300 francs si la requête est rejetée, ou s'il succombe. C. proc., art. 513, 516.

13. Les greffiers ou les commis qui exigent d'autres droits de greffe que ceux établis par la loi sont passibles de 100 francs d'amende. L. 21 vent. an VII, art. 23.

§ 2. *Responsabilité civile en matière d'amende.*

14. L'amende, soit en matière de délit, soit en matière de contravention, est une véritable *peine* : c'est ce qui résulte des articles 9, 11 et 464 du Code pénal. L'article 464, notamment, dit que l'amende est une *peine de police.*

15. Dès lors, en matière criminelle, correctionnelle ou de police, la responsabilité civile établie par l'article 1384 du Code Napoléon ne peut, à moins d'une disposition expresse, être étendue aux amendes que la loi prononce contre les auteurs ou complices du délit. Cass., 6 avr. 1820, 21 sept. 1820, 23 août 1822, 18 nov. 1825, 26 juill. 1836 (intérêt de la loi), 19 mars 1836, 30 mai 1840.

16. Il a été tout spécialement jugé, en matière de contravention, que le maître n'est pas civilement responsable de l'amende encourue pour contravention à un règlement de police municipale ou toute autre contravention ou délit, par le fait personnel de son domestique. Cass., 14 frim. an XIV, 6 juin 1811, 9 juin 1832, 8 août 1823, 21 avr. 1827, 30 juill. 1825, 18 oct. 1827.

17. Jugé encore, d'après ces principes, que la disposition d'un arrêté de police qui déclare les maîtres civilement responsables des amendes prononcées contre leurs ouvriers pour contravention à cet arrêté ne peut être considérée comme obligatoire. Cass., 19 mars 1836.

18. Mais il en est autrement lorsque la loi déclare, par une disposition expresse, la responsabilité civile. — Ainsi, en matière de douane, l'article 20, tit. XIII, loi des 6–22 août 1791, rend les propriétaires des objets introduits en fraude responsables, non-seulement des droits, dépens et confiscations, mais aussi des amendes dont sont atteints leurs préposés.

19. La Cour de cassation induit de là et consacre invariablement ce principe, qu'en matière de simple contravention aux lois sur les douanes, l'amende n'est point une peine proprement dite, mais une réparation du préjudice causé à l'Etat par les effets de la fraude. Cass., 6 juin 1811, 28 avr. 1830, 30 mai 1828, 5 sept. 1828.

20. Que les pères et mères sont responsables civilement dès amendes encourues par leurs enfants mineurs, tant qu'ils ne prouvent pas qu'ils n'ont pu empêcher la contravention. Cass., 6 juin 1811, 6 avr. et 21 sept. 1820, 30 mai 1828, 5 sept. 1828.

21. Cependant la même Cour a reconnu que les héritiers d'un contrebandier décédé avant la poursuite ne peuvent être cités devant le tribunal correctionnel en condamnation à l'amende par lui encourue. Cass., 28 mess. an VIII. — Même décision en matière de contributions indirectes. Cass., 9 déc. 1813.

22. Et que la contrainte par corps ne peut être prononcée contre un mineur pour le recouvrement de l'amende à laquelle il a été condamné en matière de douanes, alors qu'il n'avait pas été déclaré qu'il avait agi avec discernement. Cass., 18 mars 1842.

23. Une seconde exception a été consacrée par la loi du 1er germinal an XIII, sur les contributions indirectes, dont l'article 35 reproduit exactement les dispositions de l'article 20, tit. XIII, de la loi des douanes. Aussi, la cour de cassation a-t-elle suivi la même doctrine, et jugé qu'en matière de contributions indirectes, comme en matière de douanes, l'amende doit plutôt être considérée comme une réparation du préjudice causé à l'Etat par les effets de la fraude, que comme une peine proprement dite. Cass., 11 oct. 1834. Voir ci-dessus n° 19.

24. D'où la conséquence également que le père est civilement responsable de l'amende prononcée contre son fils mineur, non émancipé, demeurant avec lui. Même arrêt.

25. Néanmoins, la Cour suprême a aussi jugé qu'en cette matière les amendes ont un caractère pénal tel qu'il ne permet pas qu'elles soient poursuivies contre l'héritier du prévenu de contravention décédé avant la condamnation prononcée. Cass., 9 déc. 1813. Voir ci-dessus n° 21.

26. L'article 13, tit. XIX, de l'ordonnance de 1669 déclarait les pères et maîtres civilement responsables des condamnations prononcées en matière forestière, et la jurisprudence comprenait les amendes mêmes dans ce mot *condamnations*, lorsque les délits avaient été commis dans les bois de l'État. Mais le Code forestier a changé cette doctrine, et déclaré, par son article 206, que la responsabilité ne s'appliquerait qu'aux restitutions, dommages-intérêts et frais. Chauveau, *Expl.*, art. 206 ; Chauveau et Hélie, *Th. du Code pénal*, t. 1, p. 205.

27. Il en est de même de l'article 74 de la loi du 15 avril 1829, sur la pêche fluviale, portant que les maris, pères, mères, tuteurs, fermiers et porteurs de licences, ainsi que les propriétaires, maîtres et commettants, seront civilement responsables des délits en matière de pêche commis par leurs femmes, enfants, mineurs, pupilles, bateliers et compagnons, et tous autres subordonnés. L'article ajoute que cette responsabilité sera réglée conformément à l'article 1384 du C. Nap.

28. Toutefois, quelques exceptions sont apportées par le Code forestier à ces règles, notamment par les articles 45 et 46 sur la responsabilité des adjudicataires et de leurs cautions pour les faits de leurs facteurs, ouvriers bûcherons, voituriers ; par l'article 78, pour les amendes contre le propriétaire des animaux conduits par un pâtre et trouvés en délit, et par l'article 199, encore contre le propriétaire des animaux qui ont été conduits dans les bois de dix ans et au-dessus.

29. En matière de police du roulage il y a lieu à responsabilité civile, non-seulement des dommages-intérêts et des frais, mais encore des amendes prononcées. L. 30 mai 1851, art. 3 et 13. — V. *Appel, Circonstances atténuantes, Délit rural, Douanes, Police du roulage, Responsabilité, Tapage nocturne, Tribunal de simple police.*

AMNISTIE. On appelle ainsi le pardon que le souverain accorde aux auteurs de certains crimes, délits et contraventions.

1. L'amnistie embrasse dans sa généralité les individus condamnés et ceux qui ne sont encore qu'en état de prévention.

2. L'essence de l'amnistie est d'être accordée dans un intérêt général, de considérer plus les délits que les personnes, d'être irrévocable, et de produire, quant à l'action pénale et à la peine prononcée, un effet rétroactif et absolu. La nature de l'amnistie est, en outre, de s'appliquer aux délits qu'elle spécifie, en tout état de cause, soit avant, soit après jugement, aux délits poursuivis ou non, à ceux jugés par contumace ; d'être enfin générale et absolue, c'est-à-dire sans condition.

3. Mais l'amnistie n'a pas pour effet d'éteindre de droit les actions civiles des tiers lésés par les délits amnistiés. Comme le droit d'amnistie n'est pas exercé seulement dans de très-graves circonstances politiques, mais encore à l'égard de simples contraventions de police, comme l'amnistie ne détruit pas la criminalité du fait sans empêcher que le fait lui-même ait existé, l'utilité générale a fait admettre en principe que l'amnistie ne préjudicie pas à l'action civile.

4. En général, les actes d'amnistie émanés du prince renferment des dispositions qui réservent expressément les actions civiles. Voir notamment ceux des 23 et 26 avril, 11 juillet 1814, 13 janvier 1815, 20 octobre 1820, 28 mai 1825.

5. Il a été plusieurs fois jugé que l'amnistie, à moins d'une clause expresse, ne forme pas obstacle à l'action civile résultant des faits auxquels elle s'applique. Cass., 23 mars 1811, 8 févr. 1817, 11 juin 1825.

6. Notamment l'amnistie du 26 septembre 1830, en faveur des contraventions de police, n'embrasse que les peines, mais ne peut préjudicier aux particuliers, communes et établissements publics, relativement aux dommages-intérêts et dépens qui pourraient leur être alloués. Cass., 21 oct. 1830, 27 avr. 1831.

7. En conséquence, la Cour de cassation doit, en cas de cassation, renvoyer devant un autre tribunal pour y être statué à fins civiles. Cass., 29 avr. 1831.

8. La Cour de cassation doit s'occuper d'un pourvoi formé contre un jugement de police rendu sur une contravention amnistiée, lorsqu'il y a en cause une commune qui a droit à des réparations par suite de cette contravention. Cass., 21 oct. 1830.

9. Mais une amnistie, et surtout une amnistie forestière, peut s'appliquer aux dommages et restitutions auxquels l'État pourrait avoir droit par suite de délits forestiers. Spécialement, il résulte de la combinaison des articles 1, 3 et 4 de l'ordonnance du 30 mai 1837, portant amnistie de délits forestiers, que l'amnistie s'applique non-seulement aux amendes encourues, mais aussi, en ce qui concerne les intérêts de l'État, aux dommages et restitutions non encore alloués par jugement. Cass., 2 sept. 1837.

10. C'est le tribunal civil qui est compétent pour connaître de l'action civile après l'amnistie promulguée, si l'action n'était pas encore intentée avant la promulgation de l'amnistie ; c'est le tribunal correctionnel ou le tribunal de police, s'ils étaient déjà saisis à cette époque. Ainsi, jugé que l'ordonnance qui fait remise de l'action publique, à raison d'un délit forestier, ne met aucun obstacle à ce que la partie civile poursuive devant le tribunal correctionnel les réparations à elles dues, lorsque ce tribunal a été saisi avant l'amnistie. Cass., 30 janv. 1830 ; Massabiau, *Manuel du procureur impérial*, n° 1313.

ANIMAUX. En jurisprudence, on désigne, sous le terme d'animaux, tous les êtres vivants et sensibles, l'homme excepté, et on les subdivise en animaux *sauvages* et en animaux *domestiques* ou *privés*.

Table sommaire.

Division.

§ 1er. Des animaux en général, considérés sous le rapport des dommages qu'ils peuvent causer. — Pénalité.

§ 2. Des animaux domestiques et des mauvais traitements dont ils sont l'objet. — Pénalité.

§ 3. Des animaux morts. — Prescriptions.

§ 4. Saisie d'animaux.

§ 1er. *Des animaux en général, considérés sous le rapport des dommages qu'ils peuvent causer. — Pénalité.*

1. La plupart des animaux sauvages ne sont à personne, et celui qui en est saisi en perd la propriété, dès qu'il les laisse échapper.

2. Divers règlements de police ont défendu aux habitants de Paris d'avoir et de nourrir chez eux des porcs, lapins, lièvres, pigeons, poules et autres volailles, parce que ces animaux infectent l'air. Cette mesure sanitaire serait également obligatoire dans les autres villes, si l'autorité administrative la prescrivait.

3. Il appartient aux maires, en vertu de l'article 3, tit. XI, de la loi du 24 août 1790, de prendre, à cet égard, les mesures qui paraissent commandées par la salubrité publique, en conciliant, autant que possible, dans les petites communes surtout, ce grand intérêt avec les besoins de l'économie rurale et domestique.

4. Les porcs ne peuvent être considérés comme des animaux malfaisants et féroces dans le sens du numéro 7 de l'article 475 du Code pénal ; en conséquence, la divagation de ces animaux ne constitue pas une contravention de police, lorsqu'elle n'a été défendue par aucun règlement local.

5. Jugé de même que le porc est un animal domestique n'ayant pas, par sa nature, l'instinct de férocité qui appartient aux animaux dont parle l'article 475, § 7, du Code pénal ; et que si, par suite d'habitudes vicieuses, le porc peut devenir un animal malfaisant, et être l'objet d'un arrêté municipal ou d'un règlement administratif, il est certain que tant qu'il n'a pas été pris un arrêté municipal ou un règlement administratif interdisant la divagation des porcs, le fait d'avoir laissé divaguer ces animaux domestiques sur un chemin public ne constitue pas, en droit, une contravention. Cass., 6 déc. 1854; ANNALES DES JUST. DE PAIX, 1854, p. 103.

6. L'arrêté d'un maire qui défend de laisser circuler des chiens dans les rues de la ville, sans qu'ils soient muselés, est applicable, non-seulement aux chiens errants ou abandonnés, mais encore aux chiens dressés pour la garde des troupeaux. Cass., 1er juill. 1842; ANNALES, 1re série, t. I, p. 227.

7. De même, l'arrêté d'un maire qui enjoint aux habitants de tenir leurs chiens enfermés et à l'attache, afin qu'ils ne soient point mordus par des chiens enragés, est pris dans le cercle des attributions municipales, et le tribunal de police ne peut refuser d'en maintenir l'exécution, sous le prétexte que les infractions à cet arrêté ne constituent pas un fait punissable. L. 19-22 juill. 1791, tit. I, art. 46 ; Cass., 19 août 1819. ANNALES, t. I, p. 228.

8. Quoique les chiens, en général, ne soient pas classés parmi les animaux malfaisants ou féroces qu'il est défendu de laisser divaguer, ils peuvent néanmoins être considérés comme tels, soit à cause de leur naturel particulier, soit à cause du vice de leur éducation. C. pén., art. 475, n° 6.

9. Le tribunal de police ne peut se déclarer incompétent, sous le prétexte, soit que celui qui a laissé divaguer les chiens ne les a point excités, soit que les chiens n'ont tué ou blessé que des animaux et non des hommes, soit enfin que leur fureur a été occasionnée par la rencontre nocturne de ces animaux. C. pén., art. 479, n° 2 ; Cass., 10 août 1832. *Ibid.*, p. 229.

10. Décidé de même que celui qui a contrevenu à un arrêté de police ordonnant de renfermer les chiens, ou de les tenir en laisse et muselés pendant tel temps de l'année, ne peut être renvoyé des poursuites, sous le prétexte que son chien s'est échappé du lieu où il était renfermé, ou qu'il était destiné à la conduite et à la garde d'un troupeau. C. pén., art. 65 ; Cass., 15 déc. 1827 et 30 janv. 1825. *Ibid.*, p. 230.

11. Le chien qui mord ou attaque les passants doit être compris parmi les animaux malfaisants ou féroces, et rend son maître, même absent, qui l'a laissé divaguer, passible des peines de simple police. C. pén., art. 475, n° 7 ; Cass., 23 niv. an XI et 25 sept. 1825. *Ibid.*, p. 231.

§ 2. *Des animaux domestiques et des mauvais traitements dont ils sont l'objet. — Pénalité.*

12. Par animaux domestiques, on doit entendre ceux qui se familiarisent avec l'homme, et vivent autour de lui dans son habitation, tels que les chiens, les chats, les pigeons *de volière*, les oiseaux de basse-cour, les animaux apprivoisés.

13. Sauf le cas prévu par l'article 12, tit. II, de la loi du 6 octobre 1791, il est défendu de tuer ou blesser les animaux domestiques appartenant à autrui. — V. C. pén., art. 452, 453, 454 et 479, n°ˢ 2, 3 et 4.

14. Ceux qui, sans nécessité, tuent un animal domestique dans un lieu dont celui à qui cet animal appartient est propriétaire, locataire, colon ou fermier, est passible d'un emprisonnement de six

jours au moins et de six mois au plus. S'il y a eu violation de clôture, le maximum de la peine doit être appliqué. C. pén., art. 454.

15. Sont punis d'une amende de 5 à 15 francs et peuvent l'être
d'un jour à cinq jours de prison, ceux qui exercent publiquement et abusivement de mauvais traitements envers les animaux
domestiques. L. 2 juill. 1850.

16. Mais il faut que ces mauvais traitements aient lieu *publiquement*, condition sans laquelle aucune poursuite ne peut être
exercée.

17. Jugé que faire battre publiquement des coqs, après avoir
armé leurs ergots d'éperons artificiels en acier, pour leur faciliter les
moyens de se blesser et de s'entre-tuer, constitue la contravention
de mauvais traitements sur un animal domestique. Trib. de simple
police de Roubaix, 26 févr. 1852.

18. La loi du 2 juillet 1850, sur les mauvais traitements exercés
sur les animaux domestiques, veut que la peine de la prison soit
toujours applicable en cas de récidive, ce qui semble exclure l'application des circonstances atténuantes au *cas de récidive;* et cependant cette loi déclare immédiatement que l'article 483 du Code
pénal, qui permet de réduire la peine à une simple amende, même
en *cas de récidive*, sera *toujours* applicable ; d'où il suit que, même
en cas de récidive, s'il y a des circonstances atténuantes, une simple amende pourra être prononcée. Il faut donc lire : La peine de
la prison sera toujours appliquée en cas de récidive, s'il n'existe
pas de circonstances atténuantes. C'est dans ce sens qu'à Paris on a
eu plusieurs fois à appliquer cette loi.

§ 3. *Animaux morts.* — *Formalités.* — *Obligations impérieuses.*
— *Infractions.* — *Pénalité.*

19. Les bestiaux morts doivent être enfouis dans la journée, à
quatre pieds de profondeur, par le propriétaire, et dans son terrain,
ou voituré à l'endroit désigné par la municipalité, pour y être également enfouis, sous peine, par le délinquant, de payer une amende
de trois journées de travail et les frais de transport et d'enfouissement. L. 6 oct. 1791, art. 13, tit. II ; et L. 23 therm. an IV, art. 2.

20. Si l'animal est mort à la suite d'une maladie contagieuse,
l'enfouissement doit être fait dans une fosse de deux mètres
soixante-sept centimètres de profondeur, et à cent mètres au moins
des habitations. Arrêté du 27 messidor an V.

21. Le Code pénal de 1810, art. 469, 460 et 461, prononce des peines qui ne peuvent jamais être moindres de dix jours à deux mois d'emprisonnement, et de 100 à 500 francs d'amende contre ceux qui auraient contrevenu aux règlements relatifs aux bestiaux attaqués d'épizootie.

22. Le tribunal de simple police n'est compétent, pour connaître des délits commis sur cette matière, que lorsqu'il s'agit de contraventions à un arrêté qui prescrit des mesures nouvelles, et indique des précautions qui ne sont point imposées par la loi, mais qui paraissent nécessaires pour prévenir les maladies dont il s'agit dans l'espèce ; car alors les contraventions à de tels arrêtés rentrent sous l'application de l'article 471 du Code pénal.

§ 4. *Saisie d'animaux.*

23. Dans le cas de saisie de bestiaux, instruments de labour, voitures et attelages par les gardes forestiers, les juges de paix peuvent donner mainlevée provisoire des objets saisis, à la charge du payement des frais de séquestre, et moyennant une bonne et valable caution. — En cas de contestation sur la solvabilité de la caution, il est statué par le juge de paix. C. forest., p. 168.

24. Si les bestiaux saisis ne sont pas réclamés dans les cinq jours qui suivent le séquestre, ou s'il n'est pas fourni bonne et valable caution, le juge de paix en ordonne la vente à l'enchère, au marché le plus voisin. Il y est procédé à la diligence du receveur des domaines, qui la fait publier vingt-quatre heures d'avance. — Les frais de séquestre et de vente sont taxés par le juge de paix, et prélevés sur le produit de la vente; le surplus reste déposé entre les mains du receveur des domaines jusqu'à ce qu'il ait été statué en dernier ressort sur le procès-verbal. — Si la réclamation n'a lieu qu'après la vente des bestiaux saisis, le propriétaire n'a droit qu'à la restitution du produit net de la vente tous frais déduits, dans le cas où cette restitution est ordonnée par le jugement. Code forest., 169.

ANTICHRÈSE. C'est un contrat par lequel un débiteur abandonne à son créancier les fruits de ses immeubles, à la charge par celui-ci d'en imputer annuellement la valeur sur les intérêts qui peuvent lui être dus, et ensuite sur le capital. C. Nap., art. 2085.

1. Le débiteur ne peut, à moins de convention contraire, réclamer l'immeuble donné en antichrèse avant l'entier acquittement de la dette à la sûreté de laquelle il est affecté. *Ibid.*, art. 2087.

2. L'antichrèse ne s'établit que par écrit (Code Nap., art. 2085);

mais l'acte dont elle résulte peut être sous signature privée ou dans la forme authentique.

5. Les juges de paix sont compétents pour connaître des contestations relatives aux contrats d'antichrèse, s'il s'agit de la poursuite d'une dette que le débiteur prétend avoir acquittée; mais si le contrat est attaqué, ou s'il s'agit de l'interpréter, ils ne peuvent plus en connaître.

4. L'action en réintégrande est recevable de la part du possesseur à titre d'antichrèse; on ne peut lui opposer qu'il ne possède pas *animo domini*. Cass., 16 mai 1820.

ANTICIPATION. Ce mot a deux significations principales dans le langage du droit : il se dit pour indiquer le payement d'une créance avant le terme fixé pour son remboursement; et il se dit également pour caractériser l'empiétement d'un propriétaire sur le terrain de son voisin.

1. L'anticipation de terrain étant variable, et souvent insensible, n'a point été regardée par nos lois comme pouvant servir de fondement à une possession publique, et, conséquemment, on ne peut prescrire le terrain sur lequel elle a eu lieu. Paris, 28 févr. 1821.

2. De là encore la conséquence secondaire que l'anticipation ne peut donner naissance à une action possessoire, et que celui sur le terrain duquel le voisin a anticipé doit agir par réintégrande, et non en complainte, ce qui l'obligerait à prouver sa possession annale.

3. Lorsqu'un individu poursuivi pour avoir anticipé sur un chemin public élève une question préjudicielle de propriété du chemin sur lequel il a commis une contravention, le tribunal de police doit surseoir à statuer. Cass., 27 juill. 1854, ANNALES, 1854, p. 354.

4. Mais le fait d'avoir planté une haie penchant sur un chemin, de manière à rendre la circulation difficile, constitue une usurpation d'un chemin public, que le juge de police ne peut se dispenser de réprimer lorsqu'il en est régulièrement saisi. Cass., 7 févr. 1856; ANNALES, 1856, p. 296. — V. *Prescription*, nos 2 et suiv.; *Voirie*, nos 9 et suiv.

APPEL. L'appel est le recours à un tribunal supérieur, pour faire réformer le jugement d'un tribunal inférieur que l'on prétend mal rendu.

Division.

§ 1er. De l'appel des jugements des justices de paix.

§ 2. Délai de l'appel et des jugements définitifs et interlocutoires.

§ 3. De l'acquiescement au jugement.

§ 4. Procédure de l'appel, attribution du juge d'appel.

§ 5. De l'appel des jugements en matière de simple police, du délai et de la procédure.

§ 1er. *De l'appel des jugements des justices de paix.*

1. Est susceptible d'appel tout jugement de justice de paix, rendu sur actions personnelles et mobilières; sur les contestations entre les hôteliers, aubergistes ou logeurs, et les voyageurs ou locataires en garni; sur les contestations entre les voyageurs et les voituriers ou bateliers pour retards, frais de route et perte ou avarie d'effets, et entre les voyageurs et les carrossiers ou autres ouvriers. L. 25 mai 1838, art. 1 et 2.

2. Sont aussi susceptibles d'appel tous jugements de justice de paix rendus sur action en payement de loyers ou fermages; sur contestations relatives aux congés, aux demandes en résiliation de baux, aux expulsions de lieux et aux demandes en validité de saisie-gagerie. *Ibid.*, art. 3.

3. Sont également susceptibles d'appel les jugements des juges de paix relatifs aux indemnités réclamées par le locataire ou fermier ; aux dégradations et pertes ; aux actions pour dommages faits aux champs, fruits et récoltes, et à celles relatives à l'élagage des arbres ou haies, et au curage, soit des fossés, soit des canaux servant à l'irrigation des propriétés ou au mouvement des usines. L. 25 mai 1838, art. 4 et 5.

4. On peut encore appeler des jugements des juges de paix rendus sur contestations relatives aux engagements respectifs des gens de travail au jour, au mois et à l'année ; sur contestations des maîtres et domestiques ou gens de service à gages, des maîtres et de leurs ouvriers ou apprentis ; sur contestations relatives aux payements des nourrices ; sur actions civiles pour diffamation verbale et pour injures publiques ou non publiques, verbales ou par écrit, et sur actions pour rixes et voies de fait. *Ibid.*, art. 5.

5. Mais l'appel des jugements des juges de paix n'est recevable que pour les jugements rendus en premier ressort. — La loi du 25 mai 1838 sur les justices de paix précise d'une manière exacte quelle est la compétence des juges de paix en dernier ressort. Relativement au possessoire, au bornage, à la distance prescrite pour les plantations, aux constructions et travaux énoncés par l'article 675 du Code, et aux pensions alimentaires, les juges de paix ne peuvent statuer qu'à charge d'appel. *Ibid.*, art. 6.

6. Les articles 7, 8 et 9 de la loi du 25 mai 1838 expliquent comment doit être fixée la compétence des juges de paix dans le cas de reconvention, ou de plusieurs demandes formées par le même exploit, et indiquent, par suite, lorsqu'un jugement, à cet égard, est sujet à appel.

7. Dans les affaires dévolues aux juges de paix par des lois spéciales, sans que la disposition porte qu'ils statueront en premier ou dernier ressort, le jugement est sujet à appel, si la demande excède 100 francs, ou si elle est indéterminée.

8. L'appel des jugements des juges de paix n'est recevable ni avant les trois jours qui suivent celui de la prononciation des jugements, à moins qu'il n'y ait lieu à exécution provisoire, ni après les trente jours qui suivent la signification, à l'égard des personnes domiciliées dans le canton. L. 25 mai 1838, art. 13.

9. Les personnes domiciliées hors du canton ont pour interjeter appel, outre le délai de trente jours, le délai réglé par les articles 73 et 1033 du Code de procédure civile. *Ibid.*

10. N'est pas recevable l'appel des jugements mal à propos qualifiés en premier ressort, ou qui, étant en dernier ressort, n'auraient point été qualifiés. *Ibid.*, art. 14.

11. Sont sujets à l'appel les jugements qualifiés en dernier ressort, s'ils ont statué, soit sur des questions de compétence, soit sur des matières dont le juge de paix ne pouvait connaître qu'en premier ressort. *Ibid.*

12. Néanmoins, si le juge de paix s'est déclaré compétent, l'appel ne peut être interjeté qu'après le jugement définitif. *Ibid.*

13. L'article 14, dont nous venons de rappeler le texte, contient deux dispositions : la première déclarant susceptibles d'appel les jugements mal à propos qualifiés en dernier ressort, disposition qui n'est qu'une application de la règle générale, posée, quant à la déclaration du premier ou du dernier ressort, par l'article 453 du Code de procédure ; — la seconde, soumettant à l'appel toutes les questions de compétence, et qui n'est aussi qu'une répétition de l'article 454 du même Code, portant que, « lorsqu'il s'agira d'incompétence, l'appel sera recevable, encore que le jugement ait été qualifié en dernier ressort. »

14. Cette seconde disposition est fondée sur ce principe, admis par toutes les juridictions, que le juge ne peut jamais statuer en dernier ressort sur sa compétence.

15. La troisième disposition de l'article 14, relative à l'appel du jugement qui a prononcé sur la compétence, rentre dans le paragraphe qui suit.

§ 2. *Délai de l'appel.*

16. L'article 13 de la loi du 25 mai 1838 défend, d'une part, d'interjeter appel des jugements des juges de paix avant les trois jours qui suivront celui de la prononciation, à moins qu'il n'y ait lieu à exécution provisoire; d'autre part, il n'accorde que le délai de trente jours pour relever appel : la première de ces dispositions a pour but d'empêcher les appels téméraires; la seconde, d'empêcher les appels tardifs.

17. L'article 450 du Code de procédure dispose que « l'exécution des jugements non exécutoires par provision sera suspendue pendant la huitaine, à dater du jour du jugement. » Cette disposition cadre avec celle qui défend d'appeler, avant l'expiration de la huitaine, des jugements des tribunaux de première instance : il semble donc que l'exécution des jugements des juges de paix doit être aussi, par analogie, suspendue pendant les trois jours avant l'expiration desquels l'appel est interdit; au moins l'exécution précitée autoriserait l'appel, sans égard au délai de trois jours.

18. L'interdiction d'appel avant les trois jours est-elle applicable aux jugements interlocutoires comme aux jugements définitifs ? La loi ne distingue pas ; mais comme aucun délai ne peut être assigné à l'exécution d'un jugement interlocutoire, c'est à ces jugements surtout que s'appliquerait la règle, que l'exécution dispense de tout délai d'appel.

19. Il faut d'ailleurs observer que la partie qui assiste à une enquête ou à une expertise est censée acquiescer par là même au jugement qui l'a ordonnée ; on ne peut donc, à la fois, autoriser l'exécution d'un jugement interlocutoire avant le délai de trois jours, et empêcher de relever appel avant ce même délai.

20. L'appel des jugements dont l'exécution provisoire n'a pas été ordonnée est suspensif. Soit qu'il s'agisse d'un jugement définitif, soit qu'il s'agisse d'un jugement interlocutoire, toute exécution doit donc être suspendue du moment de l'appel, et, lors même qu'il aurait été relevé après le délai, le tribunal d'appel étant seul juge de cette nullité.

21. Il n'est pas douteux, au reste, que l'appel d'un jugement interlocutoire ne puisse être interjeté avant le jugement définitif ; l'article 81 du Code de procédure le dit positivement.

22. Quant aux jugements qui ont statué sur la compétence, l'appel, d'après l'article 14 de la loi du 25 mai 1838, ne peut en être interjeté qu'après le jugement définitif ; cependant, si le jugement prononçant sur le déclinatoire est suivi d'un jugement interlocutoire, comme il est permis d'appeler de l'interlocutoire, tout porte à penser que l'on peut en même temps soumettre au juge d'appel la question de compétence : c'est l'opinion de Curasson sur l'article 14, n° 10 ; elle ne nous paraît pas pouvoir être sérieusement contestée.

23. La loi fixe les jours de délai après lesquels il est permis d'appeler ; la loi du 25 mai 1838 les fixe à trente, au lieu des trois mois de l'article 16 du Code de procédure.

24. Il n'est plus nécessaire que le jugement soit signifié, pour faire courir le délai d'appel, par un huissier *commis*, ainsi que l'exigeait l'article 16 du Code de procédure, à défaut de l'huissier de la justice de paix. L'article 16 de la loi de 1838 a aboli le droit exclusif de certains huissiers de notifier tous les actes relatifs à la juridiction des juges de paix, pour transporter ce droit à tous les huissiers du canton ; et, afin de ne porter aucune atteinte à cette égalité de droits, la seconde Commission de la Chambre des députés supprima de l'article 13 du projet, après ces mots : *qui suivront la* *signification*, ceux-ci : *faite par l'huissier commis par le jugement.*

25. Les personnes domiciliées hors du canton ont pour interjeter appel, outre le délai de trente jours, le délai réglé par les articles 73 et 1033 du Code de procédure civile.

26. D'après l'article 446 du Code de procédure, « ceux qui sont absents du territoire européen du royaume pour service de terre ou de mer, ou employés dans les négociations extérieures pour le service de l'Etat, auront pour interjeter appel, outre le délai de trois mois depuis la signification du jugement, le délai d'une année. » — Cet article est applicable à l'appel des jugements des juges de paix, ainsi que cela résulte d'une interpellation positive à ce sujet de M. Martin (de l'Isère), et d'une réponse affirmative du rapporteur de la Chambre des députés : M. le rapporteur explique dans cette réponse « que la Commission s'en est tenue aux termes du droit commun, et qu'elle n'a pas voulu déroger à l'article 446 du Code de procédure. » Ceux dont il est mention dans cet article ont donc, pour interjeter appel d'un jugement de justice de paix, outre le délai de trente jours depuis la signification du jugement, le délai d'une année.

27. D'après l'article 443 du Code de procédure, relatif aux tribunaux de première instance, le délai d'appel des jugements par défaut rendus par ces tribunaux ne court que *du jour où l'opposition n'est plus recevable*; cette disposition est-elle applicable à l'appel des jugements par défaut rendus par les juges de paix?—L'article 4, tit. III de la loi du 26 octobre 1790, défendait aux tribunaux de district « de recevoir dans aucun cas l'appel d'un jugement du juge de paix, lorsqu'il aurait été rendu par défaut ; » mais cette disposition n'est reproduite ni dans le Code de procédure ni dans la loi de 1838 ; au contraire, le Code parle du droit d'appeler, et fixe le délai d'appel, sans distinguer entre les jugements contradictoires et les jugements par défaut : aussi était-il admis, sous le Code de procédure, que les jugements par défaut étaient susceptibles d'appel, et que le délai d'appel ne courait que du jour où l'opposition n'était plus recevable (Cass., 8 août 1815 et 7 nov. 1821); et dès lors aussi l'on reconnaissait que la règle de l'article 455, d'après laquelle « les appels des jugements susceptibles d'opposition ne sont point recevables pendant la durée du délai d'opposition, » était également applicable aux appels des jugements des juges de paix. Il n'est pas douteux que ces principes ne doivent encore être appliqués sous la loi nouvelle : aussi, aujourd'hui comme autrefois, l'appel ne peut être interjeté pendant les délais de l'opposition, et le délai pour appeler d'un jugement par défaut ne court que de l'expiration du délai d'opposition.

28. Suivant l'article 20 du Code de procédure, « la partie condamnée par défaut peut former opposition dans les trois jours de la signification faite par l'huissier du juge de paix ou tel autre qu'il aura commis. »

29. Suivant l'article 21, « si le juge de paix sait par lui-même, ou par les représentations qui lui seraient faites à l'audience par les proches, voisins ou amis du défendeur, que celui-ci n'a pu être instruit de la procédure, il pourra, en adjugeant le défaut, fixer, pour le délai de l'opposition, le temps qui lui paraîtra convenable ; et dans le cas où la prorogation n'aurait été ni accordée d'office ni demandée, le défaillant pourra être relevé de la rigueur du délai et admis à opposition, en justifiant qu'à raison d'absence ou de maladie grave il n'a pu être instruit de la procédure. »

30. La nullité provenant de ce qu'un acte d'appel a été signifié après les délais doit être prononcée d'office ; c'est là une nullité d'ordre public. Rennes, 25 mai 1838.

31. Quant à l'appel prématuré, Curasson pense que la nullité n'en doit pas être prononcée d'office, parce que, en ce cas, la partie déclarée non recevable peut renouveler son appel. Cela est vrai si, au moment où le jugement est prononcé, les délais d'appel ne sont pas encore expirés. Quoi qu'il en soit, comme la disposition relative à l'appel prématuré n'a été établie que pour arrêter l'appelant téméraire, elle n'a pas, en effet, le caractère d'ordre public ; et la nullité ne doit pas être suppléée d'office par le juge.

§ 3. *De l'acquiescement au jugement.*

V. *Acquiescement.*

§ 4. *Procédure de l'appel.* — *Attribution du juge d'appel.*

32. L'appel peut ne porter que sur une partie du jugement rendu ; et, lorsqu'il en est ainsi, il importe de l'exprimer dans l'exploit, pour éviter les dépens d'appel relativement à la partie bien jugée.

33. Les formes de l'acte d'appel et la procédure sur l'appel sont réglées par les articles 443 à 473 du Code de procédure, liv. III, titre unique, *De l'appel et de l'instruction sur l'appel*, et par les articles 404 à 413 du même Code, titre XXIV du second livre, relatif aux *matières sommaires.*

34. Ainsi l'intimé peut interjeter incidemment appel en tout état de cause, quand même il aurait signifié le jugement, sans protestation ni réserve. C. proc., art. 443.

35. Ainsi, « il ne doit être formé, en cause d'appel, aucune demande nouvelle, à moins qu'il ne s'agisse de compensation, ou que la demande nouvelle ne soit la défense à l'action principale. — Pourront aussi les parties demander des intérêts, arrérages, loyers et autres accessoires échus depuis le jugement de première instance, et les dommages et intérêts pour le préjudice souffert depuis ledit jugement. » C. proc., art. 464.

36. Ainsi, en cas d'appel d'un jugement interlocutoire, si le jugement est infirmé et que *la matière soit disposée à recevoir une décision définitive*, les tribunaux d'appel peuvent statuer, en même temps, sur le fond, définitivement, par un seul et même jugement. Il en est de même dans les cas où les tribunaux d'appel infirment, soit pour vice de forme, soit pour toute autre cause, des jugements définitifs. C. proc., art. 473.

37. La matière *est disposée à recevoir une décision définitive*, lorsqu'il n'est besoin d'ordonner, avant faire droit, ni enquête, ni expertise, ni autre mesure préparatoire ou interlocutoire.

38. Au reste, l'évocation, hors les cas prévus par la loi, n'entraîne pas nullité d'ordre public ; de telle sorte que la partie qui, après évocation par le tribunal d'appel, a conclu au fond, est non recevable plus tard à se prévaloir de la compétence, une espèce de prorogation de juridiction, autorisée par les articles 7, 168 et 169 du Code de procédure, ayant lieu en pareil cas. Cass., 24 déc. 1838.

39. C'est devant le suppléant de la justice de paix où le jugement a été rendu, ou au tribunal de paix d'un autre canton du même arrondissement, que la cause doit être renvoyée, lorsque le tribunal d'appel ne la retient pas, ou ne peut pas la retenir.

40. Le tribunal ne peut retenir la cause, même dans les cas où l'évocation lui est permise, si elle eût dû être portée devant le juge de paix d'un canton situé en dehors de l'arrondissement.

41. De même, il ne peut, lorsqu'il évoque, juger que dans les limites de la compétence des juges de paix, quoique, si la contestation eût été portée directement devant lui, elle fût rentrée dans les limites de sa propre juridiction. Quand il annule une sentence, en se fondant sur ce que le juge de paix a prononcé sur un taux supérieur au dernier ressort, ou sur une question de propriété en dehors de sa compétence, il doit donc s'abstenir de retenir la cause et renvoyer la partie devant le tribunal compétent. Cass., 11 avr. 1837 et 26 déc. 1841. ANNALES, 1re série, t. I, p. 246.

42. Si le juge de paix a cumulé le pétitoire avec le possessoire, le juge d'appel ne statuera encore que sur le possessoire, lors même que le pétitoire lui appartiendrait comme tribunal d'arrondissement. — S'il ne pouvait, sans cumuler les deux espèces de juridiction, statuer sur le possessoire, il devrait renvoyer purement et simplement au pétitoire. Cass., 29 août 1836. *Ibid.*, p. 249.

43. Les exceptions d'incompétence à raison de la matière peuvent être proposées, pour la première fois, en appel ; elles ne sont pas couvertes par la défense au fond devant le juge de paix. Cass., 22 juin 1808, et 20 mai 1829.

§ 5. *De l'appel de jugements en matière de simple police,*
du délai et de la procédure.

44. Le droit d'appel des jugements des tribunaux de police, dans les cas prévus par la loi, n'appartient qu'aux parties condamnées ; ni le ministère public, ni la partie civile ne peuvent l'exercer. C'est une conséquence de la règle qui détermine le ressort d'après la condamnation.— Cass., 29 mars 1812 ; 24 févr. 1827 ; 20 nov. 1846 ; 10 févr. 1848 ; ANN. DES J. DE PAIX, 1re série, t. V, p. 212 ; Bourguignon, Armand Dalloz, *Dict. gén.*, t. I, p. 134, n° 48 ; Charles Berriat-Saint-Prix, *Traité de la proc. des trib. crim.*, 1re partie, p. 341, n° 531 ; Merlin, *Quest.*, v° *Appel*, § 2, n° 10, et autres auteurs. — *Contrà*, Legraverend, Carnot.

45. Par suite du principe qui vient d'être établi, la faculté d'appeler appartiendrait cependant à la partie civile, si, sur la demande reconventionnelle du prévenu, prévue par l'article 159 du Code d'instruction criminelle, elle avait été condamnée à des réparations qui excéderaient 5 francs. Ici se trouve la réciprocité du droit. — Carou, t. II, p. 24, n° 732 ; Augier, *Encyclop.*, t. I, p. 66, n° 13 ; Descloseaux, *Encyclop. du droit*, v° *Appel*, n° 111 ; Dalloz, n° 92.

46. Ainsi que nous venons de le dire ci-dessus, n° 44, le ministère ne peut interjeter appel d'un jugement du tribunal de police. L'article 177, en effet, lui confère le droit de se pourvoir en cassation ; or, si la loi avait entendu qu'il pût interjeter appel, elle s'en serait expliquée. — D'un autre côté, l'article 202, en don-

nant au ministère public la faculté d'appeler en matière correctionnelle, démontre suffisamment que ce n'est point par oubli que le
même droit ne lui a point été conféré en matière de simple police.
C'est aussi ce que la Cour de cassation a reconnu dans deux arrêts
des 28 août 1823 et 14 février 1827.

47. Les jugements rendus en matière de police pourront être
attaqués par la voie de l'appel, lorsqu'ils prononceront un emprisonnement, ou lorsque les amendes, restitutions et autres réparations civiles excéderont la somme de 5 francs, outre les dépens.
C. inst. crim., art. 172.

48. L'appel sera suspensif. C. inst. crim., art. 173.

49. L'appel des jugements rendus par le tribunal de police sera
porté au tribunal correctionnel ; cet appel sera interjeté dans les dix
jours de la signification de la sentence à personne ou à domicile ;
il sera suivi et jugé dans la même forme que les appels des sentences des justices de paix. C. inst. crim., art. 175.

50. Lorsque, sur l'appel, le procureur impérial ou l'une des
parties le requerra, les témoins pourront être entendus de nouveau,
et il pourra même en être entendu d'autres. C. inst. crim., art. 175.

51. Les dispositions des articles précédents sur la solennité de
l'instruction, la nature des preuves, la forme, l'authenticité et la
signature du jugement définitif, la condamnation aux frais, ainsi que
les peines que ces articles prononcent, seront communes aux jugements rendus sur l'appel par les tribunaux correctionnels. C. inst.
crim., art. 176.

52. Le délai de dix jours fixé, pour interjeter appel, par l'article 174, doit être, selon la règle générale, augmenté d'un jour à
raison de trois myriamètres de distance, conformément à l'article
1033 du Code de procédure.

53. Mais, lorsque le jugement a été rendu par défaut, le délai
d'appel commence-t-il à courir du jour seulement où l'opposition
n'est plus recevable, ou, au contraire, le délai de l'appel et celui de
l'opposition courent-ils en même temps, et le condamné n'a-t-il que
dix jours pour appeler, comme dans le cas où le jugement est contradictoire ? — Les auteurs sont divisés sur cette question. Bourguignon pense qu'on ne peut employer contre un jugement par défaut, ni la voie de l'appel, ni celle du recours en cassation, tant que
la voie de l'opposition est ouverte ; il appuie son opinion sur plusieurs arrêts de la Cour de cassation, rendus sous l'empire du Code
du 3 brumaire an IV, conforme sur ce point au Code d'instruction
criminelle ; sur un avis du Conseil d'Etat, du 11 février 1806, ap-

prouvé le 18 du même mois, qui le décide ainsi, et sur la dernière partie de l'article 174 du Code d'instruction criminelle, qui veut que l'appel en matière de police soit suivi et jugé dans la même forme que les appels des sentences des juges de paix; or, dit-il, l'article 455 du Code de procédure civile déclare que les appels des jugements susceptibles d'opposition ne seront pas recevables pendant le délai de l'opposition. — Legraverend (*Législation criminelle*, t. II, p. 349) est du même avis. Carnot, sur l'article 150 du Code d'instruction criminelle, soutient une opinion contraire, qui ne paraît pas devoir être suivie.

54. Le délai de dix jours fixé par la loi, pour l'appel du jugement de police, n'est pas applicable à l'appel incident, qui peut être relevé en tout état de cause. Cass., 24 juill. 1818.

55. L'appel doit-il être *signifié* ou simplement *déclaré* au greffe? Legraverend (t. II, p. 348) pense qu'il suffit d'une simple déclaration au greffe, cet usage étant général pour l'appel et le recours en cassation en matière criminelle : un arrêt de la Cour de cassation, du 1er juillet 1826, a jugé que l'appel n'est pas nul, quoiqu'il ait été relevé par citation, sans déclaration au greffe ; un second arrêt du 6 août 1829 a reconnu, d'un autre côté, la validité d'un acte d'appel formé par une simple déclaration au greffe de la justice de paix.

56. Lorsqu'un tribunal correctionnel, saisi de l'appel d'un jugement de simple police, infirme pour une cause autre que celle tirée de l'incompétence, il doit statuer au fond et définitivement, au lieu de renvoyer l'affaire au juge du premier degré. Cass., 6 juin 1844.

APPRENTI-APPRENTISSAGE. —V. *Contrat d'apprentissage.*

APPROBATION D'ÉCRITURE. C'est le *bon* ou *approuvé* exigé par l'article 1326 du Code Napoléon, qui trace les règles en cette matière. — V. aussi *Acte sous seing privé.*

APPUIS. Les appuis de boutique ne tenant ni à fer ni à clous et se retirant le soir avec les objets étalés ne doivent pas former des saillies plus avancées que vingt-deux centimètres (huit pouces), et six centimètres (deux pouces) pour les appuis fixés et permanents (ordonn. 14 déc. 1725). Les contraventions sont passibles des peines portées par l'article 471, nos 4 et 5 du Code pénal.

AQUEDUC. Canal artificiel établi pour la conduite des eaux.

1. L'aqueduc établi sous l'héritage du voisin constitue, au profit de celui à qui il appartient, un droit de propriété véritable, contre lequel ne peut être invoquée la présomption établie par l'article 552 du Code Napoléon, que le propriétaire du sol a la propriété du dessus et du dessous. Pardessus, *Servitudes*, t. I, n° 7.

2. Quant à celui sur ou dans le terrain duquel passe l'aqueduc, c'est une véritable servitude continue et apparente dont est grevée sa propriété. Aussi l'établissement peut-il en avoir lieu, soit par titres, soit par la destination du père de famille, soit enfin par la prescription trentenaire. *Ibid.*, n° 279.

3. Le propriétaire d'un aqueduc et de tuyaux conduisant les eaux d'une fontaine sur son fonds, lesquels se trouvent établis sous les terrains de propriétaires voisins, est recevable, si ces derniers le troublent dans sa possession des eaux au moyen de travaux exécutés sur leur propre fonds, à intenter contre eux une action possessoire pour le maintien de son droit, qu'on doit considérer, non comme une servitude non apparente, mais comme un droit de propriété ou une servitude continue et apparente. C. proc., art. 3 et 23; C. Nap., art. 689 ; Cass., 9 déc. 1833.

ARBITRAGE. L'arbitrage est un droit de juridiction sans caractère public, conféré à de simples particuliers par la volonté des parties ou par la loi, pour juger les contestations sur lesquelles les parties peuvent compromettre et ont compromis, ou dont la connaissance a été attribuée par la loi à des arbitres.

1. On appelle *compromis* la convention par laquelle les parties, dérogeant à l'ordre des juridictions ordinaires, nomment des arbitres pour juger leurs différends nés ou à naître. — Ce mot *compromis* signifie accord entre deux ou plusieurs parties, promesse mutuelle et réciproque de s'en rapporter au jugement d'un tiers.

2. L'arbitrage est régi par les articles 1003 à 1020 inclusivement,

3. Toutes personnes peuvent être nommées arbitres et en exercer les fonctions, à moins que quelque incapacité ou infirmité, ou leur position à l'égard des parties ne les en empêchent.

4. Un *juge de paix* pourrait être choisi pour arbitre, même par les parties qui comparaissent devant lui pour se concilier. Colmar, 21 déc. 1813. — V. *Compromis.*

5. Les sentences arbitrales prennent date du jour de la signature des arbitres, et non de celui où elles sont déposées au greffe. C. proc., art. 1019, et suiv.; Bordeaux, 13 juill. 1830; ANNALES, 1re série, t. I, p. 269.

6. Quand, sur une action au possessoire, le défendeur ayant répondu qu'il avait la propriété de l'objet litigieux, le demandeur a nommé avec lui un arbitre pour statuer sur tous les points qui pouvaient les diviser, l'arbitre est alors investi du pouvoir de statuer

sur le pétitoire comme sur le possessoire. C. proc., art. 128. AN-
NALES, 1re série, t. I, p. 269.

ARBRES. Les arbres sont, comme toutes les productions de la
terre, la propriété de celui sur le terrain duquel ils sont plantés.
C. Nap., art. 553. — Quant à la distance des propriétés voisines,
V. *ibid.*, art. 671 et 673.

Table sommaire.

Division.

§ 1er. Considérations générales.
§ 2. Arbres à hautes tiges.
§ 3. Arbres à basses tiges.
§ 4. Ecorcement. — Mutilation d'arbres. — Faits punissables. — Mesures d'instruction. — Compétence.

§ 1er. *Considérations générales.*

1. Plusieurs lois anciennes et nouvelles ont ordonné la plantation
d'arbres le long des grandes routes et des chemins vicinaux. Ordonnances de février 1522, du 19 février 1552, de 1579, de 1583 ;
arrêts du Conseil des 3 mai 1720 et 17 avril 1776.

2. L'arrêt du Conseil du 17 juin 1712 et l'ordonnance du 4 août
1731 défendaient de planter des arbres à une moindre distance que
celle de six pieds des bords extérieurs des fossés. Une ordonnance
du bureau des finances du 29 mars 1754 fixait à trente pieds au
plus, et dix-huit pieds au moins, la distance des arbres entre eux.

3. La loi des 26 juillet-15 août 1790 a déterminé les droits respectifs des ci-devant seigneurs et des propriétaires riverains, relativement aux arbres crus et plantés sur les chemins publics, rues et
places. L'article 9 porte qu'il sera statué, par une loi particulière,
sur les arbres plantés le long des chemins royaux. C'est l'objet de
l'arrêté du Directoire du 28 floréal an IV, qui déclare ces arbres
partie du domaine public.

4. La loi des 21 août-14 septembre 1792 statue sur les droits des communes, relativement aux arbres plantés sur leur territoire. Elles doivent justifier de leur propriété, quand ces arbres sont plantés sur les chemins publics et sur les rues ; sinon ils sont censés appartenir aux propriétaires riverains, *sans indemnité à l'égard des anciens seigneurs*. Cass., 7 juin 1827.

5. La loi du 9 ventôse an XIII renouvelle l'injonction aux propriétaires riverains de planter sur le bord des grandes routes et des chemins vicinaux ; elle renferme des dispositions sur l'exécution forcée de cette obligation, et la plantation doit être faite sur le terrain intérieur de la route appartenant à l'Etat (art. 2). — Les propriétaires riverains ont la propriété des arbres et de leur produit (art. 3).

6. Le décret du 16 décembre 1811, tit. VIII, art. 86 à 111, a complété les dispositions sur cette matière ; mais il attribue à l'Etat les plantations anciennes faites sur les grandes routes ; celles faites le long des routes, sur le terrain des propriétés communales et particulières, appartiennent aux communes et aux particuliers (art. 86 à 88). — La première de ces dispositions a été modifiée par la loi du 22 mai 1825, qui restitue aux particuliers la propriété des arbres situés sur les routes et qu'ils justifieront avoir acquis ou plantés.

7. On ne peut pas, par des faits simples de jouissance, acquérir la possession d'arbres plantés sur un terrain limitrophe qu'on reconnaît appartenir à autrui. Cass., 9 mai 1839.

8. La présomption, d'après laquelle celui qui plante des arbres sur son fonds est propriétaire du terrain qu'il doit laisser entre ses plantations et l'héritage contigu, est une présomption simple, abandonnée, par l'article 1353 du Code Napoléon, aux lumières et à la prudence des magistrats. C. Nap., art. 671, 1350 ; Cass., 14 avr. 1853. ANNALES, 1852, p. 339, et réimpression, p. 142.

9. On ne peut, en l'absence de règlements particuliers préexistants ou d'usages locaux constants et reconnus, refuser d'ordonner l'arrachement d'arbres à haute tige plantés à moins de deux mètres de l'héritage voisin, sous prétexte que le propriétaire des arbres s'engagerait à les maintenir en taillis, et à les couper dès qu'ils auraient atteint cinq mètres de hauteur. Cass., 25 mai 1853. ANNALES, 1853, p. 212, et réimpression, p. 258.

10. Le droit acquis par prescription de conserver des arbres à haute tige à moins de deux mètres de l'héritage voisin, distance déterminée par l'article 671 du Code Napoléon, ne confère pas le droit de remplacer ces arbres quand ils viennent à périr ou à être abattus. Douai, 1re Ch., 14 avr. 1845. ANNALES, 1re série, t. I, p. 274.

11. Lorsqu'un arbre a vécu plus de trente ans à moins de deux mètres de distance de la propriété voisine, le propriétaire de cet arbre a un droit acquis de prescription, droit qui ne peut être aboli que par l'arrachage de l'arbre, ou bien encore parce que cet arbre vient à périr de vétusté ; mais l'arbre étant coupé, même au niveau du sol, ne disparaît pas pour cela ; le tronc, les racines restent. Il est même à remarquer que la loi a établi les règles de distance dans la plantation des arbres, non-seulement pour empêcher qu'ils nuisent aux voisins par leurs branches et par l'ombre qu'ils projettent, mais aussi pour empêcher qu'ils nuisent par leurs *racines*.

12. Nous ne pouvons supposer qu'un cas où la prescription pourrait être combattue, ce serait celui où le propriétaire de l'arbre se serait engagé par convention à le détruire, et qu'au lieu de l'arracher ou de le déraciner, il l'aurait simplement coupé au niveau du sol : dans ce cas, le voisin qui aurait cru, l'arbre ayant disparu, à l'exécution de la convention, aurait le droit de se plaindre dès qu'il verrait de nouvelles souches apparaître, et même pendant trente ans, car la possession qu'on lui opposerait et qu'on prétendrait faire remonter en deçà de la convention, ne saurait être regardée comme sincère, ni comme ayant le caractère de publicité voulu par la loi ; elle serait au contraire le résultat d'une espèce de dol.

13. Mais il en serait tout autrement s'il s'agissait d'un arbre coupé volontairement par le voisin, sans convention aucune, et dont la souche, laissée en terre, aurait produit de nouvelles pousses.

14. Notre opinion se trouve consacrée par deux arrêts de la Cour suprême, des 13 mars 1850, 9 mars et 28 novembre 1853. — Le premier de ces arrêts déclare « qu'il n'y a pas à distinguer entre les arbres de haute tige et les souches qui, par leur essence, sont capables de produire des arbres de cette espèce ; en effet, le droit du propriétaire voisin d'un bois consiste, non pas seulement à faire couper les arbres qui sont à une distance moindre que celle qu'exige l'article 671, mais à les faire arracher, ainsi que le permet l'article 672 ; — que la prescription, étant la défense à l'action, commence dès que celle-ci est possible, c'est-à-dire dès le jour même où les souches, produits naturel du sol ou placées par la main de l'homme, apparaissent dans la terre, et non pas seulement du jour où les arbres qu'elles ont produits ont été réservés dans une exploitation ; — que le propriétaire voisin, ayant prévu que les jeunes brins prendraient des développements successifs qui en feraient des arbres de haute tige, le silence que, durant trente ans, il a gardé sur les inconvénients progressifs que les brins grandissant lui ont apportés, doit faire supposer qu'il a renoncé au droit de faire arracher les arbres ; — d'une part, le défaut d'action, d'autre part, la possession établissent en faveur du propriétaire du bois une fin de non-recevoir tirée de la prescription. »

15. Le second arrêt établit « que la possession en ce qui concerne les arbres de haute tige a effet seulement à l'égard des arbres mêmes pour lesquels elle s'est manifestée pendant le temps et avec les conditions nécessaires ; que lorsque les arbres anciens ont été arrachés ou ont péri de vétusté, le droit commun sur la servitude légale de distance reprend son empire ; qu'ainsi la prescription acquise aux arbres trentenaires n'affranchit de cette servitude ni les parties nues de la zone asservie, ni les jeunes arbres plantés, semés ou naturellement accrus, soit auprès des arbres ou souches existant depuis plus de trente ans, soit sur l'emplacement de ces arbres ou souches, après leur arrachement ou leur destruction. »

16. Ainsi ce dernier arrêt, quoique moins explicite que le premier, reconnaît encore que la *prescription* existe pour les pousses qui proviennent des souches ; et *il ne l'exclut* que pour les parties nues de la zone précédemment asservie ou pour les jeunes arbres plantés, semés ou naturellement accrus, soit auprès des arbres ou souches existant depuis plus de trente ans, soit sur l'emplacement de ces arbres ou souches, après leur arrachement ou leur destruction.

17. Il paraît donc certain que lorsqu'un arbre, ayant plus de trente ans d'existence, planté à une distance de moins de 2 mètres de l'héritage voisin, a été coupé, et que la souche n'a pas été arrachée, on doit considérer les pousses qui surgissent de ce tronc ou souche comme participant à la prescription précédemment acquise à l'arbre abattu. — Voir les arrêts de la Cour de cassation cités ci-dessus dans les ANNALES DES JUST. DE PAIX, ann. 1850, p. 209 ; ann. 1853, p. 278, et réimpression, p. 284, et ann. 1854, p. 315.

§ 2. *Arbres à haute tige.*

18. Sont réputés *arbres à haute tige* les chênes, frênes, hêtres, ormes, platanes, charmes, châtaigniers, érables, alisiers, merisiers, coudriers, noyers, cormiers, mélèzes, sapins, pins, cyprès, épicéas, tilleuls, ypréaux, trembles, aunes, peupliers, bouleaux, saules, acacias, aglantes, cytises ou faux ébéniers, ifs, sophoras, sorbiers, sureaux, arbres de Judée, oliviers, néfliers, citronniers, orangers, marronniers, abricotiers, cerisiers, amandiers, guigniers, guindoliers, cognassiers, figuiers, pêchers, mûriers, cornouillers, poiriers, pommiers, pruniers, grenadiers, et tous les arbres de semblable nature *qui sont susceptibles de s'élever à plus de quatre mètres de haut.* —V. *Dict. de dr. français*, t. III, p. 422; *Nouveau Denizart* ; Merlin, *Rép.*, v° *Arbres*, et Perrin, *Code des constr. et de la contiguïté*, n°ˢ 750 et 751.

§ 3. *Arbres à basse tige.*

19. Sont *arbres à basse tige*, pourvu qu'on ne les laisse pas s'élever au-dessus de quatre mètres, les framboisiers, groseilliers, épines-vinettes, genévriers, grenadiers, bruyères, genêts, ronces, baguenaudiers, vignes, buis, aubépines, lilas, lauriers, houx, rosiers, myrtes, chèvrefeuilles, jasmins, clématites, lierres, saules, osiers, bourdaines, et généralement tous les arbres mis en *quenouilles, buissons, haies, palissades, charmilles, espaliers*, etc. — V. les autorités citées au numéro précédent.

§ 4. *Ecorcement, mutilation d'arbres. — Faits punissables ou non. — Mesures d'instruction. — Compétence.*

20. L'article 14, tit. II, de la loi du 22 septembre 1791, sur la police rurale, portait : « Ceux qui détruiront les greffes des arbres fruitiers ou autres, et ceux qui écorceront ou couperont, en tout ou en partie, des arbres sur pied qui ne leur appartiendront pas, seront condamnés à une amende double du dédommagement dû au propriétaire et à une détention de police correctionnelle qui ne pourra excéder six mois. »

21. Les articles 445, 446 et 447 du Code pénal sont ainsi conçus : — « Quiconque aura abattu un ou plusieurs arbres qu'il savait appartenir à autrui sera puni d'un emprisonnement qui ne sera pas au-dessous de six jours, ni au-dessus de six mois, à raison de chaque arbre, sans que la totalité puisse excéder cinq ans. » C. pén., art. 445. — Les peines seront les mêmes à raison de chaque arbre

mutilé, coupé ou écorcé *de manière à le faire périr*. C. pén., art. 446.
— S'il y a eu destruction d'une ou de plusieurs greffes, l'emprisonnement sera de six jours à deux mois, à raison de chaque greffe, sans que la totalité puisse excéder deux ans. » *Ibid.*, art. 447.

22. L'article 455 prononce, en outre, une amende qui ne peut excéder le quart des restitutions et dommages-intérêts, ni être au-dessous de 16 francs.

23. Remarquons d'abord que, restreintes aux arbres épars sur les fonds ruraux, les dispositions dont nous venons de rapporter le texte sont toujours restées étrangères aux délits de coupe, écorcement et mutilation des arbres des bois et forêts, délits essentiellement forestiers, réprimés autrefois par l'ordonnance de 1669, tit. XXXII, art. 1er et 3, et tit. XXXIII, art. 2, et aujourd'hui par les articles 192, 193, 194 et 196 du Code forestier.

24. Les articles 445, 446, 447 du Code pénal absorbent-ils dans son entier la disposition de l'article 14, tit. II, de la loi de 1791, et l'abrogent-ils, ou bien, en exigeant, pour que chacun des faits qu'il prévoit constitue un délit punissable, que la coupe, la mutilation ou l'écorcement d'un arbre soit de nature à le faire périr, l'article 446 laisse-t-il subsister la disposition de l'article 14 pour le cas où cette condition viendrait à manquer ? — Cette dernière interprétation est celle que la Cour impériale de Besançon a adoptée, par un arrêt du 24 janvier 1857 (*Journ. du Pal.*, 1857, p. 124), dans une espèce où il s'agissait de la mutilation d'arbres, résultant d'un percement opéré à l'aide d'une tarière. Cette Cour a décidé que l'article 14 du Code rural n'est point abrogé dans son intégrité par le Code pénal, qui, par ses articles 445 et 446, ne s'est occupé que de la destruction des arbres : que la disposition dudit article 14 subsiste, au contraire, et reste susceptible d'application à l'égard du fait de mutilation d'arbres, lorsque cette mutilation n'est pas de nature à les faire périr.

25. Cette doctrine est en opposition avec celle qui ressort de deux arrêts de la Cour de cassation. — Par le premier de ces arrêts, rendu le 29 février 1828 (*Journ. du Pal.*, 1828, t. III, p. 238), la Cour, cassant, dans l'intérêt de la loi, le jugement d'un tribunal de simple police auquel la question qui nous occupe n'était d'ailleurs pas soumise, déclare adopter les motifs du réquisitoire qui, entre autres, renferme celui-ci : «L'écorchure faite à des arbres par l'essieu d'une voiture ne constitue un délit qu'autant qu'elle est de nature à faire périr les arbres. Si elle n'est pas de nature à les faire périr, elle n'est point punissable. » — Par le second arrêt, du 24 avril 1847 (Devilleneuve, 1847, p. 680, *Journ. du Pal.*, t. II, p. 705), intervenu dans une espèce où il s'agissait de la mutilation de ceps de vigne, la Cour suprême a décidé que le tribunal correctionnel auquel l'affaire avait été soumise n'a violé aucune loi en renvoyant le prévenu des poursuites dont il était l'objet à raison de cette mutilation, dès l'instant qu'il n'était déclaré ni même allégué que les ceps de vigne avaient été mutilés de manière à périr. — Bien que ces deux arrêts ne fassent nulle mention de l'article 14 de la loi de 1791, on voit qu'ils décident implicitement que la disposition de cet article a disparu de notre législation, qu'elle a complétement cessé d'avoir force et vigueur. — C'est à cette doctrine, qu'adoptent MM. Chauveau et Hélie, *Théorie du Code pénal*, 2ᵉ édit., t. VIII, p. 130, et l'annotateur du dernier arrêt dans le recueil de M. Devilleneuve, que nous déclarons nous ranger, non certes que nous ne considérions comme très-répréhensibles les faits volontaires de coupe, écorcement ou mutilation d'arbres qui ne sont pas de nature à les faire périr, mais par cette considération puissante que, quelque regrettable que soit le silence de la loi pénale à cet égard, si ce silence existe, il n'appartient point aux tribunaux d'y suppléer.

26. Pour maintenir l'applicabilité relative de l'article 14 de la loi de 1791, la Cour de Besançon se fonde : — 1° Sur ce qu'on doit conclure du silence gardé par l'article 446 du Code pénal, à l'égard des mutilations d'arbres qui ne sont pas de nature à les faire périr, que cet article n'a point entendu abroger entièrement l'article 14 du Code rural ; — 2° Sur ce qu'il résulte de l'exposé des motifs de l'article 484 du Code pénal, que ce Code a laissé subsister celles des dispositions de la loi rurale de 1791 qu'il ne remplaçait pas et qui n'avaient été reproduites dans aucune loi postérieure ; — 3° Sur ce qu'il est de jurisprudence constante, par exemple, que l'article 457, relatif aux inondations, n'a point abrogé l'article 15 de la loi rurale, qui s'occupe de la même matière ; que l'article 453, qui punit ceux qui ont tué des chevaux ou autres bestiaux appartenant à autrui, n'a pas abrogé les dispositions de l'article 30 de la même loi, qui punissait les blessures faites aux mêmes animaux ; et qu'on doit décider, par voie de conséquence, que les articles 445 et 446, qui ne prévoient que la destruction totale des arbres et n'ont pas réglé la matière des simples dégradations qui ne sont pas de nature à les faire périr, n'ont pas implicitement abrogé, non plus, sous ce rapport, les dispositions de l'article 14. — S'il ne s'agissait que de reconnaître si le fait volontaire dont nous nous occupons, et qui révèle bien véritablement une pensée perverse, est du nombre de ceux que la loi pénale devrait atteindre, nous n'hésiterions assurément pas à adopter la doctrine de la Cour de Besançon ; car, ainsi qu'elle le déclare dans l'un de ses considérants, ce genre de délit, fréquent dans les campagnes, toujours grave par le caractère de méchanceté qui l'accompagne, est quelquefois presque aussi dommageable dans ses effets que si les arbres eussent été entièrement abattus ; mais la question n'est point là, elle consiste à savoir si, en l'état actuel de la législation, ce fait est aujourd'hui prévu et s'il est légalement punissable. — Or, malgré la vigoureuse argumentation sur laquelle est appuyé l'arrêt dont nous combattons la doctrine, nous n'hésitons pas non plus à répondre négativement. — L'article 484 du Code pénal dispose que, dans toutes les matières *non réglées* par ce Code, et qui sont régies par des lois et règlements particuliers, les Cours et les tribunaux continueront à les observer. — La police rurale étant une des matières à l'égard desquelles le Code pénal contient, non un ensemble, un corps complet de législation, mais seulement quelques dispositions éparses, elle continue manifestement d'être régie par celles non reproduites et non remplacées de la loi toute spéciale du 28 septembre 1791. — On s'explique donc très-bien que la jurisprudence ait maintenu l'applicabilité d'un grand nombre de dispositions de cette loi, et, entre autres, de l'article 15, qui prévoit le fait d'inondation et de transmission volontaire et nuisible des eaux de voisin à voisin, alors que l'article 457 du Code pénal ne réprime l'inondation des chemins et des propriétés d'autrui qu'autant qu'elle est occasionnée par l'élévation du déversoir des moulins, usines ou étangs au-dessus de la hauteur déterminée par l'autorité compétente, fait complétement distinct de ceux que réprime l'article 15 du Code rural. — On conçoit aussi que l'article 453, qui ne prévoit que le cas de mort des chevaux ou autres animaux, n'ait remplacé qu'en partie la disposition de l'article 30 de la loi de 1791, qui prévoyait et punissait de peines différentes deux faits distincts : celui d'avoir tué les mêmes animaux, et celui de les avoir seulement blessés. — C'est par application du même principe qu'il est universellement admis que la seconde disposition de l'artile 21 de la loi rurale, qui interdit le glanage et le grappillage dans un enclos, n'ayant point été remplacée par le numéro 10 de l'article 471 du Code pénal, qui n'en a reproduit que la première, a conservé toute sa force et toute son applicabilité. — Ces dispositions et beaucoup d'autres, par exemple celle qui défend d'allumer du feu dans les champs plus près que 50 toises des habitations (art. 10), celles qui prévoient le fait d'abandon de bestiaux sur l'héritage d'autrui (art. 12) et de défaut d'enfouissement des animaux morts (art. 13), celle qui prohibe le pacage avant les deux jours de la récolte (art. 22), celle qui réprime le délit de garde à vue des bestiaux dans les récoltes d'autrui (art. 26), toutes ces dispositions, disons-nous, sont encore en vigueur, parce qu'elles n'ont été ni reproduites ni remplacées, soit par le Code pénal, soit par d'autres lois. — Or, la disposition de l'article 14 se trouve-t-elle dans le même cas que toutes celles que nous venons d'indiquer ? Nous ne le pensons pas. — A notre avis, parmi les dispositions de la loi de 1791 que le législateur de 1810 a introduites au Code pénal, il n'en est aucune qui ait été plus entièrement, plus complétement remplacée que celle de l'article 14. — Cet article prévoyait et punissait de peines correctionnelles, nous l'avons dit, la destruction des greffes, la coupe et l'écorcement des arbres.— L'article 447 punit la destruction d'une ou de plusieurs greffes. — L'article 445 réprime l'abatage d'un ou de plusieurs arbres. — L'article 446 en punit la coupe, l'écorcement et la mutilation. Seulement il subordonne l'existence du délit à cette circonstance que le fait a eu lieu *de manière à faire périr les arbres*. — Quel est donc celui des faits mentionnés en l'article 14, et que le législateur de 1791 entendait soumettre à la répression, qui n'ait point éveillé la sollicitude du législateur de 1810 ? — Est-ce la destruction des greffes ? — Elle fait l'objet de l'article 447. — Est-ce la coupe ou l'écorcement des arbres ? — L'article 445 prévoit le cas où ils seraient abattus, et l'article 446, non-seulement n'omet aucun de ces actes, mais, pour plus de précision, il y ajoute le fait de mutilation. — Mais, dit-on, cet article exige que le délit soit de nature à faire périr les arbres ; il ne prévoit, dès lors, que la destruction totale, et ne s'est point occupé des simples dégradations. — Nous croyons que le législateur de 1810 a eu le tort de ne les point regarder comme susceptibles de répression pénale, et nous répondons qu'il n'était pas tenu de reproduire identiquement le texte de la loi qu'il remplaçait ; il lui était loisible de le modifier en le reproduisant, il avait le droit de faire dépendre le délit dont il s'occupait, et qu'il réprimait d'ailleurs beaucoup plus sévèrement que ne l'avait fait le législateur de 1791, de l'existence de circonstances dont celui-ci n'avait pas jugé utile qu'il fût accompagné, et c'est ce qu'il a fait en exigeant que la coupe, l'écorcement ou la mutilation d'un arbre fût de nature à le faire périr. — Ce n'est donc point là, ce nous semble, une matière qui, selon l'expression de l'article 484 du Code pénal, n'ait pas été réglée. Elle l'a été autrement, cela est vrai, mais elle l'a été pleinement, complétement, sans rien laisser subsister de la disposition par laquelle elle était antérieurement régie. Décider autrement, c'est admettre qu'il suffira quelquefois de l'omission ou de l'addition d'un mot dans la loi nouvelle pour laisser coexister celle qu'elle est destinée à remplacer, si elle n'en prononce pas formellement l'abrogation. — Ce qui démontre surabondamment qu'en présence des articles 445, 446, 447 et 455 du Code pénal, la disposition de l'article 14 de la loi de 1791 ne subsiste plus, c'est que la coexistence de ces diverses dispositions aurait pour conséquence, s'il s'agissait de la mutilation d'un seul arbre, de réprimer ce fait plus sévèrement lorsqu'il n'est pas de nature à faire périr l'arbre (maximum de l'emprisonnement six mois, amende invariablement fixée au double du préjudice causé) que s'il devait produire ce résultat (maximum de l'emprisonnement six mois, amende de 16 francs, ou du quart des restitutions, et dommages-intérêts), ce qui est illogique, irrationnel, partant inadmissible.

La disposition de l'article 14 n'est donc point, même en partie, de celles que les tribunaux doivent encore observer.

27. Si le fait de mutilation d'arbres était punissable, alors même que leur existence n'en est point menacée, il constituerait toujours un délit, dont la répression devrait être poursuivie, dans ce cas, par application de l'article 14 de la loi de 1791, et, dans le cas contraire, par application de l'article 446 du Code pénal. Ce serait donc toujours en violation des règles de la compétence que le tribunal de simple police aurait été saisi de l'action répressive, et, dès lors, ce tribunal serait sans pouvoir pour ordonner quelque mesure d'instruction que ce fût, et pour y procéder.

28. Si, au contraire, notre solution est admise, quand la mutilation n'est pas de nature à faire périr les arbres sur lesquels elle a été commise, aucune poursuite en répression ne doit être intentée, car l'auteur du fait ne peut être actionné que par la partie lésée, et devant la juridiction civile.

29. Mais supposons le cas où une poursuite a été dirigée devant le tribunal de simple police. Nous pensons alors qu'il faut distinguer : ou il est articulé que le fait objet de la prévention est de nature à faire périr les arbres; ou la partie publique ou civile ne produit aucune articulation de ce genre.

30. Dans le premier cas, ainsi que nous l'avons déjà dit, le tribunal de simple police, incompétent pour connaître de l'action, ne l'est pas moins pour procéder à l'instruction de la procédure. Si donc le prévenu excipe, pour sa défense, ou qu'il n'a pas commis le fait qu'on lui reproche, ou, s'il l'a commis, que ce fait ne doit point avoir l'effet dommageable qu'on lui attribue, le juge de police ne saurait accueillir des conclusions tendant à une vérification de faits qu'il ne peut apprécier, car il est sans pouvoir même pour reconnaître et déclarer, soit l'existence du fait, soit la culpabilité du prévenu. Il doit donc, par application de l'article 160 du Code d'instruction criminelle, se borner à déclarer son incompétence, encore qu'aucun déclinatoire n'ait été proposé, et prononcer le renvoi devant le procureur impérial.

31. Dans la seconde hypothèse, le prévenu n'a pas intérêt à prétendre que les arbres qu'il est inculpé d'avoir mutilés ne sont point en péril, puisque cette circonstance n'est point alléguée; mais il peut, ignorant que la loi pénale ne l'atteint pas, soutenir que le fait n'existe point ou qu'il n'en est pas l'auteur, et demander à le prouver, soit par témoins, soit par une vérification. Or, il est presque inutile d'ajouter qu'une telle preuve serait frustratoire et ne peut être ordonnée, puisque le tribunal ne doit, dans aucun cas, prononcer de condamnation, obligé qu'il est, par l'article 159 du Code d'instruction criminelle, à déclarer que le fait ne présente ni délit ni contravention, et à relaxer le prévenu, en annulant la citation qui, mal à propros, lui a été donnée.

ARPENTAGE. — V. *Bornage.*

ARRÉRAGES. C'est ce qui est échu et encore dû d'une rente, d'un loyer, etc. — V. *Intérêts.*

ARRESTATION. Action de saisir une personne et de s'en emparer. — V. *Contrainte par corps, Audience, Police judiciaire, Tribunaux de police.*

ARRÊTÉ MUNICIPAL. — V. *Lieux publics, Pouvoir municipal, Salubrité, Tribunal de simple police, Voirie,* etc., etc.

ARRHES. C'est ce que l'on donne pour assurer l'exécution d'une convention ou d'un marché.

1. Il y a toujours eu des arrhes de deux espèces : celles données à l'occasion d'un marché définitif, et celles données comme prix de la faculté de se dédire d'une convention arrêtée.

2. Dans ce dernier cas, chacun des contractants est maître de se départir du marché ou de la convention : celui qui a donné les arrhes, en les perdant; et celui qui les a reçues, en restituant le double.

3. Lorsqu'au contraire la convention est définitive, les arrhes sont considérées comme un à-compte sur le prix, et il n'est au pouvoir d'aucune des parties de rompre le marché, même en offrant de perdre ou de doubler les arrhes.

4. La question de savoir si les arrhes ont été données comme preuve du contrat, ou comme prix du dédit, est une question de fait que les juges doivent apprécier d'après les usages et les circonstances.

5. Ainsi les arrhes données par le voyageur lorsqu'il retient sa place dans une voiture publique sont toujours regardées comme le prix d'une faculté de dédit qu'il a seul conservée. Le *denier à Dieu* est, au contraire, un signe d'engagement parfait après l'expiration de vingt-quatre heures.

ART DE GUÉRIR. — V. *Médecin.*

ARTIFICES (*Pièces d'*). L'autorité administrative peut prescrire toutes les mesures nécessaires pour prévenir les suites souvent fâcheuses, causées par les pièces d'artifices. Les contraventions sont punies par les articles 471, 472 et 473 du Code pénal. Si, par suite de l'inobservation des règlements ou d'imprudence, l'emploi de pièces d'artifices occasionne un homicide ou des blessures, il y a lieu de recourir aux dispositions des articles 319 et 320 du Code pénal, qui deviennent pleinement applicables.

ASSISTANCE JUDICIAIRE. Le but de l'assistance judiciaire est de rendre possible une réclamation à laquelle le défaut de moyens pécuniaires de l'homme qui a le droit de la former mettrait un obstacle insurmontable.

Table sommaire.

1. L'admission à l'assistance judiciaire devant les tribunaux civils, les tribunaux de commerce et les juges de paix, est prononcée

par un bureau spécial établi au chef-lieu judiciaire de chaque arrondissement. L. 22 janv. 1851, art. 2.

2. Toute personne qui réclame l'assistance judiciaire adresse sa demande, sur papier libre, au procureur impérial du tribunal de son domicile. Ce magistrat en fait la remise au bureau établi près de ce tribunal. Si le tribunal n'est pas compétent pour statuer sur le litige, le bureau se borne à recueillir des renseignements, tant sur l'indigence que sur le fond de l'affaire ; il peut entendre les parties. Si elles ne sont pas accordées, il transmet, par l'intermédiaire du procureur impérial, la demande, le résultat de ces informations et les pièces, au bureau établi près de la juridiction compétente. *Ibid.*, art. 8.

3. Si la juridiction devant laquelle l'assistance judiciaire a été admise se déclare incompétente, et que, par suite de cette décision, l'affaire soit portée devant une autre juridiction de même nature et de même ordre, le bénéfice de l'assistance subsiste devant cette dernière juridiction. *Ibid.*, art. 9.

4. Celui qui a été admis à l'assistance judiciaire devant une première juridiction continue à en jouir sur l'appel interjeté contre lui, même dans le cas où il se rendrait incidemment appelant. Il continue également à en jouir sur le pourvoi en cassation formé contre lui. *Ibid.*

5. Lorsque c'est l'assisté qui émet un appel principal, ou qui forme un pourvoi en cassation, il ne peut, sur cet appel ou sur ce pourvoi, jouir de l'assistance qu'autant qu'il y est admis par une décision nouvelle. *Ibid.*

6. S'il s'agit d'un appel à porter devant le tribunal civil, la demande est adressée au procureur impérial près ce tribunal ; s'il s'agit d'un appel à porter devant la Cour impériale, au procureur général près cette Cour ; s'il s'agit d'un pourvoi en cassation, au procureur général près la Cour de cassation. *Ibid.*

7. Quiconque demande à être admis à l'assistance judiciaire doit fournir : 1° un extrait du rôle de ses contributions, ou un certificat du percepteur de son domicile, constatant qu'il n'est pas imposé ; 2° une déclaration attestant qu'il est, à raison de son indigence, dans l'impossibilité d'exercer ses droits en justice, et contenant l'énumération détaillée de ses moyens d'existence, quels qu'ils soient. *Ibid.*, art. 10.

8. Le réclamant affirme la sincérité de sa déclaration devant le maire de la commune de son domicile ; le maire lui en donne acte au bas de la déclaration. *Ibid.*

9. Dans les trois jours de l'admission à l'assistance judiciaire, le président du bureau envoie, par l'intermédiaire du procureur impérial, au président de la Cour ou du tribunal, ou au juge de paix, un extrait de la décision, portant seulement que l'assistance est accordée ; il y joint les pièces de l'affaire. L. 22 janv. 1851, art. 13.

10. Si la cause est portée devant un juge de paix, ce magistrat se borne à inviter le syndic des huissiers à désigner un huissier. *Ibid.*

11. L'assisté est dispensé provisoirement du payement des sommes dues au Trésor pour droits de timbre, d'enregistrement et de greffe, ainsi que de toute consignation d'amende. *Ibid.*, art. 14.

12. Il est aussi dispensé provisoirement du payement des sommes dues aux greffiers, aux officiers ministériels et aux avocats pour droits, émoluments et honoraires. *Ibid.*

13. Le visa pour timbre est donné sur l'original, au moment de son enregistrement. *Ibid.*

14. Les actes et titres produits par l'assisté, pour justifier de ses droits et qualités, sont pareillement visés pour timbre, et enregistrés en débet. — Si ces actes et titres sont du nombre de ceux dont les lois ordonnent l'enregistrement dans un délai déterminé, les droits d'enregistrement deviennent exigibles immédiatement après le jugement définitif ; il en est de même des sommes dues pour contraventions aux lois sur le timbre. — Si ces actes et titres ne sont pas du nombre de ceux dont les lois ordonnent l'enregistrement dans un délai déterminé, les droits d'enregistrement de ces actes et titres sont assimilés à ceux des actes de la procédure. *Ibid.*

15. Les visas pour timbre et enregistrement en débet doivent mentionner la date de la décision qui admet au bénéfice de l'assistance ; ils n'ont d'effet, quant aux actes et titres produits par l'assisté, que pour le procès dans lequel la production a eu lieu. *Ibid.*

16. Les frais de transports des juges, des officiers ministériels et des experts, les honoraires de ces derniers et les taxes des témoins dont l'audition a été autorisée par le tribunal ou le juge-commissaire, sont avancés par le Trésor, conformément à l'article 118 du décret du 18 juin 1811. Le paragraphe 5 du présent article s'applique au recouvrement de ces avances. *Ibid.*

17. Les notaires, greffiers, et tous autres dépositaires publics ne sont tenus à la délivrance gratuite des actes et expéditions réclamés par l'assisté, que sur une ordonnance du juge de paix ou du président. *Ibid.*, art. 16.

18. En cas de condamnation aux dépens prononcée contre l'adversaire de l'assisté, la taxe comprend tous les droits, frais de toute nature, honoraires et émoluments auxquels l'assisté aurait été tenu, s'il n'y avait pas eu assistance judiciaire. L. 22 janv. 1851, art. 17.

19. Dans ce cas, la condamnation est prononcée, et l'exécutoire est délivré au nom de l'administration de l'enregistrement et des domaines, qui en poursuit le recouvrement comme en matière d'enregistrement. *Ibid.*, art. 18.

20. Il est délivré un exécutoire séparé au nom de l'administration de l'enregistrement et des domaines pour les droits qui, n'étant pas compris dans l'exécutoire délivré contre la partie adverse, restent dus par l'assisté au Trésor. *Ibid.*, art. 18 et 14, § 5.

21. La créance du Trésor, pour les avances qu'il a faites, ainsi que pour tous droits de greffe, d'enregistrement et de timbre, a la préférence sur celles des autres ayants droit. *Ibid.*, art. 18.

22. Les greffiers sont tenus de transmettre, dans le mois, au receveur de l'enregistrement, l'extrait du jugement de condamnation ou l'exécutoire, sous peine de 10 francs d'amende pour chaque extrait de jugement ou chaque exécutoire non transmis dans ledit délai. *Ibid.*, art. 20.

23. Devant toutes les juridictions, le bénéfice de l'assistance peut être retiré en tout état de cause, soit avant, soit même après le jugement : 1° s'il survient à l'assisté des ressources reconnues suffisantes ; 2° s'il a surpris la décision du bureau par une déclaration frauduleuse. *Ibid.*, art. 21.

24. Le retrait de l'assistance peut être demandé, soit par le ministère public, soit par la partie adverse. — Il peut aussi être prononcé d'office par le bureau. — Dans tous les cas il est motivé. *Ibid.*, art. 22.

25. L'assistance judiciaire ne peut être retirée qu'après que l'assisté a été entendu ou mis en demeure de s'expliquer. *Ibid.*, art. 23.

26. Le retrait de l'assistance judiciaire a pour effet de rendre immédiatement exigibles les droits, honoraires, émoluments et avances de toute nature, dont l'assisté avait été dispensé. *Ibid.*, art. 24.

ASSURANCE. C'est un contrat par lequel un ou plusieurs individus stipulent qu'ils seront garantis contre les résultats d'un accident ou d'un sinistre.

Table sommaire.

1. Les Compagnies à prime et les Sociétés d'assurances mutuelles ont sans cesse à porter devant les juges de paix des demandes en payement de prime et de cotisation ; ces demandes sont, pour la plupart, d'un chiffre peu considérable ; de là un double motif de tenir à faire le moins de frais possible, d'abord, en ce que des frais pour la demande d'une cotisation ne pourraient guère rester au-dessous de la cotisation même ; ensuite, en ce que ces frais si souvent répétés induiraient les Sociétés dans des pertes qui bientôt causeraient leur ruine. Enfin, l'exemple d'un débouté de demande, quoique uniquement fondé sur l'incompétence du juge, est on ne peut plus funeste, surtout dans les villages ; le sociétaire, qui voit que son voisin en retard de payer sa cotisation a été renvoyé de la demande et que la Société a été condamnée aux dépens, ne s'enquiert pas du motif, et il est lui-même bientôt porté à suivre le mauvais exemple.

2. Il serait à désirer que les juges de paix adoptassent le système de compétence le plus large, et qu'ils pussent attirer à eux toutes les questions de payement de prime, lorsque le montant effectif de la demande ne serait pas en dehors de leur compétence. Ce serait surtout avantageux pour l'assuré, qui, le plus souvent, est réellement débiteur, et auquel il faut, par conséquent, sauver autant que possible les frais beaucoup plus considérables d'un jugement du tribunal civil. Mais ce à quoi on doit tendre par-dessus tout, c'est à fixer la jurisprudence, à faire en sorte que, dans toutes les circonscriptions des Sociétés, les juges de paix adoptent les mêmes principes, les mêmes règles de compétence. Il est difficile, nous le savons, d'en venir là ; cependant la lumière peut jaillir d'une discussion de bonne foi et sans arrière-pensée. Nous allons essayer de bien établir les principes, heureux si nous parvenons à une solution ferme et claire, et qui puisse être généralement adoptée.

3. Nous ferons d'abord remarquer que la demande en payement

d'une prime d'assurance est, lors même que l'on croirait que le
principe du contrat peut s'y trouver compromis, purement personnelle et mobilière; que le juge de paix devant lequel une pareille
demande est portée ne saurait donc être incompétent qu'à raison de
l'importance du litige, ou du domicile des parties, et jamais à raison
de la matière : de là la conséquence que, si le défendeur n'oppose
pas l'incompétence, le juge de paix peut retenir la cause. Devant
les tribunaux ordinaires la prorogation de juridiction est considérée
comme résultant du silence des parties ; les termes de l'article 7 du
Code de procédure civile sembleraient laisser supposer que la prorogation n'a lieu, en justice de paix, que si les parties déclarent la
consentir. « La déclaration des parties qui demanderont jugement,
dit cet article, sera signée d'elles, ou mention sera faite si elles ne
peuvent signer. » Mais la Cour de cassation a jugé que, quoiqu'une
demande mobilière et personnelle portée devant le juge de paix
soit indéterminée, et que l'exploit introductif d'instance ne con-
tienne pas l'évaluation de l'objet demandé, la juridiction du juge de
paix est prorogée par le fait des parties qui respectivement procèdent devant lui sans proposer ni déclinatoire ni exception d'incompétence (arrêt de rejet de la Chambre des requêtes du 12 mars
1829); on avait interjeté appel de la sentence du juge de paix, en
se fondant sur ce qu'il était incompétent, la demande étant indéterminée; le tribunal de première instance avait refusé d'admettre
l'exception d'incompétence; le pourvoi formé contre son jugement
fut rejeté.

4. Le juge de paix peut donc prononcer sur une demande en
payement de prime, sans se préoccuper de la valeur du litige, si
l'incompétence n'est opposée par aucune des parties.

5. Le juge de paix, se fondant sur ce que le refus de payement
de la cotisation met en question l'existence et la validité du contrat
d'assurance, doit-il se dessaisir toutes les fois que les valeurs assurées dépassent le taux de sa compétence ? Un arrêt de la Cour de
cassation de Belgique, du 15 mars 1849, a jugé que le dernier ressort en matière d'assurance se mesure sur l'importance de la prime
et sur le nombre d'années pendant lequel elle doit être payée, si
toutefois il s'agit d'une demande en payement de prime intentée
par la Compagnie, et lors même que le titre serait contesté par le
défendeur; en d'autres termes, que quand même l'assuré défendeur
à une demande en payement de prime prétendrait que l'assurance
n'existe pas ou qu'elle n'a pas été renouvelée, les limites du dernier
ressort n'en dépendraient pas moins du montant de la prime, mul-

tiplié par le nombre d'années pendant lequel elle doit être payée.

6. Cette décision est très-remarquable : il est certain que quand une action est intentée *par une Société d'assurance contre un assuré*, il ne peut jamais y avoir pour l'assuré d'autre intérêt en question que celui des primes ou cotisations qu'il pourra être tenu de payer en vertu du contrat. Il en serait différemment s'il s'agisssait d'une citation ou d'une assignation *donnée à la Société;* car alors, si la Société niait ou contestait le contrat, la valeur assurée tout entière serait en question.

7. Ainsi, un assuré refuse de payer sa prime ou sa contribution; assignation ou citation en payement lui est donnée par la Compagnie; il oppose la nullité du contrat d'assurance : quel est pour lui l'intérêt de la cotisation? Pour le bien comprendre, il faut examiner à quoi l'assuré peut être engagé par le contrat; or, son engagement ne saurait jamais consister qu'à payer, s'il est assuré par une Compagnie d'assurance à prime, une prime pendant tant d'années ; s'il est assuré par une Société mutuelle, une contribution pendant tant d'années. Toutes les autres clauses du contrat ne peuvent qu'être en sa faveur : elles obligent la Compagnie à réparer le sinistre dont pourra être frappé l'objet assuré; elles constituent, par conséquent, une obligation indéterminée de la part de la Compagnie ; et si la Compagnie était assignée en validité de la police, il est certain qu'elle ne devrait l'être que devant le tribunal civil, qui a, en premier ressort, une juridiction illimitée.

8. Mais, nous le répétons, il en est tout différemment relativement à l'assuré. La Cour de cassation de Belgique a donc eu raison de dire que le dernier ressort, en matière d'assurance, se mesure sur l'importance de la prime et sur le nombre d'années pendant lequel elle doit être payée, toutes les fois qu'il s'agit d'une demande en payement de prime intentée par la Compagnie, et lors même que le titre serait contesté par le défendeur.

9. Quant au droit qu'a le juge de paix d'examiner le titre, de juger selon le titre, il ne peut être mis en doute : le juge de paix peut et doit, comme tous les autres tribunaux, admettre tous les genres de preuves, pourvu qu'elles soient autorisées par la loi; or, la preuve littérale est la plus régulière, celle qui doit être le mieux accueillie; elle convient d'autant plus aux actions personnelles et mobilières, que ces actions sont le plus souvent fondées sur un engagement tout personnel, et que la preuve écrite s'adapte, on ne peut plus convenablement, aux actions personnelles et mobilières. C'est donc à la preuve écrite, disons-le bien haut, que le juge de paix doit s'atta-

cher le plus ; et tout juge de paix éclairé s'applaudira de pouvoir s'appuyer sur un titre, toutes les fois que cette application ne compromettra pas un intérêt supérieur à celui sur lequel il est permis de prononcer.

10. La contestation sur le titre ne peut donc, lorsqu'il s'agit d'une demande en payement de prime ou de cotisation, augmenter la valeur du litige ; et l'on ne doit s'attacher qu'à l'importance de la cotisation ou de la prime et au nombre de cotisations ou de primes qui pourront être dues.

11. Mais ici nous devons constater une différence importante, relativement au taux du dernier ressort, entre l'action intentée par une Compagnie à prime et l'action intentée par une Société mutuelle. Ainsi, ce sera la prime qui fixera le degré de juridiction, si l'action est intentée par une Compagnie à prime ; ce sera le maximum de contribution ou de garantie, au moins pour les contributions futures, si l'action est intentée par une Société mutuelle.

12. Dans les considérations qui précèdent, nous avons anticipé sur la question de savoir si le juge de paix ne doit envisager que le montant de la somme réclamée comme cotisation ou prime, ou s'il doit joindre aux cotisations courantes et passées toutes celles restant à courir de la période d'assurance en cours au moment de la demande. Comme on l'a vu, la Cour de cassation de Belgique mesure la compétence sur toutes les années dues et sur celles qui restent à courir, réunies.

13. Mais remarquons bien que pour qu'il y ait lieu à cumuler ainsi toutes les primes et cotisations actuelles et futures, il faut que le titre soit contesté, ou que le défendeur oppose que le contrat est expiré ; si ni le titre ni le fait de l'assurance ne sont contestés, le différend ne porte que sur le montant même de la demande.

14. Il nous reste une dernière question à examiner, c'est celle de savoir si, en cas d'action en payement des primes dues à une Société mutuelle, le montant du litige doit être calculé sur les cotisations seulement de la période d'assurance en cours, ou sur toutes les cotisations qui courront pendant le temps fixé pour la durée de la Société, d'après ses statuts. Depuis quelques années, les Sociétés mutuelles ont obtenu de donner aux contrats d'assurance une durée égale à celle de la Société, sauf le droit de la Société et du sociétaire de rompre l'assurance à la fin de chaque période de quatre ans, en se prévenant réciproquement au moins trois mois à l'avance. — Or, nous disons que cette faculté de mettre ainsi un terme au contrat, à la fin de chaque période de quatre ans, doit faire considérer

chaque partie comme n'étant pas liée au delà de la période courante, surtout lorsqu'elle résiste, lorsqu'elle s'oppose à l'exécution du contrat. — Il n'y aura donc jamais lieu, pour fixer la compétence du juge de paix en cas d'action en payement de cotisation intentée par une Société mutuelle, de cumuler d'autres cotisations que celles de la période courante. — Tel est, nous le croyons du moins, le droit dans sa plus simple expression ; telle est la jurisprudence qui pourrait être adoptée sans aucune atteinte à la loi ni aux principes ; et l'on verrait disparaître alors les incertitudes qui induisent aujourd'hui les Compagnies et les Sociétés dans des frais frustratoires, et par là même ruineux. — Nous résumant, nous dirons : Le juge de paix est compétent pour prononcer sur une demande en payement de primes ou cotisations, si le montant des primes demandées et des primes à échoir, ou si le montant des cotisations demandées (frais d'administration compris) et des cotisations à échoir (ces dernières portées au maximum de contribution ou de garantie), pendant la période d'assurance en cours, n'excèdent pas les limites ordinaires de sa compétence.

15. La contestation sur le titre, élevée par l'assuré ou le sociétaire défendeur, ne peut en rien, sous ce premier rapport, changer la compétence.

16. Si ni le titre ni l'assurance ne sont contestés, le juge de paix est compétent, quoique les sommes des primes ou cotisations échues et à échoir excèdent, réunies, les limites de sa juridiction.

17. Enfin, si le déclinatoire n'est pas opposé, le juge de paix peut prononcer, lors même que la somme demandée serait supérieure à celle du premier ressort.

18. Lorsque les statuts d'une Société d'assurances mutuelles portent que, si le siége de la Société est à Paris, il peut cependant être établi, dans diverses villes, des directions et sous-directions, un arrêt a pu décider que l'établissement d'une telle direction ou succursale constituait une élection de domicile attributive de juridiction, et, par suite, que le juge du lieu était compétent pour juger les différends survenus entre la Société et les assurés qui y avaient traité. Cass., 10 nov. 1852.

19. Toutefois, le juge du lieu où la Société a son siége serait, au contraire, seul compétent, dans le cas où la Compagnie n'aurait point, dans d'autres lieux, d'agents ou de préposés chargés de la représenter.

20. Les succursales des Sociétés d'assurances mutuelles, établies avec pouvoir de traiter au nom de la Société, dans l'étendue de leur circonscription, forment, relativement à ceux qui contractent avec elles, le siége de cette Société. C. proc., art. 39 ; Cass., 18 avr. 1854. ANNALES, vol. de 1854, p. 336.

21. En conséquence, les assurés doivent être actionnés, en exécution de leurs engagements, devant le tribunal du lieu de la succursale avec laquelle ils ont contracté, et non devant le tribunal du siége central de la Société. *Ibid.*

22. Pour qu'une créance soit prescriptible par cinq ans, aux termes de l'article 2277 du Code Napoléon, il faut qu'elle présente un caractère de fixité et de périodicité ; d'où il suit que cette prescription n'est pas applicable, en matière d'assurance mutuelle, à l'action en payement de la part contributive des assurés pour la réparation des sinistres, cette part étant essentiellement variable, suivant le nombre et l'importance des propriétés assurées, le nombre et l'étendue des sinistres. C. Nap., art. 2277 ; Cass., 17 mars 1856. ANNALES 1857, p. 183.

23. Ainsi donc, si la prime consiste en une somme fixe, payable en une seule fois et à une époque déterminée, la prescription trentenaire est seule applicable ; mais si la prime est payable à tant par année pendant la durée de l'assurance, la prescription, aux termes de l'article 2277, ne doit plus être que quinquennale.

24. On nous a demandé si les juges de paix étaient tenus de déférer à la requête des agents des Sociétés d'assurances contre l'incendie ou contre les sinistres, lorsque ceux-ci demandent que les faits d'incendie soient constatés par procès-verbaux, et si une responsabilité quelconque pouvait résulter, en pareil cas, pour le juge ou pour le greffier, pour défaut d'enregistrement des polices ? — La première de ces deux questions est savamment traitée dans une lettre du 28 décembre 1856, de M. Bonnet, juge de paix à Poitiers :

« Toutes les Compagnies d'assurances contre l'incendie, dit cet honorable magistrat, ont introduit dans leurs statuts une disposition qui oblige à faire, en cas de sinistre, devant le juge de paix de leur canton, une déclaration indiquant l'époque, la durée, les causes de ce sinistre, les moyens pris pour en arrêter les progrès, ainsi que toutes les circonstances qui l'ont accompagné.

« Il me suffit de mettre sous vos yeux les exigences des Compagnies, pour que vous compreniez tout de suite combien peut être grand le surcroît de besogne qui en résulte pour les juges de paix, notamment dans les grandes villes, s'ils doivent s'y soumettre.

« Jusqu'à ce jour j'ai refusé de recevoir ces déclarations, par le motif que je ne puis reconnaître aux Compagnies industrielles et privées le droit d'imposer à des magistrats des obligations à leur profit.

« Mais on insiste, et l'on dit que c'est dans l'intérêt général, pour la vindicte publique, que les sinistres doivent être portés immédiatement à la connaissance du premier officier de police judiciaire du canton, afin de le mettre en position de rechercher si l'incendie n'est point le résultat d'un crime. Ce motif, selon moi, n'est que spécieux ; car dans les cantons ruraux, si un incendie éclate, le juge de paix (et je le sais par une expérience de vingt-cinq années) en est toujours informé avant que l'assuré ne vienne le porter à sa connaissance, et plus souvent il est déjà suffisamment renseigné soit par lui-même, soit par la gendarmerie, sur les circonstances du sinistre. Quant aux juges de paix des chefs-lieux d'arrondissements qui n'ont pas à s'occuper des crimes ou des délits commis dans leurs cantons, cette déclaration devient inutile pour eux, si elle a réellement pour objet la recherche des causes de l'incendie au point de vue criminel ; car, dans ce dernier cas, la déclaration devrait être faite au procureur impérial.

« Ces allégations réfutées, quel serait donc le motif légal qui pourrait obliger les juges de paix à recevoir et à constater les déclarations des assurés ? Je n'en aperçois aucun, à moins qu'on ne considère comme ayant force de loi pour les magistrats l'ordonnance ou le décret qui a autorisé la Compagnie. A ce point de vue, je ferai observer que l'ordonnance n'a pour objet que d'autoriser à faire des assurances, mais que les statuts de la Société, qui ne sont autre chose que les conditions d'un contrat passé entre elle et ses assurés et qui n'obligent que les contractants, ne me semblent pas faire partie de l'ordonnance ou du décret, qui, je crois, n'est jamais inséré au *Bulletin des lois* et qui alors n'est pas d'un intérêt général. »

25. Nous ne saurions qu'applaudir à la doctrine et aux considérations exprimées dans cette lettre : nous ferons observer seulement que les statuts des Compagnies ou Sociétés d'assurances sont publiés dans le *Bulletin des lois ;* mais une grande différence, sous le rapport des polices, est à établir à cet égard entre les Compagnies d'assurances à prime fixe et les Sociétés d'assurances mutuelles : ainsi, les Compagnies d'assurances à prime fixe, sociétés anonymes commerciales, n'ont de statuts qu'en ce qui concerne leur Société, en ce qui concerne les droits des capitalistes ou actionnaires, qui s'associent pour pratiquer l'assurance. Le décret d'autorisation et les statuts autorisés ne font que régler les droits ; pleine et entière liberté est laissée à la Société, relativement à ses polices, à tous ses rapports avec les assurés et avec le public. — Mais il n'en est pas de même des statuts des Sociétés d'assurance mutuelle ; ces statuts ont pour seul et unique but de régler les rapports qui doivent exister entre la Société et les assurés ; ils sont, comme les premiers, insérés au *Bulletin des lois ;* ils forment ensuite la police, ou, du moins, toutes les polices des Sociétés mutuelles se réfèrent aux conditions qui y sont établies. Mais ce n'est pas une raison pour que toutes les clauses qu'il plaît aux impétrants d'insérer dans ces statuts, et que le gouvernement ne repousse pas par un décret d'autorisation, soient obligatoires pour le public, en dehors des sociétaires. Notamment, la clause par laquelle on imposerait aux sociétaires l'obligation de faire constater par procès-verbal du juge de paix les faits d'incendie ne saurait être obligatoire pour les juges de paix. Les décrets d'autorisation des Sociétés mutuelles ne font, nous le répétons, que déclarer les statuts obligatoires *pour la Société,* que fixer les droits et les obligations des sociétaires, de l'Assemblée générale, du Conseil d'administration, du directeur ; mais vouloir y trouver des dispositions obligeant la généralité des citoyens, et réglant, par exemple, la matière des procès-verbaux, le droit ou l'obligation de verbaliser, et l'administration de la justice, serait une prétention insoutenable.

26. Après ces premières observations, nous passons à la seconde question, celle concernant la responsabilité. — La Cour de cassation juge sans cesse qu'il y a contravention aux lois de l'enregistrement, de la part des notaires ou officiers ministériels qui insèrent dans un acte des stipulations relatives à une assurance contre l'incendie, alors qu'il n'y a pas eu enregistrement préalable de la police, dont l'existence paraît certaine, malgré les expressions équivoques et dubitatives employées pour la dissimuler (Cass., 23 mai 1855) ; et encore, qu'est passible de l'amende prononcée par l'article 42 de la loi du 22 frimaire an VII l'huissier qui, dans un exploit à fin de payement de primes d'assurances, se borne à mentionner *qu'il sera justifié de leur exigibilité,* alors que, d'après les statuts de la Compagnie requérante, approuvés par ordonnance et insérés au *Bulletin des lois,* les polices d'assurances ne pouvant être valables que sous la forme d'actes sous seing privé, il devait pourvoir à l'enregistrement préalable des polices relatives à la prime dont il demandait le payement (Cass., 7 janv. 1851). De précédents arrêts de la Cour suprême (21 juill. 1840, 30 nov. et 23 déc. 1846, 12 févr. 1850) ont également condamné à l'amende des notaires, pour avoir mentionné dans les actes des assurances sans citer les polices et sans en mentionner l'enregistrement. — Or, si la mention de l'enregistrement est obligatoire pour les notaires et les huissiers, lorsqu'ils font un acte ou un exploit relatif à une assurance, ou se référant à une assurance, pourquoi la même mention ne serait-elle pas également obligatoire pour les greffiers, lorsque le juge de paix dresse procès-verbal constatant l'incendie d'objets assurés ? — Il est, au reste, à notre connaissance personnelle que des greffiers ont été poursuivis pour n'avoir pas relaté dans de pareils procès-verbaux les polices sur lesquelles était basée l'assurance.

En résumé, les juges de paix ne sont donc pas tenus de déférer à la requête qui leur est adressée, de dresser des procès-verbaux d'incendie ; et ils ne doivent y déférer que quand on leur présente une police dûment enregistrée, ou qu'au moins on peut leur donner la preuve de l'enregistrement de la police.

ATTROUPEMENT. Réunion illicite de personnes dans un lieu où elles peuvent compromettre la paix publique.

1. Lorsque, en cas d'attroupement ou émeute populaire, l'usage rigoureux de la force devient nécessaire, les préfets, sous-préfets, maires, adjoints de maires, juges de paix, commissaires de police, sont chargés de faire disperser les attroupements.

2. Le magistrat qui fait la sommation doit être décoré de l'écharpe ; cette obligation est si impérieuse, que son inaccomplissement rendrait les sommations illégales et nulles. L. 10 avr. 1831, art. 1er; Cass., 3 mai 1834.

3. Si, à la première sommation, l'attroupement ne se disperse pas, les sommations doivent être renouvelées trois fois; chacune d'elles est précédée d'un roulement de tambour ou d'un son de trompette. Après quoi, s'il y a lieu, il est fait usage de la force. — V. *Commissaire de police.*

4. Les attroupements peuvent donner lieu à deux sortes de contraventions : 1° la loi du 10 avril 1831, art. 2, déclare passibles d'une amende de 1 à 15 francs, et d'un emprisonnement facultatif de un à cinq jours, toutes personnes qui, après la première sommation légale de se retirer, ont continué de faire partie d'un attroupement formé sur la voie publique; et 2°, d'après l'article 475, § 12, du Code pénal, ceux qui, le pouvant, auront refusé ou négligé de faire le service ou de prêter le secours dont ils auront été requis en cas de tumulte, seront punis d'une amende de 6 à 10 francs inclusivement, et devront toujours être condamnés à l'emprisonnement pendant cinq jours au plus, en cas de récidive. — V. *Charivari*, *Tapage nocturne*.

AUBERGISTE ou **LOGEUR**. On appelle ainsi celui dont l'industrie est de loger et nourrir les voyageurs.

Table sommaire.

1. Les aubergistes sont assujettis à diverses conditions de *police*, et à des *responsabilités* particulières.

2. Sont punis d'amende, depuis 1 franc jusqu'à 5 francs inclusivement, les aubergistes et autres qui négligent de se conformer aux règlements de police qui ordonnent l'éclairage de leurs maisons ou portes cochères. C. pén., art. 471, n° 3.

3. Une amende de 6 à 10 francs est également prononcée contre les aubergistes, hôteliers, logeurs ou loueurs de maisons garnies, qui auront négligé d'inscrire de suite et sans aucun blanc, sur un registre tenu régulièrement, les noms, qualités, domicile habituel, dates d'entrée et de sortie de toute personne qui aurait couché ou passé une nuit dans leurs maisons; contre ceux d'entre eux qui auraient manqué à représenter ce registre aux époques déterminées par les règlements, ou, lorsqu'ils en auraient été requis, aux maires, adjoints, officiers ou commissaires de police, ou aux citoyens commis à cet effet; le tout sans préjudice des cas de responsabilité mentionnés en l'article 73 du Code pénal, relativement aux crimes ou aux délits de ceux qui, ayant logé ou séjourné chez eux, n'auraient pas été régulièrement inscrits. C. pén., art. 475, n° 2.

4. Lorsqu'un aubergiste a reçu, sans les inscrire sur ses registres, des voyageurs qui ont couché et passé la nuit dans son hôtellerie, le tribunal de police saisi de cette contravention ne peut, sans violer l'article 475, n° 2, du Code pénal, relaxer le prévenu des poursuites, sous prétexte que les voyageurs, qui étaient sortis, devaient rentrer pour reprendre les effets qu'ils avaient laissés en dépôt. Cass., 5 août 1853. ANNALES, vol. de 1854, p. 58.

5. Mais jugé le même jour, 5 août 1853, que le tribunal de simple police ne viole pas les prescriptions de l'article 475, n° 2, du Code pénal, en renvoyant l'aubergiste des poursuites, alors qu'il est établi que les voyageurs, non inscrits sur ses registres, étaient arrivés dans la même soirée du jour où le procès-verbal de contravention avait été dressé. D'où il résulte que, pour qu'il y ait contravention, il faut que les voyageurs aient séjourné au moins une nuit. C'est, en effet, ce qu'exige le numéro 2 de l'article 475 ci-dessus cité, par ces mots : *De toute personne qui aurait couché ou passé une nuit...* — La disposition de l'article 475, n° 2, du Code pénal, qui oblige les aubergistes et logeurs à inscrire sur un registre les noms des personnes qui couchent ou habitent chez eux, n'est pas applicable au propriétaire qui aurait loué seulement pour un mois une chambre dans la maison qui lui appartient et qu'il habite. Cass., 9 sept. 1853. ANNALES, vol. de 1854, p. 103. — Toutefois, V. Cass., 6 oct. 1854. ANNALES, vol. de 1855, p. 33.

6. Les gendarmes ont qualité pour requérir la représentation du registre d'un aubergiste, et le refus de le leur montrer constitue la contravention prévue par l'article 475. Cass., 22 oct. 1831.

7. Le règlement de police qui oblige les aubergistes et logeurs à représenter tous les mois à la mairie le registre prescrit par l'article 475 du Code pénal, à le communiquer à demeure aux membres de l'autorité municipale et aux commissaires et agents de police qui se présentent dans leurs maisons, doit être entendu en ce sens que les aubergistes et logeurs sont tenus de porter chaque mois leurs registres au bureau de la police, à la mairie, le commissaire de police et ses agents devant être considérés comme agissant alors par délégation du maire. Cass., 14 oct. 1847, et 15 mai 1856. ANNALES, 1re série, t. I, p. 279, et année 1856, p. 383.

8. Décidé aussi que lorsqu'un règlement municipal, relatif aux voyageurs qui séjournent dans la ville, prescrit aux aubergistes, maîtres d'hôtels garnis, etc., de porter, tous les jours avant midi, au commissaire de police les passe-ports des voyageurs arrivés dans leur hôtel, un aubergiste est en contravention à cet arrêté s'il n'a pas remis le passe-port d'un voyageur qui est descendu chez lui depuis trois jours. C. pén., art. 471, n° 15; Cass., 10 avr. 1841. ANNALES, 1re série, t. I, p. 282.

9. L'arrêté d'un maire ordonnant que les cabarets, cafés et salles

de billard seront vidés et fermés à une heure fixe, est obligatoire.
— En conséquence, l'aubergiste trouvé à table, dans sa cuisine,
avec des parents ou amis, après l'heure fixée, ne pourrait s'excuser
d'avoir contrevenu à un tel arrêté par le motif qu'il lui est permis
de se réunir chez lui, portes closes, avec ses parents et amis, à quelque heure que ce soit, pourvu qu'il ait congédié de chez lui tous les
individus qui y étaient avant l'heure fixée par l'arrêté. Cass., 24
févr. 1842, 6 mars et 18 avr. 1845. ANNALES, t. I, p. 280 et suiv.

10. L'arrêté municipal qui détermine l'heure de fermeture des cafés, cabarets et débits de boissons, est général et absolu; il ne comporte
aucune distinction entre la vente de boissons à consommer sur place
et la vente de boissons à consommer au dehors. Cass., 16 juin 1855.
ANNALES, 1856, p. 81. V. aussi Cass., 26 janv. 1856. ANNALES,
1856, p. 242.

11. Jugé de même que l'arrêté municipal qui interdit l'ouverture
des cabarets pendant la nuit prohibe, par une conséquence nécessaire, tout débit, toute vente de boissons pendant le temps qu'il détermine, et notamment le fait, par le cabaretier, d'avoir livré par la
fenêtre de son cabaret la boisson vendue; le juge de police ne peut
relaxer le prévenu de cette contravention, en se fondant sur ce que
le règlement n'était pas applicable, la vente n'ayant pas eu lieu dans
l'intérieur du cabaret. Cass., 3 août 1855.

12. Le fait, par un aubergiste ou un loueur de voitures, de suivre
une diligence, et de s'introduire avec elle dans la maison où elle doit
stationner, suffit pour établir à sa charge une contravention à l'arrêté municipal qui interdit aux aubergistes et loueurs de voitures de
se trouver à l'arrivée des diligences dans le but de solliciter les voyageurs à descendre chez eux ou à faire usage de leurs voitures. Cass.,
3 avr. 1856. ANNALES, 1856, p. 332.

13. Les personnes qui viennent prendre gîte dans une auberge,
ou celles qui y sont pensionnaires, sont affranchies de l'obligation
imposée à toute personne étrangère à l'auberge par l'arrêté préfectoral qui fixe les heures de fermeture des cabarets, auberges, etc.;
mais les personnes qui n'y sont ni logées ni nourries sont soumises
à l'obligation dudit arrêté préfectoral, et, si elles sont trouvées dans
une auberge après l'heure interdite, elles ne peuvent être affranchies
de la peine de contravention, alors même qu'elles allégueraient
qu'ayant été invitées par des pensionnaires, elles doivent leur être
assimilées. Cass., 25 juill. 1856. ANNALES, 1857, p. 40.

14. L'ordonnance du 20 janvier 1563 sur les aubergistes, hôteliers, etc., est abrogée par les lois de 1791 sur la liberté du com-

merce ; elle est dès lors inapplicable à l'aubergiste qui a refusé de recevoir et loger dans son auberge un voyageur qui s'y présentait. Cass., 3 oct. 1857. ANNALES, 1858, p. 85 et suiv.

15. Les aubergistes et hôteliers sont responsables, comme dépositaires, des effets apportés par le voyageur qui loge chez eux. Le dépôt de ces sortes d'effets doit être regardé comme un dépôt nécessaire, et la preuve testimoniale de ce dépôt peut être reçue, même quand il s'agirait d'une somme de plus de 150 francs. C. Nap., art. 1950, 1952.

16. Ils sont responsables encore du vol ou du dommage des effets des voyageurs, soit que le vol ait été fait ou que le dommage ait été causé par les domestiques ou préposés de l'hôtellerie, ou par des étrangers allant et venant dans l'hôtellerie. *Ibid.*, art. 1953.

17. Mais ils ne sont pas responsables du vol fait avec force majeure. *Ibid.*, art. 1954. — V. *Voyageurs*.

18. S'il y avait eu imprudence de la part du voyageur, s'il n'avait pas eu le soin de serrer et de tenir sous clef une somme en or ou en argent, des bijoux ou effets précieux, s'il avait laissé, par exemple, une valise contenant ses effets dans une antichambre, alors qu'il avait dans sa chambre deux armoires bien fermées, l'aubergiste pourrait être déclaré non responsable.

19. L'obligation de veiller à la conservation des effets emporte la responsabilité des blessures reçues par les chevaux et autres animaux dans les écuries ; par arrêt du 29 janvier 1825, la Cour de Lyon a décidé qu'un aubergiste était responsable de la perte d'un cheval qui avait reçu à la jambe un coup de pied d'un autre cheval placé dans la même écurie. Il en serait autrement si l'aubergiste ne pouvait être accusé de faute ou de négligence, ainsi que l'a jugé le Parlement de Paris, par arrêt du 5 mars 1742, relativement à la morsure d'un cheval par un autre cheval ; en pareil cas, et si les précautions ordinaires avaient été prises par l'aubergiste, le propriétaire du cheval vicieux serait seul responsable.

20. La preuve de l'existence des effets, de la perte, du vol, peut être faite de toutes les manières (C. Nap., art. 1950, 1348 et 1353); mais « la simple affirmation du voyageur, dit Toullier, quelque élevé en dignité qu'il fût, ne suffirait pas même pour lui déférer le serment ; il faudrait que sa demande ne fût pas dénuée de preuves ; qu'au moins l'apport des paquets dans l'auberge fût prouvé. »

21. Le juge de paix serait compétent pour prononcer sur la perte ou l'enlèvement des effets des voyageurs, dans le trajet de la voiture à l'hôtel, ou dans le trajet de l'hôtel à la voiture de départ, si c'était l'hôtelier qui se fût chargé de faire opérer le transport.

22. Quant à la valeur des objets et aux dommages et intérêts réclamés, force est au juge, à défaut d'autre preuve, de s'en rapporter à la moralité du voyageur, à sa position, à son affirmation, à son serment, aux présomptions, aux circonstances ; il devra se conformer surtout à l'article 1369 du Code Napoléon, d'après lequel « le serment sur la *valeur* de la chose demandée ne peut être déféré d'office par le juge au demandeur que lorsqu'il est d'ailleurs impossible de constater autrement cette *valeur*. — Le juge doit même, en ce cas, déterminer la somme jusqu'à concurrence de laquelle le demandeur en sera cru sur son serment. »

23. Mais il faut bien observer que la compétence du juge de paix, telle qu'elle est entendue par l'article 2 de la loi de 1838, et les règles que nous venons d'exposer, ne s'appliquent qu'aux effets apportés par les voyageurs dans les auberges, et qui y auraient été soustraits *pendant leur séjour ;* que le dépôt, par exemple, d'effets que laisserait un voyageur chez un hôtelier en quittant son hôtel, ne serait plus un dépôt nécessaire, et ne donnerait lieu, par conséquent, ni à la compétence de l'article 2 ni à l'application des règles du dépôt nécessaire. — Pour ce qui concerne les obligations attachées au débit de vin et autres boissons, V. *Boissons.*

AUDIENCE. C'est, en termes de palais, la séance dans laquelle un juge ou un tribunal écoute les demandes soumises à sa décision. Cela se dit aussi du lieu même où la justice se rend.

Table sommaire.

Division.

§ 1er. *Audiences civiles des juges de paix.*

1. La justice doit, en général, se rendre dans les bâtiments publics consacrés à cet usage.

2. Cependant les juges de paix ne sont pas assujettis à cette règle. Ils peuvent donner audience chez eux, en tenant les portes ouvertes. C. proc., art. 8.

3. Les juges de paix doivent indiquer au moins deux audiences par semaine. Ils peuvent juger tous les jours, même ceux de dimanches et fêtes, le matin et l'après-midi. *Ibid.*

4. En principe, toutes audiences, toutes défenses ou plaidoiries doivent être publiques.

5. Néanmoins le tribunal peut ordonner que les plaidoyers se feront à huis clos, dans le cas où la discussion publique serait susceptible d'entraîner du scandale ou des inconvénients graves. Alors il doit en délibérer et transmettre sa délibération au procureur général près la Cour impériale, et si la cause est pendante en Cour impériale, au ministre de la justice (C. proc., art. 87), sans toutefois être forcé d'attendre le consentement du procureur général ou du ministre (Carré, art. 87). Mais il faut qu'il déclare, à peine de nullité, par un jugement, que la publicité serait dangereuse pour l'ordre ou les mœurs. Cass., 17 mars 1807 (V. aussi § 3 ci-après, n° 37). Ces principes s'appliquent en justice de paix.

6. L'audience commence au moment où le juge la déclare ouverte, directement ou par l'intermédiaire de l'huissier de service.

7. Le juge ou président doit être obéi en tout ce qu'il ordonne aux huissiers ou autres agents civils ou militaires, pour le maintien du bon ordre et de son autorité. Favard, v° *Audience,* sect. II, n° 2.

8. En général, l'huissier de service doit apporter à l'audience les originaux des citations qui ont été données, et faire l'appel des causes par ordre de date de ces citations (L. 26 oct. 1790 , t. X, art. 6). — Cependant s'il est absent et s'il n'y a pas d'autre huissier près la justice de paix, le greffier peut, en son absence, procéder à l'appel des causes. En effet, aucune loi ne prescrit l'assistance de l'huissier à peine de nullité, et la circonstance que telle affaire a été appelée par le greffier au lieu de l'être par l'huissier, ne devant pas être mentionnée dans le texte du jugement, cette prétendue irrégularité ne saurait, en tout cas, produire aucun moyen de nullité contre la décision des juges, car ce n'est pas là une de ces formalités essentielles dont l'omission est une cause de nullité.

§ 2. *Police de l'audience.* — *Délits d'audience.*

9. La police de l'audience appartient au juge de paix ; tout ce qu'il ordonne pour le maintien de l'ordre doit être exécuté ponctuellement et à l'instant. Ceux qui assistent aux audiences se tiennent découverts, dans le respect et le silence. C. proc. civ., art. 88.

10. Si un ou plusieurs individus, quels qu'ils soient, interrompent le silence, et si, après l'avertissement des huissiers, ils ne rentrent pas dans l'ordre sur-le-champ, il leur sera enjoint de se retirer; et les résistants seront saisis et déposés à l'instant dans la maison d'arrêt pour vingt-quatre heures ; ils y seront reçus sur l'exhibition de l'ordre du président, qui sera mentionné au procès-verbal de l'audience. *Ibid.*, art. 89.

11. Spécialement devant les justices de paix, si les parties manquent au respect qu'elles doivent à la justice, le juge les y rappelle, d'abord par un avertissement, et, en cas de récidive, il peut les condamner à une amende qui ne saurait excéder 10 francs, avec affiche du jugement en nombre égal au plus à celui des communes du canton. C. proc., art. 10.

12. Si le juge de paix était l'objet d'une insulte ou d'une irrévérence grave, il devrait en dresser procès-verbal, et il pourrait condamner l'auteur du fait à un emprisonnement de trois jours au plus. C. proc., art. 10. — Le jugement, dans ce cas, est exécutoire par provision. *Ibid.*, art. 11, 12.

13. Si, à l'audience, ou en tout autre lieu où se fait publiquement une instruction judiciaire, l'un ou plusieurs des assistants donnent des signes publics, soit d'approbation, soit d'improbation, ou s'ils excitent du tumulte, de quelque manière que ce soit, le président ou le juge doit les faire expulser. S'ils résistent à ses ordres, ou s'ils rentrent, le président ou le juge doit ordonner de les arrêter et de les conduire dans la maison d'arrêt. Il est fait mention de cet ordre dans le procès-verbal, et, sur l'exhibition qui en est faite au gardien de la maison d'arrêt, les perturbateurs y seront reçus et retenus pendant vingt-quatre heures. C. inst., art. 504.

14. Le pouvoir conféré au juge pour maintenir la police de l'audience étant discrétionnaire, c'est à ce magistrat qu'il appartient exclusivement d'apprécier si les faits qui motivent son ordre d'expulsion ou de dépôt à la maison d'arrêt constituent des murmures ou s'élèvent jusqu'au tumulte, et la contradiction n'est pas permise à cet égard. Cass., 14 juin 1833.

15. Si le tumulte a été accompagné d'injures ou voies de fait donnant lieu à l'application ultérieure de peines correctionnelles ou de police, ces peines pourront être, séance tenante, et immédiatement après que les faits auront été constatés, prononcées, savoir : celles de simple police, sans appel, de quelque tribunal ou juge qu'elles émanent; et celles de police correctionnelle, à la charge de l'appel, si la condamnation a été portée par un tribunal sujet à appel, ou par un seul juge. C. d'instr., art. 505.—V. *Injure.*

16. On a présenté quelques considérations concernant l'application des articles 10 et 11 du Code de procédure civile. On a dit : « Ces articles indiquent certaines voies et moyens de répression que les juges de paix peuvent employer quand ils tiennent leurs audiences. Il est admis que ces magistrats peuvent y recourir également, lorsque les cas énoncés auxdits articles se présentent dans leurs opérations extérieures (*expertises, enquêtes sur les lieux et autres opérations civiles*), de même que lorsqu'ils procèdent comme officiers de police judiciaire (*informations préparatoires, commissions rogatoires*), en un mot lorsqu'ils agissent dans l'exercice régulier de leurs fonctions, avec l'assistance de leur greffier. — On reconnaît qu'il en est de même lorsqu'ils procèdent *extrajudiciairement* (appositions et levées de scellés, etc.), et même lorsqu'ils procèdent *administrativement,* c'est-à-dire par délégation de l'autorité administrative (enquêtes *de commodo et incommodo,* etc.). — Mais il existe une divergence d'opinions quant à l'opportunité de l'application de la peine, lorsque le magistrat opère *extérieurement,* en dehors de l'audience. — Certaines personnes prétendent qu'en pareille circonstance, le magistrat doit se borner à dresser procès-verbal du délit, avec intimation au délinquant de comparaître à la plus prochaine audience pour se voir appliquer telle peine qu'il appartiendra, même la simple peine d'une amende. — Mais comment faire concorder cela avec un autre principe en vertu duquel on dit que la répression doit être en quelque sorte instantanée, et avant de désemparer de l'affaire dont on s'occupe? — Faudrait-il dresser un procès-verbal, même dans le cas de l'article 10, lequel n'en parle pas?

« Les partisans du renvoi à l'audience disent que ce renvoi est surtout nécessaire, lorsque le juge de paix agit extrajudiciairement ou administrativement; car ils reconnaissent jusqu'à un certain point que le juge de paix peut appliquer les dispositions des articles 10 et 11 du Code de procédure civile, lorsqu'il agit judiciairement et comme tribunal, en dehors de son audience (expertises, enquêtes sur les lieux). Il peut même statuer sur les lieux, en ce qui concerne le fond de l'affaire litigieuse, la loi l'y autorise formellement. »

17. Quant à nous, disons que lorsque le juge de paix, en cas de trouble apporté à ses fonctions, après avoir dressé procès-verbal, applique la peine, il doit prononcer à l'instant même et sans désemparer. C'est ce que semble au moins indiquer l'article 181 du Code d'instruction criminelle. — L'article 505 du même Code dit encore que les peines seront prononcées *séance tenante et immédiatement après que les faits auront été constatés*, celles de simple police sans appel, de quelque tribunal ou juge qu'elles émanent, etc. — On remarquera que, d'après l'article précédent, 504, c'est là la règle à suivre toutes les fois qu'il s'agit de *tumulte dans une audience ou en tout autre lieu où se fait publiquement une instruction judiciaire*. — Cela étant, nous n'admettrions pas que le juge de paix, agissant judiciairement et comme tribunal, procédant, par exemple, à une visite de lieu ou à une expertise, puisse, après avoir dressé procès-verbal, continuer sa première opération, et renvoyer à l'audience pour prononcer sur le délit, s'il veut appliquer lui-même la peine; il doit, même en pareil cas, prononcer sans désemparer. — Quant au trouble qui serait apporté aux fonctions extrajudiciaires des juges de paix, à celles de sa juridiction non contentieuse, il devrait, à notre avis, se borner à dresser procès-verbal et à faire expulser le perturbateur; les tribunaux ordinaires appliqueraient la peine. — Voilà, selon nous, la meilleure méthode à suivre dans ces circonstances toujours difficiles. S'il est nécessaire, en effet, que le juge maintienne son autorité, il faut aussi qu'il soit bien sûr de son droit, surtout lorsqu'il s'agit de punir une injure adressée à lui-même.

18. Les mesures d'ordre et de police que le juge de paix est autorisé à prendre, pour le maintien de la tranquillité de son audience, ne peuvent donner lieu à un recours en cassation, alors, d'ailleurs, que les formalités essentielles aux jugements des procès civils ont été observées, et que l'audience a été publique. C. proc., art. 11, 12, 504; Cass., 28 juin 1855. ANNALES, vol. de 1857, p. 62.

19. Sous le Code du 3 brumaire an IV, lorsqu'un plaideur troublait l'audience de la justice de paix, en tenant des propos injurieux et scandaleux contre des personnes absentes et étrangères à la cause, et persistait, malgré un avertissement réitéré, le juge de paix devait lui enjoindre de se retirer, et, en cas de refus, le faire déposer dans la maison d'arrêt pour vingt-quatre heures; mais il excédait ses pouvoirs, soit en sévissant avant de lui avoir fait une injonction de se retirer, soit en prononçant une amende qui n'était point dans la loi. Cass., 3 brum. an IV, art. 556; Cass., 24 brum. an XIV. A l'instar du Code de l'an IV, le Code d'instruction criminelle, art. 504, veut qu'avant de faire déposer dans la maison d'arrêt les perturbateurs, le président ou juge les ait déjà fait expulser de l'audience. Mais cette disposition n'est applicable qu'en matière criminelle, et il faut recourir à l'article 10 du Code de procédure, spécial à la police des audiences du tribunal de paix. Ce n'est également qu'après un avertissement, et en cas de récidive, que le juge de paix peut prononcer une amende, ou, lorsque l'irrévérence grave est commise envers lui, un emprisonnement de trois jours.

20. Il y a délit d'outrage passible des peines portées par les articles 222 du Code pénal et 505 du Code d'instruction criminelle, lorsqu'à l'audience d'un juge de paix, après la prononciation d'un jugement, une partie emploie des expressions et des gestes tendant à déverser le ridicule ou le mépris sur le juge ou sur sa décision. Cass., Ch. réun., 25 juin 1855.

21. Dans le cas de simple irrévérence, il y a lieu d'appliquer l'article 11 du Code de procédure civile, qui n'a pas été abrogé, non plus que les articles 89, 90 et 91, par les articles 504 et 505 du Code d'instruction criminelle. Même arrêt. — V. *Outrage.*

22. S'il s'agit d'un crime commis à l'audience d'un seul juge, ou d'un tribunal sujet à appel, le juge ou le tribunal, après avoir fait arrêter le délinquant et dressé procès-verbal des faits, doit envoyer les pièces et le prévenu devant les juges compétents. C. inst. crim., art. 506.

23. Quoique la police de l'audience appartienne au juge, le ministère public pourrait intervenir et faire des réquisitions; c'est même ordinairement ce qui a lieu après que le juge a agi. S'il n'agissait pas, et que des réquisitions lui fussent adressées par le ministère public, il serait dans l'obligation d'y statuer. Cass., 3 nov. 1806.

24. Les huissiers sont ordinairement suffisants pour maintenir l'ordre dans la salle d'audience ; mais si la nature de l'affaire paraissait devoir attirer un public nombreux et turbulent, le juge de paix ou l'officier du ministère public devrait requérir la gendarmerie, ou même, dans l'occasion, un piquet de troupes de ligne. Ces demandes sont adressées au commandant de la gendarmerie ou au commandant de place, sous forme de lettre ou de réquisition ; avant de les faire, le juge de paix et le ministère public s'entendent ordinairement ensemble.

§ 3. *Audiences des tribunaux de simple police.* — *Lieux où elles se tiennent.* — *Jours et heures d'audience.* — *Rôle.* — *Appel des causes.* — *Communication des pièces.* — *Publicité de l'audience.* — *Huis clos.*

25. Le tribunal de police ne peut être tenu que dans la commune chef-lieu de canton. C. inst. crim., art. 139, 166.

26. Mais le juge pourrait aussi tenir l'audience de police dans sa maison, les portes ouvertes, pourvu qu'il habitât la commune chef-lieu. C. proc., art. 8.

27. L'audience se tient ordinairement les jours ouvrables ; mais elle pourrait, sans nullité, avoir lieu un jour férié. L'expédition des affaires criminelles est même formellement exceptée par l'article 2 de la loi du 17 thermidor an VI, laquelle prescrit aux autorités, sauf le cas de nécessité, de vaquer et de faire vaquer leurs employés les jours fériés.

28. Le juge de paix fixe les jours et heures d'audience (C. proc., art. 8). Il choisit ordinairement les jours de marché, pour éviter des déplacements aux parties. L'audience civile et l'audience du tribunal de police peuvent se tenir à la suite l'une de l'autre, sauf que le rôle et la feuille d'audience doivent être différents et spéciaux pour chaque tribunal, et que le juge ne peut, en aucun cas, convertir une affaire civile en une affaire de police, non plus qu'une affaire de police en une affaire civile.

29. Dans les tribunaux de police où les affaires sont nombreuses, un rôle est dressé pour régler l'ordre de leur appel et servir en même temps au juge et au greffier à prendre note de la décision.

50. C'est le juge, d'accord avec le ministère public, qui détermine l'ordre de ce rôle. On y porte d'abord les causes remises d'une précédente audience. Si quelque affaire paraît devoir amener une affluence inaccoutumée, elle est portée la première ; les spectateurs de surcroît, une fois leur curiosité satisfaite, ne tardent pas à quitter la salle.

31. Nous venons de dire que c'est le juge, d'accord avec le ministère public, qui détermine l'ordre d'appel des affaires ; c'est là l'énonciation d'un fait désirable ou de convenance plutôt que d'une règle ; car c'est au juge, en cas de dissentiment avec l'officier du ministère public, qu'appartient le droit de régler, comme il le croit convenable, le rôle de son audience. En matière civile, ce principe est incontestable, et aucun texte ne le contredit en matière de police. On trouve, au contraire, dans les articles 23, 28, 30, 43, 56 et 63 du décret du 30 mars 1808, et dans les articles 141 et 306 du Code d'instruction criminelle, ce dernier article interprété par la Cour suprême (arrêts des 17 octobre 1837 et 26 avril 1844), des dispositions qui viennent à l'appui de la doctrine que nous soutenons, et que professent tous les auteurs qui se sont occupés de la question. Partout, dans la loi, on voit que c'est le président qui statue seul sur ce qui se rapporte à la confection du rôle d'audience et à l'appel des causes déférées à son tribunal. Il résulte donc des dispositions législatives, que tout magistrat qui préside une audience trouve dans cette position l'autorité de direction et de classement des affaires qui lui sont présentées à juger. En effet, le juge de paix qui a la police de l'audience, qui préside et dirige l'instruction des affaires, qui détermine l'ordre entre ceux qui demandent à partir, qui peut, selon qu'il le juge à propos, renvoyer certaines affaires à un autre jour, ce juge a aussi, *à fortiori*, le droit de régler l'ordre dans lequel les affaires portées à son audience y seront instruites et jugées. Aussi, M. Ch. Berrial-Saint-Prix dit-il avec raison, dans un supplément à son ouvrage sur les tribunaux de police : « En supposant que l'officier du ministère public, contrairement à l'opinion du juge, insiste sur le classement d'une affaire à telle place, et prenne des conclusions à cette fin, qu'arrivera-t-il de ce conflit ? Que le juge de paix ordonnera que l'affaire en litige sera maintenue ou classée à tel rang, et cela par un jugement qui sera exécutoire par provision et séance tenante. »

52. A Paris, les affaires sont classées sur le rôle dans l'ordre des articles 471, 475 et 479 du Code pénal. Cette méthode abrége et facilite l'instruction à l'audience.

53. L'appel des affaires est fait par un des huissiers de service, en suivant le rôle. Les affaires qui ont le tour de faveur sont jugées les premières ; ou, s'il n'y en a pas, on fait venir celles qui sont introduites par le ministère public, puis celles qui concernent les parties civiles. Il arrive quelquefois, relativement à ces dernières, qu'un arrangement, intervenu depuis la citation, ayant satisfait le plaignant, on demande la radiation de la cause. Le ministère public y consent habituellement, ces sortes d'affaires étant presque toujours dépourvues de gravité. Cependant, son assentiment ne saurait être un acte de pure forme : lorsque la contravention intéresse véritablement l'ordre public, il doit faire retenir l'affaire et requérir qu'elle soit instruite, la transaction des parties n'éteignant point l'action publique.

54. Les pièces de l'affaire doivent être communiquées aux parties qui le requièrent, par le ministère public, par la voie du greffe et sans déplacement (C. inst. crim., art. 302). Cet article, quoique ne concernant littéralement que les accusés renvoyés aux assises, s'applique aux prévenus de contravention, tous les moyens de favoriser la défense devant être employés (Cass., 14 mai 1835.) Les mêmes pièces doivent être communiquées aux personnes civilement responsables, et même à celles qui se portent comme parties civiles.

55. Quant aux expéditions que ces parties réclameraient, il ne peut leur être délivré, sur leur seule demande et à leurs frais, par le greffier, que celles de la plainte, de la dénonciation ou du procès-verbal qui en tient lieu, et des ordonnances et jugements définitifs ; expédition des autres pièces n'est délivrée que sur l'autorisation expresse du procureur général.

56. Les audiences du tribunal de simple police doivent être publiques, à peine de nullité ; l'instruction y doit également se faire, à peine de nullité, publiquement. Cass., 9 juill. 1825.

57. Cependant, si l'instruction d'une affaire paraissait devoir entraîner des détails dangereux pour l'ordre et les mœurs, le tribunal pourrait, sur les réquisitions du ministère public, et même d'office, et à la charge de le déclarer par un jugement, ordonner que les débats de l'affaire auront lieu à huis clos (V. ci-dessus, n° 5). — Le jugement devra toujours être prononcé en public et les portes ouvertes.

AUTORISATION. *Autoriser* signifie, au palais, donner pouvoir de faire quelque chose. L'*autorisation* est expresse ou tacite ; elle a pour objet le consentement donné à une personne dépendante de nous ou soumise à notre administration, et qui ne peut, sans notre concours, agir ou procéder légalement, soit pour elle, soit pour nous.

1. La femme ne peut être marchande publique sans le consentement de son mari. C. comm., art. 4.

2. Tout mineur émancipé, de l'un ou de l'autre sexe, âgé de dix-huit ans accomplis, qui veut faire le commerce, ne peut en commencer les opérations s'il n'a été préalablement autorisé par son père ou par sa mère ; en cas de décès de ceux-ci ou à leur défaut, par une délibération du conseil de famille dûment homologuée ; et si, en outre, l'acte d'autorisation n'a été *enregistré* et *affiché* au tribunal de commerce du lieu de l'établissement (C. comm., art. 3 ; C. Nap., art. 487). — Tels sont les principes : passons aux développements.

3. *Relativement aux femmes mariées*, l'autorisation pour faire le commerce n'est pas aussi absolue, aussi explicite que pour les mineurs. La loi se sert, à l'égard des femmes, du mot *consentement*, mais ce consentement emporte autorisation. — La seule différence entre l'un et l'autre, c'est que le consentement n'étant soumis à aucune forme, on le considère comme existant d'une manière tacite toutes les fois que la femme exerce notoirement le commerce au vu et au su de son mari. Cass., 1er mars 1826.

4. Néanmoins, si la femme ne fait que détailler les marchandises de commerce de son mari, elle n'est pas réputée marchande publique (C. Nap., art. 200; C. comm., art. 5). Dans ce cas, le mari seul est obligé : la femme n'est considérée que comme mandataire. Angers, 27 févr. 1819.

5. Si le mari est mineur, il ne peut pas conférer à sa femme, même majeure, une capacité qu'il ne possède pas encore. Pour ce cas, rare sans doute, l'intervention de la justice serait nécessaire, afin de compléter ce qu'il y aurait d'imparfait dans le consentement. Duranton, t. II, n° 478. — V. *Séparation de biens et de corps.*

6. *Relativement au mineur*, les effets de l'autorisation pour faire le commerce sont les mêmes que pour les femmes mariées. Réputé majeur en ce qui concerne le négoce (C. Nap., art. 487), non-seulement il ne peut attaquer, même pour cause de lésion, les engagements personnels contractés *pour les faits de son commerce*, hors toutefois les cas où un majeur pourrait le faire lui-même, mais il peut même engager et hypothéquer ses immeubles, sauf, en cas d'aliénation, à se conformer aux règles prescrites par les articles 486 du Code Napoléon, et 2, 3, 6 du Code de commerce.

AUTORITÉ MUNICIPALE. — V. *Commune, Pouvoir municipal, Salubrité, Voirie.*

AUVENT. Les auvents sont de petits toits en saillie pour garantir de la pluie et du soleil.

1. On ne peut établir un auvent sur la voie publique sans une permission de l'autorité municipale (à Paris, celle du préfet de police), et sans avoir acquitté préalablement les droits de petite voirie, lorsqu'il y a des droits de voirie établis dans la ville. Trebuchet, *Dictionnaire de police,* v° *Auvent.*

2. Les auvents doivent être placés à dix ou douze pieds du sol. Ordonn. 26 oct. 1666.

3. A Paris, il est défendu de construire des auvents et corniches *en plâtre* au-dessus des boutiques. Il ne peut en être établi qu'en bois, avec la faculté de les revêtir extérieurement de métal ; toute autre manière de les couvrir est prohibée. Ordonn. 24 déc. 1823, art. 13.

4. Aux termes de la même ordonnance, les auvents et corniches en plâtre alors établis ne pouvaient être réparés ; ils devaient être démolis lorsqu'ils auraient besoin de réparations, et ne pouvaient être rétablis qu'en bois.

5. Les auvents de boutique ne peuvent excéder 80 centimètres de saillie, et les petits auvents au-dessus des croisées 25 centimètres. Ordonn. 24 déc. 1823, art. 3.

AVARIE. C'est le dommage qu'a souffert une chose. — D'après l'article 2 de la loi du 25 mai 1838, les juges de paix connaissent, sans appel, jusqu'à la valeur de 100 francs; et à charge d'appel, jusqu'au taux de la compétence en dernier ressort des tribunaux de première instance, des avaries d'effets accompagnant les voyageurs. — V. *Aubergiste.*

AVERTISSEMENT (*Billet d'*). — On entend par billet d'avertissement la lettre d'invitation qui est envoyée, en matière civile, avant toute citation, dans le but de concilier les parties sur leurs différends. — V. *Conciliation,* § 1er.

AVERTISSEMENT EN MATIÈRE DE SIMPLE POLICE. En matière de simple police, il est d'usage de remplacer la citation par un billet d'avertissement.

1. L'article 147 du Code d'instruction criminelle autorise les parties à comparaître volontairement, et sur simple billet d'avertissement, devant le tribunal de simple police, sans qu'il soit besoin de donner citation. Voyez aussi le même Code, art. 169. De même, les témoins peuvent être appelés par un avertissement qui indique le moment où leur déposition sera reçue. C. inst.crim., art. 170.

2. Ces avertissements ne sont pas donnés par le greffier, mais bien par le ministère public, c'est-à-dire par le commissaire de police, ou par le maire, lorsque c'est ce fonctionnaire qui remplit les fonctions du ministère public, là où il n'y a pas de commissaire de police.

AVEU. Reconnaissance, par une partie, de la vérité d'un fait, d'une dette ou d'un engagement qui la concerne. On distingue l'aveu *judiciaire* de l'aveu *extrajudiciaire*.

1. L'aveu judiciaire est celui qui est fait en justice. Il peut émaner de la partie elle-même, ou de son fondé de pouvoir. C. Nap., art. 1356.

2. Il est *indivisible*, c'est-à-dire qu'il faut le prendre en ce qu'il a de plus comme en ce qu'il a de moins favorable. Ainsi un débiteur, poursuivi par les héritiers de son créancier, se refuse au payement, par le motif que la créance a été cédée à un tiers ; les héritiers avouent la cession, mais en soutenant que leur auteur s'est réservé le droit de poursuivre : on ne peut diviser leur aveu. Cass., 3 déc. 1827.

3. Toutefois, si l'aveu portait, non sur un fait unique, mais sur plusieurs points distincts, il pourrait être divisé. Toullier, t. X, n° 338 ; Cass., 15 janv. 1824.

4. De même, si une partie de l'aveu était manifestement contradictoire avec d'autres déclarations, et entachée de mensonge et de mauvaise foi, l'aveu pourrait encore être divisé. Toullier, *ibid.*; Agen, 16 nov. 1823.

5. L'aveu fait dans une instance peut être opposé dans une autre instance. Cass., 9 mai 1834.

6. L'aveu peut être aussi opposé à toute personne procédant légalement, et spécialement à la femme mariée, quand elle a été dûment autorisée à ester en jugement. Cass., 22 avril 1828.

7. Le juge de paix, lorsqu'il entend les parties sur avertissement préalable, recueille souvent, sans qu'il parvienne cependant à les concilier, des aveux qui éclairent sa religion et forment même d'avance sa conviction.

8. Cependant il ne doit pas faire état de ces aveux dans son jugement ; le juge ne doit jamais invoquer la connaissance personnelle qu'il a pu avoir de tel ou tel fait ; l'instruction de chaque affaire a lieu publiquement ; les débats s'établissent à la face du public ; il faut que tout ce qui forme élément pour la décision résulte de ces débats.

9. Mais la connaissance que le juge a précédemment acquise peut servir à faire ressortir la vérité du débat même : ainsi, si les parties sont présentes, il peut les interroger à l'audience, comme il les a interrogées en son cabinet; il peut provoquer en public l'aveu qui lui a déjà été fait. Si la partie qui a laissé échapper cet aveu se borne à reprendre ses conclusions, ou à se faire représenter par un mandataire pour ne pas être exposée à se démentir, le juge de paix peut ordonner sa comparution, sauf à la partie adverse à faire valoir telles inductions contre le défaut de comparution si la partie refusait de comparaître, et sauf au juge de paix lui-même à motiver sa décision sur ce refus.

10. Si la partie qui a fait l'aveu faisait défaut, le juge de paix pourrait encore, si, bien entendu, il y avait quelque motif plausible en dehors de l'aveu fait devant lui, adjuger le profit du défaut au demandeur, ce qui forcerait le défendeur à se faire représenter, et même plus tard, si le juge de paix ordonnait la comparution, à comparaître ou à laisser tirer des inductions défavorables de son absence.

11. En un mot, le juge trouvera presque toujours le moyen de faire renouveler devant lui, à l'audience, les aveux faits dans son cabinet; la partie adverse, d'ailleurs, saura aussi, le plus souvent, forcer son adversaire à répéter les mêmes aveux; et le juge ne sera jamais obligé d'invoquer sa connaissance personnelle.

12. Les aveux et conventions des parties, faits à l'audience et constatés par le juge de paix qui leur en donne acte, n'ont pas besoin de la signature de ces mêmes parties, ou de leurs fondés de pouvoirs, pour avoir la force d'un contrat judiciaire. Dès l'instant qu'une partie a fait un aveu, une offre, une convention quelconque, audience tenante, que la partie adverse en a demandé acte, et que le juge l'a accordé, cette convention, cette offre, cet aveu, deviennent aussi irrévocables, aussi solennels, aussi obligatoires qu'un jugement; la mention qu'en fait le greffier sur son registre, par ordre du juge, suffit pour constater le fait; la signature des parties n'est pas nécessaire; il n'importe même pas que la mention faite sur le registre ait lieu à l'instant, ou seulement dans le jugement et lors du jugement qui intervient ensuite sur le fond ; foi est due, jusqu'à inscription de faux, à la déclaration du juge qui tient l'audience, assisté de son greffier. L'intérêt de la paix publique, le respect dû au magistrat délégué par le chef de l'Etat pour

rendre la justice, et qui le représente, veulent qu'il en soit ainsi.

13. Quant à l'aveu extrajudiciaire, c'est-à-dire celui qui est fait hors la présence du juge et qui ne tient à aucune instance, il équivaut, suivant les circonstances, à une preuve écrite ou à un commencement de preuve par écrit.

14. Lorsque la preuve de cette dernière espèce d'aveu est faite, il est divisible, suivant les circonstances et d'après les nuances des faits établis.

AVIS DE PARENTS. C'est une délibération prise au Conseil de famille, sous la présidence du juge de paix du canton, par les parents ou amis d'un mineur, d'un interdit ou d'un absent, sur les choses qui intéressent leurs personnes ou leurs biens.

Ces avis sont nécessaires, et ils ont lieu notamment pour la nomination des tuteurs, cotuteurs, protuteurs, subrogés tuteurs, curateurs; la fixation de la dépense du pupille; le mode d'emploi des capitaux; les autorisations à l'effet de faire les grosses réparations, d'emprunter, d'aliéner, d'accepter les successions, de provoquer un partage, d'intenter une action relative aux droits immobiliers du pupille; et lorsqu'il s'agit de faire tous les actes qui ne sont pas d'une administration ordinaire. — V. *Conseil de famille, Tutelle, Tuteur.* — V. aussi la troisième édition de notre *Traité des Conseils de famille.*

AVOCAT. Les avocats ont action en justice pour obtenir le payement des honoraires qui leurs sont dus. Par suite, le juge de paix est compétent pour connaître de l'action en payement de ses honoraires intentée par un avocat contre son client.

B.

BAC. On appelle ainsi un grand bateau plat, établi sur une rivière ou un canal pour le passage d'un bord à l'autre.

Table sommaire.

Division.

§ 1er. Dispositions générales.

§ 2. Du payement des droits des bacs et bateaux.

§ 3. Des peines pour contraventions en ce qui touche les bacs et bateaux.

§ 1er. *Dispositions générales.*

1. La propriété des passages d'eau et bacs, qui était autrefois un
droit seigneurial, appartient à l'Etat, comme les fleuves et rivières
sur lesquels ils sont établis, que ces fleuves ou rivières se trouvent ou non classés dans la catégorie des eaux navigables ou flottables; car toute rivière doit être considérée comme navigable lorsqu'on peut la traverser en bateau. Décr. 29 sept. 1810; Décr.
13 oct. 1817, et 3 août 1849; Cormenin, *Quest.*, t. II, p. 369.

2. Il ne faut cependant pas étendre cela jusqu'aux bacs et bateaux établis pour le seul usage d'un particulier, ou pour l'exploitation d'une propriété entourée d'eau.

3. Toutefois, l'établissement de ces derniers bacs ou bateaux ne
peut avoir lieu qu'avec l'autorisation du préfet, approuvée par le
gouvernement. L. 6 frim. an VII, art. 8.

4. Les opérations relatives à l'administration, à la police et à la
perception des droits de passage sur les fleuves, rivières et canaux
navigables, appartiennent aux administrations centrales des départements dans l'étendue desquels se trouve situé le passage, sans
préjudice de la surveillance de l'administration municipale de chaque lieu. L. 6 frim. an VII, art. 31.

5. Lorsque les passages sont communs à deux départements limitrophes, l'administration et la police en appartiennent à l'administration centrale dans l'arrondissement de laquelle se trouve située
la commune la plus voisine du passage. En cas d'égalité de distance,
la population la plus forte déterminera. En conséquence la gare, le
logement et le domicile de droit du passager sont toujours établis
de ce côté. *Ibid.*, art. 32.

6. L'attribution qui précède détermine également celle des tribunaux civils, criminels, de police et de justice de paix, chacun suivant leur compétence. L. 6 frim. an VII, art. 33.

7. Le gouvernement détermine également les mesures de police et de sûreté relatives à chaque passage ; en conséquence, il désigne les lieux, les circonstances dans lesquelles le bac ou bateau doit avoir attaché à sa suite un batelet ou canot, et celles dans lesquelles les batelets ou canots doivent être disposés à la rive, à l'effet de porter secours à ceux des passagers auxquels un accident imprévu ferait courir quelque risque. Il prescrit le mode le plus convenable d'amarrer les bacs et bateaux, lors de l'embarquement et du débarquement, afin d'éviter les dangers que le recul du bateau pourrait occasionner. Il fixe aussi le nombre des passagers et la quantité de chargement que chaque bac doit contenir, en raison de sa grandeur. *Ibid.*, art. 44.

8. Les adjudicataires et nautoniers doivent maintenir le bon ordre dans leurs bacs et bateaux pendant le passage, et ils sont tenus de désigner aux officiers de police ceux qui s'y comporteraient mal, ou qui, par leur imprudence, compromettraient la sûreté des passagers. *Ibid.*, art. 45.

9. Dans les lieux où les passages de nuit sont autorisés, les *veilleurs* ou *quarts* doivent exiger des voyageurs la représentation de leurs passe-ports. *Ibid.*, art. 46.

10. Cependant, les conducteurs de voitures publiques, courriers des malles et porteurs d'ordres du gouvernement sont dispensés de cette dernière formalité. *Ibid.*

11. Les adjudicataires ne peuvent se servir que de gens de rivière ou mariniers reconnus capables de conduire sur les fleuves, rivières et canaux, et munis de certificats. *Ibid.*, art. 47.

§ 2. *Du payement des droits des bacs et bateaux.*

12. Tous individus voyageurs, conducteurs de voitures, chevaux, bœufs ou autres animaux et marchandises, passant dans les bacs, bateaux ou passe-cheval, sont tenus d'acquitter les sommes portées aux tarifs. L. 6 frim. an VII, art. 48.

13. Ne sont pas dispensés du payement desdits droits les entrepreneurs d'ouvrages et fournitures faits pour le compte du gouvernement, ni ceux du charroi à la suite des troupes. *Ibid.*, art. 49.

14. Ne sont point toutefois assujettis au payement des droits compris auxdits tarifs les juges de paix, administrateurs, ingénieurs des ponts et chaussées, lorsqu'ils se transportent pour raison de leurs fonctions respectives; les cavaliers et officiers de gendarmerie, les militaires en marche. Les officiers, lors de la durée et dans l'étendue de leur commandement, jouissent aussi des mêmes dispenses. L. 6 frim. an VII, art. 50.

§ 3. *Des peines pour contravention en ce qui concerne les bacs et bateaux.*

15. Il est enjoint aux adjudicataires, mariniers et autres personnes employées au service des bacs, de se conformer aux dispositions de police administrative et de sûreté, à peine d'être responsables, en leur propre et privé nom, des suites de leur négligence, et, en outre, d'être condamnés, pour chaque contravention, à une amende de la valeur de trois journées de travail. *Ibid.*, art. 51.

16. Il est expressément défendu aux adjudicataires, mariniers et autres personnes employées au service des bacs, bateaux, d'exiger, dans aucun temps, autres et plus fortes sommes que celles portées aux tarifs, à peine d'être condamnés par le juge de paix du canton, soit sur la réquisition des parties plaignantes, soit sur celle du ministère public, à la restitution des sommes indûment perçues, et en outre, par forme de simple police, à une amende qui ne pourra être moindre que la valeur d'une journée de travail et d'un jour d'emprisonnement, ni excéder la valeur de trois journées de travail et trois jours d'emprisonnement, et alors le jugement doit être imprimé et affiché aux frais du contrevenant. *Ibid.*, art. 52.

17. En cas de récidive, la condamnation est prononcée par le tribunal de police correctionnelle, conformément à l'article 607 du Code des délits et des peines. *Ibid.*

18. Si l'action est accompagnée d'injures, violences, ou voies de fait, les prévenus seront traduits devant le tribunal de police correctionnelle, et, en cas de conviction, condamnés, outre les réparations civiles et les dommages-intérêts, à une amende qui peut être de 100 francs, et à un emprisonnement qui ne peut excéder trois mois. *Ibid.*, art. 53.

19. Les adjudicataires sont dans tous les cas responsables des restitutions, dommages-intérêts, amendes et condamnations pécuniaires prononcées contre leurs préposés et mariniers. *Ibid.*, art. 54.

20. Ils peuvent même, dans le cas de récidive légalement prononcée par un jugement, être destitués par les administrations municipales, et alors leurs baux demeurent résiliés sans indemnité. *Ibid.*, art. 55.

21. Toute personne qui se soustrait au payement des sommes portées auxdits tarifs est condamnée par le juge de paix du canton, outre la restitution des droits, à une amende qui ne peut être moindre que la valeur d'une journée de travail, ni excéder trois jours. L. 6 frim. an VII, art. 56.

22. Le passage à gué d'une rivière sur une charrette par plusieurs personnes constitue une contravention passible de la peine portée audit article 56 de la loi du 6 frimaire an VII. Cass., 4 déc. 1852. ANNALES, vol. de 1853, p. 215, et réimpression, p. 261.

23. Mais il a été jugé en cassation, le 25 octobre 1822, que l'individu qui, pour se soustraire au droit de péage, passe une rivière à gué, au-dessus ou au-dessous du bac, n'est pas tenu d'acquitter les droits de péage.

24. En cas de récidive, le juge de paix prononce, outre l'amende, un emprisonnement qui ne peut être moindre d'un jour, ni être de plus de trois, et l'affiche du jugement aux frais du contrevenant. L. 6 frim. an VII, art. 56, § 2.

25. Si le refus de payer est accompagné d'injures, menaces, violences et voies de fait, les coupables peuvent être traduits devant le tribunal de police correctionnelle, et condamnés, outre les réparations civiles et les dommages-intérêts, à une amende qui peut être de 100 francs, et à un emprisonnement qui ne peut excéder trois mois. *Ibid.*, art. 57.

26. Toute personne qui est convaincue d'avoir aidé ou favorisé la fraude, ou concouru à des contraventions aux lois sur la police des bacs, doit être condamnée aux mêmes peines que les auteurs des fraudes ou contraventions. *Ibid.*, art. 58.

27. Toute personne qui a encouru quelques-unes des condamnations prononcées par les articles précédents est tenue d'en consigner le montant au greffe du juge de paix du canton, ou de donner caution solvable, laquelle est reçue par le juge de paix, ou l'un de ses suppléants ; sinon les voitures et les chevaux sont mis en fourrière, et les marchandises déposées à ses frais jusqu'au payement, jusqu'à la consignation, ou jusqu'à la réception de la caution. *Ibid.*, art. 59.

28. Toute consignation ou dépôt est restitué immédiatement après l'exécution du jugement qui prononce sur le délit pour raison duquel les consignations ou dépôts ont été faits. *Ibid.*, art. 60. — V. *Péage.*

BADIGEONNAGE. Le badigeonnage est l'action d'enduire d'une peinture grossière la façade d'un bâtiment.

1. Il est d'usage de tolérer les ouvrages de peinture et de badigeon, même dans la partie du rez-de-chaussée des murs de face sujets à reculement.

2. Les travaux de badigeonnage ne sont, à proprement parler, que des travaux d'entretien ; on pense même généralement que le badigeonnage peut être exécuté à la façade d'une maison joignant la voie publique, sans que le propriétaire ait besoin d'obtenir l'autorisation du pouvoir municipal, surtout si la maison n'est pas sujette à reculement.

3. Mais la défense portée par un arrêté municipal de toucher sur le devant des maisons en aucune sorte et manière, pour les raccommoder ou modifier en tout ou en partie, sans en avoir l'autorisation préalable, comprend les simples travaux de badigeonnage et de peinture, aussi bien que ceux de reconstruction et de grosses réparations proprement dites. Cass., 20 juill. et 7 sept. 1838.

4. Et une pareille défense s'applique aussi bien aux maisons qui se trouvent dans l'alignement arrêté par l'administration qu'aux maisons sujettes à reculement. Cass., 7 sept. 1838.

5. Mais l'arrêté d'un maire portant défense de blanchir extérieurement les murs des maisons, ou de leur donner toute autre couleur dont l'éclat pourrait fatiguer ou blesser la vue, ne se rattachant à aucune loi et ne rentrant pas dans les attributions faites à l'autorité municipale par la loi des 16-24 août 1790, le tribunal de simple police ne viole point la loi en prononçant l'acquittement de ceux qui y ont contrevenu. Cass., 25 août 1832.

6. Le pouvoir municipal, auquel est confié le soin de veiller à la liberté, à la sécurité et à la propriété de la voie publique, peut prescrire certaines mesures d'ordre à exécuter pour le cas où s'opérerait le badigeonnage d'un édifice joignant la voie publique ; par exemple, il peut prescrire l'établissement de certains signaux ou l'emploi de certaines précautions ; l'infraction à un semblable règlement serait passible des peines portées par l'article 471, n° 15, du Code pénal.

7. Si le badigeonnage avait pour objet de dérober à la vue des agents de l'autorité la confection de travaux confortatifs exécutés en fraude des prohibitions légales, on comprend que l'infraction résulterait, non pas du badigeonnage, mais des travaux confortatifs eux-mêmes, et légitimerait l'application des peines portées par la loi.

BAIL. Contrat constatant le louage, pour un temps et moyennant un prix déterminé, d'une chose ou des services d'une personne, ou la concession de certains droits sur un objet déterminé. La partie qui donne à bail est désignée sous le nom de *bailleur* ou *locateur*; et celle qui reçoit, sous le nom de *preneur* ou locataire. — V. *Compétence, Louage.*

BAIL ADMINISTRATIF. On désigne généralement ainsi tous les actes de location des biens qui, n'appartenant pas à des particuliers, sont confiés à des administrateurs temporaires, comme les biens de l'Etat, ceux des communes et ceux des établissements publics.

1. Les règles générales du contrat de louage ne s'appliquent pas à ces espèces de baux. C. Nap., art. 1712.

2. Ce sont des règlements spéciaux et propres à chaque espèce de bail qui les régissent.

3. En général, ces baux ne peuvent être faits que par adjudication aux enchères, et ne doivent pas excéder la durée ordinaire des baux faits par les administrateurs des biens d'autrui.

4. Nous devons ajouter aussi que l'effet de ces baux est subordonné au caractère du fonctionnaire qui procède à l'adjudication. Ainsi, si ce fonctionnaire exerce l'autorité administrative dans l'ordre légal des attributions générales qu'il tient de la loi, il confère l'authenticité à l'acte. Si, au contraire, il représente un intérêt purement privé, par exemple, si c'est un maire consentant le bail des biens de sa commune; un administrateur d'hospice, fabrique ou autre établissement public, affermant un bien confié à sa gestion, en ces divers cas, le maire, l'administrateur, n'ont ni la qualité ni les droits de fonctionnaires de l'ordre administratif, et leur présence ne saurait donner au bail un caractère autre que celui des actes privés ordinaires. L'authenticité, la force exécutoire ne peuvent être imprimés au bail que par la présence d'un notaire. Cass., 27 nov. 1833.

5. C'est aux tribunaux ordinaires que les contestations relatives à l'exécution des baux dont il s'agit doivent être portées. Cela n'a jamais été que faiblement contesté, et plusieurs arrêts ont admis ce point comme constant.

6. Quant aux baux intervenus devant un fonctionnaire administratif dans l'ordre légal de ses attributions, la difficulté n'était pas aussi simple; mais on a enfin reconnu également que les formes de l'adjudication ne changent pas la nature du contrat, et que la loi seule, et non la volonté de l'administration ou le caprice des parties, pouvait attribuer des juridictions. Et, en conséquence, un grand nombre d'arrêts du Conseil d'Etat ont décidé que dans ce cas-là même les tribunaux ordinaires restent encore seuls compétents pour connaître de toutes les difficultés auxquelles ces baux peuvent donner lieu. Cormenin, *Droit admin.*, t. I, p. 247 et 249; Ordonn. 20 juin 1821.

BAIL A CHEPTEL. C'est un contrat par lequel une partie donne à l'autre un fonds de bétail pour le garder, le nourrir et le soigner, sous les conditions convenues entre elles.

1. Une loi spéciale, du 15 germinal an III, avait attribué aux juges de paix la connaissance des contestations résultant des baux à cheptel; mais il a été dérogé, du moins implicitement, à cette loi, par celle du 2 thermidor an IV.

2. Il résulte, en outre, de tous les exposés de motifs et de tous les rapports que ce bail a été formellement excepté des dispositions de l'article 3 de la loi du 25 mai 1838 et de celle du 2 mai 1855 : « Notre article, disait M. Amilhau, rapporteur de la Commission de la Chambre des députés, embrasse tous les cas et tous les baux appréciables d'une manière quelconque; le bail à cheptel seul échappe, par sa nature même, à toutes les règles de compétence. » —« Les baux à cheptel, disait encore le même rapporteur, ne sont pas compris dans nos dispositions : leurs conditions sont trop variables, et l'introduction des races d'un grand prix pourrait donner lieu à de sérieuses difficultés, soit pour la valeur, soit pour l'interprétation des conventions. »

BAIL A CONVENANT OU DOMAINE CONGÉABLE. C'est un contrat par lequel celui qui a la propriété entière d'un fonds en concède la jouissance moyennant un prix payé comptant, ou une redevance annuelle, sous la faculté perpétuelle du rachat des édifices et superficies.

1. Cette espèce de bail contient donc transmission de droits réels, et participe autant de la vente que du louage. Par suite, les juges de paix ne sont pas compétents pour statuer sur les difficultés qui peuvent s'élever au sujet de ces baux.

2. A l'égard de cette exception aux dispositions des lois des 25 mai 1838 et 2 mai 1855, un amendement ayant au reste été présenté en la séance de la Chambre des députés du 17 avril 1837 (Voir le *Moniteur* du 18), il fut retiré, sur l'observation faite par le rapporteur de la Commission, que l'addition proposée, régulière au fond, serait inutile en ce sens qu'on ne saurait comprendre les baux à domaine congéable, qui aliènent une partie de la propriété, dans la dénomination générique de *baux*. — V. *Louage*, n° 10; V. aussi *Congément*.

BAIL ÉCRIT. C'est celui qui est fait à terme fixe. — **V.**
Louage, § 2.

BAIL EMPHYTÉOTIQUE. C'est un contrat par lequel on
transfère à temps, ou pour toujours, la possession d'un héritage,
moyennant une redevance annuelle.

1. Le bail emphytéotique est évidemment bien différent du bail
ordinaire, puisqu'il comprend une aliénation temporaire du domaine utile, et qu'il donne sur l'immeuble loué des droits immobiliers, même celui de l'hypothèque. L. 11 brum. an VII, art. 6 ;
Duranton, t. XIX, n° 268.

2. Par suite, les juges de paix sont incompétents pour connaître
d'une demande en résiliation d'un bail emphytéotique, fût-elle uniquement basée sur le défaut de payement de la redevance. — **V.**
Louage, n° 10.

BAIL A PRIX DE NOURRITURE. C'est un contrat par lequel on s'engage à nourrir et à soigner, moyennant une redevance
annuelle, un mineur ou toute autre personne.

Le bail à prix de nourriture constitue un louage de service et un
marché de fournitures, et ne rentre pas, par conséquent, dans les
dispositions de la loi du 25 mai 1838 et de l'article 1er de celle du
2 mai 1855. — **V.** *Louage*, n° 10.

BAIL DES BIENS DES COMMUNES. — V. *Biens communaux*, notamment n°s 6 et suiv.

BAIL DE BANCS *et chaises dans les églises.* — **V.** *Bancs d'é-
glises.*

BAIL A FERME. — V. *Louage.*

BAIL A LOYER. — V. *Louage.*

BAIL VERBAL. C'est celui dont la durée est indéterminée.

1. La durée d'un bail verbal n'a pas été fixée : il est nécessaire
de donner congé.

2. Lorsque le prix d'un bail verbal n'excède pas 150 francs pour
l'année, le congé qui aurait été donné sans écrit et l'engagement
pris par le locataire de quitter les lieux à une époque déterminée
peuvent être prouvés par témoins. Just. de paix de la Brède, 23
janv. 1856; BULL. DES DÉCISIONS DES JUGES DE PAIX, 1859,
p. 46. — **V.** *Louage.*

BALS. 1. La loi des 16-24 août 1790, tit. II, art. 3, en confiant
à la vigilance et à l'autorité des corps municipaux le maintien du
bon ordre dans les endroits où il se fait de grands rassemblements
d'hommes, tels que les foires, marchés, réjouissances et cérémonies
publiques, spectacles, jeux, cafés, églises et *autres lieux publics,*

leur a donné nécessairement le droit de réglementer les bals publics. Cass. (Ch. réunies), 7 nov. 1833.

2. En conséquence, l'arrêté d'un maire relatif aux danses qui ont lieu dans les cabarets est pris dans les limites de l'autorité que la loi confie aux corps municipaux. Cass., 27 déc. 1828.

3. Ce droit de surveillance et de police donne nécessairement à l'autorité municipale le pouvoir de faire (sauf réformation de la part de l'autorité supérieure) les règlements nécessaires pour assurer le maintien de l'ordre et de la tranquillité dans les bals publics. L. 19 juill. 1791, art. 46.

4. Il est même aujourd'hui constant, et il résulte de la jurisprudence, que, par application de la loi de 1790, les bals publics ne peuvent être ouverts qu'après l'obtention d'une autorisation préalable, laquelle, dans les départements, est donnée par les maires, et dans le département de la Seine par le préfet de police.

5. D'après une ordonnance du préfet de police de Paris du 31 mai 1833, l'autorisation peut arrêter l'heure et le lieu des réunions; elle est personnelle et incessible; l'impétrant doit entretenir à ses frais une garde suffisante pour le maintien de l'ordre et de la tranquillité; il doit faire chasser tout individu qui se serait rendu coupable d'outrage public à la pudeur ou qui aurait dansé d'une manière indécente; enfin il doit refuser l'entrée à toute personne masquée, déguisée ou travestie, excepté pendant le temps du carnaval, ainsi qu'aux individus munis de bâtons, cannes ou armes quelconques, qui n'auraient pas préalablement déposé à la porte ces bâtons, cannes ou armes.

6. Non-seulement un bal public ne peut être donné sans autorisation, mais il a même été jugé que l'arrêté par lequel un maire déclare que les seules *amodiataires* d'une fête pourront en établir est valable et rentre dans l'exercice légal des pouvoirs conférés aux corps municipaux, puisqu'il a pour but de faciliter à l'autorité locale la surveillance qui lui est imposée dans l'intérêt de l'ordre public. Cass., 19 janv. 1837, et 25 sept. 1841.

7. Toutes les décisions qui précèdent ne peuvent s'appliquer qu'aux bals publics. Quant aux bals particuliers, les lois de 1790 et de 1791 ne les concernent pas. Aussi la Cour de cassation a-t-elle décidé que l'arrêté par lequel un maire interdit les réunions de plus de vingt personnes dans des maisons particulières et pour des bals particuliers excède les limites de ses attributions et n'est point obligatoire. Cass., 16 août 1834.

8. Quant au caractère constitutif de la publicité du bal, il consiste principalement dans l'annonce qui en est faite ou dans le mode d'admission : si la réunion est portée à la connaissance du public par des affiches, par des avis distribués ou insérés dans les journaux, ou bien encore si toute personne peut y être admise indistinctement, soit à prix d'argent, par souscription, soit par cachets, billets ou abonnements.

9. C'est aux tribunaux à apprécier les circonstances constitutives de la publicité. À la vérité, ainsi que le dit un jugement du 19 avril 1836, objet d'un pourvoi en cassation sur lequel a prononcé un arrêt du 18 novembre 1836, lorsqu'un bal est établi dans un lieu public, c'est-à-dire dans un lieu où toute personne a le droit de se présenter, il y a présomption que ce bal est public ; mais cette présomption doit céder à la preuve contraire. Le même jugement a donc pu décider qu'un bal donné dans un restaurant et par plusieurs personnes qui se sont cotisées entre elles ne doit point être considéré comme public, ainsi que le serait celui qui aurait lieu par suite d'une souscription à laquelle toute personne aurait eu le droit de concourir. Cass., 18 nov. 1836.

10. Mais l'arrêté par lequel un maire, pour faciliter la surveillance de la police, rendue nécessaire par une grande affluence d'étrangers, ordonne que le jour de la fête patronale les violons s'établissent sur la place où les danses doivent avoir lieu, et défend aux habitants de faire danser dans leurs maisons, est pris dans le cercle de ses attributions. En conséquence les tribunaux ne peuvent se dispenser de réprimer les infractions faites à ce règlement. Cass., 1er août 1823.

11. Toute personne qui ouvre un bal public sans autorisation et qui, nonobstant les défenses qui lui sont faites, persiste à admettre le public, doit être traduite devant les tribunaux de police. Ordonnance de police du 31 mai 1833, art. 14. Il en est de même pour celles qui enfreignent les conditions de l'autorisation.

12. La permission d'ouvrir un bal doit être exhibée à toute réquisition des maires et des commissaires de police. En cas de refus, la fermeture du bal est prononcée immédiatement par le préfet de police. Les permissions doivent être renouvelées à leur expiration. Même ordonnance, art. 12 et 13.

13. En outre, toute infraction aux dispositions de l'ordonnance de police précitée entraîne immédiatement l'annulation de la permission. Même ordonnance, art. 15.

14. Le décret du 8 juin 1806 (sur les théâtres) disposait (art. 6) que l'Opéra serait le seul théâtre, à Paris, qui pût donner des bals masqués. Mais cette disposition est tombée en désuétude ; et chaque année l'autorité accorde à d'autres théâtres l'autorisation nécessaire pour donner de pareils bals.

15. Suivant l'article 9 du même décret, dans les chefs-lieux de département, le théâtre *principal* devait jouir seul du droit de donner des bals masqués. Et cette disposition a même été interprétée en ce sens que les entrepreneurs de spectacles jouissent exclusivement du droit de donner des bals masqués. Cons. d'Etat, 8 mars 1811.

16. Les bals publics sont, depuis la loi du 7 frimaire an V, assujettis à un impôt prélevé au profit des indigents. Cet impôt, fixé par cette loi au dixième de la recette brute, a été porté au quart de cette recette par la loi du 8 thermidor de la même année, et reste maintenant définitivement fixé à cette quotité par le décret impérial du 9 décembre 1809. Il figure chaque année, depuis 1816, dans les lois du budget, parmi les impôts dont la perception est autorisée.

17. Pour éviter les difficultés de la perception de cet impôt, les autorités locales sont dans l'usage d'exiger, en accordant les permissions, le versement à forfait d'une somme déterminée.

18. Le décret du 2 novembre 1807 enjoint même au préfet de police de ne « délivrer aucune permission de danser dans les établissements connus sous le nom de *guinguettes*, qu'à la charge de verser comptant, dans la caisse des pauvres des hospices de la ville de Paris, pour tenir lieu du quart de la recette qu'ils sont tenus de payer en faveur des pauvres, une rétribution qu'il fixera dans la proportion des abonnements consentis par quelques-uns de ces établissements dans le cours des années précédentes. »

19. Aux termes de l'ordonnance de police du 30 mai 1833, les quittances pour la taxe des pauvres doivent être exhibées à toutes réquisitions des maires et commissaires de police, sous peine de fermeture du bal, laquelle est prononcée immédiatement par le préfet de police.

BALAYAGE. Entretien de la propreté sur la voie publique par les citoyens et par l'autorité.

Table sommaire.

1. La salubrité publique, plus encore que la propreté des villes, exige le balayage de la voie publique et l'enlèvement des immondices ; ainsi, c'est avec beaucoup de raison que l'on a imposé le balayage comme une charge de ville, et que l'on a déclaré contravention le refus ou l'oubli de remplir cette charge. C. pén., art. 471, n° 3.

2. L'autorité municipale est chargée de régler le balayage des rues et d'en fixer les jours et heures. Ses règlements et arrêtés à cet égard sont obligatoires. C. pén., art. 471 ; Cass., 7 avr. 1809, 28 août 1818, 16 mars 1821, 28 mars 1825, 4 mars 1826, 7 déc. 1826, 4 oct. 1827, 9 juin 1832.

3. Mais l'omission de balayage peut être excusée par la circonstance que la maison se trouve située sur des ruelles dont le nettoyage avait été jusqu'alors fait aux frais de la ville. Cass., 23 nov. 1833.

4. L'adjudicataire d'un bail pour l'enlèvement des boues ne peut être condamné à des peines de police. Il n'est pas considéré comme contrevenant à la loi, mais au marché passé entre lui et l'autorité municipale, ce qui est un acte purement civil. Cass., 24 août 1821.

5. Cependant la contravention résultant de ce que l'entrepreneur de l'enlèvement des boues d'une ville les a déposées dans un lieu où il lui était interdit de le faire rentre dans la compétence du tribunal de police, encore bien que, dans le cahier des charges, il aurait été dit que toutes les contestations relatives à l'exécution de l'adjudication seraient jugées administrativement. Cass., 4 févr. 1831.

6. L'arrêt précité du 24 août 1821 est un des rares arrêts qui excluent de la compétence des tribunaux de police les contraventions à l'enlèvement des boues, commises par les adjudicataires ; il importe de faire remarquer qu'il s'agissait, dans cet arrêt, de l'application d'un arrêté municipal, rendu *antérieurement* au bail d'adjudication de l'enlèvement des immondices de la ville de Belfort; le tribunal de police s'était déclaré incompétent, en se fondant sur ce que les infractions reprochées à l'adjudicataire ne constituaient qu'une inexécution des clauses du bail ; et la Cour de cassation, cela étant, avait jugé que les dispositions du premier arrêté, qui se rapportaient à l'adjudicataire, ayant un caractère de *mesures presque personnelles et particulières*, avaient été remplacées par les clauses dudit bail, ou, au moins, se rapportaient nécessairement aux clauses du bail ; qu'il n'y avait donc lieu qu'à l'application civile de ces clauses. Or, cet arrêt du 24 août 1821 est peut-être unique dans son sens ; et, en effet, l'on verra, par les autres arrêts dont nous allons rapporter les sommaires, que non-seulement la Cour de cassation a considéré les adjudicataires des baux d'enlèvement des immondices comme obligés aux règlements de police ordinaires, mais que même elle a considéré les clauses de leurs baux comme règlements de police, dont la violation pouvait entraîner l'application des peines de police.

7. Jugé, d'après ce principe, que l'arrêté par lequel un maire met en adjudication le nettoiement des rues de la commune et l'enlèvement des boues a le caractère d'un règlement de police sur la propreté et la salubrité des rues. Cass., 12 nov. 1813.

8. Que l'adjudicataire est subrogé à l'obligation des habitants, et est passible des peines portées par l'article 471, § 3, du Code pénal, et même de celles portées par l'article 474, en cas de récidive, quoique l'arrêté d'adjudication ne fasse aucune mention de ces articles de loi. Cass., 12 nov. 1813 (1).

9. Que l'entrepreneur qui, par convention passée avec les autorités d'une commune, a pris à sa charge les mesures à exécuter par les habitants de cette commune, en vertu d'un règlement municipal, se trouve subrogé aux obligations personnelles de ces habitants, et soumis aux peines de simple police, dans les cas où ils y auraient été soumis eux-mêmes pour contravention au règlement, si la stipulation en a été positivement faite dans le traité. Cass., 10 juill. 1835.

10. Qu'en cas pareil, la réserve faite par l'autorité de poursuites pour contravention au marché doit s'entendre de poursuites relatives à l'application des lois de police ; et que l'on ne peut non plus borner les poursuites à une simple action en responsabilité civile contre le fermier, par cela que, dans le marché, il est dit qu'il ferait connaître à l'administration ses agents ou sous-fermiers, ainsi que

(1) Il convient de faire remarquer que l'autorité municipale n'a pas le droit de déterminer les peines qui peuvent être encourues par ceux qui contreviendront à ses arrêtés. Legraverend, t. II, ch. III, p. 293, note 1.

les poursuites qui seraient dirigées contre ces derniers (même arrêt).
— Que l'adjudicataire d'un bail pour l'enlèvement des boues et immondices d'une ville ne peut être affranchi des peines de police prévues par ce bail, pour le cas de son inexécution, sous le prétexte qu'une pareille convention est illicite, et qu'il n'en doit résulter qu'une action à fins civiles. Cass., 13 juill. 1838.

11. Que la clause du cahier des charges de l'adjudication de l'enlèvement des boues d'une ville, par laquelle il est enjoint à l'adjudicataire de balayer et de nettoyer les rues et places de son adjudication, a force d'un règlement municipal obligatoire pour l'adjudicataire, et qu'on ne peut prétendre que ce règlement n'a pas le caractère d'universalité exigé pour la légalité des actes de l'autorité municipale, car l'adjudicataire succède à l'obligation des habitants. Cass., 17 sept. 1841.

12. La Cour de cassation, complétant ce système, décide que l'adjudicataire de l'enlèvement des boues d'une ville et du balayage des rues, qui n'exécute pas les clauses de son bail, commet une contravention, alors même qu'aucune pénalité ne serait insérée dans son bail. Cass., 10 mai 1842.

13. De sorte que, quand bien même le bail passé au fermier des boues d'une ville ne contiendrait pas la mention des jours où le balayage doit être fait, ce fermier n'en serait pas moins tenu de se conformer aux règlements établis ; si, au contraire, le bail était explicite, il faudrait qu'il s'y conformât, car alors ce bail aurait force de règlement de police. Ainsi, l'adjudicataire de l'enlèvement des boues d'une ville qui, en n'exécutant pas les clauses de son bail, commet des contraventions aux règlements de la petite voirie, doit être puni pour chacune de ces contraventions. Il ne peut être relaxé sur les motifs que l'exécution du bail doit seulement donner lieu à des dommages-intérêts ; que, d'ailleurs, la commune s'est réservé la faculté, pour le cas de cette même inexécution, de faire procéder à une adjudication nouvelle, l'exercice de cette faculté étant indépendant du droit qu'a le ministère public de poursuivre la répression des contraventions en matière de voirie. Cass., 19 juill. 1838.

14. Mais, par un arrêt plus récent, la Cour de cassation semble avoir fait une distinction, relative au cas où le bail ne contient aucune stipulation qui applique à l'adjudicataire, sous peine de contravention de police, l'obligation de se conformer au bail fait avec lui ; et elle a décidé que le cahier des charges de l'adjudication des boues d'une ville ne peut être assimilé, à l'égard de l'entrepreneur, à un règlement municipal ; et que, par suite, l'inexécution des conditions de l'adjudication, ou la négligence dans le service de l'enlèvement des immondices, ne rend pas l'adjudicataire justiciable de la juridiction répressive. Cass., 17 sept. 1844.

15. En présence de ces décisions quelque peu divergentes, nous croyons que l'on peut admettre que le bail doit donner lieu à l'application des peines de police, si la sanction de ces peines se trouve stipulée dans ses clauses ; il forme alors un véritable règlement de l'autorité municipale.

16. Nous croyons même que si, antérieurement au bail, des règlements ont eu lieu sur le balayage, et si l'adjudicataire se trouve soumis aux obligations résultant de ces règlements pour les habitants, il est, comme ces habitants, passible des peines de police, en cas d'infractions prévues par les règlements antérieurs.

17. En un mot, tout ce qui, soit dans le bail, soit en dehors du bail, aurait le caractère de règlement municipal sur l'enlèvement des boues, tomberait sous l'application des dispositions du Code pénal qui punissent les infractions aux règlements de l'autorité municipale.

18. La charge de nettoyer la voie publique pèse sur les propriétaires alors même qu'ils n'habitent pas leurs maisons, et, à leur défaut, elle pèse sur les principaux locataires quand les maisons sont louées ; cependant l'obligation du propriétaire ne cesse pas par le seul fait qu'il y a un principal locataire ; car si celui-ci néglige de balayer, le propriétaire peut être poursuivi directement ; ce qui ne préjudicie pas au droit du propriétaire vis-à-vis de ses locataires, qui sont tenus du balayage à son égard. Ordonn., 30 mars 1833 ; C. pén., 471 ; Cass., 6 avr. 1833, 10 août 1833, 13 févr. 1834, 24 avr. 1834, 4 mai 1848.

19. Le locataire du rez-de-chaussée n'est pas tenu de balayer la rue sur le devant de sa maison quand le propriétaire l'habite, s'il n'a point contracté envers celui-ci une obligation de balayage. Cass., 11 sept. 1847. ANNALES, 1re série, t. I, p. 300. V. Cass., 23 mars 1848. ANNALES, 1re série, t. III, p. 277.

Jugé, toutefois, que ce sont les propriétaires ou locataires de maisons, et non leurs domestiques, qui sont passibles des dispositions pénales sur la propreté des rues (Cass., 6 sept. 1822). — Contrà, Carnot (t. II, p. 558, n° 10), qui demande, à l'occasion de cet arrêt, si ce ne serait pas plutôt ici le cas de la simple responsabilité civile des maîtres ? Nous répondons : Non. Pour que l'infraction ne donnât lieu qu'à une simple responsabilité civile, il faudrait qu'elle fût personnelle au domestique; or, c'est sur le maître et non sur lui que pèse l'obligation. Quelque grande que soit sa faute, il n'est coupable qu'au regard de son maître; celui-ci, au contraire, est coupable envers la cité : dès qu'il ne voulait pas accomplir lui-même un devoir qui lui était directement imposé, il s'est constitué en contravention en ne le faisant pas accomplir par un autre. La négligence de ses domestiques n'excuse pas la sienne.

20. S'il résulte d'un arrêté municipal que les habitants d'une ville ne sont obligés au balayage ordinaire et quotidien que devant leurs maisons, le propriétaire d'un jardin isolé de son habitation ne peut être tenu, malgré la disposition générale du numéro 3 de l'article 471 du Code pénal, de balayer la rue le long du mur de ce jardin. Cass., 17 juin 1847. ANNALES, 1re série, t. III, p. 277.

21. L'arrêté municipal qui défend à toutes personnes étrangères à l'administration de l'enlèvement des boues et immondices provenant du balayage des voies publiques d'enlever à leur profit aucune parcelle des boues, crottins, fumiers et autres ordures provenant de ce balayage est légal et obligatoire. L. 16-24 août 1790, tit. II, art. 3, n° 1 ; 18 juill. 1837, art. 10 et 11; C. pén., 471, n° 15 ; Cass., 31 mars 1848. *Ibid.*, p. 301.

22. Par suite, l'individu qui balaye et ramasse les ordures qui se trouvent devant sa maison commet une contravention à cet arrêté, et est dès lors passible des peines de police. *Ibid.*

23. Lorsqu'une contravention relative au balayge des rues est constatée par le procès-verbal d'un commissaire de police, le tribunal viole la loi en prononçant l'acquittement du prévenu sans que ce procès-verbal ait été débattu par une preuve contraire. C. instr. crim., art. 154 ; Cass., 19 août 1826. *Ibid.*, p. 303.

24. Celui qui, contrairement à un arrêté municipal, et étant en état de récidive, a négligé de faire balayer le devant de sa maison, est passible des peines portées aux articles 471, n° 3, et 474 du Code pénal, et non de celles portées par le Code du 3 brumaire an IV, qui ne sauraient être appliquées qu'à des faits non prévus par le Code pén. C. pén., art. 484 ; Cass., 10 juin 1826.

BAN DE VENDANGE, DE MOISSON, DE FENAISON OU FAUCHAISON. C'est l'indication qui est faite publiquement, par l'autorité municipale, de l'époque à laquelle chaque propriétaire peut commencer la récolte de ses fruits.

1. L'article 475 porte : « Seront punis d'amende, depuis 6 francs jusqu'à 10 francs inclusivement : 1° Ceux qui auront contrevenu aux bans de vendanges, ou autres bans autorisés par les règlements. »

2. Les bans que mentionne l'article 475, n° 1, étaient ceux que des ordonnances de police rurale, des officiers de justice royaux ou seigneuriaux publiaient à certaines époques de l'année. Il y avait les bans de mars, les bans d'août, les bans généraux.

3. Les bans de mars, plus particulièrement en usage dans le nord de la France, dans l'Artois, dans la Flandre, enjoignaient à chacun de découvrir les bornes de ses héritages, de relever ses fossés, de boucher ses jardinages et autres entrées et issues sur ses champs, afin que les bêtes n'y allassent pas, comme aussi de ne plus mener ses bestiaux dans les prés, qui, à cette époque, commencent à être défensables.

4. Les bans d'août étaient les proclamations qui se faisaient à l'ouverture de la moisson.

5. Les bans généraux se publiaient avec ceux de mars et d'août. On les appelait généraux parce qu'ils portaient sur des faits de police communs à toutes les saisons de l'année.

6. Les publications de ce genre les plus importantes étaient celles qui fixaient, chaque année, les époques des principales récoltes. C'étaient les bans de fauchaison, et surtout ceux de moisson et de vendanges.

7. Les bans de fauchaison et de moisson, quoique l'usage en remontât à une haute antiquité, étaient, presque partout, tombés en désuétude. Quant aux bans de vendanges, ils étaient restés constamment usités.

8. Lorsque l'Assemblée constituante proclama les principes de liberté, elle respecta, cependant, quelques usages anciens, destinés eux-mêmes à empêcher les propriétaires et les cultivateurs de se nuire les uns aux autres dans l'exercice de leurs droits. Ainsi, le décret des 5-12 juin 1791 avait dit, art. 2 : « Les propriétaires sont libres de varier à leur gré la culture et l'exploitation de leurs terres, de conserver à leur gré leurs récoltes, et de disposer de toutes les productions de leurs propriétés dans l'intérieur du royaume et au dehors, sans préjudicier aux droits d'autrui, et en se conformant aux lois. » L'article 6 du même décret portait : « Nulle autorité ne pourra suspendre ou intervertir les travaux de la campagne dans les opérations de la semence et de la récolte. » En reproduisant ces dispositions (art. 2, sect. I et II, sect. V, tit. Ier), le décret sur la police rurale des 28 septembre-6 octobre 1791 y ajouta la disposition suivante (sect. V, art. 1, nos 2 et 3) : « Chaque propriétaire

sera libre de faire sa récolte, de quelque nature qu'elle soit, avec
tout instrument et au moment qui lui conviendra, pourvu qu'il ne
cause aucun dommage aux propriétaires voisins. Cependant, dans
les pays où le ban de vendanges est en usage, il pourra être fait à
cet égard un règlement chaque année par le Conseil général de la
commune, mais seulement pour les vignes non closes. Les réclamations qui pourraient être faites contre le règlement seront portées
au directoire du département, qui y statuera sur l'avis du directoire du district. » — Cet article de la loi de 1791 n'autorisait que
les bans de vendanges, et même il ne prononçait aucune peine
contre les infractions à ces bans. L'article 475, n° 1, du Code pénal
applique, comme nous l'avons vu, une peine aux mêmes infractions, et, de plus, il suppose que d'autres bans que les bans de vendanges peuvent être autorisés. — De grandes divergences existent
dans la jurisprudence et surtout dans la doctrine sur les bans autres que les bans de vendange qui peuvent être autorisés ; ainsi,
selon M. Longchamps (*Précis sur la police rurale*, p. 71), l'autorité
publique peut interdire, jusqu'à l'époque «qu'elle croit sage de
fixer, la récolte des pommes, poires, cerises, prunes, noix, noisettes
et autres fruits, » et il ne borne même pas l'exercice de ce droit
aux pays où tel serait l'usage ; « aucun usage constant n'existât-il
à cet égard, il pourrait, dit cet auteur, y être suppléé par un règlement municipal. » — M. Nicias-Gaillard, au contraire, soutient
d'abord que, même dans les matières susceptibles d'être réglemen-
tées de cette manière, les bans ont besoin d'être autorisés par
l'usage des lieux ; mais qu'en outre l'usage ne suffirait pas pour
autoriser les bans autres que les bans de vendanges : par exemple,
les bans de moisson ou de fauchaison, les bans qui auraient pour
but de fixer la récolte des pommes, des poires, etc. Autrement, que
deviendrait le principe de la loi de 1791 : « Chaque propriétaire
sera libre de faire sa récolte au moment qui lui conviendra ? » et
pourquoi la loi eût-elle pris la peine de spécifier une exception à
ce principe en ce qui concerne les vendanges ? Il y en aurait eu
une bien plus large, sinon exprimée, du moins sous-entendue ; une
exception pouvant s'appliquer à toutes les récoltes, à tous les fruits.
— M. Nicias-Gaillard et les auteurs qui, avec lui, restreignent le
plus le droit de publier les bans de vendange, n'appliquent ces
mots du numéro 1 de l'article 475 : *et autres bans autorisés par les
règlements*, qu'aux proclamations municipales qui déterminent le
temps où la jouissance des pâturages communs doit commencer, où
il est permis d'envoyer paître des bestiaux dans les prairies sou-

mises aux pâturages communs ; la libre entrée des bestiaux dans
les prés communs, après la coupe de la première herbe, et l'abandon qui leur est fait de la prairie ainsi dépouillée. Ce n'est point là,
dit M. Nicias-Gaillard, une récolte dans le sens vrai du mot, une
de ces récoltes dont la loi de 1791 a dit : « Chaque propriétaire sera
libre de faire sa récolte. » La récolte, c'est la coupe de la première
herbe, objet d'un droit individuel, qui a été fauchée, enlevée par le
propriétaire et qui est serrée dans sa grange. Quant à la seconde
herbe, elle n'appartient pas au propriétaire ; elle fait partie de la
dépaissance commune ; le principe proclamé par la loi de 1791 ne
lui est donc pas applicable. — D'un autre côté, il y a des dispositions législatives qui autorisent expressément l'autorité municipale
à prendre les mesures dont il s'agit. « Les Conseils municipaux,
porte l'article 17 de la loi du 18 juillet 1837 sur l'administration
municipale, règlent par leurs délibérations les objets suivants :
1°... 2°... 3° le mode de jouissance et la répartition des pâturages
et fruits communaux autres que les bois, ainsi que les conditions à
imposer aux partie prenantes. » Une délibération prise par le Conseil municipal, et publiée par le maire pour déterminer l'époque
où pourrait commencer la jouissance des pâturages communaux,
serait donc un de ces règlements légalement pris par l'autorité
compétente, et dont la violation trouverait sa peine dans le numéro 1er de l'article 475.

9. La contravention au ban de vendange existe, quoique la récolte ait été commencée avant la publication du ban de vendange ;
on ne saurait dire qu'en pareil cas il ne peut y avoir contravention
à un arrêté qui n'existe pas encore ; c'est précisément parce que
l'ouverture des vendanges n'a pas été publiée dans le lieu où il est
d'usage constant qu'elle le soit, c'est parce qu'elle n'est pas légalement connue, que la contravention a été commise. Crim. cass.,
25 févr. 1836 ; 28 déc. 1850.

10. On lit dans le *Répertoire* de Merlin, v° *Ban de vendange*,
n° 8 : « Si le juge, par humeur ou autrement, refusait de donner le
ban, les habitants pourraient le requérir d'une manière authentique ;
et, en cas de refus continué, ils seraient autorisés, sans encourir
aucune peine, à faire leurs vendanges. C'est ce qu'insinue la coutume de Nevers, et c'est le sentiment d'Automne sur celle de Bordeaux. » La même règle devrait aujourd'hui être suivie ; ainsi, les
habitants de la commune pourraient, prenant pour exemple la
marche tracée par l'article 1er, sect. v, tit. III, de la loi de 1791,
porter leurs réclamations au préfet, et même agir contre qui de

droit, en réparation du dommage qu'ils auraient éprouvé. Nous pensons même que si l'urgence équivalait à un cas de force majeure, et qu'il fallût faire la récolte sans plus attendre ou se résigner à la perdre, il n'y aurait pas de contravention à agir.

11. Mais un arrêté ne pourrait pas interdire aux propriétaires la faculté d'entrer dans leurs vignes à l'approche des vendanges. Crim. rej., 28 nov. 1839 ; 21 oct. 1841.

12. De même, il n'y aurait pas contravention punissable dans l'inobservation d'un arrêté qui, pour protéger la récolte et la préserver du maraudage, interdirait le passage, jusqu'après la vendange, dans des sentiers publics traversant les vignes. Un tel arrêté ne serait pas légal. Crim. rej., 14 janv. 1848.

13. Les maires, dans la publication des bans de vendanges, ne sont pas forcés de se conformer aux anciens règlements ; ainsi il a été jugé que lorsqu'il a été fait par l'autorité municipale un règlement portant que la vendange s'ouvrira pour toute espèce de vignes, basses et hautes, à partir d'un certain jour, un tribunal de police ne peut se dispenser d'appliquer l'article 475, n° 1, sous prétexte qu'on était dans l'usage de vendanger les vignes hautes à une époque différente de celle à laquelle on vendangeait les vignes basses. Crim. cass., 3 janv. 1828. Jugé de même que l'arrêté d'un maire fixant l'époque jusqu'à laquelle il est interdit de vendanger, sans distinguer entre les vignes basses et les vignes hautes, on ne peut opposer un prétendu usage, d'après lequel les vignes basses resteraient en dehors du ban des vendanges. Crim. cass., 13 févr. 1845.

14. Mais le ban de vendanges n'est permis que pour les vignes non closes : cela résulte de la loi du 28 septembre 1791 ; tel était aussi l'ancien droit.

15. C'est dans l'article 6, sect. IV, tit. Ier de la loi du 28 septembre 1791, qu'il faut chercher la définition de la clôture qui peut affranchir les vignes des règlements sur les bans de vendanges. « L'héritage sera réputé clos, dit cet article, lorsqu'il sera entouré d'un mur de quatre pieds de hauteur avec barrières pour portes, ou lorsqu'il sera exactement fermé ou entouré de palissades ou de treillages, ou d'une haie vive, ou d'une haie sèche, faites avec des pieux ou cordelées avec des branches ou de toute autre manière de faire les haies en usage dans chaque localité, ou enfin d'un fourré de quatre pieds de large au moins à l'ouverture, et de deux pieds de profondeur. »

16. On s'était demandé si l'article 391 du Code pénal, au chapitre *Du vol*, qui détermine la clôture par laquelle est caractérisé le parc ou l'enclos, n'était pas plutôt applicable ; la Cour de cassation a jugé que la règle en cette matière ne pouvait se trouver que dans l'article 6 précité de la loi de 1791. Crim. cass., 24 juill. 1845.

17. Serait légal le règlement qui fixerait les heures avant ou après lesquelles il serait interdit de commencer ou de continuer à vendanger chaque jour, par exemple avant le lever et après le coucher du soleil, ce qui est, d'ailleurs, conforme aux anciens usages. Fournel, *Loi rurale*, t. II, p. 77, et *Du voisinage*, t. I, p. 91.

18. L'objet du ban de vendanges est seulement d'empêcher de vendanger avant le jour marqué, et non point d'imposer la nécessité de commencer à vendanger ce jour-là, non plus que celle de finir les vendanges dans un délai déterminé ; chacun est donc libre de retarder ou de prolonger les vendanges autant qu'il lui plaît.

19. C'est au maire, et au maire seul qu'il appartient de publier les bans de vendanges, et sans qu'il soit tenu de prendre l'avis du Conseil municipal, quoiqu'il puisse le faire, par pure déférence. Si des réclamations s'élevaient contre les arrêtés, ainsi que le permet la loi de 1791 (art. 1, sect. v, 3e alinéa), ces réclamations seraient portées aujourd'hui devant le préfet, lequel y statuerait, sur l'avis du sous-préfet, l'un et l'autre remplaçant le directoire de département et le directoire de district, dont il est question dans la loi de 1791.

20. L'obligation imposée par la loi du 6 octobre 1791 et l'article 475, n° 1, du Code pénal, sur les bans de vendanges, n'est relative qu'aux récoltes ayant pour objet la fabrication du vin, et non à celle qui se borne au choix de quelques raisins pour des besoins domestiques. Cass., 7 déc. 1855. ANNALES, 1856, p. 187.

BANC D'ÉGLISE. C'est un siège où l'on peut acquérir le droit de se placer pour assister aux offices divins.

1. La propriété des bancs dans les églises est aujourd'hui réglée par le décret du 30 décembre 1809.

2. Les bancs dans les églises ne peuvent, d'après ce décret, s'obtenir que par concession faite par la fabrique dans les formes que le décret prescrit.

3. Il est admis, notamment, que les personnes ou les familles qui avaient un droit de banc dans les églises avant la suppression du culte ne sont pas fondées, après le rétablissement de ces églises, à exiger des fabriques la continuation de leur jouissance. Les églises érigées en vertu du concordat ayant été dépouillées de tous leurs anciens bénéfices, qui sont demeurés la propriété de l'Etat, doivent être libres et franches de toute obligation de cette nature consentie avant l'interruption du culte. C'est aussi dans ce sens que s'est prononcé le ministre de l'intérieur, dans une lettre du 10 mars 1819, adressée au préfet de la Manche. Cependant cette doctrine ne serait pas applicable au banc qu'un fondateur se serait réservé, par la raison que ce droit représentatif de la propriété qu'il a bâtie à ses frais doit être considéré comme une charge dont la fabrique est toujours grevée en faveur de sa famille. On peut invoquer en ce sens, quoiqu'il ne décide pas expressément la question, un arrêt de la Chambre des requêtes du 1ᵉʳ février 1825.

4. Le décret du 30 décembre 1809 trace les formes dans lesquelles la concession doit être demandée à la fabrique et suivant lesquelles elles peut être accordée. 1° Lorsqu'il y a dans une église un ou plusieurs bancs à concéder, le conseil de fabrique en fait avertir publiquement les habitants, et consigne dans une sorte de cahier des charges les conditions générales et spéciales de la location. Toutes les demandes doivent être faites au bureau des marguilliers. Quant au prix, il peut être acquitté de diverses manières, soit par une prestation ou redevance annuelle, soit par une valeur mobilière une fois payée, soit, enfin, moyennant la concession d'un immeuble dont la propriété est conférée à la fabrique. 2° Lorsque la concession d'un banc doit être faite moyennant une prestation annuelle, les acquéreurs doivent adresser aux marguilliers leur demande écrite, avec indication de la redevance qu'ils offrent. Le bureau fait publier par trois dimanches et afficher pendant un mois, à la porte de l'église, l'offre la plus élevée. Le mois expiré, l'adjudication est faite, par délibération du Conseil, au plus offrant. Cette délibération forme pour le concessionnaire un titre suffisant. 3° La concession ainsi faite moyennant une prestation annuelle a-t-elle besoin d'être soumise à l'approbation de l'évêque ou du préfet? Dans une consultation, insérée au *Journal des fabriques* et signée de MM. Berryer, Hennequin, Odilon Barrot et autres jurisconsultes, on a adopté la négative. C'est principalement dans l'opposition des termes des articles 70 et 74 du décret du 30 décembre 1809 que se puise la raison de décider. 4° Quant à la concession d'un banc moyennant une valeur mobilière une fois payée, les formes de l'adjudication sont les mêmes, sauf l'approbation de l'autorité administrative, qui est nécessaire dans ce cas. Si la valeur mobilière offerte n'est que de 300 francs ou au-dessous, l'autorisation du préfet est suffisante; mais si la valeur excède 300 francs, il est nécessaire d'obtenir un décret d'autorisation (art. 71). 5° Enfin, lorsqu'un individu demande à devenir concessionnaire d'un banc, moyennant la concession d'un immeuble, outre les formalités ci-dessus énumérées, le bureau doit faire évaluer l'immeuble offert, et cette évaluation est indiquée dans les affiches et publications. Dans ce cas, l'autorisation du chef de l'Etat est nécessaire pour la validité de la concession (art. 71).

5. La préférence, entre les diverses personnes qui réclament la même concession, doit être accordée à celle dont les offres sont supérieures, sans égard à la qualité des impétrants. De même, celui qui offre un immeuble n'est pas préféré à celui qui offre une valeur mobilière ou une prestation annuelle supérieure à l'estimation de cet immeuble. Autrefois, dans certaines paroisses, les veuves et enfants du concessionnaire avaient droit à cette préférence, qui, au surplus, n'était pas elle-même universellement reconnue : il n'en est plus de même aujourd'hui.

6. Ni les nouveaux, ni les anciens règlements n'exigent que le procès-verbal d'adjudication soit notarié. « Toutefois, dit M. Affre (p. 228), l'assistance d'un notaire présenterait souvent l'avantage d'une plus grande régularité, les marguilliers n'étant pas toujours bien au courant des formalités prescrites. Le bureau de la fabrique, ajoute-t-il, a le droit de constater le consentement et l'obligation des concessionnaires qui ne savent pas signer. »

7. En principe, les concessions de bancs doivent être limitées à la vie du concessionnaire (art. 68, décr. 30 déc. 1809). Toutefois, l'article 72 du même décret donne à celui qui a entièrement bâti une église le droit d'y *retenir* un banc ou une chapelle. Ce droit, n'étant réservé, aux termes dudit article 72, qu'à celui *qui a entièrement construit*, n'appartiendrait pas au réparateur ou au bienfaiteur d'une église, ni à celui qui aurait seulement en partie contribué à sa construction.

8. Nous ajouterons que ce même article 72 contient une autre exception en faveur du donateur ou bienfaiteur d'une église, qui pourra obtenir une concession de banc, pour lui et sa famille, pendant qu'elle existera. Cette concession doit être faite sur l'avis du conseil de fabrique, approuvée par l'évêque et par le ministre des cultes. Mais que faut-il entendre par bienfaiteur ou donateur ? Les bienfaits, pour donner droit à un banc, doivent avoir une certaine importance et procurer des avantages à la fabrique. Ils ont été fixés par diverses décisions ou circulaires ministérielles, dans les paroisses rurales : pour un simple banc, de 5 à 25 francs de rente

annuelle, pour une tribune ; de 16 à 60 francs de rente, pour une chapelle ; de 50 francs, pour concession à la famille ; de 25 francs, pour deux époux seulement. Dans les villes, il faut au moins constituer une rente de 200 francs pour être réputé bienfaiteur d'une église (V. décis. minist., 6 mai 1812, 17 févr. 1813, 12 avr. 1819). La concession n'a lieu qu'au profit du bienfaiteur et de sa famille ; il ne pourrait l'obtenir pour lui et ses ayants cause (avis du Cons. d'Etat, 24 nov. 1808). Il a été décidé à ce sujet que la stipulation portant qu'un individu est autorisé à faire construire, à ses frais et moyennant une certaine somme, un banc dans l'église, à charge d'une reconnaissance de pareille somme au profit de la fabrique, en cas de mutation, doit être entendu, non pas en ce sens que, le décès de cet individu ou chef de famille arrivant, la fabrique sera fondée à faire détruire le banc, mais en ce sens que la stipulation est faite au profit de la famille, et qu'au décès du stipulant, ses enfants sont fondés à conserver le banc, moyennant le payement d'une pareille somme.

9. Autrefois, les veuves avaient le droit de jouir de la concession faite à leur mari, de la même manière qu'il en jouissait lui-même. Aujourd'hui que les concessions sont déclarées purement viagères, les héritiers et la veuve du concessionnaire ne pourraient pas s'opposer à la mise en adjudication après le décès de leur auteur, à moins qu'ils ne fussent nommément compris dans l'acte de concession, ou qu'il ne s'agît d'une concession de fondateur ou bienfaiteur.

10. Nul doute que les concessions où l'on stipule que le banc ou la place sera possédée par les enfants à perpétuité, avec un droit de mutation (appelé dans les campagnes de Picardie *droit de reconnaissance*), ne soient contraires au décret de 1809.

11. Le concessionnaire d'un banc ne peut le sous-louer. M. Affre, pour le décider ainsi, invoque le double motif : — 1° que, d'après le décret du 30 décembre 1809, nulle concession ne peut émaner que du bureau de fabrique, autorisé, ainsi qu'il a été dit ; 2° que l'ancien droit n'admettait pas ces sortes de concessions, lesquelles sont prohibées par un arrêt du Parlément de Paris du 27 mai 1767, « dont le dispositif, dit M. l'abbé Boyer, peut être regardé comme renfermant une maxime générale. »

12. Nous avons vu que toutes les concessions antérieures à la suppression du culte n'ont pu être invoquées après son rétablissement, à moins qu'on en excepte les droits de propriété réservés par les anciens fondateurs ; mais que décidera-t-on relativement aux

concessions postérieures au rétablissement du culte, mais antérieures au décret du 30 décembre 1809?

13. Quant aux concessions à perpétuité faites postérieurement à la révolution, mais antérieurement au décret du 30 décembre 1809, M. Affre enseigne qu'elles sont devenues caduques, si les cessionnaires n'ont pas rempli les formalités voulues par ce décret. « Et il en serait de même, ajoute-t-il, si on n'avait pas rempli les formalités voulues par le même décret pour les concessions non perpétuelles. Telle est aussi la décision du ministre de l'intérieur du 10 mars 1819, confirmée par la lettre du ministre des affaires ecclésiastiques, du 23 juin 1825. »

14. Les concessionnaires de bancs dans les églises, dont la concession, postérieure à la révolution, remonte toutefois à une époque antérieure au décret de 1809, ont donc dû demander, comme tous autres, l'adjudication des bancs qui leur avaient été concédés, et se soumettre aux conditions de concurrence.

15. S'ils ne l'ont pas fait, ils ont pu être dépossédés depuis; ils peuvent l'être encore aujourd'hui, à moins qu'ils ne se soumettent aux formes et conditions voulues pour demeurer propriétaires, c'est-à-dire qu'ils ne fassent une soumission à la fabrique, et qu'ils ne consentent à payer les nouveaux prix fixés ou déterminés par la concurrence.

BARRAGE, BARRIÈRE. — V. *Dégel, Eau, Servitude.*

BARRE, BARREAUX. — V. *Instruments d'agriculture.*

BERGE. — V. *Chemins.*

BESTIAUX. — V. *Animaux, Délit rural.*

BIENS COMMUNAUX. Les biens communaux sont ceux à la propriété ou au produit desquels les habitants d'une ou de plusieurs communes ont un droit acquis. C. Nap., art. 542.

1. Lorsqu'à la suite d'une demande formée par une commune, devant le Conseil de préfecture, en délaissement de terrains qu'elle soutient être des biens communaux usurpés, le Conseil de préfecture a sursis à statuer en donnant à l'usurpateur prétendu un délai pour faire apprécier par les tribunaux civils le titre privé et les moyens de droit commun sur lesquels il fonde son droit de propriété, l'action possessoire intentée par l'usurpateur prétendu et la sentence du juge de paix qui, statuant sur cette action, le maintient en possession du terrain litigieux, avec défense à la commune de le troubler à l'avenir, ne peuvent pas être considérées comme l'accomplissement de la condition imposée à l'usurpateur prétendu par le Conseil de préfecture dans son arrêté de sursis. Il doit en être ainsi par le motif que le détenteur d'un bien communal, qui nie l'usurpation et se prétend propriétaire du terrain, doit justifier de ses droits, soit devant le Conseil de préfecture, s'il invoque un acte de partage, soit devant les tribunaux civils, s'il se fonde sur des titres de propriété ou des moyens de droit commun ; et qu'il ne peut se prévaloir d'une possession dont l'illégitimité est présumée par le législateur, pour mettre la preuve de la propriété à la charge de la commune et changer la compétence établie par la loi. Arrêt du Conseil d'Etat, 12 janv. 1856. ANNALES, vol. de 1856, p. 402.

2. Le Conseil de préfecture est compétent pour décider si le terrain que la commune prétend être un bien communal usurpé a une origine communale. *Ibid.*

3. De ce qu'un usurpateur prétendu de biens communaux n'a pas, dans le délai à lui accordé par un arrêté de sursis du Conseil de préfecture, fait valoir devant les tribunaux civils ses droits de propriété, il ne résulte pas que la qualité communale des biens litigieux doive être considérée comme établie. *Ibid.*

4. La loi du 10 juin 1793 avait réglé le mode de partage des biens communaux; mais pour prévenir les abus et les usurpations auxquels elle avait donné lieu, est venue la loi des 9-19 ventôse an XII, qui eut pour but de régulariser, par ses articles 1er, 2, 3, 5 et 6, la situation des biens communaux partagés et non partagés. — La compétence du Conseil de préfecture se trouvait ainsi établie pour toutes les contestations sur l'acte de partage entre les copartageants, sur l'exécution de l'article 3 de la dernière loi, ci-dessus citée, entre les détenteurs de biens communaux qui se proposaient de les acquérir ou les avaient acquis. Cette compétence ne dérogeait pas d'une manière sérieuse aux principes du droit commun : le Conseil de préfecture était appelé à se prononcer sur des actes ou sur des opérations administratives relatives à un partage de biens communaux. — Mais bientôt une question plus grave se présenta, savoir : si le Conseil de préfecture était compétent lorsque, en dehors de tout partage, le détenteur prétendu d'un bien communal contestait qu'il fût usurpateur et que le bien fût communal. La loi des 9-19 ventôse an XII laissait des doutes légitimes sur la solution. C'est alors qu'intervint un avis interprétatif du Conseil d'Etat, en date du 18 juin 1809 (V. notre BULLETIN DES LOIS à cette date) : il décide que toutes les usurpations de biens communaux doivent être jugées par les Conseils de préfecture lorsqu'il s'agit de l'intérêt de la commune contre les usurpateurs. Cette interprétation donnée à la loi des 9-19 ventôse an XII constituait une dérogation très-importante au droit commun. Elle dessaisissait les tribunaux civils de tout ordre de contestations relatives à la propriété d'une classe de biens immobiliers. Enfin une ordonnance royale des 23 juin et 10 juillet 1819 (V. notre BULLETIN DES LOIS, à sa date) est venue confirmer et préciser encore la législation spéciale sur ce point. Cette ordonnance ne pouvait modifier les règles de compétence en matière de propriété communale ou privée. Elle n'avait pas pour objet de modifier ces règles de compétence, mais de prescrire certaines mesures administratives pour la réintégration des communes. Cependant les articles 4 et 6 précisent les règles de compétence en cette matière. L'article 6 porte : « Les Conseils de « préfecture demeureront juges des contestations sur le fait et l'é- « tendue de l'usurpation, sauf le cas où, le détenteur niant l'usurpa- « tion et se prétendant propriétaire à tout autre titre qu'en vertu « d'un partage, il s'élèverait des questions de propriété pour les- « quelles les parties auraient à se pourvoir devant les tribunaux. » — La règle posée par l'article 6 est celle qui a été adoptée par la jurisprudence du Conseil d'État. En conséquence, le Conseil de préfecture a été reconnu compétent pour décider : 1° si le bien litigieux a une origine communale; 2° si ce bien communal a été l'objet d'une usurpation. Les tribunaux civils restent compétents pour reconnaître si l'usurpateur prétendu ne justifie pas d'un titre de propriété qui puisse être considéré comme valable.

5. Cette distinction entre les compétences n'est pas toujours facile à faire entrer dans les faits et à dégager des contestations qui existent entre la commune et les habitants. Nous dirons donc, conformément aux principes consacrés par l'arrêt ci-dessus cité du Conseil d'État, qu'il y a ici une législation exceptionnelle dont la conséquence inévitable est d'obliger l'usurpateur prétendu à prouver qu'il est propriétaire. La possession ne suffit pas, en cette matière, pour faire présumer la propriété. L'article 6 de l'ordonnance du 23 juin et 10 juillet 1819 ne dessaisit le Conseil de préfecture que si l'usurpateur prétendu soutient qu'il est propriétaire. Ainsi, à la prétention d'*usurpation* par la commune, il faut répondre par une prétention à la *propriété*. Cette disposition exceptionnelle s'explique d'ailleurs par la position difficile des communes menacées d'usurpation par ceux mêmes qui les administrent. — V. *Action possessoire, Commune, Complainte, Pouvoir municipal*, etc.

6. Les communes peuvent donner à bail, non-seulement leurs biens immeubles, ou certaines utilités de leurs propriétés, telles que le droit de chasse ou de pêche, mais encore l'entreprise des services

publics ou fournitures établis ou à faire dans l'intérêt de la communauté des habitants, et notamment l'octroi, les droits de halles et marchés, ceux de mesurage, pesage et jaugeage, les places, bancs et chaises dans les lieux publics, etc., l'éclairage public, l'entretien du pavé, le balayage, l'enlèvement des boues et immondices, etc.

7. Lorsque les baux des biens des communes n'excèdent pas *dix-huit ans* pour les biens ruraux et *neuf ans* pour les autres biens, ils sont passés par le maire, par voie d'adjudication, sous la surveillance et l'inspection du préfet et du sous-préfet.

BIENS ECCLÉSIASTIQUES. On désigne ainsi l'ensemble des biens qui composent la dotation d'un siège épiscopal ou de tout autre établissement ecclésiastique.

1. Les titulaires des fonctions du clergé exercent, sur la dotation affectée à la place qu'ils occupent, des droits semblables à ceux qui sont attribués par le Code Napoléon aux usufruitiers ordinaires. Ils supportent aussi, par une juste réciprocité, les charges dont leur dotation peut être grevée. Décr. 6 nov. 1813, art. 6.

2. Leur prise de possession doit être constatée par un procès-verbal ; et cet acte, dont la confection est attribuée au juge de paix, doit porter la promesse souscrite par le titulaire de jouir des biens en bon père de famille, de les entretenir avec soin, et de s'opposer à toute usurpation ou détérioration. *Ibid.*, art. 7.

5. Le titulaire n'est point tenu de donner caution, comme le serait un usufruitier ordinaire (Proudhon, *De l'usuf.*, p. 194). Mais il doit faire un inventaire, lequel doit être refait à chaque mutation de titulaire par les soins du trésorier de la fabrique, et doit porter récolement de l'inventaire précédent, des titres, des instruments aratoires, et de tous les ustensiles ou meubles d'attache, soit pour l'habitation, soit pour l'exploitation des biens. *Ibid.*, art. 5.

4. S'il se trouve des bois taillis dans la dotation, le titulaire en jouit conformément aux dispositions de l'article 590 du Code Napoléon. Quant aux arbres futaies réunis en bois ou épars, il doit se conformer à ce qui est ordonné par les lois des communes. *Ibid.*, art. 12.

5. Le titulaire est tenu de toutes les réparations locatives. A l'égard des grosses réparations, il n'en est tenu que jusqu'à concurrence du tiers des revenus fonciers du bénéfice, s'il n'y a pas de sommes en réserve. Quand les grosses réparations excèdent le tiers du revenu, le titulaire peut être autorisé, en la forme accoutumée, soit à faire un emprunt avec hypothèque, soit même à aliéner une partie des biens. Le décret d'autorisation d'emprunt doit fixer les époques de remboursement à faire sur les revenus, de manière qu'il en reste toujours les deux tiers aux curés. — En tout cas, le Trésor doit suppléer à ce qui manquerait pour que le revenu restant au curé égale le taux ordinaire des congrues. Décr. 6 nov. 1843, art. 13.

6. Les curés ne sont tenus, à l'égard des presbytères, qu'aux réparations locatives; les autres sont à la charge de la commune. *Ibid.*, art. 13 et 21.

7. Les poursuites à fin de recouvrement des revenus doivent être faites par les titulaires, à leurs frais et risques. — Ils ne peuvent, néanmoins, plaider ni en demandant ni en défendant, ni même se désister, lorsqu'il s'agit des droits fonciers de la cure, sans l'autorisation du Conseil de préfecture, auquel doit être envoyé l'avis du Conseil de fabrique. *Ibid.*, art. 14.

8. Les frais sont à la charge des curés, de la même manière que les dépenses pour réparations. *Ibid.*, art. 15.

9. Dans tous les cas de vacance d'une cure, les revenus de l'année courante appartiennent à l'ancien titulaire ou à ses héritiers jusqu'au jour de l'ouverture de la vacance, et au nouveau titulaire depuis le jour de sa nomination.

10. Il doit encore être tenu compte des frais de culture et de semence aux héritiers du bénéficier décédé, par la raison que le revenu ne consiste que dans ce qui reste après les avances payées, et qu'en accordant à l'un une part égale dans le produit brut du fonds, tandis que les dépenses préparatoires de la récolte seraient laissées à la charge de l'autre, il n'y aurait plus d'égalité entre les copartageants. Proudhon, *loc. cit.*

11. En ce qui concerne l'apposition des scellés en cas de décès d'un évêque, d'un archevêque ou du titulaire d'une cure, V. *Scellé.*

BILLET D'AVERTISSEMENT. — V. *Conciliation*, § 1er.

BLANC, LACUNE, INTERVALLE. L'article 13 de la loi du 25 ventôse an XI sur le notariat porte que les actes des notaires seront écrits en un seul et même contexte, sans blanc, lacune ni intervalle ; et cette disposition est généralement appliquée à tous les actes authentiques, et notamment aux actes du ministère des greffiers, des avoués et des huissiers.

BOIS ET FORÊTS. 1. Il n'est rien changé aux dispositions du Code d'instruction criminelle relativement à la compétence des tribunaux, pour statuer sur les délits et contraventions commis dans les bois et forêts qui appartiennent aux particuliers. C. forest., art. 190.

2. Ainsi la répression d'une contravention forestière est compétemment poursuivie devant le tribunal de simple police, lorsque rien n'établit qu'elle ait été commise dans une forêt communale susceptible d'aménagement ou d'une exploitation régulière par l'administration forestière. C. instr. crim., art. 138, 139, 179; Cass., 15 avr. 1835.

3. Jugé de même que les contraventions forestières commises dans les bois des particuliers doivent être soumises exclusivement aux tribunaux de simple police, qu'elles soient poursuivies à la requête du ministère public ou à la requête des particuliers. Cass., 20 juill. 1854. Annales, 1855, p. 20. — V. *Délit forestier.*

BOISSONS. 1. Les débitants de vin et autres boissons sont tenus d'avoir un registre sur papier libre, coté et paraphé par le juge de paix, et les commis d'y consigner le résultat de leurs exercices, ou de mentionner dans leurs actes, sur le portatif, le refus qu'aura fait le débitant de représenter ledit registre. L. 8 déc. 1814, art. 56, et L. 28 avr. 1816, art. 55.

2. La même obligation est imposée aux propriétaires qui veulent faire la vente en détail des boissons de leur cru. *Ibid.*, art. 76, et *Ibid.*, art. 85.

3. Les brasseurs de bière peuvent avoir un registre en papier libre, coté et paraphé par le juge de paix, sur lequel les employés consignent le résultat des actes inscrits à leur portatif. L. 8 déc. 1814, art. 111.

4. En cas de suspicion de fraude dans l'intérieur des maisons des particuliers, les employés peuvent faire des visites, en se faisant assister par le juge de paix, ou par le maire et son adjoint, qui sont tenus de déférer à la réquisition qui leur en sera faite, et qui sera transcrite en tête du procès-verbal. Ces visites ne peuvent avoir lieu que d'après l'ordre d'un employé supérieur, du grade de contrôleur au moins. *Ibid.*, art. 134.

5. Les registres portatifs, tenus par les employés de la régie, sont cotés et paraphés par le juge de paix. Les registres de perception, ou de déclaration, et tous autres pouvant servir à établir les droits du Trésor et ceux des redevables, sont cotés et paraphés dans chaque arrondissement de sous-préfecture par un fonctionnaire public que le sous-préfet désigne à cet effet. *Ibid.*, art. 138 (1).

6. S'il s'élève quelque contestation sur la contenance des vaisseaux, les redevables ont la faculté de requérir qu'il soit fait un

_____

(1) Ils peuvent désigner les juges de paix.

nouveau jaugeage en présence d'un officier public, par un expert nommé par le juge de paix du canton, qui doit recevoir son serment. En cas de réclamation de la régie, l'opération de cet expert peut être vérifiée par un autre expert, nommé par le président du tribunal d'arrondissement, sur la présentation, en nombre triple, du directeur des impositions indirectes. L. 8 déc. 1814, art. 143.

7. Les dispositions de la loi du 27 mars 1851 sont applicables aux boissons. L. 5 mai 1855, art. 1er.

8. Par suite, l'article 318 et le n° 6 de l'article 475 du Code pénal sont et demeurent abrogés. *Ibid.*, art. 2.

9. Par suite aussi, le débit de boissons falsifiées par des mélanges, même non nuisibles à la santé, constitue une contravention punie par la loi du 27 mars 1851.

10. Par suite, enfin, les tribunaux de simple police ne sont plus compétents pour connaître des contraventions de cette nature.

11. Le lait, qui doit être considéré plutôt comme un aliment que comme une boisson, tombe également, en ce qui concerne les fraudes ou falsifications, sous l'application des peines portées par la loi du 27 mars 1851. — V. *Lait.*

BONNE FOI. 1. Les conventions doivent être exécutées de bonne foi. Elles obligent non-seulement à ce qui y est exprimé, mais encore à toutes les suites que l'équité, l'usage ou la loi donnent à l'obligation, d'après sa nature. C. Nap., art. 1134 et 1135.

2. Lorsqu'on s'est obligé à donner ou à livrer une chose à deux personnes successivement, si cette chose est mobilière, celle des deux personnes qui en a été mise en possession réelle est préférée et demeure propriétaire, encore que son titre soit postérieur en date, pourvu cependant que la possession soit de bonne foi. *Ibid.*, art. 1341.

3. Le payement fait de bonne foi à celui qui est possesseur d'une créance est valable, encore que le possesseur en soit par la suite évincé. *Ibid.*, art. 1240.

4. Celui qui a reçu de bonne foi et qui a vendu une chose qui ne lui était pas due ne doit restituer que le prix de la vente. *Ibid.*, art. 1380.

5. Quoique, en général, un acte ne soit répréhensible que lorsqu'il est dicté par une intention criminelle, et qu'il n'y ait, par conséquent, ni crime ni délit là où cette intention n'existe pas, la bonne foi n'est cependant point suffisante pour justifier une contravention. En cette matière, c'est le fait, et non l'intention que l'on punit. — V. *Excuse, Tribunaux de simple police.*

BORNAGE.

1. Le bornage est une opération qui a pour but de fixer la ligne séparative de deux fonds de terre, de deux propriétés contiguës, au moyen de signes extérieurs et apparents, que l'on nomme *bornes*.

Table sommaire.

Division.

CHAPITRE Ier. — Bornage dans les temps anciens. — Importance du bornage. — Lois qui le régissent. — Travaux législatifs divers sur le bornage.

2. Le bornage, les bornes ont toujours été considérés comme un des moyens les plus sûrs de la conservation de la propriété. L'importance du bornage a dû croître avec le respect de la propriété, avec la garantie dont on l'a entourée.

5. Le bornage est aussi important que le titre, plus important peut-être, car au-dessus du titre on place la possession, comme moyen d'acquérir la propriété. La possession, la prise de possession, la prescription par le long usage, ont même été, avec le droit de conquête, les principales sources, la première raison du droit du propriétaire. Aussi, plus on remonte vers les temps anciens, dans les diverses législations, plus on trouve la possession puissante. La possession et les signes extérieurs par lesquels était, au commencement des législations, remplacé le titre écrit, ou sans lesquels le titre n'avait aucune force, sont donc, on peut le dire, la base de la propriété.

4. Les bornes étaient ces signes extérieurs, ce titre apparent aux yeux de tous qui attestait la possession, la corroborait, on pourrait presque dire la caractérisait.

5. Le *Deutéronome* contient, chapitre XIX, verset 14, et chapitre XXVII, verset 17, des malédictions contre ceux qui changent les bornes des héritages. Solon, dans ses lois d'Athènes, régla avec le plus grand soin les formes et la garantie du bornage.

6. Les Romains avaient voué un véritable culte aux signes séparatifs des héritages, et ce n'est pas seulement par amour pour la paix et la concorde qui doivent régner entre voisins, qu'ils avaient été portés à diviniser les pierres ou les arbres consacrés, marquant le terme de la propriété ; les bornes étaient pour eux l'attestation du droit ; elles représentaient le droit de propriété même. En même temps qu'elles étaient le titre le plus certain du propriétaire, elles protestaient sans cesse contre les empiétements ou les usurpations qu'un voisin se serait permis au préjudice de l'autre. Suivant la loi de Numa, celui qui avait dérangé une borne de sa place était regardé comme sacrilége, et les sacriléges étaient punis de mort : *Sacrilegi capite puniuntur* (L. 9, D., *Ad legem Juliam peculatus*). Toutefois, la législation romaine a varié sur ce point, car il résulte de la loi 3, D., *De termino malo*, que celui qui avait été condamné pour suppression ou pour déplacement de bornes était noté d'infamie, et qu'il était en outre soumis à une peine arbitraire.

7. Presque tous les peuples ont pris les plus grandes précautions pour marquer la place des bornes d'une manière durable. « Lorsque Romulus voulut former l'enceinte de la ville qu'il venait de fonder, dit Plutarque, il fit d'abord creuser un fossé qui en décrivit le pourtour, et on y jeta les prémices de toutes choses dont on use légitimement comme bonnes et naturellement comme nécessaires. »

8. Chez les Indous on enterre des os sous la borne, et de plus quelques parcelles de toutes les choses dont l'homme se sert, de grosses pierres, des briques, du charbon et du sable, enfin des substances de toutes sortes que la terre ne corrode pas dans un temps considérable.

9. Dans le nord de l'Europe, on mettait sous la borne d'un champ du charbon, et de plus du verre et des pierres (Michelet,

Origines du droit, p. 103). C'est à peu près ce qui se pratiquait sous l'ancienne jurisprudence française (V. Denisart, vº *Bornage*) et ce qui se fait encore aujourd'hui.

10. Au moyen âge, lorsqu'on plaçait des bornes, on faisait de plus venir des enfants, on leur pinçait l'oreille, ou on leur donnait des soufflets, pour mieux leur imprimer le souvenir de ce qu'ils avaient vu. Dans certaines communes on les poussait sur les pierres nouvellement posées. De temps en temps, on visitait et on renouvelait les bornes ; cette visite s'exprimait par les mots : *circumducere, peragrare, cavallicare*. Michelet, p. 102.

11. Les coutumes allemandes avaient établi des peines contre ceux qui, en labourant, déplaçaient les bornes. « On est d'avis, disaient-elles, que c'est justice d'enterrer un tel homme jusqu'à la ceinture dans le trou même où était la pierre, puis de passer sur lui avec une charrue et quatre chevaux ; c'est bien là son droit. » Michelet, *Origines du droit*, p. 104.

12. La coutume de Bretagne portait, art. 635 : « Que ceux qui ôtent ou arrachent bornes sciemment, et ceux qui mettent fausses bornes, doivent être punis comme larrons. Cependant, disait Duparc, cela ne s'observait pas à la rigueur ; mais, suivant les circonstances, il pouvait y avoir lieu à quelques peines afflictives. » T. VIII, p. 29, nº 14.

15. D'après l'article 209 de la coutume de Paris, qui était le plus généralement suivie, « tout propriétaire pouvait être contraint de souffrir qu'il fût mis des bornes entre son héritage et celui de son voisin, ainsi que de supporter sa part des frais de bornage. »

14. D'après l'article 32, titre II, de la loi des 28 septembre-6 octobre 1791 : « Quiconque avait déplacé ou supprimé des bornes ou pieds corniers, ou autres arbres plantés ou reconnus pour établir les limites entre différents héritages, était condamné à une amende de la valeur de douze journées, et était puni d'une détention qui pouvait être portée à deux années, s'il y avait eu transposition de bornes à fin d'usurpation, et à une année seulement lorsque le délit n'était pas aggravé par cette dernière circonstance. » L'article 456 du Code pénal n'a pas maintenu cette distinction, qui était cependant équitable. D'après cette disposition : « Quiconque aura déplacé ou supprimé des bornes ou pieds corniers, ou autres arbres plantés ou reconnus pour établir des limites entre différents héritages, sera puni d'un emprisonnement qui ne pourra être au-dessous d'un mois, ni excéder une année, et d'une amende égale au quart des restitutions et des dommages-intérêts qui, dans aucun cas, ne pourra être au-dessous de 50 francs. »

15. Outre les dispositions législatives qui existent sur le bornage, des observations nombreuses ont été présentées par la Cour de cassation et par les Cours d'appel, soit lors de la préparation du Code de procédure civile, soit relativement à un projet de Code rural de 1808, soit dans le rapport fait au Sénat en 1857, par la Commission chargée de préparer un nouveau projet de Code rural.

16. Les observations préliminaires de la Cour de cassation sur le projet de Code de procédure civile (1807), titre *Des actions*, plaçaient l'action en bornage au rang des actions *mixtes*. D'après ces observations : « Si les parties ne sont pas d'accord sur les endroits où les bornes doivent être placées, et si les titres produits de part et d'autre ne suffisent pas pour les déterminer, le juge pourra admettre la preuve par témoins sur le placement des anciennes limites, et, à défaut d'anciennes limites, sur une jouissance propre à opérer la prescription. L'action en bornage ne compète ni au fermier, ni à l'usufruitier, mais ils peuvent obliger le propriétaire à faire fixer dans un temps déterminé les limites de son bien. Cette action s'intente contre les propriétaires des fonds adjacents, et non contre les fermiers ou usufruitiers de ces mêmes fonds. »

17. Le projet de Code rural de 1808 contenait quatre articles sur le bornage :

« ART. 38. Tout propriétaire peut obliger son voisin au bornage de leurs propriétés contiguës ; le bornage se fait à frais communs. Art. 646 du Code Napoléon.

« ART. 39. Dans le cas où un propriétaire réclamerait contre le placement d'une borne, les frais de la vérification seront supportés en entier par lui, si sa réclamation n'est pas fondée. Dans le cas contraire, les frais seront payés en commun, à moins qu'on ne prouve qu'une des parties, ayant déplacé les bornes, se trouve dans le cas prévu par l'article 156, au chapitre *De la police rurale*.

« ART. 40. Les propriétaires riverains, étant d'accord, procéderont au bornage de leurs propriétés, comme ils le jugeront convenable. En cas de contestation, le juge de paix nommera des experts et prononcera sur leur rapport.

« ART. 41. A défaut de titres, de bornes ou de tous autres renseignements, les experts procéderont d'après la notoriété publique. »

18. Les Commissions consultatives nommées pour examiner ce projet de Code rural formulèrent de nouvelles règles relativement

au bornage, d'après lesquelles trois experts ou prud'hommes, nommés par le juge de paix du canton ou par le maire de la commune, devaient procéder au bornage, plutôt en qualité d'arbitres qu'en qualité d'experts ; leur sentence, attributive de propriété suivant les cas, ne pouvait être déférée qu'aux tribunaux de première instance qui prononçaient sans appel. On remarquait dans les articles de ce projet quelques règles qu'il importe de signaler.

« ART. 1er. A défaut de limites apparentes et certaines, tout propriétaire peut obliger son voisin au bornage de leurs propriétés contiguës (C. Nap., art. 646). Le bornage peut aussi être demandé par l'usufruitier, l'engagiste et l'emphytéote, à la charge d'appeler le propriétaire à y assister, si bon lui semble. Il se fait à frais communs et à proportion de l'étendue de chaque propriété.

« ART. 2. Les bornes seront plantées de la manière et avec les signes usités dans chaque pays pour faire connaître en tout temps qu'elles ont été placées de main d'homme. Elles seront ramenées, autant que possible, à la ligne droite. On pourra faire, à cet effet, des compensations de terrain d'une propriété à l'autre ; ces compensations seront traitées comme des échanges en ce qui concerne les droits d'enregistrement et le transfert des hypothèques.

« ART. 3. Afin de procéder à un bornage régulier, il pourra aussi, suivant la nécessité des circonstances locales, être démembré de petites portions d'une propriété pour être incorporées à une autre, à la charge par celui qui devra en profiter de payer préalablement la valeur réelle des portions démembrées, avec un tiers en sus.

« ART. 4. Lorsque la ligne de séparation entre deux héritages est incertaine, on doit d'abord consulter les titres et les anciennes marques ou limites, s'il en existe ; ensuite la possession, enfin les cadastres et autres renseignements publics ; on pourra aussi faire arpenter les deux héritages, afin de connaître la contenance précise de chacun. Les anticipations peu considérables qui n'arrivent que par l'effet des variations réciproques dans le labourage des terres, dans le sciage des blés, dans le fauchage des prés, ou dans la coupe des bois taillis et autres cas semblables, ne tirent point à conséquence pour la prescription, si ce n'est du jour de la contradiction. »

19. Nous avons cité textuellement ces articles, parce qu'ils nous paraissent être l'expression des meilleures règles qui aient jamais été présentées en matière de bornage. Il ne faut pas oublier, en effet, que le bornage n'intéresse pas seulement les particuliers ;

l'ordre public y est aussi éminemment engagé. Il importe, en effet, au plus haut degré, dans l'intérêt général, que les limites des propriétés soient bien arrêtées. Il n'y a pas de propriété bien assise, sans un bon système de bornage. Nous avons vu que dans les coutumes et les législations les plus anciennes, le bornage n'était pas seulement considéré au point de vue de l'intérêt particulier. Le *Digeste* romain, notamment au titre *Finium regundorum*, voulait aussi que les bornes fussent, autant que possible, ramenées à la ligne droite ; que, pour parvenir à ce but, le juge ne s'arrêtât pas strictement au résultat de la possession, mais qu'il procédât par voie de compensation d'une portion de terrain par une autre ; qu'il pût même, si les circonstances l'exigeaient, obliger un des voisins à céder une portion de son terrain en recevant une juste indemnité.

20. La législation nouvelle ne contient qu'un petit nombre de dispositions sur le bornage. La première et la plus ancienne est l'article 3 de la section 1re du titre Ier de la loi des 28 septembre-6 octobre 1791, ainsi conçu : « Tout propriétaire peut obliger son voisin au bornage de leurs propriétés contiguës à moitié frais, » et l'article 32 du titre II de la même loi rapporté ci-dessus, n° 14. La seconde est l'article 646 du Code Napoléon, qui reproduit presque textuellement l'article 3 de la section 1re du titre Ier de la loi de 1791, en ces termes : « Tout propriétaire peut obliger son voisin au bornage de leurs propriétés contiguës ; le bornage se fait à frais communs. » La troisième par ordre de date, est l'article 456 du Code pénal, que nous avons aussi citée plus haut, n° 14. La quatrième, enfin, est contenue dans l'article 6 de la loi des justices de paix du 25 mai 1838, d'après lequel « les juges de paix connaissent, à charge d'appel, des actions en bornage, lorsque la propriété ou les titres qui l'établissent ne sont pas contestés. »

21. Le Code Napoléon a rangé le droit de bornage parmi les servitudes (art. 646), et cela se justifie en ce sens que tout propriétaire est tenu de le subir : sous ce rapport, il est, comme la clôture, une charge du fonds. Cependant le droit qu'a tout propriétaire de forcer son voisin au bornage de leurs propriétés contiguës ne paraît pas être une véritable servitude, c'est-à-dire une modification de la propriété. Par la servitude, en effet, celui dont l'héritage est grevé perd, par cela même, une partie de son droit. Le bornage, au contraire, en déterminant la propriété de chacun, la confirme dans son intégrité ; il a pour objet de réprimer les empiétements des propriétaires voisins ; il fait cesser la promiscuité, et

forme la garantie et comme le couronnement de la propriété immobilière.

22. Nous terminerons ce chapitre par un document du plus
haut intérêt, le rapport fait au sénat par M. Casabianca, au nom
de la Commission chargée d'examiner la proposition de M. de La-
doucette, sénateur, relative au Code rural. (*Moniteur* du 20 août
1856, p. 926.) — Sous le titre : *Livre* Ier, *titre II, Des servitudes,*
§ 2, *Bornage,* on lit dans le rapport : « Le Code Napoléon a
rangé parmi les servitudes l'obligation imposée à tout propriétaire
de concourir, si le voisin le requiert, à l'abornement des immeubles
contigus. Cette opération est facile et peu dispendieuse, toutes les
fois que les parties sont d'accord sur les limites ; malheureusement
il n'en est plus ainsi dès que s'élève une question de propriété ; il
faut alors, quelque minime que soit la valeur du terrain contesté,
recourir au tribunal de première instance. Ces sortes de procès
nécessitent des expertises, et souvent des enquêtes et des descentes
sur les lieux pour l'application des titres, quelquefois même la mise
en cause de tous les voisins ; de là, des frais énormes et d'interminables incidents. Les parties reculent devant ces épreuves, et voilà
pour quel motif on rencontre en France un si grand nombre de
propriétés rurales qui n'ont ni bornes, ni clôtures, et dont la ligne
séparative n'est marquée que par un sillon de charrue ; la facilité
des empiétements les multiplie. — Combien de cultivateurs devenus
petits propriétaires qui, si leur champ n'est pas borné, ne se font
pas scrupule de l'agrandir au détriment de celui de leur voisin !
C'est dans les campagnes la principale cause de désunion, de voies
de fait ou de litige ruineux ; la législation qui les préviendrait serait
donc éminemment utile ; mais par quels moyens ? Ici des difficultés
inextricables se présentent. — Déclarer le bornage forcé et y faire
procéder par voie administrative, ce serait ébranler le droit de
propriété dans ses fondements, et couvrir la France de procès ;
attribuer dans tous les cas aux juges de paix la connaissance des
actions en bornage, ce serait le renversement de l'ordre des juridictions ; la question de limites se confondant avec celle du fonds,
les juges de paix se verraient ainsi investis d'une haute attribution
qui, de tout temps, a été réservée aux tribunaux de première
instance et déférée en appel aux Cours impériales. — La voie de
la persuasion nous paraît devoir être plus efficace que celle de la
contrainte législative, pour déterminer la masse des propriétaires
à borner leurs champs. On nous a cité des juges de paix qui ont
reçu de leurs administrés le mandat de délimiter eux-mêmes

toutes les propriétés de leur ressort, qui se sont acquittés de cette tâche si importante à la satisfaction générale, et qui ont ainsi fait disparaître de leur canton tout germe de discorde. Nous émettons le vœu que le gouvernement donne de la publicité à ces faits, indique la marche qui a été suivie, invite les magistrats des localités, juges de paix, maires, adjoints, à imiter cet exemple; les y encourage par des récompenses honorifiques; fasse un appel à tous les autres fonctionnaires, aux membres des Conseils généraux des départements, des communes, des Chambres d'agriculture, des Comices agricoles, et les engage à user de toute leur influence, à unir leurs efforts pour fixer partout la propriété par des signes apparents et incommutables. — Il serait à désirer que les plans cadastraux énonçassent les haies et les bornes divisoires; la place occupée par ces dernières serait déterminée, en marquant leur distance de la partie supérieure ou inférieure du champ. Des géomètres délégués ajouteraient ces annotations sur les plans et les matrices du cadastre; il y aurait là, sinon une preuve décisive, du moins une indication précieuse en cas de litige; presque tous les particuliers voudraient jouir de l'avantage qui en résulterait pour la propriété, et placer des bornes là où il n'en existe pas encore. — On pourrait aussi faciliter l'opération du bornage en diminuant les frais judiciaires : la réduction des droits d'enregistrement porterait sur les actes que désignerait un règlement d'administration publique; on rendrait ainsi les expertises moins onéreuses; si on en chargeait des fonctionnaires déjà salariés par les communes ou l'État, arpenteurs, géomètres, agents voyers, employés des ponts et chaussées, on leur allouerait une taxe moins élevée qu'aux experts actuels, et on leur recommanderait de ne donner à leurs procès-verbaux que l'étendue strictement nécessaire. »

CHAPITRE II. — De la compétence en matière de bornage. — Caractère de l'action. — Action en bornage non différente de l'action en délimitation, contestation de la propriété ou des titres. — Juge compétent à raison de la situation des biens (Millet, p. 281). — Prorogation de la juridiction du juge de paix.

SECTION Iʳᵉ. — *Caractère de l'action en bornage. — Est-elle personnelle, réelle ou mixte?*

23. La question de compétence est l'une des plus importantes et des plus difficiles qui puissent s'élever en matière de bornage. —

La solution dépend un peu du caractère que l'on atribue à l'action. L'action est-elle personnelle, ou réelle ou mixte ? — On s'étonnera peut-être de ce que nous soulevions cette question, en présence de l'objet même de l'action, du terrain, de l'immeuble, seule espèce en nature de propriété à laquelle le bornage puisse s'appliquer, et cependant plusieurs auteurs ont considéré l'action en bornage comme personnelle ou tout au moins comme mixte. — Ainsi, d'après Pothier (*Second appendice du Voisinage*), l'action en bornage est principalement personnelle, puisqu'elle naît de l'obligation personnelle que les voisins contractent réciproquement l'un envers l'autre, par le voisinage, *quasi contractu ;* elle tient aussi quelque chose de l'action réelle, en ce que, par cette action, le voisin réclame ce qui fait partie de son héritage et qui pourrait se trouver avoir été usurpé par son voisin. — Poncet, dans son *Traité des actions*, considère l'action comme mixte, après avoir dit qu'elle a le caractère personnel résultant de l'obligation légale de borner; il ajoute : « L'action en bornage pourrait aussi être qualifiée réelle, comme ayant pour but de recouvrer la portion de notre héritage que le voisin a pu comprendre dans le sien; tel est le sentiment de Voët, qui reconnaît cette prédominance de la réalité dans l'action en bornage. » — Dans la *Théorie de la procédure* du même auteur (t. Ier, *Introduction*, chap. v), on lit : « Quant à l'action en bornage, souvent elle se complique de la revendication d'une portion de terrain usurpée dans la confusion des limites; sous cet aspect, elle serait réelle, mais reste toujours le caractère de personnalité qui sort du quasi-contrat de voisinage et d'une obligation imposée par la loi; elle est donc mixte, soit qu'il y ait ou qu'il n'y ait pas de conclusions accessoires, à fin d'obtenir des prestations personnelles. — Il peut arriver aussi que la plantation de bornes soit demandée pour l'état actuel de la possession, sans application de titres, sans arpentage et sans revendication de terrain ; on aperçoit alors dans l'action une grande prédominance de personnalité. »

24. Nous ne saurions admettre ces différences résultant de ce que le bornage se ferait sans contestation de titres et de propriété, ou de ce que telle ou telle portion de terrain serait revendiquée. C'est l'objet même de l'action qui en détermine le caractère, et dès lors l'action en bornage nous paraît essentiellement réelle et immobilière, soit qu'elle se résume dans une simple opération de mesurage, soit qu'elle donne lieu à une attribution de terrain sur contestation des parties. V. ci-après, n° 72. — La même distinction entre la revendication de terrain et le simple placement de bornes se représentera, comme nous allons le voir, dans la question de compétence.

SECTION II. — *Examen de la question de compétence en matière de bornage.*

Nous chercherons la solution de la question de compétence : d'abord, dans les documents législatifs; ensuite, dans l'opinion des auteurs ; en troisième lieu, dans la jurisprudence.

§ 1er. — Examen de la question de compétence d'après les documents législatifs.

25. Nous examinerons d'abord ce que les documents législatifs peuvent nous fournir pour l'interprétation de la loi, ou plutôt nous poserons le texte même du numéro 6 de l'article 4 de la loi du 25 mai 1838, qui forme aujourd'hui la base du droit en cette ma- « tière : *Les juges de paix connaîtront à charge d'appel..... 2o Des actions en bornage...,* lorsque la propriété ou les titres qui l'établissent ne sont pas contestés. »

26. Le projet de loi, devenu depuis loi du 25 mai 1838, a subi bien des phases diverses avant d'arriver à la sanction. Il fut présenté à la Chambre des députés, le 23 janvier 1835; l'article 4 de ce premier projet déférait, par sa sixième disposition, « aux juges de paix la connaissance des actions en bornage entre propriétaires voisins, lorsque la propriété et les titres qui l'établissent ne sont pas contestés. Dans l'exposé des motifs, il n'y avait aucune explication, aucun développement sur cette action. » — Dans le rapport de la Commission de la Chambre des députés, fait par M. Amilhau, il n'en était pas dit davantage.

27. Ce premier projet de loi ayant été soumis par le gouvernement, dans l'intervalle de deux sessions législatives, à la Cour de cassation et aux Cours royales, fut auparavant, quant au bornage, l'objet d'une modification importante. En effet, dans le projet primitif, la disposition se trouvait placée au rang des contestations sur lesquelles les juges de paix pouvaient prononcer sans appel; dans les observations soumises avec le texte aux tribunaux, on lit : « *Tout le monde s'est accordé à ne confier la décision de ces sortes de contestations aux juges de paix qu'à charge d'appel;* on s'est fondé sur ce qu'elles étaient trop intimement liées avec le droit de propriété, pour ne les faire dépendre que d'un seul degré de juri-

diction ; nous nous rendons à ces motifs, et nous consentons à reporter cette disposition à l'article 5, ainsi que le demande la Commission. »

28. Dans la séance du 6 janvier 1837, le projet modifié fut présenté de nouveau à la Chambre des députés par le garde des sceaux,
M. Persil. « Le juge de paix, disait le second exposé des motifs,
est juge ordinaire de la possession. *Si le litige porte sur la propriété, l'examen des titres et la connaissance approfondie du droit
sont nécessaires; dès lors doit cesser la juridiction exceptionnelle.* »
C'est ce qu'explique le projet, en même temps qu'il défère au tribunal de paix les actions en bornage, ainsi que quelques autres contestations qui naissent des rapports du voisinage, discussions toujours peu importantes dans leur principe, à l'occasion desquelles il
est si regrettable de voir aujourd'hui engager devant les tribunaux
de première instance des procès que l'amour-propre élève aussi
souvent qu'un véritable intérêt, et qui, plus tard, n'entretiennent la
division qu'à raison des frais considérables qu'ils ont entraînés,
dont chaque plaideur s'efforce de repousser le pesant fardeau
comme une cause de gêne ou de ruine.

29. Le nouveau rapporteur nommé fut M. Renouard. Dans son
rapport, déposé le 29 mars 1837, à la Chambre des députés, il fait
d'abord observer : « que le projet de loi contenait, entre autres
additions, *celle des actions en bornage, que la loi du 24 août* 1790
*n'attribuait pas aux juges de paix, puisqu'elle ne leur déférait que
les déplacements de bornes commis dans l'année.* Cette extension de
compétence était vivement réclamée, et la division toujours croissante des propriétés en rendait la nécessité de plus en plus sensible. — Les frais que les bornages entraînent les ont rendus beaucoup trop rares. *Il importe à l'ordre public que les limites des
propriétés soient fixées.* Par là on prévient des procès et des voies de
fait. *Seulement, il était nécessaire de constater que si des questions
de propriété se trouvent engagées dans le litige, le juge de paix n'en
devra pas connaître.* »

30. Dans les discours de présentation à la Chambre des pairs,
par M. Barthe, ministre de la justice, on lit : « Au nombre des fréquentes contestations que font naître les rapports du voisinage,
sont celles qui s'agitent au sujet de la *délimitation des propriétés,*
de la distance à observer pour les plantations d'arbres ou de haies,
et des constructions et travaux destinés à préserver de dommage
les propriétés urbaines contiguës. *Ces discussions ne se jugent bien
que par la vue des lieux; c'est en leur présence que les titres s'inter-*

*prêtent sans équivoque, que les subterfuges échappent à la mauvaise
foi, que les droits s'éclaircissent.* Ordinairement plus à portée des
lieux contentieux, et pouvant, dans tous les cas, mieux s'y transporter qu'un tribunal plus nombreux, *le juge de paix évitera aux
parties les frais d'expertise; il se servira à lui-même d'expert et de
géomètre. La division sans cesse croissante des propriétés rend cette
mission de plus en plus nécessaire.* — Nous ne doutons pas que,
si elle est bien comprise, ce magistrat ne trouve dans son accomplissement le principe de la plus heureuse influence. — *Mais il
s'agit moins de rechercher les bornes et de les poser, que de statuer
sur une revendication de propriété, ou si, à l'occasion, soit de travaux de précaution à faire, soit de la distance à observer dans les
plantations, la propriété ou les titres qui l'établissent sont contestés,
de trop graves intérêts étant alors engagés, la compétence exceptionnelle s'arrêtera.* »

31. Le 19 juin 1838, M. de Gasparin disait dans son rapport à la
Chambre des pairs, sur l'article 5 (L., art. 6) : « La loi nouvelle
ajoute avec raison à la nomenclature de 1790 les actions en bornage et celles relatives à la distance prescrite par la loi, pour les
plantations d'arbres et de haies ; cette disposition éteindra de bonne
heure une foule de contestations de peu d'importance. »

32. La loi ne fut pas encore votée en 1837 ; une nouvelle présentation et un nouveau rapport eurent lieu en 1838. Le 15 février
1838, le ministre Barthe reproduisait devant la Chambre des députés les motifs de l'année précédente : « Aux avantages de l'épar-
gne des frais et d'une décision qui ne se fera pas attendre, le juge
de paix joindra autant de garanties qu'une autre juridiction..., s'il
s'agit moins de rechercher les bornes et de les poser, que de statuer
sur une revendication de propriété.... De trop graves intérêts étant
alors engagés, la compétence exceptionnelle s'arrêtera. »

33. A la séance du 6 avril 1838, rapport par M. Amilhau.
« Nous avons approuvé complètement les dispositions relatives aux
actions possessoires qui sont comprises sous une meilleure définition, les actions en bornage et celles relatives aux constructions et
travaux énoncés en l'article 674 du Code civil. Quant aux actions
en bornage, qui seules avaient été l'objet d'une critique en 1835,
avec la division toujours croissante des propriétés, il importe à
l'ordre public que les limites en soient fixées ; c'est un moyen d'empêcher les usurpations et d'arrêter les procès. Au reste, c'est lorsque le fond du droit n'est pas en litige que le juge est autorisé à
prononcer, et sa décision n'est jamais qu'en premier ressort. »

54. Lors de la discussion de la Chambre des députés, M. Taillandier demanda la parole sur le second paragraphe de l'article 6.

« M. TAILLANDIER. *Lorsque la propriété ou les titres ne sont pas contestés...*, ces mots s'appliquent-ils au premier membre de la phrase : *les actions en bornage,* ou au second : *les actions relatives à la distance prescrite par la loi,* ou à tous les deux ?

« M. LE RAPPORTEUR. L'intention de la Commission, comme de toutes les Commissions qui ont examiné le projet de loi, *a été d'appliquer cette disposition à tous les deux ; mais ce n'est que quand la propriété n'est pas contestée, que le juge de paix connaît des actions en bornage.*

« M. TAILLANDIER. Je demande à la Commission comment elle peut supposer qu'un procès en bornage s'établira lorsqu'il n'y aura pas de contestation sur le titre. Il est évident que si l'on pense qu'il y aura contestation sur le titre ou la propriété, il y aura lieu à procès.

« UNE VOIX. Le juge de paix s'arrêtera.

« M. TAILLANDIER. Cela donnera lieu à mille difficultés de compétence, pour savoir s'il y a difficulté sur le titre.

« M. LE RAPPORTEUR. Lorsque le titre n'est pas contesté, ou que les parties ne sont pas d'accord sur le lieu du bornage, chacun remet ses titres au juge de paix, qui fait une visite des lieux et qui ordonne que la borne sera placée à l'endroit déterminé par un expert ; si l'on conteste le titre, alors c'est une question de propriété ; il faut aller devant les tribunaux ordinaires. Voilà la distinction que la Commission a établie. »

55. Tels sont les éléments d'interprétation que nous fournissent les documents législatifs. Comme on le voit, lors de la première présentation du projet, en 1835, la question du bornage avait été peu étudiée. Le rapporteur de la Chambre des députés, M. Amilhau, disait que déjà, par les lois précédentes, l'action en bornage était attribuée aux juges de paix, ce qu'était forcé de démentir un autre rapporteur, M. Renouard, en 1837, en faisant observer que la loi du 24 août 1790 n'attribuait aux juges de paix que les déplacements de bornes commis dans l'année. — Ce n'est que plus tard aussi qu'on a placé dans le projet de loi les actions en bornage au rang de celles sujettes à appel, et alors il paraît s'être fait dans l'esprit des auteurs du projet de loi un changement d'opinion sur les attributions confiées aux juges de paix en cette matière. Dans le principe, on les considérait sans doute comme n'ayant qu'à présider à une position de bornes entre parties d'accord sur les limites de leur propriété, et à en dresser procès-verbal ; mais alors on leur conféra les attributions de véritables juges ; on voulut qu'ils prononçassent par jugement, et que leurs jugements fussent susceptibles d'appel.

36. Tout ce qui suit vient confirmer et consacrer l'opinion que c'est comme *juge*, comme ayant à prononcer sur une contestation, que le juge de paix est appelé à décider sur les délimitations de propriété entre voisins. Du moment, en effet, où il a été admis que le juge de paix *prononçait*, tous les interprètes du projet de loi se sont appliqués à bien poser les limites de sa juridiction.

37. Le juge de paix est juge ordinaire de la possession ; si le litige porte sur la propriété, s'il faut examiner les titres, la juridiction exceptionnelle cesse. Exposé des motifs de 1837.

38. L'extension de compétence du juge de paix, en matière de bornage, est vivement réclamée ; la division toujours croissante des propriétés en rend la nécessité de plus en plus sensible ; mais il importe de constater que si des questions de propriété se trouvent engagées dans le litige, le juge de paix n'en devra pas connaître. Rapport de M. Renouard, en 1837.

39. « Les discussions de délimitation de propriété ne se jugent bien que par la vue des lieux ; c'est en leur présence que les titres s'interprètent sans équivoque, que les subterfuges échappent à la mauvaise foi, que les droits s'éclaircissent. Plus à portée de leur contentieux, les juges de paix éviteront aux parties les frais d'expertises ; ils se serviront à eux-mêmes d'experts et de géomètres. Mais, s'il s'agit moins de rechercher les bornes et de les poser, que de statuer sur une revendication de propriété ; ou si, à l'occasion soit de travaux de précaution à faire, soit de la distance à observer dans les plantations, la propriété ou les titres qui l'établissent sont contestés, la compétence exceptionnelle s'arrêtera. » Discours de présentation de 1837.

40. « Lorsque le titre n'est pas contesté, et que les parties ne sont pas d'accord sur le lieu du bornage, chacun remet ses titres au juge de paix, qui fait une visite des lieux, et qui ordonne que la borne sera placée à l'endroit déterminé par un expert. Si l'on conteste le titre, alors c'est une question de propriété ; il faut aller devant les tribunaux ordinaires. Voilà la distinction que la Commission a établie. » Explication du rapporteur sur interpellation de M. Taillandier.

§ 2. — Examen de l'opinion des auteurs sur la compétence en matière
de bornage.

41. Nous avons puisé dans les rapports sur les projets de loi et
dans les discussions auxquelles ils ont donné lieu tous les documents pouvant servir à l'interprétation, relativement à la compétence ; nous allons maintenant faire connaître l'opinion des auteurs
qui se sont occupés de la matière. — M. Marc Deffaux , l'un des
premiers commentateurs de la loi de 1838, dit dans son *Commentaire*, p. 109 : « L'action en bornage devra être intentée devant le
juge de paix, lors même que le demandeur penserait que son adversaire contestera son droit de propriété ou son titre. En effet, il
ne sera certain de la contestation que lorsqu'elle aura eu lieu devant le juge de paix, qui, en définitive, peut apprécier si elle porte
sur la propriété ou sur le titre. »

42. M. Victor Foucher, dont le *Commentaire* a suivi également
de près la loi sur la compétence des juges de paix, après avoir passé
en revue les documents législatifs, s'exprime ainsi (nos 274-275) :
« Sous l'empire de la législation de 1790, les juges de paix ne connaissent que des actions possessoires en déplacement de bornes :
la loi nouvelle leur a donné les actions en bornage, non pas seulement comme actions possessoires ou comme conséquence d'une action possessoire, mais comme actions ordinaires tendant à constater
définitivement les limites de la propriété. — L'action en bornage
a son fondement dans l'article 646 du Code civil ; elle a pour but
de faire cesser la confusion qui existe entre deux héritages voisins,
en faisant pour la première fois placer des bornes, ou en remplaçant les bornes déplacées, ou encore en en faisant établir de nouvelles à frais communs. — L'incompétence du juge de paix pour
connaître des actions en bornage, dans les cas où la propriété ou
les titres qui l'établissent sont contestés, l'empêche de statuer sur
l'action en bornage jointe à une action en délimitation de propriété,
parce que la demande en bornage n'étant alors que la conséquence
du sort de l'action en délimitation, le juge ne pourrait la juger sans
prononcer sur celle-ci, ce qu'il ne peut faire. — En effet, l'action
en délimitation de propriété porte sur la propriété elle-même ; elle
n'a lieu que pour faire cesser les contestations sur les véritables
limites. Son résultat est donc d'attribuer la propriété des parties
contestées d'héritages à l'une ou à l'autre partie ; or, ce sont des
questions que la loi n'a jamais voulu soumettre à la juridiction des

juges de paix, qui, en cas de bornage, n'ont principe d'action qu'autant que la propriété n'est pas contestée. » Foucher, *Commentaire*, art. 6, n° 279.

43. M. Belime, professeur à la Faculté de Dijon, dans son *Traité des actions possessoires*, est d'avis qu'une question de propriété s'élève aussitôt que deux propriétaires contestent sur la place où doivent être posées les bornes ; que tout l'espace intermédiaire devient à l'instant litigieux, puisqu'il est revendiqué par chacune des parties, et que le juge de paix ne serait pas, par conséquent, compétent pour prononcer sur pareille question. — La loi de 1838, dit M. Belime, attribue aux juges de paix la connaissance des actions en bornage, lorsque la propriété ou les titres ne sont pas contestés : mais, a-t-on dit, comment entendre cela ? Peut-il y avoir procès en bornage sans contestation sur la propriété ? De deux choses l'une : ou bien les parties sont d'accord sur la limite de leurs héritages, et il n'y a pas de procès ; ou bien elles ne sont pas d'accord, l'une prétendant que la borne doit être placée à tel endroit, l'autre à tel autre, ce qui se présente toujours, et alors il y a litige sur la propriété, de sorte que le juge de paix ne sera jamais compétent. — L'auteur rappelle ensuite la réponse de M. Amilhau, qu'il trouve insuffisante : il croit que l'honorable rapporteur de la loi de 1838 ne s'est occupé que de la contestation des titres ; qu'il a perdu de vue la contestation de la propriété, laquelle dessaisit également le juge de paix. « Or, n'est-ce pas une question de propriété qui s'élève, lorsque les deux propriétaires disputent sur la place des bornes que l'un veut placer ici et l'autre là ? Tout l'espace intermédiaire n'est-il pas litigieux ? Chaque partie ne le revendique-t-elle pas ? — Le but du législateur, ajoute M. Belime, méconnu, à ce qu'il nous semble, par la Commission, sera facilement compris de tous ceux que le contact des campagnes a familiarisés avec les habitudes des propriétaires. Il n'est pas facile de les amener à borner volontairement, quand même aucune difficulté ne s'élève sur la délimitation des héritages. On leur parle, on leur écrit même, ils ne répondent pas ; mais, sur l'assignation qu'on leur donne, ils consentent à borner, en payant les frais jusque-là. Ce sont ces espèces de contestations journalières dans les campagnes que la loi a sagement placées dans les attributions de la justice de paix, parce qu'il est déplorable d'obliger les parties à en saisir un tribunal éloigné, devant lequel les frais sont plus considérables ; mais entendre autrement la disposition, ce serait en contrarier les expressions, non moins que toutes les règles de la compétence. »

44. Plusieurs des auteurs qui se sont occupés de la compétence en matière de bornage ont distingué l'*action en bornage proprement dite*, à laquelle ils ont attribué un caractère purement possessoire, et l'*action en délimitation;* mais tous ne sont pas d'accord sur le sens à attribuer à ces dénominations. Ainsi, dans une consultation signée de quelques membres du barreau de Laon, que rapporte M. Millet, les deux actions sont ainsi définies : « On distingue l'action en bornage proprement dite d'avec l'action en arpentage et bornage. L'action en bornage a pour objet la délimitation, rien que la délimitation des pièces d'héritage contiguës l'une à l'autre; elle a lieu toutes les fois qu'un propriétaire veut que les limites, souvent vacillantes à raison de la culture, ne soient pas changées, et que des anticipations, souvent difficiles à constater, ne soient pas commises à son préjudice. — Cette action, d'après la disposition du numéro 2 de l'article 6 de la loi du 25 mai 1838, qui est plus explicite sous ce point que la loi de 1790, est de la compétence du juge de paix. — Ce magistrat connaît des limites de la possession, à titre de propriétaire, de chacun des voisins, prescrit des mesures pour que ces limites soient fixes et invariables, soit par la plantation de pierres, de pieux, suivant l'usage des localités, et peut même ordonner que les pièces bornées seront arpentées et portées sur un plan figuré sur un procès-verbal contradictoire, avec indication des portées de chaîne d'une borne à l'autre, afin de faciliter le récolement et le rétablissement des limites, si les bornes, par accident ou malveillance, ou par fraude, venaient à être déplacées ou à disparaître.—Voilà bien l'action en bornage dont parle l'article 646 du Code civil. L'opération du bornage a lieu à frais communs, d'après cet article ; c'est bien aussi de cette action que le juge de paix doit connaître, aux termes de la loi du 25 mai 1838.» —Ainsi, les auteurs de cette consultation n'attribuent absolument au juge de paix que le bornage en quelque sorte convenu, au moins consenti d'avance, et qui ne donne lieu à aucune contestation.

45. M. Masson, dans son *Commentaire* de la loi de 1838, établit une doctrine semblable, sauf qu'il appelle *action en délimitation* celle que les avocats consultants de Laon considèrent comme *simple bornage.* — « Aujourd'hui, dit-il, que les *demandes en bornage* sont exclusivement attribuées aux juges de paix, il est indispensable d'établir la différence qui les distingue de l'*action en délimitation.* La première a pour objet, ainsi que nous l'avons démontré, une opération purement matérielle, qui consiste à placer les bornes entre plusieurs propriétés contiguës, dont les limites ne sont pas douteuses. Par la seconde, au contraire, il s'agit de rechercher des limites incertaines à raison des anticipations successives commises sur la propriété; par cela même, elle comprend toujours, au moins implicitement, une demande en désistement qui lui est subordonnée. Or, cette demande est réelle de sa nature; elle soulève nécessairement une contestation au sujet de tout ou partie des propriétés à délimiter. Le titre ou la jouissance de la partie contre laquelle elle est dirigée deviennent suspects à l'instant même où elle est formée; il faut, pour en apprécier le mérite, se livrer à une interprétation de la possession ou des titres; il n'est pas douteux qu'elle ne peut être soumise à la juridiction du juge de paix, et sur-le-champ, et sur le vu de la citation, il doit se déclarer incompétent. »

46. M. Augier, dans son *Recueil des juges de paix*, t. XI, p. 275, n° 9, combat cette distinction.—« Quelques jurisconsultes, dit cet auteur, établissent entre l'*action en bornage* et l'*action en délimitation* une distinction qui nous paraît peu fondée. Le résultat de celle-ci, disent-ils, est d'attribuer à l'une ou à l'autre des parties des portions d'héritage qui sont l'objet de la contestation; l'action en bornage, au contraire, ne tend qu'à conserver à chacune des parties l'intégrité de son héritage. — C'est là, selon nous, un jeu de mots : la délimitation et le bornage tendent au même but, qui est de conserver ou de restituer à chaque partie ce qui lui appartient légitimement. La seule différence entre la délimitation et le bornage, c'est que l'un est le moyen, l'autre le résultat; pour arriver au bornage, il faut commencer par la délimitation. »

47. Lorsque l'on cite les opinions des auteurs qui se sont occupés du droit des justices de paix, il en est qu'on ne saurait omettre, celles de Curasson. Dans son *Traité de la compétence des juges de paix*, t. II, p. 322, première édition, voici comme ce jurisconsulte apprécie la distinction faite entre la demande en bornage et la demande en délimitation, qu'on a confondue avec celle en revendication. « Il ne faut pas confondre le bornage avec la revendication proprement dite : il existe entre ces deux actions une énorme différence. La demande en revendication a pour objet, soit un corps de domaine, soit un héritage ou une portion d'immeuble qui doit être parfaitement déterminée; tandis que dans l'action en bornage, chacune des parties ne demande qu'à rentrer dans ce qui sera prouvé manquer à la contenance de son héritage par le résultat de la délimitation : ce n'est point l'immeuble, ce ne sont que les limites que le litige a pour objet; la revendication de ce qui

peut manquer à la contenance n'est donc que l'accessoire, la conséquence du bornage. » — Dans le *Supplément* à la première édition, publié après sa mort, Curasson développe ainsi son opinion sur ce point : « Gardons-nous de confondre l'action en bornage avec la demande en revendication ; il existe entre elles une énorme différence. — Dans la demande en revendication, loin qu'il s'agisse de fixer les limites, le corps de domaine ou le fonds revendiqué est si peu équivoque, que sa contenance et ses confins doivent être précisés dans l'exploit d'ajournement, à peine de nullité. Le demandeur, qui revendique ainsi un objet parfaitement déterminé, avoue par la nature même de sa demande la possession du détenteur ; il est donc tenu de prouver que cette possession est illégale : le détenteur est réputé propriétaire jusqu'à preuve contraire. Ainsi, c'est au demandeur à détruire cette présomption légale, en établissant sa propriété par un titre formel, ou par la preuve d'une possession qui en tienne lieu. Jusque-là, le défendeur qui détient n'a rien à prouver, et peut se borner à dire : *Possideo quia possideo.* — Dans l'action *finium regundorum*, c'est différent : il s'agit de fonds ou de deux corps de domaine contigus, et dont la propriété est reconnue à chacune des parties : la difficulté ne porte que sur l'étendue des héritages respectifs, attendu l'incertitude des limites qu'il s'agit de fixer et de reconnaître. Chacune des parties ne demande qu'à rentrer dans ce qui sera reconnu manquer à la contenance de son héritage, par suite de la délimitation ; que la propriété de telle ou telle étendue de terrain dépende du bornage, toujours est-il que la contestation ne porte point sur le corps de l'immeuble : les limites seules sont l'objet du litige. Il n'y a donc pas de raison de dispenser l'une des parties de prouver, en rejetant sur l'autre tout le fardeau de la preuve. Cette distinction, entre la demande en revendication et l'action en bornage, est attestée par les lois, les auteurs et la jurisprudence. »

48. M. Duranton, dans son *Cours de droit français*, après avoir rapporté les termes de l'article 6 de la loi de 1838, ajoute : « Ainsi les juges de paix connaissent aujourd'hui, à la charge de l'appel, de l'action en bornage primitif, mais toutefois lorsque la propriété ou les titres qui l'établissent ne sont pas contestés ; dans le cas contraire, ils sont incompétents, même pour statuer en premier ressort, à moins, bien entendu, que les parties, usant du droit que leur confère l'article 7 du Code de procédure, ne jugent à propos de proroger leur juridiction. — Mais qu'entend-on ici par propriété contestée ? Est-ce le cas où l'un des voisins, le défendeur, prétendrait que

son adversaire n'est pas propriétaire du fonds qu'il s'agit de limiter par une plantation de bornes? Cela n'est pas vraisemblable. Qu'est-ce que cela lui fait, s'il n'y a pas d'empiétement sur le sien? D'ailleurs, un possesseur est réputé propriétaire jusqu'à preuve du contraire, et cette preuve n'est recevable qu'autant qu'elle est fournie par celui-là même qui se prétend propriétaire, ou par ses ayants cause : les tiers n'ont point à se mêler de cette question. On a donc eu en vue le cas où l'un des voisins, n'importe lequel, prétendrait que telle ou telle partie du terrain lui appartient, tandis que l'autre soutiendrait, au contraire, qu'elle est à lui; alors, comme l'action porte sur la propriété, qu'elle n'est pas seulement déclarative, ainsi que doit l'être celle en simple bornage, qu'elle est attributive, elle sort de la compétence du juge de paix, même pour être décidée par lui en premier ressort seulement. Et il faut le dire, les attributions des juges de paix, quant à cette action en bornage, n'auront pas autant été étendues par la loi de 1838 qu'on pourrait se le figurer au premier coup d'œil, car c'est presque toujours lorsqu'il y a contestation sur les limites respectives des fonds, qu'il y a lieu de recourir à un bornage judiciaire. — Quoi qu'il en soit, dès que, sur une action en bornage, les parties ne sont pas d'accord sur le lieu où les bornes doivent être plantées, parce que l'une d'elles prétend être propriétaire au delà du point jusqu'auquel l'autre prétend l'être, le juge de paix est incompétent, et il doit même se déclarer tel d'office, car son incompétence est réelle, et alors s'applique le principe consacré par l'article 170 du Code de procédure civile. L'action en bornage, dans ce cas, devra donc être portée devant les tribunaux ordinaires, et par conséquent elle serait, de droit commun, sujette au préliminaire de conciliation, comme toute autre action principale, et introductive d'instance. » Duranton, 4ᵉ édit., t. V, p. 225.

49. M. Demolombe se demande d'abord pourquoi les auteurs du Code Napoléon ont placé le bornage au rang des servitudes, et des servitudes résultant de la situation des lieux : « C'est que, dit-il, l'obligation de borner constitue de chaque côté, activement et passivement, un attribut réel de la propriété qui se transmet partout avec elle, et qui est bien, certes, la conséquence la plus immédiate de la situation des lieux. — Ce caractère de réalité que le Code a imprimé à l'action en bornage, par la place qu'il lui a donnée dans notre titre *Des servitudes*, a produit, du reste, une conséquence très-importante et à laquelle on ne peut qu'applaudir, c'est de rendre compétent, en cette matière, le juge de la situation des lieux.

(C. proc., art. 3, 2°, et art. 59, 3ᵉ alinéa.) — C'est par ces motifs, et aussi à cause de la simplicité de l'action en bornage proprement dite, en tant que cette action garde son caractère propre et ne se complique pas d'une question de propriété, c'est par ces motifs que la loi du 25 mai 1838 en a attribué la connaissance aux juges de paix, lorsque la propriété ou les titres qui l'établissent ne sont pas contestés. (Art. 6, n° 2.) — Antérieurement à cette loi, et d'après la loi des 16-24 août 1790, confirmée par l'article 3 du Code de procédure, l'action en bornage était de la compétence des tribunaux civils d'arrondissement, et Maleville, en soutenant, sur l'article 646 du Code Napoléon, que la loi de 1790 l'avait placée dans les attributions des juges de paix, avait évidemment confondu l'action en déplacement de bornes poursuivie au civil. »

50. L'honorable auteur fait observer ensuite que, sans avoir le droit de prononcer sur les questions de propriété, le juge de paix peut terminer bien des affaires de bornage, et sa compétence être utile aux parties ; « car il arrive très-souvent, alors même qu'il ne doit y avoir aucune difficulté entre les parties sur leurs limites respectives, que celle qui veut obtenir un bornage ne peut pas vaincre l'indifférence et l'inertie de l'autre, ni l'amener à procéder volontairement à cette opération de gré à gré. Rien n'est plus fréquent dans les campagnes que de voir des refus catégoriques, ou du moins des lenteurs interminables, opposés aux demandes de bornage. Les ennuis d'un déplacement, la crainte des frais, la crainte aussi d'être obligé de rendre ce qu'on aurait évidemment usurpé, tout cela peut expliquer ces résistances ; or, dans ces cas, on ne peut nier que la compétence du juge de paix ne soit un grand bien, et qu'elle n'est pas d'une application aussi rare que quelques-uns l'ont pensé.

51. « Mais ce n'est, bien entendu, qu'autant qu'il s'agit de l'action en bornage véritable et proprement dite, que le juge de paix est compétent, d'après la loi du 25 mai 1838. Nous appelons *action en bornage proprement dite* celle qui a pour objet de fixer contradictoirement, entre les propriétaires contigus, les limites de leurs héritages, soit que ces limites étant dès à présent connues et certaines, il n'y ait plus qu'à faire la plantation matérielle des bornes, soit que ces limites étant inconnues et incertaines, il soit nécessaire de les rechercher et de les découvrir préalablement. — Il faut bien se garder de confondre l'action en bornage ainsi définie, soit avec l'action en déplacement de bornes, soit avec l'action que l'on a appelée, plus ou moins exactement, *action en délimitation* ou *en règlement de li-*

mites. — L'action en déplacement de bornes, intentée au civil, n'est autre chose qu'une action possesssoire qui a toujours été de la compétence des juges de paix, lorsqu'elle réunit, d'ailleurs, les conditions requises pour l'exercice des actions possessoires, dont particulièrement le juge de paix ne peut connaître que lorsqu'elles sont intentées dans l'année du trouble (Art. 23 C. proc.). Cette action ne demande pas le bornage, puisqu'elle suppose, au contraire, qu'il a déjà eu lieu ; et si elle n'est pas formée dans l'année, la demande contre l'usurpation prétendue doit être portée au pétitoire, comme toute action en revendication. — Le déplacement de bornes peut, d'ailleurs, constituer un fait punissable, d'après les dispositions du Code pénal ; notons seulement que le déplacement des bornes n'est un délit qu'autant que le bornage a été fait, soit volontairement, soit judiciairement, entre les propriétaires intéressés. Le déplacement des bornes qui n'auraient été plantées que par un propriétaire sur son propre fonds ne pourrait donner lieu qu'à une action possessoire en complainte ou en réintégrande. — Quant à l'action que certains auteurs ont nommée *en délimitation* ou *en règlement de limites*, si on entend par là une action qui suppose des limites contestées et un débat sur une question de propriété, la connaissance en appartient, suivant le droit commun, aux tribunaux civils d'arrondissement, car il ne s'agit plus alors seulement d'une simple action en bornage, mais d'une véritable revendication. — Aussi l'article 6, n° 2, de la loi du 25 mai 1838, qui porte que les juges de paix connaissent, à la charge d'appel, des actions en bornage, ajoute-t-il cette restriction importante : lorsque la propriété ou les titres qui l'établissent sont contestés. — Mais des difficultés se sont élevées souvent, dans la pratique, sur le point de savoir ce qu'il faut entendre par ces mots : *propriété ou titres contestés*, et les auteurs eux-mêmes ont exprimé, à cet égard, dans la doctrine, des opinions fort divergentes. — Pour notre part, nous pensons que, pour qu'il y ait contestation sur la propriété, et en conséquence pour que le juge de paix soit incompétent, la condition nécessaire tout à la fois et suffisante est que les parties ne soient pas d'accord sur les limites respectives de leurs héritages, et que l'une prétende être propriétaire au delà de la ligne jusqu'à laquelle l'autre soutient, au contraire, que sa propriété s'étend. — Toutes les fois, en un mot, que pour statuer sur l'action en bornage il faudrait que le juge de paix décidât une question de revendication relative aux héritages limitrophes, il doit se déclarer incompétent, et cela même d'office, puisqu'il s'agit d'une incompétence *ratione materiæ* et d'ordre public (Art. 170 C. proc.).— La règle étant ainsi posée, il nous sera facile de résoudre, par voie de conséquence, les différentes questions que ce sujet a soulevées. — Voilà, par exemple, le défendeur qui soutient que son adversaire n'est pas propriétaire du fonds qu'il possède, *pro suo*, et dont il demande le bornage. Est-ce là une contestation sur la propriété ou sur les titres, et le juge de paix devient-il incompétent? — L'affirmative a été soutenue; mais nous ne saurions l'admettre. D'une part, celui qui possède comme propriétaire est réputé, en effet, propriétaire à l'égard des tiers qui ne prétendent pas eux-mêmes à la propriété du fonds qu'il détient, et le défendeur est ici sans qualité pour soulever une question de propriété; d'autre part, il n'y a là, de loin ni de près, aucune question de propriété que le juge de paix doive résoudre, afin de statuer sur l'action en bornage qui lui est soumise, puisque ni le demandeur ni le défendeur ne revendiquent rien l'un contre l'autre. — Supposons, au contraire, que l'une des parties, le demandeur ou le défendeur, peu importe, possédant une étendue de terrain plus grande que celle énoncée dans ses titres, prétende avoir acquis, par la prescription de trente ans, tout ou partie du fonds dont le bornage est demandé; oh! alors, c'est bien la propriété qui est contestée, la propriété respective des héritages limitrophes et entre les parties elles-mêmes qui figurent dans l'action en bornage; le juge de paix ne pourrait statuer sur cette action qu'en tranchant cette question de propriété: donc il est incompétent. »

52. Mais y aurait-il contestation de propriété dessaisissant le juge de paix, dans le cas où l'une des parties invoquerait seulement la possession annale, pour obtenir une plus grande étendue de terrain que celle énoncée dans ses titres?—Le moyen déduit de la simple possession annale ne paraît pas à M. Demolombe constituer, dans une action en bornage, une contestation sur la propriété ou sur les titres : opposer seulement la possession annale, ce n'est pas se prétendre propriétaire, c'est plutôt avouer que l'on n'est que simple possesseur d'une portion de terrain au delà de ses titres; or, le bornage a précisément pour but de faire rentrer les possessions respectives dans les limites déterminées par les titres. — « A plus forte raison, en serait-il de même, continue l'honorable auteur, si l'une des parties prétendait seulement que le bornage doit avoir lieu d'après l'état de sa possession actuelle, et qu'elle n'y consent qu'à cette condition. On peut très-bien, en effet, se passer de son consentement, dès que l'on se trouve dans les conditions déterminées par la loi pour que le bornage soit obligatoire (art. 646);

or, la partie qui prétend seulement que le bornage doit avoir lieu d'après la ligne de ses possessions actuelles, dont l'étendue est plus grande que celle énoncée dans ses titres, sans d'ailleurs invoquer, pour justifier cet excédant et cette surmesure, une cause acquisitive de propriété, cette partie ne saurait se placer, par une telle prétention, en dehors des conditions de l'action en bornage; car il n'y a là aucune contestation sur la propriété et sur les titres. — M. le conseiller Mesnard a très-justement remarqué (1) que la partie, dans ce cas, ne faisait que se débattre contre l'inévitable effet du bornage, qui, en pareille circonstance, aboutit à des reprises pour ramener précisément la jouissance dans les limites de chaque titre. »

53. Les développements qui précèdent peuvent servir à décider la question de savoir si le juge de paix doit se déclarer incompétent, lorsque les parties ne sont pas d'accord sur la ligne divisoire de leurs héritages et sur le lieu où les bornes doivent être plantées. — De deux choses l'une : ou ce désaccord ne se traduit en aucune revendication directe ni indirecte, et alors la contestation, en tant qu'elle porte sur le lieu où les bornes devront être plantées, n'est qu'un des incidents naturels de l'action en bornage qui a précisément pour but, ainsi que nous venons de le dire, de ramener les possessions dans les limites énoncées par les titres, et d'opérer ainsi des reprises et des restitutions, contre lesquelles les parties opposent toujours, plus ou moins, des objections et des résistances qui sont naturelles, sans doute, de leur part, mais qui ne sauraient entraver la compétence du juge de paix; autrement, la juridiction de ce magistrat serait à la discrétion des parties, et elle n'existerait qu'autant que celles-ci serait d'accord constamment en tout et pour tout, c'est-à-dire qu'elle serait véritablement anéantie! — « En règle générale, le juge de paix doit se déclarer incompétent, lorsque la propriété ou les titres qui l'établissent sont contestés. Ce sont là les termes de la loi, et il n'appartient pas au juge de paix de décider jusqu'à quel point la contestation est fondée, et si la prétention doit ou non réussir. — Telle est la règle qu'il nous paraît prudent de suivre, et dont il ne faudrait s'écarter que dans le cas où la prétendue contestation non motivée et dépourvue de toute apparence de fondement ne serait manifestement qu'un prétexte imaginé pour entraver l'action en bornage, car si la contestation

---

(1) Dans son rapport à la Cour de cassation sur l'affaire qui a donné lieu à l'arrêt du 19 novembre 1845, voir ci-après, n° 59.

n'était pas sérieuse, le juge de paix devrait se déclarer compétent. — D'ailleurs, il est bien clair que la contestation de propriété n'est assujettie à aucune formule obligatoire ; et il n'est même pas nécessaire qu'elle soit exprimée en termes formels. Il suffit, pour que le juge de paix soit incompétent, que l'action en bornage, comme l'a dit M. le conseiller Mesnard dans son rapport déjà cité, doive aboutir à des résultats qui ne pourraient être légitimement attendus que d'une action en revendication. »

54. MM. Dalloz, dans leur *Répertoire*, nouvelle édition, au mot *Bornage*, nos 38 et 39, examinent aussi la question et la résolvent en ces termes : — « Mais suffit-il au défendeur, pour rendre le juge de paix incompétent, de déclarer d'une manière vague qu'il conteste les titres et la propriété de son adversaire ? Au premier aperçu, il semble équitable de décider cette question négativement, et c'est d'ailleurs ainsi que M. Curasson (t. II, p. 452) l'a résolue. Toutefois, nous croyons qu'on ne doit pas exiger davantage, et qu'en restant dans les termes de la loi, le défendeur ne peut être taxé de manquer de précision dans ses moyens. Devant une telle défense, que fera, en effet, le juge ? Déclarera-t-il que l'allégation du défendeur est mal fondée, qu'elle est sans valeur en ce qu'il ne dit pas si c'est la qualité du demandeur qu'il entend contester, ou sa possession ou ses titres ? Mais, par une pareille sentence, il entrerait manifestement dans le fond du droit, ce qu'il n'a pas droit de faire sans excéder sa compétence. Le juge de paix doit donc, dans ce cas, renvoyer les parties à se pourvoir devant les juges compétents. Il est, sans doute, de son devoir de faire au défendeur les observations qu'il jugera utiles, s'il le croit engagé dans une mauvaise voie; mais là se borne, selon nous, son autorité. — M. Curasson (t. II, p. 452) fonde l'opinion contraire sur ce que, d'après la jurisprudence, les juges correctionnels et de police devant lesquels un prévenu élève une question de propriété peuvent examiner le mérite de cette exception préjudicielle. Mais, d'une part, ce n'est pas d'après la jurisprudence admise sur ce point de droit criminel qu'on doit juger une question de droit civil. Ensuite l'analogie n'existe point, car le jugement correctionnel ou de police reste sans influence sur la question de propriété, tandis que la fixation du bornage peut engager gravement cette question. En troisième lieu, il ne faut point perdre de vue que les exceptions de propriété sont élevées souvent par des gens sans feu ni lieu, et qu'elles ne forment que des moyens purement dilatoires, que le juge n'examine que sous ce simple aspect. On peut fonder une objection plus décisive sur la jurisprudence de

la Cour de cassation qui a appliqué le principe dont il vient d'être parlé à la question de savoir si un acte administratif, produit devant les tribunaux civils, présente ou non de l'obscurité. La Cour décide que, si le sens d'un pareil acte paraît exempt d'incertitude, il n'y a pas lieu à surseoir jusqu'à ce que le sens de l'acte ait été déclaré par l'administration. Mais, outre que nous nous sommes plusieurs fois élevé contre cette doctrine, la solution ne repose point sur des éléments identiques, et le juge ne saurait, contre le gré d'une partie qui conteste la propriété de son adversaire, donner une délimitation qui suppose qu'il n'y a aucune controverse touchant la propriété et qui peut influer sur elle. »

55. M. Millet qui, dans son estimable *Traité sur le bornage*, résume la doctrine de tous les auteurs, combat avec force la distinction faite entre l'*action en bornage*, et l'*action en délimitation*. — Il démontre que l'action en bornage est toujours une action pétitoire : — « Plusieurs actions, dit-il, essentiellement pétitoires ont été attribuées à l'élagage des arbres et des haies, à la distance prescrite pour les plantations, les actions relatives aux constructions et travaux énoncés dans l'article 674 du Code Napoléon, lorsque la propriété ou le droit de mitoyenneté n'est pas contesté. L. 1838, art. 6.

56. « Tous les pouvoirs sont délégués par la loi aux juges de paix, pour juger ces actions et aussi l'action en bornage qui participe de la même nature, mais à une condition : c'est que, si la servitude, les titres, la propriété sont contestés, la compétence du juge de paix *s'arrête*. — Les tribunaux de canton sont dès lors juges du pétitoire, mais d'un pétitoire restreint et soumis à de certaines conditions. »

57. « Il ne faut pas confondre, dit ailleurs l'honorable auteur, les voies d'instruction, les moyens employés pour arriver à tel résultat, avec la fin proposée. — Ainsi, l'on ne doit pas prendre l'arpentage pour le bornage, car alors on tomberait dans une grande méprise, puisque l'on prendrait le moyen pour la fin, l'arpentage n'étant jamais et ne pouvant jamais être qu'un moyen d'arriver au bornage. — Au surplus, quand un bornage est demandé, que doit-on faire? On doit suivre la marche indiquée dans tous les temps et par tous les auteurs; on doit procéder au mesurage des terres, seul moyen efficace d'obtenir ce que l'on demande. — A l'égard de l'action en revendication, on ne peut pas s'y méprendre et la confondre avec la demande en bornage. — Pour agir en revendication, il faut qu'un tiers se soit emparé de notre propriété, que ce tiers en soit en possession, que celui-là qui détient la chose d'autrui soit connu et que, de plus, le propriétaire revendiquant soit en état de prouver que la propriété qu'il réclame est bien la sienne ; cette preuve doit être administrée de manière à ne laisser aucun doute : telles sont les conditions exigées pour que la revendication soit admise, soit fondée. — En matière de bornage, au contraire, il suffit de s'adresser à ses voisins pour exercer cette action ; on n'a pas besoin de dire que l'on a ou que l'on n'a pas sa contenance, qu'on éprouve en un mot un déficit. Si ce déficit est énoncé, on n'est pas forcé de le préciser, parce que, dans cette action, il ne s'agit jamais que de règlement de limites. — Une autre anomalie qui frappe bien plus encore est celle qui concerne le détenteur de l'héritage revendiqué, de la portion de cet héritage, si l'on veut. — En bornage, il est presque toujours inconnu ; on ne sait pas effectivement si c'est le voisin de droite, celui de gauche qui a ce qui manque ; il arrive souvent que ce n'est aucun d'eux, ou parce qu'ils n'ont que leur compte, ou que le déficit se trouve dans des pièces de terre d'arrière-voisins. — Dès lors, impossibilité de désigner, de déterminer, au moment de la demande, la chose réclamée ; on ne le peut pas, tout dépendant d'une opération matérielle, d'une vérification. — C'est donc à tort que l'on qualifierait de *revendication* la demande en bornage ayant pour cause un manque de contenance, un déficit. »

58. Ailleurs encore, M. l'ancien juge de paix de Sissonne pose la question suivante : « Y a-t-il contestation sur le titre, quand le juge de paix est appelé à prononcer entre deux titres présentés, attribuant à un même fonds deux contenances différentes, si le voisin demande l'application du titre à contenance moindre et que le propriétaire du fonds résiste et prétende le contraire ? » — M. Millet soutient qu'il ne s'agit dans cette espèce que d'une simple application de titre ; qu'il n'y a pas là de contestation de propriété ou de titre, puisque ceux représentés sont reconnus et inattaqués ; que le juge n'a qu'une seule chose à faire, donner la préférence à l'un ou à l'autre ; que si, au possessoire, le juge a le droit d'interpréter et d'appliquer les titres, de puiser même dans les moyens du pétitoire les motifs de sa décision, de baser en un mot son jugement sur les titres, il le peut bien plus encore, dès lors qu'il est juge du pétitoire. — Curasson, dit M. Millet, se prononce dans ce sens : « Les titres qu'il s'agit d'appliquer seront anciens et souvent obscurs, soit pour les contenances, soit pour les limites ; les titres peuvent être nombreux, il s'agira d'en faire le choix ; une partie soutient que c'est à l'un plutôt qu'à l'autre qu'il faut s'attacher : l'adversaire

élève sur ce point des prétentions absolument opposées ; mais ce ne sont que des difficultés inhérentes à l'action en bornage et qui ne peuvent entraver la compétence du juge investi de la connaissance de ces actions. » (T. II, n° 12, p. 339.) — M. Benech, au contraire, donne le conseil aux juges de paix de renvoyer, dans ce cas, devant le tribunal d'arrondissement ; il formule ainsi la difficulté : « J'ai reconnu votre qualité de propriétaire ; le juge de paix a ordonné son transport sur les lieux pour faire procéder à l'arpentage et présider à la plantation des bornes ; là, je soutiens que votre titre ne vous donne droit qu'à une contenance de cinq arpents, tandis que vous prétendez à une contenance de dix ; le juge de paix pourra-t-il statuer sur cet incident ? Est-ce là, de ma part, contester votre propriété ou votre titre ? Dans la rigueur des termes on pourrait peut-être décider que le juge de paix a le droit de prononcer. Cependant il nous paraît qu'il se conformera mieux à l'esprit de la loi nouvelle, en renvoyant les parties à se pourvoir à ce sujet. Il ne pourrait lui-même vider le différend qu'en se livrant à l'interprétation des clauses des actes ; cette interprétation peut présenter des difficultés sérieuses, et le législateur n'a pas entendu lui soumettre des questions de ce genre qui pourraient, d'ailleurs, dans certains cas, offrir la plus haute importance par la quotité de contenance contestée. » — Curasson s'étonne de ce langage de M. Benech, quand un peu plus loin M. Benech reconnaît aux tribunaux de paix des attributions bien autrement larges, et le réfute en ces termes : « Mais la question de savoir si, d'après l'application des titres, les juges de paix doivent attribuer telle ou telle contenance, n'est-elle donc pas accessoire au bornage ? S'il en était autrement, à quoi aboutirait cette action, dans laquelle chacun des colitigants est demandeur, relativement à la contenance qu'il prétend avoir, et défendeur, quant à celle que, de son côté, le voisin croit devoir lui être attribuée ! Débattre sur le plus ou moins de contenance, ce n'est donc point contester la propriété du fonds ni les titres qui l'établissent, c'est seulement fournir des moyens pour éclairer les experts et les juges chargés de déterminer la ligne de séparation où doivent être placées les bornes. » T. II, p. 240.

§ 3. — Examen des décisions rendues sur la compétence en matière de bornage.

59. Il nous reste à citer, d'après l'opinion des auteurs, l'opinion de la Cour souveraine. — Le premier arrêt de la Cour de cassation

sur l'interprétation de la loi de 1838, relativement à la compétence des juges de paix en matière de bornage, est du 1ᵉʳ février 1842. — Citation avait été donnée par un voisin à son voisin, à fin de bornage de leurs propriétés ; le défendeur comparut, déclarant qu'il consentait à ce qu'il fût procédé au bornage, mais qu'il repoussait la *ligne divisoire* indiquée par le demandeur. Le juge de paix ordonna une visite des lieux pour rechercher, en présence des parties, les limites respectives ; mais, au moment de cette vérification, le défendeur opposa l'incompétence, en se fondant sur ce qu'il y avait contestation sur la ligne divisoire, et conséquemment sur l'étendue et la contenance des propriétés limitrophes. — Le juge de paix passa outre ; mais, sur appel, le tribunal de première instance jugea qu'il avait excédé les bornes de sa compétence. — Un pourvoi fut dirigé contre ce jugement; la Cour de cassation : « Attendu qu'il était constaté qu'il y avait absence de titre et que les parties contestaient sur l'étendue respective de leurs héritages limitrophes, ce qui donnait évidemment lieu à une question de propriété, » rejeta le pourvoi.

60. Le deuxième arrêt de la Cour suprême est du 12 avril 1843. Il résulte de cet arrêt qu'à quelque phase de la procédure que se présente la contestation de la propriété et quand même elle ne serait élevée que dans une seconde audience et après un jugement qui aurait ordonné le transport sur les lieux contentieux, le juge de paix doit se déclarer incompétent, et que c'est sans fondement qu'une sentence du juge de paix aurait considéré comme vague la contestation de propriété et par suite passé outre, lorsque cette contestation avait été soulevée en termes exprès et que le juge de paix en avait lui-même donné acte, le défaut d'indication des motifs sur lesquels l'exception de propriété pouvait être appuyée s'expliquant suffisamment par la considération que l'appréciation de ces motifs est, comme la propriété elle-même, hors de la compétence du juge de paix.

61. Un troisième arrêt, du 19 novembre 1845, décide qu'il n'y a contestation ni sur la propriété, ni sur les titres qui l'établissent, et que, par conséquent, le juge de paix est compétent pour procéder au bornage, lorsque la partie contre laquelle cette opération est demandée, sans contester les titres et en reconnaissant la contenance y indiquée, déclare ne consentir au bornage qu'à la condition qu'il aura lieu dans les limites de sa possession actuelle et ensuite s'abstient d'assister à l'enquête, malgré la sommation qu'elle en a reçue. — Dans cette espèce, la défenderesse s'était bornée à

dire qu'elle n'avait pas trop de terrain, qu'elle consentait au bornage demandé, pourvu qu'il eût lieu dans les limites actuelles de sa possession ; que s'il y avait à faire des reprises sur sa propriété, elle ne consentirait pas au bornage. — La Cour décide que par l'effet du bornage intervenu, la demanderesse en cassation ayant obtenu toute la contenance que lui assurait son titre et à laquelle elle avait elle-même prétendu, la difficulté qu'elle avait soulevée pendant les opérations du bornage, relativement à la possession actuelle d'une contenance plus considérable, n'ayant point pour objet de donner à cette prétendue possession le caractère nécessaire pour en faire un élément d'acquisition de la propriété, ne pouvait pas être considérée comme une contestation portant sur les titres et la propriété.

62. Le 25 juillet 1848, il est décidé par un autre arrêt, qu'en matière de bornage, la contestation sur la propriété qui rend le juge de paix incompétent, et notamment l'opposition de la prescription et la négation contraire au titre, de l'existence d'une rivière sur un pré attribué à l'une des parties, peut être élevée en tout état de cause, même après une descente sur les lieux et une expertise.

63. Le 19 juillet 1852, un arrêt juge que la convention par laquelle, à l'occasion d'une action possessoire, les parties consentent devant le juge de paix à nommer des experts pour fixer les limites de leurs propriétés contiguës, sauf l'homologation du juge de paix, convertit l'action en complainte en une action en bornage, et que le juge de paix reste compétent pour prononcer, alors même que les parties seraient en désaccord sur les limites respectives de leurs héritages, si les titres de propriété ne sont pas contestés et si, par exemple, il s'agit simplement de les appliquer aux propriétés soumises au bornage, pour vérifier s'il y a eu usurpation sur une des deux propriétés voisines. Le jugement, objet du pourvoi, constatait que, devant le juge de paix saisi de l'action en complainte, les parties étaient convenues, pour éviter toutes contestations, de nommer des experts à l'effet de procéder au bornage de leurs propriétés, de reconnaître s'il y avait eu usurpation, d'estimer le dommage et de déposer leur procès-verbal au greffe de la justice de paix pour recevoir l'homologation. Le juge de paix, considérant le rapport des experts comme un simple avis, se transporta sur le terrain litigieux et procéda lui-même à une plantation de bornes qui diminua l'étendue du terrain que les experts avaient reconnu appartenir au défendeur.

64. Enfin, le 28 mars 1855, dernier arrêt qui juge que l'article 6, § 2, de la loi du 25 mai 1838, d'après lequel les juges de paix ne sont compétents pour connaître des actions en bornage qu'autant que la propriété ou les titres ne sont pas contestés, suppose une contestation sérieuse et non une simple dénégation dictée par un esprit de chicane et de mauvaise foi. Ainsi, le juge de paix saisi d'une action en bornage reste compétent, malgré la déclaration du défendeur, qu'il conteste les titres produits, si aucun motif n'est articulé à l'appui de cette contestation, et alors surtout que la contenance des deux propriétés à borner ayant été constatée dans un jugement passé en force de chose jugée, toute contestation à ce sujet est désormais impossible.

§ 4. — Notre opinion sur la compétence des juges de paix en matière de bornage.

65. Il résulte de tous les documents fournis par les rapports qui ont préparé la loi de 1838 et la discussion de cette loi, que ce sont des *attributions judiciaires* qui ont été données au juge de paix en matière de bornage ; qu'en lui déférant les actions en bornage, la législation a voulu qu'il prononçât sur une contestation, et non pas qu'il dressât un simple procès-verbal. — Dès lors, il est évident que son rôle ne peut être réduit à poser des bornes en présence des parties d'accord sur leur placement, c'est-à-dire sur l'étendue de leurs propriétés ; car, du moment où une partie ne consent pas à ce que leurs bornes soient placées sur les points indiqués par l'autre partie, il y a désaccord sur l'étendue de la propriété. — Mais ce n'est pas une raison pour qu'il y ait contestation sur la propriété ; pour que, comme le dit le numéro 2 de l'article 6 de la loi de 1838, *la propriété ou les titres qui l'établissent soient contestés.* — Ce que la loi a entendu par *propriété contestée,* c'est une prétention à telle ou telle portion de terrain, fondée sur un moyen de droit, sur un moyen d'acquérir la propriété.

66. Quant aux titres, ainsi que le dit l'arrêt de la Cour de cassation, la condition de titres contestés sainement entendue ne peut s'appliquer qu'à une contestation sérieuse qui présente quelque apparence de fondement, et non à une simple dénégation, qui peut être dictée par un esprit de chicane et de mauvaise foi. Le décider autrement serait réduire le juge de l'action en bornage à la condition d'un simple expert qui accomplirait sur le terrain une opération matérielle : telle n'a pu être la volonté de la loi.

67. Ainsi, il faut, pour dessaisir le juge de paix, que l'une des parties dise : Cette portion de terrain revendiquée par mon adversaire m'appartient, parce qu'elle est comprise dans mon titre, ou parce que le titre qui m'est opposé n'est pas valable; et, encore, comme le fait observer M. Demolombe, le juge de paix ne serait pas dessaisi, parce que l'une des parties prétendrait que le terrain revendiqué par l'autre appartiendrait *à un tiers ;* celui qui possède comme propriétaire est, en effet, propriétaire à l'égard de tous ceux qui ne prétendent pas eux-mêmes à la propriété du fonds qu'il détient.

68. Si les titres qu'il s'agirait d'appliquer étaient obscurs, soit relativement aux contenances, soit relativement aux limites; si les parties contestaient sur leur application, ou si elles soutenaient que ce serait à l'un plutôt qu'à l'autre qu'il faudrait s'attacher, nous ne dirions pas, avec MM. Millet et Curasson, que le juge de paix pourrait passer outre; nous ferions une distinction : ou la compétence du juge de paix serait déclinée par une des parties, qui se fonderait sur des moyens plausibles et qui signalerait dans l'application des titres de véritables difficultés, et alors le juge de paix devrait se déclarer incompétent; ou les motifs sur lesquels serait fondée la demande de renvoi n'auraient rien de sérieux; ou, enfin, tout en élevant des difficultés sérieuses sur l'application des titres, aucune des parties ne demanderait le renvoi; dans ces deux derniers cas, le juge de paix devrait retenir la cause. — M. Millet nous paraît être allé beaucoup trop loin dans les pouvoirs qu'il attribue au juge de paix en matière de bornage. Il semblerait que, suivant son opinion, un titre ne fût contesté, dans le sens de la loi de 1838, que lorsqu'on s'inscrirait en faux contre lui s'il était authentique, ou qu'on en méconnaîtrait les signatures s'il était sous seing privé, ou qu'on l'arguerait de nullité ou qu'on prétendrait qu'il n'est pas un acte de propriété, qu'il ne confère qu'un droit de détention précaire. Ce n'est pas seulement cela que la loi a entendu dire par *titre contesté.* Lorsqu'elle a dit que la compétence du juge de paix n'existerait, en matière de bornage, que *lorsque la propriété ou les titres qui l'établissent ne seraient pas contestés,* elle a compris, dans ces expressions, toute contestation sérieuse qui s'élèverait sur le droit de propriété, sur l'application des titres, et aussi bien sur leur contenu que sur leur forme. L'interprétation que donnent à la loi tous les documents législatifs et les arrêts de la Cour de cassation s'accorde à fixer ainsi le sens du numéro 2 de l'article 6 de la loi de 1838, et c'est aussi l'opinion de presque tous les auteurs qui ont écrit sur la matière.

69. Si, au lieu d'un titre, l'une des parties opposait la prescrip-

tion ou tout autre moyen par lequel elle aurait acquis droit à la propriété de la portion de terrain contestée, le juge de paix devrait se dessaisir.

70. Mais le moyen déduit de la simple possession annale constituerait-il dans une action en bornage une contestation sur la propriété ? Non, dit M. Demolombe, dans l'extrait de son *Cours*, cité plus haut : proposer la possession annale, ce n'est pas se prétendre propriétaire, c'est plutôt avouer que l'on n'est que simple possesseur au delà de ses titres. — Nous accédons à cette opinion, pourvu, bien entendu, que la possession annale ne soit pas opposée comme simple moyen de repousser une action possessoire, et que celui qui l'oppose soit mis en demeure de s'expliquer sur ses titres ou sur les autres moyens par lesquels il aurait acquis la propriété ; ce qui arrivera toutes les fois que l'action aura eu, dès le principe, ou aura pris ensuite le caractère d'une véritable action en bornage.

71. Ainsi, en résumé, si l'une des parties en instance ne présente pas ses titres en disant : Je conteste, et en appuyant sa contestation d'un motif plausible, ou si elle ne se base pas sur une prescription également fondée en apparence, le juge de paix peut passer outre ; mais il doit s'arrêter devant toute contestation basée sur un titre ou sur un moyen d'acquérir la propriété qui aurait la moindre apparence de fondement et de réalité.

SECTION III. — *Devant quelle justice de paix ou quel tribunal doit être portée l'action en bornage ? — Quid, si les héritages qu'il s'agit de borner sont situés dans deux cantons ou dans deux arrondissements différents ?*

72. D'après les articles 2 et 3 du Code de procédure civile, en matière purement personnelle et mobilière, la citation en justice de paix doit être donnée devant le juge de paix du domicile du défendeur ; mais lorsqu'il s'agit de déplacement de bornes, d'*usurpation de terres, arbres, haies et autres clôtures*, elle doit être donnée devant le juge de paix de la situation de l'objet litigieux. — L'article 59 du même Code, sur les ajournements devant le tribunal civil de première instance, veut aussi que le défendeur soit assigné devant le tribunal de son domicile, en matière personnelle, et devant le tribunal de la situation de l'objet litigieux, en matière réelle. — Or, quoique quelques auteurs aient prétendu que l'action en bornage était une action purement personnelle, nous croyons avoir démontré qu'elle a plutôt un caractère réel (V. ci-dessus n° 24). D'ailleurs, le Code, en plaçant l'obligation du bornage au nombre des servitudes, en a fait, par là même, une obligation réelle. Il n'existe pas, en effet, et il ne peut exister, sous notre législation, de servitudes personnelles. Une servitude, dit l'article 637 du Code Napoléon, est une *charge imposée sur un héritage pour l'usage et l'utilité d'un héritage appartenant à un autre propriétaire.* — Tous les motifs existent donc pour que l'action en bornage ne puisse être portée que devant la justice de paix ou devant le tribunal civil de la situation des deux héritages entre lesquels le bornage doit être opéré.

73. Mais quel sera le juge de paix ou le tribunal compétent, si les héritages qu'il s'agit de borner sont situés dans deux ou plusieurs cantons ou arrondissements différents? — M. Millet, après avoir fait observer que l'opération du bornage est indivisible, repousse une opinion précédemment émise, d'après laquelle le juge de paix du défendeur, se fondant sur l'article 1035 du Code de procédure civile, relatif à la délégation des pouvoirs des tribunaux, après avoir ordonné le bornage, chargerait le juge de paix du demandeur de procéder à l'opération, soit par lui-même, soit par des experts à sa nomination, et dont il recevrait le serment. — L'indivisibilité étant bien établie, M. Millet en conclut qu'un seul et unique juge doit connaître, dans ce cas, du bornage; des difficultés matérielles peuvent se présenter, et il n'y a que le juge primitivement saisi qui puisse les apprécier. Le juge de paix qui doit aussi opérer sur les deux cantons est, suivant M. Millet, le juge de paix du défendeur, devant lequel la demande doit être portée. — L'honorable auteur ne dit pas sur quel motif son choix se fonde; c'est sans doute sur la règle générale que la citation doit être de préférence donnée devant le juge du domicile du défendeur. (C. proc., art. 2 et 59.) — Mais un autre mode de procédure a été indiqué par Carré (*De la compétence*, n° 230), et par Chauveau sur Carré (*Lois de la procédure*, n° 258 *bis*). — « Si les héritages qu'il s'agit de borner, dit Carré, sont situés dans plusieurs arrondissements, l'action en bornage sera suivie devant le tribunal dans le ressort duquel se trouvera l'exploitation principale ou la partie des biens qui présentera de plus grands revenus d'après la matrice du rôle. » C'est sur une disposition analogue de l'article 2210 du Code Napoléon, relative à la vente forcée des biens situés dans plusieurs arrondissements, que cette opinion est fondée, et sur l'article 1er de la loi du 15 novembre 1808, pour les expertises en fait de payement des droits de mutation et d'enregistrement. — Quant à M. Chauveau, il pose et résout ainsi la difficulté : « Quel est le tribunal compétent pour connaître d'une action en bornage, si les héritages qu'il s'agit de borner sont situés dans divers arrondissements? Si les héritages font partie d'une même exploitation, ce sera le tribunal du chef-lieu de l'exploitation ; à défaut du chef-lieu, ou si les biens sont absolument distincts, ce sera celui où se trouve la partie des biens qui présente le plus grand revenu d'après la matrice du rôle ; c'est du moins la règle que l'on peut induire de la disposition analogue de l'article 2210 du Code Napoléon. »

74. Nous croyons, avec M. Millet, que l'indivisibilité du bornage exige la participation d'un seul juge à l'opération tout entière; mais, comme la compétence du juge de paix du défendeur n'est la règle générale qu'en matière personnelle et mobilière, qu'au contraire le juge compétent en matière réelle est celui de la situation de l'objet litigieux, il nous semble que les dispositions qui ont de l'analogie avec le cas dont nous nous occupons doivent être suivies de préférence, et que c'est, par conséquent, devant le juge dans le ressort duquel se trouve la partie des biens présentant le plus grand revenu que l'action doit être portée.

75. Quant à l'étendue des biens dont le revenu sera la règle de la compétence, elle devra comprendre non pas seulement les lisières des terrains à borner, mais chacune des deux propriétés entières, au moins des deux corps de ferme ou d'exploitation dont il s'agirait de fixer les limites.

SECTION IV. — *La compétence du juge de paix peut-elle être prorogée en matière de bornage?*

76. Il est généralement admis que la prorogation de juridiction ou de compétence n'est permise que lorsque le juge est compétent à raison de la *matière*, et, par conséquent, lorsqu'il s'agit d'étendre le ressort relativement à l'importance du litige ou la juridiction relativement au domicile des parties. — Avant la loi de 1838, l'incompétence du juge de paix, pour prononcer sur les actions en bornage, était une incompétence à raison de la matière ; mais la connaissance de ces mêmes actions ayant été attribuée aux juges de paix par cette loi, ils ne sont plus incompétents à raison de la matière même pour prononcer sur les questions de propriété qui peuvent s'élever. — En effet, le juge de paix, sans que même sa juridiction soit prorogée, peut avoir, en établissant la délimitation, à attribuer telle ou telle portion de propriété à l'une ou à l'autre des parties, pourvu que celles-ci ne contestent pas, et quoique cependant elles ne soient pas d'accord. Le juge a donc, d'après la loi elle-même, pouvoir de prononcer sur les questions de propriété en matière de bornage; il a principe d'action et dès lors, en cas de contestation soulevée, sa juridiction peut être prorogée.

SECTION V. — *Exceptions aux règles de compétence.* — *Bornage entre les communes et les particuliers.* — *Chemins vicinaux.* — *Terrains militaires.* — *Délimitation du territoire entre deux communes.* — *Délimitation des forêts de l'Etat.*

77. En règle générale, le bornage entre les propriétés de l'Etat et celles des particuliers doit être opéré par les tribunaux ordinaires. — Ainsi, il a été jugé que les tribunaux sont compétents pour connaître des actions en bornage formées par les communes contre les propriétaires des héritages contigus aux chemins vicinaux. (Cass., 25 nov. 1831.) — « Que l'autorité judiciaire est seule compétente pour fixer le bornage d'un étang, bien que les propriétés riveraines aient été vendues par l'Etat comme nationales. » (Rennes, 30 mai 1816.) — Que même le bornage d'un domaine national, opéré par le préfet, ne met pas obstacle à ce que la délimitation de ce domaine soit remise en question devant les tribunaux. Ord. du Cons. d'Etat, 3 janv. 1828.

78. Toutefois, certaines dépendances du domaine public, les routes, les terrains militaires dans les places de guerre et les ports militaires, ne peuvent être délimités que par l'autorité administrative. — Ainsi, il n'appartient qu'au ministre de la guerre de fixer, pour les places de guerre, les capitales d'après lesquelles on doit mesurer les distances légales et placer les bornes prescrites par la loi du 17 juillet 1819, article 6, relative aux servitudes imposées à la propriété pour la défense de l'Etat. (Ord. du Cons. d'Etat, 2 nov. 1832.) — Les tribunaux sont également incompétents pour décider, par interprétation des actes de délimitation des fortifications d'une ville, jusqu'où doivent s'étendre ces fortifications et, par exemple, si certains points des promenades d'une ville sont ou non compris dans les terrains affectés au domaine militaire; ils doivent, lorsqu'ils en sont requis, surseoir à statuer et renvoyer l'interprétation de ces actes devant l'autorité administrative.

79. Quant à la délimitation de territoire entre deux communes, elle n'a aucun rapport avec l'action en bornage proprement dite ; elle est même étrangère à toute question de propriété et ne peut être qu'un acte du pouvoir législatif ou exécutif.

80. Aux termes du Code forestier, c'est par les agents de l'administration forestière que doit être faite la délimitation des forêts appartenant à l'Etat, à la couronne, aux communes, aux établissements publics, ainsi que de celles possédées par les princes à titre d'apanage, ou par des particuliers à titre de majorat réversible. C. proc., art. 10, 11, 124, 125, 129 et 130; ord. réglement., 1er août 1827, art. 37 et suiv.

CHAPITRE III. — A qui appartient l'action en bornage et contre qui peut-elle être intentée? — Usufruitier, fermier, tuteur, mari, etc.; préfets, maîtres, administrateurs, arrière-voisin.

SECTION Ire. — *Droit de l'usufruitier, de l'usager, de l'emphytéote quant à l'action en bornage, et à la défense à cette action.*

81. L'usufruitier peut-il exercer l'action en bornage? — On a beaucoup discuté sur cette question : les uns, considérant l'action en bornage comme essentiellement réelle, ont refusé à l'usufruitier le droit de l'exercer. Nous ne comprenons pas, quant à nous, ce motif : le droit réel, dit-on, ne peut appartenir qu'au maître de la chose. Mais l'usufruitier peut aussi être considéré comme maître de la chose, ou au moins d'une partie de la chose; il a un droit dans la chose, *jus in re*. Aussi, il ne s'agit pas pour nous d'examiner si l'usufruitier a le droit d'intenter l'action en bornage, mais comment il doit l'intenter.

82. Cependant, les autorités qui ont émis des opinions contradictoires sur ce point sont si imposantes que nous devons les faire connaître. — Et d'abord, Toullier, voyant dans l'usufruit un démembrement de la propriété, est d'avis que l'action en bornage appartient à l'usufruitier, mais pourvu qu'il mette en cause le nu-propriétaire ; autrement le bornage ne serait que provisoire. — Carou (t. 1er, no 198) critique fortement cette opinion : « La marche tracée par Toullier, dit-il, est impraticable. L'usufruitier, n'étant pas maître de la chose, n'a pas d'action personnelle contre le voisin; il n'existe de lien qu'entre celui-ci et le propriétaire. Cependant l'usufruitier possesseur du fonds et propriétaire des fruits a un intérêt évident au bornage; mais, comme le dit Favard, le fermier et l'usufruitier ne peuvent que forcer le propriétaire à faire fixer les limites de l'héritage. » — Curasson pense, au contraire, que l'usufruitier peut, dans son intérêt personnel, intenter lui-même l'action en bornage. — M. Augier (*Le Juge de paix*, t. II, p. 277) se range

à l'opinion de Carou : « Sur quoi, dit-il, se base-t-on pour accorder à l'usufruitier le droit de réclamer le bornage ? Sur ce qu'il possède *pro suo;* mais il ne suffit pas de posséder *pro suo,* pour intenter une action en bornage, il faut posséder à titre perpétuel, car autrement (tous les adversaires de notre doctrine en conviennent) le bornage ne serait que provisoire, et il dépendrait du propriétaire d'en demander un nouveau, quand bon lui semblerait. Or, comment l'usufruitier pourrait-il obliger le voisin à faire un bornage provisoire ? — On objecte que le voisin ne peut exiger de l'usufruitier la preuve de son droit de propriété, car la possession le fait présumer propriétaire. L'erreur est manifeste; un fermier a la possession tout aussi bien qu'un usufruitier; si le voisin ne pouvait exiger de lui la preuve de son droit de propriété, l'action en bornage lui compéterait donc; cependant, il n'est pas un jurisconsulte qui ne la lui refuse. — En invoquant d'ailleurs, pour l'usufruitier, la présomption de propriété qui résulte de la possession, on reconnaît implicitement que le titre de propriétaire est indispensable pour l'exercice de cette action; mais alors, ce n'est plus l'usufruitier, c'est le propriétaire présumé qui agit; et le voisin n'aura-t-il pas le droit de contester le titre qui établit la [propriété du demandeur ? — Nous pensons, comme Carou et comme Favard, que l'action en bornage, tenant essentiellement au droit de propriété, ne compète pas plus à l'usufruitier qu'au fermier; ils peuvent seulement obliger le propriétaire à faire fixer dans un temps déterminé les limites de son héritage. »

85. Dans un article remarquable de l'*Encyclopédie du droit,* au mot *Bornage,* n° 37, M. Mongis signale les inconvénients graves de la non-présence du nu-propriétaire au bornage et les conséquences qui peuvent survenir. — « Dans tous les cas, dit cet auteur, il est bon de remarquer qu'il importe toujours d'appeler en cause le propriétaire qui, évidemment, ne peut souffrir des concessions et des arrangements faits à son insu et à l'égard duquel le bornage serait réputé *res inter alios acta.* Il faut donc que le bornage soit fait contradictoirement avec lui, sans quoi il pourrait en demander un autre, à l'expiration de l'usufruit, dit Toullier; en tout temps, suivant nous, car s'il est du droit de l'usufruitier de jouir des choses d'autrui à la charge d'en conserver la substance (art. 578 C. Nap.), il entre nécessairement dans les droits du propriétaire de veiller à ce que cette substance ne soit jamais altérée par la collusion ou la négligence du tiers détenteur. L'usufruitier assumerait même une grande responsabilité, si, provoqué au bornage ou menacé d'une usurpation, il ne s'empressait point d'avertir le pro--

priétaire. Faute de cette dénonciation, il est responsable, porte l'article 614, de tout le dommage qui peut en résulter pour le propriétaire, comme il le serait des dégradations commises par lui-même. — Le bornage ainsi fait avec l'usufruitier seul n'a donc qu'un caractère provisoire, et si le propriétaire voisin veut bien faire quelque chose de définitif, il doit appeler en cause le nu-propriétaire. »

84. Si cependant, l'usufruitier ou l'emphytéote, en dissimulant leur véritable qualité, ont agi comme propriétaires et surpris la bonne foi du voisin, il peut arriver, suivant les circonstances, que la bonne foi profite à ce dernier et le conduise à la prescription de dix et vingt ans, sauf le recours du propriétaire lésé contre les auteurs de la fraude.

85. Il est bien entendu que le droit d'intenter l'action en bornage appartient encore au nu-propriétaire, alors même que tout aurait été réglé entre l'usufruitier et le voisin ; seulement on peut se demander quel serait l'effet d'un jugement qui reconnaîtrait à la nue-propriété plus ou moins de terrain qu'il n'en avait été attribué à l'usufruit. — Cette attribution purement provisoire aurait-elle force de chose jugée à l'égard de l'usufruitier ? Nous ne le pensons pas ; l'usufruitier, quant à la jouissance, n'est autre chose que le propriétaire lui-même ; la loi de celui-ci devient la loi de celui-là ; l'usufruit est un démembrement de la propriété ; or, la propriété n'est également que ce que le jugement l'a faite : il répugne qu'un droit d'usufruit s'exerce sur ce qui est jugé ne pas faire partie de la propriété soumise à cet usufruit, et l'auteur de l'usufruit n'a pu transmettre au delà de ce qu'il possédait lui-même ; l'usufruitier serait donc fondé à dire au voisin : Je n'ai pas entendu traiter à forfait avec vous de ma jouissance ; le premier bornage n'a eu qu'un objet, celui de fixer provisoirement les limites de la propriété sur laquelle devait s'étendre mon usufruit ; aujourd'hui, ce provisoire tombe devant une mesure définitive.

86. D'après M. Dalloz, *Répertoire*, nouvelle édition, au mot *Bornage*, le nu-propriétaire est admis à exercer l'action en bornage, même pendant la durée de l'usufruit et sans qu'on puisse lui opposer le bornage fait avec l'usufruitier. (Bordeaux, 23 juin 1836.) Le droit du nu-propriétaire est, en effet, entièrement indépendant de celui de l'usufruitier, et le premier ne peut être engagé par les actes du second, qu'autant qu'il les a ratifiés directement ou indirectement. Aussi, le défendeur à l'action en bornage intentée par l'usufruitier peut-il exiger que le nu-propriétaire soit mis en cause,

afin que le règlement des limites soit définitif pour les héritages contigus.

87. Notre but, en donnant ces divers extraits, a été surtout d'indiquer les motifs que l'on invoque pour ou contre les droits de l'usufruitier ; car, nous le répétons, la question nous paraît pouvoir être posée en des termes beaucoup plus simples, et la solution découlera de ces termes mêmes. — Ou l'action sera intentée par l'usufruitier seul, ou par le nu-propriétaire seul contre le voisin, ou par le voisin contre l'usufruitier seul, ou contre le nu-propriétaire seul. — Prenons d'abord pour base que l'usufruit est un démembrement de la propriété, que l'usufruitier est par conséquent propriétaire. Ce principe posé, il en résulte que l'usufruitier a le droit d'intenter l'action en bornage. Mais s'il l'intente seul contre le voisin, celui-ci pourra lui dire : Vous n'avez pas droit de propriété complète et entière ; le jugement qui interviendrait ne pourrait être opposé au nu-propriétaire ; j'exige, par conséquent, que vous mettiez le nu-propriétaire en cause. — Si l'action est intentée par le nu-propriétaire seul, le voisin pourra encore exiger que l'usufruitier soit appelé pour défendre ses droits.

88. Si l'on suppose, au contraire, que c'est le voisin qui intente l'action en bornage contre l'usufruitier seul ou contre le nu-propriétaire seul, rien n'empêchera que le jugement soit prononcé ; mais alors la décision ne sera opposable qu'à celui des deux, du nu-propriétaire ou de l'usufruitier, qui aura figuré dans l'instance contre lequel l'action aura été intentée. — Il sera difficile, en pareil cas, que devant le tribunal le voisin ne sache pas que le défendeur est seulement usufruitier ou nu-propriétaire, et qu'alors il ne mette pas en cause celui des deux qu'il a omis d'assigner ; mais s'il arrivait que le défendeur restât dans l'ignorance, le jugement qui interviendrait n'aurait d'effet qu'entre les parties présentes.

89. Nous n'admettrions même pas, avec M. Mongis, que le jugement qui reconnaîtrait à la nue-propriété plus de terrain qu'il n'en aurait été précédemment attribué par un autre jugement à l'usufruitier, dût bénéficier à l'usufruitier ; celui-ci, à notre avis, resterait toujours sous l'empire du précédent jugement rendu contre lui. Ce jugement aurait, à son égard, la force de la chose jugée et il pourrait, dans tous les cas, lui être opposé.

90. Si l'usufruitier ou l'emphytéote, en dissimulant leur véritable qualité, avaient agi comme propriétaires et surpris la bonne foi du voisin, le voisin pourrait-il, comme le dit M. Mongis, profiter de sa bonne foi pour invoquer plus tard la prescription de dix ou vingt ans contre le nu-propriétaire, suivant les circonstances, en vertu de l'article 2265 du Code Napoléon ? Oui, la prescription pourrait être invoquée puisque, d'après l'article 2265, « celui qui acquiert de bonne foi et par juste titre un immeuble en prescrit la propriété par dix ans, si le véritable propriétaire habite dans le ressort de la Cour impériale dans l'étendue de laquelle l'immeuble est situé, et par vingt ans, s'il est domicilié hors dudit ressort. » — Mais le propriétaire lésé aurait, en pareil cas, recours contre celui qui aurait ainsi laissé prendre jugement à son détriment ; c'est là une sanction de l'obligation naturelle imposée à l'usufruitier assigné seul en bornage, de désigner le nu-propriétaire, et aussi au nu-propriétaire de désigner l'usufruitier. Comme le fait remarquer M. Mongis, dans l'article cité plus haut, l'article 614 du Code Napoléon oblige l'usufruitier à dénoncer au propriétaire toute usurpation commise sur le fonds par un tiers pendant la durée de l'usufruit, et, faute de dénonciation, le rend responsable du dommage qui peut en résulter pour le propriétaire.

91. L'usager ayant aussi un droit réel sur l'immeuble affecté à sa jouissance et possédant *pro suo* peut, comme l'usufruitier, exercer l'action en bornage. Ainsi, il a été jugé qu'une commune usagère a qualité pour former une action en bornage contre les propriétaires voisins, alors surtout que le propriétaire de l'héritage asservi, mis en cause par la commune, ne s'est pas opposé à cette action. Montpellier, 14 déc. 1840.

92. Sous l'empire du Code Napoléon, l'emphytéote a également un droit réel sur l'immeuble qui a fait l'objet du contrat, et il peut exercer les actions qui en dérivent.

SECTION II. — *Droit du fermier relativement au bornage.*

93. Le fermier ne peut intenter une action en bornage ; et l'action en bornage ne peut être intentée contre lui. Le jugement qui interviendrait avec le fermier seul sur le bornage ne saurait être opposé au propriétaire. — Cependant il pourrait arriver que le fermier fût troublé dans sa jouissance, par le propriétaire ou le fermier voisin, qui prétendrait droit sur les terres formant les limites de la ferme. Du moment qu'il s'agirait d'une question de propriété, le fermier devrait, en pareil cas, avertir le propriétaire, et, s'il avait à souffrir dans sa jouissance, il pourrait forcer le propriétaire d'intenter l'action en bornage.

94. Les articles 1725, 1726 et 1727 du Code Napoléon règlent, au reste, les droits du fermier et ses obligations vis-à-vis du propriétaire, relativement au trouble apporté à la jouissance ou à la propriété des lieux qu'il occupe. — « Le bailleur n'est pas tenu de garantir le preneur du trouble que des tiers apportent par voies de fait à sa jouissance, sans prétendre d'ailleurs aucun droit sur la chose louée, sauf au preneur à les poursuivre en son nom personnel. » (Art. 1725.) — « Si, au contraire, le locataire ou le fermier ont été troublés dans leur jouissance, par suite d'une action concernant la propriété du fonds, ils ont droit à une diminution proportionnée sur le prix du bail à loyer ou à ferme, pourvu que le trouble et l'empêchement aient été dénoncés au propriétaire. » (Art. 1726.) — « Si ceux qui ont commis les voies de fait prétendent avoir quelque droit sur la chose louée, ou si le preneur est lui-même cité en justice pour se voir condamner au délaissement de la totalité ou de partie de cette chose, ou à souffrir l'exercice de quelque servitude, il doit appeler le bailleur en garantie, et doit être mis hors d'instance s'il l'exige, en nommant le bailleur pour lequel il possède. » (Art. 1727.) — Ces articles sont applicables à l'action en bornage comme à toute autre action, acte ou usurpation qui porterait atteinte au droit du propriétaire ou du fermier.

SECTION III. — *Du bornage des biens du mineur.* — *Action et défense à l'action.* — *Tuteur.* — *Autorisation.* — *Mineur émancipé.* — *Prodigue.* — *Bornage des biens des femmes.* — *Droit du mari.* — *Bornage des biens de l'État, des départements, des communes ; préfets, maires.*

95. Le tuteur peut, au nom du mineur, exercer l'action en bornage ; mais a-t-il besoin de l'autorisation du conseil de famille, soit pour provoquer le bornage, soit pour défendre à une action de bornage ? D'après l'article 464 du Code Napoléon : « Aucun tuteur ne pourra introduire en justice une action relative aux *droits immobiliers du mineur*, ni acquiescer à une demande relative aux mêmes droits, sans l'autorisation du conseil de famille. » — D'après l'article 465 : « La même autorisation est nécessaire au tuteur pour provoquer un partage ; mais il peut, sans autre autorisation, répondre à une demande en partage dirigée contre le mineur. »

96. Les auteurs conviennent en général que le tuteur ne peut intenter une action en bornage sans l'autorisation du conseil de famille, ou qu'au moins il est obligé de demander cette autorisation lorsqu'il s'élève une question de propriété. Toullier, tout en regardant l'action en bornage comme un acte d'administration qui peut être fait par le tuteur sans consulter le conseil de famille, reconnaît que l'avis du conseil doit être demandé sur les incidents qui feraient naître une question de propriété. — M. Marchand (*Code de la minorité*, n° 62) regarde l'autorisation du conseil comme nécessaire dans tous les cas : « On peut ranger, dit-il, parmi les actions immobilières, celle qui a pour objet d'obliger le propriétaire voisin du mineur au bornage de leurs propriétés contiguës, opération qui se fait à frais communs (art. 646 C. Nap.) ; le tuteur doit donc être autorisé, le bornage pouvant amener une réduction de la propriété du mineur, si, avant lui, il y avait eu anticipation. Ce n'est pas au tuteur seul qu'il appartient d'apprécier une semblable mesure ; mais il pourrait sans autorisation répondre à une action en bornage. »

97. Cette dernière opinion nous paraît beaucoup plus conforme aux articles 464 et 465 du Code : l'action en bornage est, en effet, on ne saurait élever aucun doute sur ce point, *relative aux droits immobiliers* du mineur. — En supposant qu'il n'y ait pas de contestation, il faut évidemment que le tuteur donne un acquiescement; qu'il acquiesce à ce que les bornes soient posées sur la ligne reconnue séparative entre les deux propriétés. Dès lors comment pourrait-il se dispenser de demander l'autorisation du conseil de famille, même avant d'intenter l'action et sans attendre que des prétentions à la propriété fussent soulevées ?

98. En doit-on dire autant de la nécessité de l'avis des parents, pour que le tuteur puisse *défendre* à une action en bornage, soit qu'il s'agisse encore de contester, soit qu'il s'agisse d'acquiescer ? — Quelques auteurs, assimilant la demande en bornage à la demande en partage, en ont tiré la conséquence, en s'appuyant sur l'article 465 du Code précité, que le tuteur peut défendre à une demande en bornage, sans être pourvu de l'autorisation du conseil de famille. Le bornage étant forcé, comme le partage, il y aurait peut-être lieu d'objecter qu'il a fallu une disposition exceptionnelle, pour dispenser le tuteur de l'autorisation en répondant à une demande en partage dirigée contre le mineur, et que rien de pareil n'existe à l'égard de la défense à l'action en bornage. Mais il est plus vrai de dire que l'article 464 n'exige l'autorisation du conseil de famille que pour *introduire l'action en justice*, ou pour *acquiescer* à une demande relative aux droits immobiliers du mineur : la même autorisation n'est donc plus nécessaire au tuteur pour défendre à une action. Dalloz, *Répertoire*, au mot *Minorité*, n° 625,

—Cependant, comme il peut y avoir dans le bornage *acquiescement* (C. Nap., art. 464) et presque *transaction*, sous ce rapport encore l'autorisation du conseil de famille peut paraître nécessaire (C. Nap., art. 467) au tuteur, même lorsqu'il est appelé à défendre à une demande en bornage, surtout à y acquiescer. Nous ajouterons que s'il y avait réellement *transaction*, ce qui n'arriverait qu'après contestation expresse, élevée sur les conclusions des parties, il faudrait de plus avis de trois jurisconsultes et homologation du tribunal. C. Nap., art. 467.

99. Nous avons encore à déterminer les droits et les obligations du mari en matière de bornage. — Quant au bornage des immeubles appartenant à la communauté, le mari peut intenter seul l'action, et elle peut être intentée contre lui seul : « Le mari administre seul les biens de la communauté. Il peut les vendre, aliéner et hypothéquer sans le concours de sa femme. » (C. Nap., art. 1421.) — Quant ax biens paternels de la femme, quoique le mari ait, dans la plupart des cas, droit d'en percevoir les revenus et de les administrer, même d'exercer les actions possessoires appartenant à sa femme, comme il ne peut les aliéner (C. Nap., art. 1428), l'action en bornage, ayant un caractère pétitoire, doit être intentée au nom de la femme elle-même, autorisée par son mari, de même que tous deux doivent être assignés pour y défendre. C. Nap., art. 818, 1428, 1538, 1549.

100. Cependant, sur toutes ces questions, M. Demolombe propose une distinction d'après laquelle il y aurait lieu d'appliquer à la capacité des parties, pour agir en matière de bornage, la règle que la loi elle-même du 25 mai 1838 (*Compétence des juges de paix*), art. 6, n° 2, a posée relativement aux pouvoirs du juge à l'effet de statuer. — « Ou bien, aucune question ne s'élève sur la propriété ni sur les titres qui l'établissent, et alors l'action en bornage ne tendant absolument, comme dit Pothier, qu'à conserver à chacune des parties l'intégrité de son héritage (*De la Société*, n° 232), n'est, en réalité, qu'un acte d'administration conservatoire, et elle peut être exercée sans autre autorisation, par le tuteur, par l'envoyé en possession provisoire ou par le mari lui-même, sans l'intervention de la femme. — Ou, au contraire, la propriété ou les titres qui l'établissent sont contestés; et, dans ce cas, le même motif qui fait que le juge de paix cesse d'être compétent doit faire aussi que le tuteur et l'envoyé provisoire ont besoin d'autorisation et que la femme doit être mise en cause. » — Cette distinction de l'honorable auteur ne nous paraît pas fondée : le bornage, même réduit à un simple placement de bornes et quoique aucune contestation ne s'élève sur la propriété ou sur les titres qui l'établissent, n'en est pas moins, comme nous le disions plus haut, la reconnaissance d'un droit, un acquiescement, la fixation des limites de la propriété. Il y a, nous le répétons, dans cet acte, un certain caractère transactionnel, et nous pensons qu'un tuteur devrait, non-seulement demander l'autorisation du conseil de famille pour intenter l'action ou pour y défendre, mais même se faire autoriser à consentir au placement des bornes, sans contestation sur le droit.

101. On s'étonne d'autant plus de voir M. Demolombe considérer l'action en bornage comme un simple acte d'administration, qu'aussitôt après, relativement au mineur émancipé, il lui refuse ce caractère. — « Il semblerait d'abord logique, dit-il, n° 261, d'appliquer la même distinction au mineur émancipé et à l'individu pourvu d'un conseil judiciaire et de leur accorder, en conséquence, le droit d'exercer l'action en bornage sous l'assistance de leur curateur ou de leur conseil, lorsqu'il ne s'élève aucune question de propriété. — Cette application de notre principe est toutefois ici plus délicate; on sait, en effet, que le mineur émancipé ne peut faire seul aucun autre acte que ceux de pure administration (art. 484), et que l'individu pourvu d'un conseil judiciaire ne peut, en aucun cas, plaider sans l'assistance de ce conseil. (Art. 499, 513.) — Il nous paraîtrait donc plus sûr qu'ils fussent l'un et l'autre assistés, dans tous les cas, de leur curateur ou de leur conseil. »

102. C'est par les préfets, ou contre les préfets, que doivent être intentées les actions en bornage des biens dépendant du domaine de l'Etat. Les préfets n'ont pas besoin, pour intenter les actions relatives à ces biens, de l'autorisation du Conseil de préfecture. (Avis Conseil d'Etat, 28 août 1823.) — Mais les autres administrateurs doivent être autorisés : tels sont les maires, les envoyés en possession provisoire, le curateur d'un absent, le préfet, pour les biens du département.

SECTION IV. — *Du bornage avec les arrière-voisins.*

103. L'article 646 du Code Napoléon ne semble permettre l'action en bornage qu'entre voisins : « Tout propriétaire, dit cet article, peut obliger *son voisin* au bornage de leurs propriétés contiguës. » Cependant, il arrive quelquefois que le déficit éprouvé par celui qui demande le bornage ne provient pas du voisin, ou, du moins, que l'empiétement du propriétaire immédiatement voisin a été amené par une usurpation commise par l'arrière-voisin, de sorte que la preuve du déficit dépendra surtout de la constatation de cette usurpation. — Lorsque l'opération s'étend ainsi jusqu'aux propriétés non immédiatement contiguës, elle prend le nom d'*abornement*.

104. L'arrière-voisin peut-il être cité directement, ou faut-il attendre que le défendeur au bornage l'appelle et l'introduise dans la cause ? M. Millet, dans son *Traité du bornage*, p. 255 et suivantes, résumant, suivant son habitude, l'opinion de tous les auteurs, cite en ces termes celles de MM. Dumay et Armand Dalloz : — « Dumay, dans son appendice au *Traité* de Curasson, admet la mise en cause de l'arrière-voisin, comme appartenant directement au demandeur en bornage, parce que l'inaction des propriétaires intermédiaires ne doit pas nuire à celui qui ne jouit pas de toute sa contenance. Ce dernier, à la vérité, ne sera pas recevable à appeler de prime abord en bornage la partie qui ne le joint pas immédiatement, puisque cette action ne peut procéder directement que contre le maître de l'héritage contigu ; mais il pourra, en signalant le fait au tribunal, faire ordonner la mise en cause du propriétaire ou des propriétaires voisins de son voisin. » — Armand Dalloz se prononce pour la mise en cause dans les mêmes conditions. Après avoir énoncé qu'il ne peut y avoir lieu à bornage qu'entre propriétaires dont les héritages sont contigus, il ajoute : « Cependant il peut se présenter une circonstance où des propriétaires séparés par une autre propriété peuvent être mis en cause dans un bornage provoqué entre voisins contigus. C'est le cas dans lequel le fonds non contigu aurait une superficie plus grande que celle indiquée par les titres et qu'au contraire les fonds du demandeur et du défendeur éprouveraient un déficit de contenance. » — C'est dans ce sens que s'est prononcé un jugement du tribunal de Dijon, du 25 juillet 1832.

105. Quelques autres arrêts ont été rendus sur cette question. — Ainsi, il a été jugé par la Cour de Douai, le 11 novembre 1842, qu'en matière de mesurage et de bornage, l'opération devant s'étendre jusqu'à bornes certaines, on peut appeler en cause même les propriétaires de fonds non contigus à celui du demandeur. — Un arrêt de la Chambre des requêtes, du 20 juin 1855, a décidé que le demandeur en bornage peut appeler directement dans l'instance qu'il suit contre le voisin dont la propriété est contiguë à la sienne, les propriétaires d'héritages non contigus, lorsque leur présence est indispensable pour opérer le bornage régulier des propriétés limitrophes; et qu'il n'est même pas nécessaire que cette mise enc ause des arrière-voisins ait été préalablement demandée au juge de l'action en bornage et ordonnée par lui. — Enfin, jugé encore par arrêt de la même Chambre des requêtes, du 9 novembre 1857, que le juge de paix saisi d'une action en bornage entre voisins dont les propriétés sont contiguës peut ordonner la mise en cause de tous les propriétaires des fonds compris dans le même ténement, s'il reconnaît qu'il est impossible d'opérer isolément et qu'il est nécessaire, pour procéder utilement au bornage, de mettre en présence tous ces propriétaires. Vainement, l'un des propriétaires ainsi appelés refuserait-il de produire ses titres, sous prétexte qu'il s'agit là d'un bornage général non autorisé par l'article 646 du Code Napoléon, alors d'ailleurs que ses voisins, donnant leur assentiment à l'opération, ont eux-mêmes demandé le bornage de leurs parcelles contiguës avec les siennes.

106. Cette dernière considération, tirée de l'arrêt du 9 novembre 1857, est basée sur une circonstance dans laquelle le droit d'appeler l'arrière-voisin en cause ne peut être l'objet d'aucun doute. Il est évident que le voisin qui est amené par la demande en bornage formée contre lui à provoquer en même temps, et pour arriver aux fins de la demande, le bornage d'autres propriétés contiguës à la sienne, a le droit de mettre ses propres voisins en cause. — Il est évident encore que le juge de paix peut ordonner la mise en cause de tous les propriétaires des fonds compris dans le même ténement, s'il reconnaît qu'il est impossible d'opérer isolément.

107. Mais celui qui demande le bornage a-t-il le droit de citer sur-le-champ et à la première audience l'arrière-voisin avec le voisin? L'arrêt précité de la Cour de cassation, du 20 juin 1855, l'y autorise; et, en effet, nous ne voyons pas quel inconvénient peut en découler. Si l'arrière-voisin peut être forcé de procéder, pourquoi ne le serait-il pas aussi bien sur citation prompte et directe, qu'après jugement constatant la nécessité de l'introduire dans l'instance? Dans le cas où la demande dirigée contre lui ne serait pas fondée, il ferait valoir ses moyens, et le demandeur serait condamné aux dépens à son égard; dans le cas où la demande serait fondée et où il consentirait à ce que le bornage fût fait contradictoirement avec lui, par le juge de paix, c'est-à-dire où il ne contesterait ni la propriété, ni les titres, pourquoi obliger le demandeur à un circuit d'action ou à faire ordonner par un jugement la mise en cause de l'arrière-voisin.

CHAPITRE IV. — Biens soumis au bornage. — Propriétés de l'Etat ou des communes. — Héritages séparés par un chemin, par un cours d'eau, etc.

108. Tous les fonds de terre sont sujets au bornage ; ceux qui appartiennent à l'Etat ou aux communes, comme ceux qui forment une propriété privée ; et, comme cette action engage la propriété, c'est aux tribunaux qu'elle doit être déférée, quel que soit le propriétaire de l'héritage en litige, telle est la règle générale ; et il n'y a d'exceptions à cette règle que celles que nous avons indiquées ci-dessus, n°s 77, 78 et 79.

109. Mais l'action en bornage ne peut-elle être intentée que relativement aux héritages ruraux ? Il faut répondre affirmativement à cette question, sauf à bien déterminer ce que l'on entend par héritages *ruraux* et par héritages *urbains*. Le caractère d'héritage rural ou d'héritage urbain dépend de la nature des propriétés et non de leur situation. Ainsi, si des propriétés rurales consistent uniquement en édifices, cours et jardins entourés de murs, elles ne pourront donner lieu à l'action en bornage ; si, au contraire, dans une ville se trouvent des jardins contigus, des terrains non séparés par des bornes ou signes bien sensibles, quoique appartenant à différents propriétaires, ils pourront être l'objet de l'action en bornage.

110. Le bornage, dit Pardessus, dans son *Traité des servitudes*, deuxième édition, page 296, concerne uniquement les héritages ruraux seuls, susceptibles d'une étendue qui puisse varier et qu'on ait besoin de déterminer par des bornes ; les héritages urbains consistant dans des bâtiments, quelque part qu'ils soient situés, ne sont pas susceptibles de bornage, ils sont plutôt voisins que limitrophes, et les murs qui les composent en déterminent l'étendue.

111. Tout propriétaire peut, suivant l'article 646, obliger son voisin au bornage de leurs propriétés contiguës. Il ne faut pas, ici, confondre la contiguïté avec le voisinage ; car, si deux héritages sont séparés par la propriété d'un tiers, il n'y a pas lieu à bornage entre eux. Ainsi, l'existence intermédiaire d'une rivière navigable ou flottable, d'un chemin ou de tout autre objet placé dans le domaine public ou municipal, empêche la contiguïté ; dans ce cas, chacun des héritages est plus proche de la rivière ou du chemin que de l'héritage voisin. Mais un sentier privé, un cours d'eau privé, un ravin dont l'emplacement fait partie des fonds qu'ils bordent ou traversent, ne serviraient de limites qu'autant qu'ils seraient déclarés ou reconnus tels par les titres de l'une ou de l'autre des parties; on suivrait les principes en matière de possession ou de bornage. — Le bornage ne peut donc être demandé entre deux terrains séparés par une voie publique ou par un fleuve ou une rivière navigable. — Et il n'y pas à distinguer sur ce point, entre les rivières navigables et celles qui ne sont pas même flottables, bien que les cours d'eau de cette seconde espèce puissent être considérés comme faisant une des dépendances des propriétés riveraines (C. Nap., art. 538), parce que, quelle que soit la nature du cours d'eau, il n'en forme pas moins, pour les deux propriétaires, une limite naturelle qui dispense de recourir au bornage. Néanmoins, comme le dit Pardessus, les simples ruisseaux n'empêchent pas légalement la contiguïté : *Si rivus privatus intervenit, finium regundorum agi potest.* (L. 6, ff., *Finium regundorum.*) — Cette différence de solution peut se justifier, en ce qu'il est souvent assez facile de détourner le cours d'un ruisseau qui, par ce motif, ne forme pas une limite fixe.

112. Mais le bornage pourrait être admis s'il s'agissait d'établir des limites entre une propriété privée et la voie publique elle-même. — Nous verrons au chapitre suivant si l'action en bornage peut s'appliquer aux terrains séparés par des haies, talus, fossés, ravins, etc.

CHAPITRE V. — De l'imprescriptibilité de l'action en bornage. — Des fins de non-recevoir contre la demande en bornage ; bornage précédent ; mur, haie ou fossé de séparation ; ravins, rideaux, etc. — Négation de la qualité d'héritier ou des droits de l'usufruitier, de l'usager, du mari, etc., à exercer l'action en bornage, compétence.

SECTION Ire. — *De l'imprescriptibilité de l'action en bornage.*

113. L'action en bornage, ayant un véritable caractère d'ordre public et ne pouvant d'ailleurs avoir pour résultat que de faire connaître les limites actuelles de deux propriétés voisines, est nécessairement imprescriptible. C'est l'opinion de tous les auteurs : « Quelque temps qu'on ait été sans être séparé de ses voisins par des bornes certaines, on ne peut se refuser à en laisser placer, parce que demander ou ne pas demander le bornage à son voisin étant une chose de pure faculté, le silence, quelque long temps

qu'il ait été gardé, n'y rend pas non recevable. » Pardessus, huitième édition, t. Ier, n° 130.

114. Mais la prescription pourrait être, bien entendu, opposée,
aussi bien que les titres, à l'appui de la revendication, par les parties de propriétés voisines ; c'est l'action en bornage seule qui est
imprescriptible.

Section II. — *Du bornage précédent comme fin de non-recevoir contre l'action en bornage.*

115. D'après l'article 646 du Code Napoléon, « tout propriétaire
peut obliger son voisin au bornage de leurs propriétés contiguës. »
On peut conclure de cet article qu'il n'y a d'autre fin de non-recevoir à opposer à une demande régulièrement intentée en bornage
de deux propriétés réellement contiguës, qu'un procès-verbal de
bornage précédent ou un jugement rendu sur une demande antérieure en bornage, relativement aux deux mêmes propriétés.

116. Cependant, M. Millet fait remarquer qu'il a été longtemps
d'usage, dans quelques localités, de procéder aux opérations de
bornage les plus importantes et les plus compliquées, en présence
de tous les propriétaires intéressés, sans que les arpenteurs dressassent procès-verbal, le plus souvent parce que les propriétaires
ne s'en souciaient pas, parce que certains d'entre eux s'y opposaient
même, et cet usage existerait encore. D'où M. Millet tire la conséquence que des bornages faits régulièrement, très-légitimement
constatés, existent sans titre.—Ces bornages, dit M. Millet, « doivent
être respectés comme les autres, à moins qu'il ne résulte des circonstances que la partie réclamante n'ait été que trop évidemment
lésée ou que les bornes aient été déplacées, et que, par ce moyen,
on ait commis des usurpations.—En disant que ces bornages doivent
être respectés, nous entendons ceux qui ont été faits contradictoirement, en présence de tous les propriétaires intéressés; parce
qu'autrement ils n'auraient aucune valeur, n'étant pas permis de se
borner soi-même, ou du moins de telles bornes ne pouvant lier les
propriétaires voisins. » — L'existence des bornes entre les deux propriétés paraît à M. Millet un signe, une preuve suffisante du bornage ; il va plus loin : après s'être demandé qui devra prouver que
les bornes ont été placées du consentement de tous les propriétaires,
il met cette preuve à la charge du défendeur, celui-ci pouvant dire
avec avantage au demandeur : « L'existence des bornes entre nos
propriétés est un fait matériel qui est la preuve la plus palpable

que nos héritages sont limités ; vous demandez un nouveau bornage ; c'est à vous à prouver que celui qui existe n'a pas été fait contradictoirement. En vain vous viendrez prétendre qu'un bornage qui n'est point appuyé d'un titre n'est pas légal ; le bornage n'a pas besoin de cette preuve ; il existe et voilà tout ; il puise les preuves de son existence dans son existence même. » — Nous ne comprenons pas, pour notre part, ce raisonnement. Quoique des bornes existent entre deux propriétés, il est certain que ces deux propriétés peuvent ne pas avoir été contradictoirement bornées ; il a pu arriver que l'un des propriétaires ait placé de son propre mouvement, et sans aucune participation du voisin, quelques pierres bornales sur les confins de sa propriété ; nous ne voyons donc pas comment la simple existence de bornes, sans aucune preuve à l'appui, pourrait être invoquée, dès l'abord de la cause, par le défendeur. Il nous semble, au contraire, que repoussant une action que le Code déclare appartenir à tout propriétaire de terrains contigus, il doit, s'il prétend qu'un bornage a déjà été opéré, en apporter la preuve. C'est à celui qui oppose une exception à en établir le fondement ; comment, d'ailleurs, le demandeur prouverait-il qu'il n'y aurait pas eu de bornage ? Ce serait mettre à sa charge une preuve négative, impossible dans presque tous les cas.

117. Quoi qu'il en soit, M. Millet ajoute que les preuves que le bornage a été ou n'a pas été régulièrement fait peuvent s'établir par tous les moyens possibles ; de simples présomptions suffiraient ; le témoignage de l'arpenteur et des personnes employées à l'opération devrait être déterminant ; le serment pourrait même être déféré. — Nous sommes loin, encore, sur ce point, d'être d'accord avec M. Millet ; le bornage est une opération dont il doit rester des traces ; la raison d'ordre public qui a toujours fait obliger au bornage et qui a dicté l'article 646 du Code Napoléon ne permet pas de faire dépendre le bornage, ou le droit de demander le bornage, de simples présomptions ou d'une simple preuve par témoins ; aucune fin de non-recevoir ne peut être opposée au bornage, que la *preuve* d'une délimitation antérieure faite suivant le mode prescrit par le Code, et notamment par les articles 1341, 1347 et 1348, le premier portant « qu'il doit être passé acte devant notaire ou sous signature privée de toute chose excédant la somme ou valeur de cent cinquante francs, » le second et le troisième n'admettant d'exception à cette règle que «lorsqu'il existe un commencement de preuve par écrit ou lorsqu'il n'a pas été possible au créancier de se procurer une preuve littérale de l'obligation qui a été contractée envers lui, » comme lorsque l'obligation naît d'un quasi-contrat, d'un délit ou d'un quasi-délit, ou d'un dépôt nécessaire, d'un accident imprévu. — Il n'y a rien, dans ces exceptions, qui se rapporte au bornage; nous ne comprenons donc pas, nous le répétons, pourquoi le bornage ne serait pas soumis à l'acte écrit, pourquoi la preuve testimoniale ou les présomptions pourraient être invoquées.

118. Quant au serment décisoire, comme il peut être déféré sur quelque espèce de contestation que ce soit, nul doute qu'il ne soit permis d'y avoir recours en matière de bornage.

119. Quoique le bornage ait été fait régulièrement entre deux propriétés contiguës, il peut y avoir lieu à une action en délimitation, si les bornes ont été déplacées; non pas que le déplacement de bornes ne puisse, s'il a été opéré dans l'année, donner lieu à une simple action possessoire, mais lorsqu'il date de plus d'un an, l'action en bornage peut être intentée. — Nous n'avons pas besoin de dire que, dans ces cas, le propriétaire frustré peut encore avoir recours à l'action en revendication ordinaire. — Voici au reste l'opinion des auteurs sur ces questions. M. Demolombe (nos 280 et suiv.) pose et résout les questions suivantes : — « Le titre qui résulte du bornage, avec les déterminations respectives des contenances qu'il constate, est-il définitif et irrévocable? — La partie qui prétendrait que l'opération qui a été faite ne lui a pas attribué les quantités auxquelles elle avait droit, et que les bornes auraient dû être plantées sur une autre ligne que celle où elles ont été mises, cette partie serait-elle encore recevable? — Les auteurs qui ont écrit sur notre sujet ne paraissent pas avoir abordé très-nettement cette question ; et les opinions divergentes que l'on rencontre ici sont peut-être bien aussi un peu confuses. — Nous présenterons, pour notre part, la distinction que voici : — Ou le bornage a été fait en exécution d'une décision judiciaire qui a ordonné la plantation des bornes à tel ou tel endroit, et alors cette décision ne pourrait être attaquée suivant le droit commun que par les voies de recours permises et sous les conditions et dans les délais déterminés ; — Ou le bornage a eu lieu par suite d'un accord volontaire entre les parties, et alors la règle générale est qu'il fait leur loi commune, et que l'une d'elles ne pourrait plus ensuite venir discuter de nouveau sur la meilleure ligne de démarcation qu'il convenait d'adopter. (Art. 1134.) — Nous croyons cependant qu'il faudrait excepter : — 1° Le cas où la convention serait attaquée pour cause d'erreur; comme si, par exemple, un premier procès-verbal de bornage, ignoré des parties, avait déjà eu lieu antérieurement ; car alors il serait vrai de dire que la nouvelle opération était sans but et sans cause ; — 2° Le cas, assez rare d'ailleurs, que suppose notre honorable collègue, M. Toullier, où les parties n'auraient entendu faire qu'une opération purement matérielle de plantation de bornes, sans fixer par là l'incertitude qui pourrait exister sur la ligne divisoire de leurs fonds. — Le bornage une fois opéré a encore cet effet de faire, en général, pendant trente ans, obstacle à une nouvelle demande en bornage, car un propriétaire ne saurait, bien entendu, forcer son voisin de recommencer à tout propos cette opération, dont le résultat est devenu leur loi commune. — L'action en déplacement de bornes serait d'ailleurs toujours recevable. — Et il est clair également que si, par un accident fortuit quelconque, les bornes avaient été détruites, *si irruptione fluminis fines agri confundit inundatio* (L. 8, ff., *Fin. regund.*), chacun des voisins aurait le droit d'en demander le rétablissement, en exécution même du procès antérieur de bornage. » — L'opinion du savant professeur de Caen sur ces diverses questions nous paraît irréprochable, sauf, toutefois, que le droit d'attaquer, pour cause d'ignorance d'un procès-verbal antérieur, le bornage légalement opéré, devrait être limité au cas où le bornage aurait été fait par *convention* ou *contrat*, et où il n'aurait pas été réglé par jugement passé en force de chose jugée. Dans ce dernier cas, la décision ne pourrait être attaquée que par requête civile, et s'il y avait lieu à requête civile. (C. proc., art. 480, 9° et 10°). — Quant à la supposition que fait M. Toullier, qu'il n'y aurait eu entre les deux propriétés voisines qu'une simple plantation de bornes, sans vérification, considérée comme non obligatoire, il résulterait, en pareil cas, du procès-verbal, que ces bornes n'auraient aucun caractère légal ; ou bien il n'y aurait pas de procès-verbal, et aucune fin de non-recevoir ne pourrait, par conséquent, en découler contre l'action en bornage.—MM. Dalloz, dans la nouvelle édition de leur *Répertoire*, au mot *Bornage,* n° 13, paraissent d'abord étendre outre mesure le droit d'intenter l'action en bornage après jugement ayant acquis force de chose jugée. — «La chose jugée, disent-ils, ne met, pas plus que la prescription, obstacle à l'action en bornage ; une telle action est toujours recevable, pourvu d'ailleurs qu'elle soit sérieuse et n'ait point un simple but de tracasserie. » Mais ces auteurs semblent sur-le-champ revenir vers la non-recevabilité : « L'action, ajoutent-ils, aurait certainement le caractère de tracasserie, si, immédiatement après qu'un bornage aurait été valablement opéré et alors que nulle usurpation ne serait alléguée, l'un des voisins réclamait un bornage nouveau. C'était déjà la disposition de la loi romaine. L'action en bornage intentée contre plusieurs propriétaires d'un même terrain, porte la loi 9, liv. VIII, D., *Fin. regund.*, subsiste même après qu'ils ont partagé entre eux ou aliéné le fonds commun, *vel alienaverint fundum.* — Conformément à cette doctrine, il a été jugé : 1° qu'un arrêt peut, sans violer l'article 646 du Code Napoléon, rejeter une demande en bornage, alors que d'anciennes bornes existent entre les propriétés des parties et que le demandeur ne justifie pas qu'il y a eu anticipation par son voisin sur ses propriétés : il importerait même peu, dans ce cas, que, par une transaction, les parties se fussent réservé le droit de borner leurs propriétés (Cass., 14 janv. 1824) ; 2° que le bornage doit être refusé toutes les fois qu'il existe entre les propriétés contentieuses une borne légale, et que l'on peut considérer comme telle une haie vive et ancienne, dont la mitoyenneté est reconnue (Cass., 2 nov. 1808) ; il faut croire que, dans les espèces de ces arrêts, la demande en bornage ne paraissait pas de nature à amener un changement à l'état des lieux tels qu'ils se trouvaient fixés par les bornes ci-devant posées et qui l'avaient été contradictoirement. Dès lors, en effet, que des bornes existaient et que le demandeur n'alléguait ni l'illégalité de leur plantation, ni leur déplacement, ni la perte du procès-verbal ou de l'acte qui avait constaté la délimitation du terrain, ni enfin une erreur matérielle dans cette délimitation convenue de gré à gré entre les parties et que la prescription n'avait pas encore couverte, il est sensible que sa prétention devait être justement repoussée. »

SECTION III. — *De la fin de non-recevoir contre l'action en bornage proprement dite, tirée de l'existence d'un mur, d'une haie, d'un fossé, d'un rideau, etc., entre les deux héritages.*

120. Quelques auteurs ont soutenu que l'existence d'un mur, d'une haie ou d'un fossé entre deux héritages, peut être un obstacle à l'action en bornage proprement dite. Ainsi, d'après Curasson, si l'un des voisins, prétendant que son héritage doit outre-passer le mur, la haie ou le fossé, demande que les bornes soient plantées au delà, le bornage ne pouvant être effectué de cette manière, sans que la destruction du mur, de la haie, du fossé soit ordonnée, il s'agit moins alors d'une action en bornage que de la demande en revendication d'un terrain parfaitement déterminé ; le voisin n'aurait donc que l'action possessoire, s'il en était temps encore. (T. II, n° 11, p. 236.) — Au *Supplément,* page 108, on lit : « Il en sera de même si la limite est fixée par un mur, une haie, un fossé; dans ce cas, une position de bornes peut être requise, ainsi que l'a décidé un arrêt de 1818, afin d'empêcher le changement de la limite existante; mais il n'y a rien à délimiter, parce que la limite est certaine, fixée par une clôture visible; l'état de possession ne saurait être légalement interverti que par le résultat d'une action directe en revendication. »

121. L'arrêt de la Cour de Besançon, sur lequel Curasson se fonde, est du 10 mars 1828; cet arrêt a jugé que l'action en bornage n'est pas recevable lorsque, depuis plus d'un an, les héritages sont séparés par une haie ou un mur; en ce cas, le propriétaire qui prétend n'avoir pas la contenance de terrain qui lui appartient ne peut agir que par la voie de revendication. — L'arrêt se fonde sur ce que l'action en bornage n'a été autorisée que lorsque les limites sont incertaines : « Les usurpations qui se commettent insensiblement et à la longue, dit l'arrêt, ne peuvent procurer qu'une possession incertaine, précaire et clandestine, qui ne saurait servir de base à la prescription; et c'est sur ce motif qu'est fondé le principe d'après lequel les limites ne se prescrivent pas. En ce cas, la revendication n'est qu'une conséquence de la délimitation, n'est que l'objet secondaire de l'action dont le bornage est l'objet certain et principal. Il ne peut en être de même lorsqu'il s'agit de propriétés closes et dont la clôture, existant depuis plus d'un an, fixe un état de possession publique, que rien n'autorise à considérer comme précaire, et qui fait légalement réputer propriétaire celui qui possède, jusqu'à la preuve contraire; et l'action en bornage ne peut plus être le moyen régulier d'arriver à cette preuve, parce que, les limites n'étant ni confondues ni incertaines, il ne peut y avoir lieu à l'action en bornage, dont le principal objet est de les faire reconnaître et fixer; la seule action qui puisse alors compéter est la revendication propre et directe, pour le succès de laquelle il faut prouver, par les moyens ordinaires, son droit à la chose revendiquée. » — La doctrine de cet arrêt de la Cour de Besançon, approuvée, comme on l'a vu, par Curasson, est repoussée par Armand Dalloz dans son *Dictionnaire du droit :* « Nous pensons, dit-il, que cette doctrine heurte les principes de la matière. D'une part, en effet, il est unanimement reconnu que l'action en bornage est imprescriptible; en second lieu, il a été démontré qu'il ne fallait pas confondre la délimitation avec le bornage; que tant que l'action en bornage proprement dite n'avait pas été faite contradictoirement entre les deux propriétaires contigus, le droit existait toujours. Pourquoi, dès lors, n'accorder qu'un droit de *revendication* à l'un des propriétaires ? A cause de cette circonstance qu'un mur ou une haie forme la délimitation des propriétés ? Nous n'examinons pas quelle a été la durée de cette délimitation ; eût-elle été trentenaire, immémoriale, l'action en bornage n'en existe pas moins, puisqu'elle est imprescriptible ; seulement, les bornes devraient être placées sur les limites de la possession des deux propriétaires : *Tantum possessum, quantum præscriptum.* » *Supplément,* v° *Servitude,* art. 2, § 2, n°s 198-200.

122. M. Perrin, dans son *Code des constructions et de la contiguïté,* page 230, est aussi d'avis que la demande en bornage peut être formée, encore qu'il existe un ruisseau particulier entre les deux héritages ; il en est de même des limites bien visibles, si du moins ces limites n'ont pas le caractère ordinaire de véritables bornes. Il a toutefois été jugé, ajoute-t-il, par la Cour de Besançon, le 10 mars 1828, qu'un mur et une haie, formant depuis plus d'un an la séparation de deux propriétés contiguës, devaient mettre obstacle à ce qu'une demande en bornage pût être accueillie ; mais, par arrêt du 27 février 1834, la Cour de Douai a décidé que le propriétaire qui a volontairement planté une haie sur son héritage n'en a pas moins le droit de demander le bornage. La Cour de cassation avait déjà jugé ainsi, par arrêt du 30 décembre 1818, et je pense que cette décision est dans les principes.

123. M. Delahaye, juge au tribunal de la Seine, dans un article reproduit par nos ANNALES DES JUSTICES DE PAIX (vol. de 1843, p. 41), s'exprime ainsi sur la même question : « Je ne puis partager l'opinion de M. Curasson pour le cas où il existe entre les deux héritages un mur, un fossé ou une haie, et où les deux voisins demandent que les bornes soient reportées au delà. Dans ce cas, dit ce jurisconsulte, il s'agit moins d'une action en bornage que d'une action en revendication d'un terrain parfaitement clos. De fait, ce terrain peut être parfaitement clos ; mais en droit, il peut l'être très-irrégulièrement. Le voisin ne peut-il pas avoir bâti le mur, creusé le fossé, planté la haie, sur la propriété d'autrui ? S'il prétend que les choses existent ainsi depuis plus de trente ans, revient la question de prescription ; s'il n'élève pas cette prétention, un arpentage peut seul trancher cette contestation : l'existence du mur, du fossé ou de la haie ne change pas la nature de l'action. »

124. M. Millet, après avoir rapporté ces diverses opinions et extraits, et avoir cité encore à l'appui de la recevabilité de l'action l'opinion de M. Mongis (*Encyclopédie du droit,* v° *Bornage,* n° 29), et celle de M. Solon (*Traité des servitudes*, n° 61), contraire à la recevabilité, donne en ces termes sa propre opinion : — « Une simple réflexion suffit pour détruire le raisonnement de M. Solon : Est-ce à dire, parce qu'il y a un mur, que ce mur est la véritable limite ? Même observation pour la double rangée d'arbres ou le double rayon de vignes. Et les arbres et la vigne prouvent-ils par eux-mêmes la véritable limite ? — Non, assurément non. Au surplus, celui qui a édifié le mur, planté les arbres et la vigne, avait-il le droit de se faire à lui-même, sans la présence de son voisin, une limite ? — Les choses matérielles sont par elles-mêmes insignifiantes, et ne peuvent évidemment donner aucun droit et empêcher l'exercice d'une action toute légitime, que le temps ne peut détruire. — Quant à nous, nous ne voyons pas le moindre motif de rejeter l'action en bornage, sous prétexte qu'il existerait entre les propriétés à borner, soit un fossé, soit une haie, soit même un mur. Qu'est-ce qui prouve, en effet, que ce fossé, cette haie, ce mur, sont bien entre les deux propriétés ? Qui sait si les confins ne sont pas ailleurs, et si les bornes ne devront pas être placées en deçà ou au delà ? En pareil cas, l'action se présente donc dans des termes absolument identiques, au cas où le mur n'existerait pas ; c'est-à-dire que, si la propriété ou les titres ne sont pas contestés, si l'action reste dans des termes tels qu'elle puisse être jugée par le juge de paix, le juge de paix prononcera. Si, au contraire, la propriété ou les titres sont contestés, s'il y a revendication expresse, la contestation rentrera dans les attributions du tribunal de première instance, qui est appelé à connaître de toute espèce de contestation, soit qu'il s'agisse de revendication, de prescription ou de toute autre question de propriété. »

125. « Quant aux rideaux (1), dit ailleurs M. Millet, si la pente va en diminuant insensiblement, il est intéressant pour le propriétaire du rideau de le borner avec la terre voisine, à cause des empiétements ; s'ils ont une pente perpendiculaire, il peut encore être utile de les limiter, afin de n'en pas permettre le déchaussement. — Dans ces cas, les rideaux sont supposés être la propriété exclusive des terres supérieures ; fussent-ils comptés par moitié ou pour les deux tiers, ou à jambes pendantes, ils seraient encore susceptibles d'être bornés. — Ainsi, pour toutes les voies privées, soit qu'elles appartiennent aux communes ou aux simples particuliers, leur délimitation

(1) On appelle *rideau*, *tertre* ou *terme*, dans les anciennes coutumes, une éminence ou élévation de terrain entre deux héritages voisins.

est très-praticable ; c'est le seul moyen d'en empêcher la variation de ci, de là. — Souvent, il arrive que les chemins, à cause de leur situation, redescendent dans les terres voisines ou y sont rejetés par le fait des riverains. Il en est de même des rivières privées, ruisseaux et ravins. On fixe aisément leur étendue, et les empiétements volontaires sont alors réprimés. — Il semblerait que pour tous ces objets il s'agit moins de bornage que d'alignement : cela est vrai ; mais l'alignement étant une espèce de bornage, on peut également avoir recours à cette voie, en justice de paix. — Les terrains vains et vagues, laissés ou réservés au delà des bâtiments, entourant même les murs de jardins, peuvent être également délimités. »

126. Après avoir cité quelques autres exemples, M. Millet explique qu'en cas d'usurpation par le voisin, lorsque l'usurpation est encore récente, deux voies sont ouvertes, la réintégrande et le bornage : en réintégrande, le juge de paix pourrait planter des bornes comme consécration de sa décision ; mais elles ne seraient que provisoires. « Quoique les frais, ajoute l'honorable auteur, qui sont les mêmes qu'au possessoire, soient en commun, la demande en bornage est préférable, parce que cette mesure sera au moins définitive. » — Nous ne saurions adopter sans aucune restriction la doctrine de M. Millet sur tout ce qu'il dit du droit d'exercer l'action en bornage, lorsque les héritages sont séparés par des murs, haies, chemins, rideaux, etc. Nous ne pouvons reconnaître avec lui que l'action en bornage soit préférable à l'action en réintégrande. Cette dernière nous paraît beaucoup plus sûre, surtout lorsque, comme dans les cas qu'il pose, il y a eu usurpation flagrante de terrain. — Le voisin qui s'est emparé ainsi presque violemment d'une partie de la propriété de son voisin ne consentira sans doute pas volontiers à l'action en bornage ; il élèvera des questions de propriété. L'action en réintégrande, si la possession annale est bien établie, doit donc, à notre avis, être préférablement intentée.

127. M. Demolombe, dans son *Cours* du Code Napoléon, examine aussi la question de savoir si l'action en bornage est recevable, lorsque l'un des propriétaires a établi pour sa limite une haie vive ou sèche, des épines de foi, des arbres, et surtout un mur. — « D'après une doctrine qui compte des autorités importantes, dit-il, il n'y aurait lieu, dans ces circonstances, qu'à l'action en revendication de la part du voisin, surtout lorsque les signes de délimitation existent depuis plus d'un an : l'action en bornage, prétend-on, n'a pour but que de faire déterminer les limites incertaines, et de mettre fin aux usurpations qui ne reposent que sur une possession clandestine et précaire ; or, dans les hypothèses proposées, les limites sont certaines et la possession publique, puisque le tout se révèle par une clôture qui fixe la délimitation respective des fonds dont l'action en bornage n'est pas admissible, et on ne peut agir qu'en revendication ou par simple action possessoire, s'il en est temps encore. — Voici pourtant nos objections : — Le texte de l'article 646 est absolu ; il accorde à tout propriétaire le droit de demander à son voisin le bornage de leurs propriétés contiguës, sans distinguer si ce voisin a clos lui-même sa propriété, ni si cette clôture existe depuis plus ou moins d'une année. — C'est qu'en effet le bornage est une opération essentiellement contradictoire, et qui n'est opposable qu'à celui-là qui y a été partie ; on a, sous ce rapport, fort exactement distingué le bornage lui-même d'avec la simple délimitation. — Enfin, le voisin a certainement le droit de demander que les limites des deux propriétés soient déterminées d'après les signes usités dans le pays, lorsque ceux qui ont été employés par le voisin, tels que haies, pieds-corniers, ou autres semblables, n'ont pas ce caractère et n'offrent pas les mêmes garanties de durée et de fixité. »

SECTION IV. — *Fin de non-recevoir tirée de la négation du fait de contiguïté ou du défaut de qualité du demandeur.* — *Contestation de la qualité d'héritier ou autre ; compétence.*

128. Quel est le juge qui doit prononcer sur le fait de voisinage ou de contiguïté ou sur la qualité des parties, lorsque la qualité des parties est contestée et par suite leur droit à la propriété contiguë ? — Si l'une des parties conteste purement et simplement le fait de la contiguïté, soit parce qu'un chemin rural, par exemple, un ruisseau, un fossé séparerait les deux propriétés ; ou bien encore si elle prétendait qu'un mur formant séparation il n'y aurait pas lieu à l'action en bornage, comme, dans tous ces cas, les titres ni la propriété ne seraient contestés, le juge de paix se trouverait compétent. C'est aussi l'avis qu'émettait sur cette question M. Delahaye, alors juge au tribunal de la Seine, dans un article inséré aux ANNALES DES JUSTICES DE PAIX (t. X, année 1843, p. 41) : « Une juridiction, même exceptionnelle, disait M. Delahaye, est investie du pouvoir de juger toutes les questions qui se lient au genre de contestations dont la loi lui attribue la connaissance, à l'exception seu-

lement de celles dont le jugement lui a été refusé par une disposition formelle. »

129. Mais en sera-t-il de même, si la qualité de l'une ou de l'autre des parties est contestée, lorsqu'il s'agit de savoir, par exemple, si l'action en bornage peut être intentée par l'usufruitier, par l'usager, par le mari à l'égard des biens personnels de sa femme, par le tuteur sans l'autorisation du conseil de famille? Nous n'hésitons pas à adopter l'affirmative, et nous sommes encore d'accord sur ce point avec M. Delahaye : « Le juge de paix, dit M. Delahaye, dans l'article précité, peut et doit connaître des questions qui s'élèvent sur la qualité du demandeur et dont voici quelques exemples : L'action en bornage peut-elle être intentée par l'usufruitier, l'usager, par le mari à l'égard des biens personnels de sa femme? Le droit du mari est-il le même, selon qu'il y a ou qu'il n'y a pas séparation de biens? Lorsque les époux sont mariés sous le régime dotal, ne faut-il pas distinguer entre les biens dotaux et les biens paraphernaux? Le tuteur peut-il intenter l'action en bornage sans l'autorisation du conseil de famille? Par qui peut-elle être intentée dans l'intérêt de l'absent? Ces questions peuvent n'être pas sans difficultés ; elles exigent certainement une connaissance assez étendue du droit. Néanmoins, je n'hésite pas à penser que le juge de paix ne soit investi du pouvoir de les décider : en attribuant à un juge la connaissance d'un certain genre de contestation, la loi lui confère le droit de statuer sur toutes les questions de fait et de droit qui se lient à ce genre de contestation, et notamment sur celles qui concernent la qualité de celui qui intente l'action ; s'il en était autrement, le tribunal serait entravé dès le début par des déclinatoires sans nombre. »

130. Mais M. Millet va plus loin ; il prétend que le juge de paix peut même décider de la qualité d'héritier et, s'il y a lieu, condamner comme héritier pur et simple un héritier bénéficiaire ; il rapporte dans son traité un jugement rendu par lui d'après ce principe, et dans lequel, considérant que la demanderesse soutient et offre de prouver qu'avant son acceptation bénéficiaire le défendeur avait soustrait de la succession de son père différents objets mobiliers, qu'il doit être réputé à son égard héritier pur et simple et, comme tel, condamné personnellement au payement de la somme réclamée, il admet la preuve des faits articulés.

131. Nous ne saurions, quant à nous, adopter, sur ce point, l'opinion de M. Millet : la qualité d'héritier ou d'héritier bénéficiaire attribuée par jugement, de quelque tribunal que le jugement émane, ne saurait manquer de rejaillir dans toutes les circonstances ultérieures sur la partie qui aurait repoussé cette qualité.

152. Si le juge de l'action est quelquefois juge de l'exception, c'est lorsque l'exception rentre dans ses attributions ; or, aucune loi ne donne au juge de paix le droit de prononcer sur la qualité d'un héritier. — L'on ne peut dire, d'ailleurs, que ce soit là un simple moyen opposé à une demande : c'est une exception qui défère au juge de paix une question sur laquelle les tribunaux de première instance sont seuls aptes à prononcer. — L'article 426 du Code de procédure civile dit formellement que, « si la qualité des veuves et héritiers est contestée devant les tribunaux de commerce, les juges renverront devant les tribunaux ordinaires, pour ces qualités y être réglées, et qu'ensuite il sera jugé sur le fond par le tribunal de commerce. » — Quoique Rodière (t. Ier, p. 147) prétende qu'en l'absence d'un texte qui reproduise pour les justices de paix la disposition établie pour les tribunaux de commerce, par l'article 426 du Code de procédure, il y a lieu d'appliquer, dans le cas dont il s'agit, la règle générale que le juge de l'action est juge de l'exception, et quoique MM. Dalloz, en leur *Répertoire*, nouvelle édition, au mot *Compétence civile des juges de paix*, n° 339, citent cette opinion sans la contrôler, ce serait, à notre avis, renverser toutes les règles, que d'attribuer aux juges de paix, à propos d'une demande intentée contre un héritier bénéficiaire, la connaissance de la contestation qui s'élève sur cette qualité.

153. Il y a, d'ailleurs, une autre raison, peut-être plus grave encore, pour refuser au juge de paix le droit de prononcer sur la qualité d'héritier pur et simple ou d'héritier bénéficiaire, etc.; c'est qu'une pareille contestation a toujours un caractère indéterminé et que la décision peut entraîner des conséquences bien supérieures au taux sur lequel les juges de paix sont appelés à prononcer.

154. Mais, en supposant même que les conséquences dussent se renfermer dans l'intérêt actuel de la contestation, n'y aurait-il pas quelque chose d'anormal dans la décision d'un juge de paix qui, contrairement à toutes les règles de compétence, et sous prétexte que le juge de l'action est aussi le juge de l'exception, déclarerait héritier bénéficiaire ou déchu du bénéfice d'inventaire, un défendeur auquel on dénierait devant lui cette qualité ? — Lorsque de pareilles exceptions sont soulevées, le juge de paix, pour peu qu'elles paraissent fondées, doit donc renvoyer les parties à se pourvoir et surseoir à prononcer jusqu'à décision du tribunal compétent.

155. Nous disons : pour peu que l'exception paraisse fondée ;

car, s'il s'agissait d'une exception sans aucun fondement et opposée uniquement pour entraver la marche de la justice, le juge de paix pourrait passer outre. Nous avons mainte et mainte fois démontré qu'il ne suffit pas d'une simple allégation ou prétention pour détruire la compétence du juge, mais il doit s'arrêter devant des motifs sérieux.

156. D'ailleurs, dès lors que le défendeur au bornage dénie sa qualité d'héritier, il dénie en même temps son droit à la propriété : il y a donc là une véritable question de propriété, et le juge de paix ne saurait être compétent pour la décider.

CHAPITRE VI. — Du sursis ou du dessaisissement, en cas de contestation sur la propriété ou sur les titres.

157. L'article 6 de la loi du 25 mai 1838 porte : « Les juges de paix connaissent, à charge d'appel.....; 2° des actions en bornage....., lorsque la propriété ou les titres qui l'établissent ne sont pas contestés. » — Résulte-t-il de cet article qu'aussitôt que la propriété et les titres qui l'établissent sont contestés, le bornage lui-même échappe aux attributions des juges de paix ? Le juge de paix est-il dessaisi d'une manière absolue, ou doit-il seulement surseoir jusqu'à ce que le tribunal compétent ait prononcé sur la question de titre ou de propriété soulevée ? — La loi de 1838 attribue aux juges de paix la connaissance de plusieurs actions autres que celles en bornage, sous la même condition que le droit à l'indemnité, les titres ou la propriété ne seront pas contestés. — Ainsi, d'après le numéro 1er de l'article 4, « les juges de paix connaissent... des indemnités réclamées par le locataire ou fermier pour non-jouissance..., *lorsque le droit à une indemnité n'est pas contesté.* » — D'après l'article 5, « les juges de paix connaissent des actions pour dommages faits aux champs, fruits et récoltes, soit par l'homme, soit par les animaux, et de celles relatives à l'élagage des arbres ou haies et au curage, soit des fossés, soit des canaux servant à l'irrigation des propriétés ou au mouvement des usines, *lorsque les droits de propriété ou de servitude ne sont pas contestés.* » — D'après l'article 6, n° 2, « les juges de paix connaissent, à charge d'appel, des actions en bornage et de celles relatives à la distance prescrite par la loi, les règlements particuliers et l'usage des lieux pour les plantations d'arbres ou de haies, *lorsque la propriété ou les titres qui l'établissent ne sont pas contestés ;* » n° 3, « des actions relatives aux

constructions et travaux énoncés dans l'article 674 du Code Napoléon, *lorsque la propriété ou la mitoyenneté du mur ne sont pas
contestées.* » — Il semblerait que le sursis ou le dessaisissement
absolu dût être, dans les mêmes conditions, appliqué à tous ces
cas divers, la loi se servant toujours des mêmes expressions; et
cependant il n'en a point été ainsi. En effet, sous l'empire de la loi
du 24 août 1790, le juge de paix prononçait aussi sur l'indemnité
*pour non-jouissance de bail et pour dommages aux champs, fruits
ou récoltes, lorsque le droit à l'indemnité ou à la propriété n'était
pas contesté :* dans le premier cas, on décidait que de la contestation du droit à l'indemnité résultait une incompétence absolue ;
dans le second, que, si la propriété était contestée, le juge de paix
devait seulement surseoir et la cause lui revenir, pour apprécier le
dommage.

158. Voici quelques exemples d'arrêts rendus antérieurement
à la loi de 1838 et sous l'empire de cette loi. — Une demande de
cent francs de dommages-intérêts avait été intentée pour dépaissance sur des marais ; le défendeur prétendant avoir droit à la dépaissance, le juge de paix le renvoya à se pourvoir à cet égard,
dans un délai fixé, devant le juge compétent, et sursit jusque-là à
statuer sur les dommages-intérêts. — Le défendeur *n'ayant pas
fait juger la question dans le délai imparti,* le juge de paix le con-
damna aux dommages-intérêts demandés. — Appel fut interjeté.
Devant le tribunal d'appel, l'appelant excipa de nouveau du droit
de servitude dont il avait déjà essayé de se prévaloir devant le juge
de paix : l'intimé lui opposa que le tribunal civil, saisi de l'appel
d'une sentence de juge de paix, n'est compétent que pour décider
si cette sentence est bien ou mal rendue, et qu'il excéderait ses
pouvoirs s'il connaissait, comme juge d'appel, d'une question de
servitude dont il ne peut connaître que comme juge de première
instance. — Un jugement du tribunal de Nîmes, ayant nonobstant
apprécié les titres, réforma le jugement du juge de paix. Mais, sur
pourvoi, ce jugement fut cassé par arrêt de la Chambre civile du
11 avril 1837, « attendu qu'en décidant qu'il était compétent pour
apprécier les titres des parties et prononcer sur le fond de leurs
droits, le tribunal avait méconnu les règles de la compétence et
avait confondu celle qui lui appartenait comme tribunal d'appel,
avec celle qui lui appartenait comme juge de première instance. »

159. Ainsi, la Cour de cassation reconnaît par cet arrêt que le
juge de paix avait eu raison de surseoir et que le tribunal de première instance aurait dû statuer sur les faits tels qu'ils se présen-

taient devant lui, c'est-à-dire en tenant compte du sursis expiré.

140. Dans une autre espèce, il s'agissait, devant un juge de paix, d'une demande en trois francs de dommages-intérêts, pour enlèvement d'herbes. Les défendeurs opposaient qu'ils étaient propriétaires du terrain sur lequel ils avaient fait cette récolte. — Sentence du juge de paix et, sur appel, jugement qui confirme, en se fondant sur ce que les appelants avaient seulement allégué, sans chercher d'ailleurs à le prouver, un prétendu droit de propriété ou de possession. — Pourvoi et rejet. Dans l'arrêt de la Cour de cassation, on lit : « Attendu que l'instance avait pour objet un dommage causé aux champs, estimé trois francs ; que la décision d'une pareille contestation appartenait en dernier ressort au juge de paix ; que cependant le demandeur eût pu faire cesser cette compétence en justifiant de la propriété et en concluant à ce que le juge de paix se déclarât incompétent, ou au moins à ce qu'il sursît à faire droit, jusqu'à ce que la question de propriété fût jugée par les tribunaux qui devaient en connaître ; mais qu'il n'a ni fait cette justification, ni pris de conclusions et s'est contenté d'alléguer vaguement la possession, en concluant au mal fondé de l'action dirigée contre lui, conclusions qui, loin d'enlever la connaissance de la contestation au juge, la lui soumettaient d'une manière positive. » Arrêt de la Chambre des requêtes du 26 mai 1840.

141. Il résulte d'un arrêt de cassation de la Chambre civile du 22 juin 1842, que le juge de paix compétent pour statuer sur une demande en dommages-intérêts pour dommages aux champs cesse de l'être, si le défendeur oppose une exception prise de la propriété du champ auquel le dommage aurait été causé. Dans ce cas, le juge de paix doit, même d'office, *surseoir à statuer* sur la demande principale, jusqu'à la décision de l'exception par le juge compétent. — L'exception, dit l'arrêt, faisait naître une question de propriété *nécessairement préjudicielle* à celle de dommage ; en statuant définitivement sur la demande, au lieu de *surseoir* jusqu'à ce que les prétentions à la jouissance exclusive de la pièce de terre dont il s'agissait eussent été examinées et jugées par les juges compétents, le tribunal avait commis un excès de pouvoir et violé l'article 9 du titre III de la loi du 25 août 1790. »

142. Ces trois décisions ont été rendues relativement à des dommages aux champs, fruits et récoltes, et non au bornage, en vertu de la loi de 1790, et non de la loi de 1838. Mais on a vu que les termes de ces lois, quant aux dommages aux champs et au bornage, étaient les mêmes ; que les juges de paix devaient connaître alors (et il en est encore de même aujourd'hui) des dommages aux champs, comme ils connaissent du bornage, lorsque les droits de propriété ne sont pas contestés. — Or, puisque c'est à sursis qu'il y a lieu et non à dessaisissement dans le premier cas, on peut dire qu'il en doit être de même dans le second.

143. On ne saurait donc conclure des termes du numéro 2 de l'article 6, que les juges de paix ne connaissent pas du bornage, quand la propriété ou les titres ne sont pas contestés ; ce n'est pas là une conséquence nécessaire du texte de la loi, puisque, dans des cas semblables et en présence d'un texte identique, la Cour de cassation a jugé qu'il n'y avait pas lieu à dessaisissement, mais seulement à sursis.

144. Relativement à l'action, soit pour dommages aux champs, soit en bornage, presque tous les auteurs qui ont écrit sur la loi de 1838 se sont au reste prononcés pour le sursis. (Voir, à cet égard, ANNALES DES JUST. DE PAIX, 1851, p. 203 et suiv.) Curasson et MM. Dalloz sont peut-être les seuls qui aient exprimé une opinion contraire.

145. Ainsi, Marc Deffaux dit « : Pour que la disposition qui défère le bornage au juge de paix reçoive application, il faut que le droit de propriété ne soit pas contesté ; il le serait si le défendeur prétendait que le champ est sa propriété ou qu'il en est le fermier ; qu'en cette qualité, il a ensemencé la récolte ; et si, à l'appui de sa prétention, il demandait à être renvoyé devant qui de droit, pour faire statuer sur son exception. Dans ce cas, le juge de paix devrait surseoir jusqu'au jugement de l'exception. »

146. « Dans ces divers cas, dit Benech, *Traité des justices de paix*, p. 275, le juge surseoira jusqu'à la décision du juge du pétitoire. Mais, dès que les difficultés auront été évacuées, toutes les autres questions accessoires au bornage rentreront dans les attributions du juge de paix. Ainsi, en procédant d'après le rapport du géomètre qu'il aura délégué ou que les parties auront elles-mêmes choisi, il déterminera la ligne de séparation des deux fonds ; il prononcera sur les restitutions de fruits et fera les réductions et attributions proportionnelles de bénéfice et de perte. »

147. « En règle générale, dit Masson, c'est la demande qui fixe la compétence du juge ; tous les incidents, toutes les contestations qui peuvent surgir dans une instance ne peuvent faire changer cette compétence ; autrement il pourrait dépendre du caprice du défendeur d'éluder la juridiction devant laquelle il est appelé. Dès que la matière qui fait l'objet de l'affaire est spécialement attribuée à un tribunal, une difficulté quelconque qui sort de ces attributions ne peut lui ravir le droit de juger ; il peut bien, jusqu'après sa décision, être obligé de suspendre son jugement, mais il a été compétemment saisi ; rien ne l'oblige, ne lui permet même de se dessaisir de la cause. S'il se déclare incompétent, il faudra qu'il prononce sur les dépens : y condamnera-t-il le demandeur qui s'est conformé à la loi ? Les fera-t-il supporter par le défendeur, dont la contestation peut être juste et fondée ? On sent l'embarras que suscite un pareil système. Mais, dira-t-on, on laissera au tribunal qui devra statuer sur la contestation le soin de statuer en même temps sur l'action principale et sur les dépens. Cette marche, la plupart du temps, serait impossible, car la difficulté soulevée sur une demande en bornage peut avoir pour objet l'interprétation d'un titre par voie administrative ; or, il est absurde de penser que l'administration puisse juger sur les dépens faits à l'occasion d'une instance qui sort essentiellement de ses attributions ; et il serait plus ridicule encore de vouloir lui déférer la décision de l'affaire. Et qu'arriverait-il donc si la contestation ne pouvait être jugée que par un tribunal autre que celui de la situation des lieux ? Si, par exemple, pour prouver la propriété, on produisait un testament, une vente, un acte quelconque dont l'interprétation pourrait être déférée au tribunal du domicile du défendeur, à quelles conséquences ne serait-on pas entraîné ?

148. « Mais supposons, ce qui est possible, que la demande en bornage soit dirigée contre dix propriétaires voisins, et qu'arrivant à l'opération qui aurait été ordonnée par un jugement passé en force de chose jugée, un seul élevât une contestation sur le titre du demandeur ou de l'un des défendeurs : si le juge est obligé de se déclarer incompétent, il faudra, de toute nécessité, amener ces dix individus dans l'instance qui sera portée devant le tribunal d'arrondissement ; et cependant ils n'auront rien à y démêler, puisqu'ils auront donné leur consentement au bornage. — On voit par ces différents exemples, et notamment par la dernière hypothèse, que si le législateur avait voulu que le juge de paix se déclarât incompétent dans le cas de contestation, lors de la production des titres pour opérer le bornage, loin de faire une loi utile, il aurait ouvert l'accès le plus facile à la chicane et multiplié les procès, ce que surtout il a voulu éviter. — Le sursis n'aura aucun de ces inconvénients et, de plus, les contestations seront infiniment plus rares, parce que celui qui voudra les élever saura que les frais qu'elles occasionnent ne seront plus considérés comme

frais de bornage et payables en commun, mais resteront à la charge du téméraire plaideur. — Masson cite Pardessus, qui dit : « En cas de prétention à la possession au delà des titres, les opérations de bornage doivent être *suspendues* jusqu'à la décision des tribunaux. » — Il rapporte ensuite les paroles de M. Renouard : « Quand des questions de propriété sont engagées, le juge de paix n'en devra pas connaître ; » ainsi que celles du ministre : « Dans ces cas le juge *s'arrêtera*. » — Il termine par une objection sans réplique : « Le système que nous venons de développer, ajoute-t-il, est tout à fait en harmonie avec la loi et les principes, et l'on peut concevoir difficilement, d'ailleurs, qu'après avoir rendu un jugement qui ordonne le bornage, le juge de paix vienne prononcer une incompétence qui anéantirait la première décision, en laissant tomber toute la procédure. Cette dernière considération, surtout bien appréciée, suffirait à elle seule pour faire admettre notre opinion. » (*Commentaire*, p. 187.)

149. Après avoir donné l'opinion de ces nombreux auteurs en faveur du simple sursis, nous citerons un extrait de MM. Dalloz, qui, comme nous l'avons fait remarquer, ont adopté l'opinion contraire : — « Le juge, disent ces auteurs, au mot *Bornage*, n° 26, doit déclarer son incompétence, dès que les titres sont contestés ; il ne peut se borner à surseoir, car le juge du pétitoire aura le droit de statuer sur la délimitation, qui deviendra alors un accessoire du litige : c'est déjà ce que la loi 4, § 4, D., *Fin. regund.*, voulait, en cas de contestation de la possession : *etiam de finibus cognoscere potest* ; mais le juge de la complainte n'ordonne qu'un bornage provisoire. Au reste, il est d'usage, lorsqu'on prévoit une contestation de la propriété, de déclarer dans l'ajournement que, ce cas arrivant, il vaudra citation en conciliation ; c'est aussi la remarque de M. Curasson, t. II, p. 458. »

150. Les arguments donnés par Masson et par les autres partisans du sursis nous paraissent réfuter victorieusement les motifs en sens contraire, sur lesquels s'appuient MM. Dalloz.

151. Pour nous, nous croyons que le but formel de la loi de 1838 a été de confier aux juges de paix le bornage, dans tous les cas possibles. Les fréquentes contestations que font naître les rapports de voisinage, disait M. le garde des sceaux Barthe, en présentant le projet, en 1827, à la Chambre des députés, ne se jugent bien que *par la vue des lieux* ; c'est en leur présence que les titres s'interprètent sans équivoque. Or, le juge de paix est le seul juge qui puisse commodément se transporter sur les lieux ; c'est réellement lui qui est le juge du bornage, considéré quant au placement des bornes. Dès lors donc, où le texte de la loi ne s'oppose pas au sursis, le juge de paix doit seulement surseoir et non se dessaisir.

CHAPITRE VII. — Du règlement des droits de propriété en matière de bornage d'après les titres, la possession ou la prescription.

152. Nous examinerons dans ce chapitre quelles sont les règles qui doivent servir de base, lorsque les titres de propriété sont contestés, lorsque les parties ont été renvoyées par le juge de paix devant le tribunal d'arrondissement, ou même lorsque le juge de paix a, en présence de parties consentantes, à fixer lui-même leurs droits.—Pour arriver à l'opération du bornage, lorsque la propriété ou les titres qui l'établissent ne sont pas contestés, il n'y a lieu qu'à une espèce d'établissement de la propriété. Mais il en est tout autrement, quand la propriété est contestée ; il faut alors, d'après les règles du droit, décider quel est le véritable propriétaire.

153. La propriété s'acquiert par droit d'accession ou par la possession ou prescription, ou par succession, donation entre vifs ou testamentaire, ou en vertu de tout autre contrat ou obligation. Elle se prouve, suivant les cas, par titres ou par témoins, ou par les autres genres de preuve admis par le Code Napoléon. Art. 1315 et 1369.

154. Les usurpations de terrain entre propriétaires voisins proviennent souvent d'anticipations minimes, qui se commettent peu à peu. Quelquefois aussi les contenances sont exagérées dans les titres : le Code Napoléon contient des dispositions toutes particulières, art. 1617 et suiv., sur l'indication de la contenance des immeubles en cas de vente. Il est certain que les vendeurs sont portés à exagérer les contenances et qu'un acte de vente peut, par conséquent, se trouver, lorsqu'on l'applique au bornage, suspect d'inexactitude. Non pas, toutefois, que nous admettions avec certains auteurs qu'il y ait souvent connivence, entre le vendeur et l'acquéreur, pour préparer à ce dernier les moyens d'anticiper plus tard sur le terrain voisin et de faire consacrer par les titres ces anticipations ; mais, sans qu'il y ait eu ainsi préméditation de la part des parties, les experts et le juge peuvent être amenés à tenir compte des exagérations que la loi elle-même a prévues, lorsque, surtout, ces exagérations ne sont repoussées ni par les termes des actes eux-mêmes, ni par les lois et les circonstances.

155. Les auteurs ont donné quelques règles sur la manière d'appliquer les titres au bornage des propriétés ; nous examinerons ces règles dans les paragraphes suivants.

§ 1er. — Titres donnant à l'un des voisins plus, à l'autre moins qu'il n'a.

156. Lorsque les titres donnent à l'un des voisins plus, à l'autre moins qu'il n'a, ou, comme le dit Pothier, lorsqu'il paraît par l'arpentage que l'un des voisins a plus que la contenance portée par ses titres et que l'autre en a moins, on doit parfaire ce qui manque à celui-ci par ce que l'autre a de plus (*Appendice au Contrat de société,* n° 233).—S'il est reconnu par le mesurage, dit Toullier, que l'un des voisins a plus que l'étendue portée dans ses titres et que l'autre en a moins, on doit parfaire ce qui manque à celui-ci par ce que l'autre a de plus. T. III, n° 127. Tels étaient aussi les principes du droit romain ; la loi 7 au Digeste, liv. X, tit. Ier, *Fin. regund.*, porte : *De modo agrorum arbitri dantur ; et is qui majorem locum in territorio habere dicitur, cæteris qui minus possident integrum locum assignare compellitur : idque ita rescriptum est.* « On nomme des arbitres pour mesurer les terres, et celui qui se trouve avoir plus de terrain que son titre ne porte, pendant que les autres en ont moins, est obligé de compléter ce qui leur manque : cela résulte de rescrits. »

157. D'après Pardessus, on peut, *suivant les circonstances,* obliger le propriétaire de la plus forte portion à faire aux autres, qui ont des portions plus petites, leur mesure entière, telle que leurs titres la leur accordent. — Pardessus veut donc que l'on ait égard aux *circonstances,* pour décider s'il y a lieu de compléter le moins de l'un des voisins par le trop de l'autre, et en cela il a raison, car il ne faut pas toujours, dans ces appréciations, s'en rapporter uniquement aux titres : on peut avoir égard à la possession, à la configuration des terrains, aux haies, aux talus, aux fossés, aux circonstances.

158. Si chacun des voisins avait moins de terrain que n'en énonce leur titre, la règle serait de réduire proportionnellement les deux terrains. — Il arrive quelquefois, dit Poullain du Parc, dans ses *Principes du droit français,* que l'étendue portée dans les titres

des deux parties ne s'accorde pas. Dans le cas où il n'y a pas possession, si les titres respectifs réunis contiennent une étendue plus
grande que celle de tout le terrain, il faut nécessairement faire une
règle de proportion pour borner chacun à une partie du terrain ;
par exemple : si le terrain est de six journaux, si les titres de l'un
lui en donnent six, si les titres de l'autre lui en donnent trois, le
premier doit être réduit à quatre journaux et le second à deux.
T. VIII, liv. IV, ch. VII. — Toullier adopte les mêmes principes.
T. III, n° 176.

159. Pardessus avait d'abord aussi adopté la même règle ; dans
sa septième édition du *Traité des servitudes*, on lisait : « Les quantités énoncées aux titres peuvent excéder la totalité des terrains des
parties qui procèdent au bornage, sans qu'on puisse opposer que
l'une d'elles a laissé usurper par des étrangers, ou que de toute
autre manière elle a diminué sa portion. Chacun des intéressés doit
alors être restreint proportionnellement ; par exemple : si le terrain
était de douze arpents de terre, les titres de l'un lui en attribuant
dix et les titres de l'autre cinq, le premier devrait être réduit à huit
et le second à quatre. » Septième édition, p. 186, n° 123. — Mais
dans la huitième et dernière édition du même traité, Pardessus ne
veut plus que la restriction proportionnelle soit de plein droit :
« C'est, dit-il, lorsque les quantités énoncées au titre excèdent les
terrains de chacune des parties, que l'examen des titres et le fait de
la possession deviennent d'une grande importance. Lorsque le titre
de l'un lui donne expressément et déterminément une quantité et
qu'il la possède de fait, la présomption d'usurpation est bien difficilement admissible, surtout si les deux propriétés sont d'un genre
de culture différent. Mais si le titre est vague, s'il ne donne qu'une
certaine quantité *ou environ*, si la possession présente quelque chose
d'équivoque et d'incertain, il est assez naturel que chacun des intéressés soit réduit proportionnellement. » T. I, p. 312, n° 123.

160. M. Millet, après avoir rapporté l'opinion des auteurs qui
sont pour la diminution proportionnelle quand même et de ceux
qui veulent qu'on prenne encore ici en considération les circonstances, ajoute : « Ce que l'on doit remarquer dans les différents
passages des auteurs, c'est que tous adoptent, selon des cas donnés,
la règle de la répartition proportionnelle, les uns d'une manière
absolue, les autres avec modification, en raison de la possession
conforme aux titres. — Si je ne me trompe, les auteurs qui l'ont restreinte n'ont examiné la difficulté qu'à son point de vue particulier
et non général ; je m'explique : lorsque, comme je l'ai annoncé en

commençant, il existe un déficit dans une pièce de terre, et que le propriétaire sait que ce qui lui manque n'est point dans les pièces de terre contiguës à la sienne, il doit appeler au bornage tous les propriétaires voisins comme ses arrière-voisins; il doit, en un mot, pousser l'opération jusqu'à ses limites les plus reculées, ce qui ne peut se prolonger beaucoup, car une étendue de terrain comprise dans un lieu, dit-il, se trouve souvent circonscrite, soit par des limites naturelles, soit par des bornes ou autres signes. — Si le manque, qui peut aussi bien provenir de plusieurs pièces de terre que d'une seule, ne se retrouve pas, alors chaque pièce de terre doit être diminuée, et l'on ne voit pas de raison qui serait un obstacle à ce partage de perte proportionnelle par voie de retranchement. — La cause de cet état de choses est presque toujours inconnue; s'il existait la moindre présomption contre l'un ou l'autre propriétaire, il la faudrait admettre, et celui-là supporterait l'intégrale perte. » — Ainsi, tout en critiquant d'abord l'opinion d'après laquelle les circonstances doivent être prises en considération, M. Millet arrive lui-même à conseiller de tenir compte de ce qu'il appelle les présomptions. Or, si nous ne nous trompons, aussi à notre tour, ces présomptions ne sont autre chose que les circonstances qui peuvent porter à ne pas diminuer le terrain de l'un ou de l'autre des voisins, suivant la règle proportionnelle.

161. Quant à ce que dit M. Millet de la nécessité qui peut exister dans ces cas de mettre en cause les arrière-voisins, nous ne saurions qu'y applaudir; il est certain que le déficit existant sur deux propriétés voisines peut provenir d'empiétements ou d'usurpation de la part des arrière-voisins. Mais aussi cela peut ne pas être; il n'y aura donc pas toujours lieu de mettre les arrière-voisins en cause. Leur propriété aura, d'ailleurs, dans bien des cas, été bornée par acte contradictoire ou par jugement; et alors on ne pourra pas les appeler dans un nouveau bornage.

162. Cependant, on est amené à se demander ici si le bornage fait par acte contradictoire ou par jugement avec un voisin pourrait être attaqué par un arrière-voisin; nous croyons qu'il faut répondre affirmativement, car les actes n'ont de force que contre ceux qui y ont figuré; et l'exception de la chose jugée ne peut être opposée qu'à ceux qui ont été parties au jugement. Il peut se faire, d'ailleurs, que des limites aient été bien posées entre voisins, et que, cependant, il y ait eu usurpation de propriété de la part de l'un ou de l'autre. Qui sait, par exemple, si, lorsque des terrains à borner excèdent les quantités portées dans les titres, cela ne provient pas de ce que les excédants appartiendraient à d'autres voisins ou à d'autres arrière-voisins?

§ **2.** — Contenance matérielle des propriétés à borner supérieure à celle des titres.

163. Lorsque l'étendue totale de deux propriétés à borner se trouve plus considérable que celle énoncée dans les titres de chacun des propriétaires, y a-t-il lieu à un partage proportionnel de l'excédant? — Les auteurs sont encore fort divisés sur cette question : Toullier, Pardessus, Solon (*Des Servitudes,* n° 71), Perrin, Vaudoré sont d'avis que, si le fait de possession ne s'y oppose, l'excédant doit être partagé proportionnellement ; d'autres auteurs suivent l'opinion de Favard, d'après laquelle le bornage ne peut donner plus de terrain que n'en donne le titre, par la raison qu'il n'est pas attributif, mais déclaratif des quantités. Ainsi, par le résultat d'un arpentage (opération qui précède toujours le bornage), un des deux propriétaires contigus a plus de terrain que n'en portent les titres, mais l'autre propriétaire a tout celui que ses titres lui donnent ; ce dernier entrera-t-il en partage de l'excédant de son voisin? Non, car cet excédant peut aussi bien provenir de l'inexactitude des énonciations du contrat, des évaluations de mesure, que du fait de l'usurpation. Et puis, si cette usurpation a eu lieu, elle a pu être faite d'un autre côté. Enfin, celui qui a son contingent n'a rien à demander à personne. *Répertoire,* t. V., v° *Servitudes,* § 2, n° 2.

164. M. Millet pense que l'une et l'autre opinion doivent recevoir des circonstances certaines modifications. Si tous les arrière-voisins ont leur compte et qu'ils soient bornés, que l'excédant ne se trouve que dans une pièce de terre non délimitée avec celles contiguës, le partage de l'excédant doit s'effectuer malgré la possession de cet excédant, puisqu'on en ignore l'origine et que, dans l'incertitude, la simple possession annale ne doit pas prévaloir sur la raison d'équité. — Souvent il arrive aussi, ajoute M. Millet, qu'après l'opération terminée, un excédant provenant de plusieurs propriétaires est laissé, non pas au possesseur, mais au dernier propriétaire, afin que si son voisin, avec lequel il n'est pas borné, demande le bornage, ce surplus fasse partie des quantités d'une opération qui peut avoir lieu avec des propriétaires plus éloignés.

165. Pour nous, nous croyons que celui dont les titres ne donnent pas aux terrains qu'il possède une étendue plus grande que l'étendue réelle de ce terrain pourrait difficilement se faire attribuer une partie quelconque des terrains voisins, lors même que la contenance de ces terrains voisins serait bien supérieure aux titres en vertu desquels ils ont été acquis. Nous repoussons donc, dans les termes les plus absolus, la *règle* du partage de l'excédant en faveur de celui qui, d'après son titre, possède son dû. Il faudrait donc, pour que celui-ci pût se faire attribuer une part dans l'excédant de la propriété voisine, qu'il prouvât, soit par une possession ancienne et par une comparaison des titres avec cette possession, soit en comparant les titres avec l'état des lieux, qu'il a droit à cette part. — En cas de déficit dans les contenances, et surtout en présence d'un déficit contre un excédant, on peut facilement présumer qu'il y a eu empiétement d'un terrain sur l'autre; mais c'est beaucoup plus difficile, lorsque celui qui se plaint a l'étendue que ses titres lui assignent.

§ 3. — Contenance indiquée dans les titres d'une manière incertaine, par le mot *environ* ou autres équivalents.

166. Quelquefois, les titres, indiquent les contenances d'une manière incertaine, par exemple, par les mots : *ou environ*, ou bien la contenance est dite être de quinze à vingt arpents, de vingt à vingt-cinq, etc. — Pardessus enseigne que, « si le titre de l'un des voisins lui attribuait une quantité déterminée sans équivoque, et que l'autre n'en eût qu'une *environ*, ce serait au premier qu'il faudrait d'abord accorder la mesure indiquée par son titre. »

167. Il était de principe, sous l'ancienne jurisprudence, que ces mots : *ou environ*, n'indiquaient qu'un léger défaut de contenance. — «En déclarant la contenance d'un héritage, dit Pothier, on ajoute quelquefois les termes : *ou environ* ; par exemple : cinq arpents de vigne, ou environ ; cent arpents de bois, ou environ, etc. Le sens de ces termes est que le vendeur ne sera pas tenu du défaut de la contenance, lorsque ce défaut sera peu considérable, comme si, sur cinq arpents, il ne manquait que huit ou dix perches, car cinq arpents, à si peu de chose près, sont vraiment cinq arpents *ou environ*. Mais si le défaut était considérable, comme si, sur les cinq arpents, il en manquait un demi-arpent, les termes *ou environ* n'empêcheraient pas que le vendeur ne fût tenu du défaut de contenance. » *Traité du contrat de vente*, t. 1, p. 267.

168. D'après l'article 1619 du Code Napoléon, lorsque la vente d'un immeuble n'a pas été faite à raison de tant la mesure, mais « soit qu'on ait vendu un corps certain et limité, soit que la vente

ait pour objet des fonds distincts et séparés, soit qu'elle commence
par la mesure ou par la désignation de l'objet vendu suivie de la
mesure, l'expression de cette mesure ne donne lieu à aucun supplément de prix en faveur du vendeur, pour l'excédant de mesure,
ni, en faveur de l'acquéreur, à aucune diminution du prix pour
moindre mesure, qu'autant que la différence de la mesure réelle à
celle exprimée au contrat est d'un vingtième en plus ou en moins,
eu égard à la valeur de la totalité des objets vendus, s'il n'y a stipulation contraire. »

169. On voit par ces citations que les termes : *ou environ* laissent
supposer un déficit tout au plus d'un vingtième, d'où M. Millet
conclut, avec raison, que si la mesure complète faite au porteur
d'un titre à quantité déterminée ne laissait au porteur du titre contenant l'expression : *ou environ,* qu'une quantité très-inférieure au
chiffre mentionné en son titre, on devrait avoir égard à la disposition de l'article 1619 et ne diminuer le terrain du second que
d'un vingtième. Autrement, il arriverait que ce dernier éprouve-
rait une réduction injuste, puisque, selon les principes anciens et
nouveaux, *environ* veut dire anciennement un *trentième,* aujourd'hui
un *vingtième* en moins ou en plus, et que le titre n'en existe pas
moins pour cette contenance ainsi réduite.

170. Nous irons plus loin, et nous dirons qu'en ce cas, comme
dans le cas précédent, on ne devra avoir qu'un certain égard au
titre, même le plus complet. Nous ne saurions trop le répéter, les titres produits dans les bornages, n'étant pas contradictoires, ne peuvent seuls servir de règle, et le juge ne saurait, sans les plus grands
inconvénients, repousser, même en présence des titres, les indications résultant des autres documents, de la disposition des lieux et
des circonstances.

171. Nous appliquerons les mêmes règles au cas où les titres
d'un des voisins donnant une contenance positive, ceux de l'autre
voisin n'indiqueraient l'étendue du terrain que d'un nombre
à un autre, par exemple, de quinze à vingt arpents, de vingt à
vingt-cinq, etc. — Pardessus ne voit dans ces expressions que la
preuve de la contenance la moins forte exprimée. — « Les titres, dit
cet auteur, servent seulement pour ce qu'ils expriment déterminément. Si un acte porte qu'une pièce contient de quinze à vingt
arpents, c'est un titre exprès pour quinze arpents; au delà, il n'annonce qu'incertitude, que la possession peut seule fixer ; il n'est
pas, à la vérité, contraire à une possession de seize, dit-sept, vingt,
mais il n'en établit pas le droit ; il n'exclut pas la propriété de plus

de quinze arpents, et même il la fait présumer; mais il ne la donne pas. »

172. Dans ces cas, comme dans les précédents, on aurait égard aux titres, et l'on attribuerait au porteur du titre positif la quantité déterminée, pourvu que l'autre partie trouvât dans les résultats de l'opération une quantité de terrain au moins égale à la moindre exprimée dans son titre; et pourvu encore que les autres documents de la cause, la possession et la disposition des lieux ne vinssent pas contrarier ses attributions.

§ 4. — *Quid,* si l'un des propriétaires a des titres et que l'autre n'en ait pas ?

173. Si quelques propriétaires ont des titres et que d'autres n'en aient pas, il faut, à moins de prescription acquise par la possession, et si les titres déterminent d'une manière claire et précise l'étendue des terrains, attribuer d'abord aux propriétaires nantis de titres la contenance et l'étendue exprimée en leurs titres.

174. Cependant Pothier, et après lui M. Dumay, ont établi une distinction qui paraît être suivie : ou le titre du revendiquant est postérieur, ou il est antérieur à la possession de l'autre partie : la production du titre, dans le premier cas, ne suffirait pas, puisque le vendeur ou le cédant n'aurait pu transmettre valablement un héritage qu'il ne possédait pas lui-même ; mais le titre du revendiquant est suffisant, lorsque ce titre est antérieur à la possession du vendeur, qui est alors présumé avoir été le possesseur et le propriétaire de l'héritage, et, comme tel, avoir transmis possession et propriété.

175. On comprend, toutefois, que la possession pourra être plus ou moins opposée, en pareil cas, suivant qu'elle aura été plus ou moins longue, paisible, publique et à titre de propriétaire, et que le titre contraire sera plus ou moins fortifié par des précédents, c'est-à-dire qu'encore il faudra avoir égard aux circonstances, à l'état des lieux, etc. — Rien ne prouverait même que le déficit réclamé par le porteur de titres ne se trouverait pas dans l'héritage d'un autre voisin.

176. En un mot, comme nous le verrons ci-après (n°⁵ 182 et suiv.), des titres non contradictoires peuvent avoir une certaine autorité, mais il ne faut pas qu'ils servent à troubler dans leur propriété ceux qui n'y ont jamais été parties et qu'une longue possession doit mettre à l'abri de toute réclamation qui ne serait pas fondée sur des moyens juridiques et sur des preuves légales.

§ 5. — Comment se règlent les droits en cas d'absence totale de titres.

177. Lorsqu'il y a absence totale de titres, ou que quelques propriétaires ont des titres et que d'autres n'en ont pas, voici quelles doivent être les règles du bornage. — En l'absence totale de titres, on peut avoir recours à tous autres documents, mais surtout à la possession constatée par des enquêtes. — « Il n'est pas interdit aux juges, dit Pardessus, d'employer, pour lever l'incertitude et reconnaître les véritables droits des parties, d'anciens procès-verbaux d'arpentage, des cadastres, des plans non suspects, à défaut de renseignements plus exacts. — La possession, qui l'emporte sur les titres, lorsqu'elle a duré le temps fixé par la loi, doit, à plus forte raison, décider en faveur de celui qui l'invoque, s'il n'existe point de titres capables de déterminer l'étendue des deux propriétés contiguës, ou au moins de l'une d'elles. Alors, il n'est pas indispensable que cette possession ait duré le temps nécessaire pour prescrire ; le seul fait de son existence pendant un an, sans trouble, établit, suivant l'article 2230 du Code Napoléon, en faveur de celui qui l'invoque, une présomption légitime dont l'effet ne peut être détruit que par un titre ou une possession antérieure, d'une durée équivalant à un titre. » T. I, p. 127. — Curasson ajoute aux moyens de reconnaître les limites des propriétés, les anciens vestiges, les livres d'arpentements, les simples énonciations, même celles qui se trouveraient renfermées dans les titres étrangers aux parties.

178. D'après Dumay, « dans les opérations de bornage, on peut avoir égard à des documents qui n'ont pas précisément le caractère de titres, c'est-à-dire qui ne sont pas *causæ idoneæ ad transferendum dominium*, et qui, par conséquent, ne pourraient pas servir de base à une demande en revendication, tels que des terriers, des plans, des déclarations aux états de section, le cadastre, des déclarations de fermiers, etc. Si les documents sont anciens et non suspects, et que la jouissance actuelle soit conforme, ils équivalent à un titre et peuvent même l'emporter sur les titres proprement dits produits par les voisins, mais qui ne sont pas appuyés de possession. Il en est de même de simples énonciations renfermées, soit dans les titres des parties, soit dans des actes qui leur sont étrangers, et qui peuvent être admises dans un bornage, quoiqu'elles dussent être rejetées des autres instances pétitoires, comme n'étant pas suffisamment probantes. » *Appendice*, n° 31.

179. En matière de délimitation et de bornage, il n'y a pas de preuve plus certaine de propriété qu'une possession patente, paisible, publique, bien certaine, c'est-à-dire ne consistant pas dans ces empiétements imperceptibles, dans ces usurpations insensibles entre voisins, dans ces soustractions clandestines, qu'il importe, par-dessus tout, de ne pas laisser consacrer par le juge.

180. Comme nous le verrons ci-après, dans une discussion générale sur les titres (nos 182 et suiv.), quelques auteurs ont même prétendu que les titres présentés dans le bornage, n'étant presque jamais contradictoires entre les parties, n'avaient que peu de valeur ou plutôt n'avaient aucune valeur. Nous combattons cette doctrine, mais en reconnaissant, toutefois, les avantages de la possession, lorsqu'elle est revêtue de toutes les qualités nécessaires. — Voici, au reste, comment M. Millet résume les règles à suivre, lorsque, dans les opérations de bornage, il n'existe de titre ni de part ni d'autre. — « Si la possession est précise, il est évident, dit-il (p. 406), qu'elle doit seule servir de base à l'opération, puisque le propriétaire qui voudrait obtenir une contenance supérieure à celle dont il jouit n'aurait rien pour justifier sa prétention, et pour forcer son voisin à lui céder une partie de son héritage; il y aurait, en ce cas, parité de droits. — Si l'un des propriétaires prétendait n'avoir été privé d'une partie de sa contenance que depuis un certain temps, il pourrait se faire réintégrer dans cette portion par la voie de possession, si l'anticipation remontait à moins d'un an, et qu'il eût une possession annale et caractérisée antérieure. — Si l'étendue de la possession de chaque voisin était incertaine, et qu'il n'y eût pas de documents pour la fixer, il faudrait partager par moitié, à l'exception de certains biens communaux qui, aux termes de la loi du 10 juin 1793, et des avis du Conseil d'Etat des 20 juillet 1807 et 26 août 1808, doivent être divisés proportionnellement au nombre de feux. — S'il n'y a de titre ni de part ni d'autre, la possession, même annale, fait la règle, dit Perrin d'après Toullier. — C'est pour ce cas que la possession annale est éminemment utile et doit être invoquée avec certitude, rien ne venant contredire cette possession.—Tous les auteurs qui ont écrit avant la loi du 25 mai 1838 sur les justices de paix, et les commentateurs de cette loi, ont rappelé cette règle posée par Toullier que, s'il n'y a de titre de part ni d'autre, la seule possession doit faire la règle.

181. Ces règles paraissent devoir être suivies, sauf toutefois celle relative à la possession annale, qui ne nous paraît pas, quant à nous, préférable, *dans tous les cas*, aux preuves ou même aux présomptions de propriété résultant des documents divers, des baux, des procès-verbaux d'arpentage, de la disposition des lieux, etc. Voir ci-après, n° 199.

§ 6. Considérations générales sur les titres et sur la force des titres en matière de bornage.

182. Nous avons, dans nos ANNALES DES JUSTICES DE PAIX, publié plusieurs articles de M. Morin; avocat, ancien sous-préfet, sur les titres en matière de bornage; un article de M. Lahache, juge de paix du canton de Bruyères, et nos propres observations sur le même sujet. ANNALES, 1856, p. 165 et 256, et ANNALES, 1857, p. 47, 143 et 328.— M. Morin a soutenu, dans tous ses articles, et plus fortement encore dans le premier que dans le dernier, que les titres, sans aucune autorité à l'égard des tiers, puisqu'ils ne sont pas contradictoires, ne doivent pas même être produits dans l'instance en bornage. Qu'on nous permette de rappeler ici nos dernières observations sur cette doctrine, tant soit peu étrange. — « Exclure, disions-nous (ANNALES, 1857, p. 341), les titres d'une manière absolue est une véritable aberration, car les titres peuvent être un moyen certain de décider, une preuve irrécusable dans bien des espèces. — Ainsi les titres du demandeur et ceux du défendeur en bornage peuvent ne pas se contredire ; combien de fois n'arrive-t-il pas que la possession, cette possession dans laquelle notre honorable contradicteur a si grande confiance, n'est qu'un moyen d'usurpation du bien d'autrui? On connaît l'adresse que mettent certains propriétaires à s'avancer petit à petit sur le terrain de leur voisin ; c'est, chaque année, chaque mois, un progrès presque imperceptible ; c'est un centimètre de terrain qu'on enlève, et, au bout de quelques années, ce sera un, deux, trois sillons. — Mais, si nous ne nous trompons, l'action en bornage, les formalités du bornage n'auraient été établies que pour arrêter cette usurpation insensible de la possession ; et ce serait uniquement sur la possession que pourrait être fondée la preuve en matière de bornage ! — Supposons qu'après une usurpation longue et graduée, un propriétaire soit parvenu à enlever à son voisin quelques ares, même quelques hectares : le voisin réclame ; il demande l'action en bornage. D'après le système de M. Morin, le défendeur n'aura qu'une chose à dire : Je possède, j'ai possédé ; donc, tout m'appartient. — Au contraire, d'après notre système, le juge demandera au voisin ses titres ; il verra, par ces titres, que la propriété du voisin contenaît bien autrefois l'étendue de terrain qu'il réclame ; il demandera également au défendeur ses titres ; il verra par les titres du défendeur que sa propriété était jadis moins étendue qu'elle ne l'est aujourd'hui ; il interrogera la possession, il la trouvera équivoque, il constatera bientôt l'usurpation ; la demande sera par conséquent on ne peut mieux justifiée. Or, le juge aura surtout été amené à le reconnaître par l'examen des titres. Et l'on voudrait qu'il fût forcé de repousser de prime abord les titres, parce qu'ils n'auront pas été contradictoirement faits entre le demandeur et le défendeur, ou entre leurs auteurs, parce qu'ils sont *res inter alios acta !* En vérité, l'on ne comprend pas qu'un pareil système ait pu être soutenu, et il faut que ceux qui y ont adhéré ne l'aient pas compris et n'en aient pas calculé les conséquences. — Enfin, M. Morin ne s'aperçoit-il pas que, dans son étrange théorie sur la preuve en matière de bornage, il renverse tous les principes du Code Napoléon sur la propriété et sur la possession ? Le Code a déterminé dans quel cas et dans quelles conditions la possession peut être une présomption ou une preuve de la propriété, ou même un moyen d'acquérir la propriété ; en dehors de ces règles, la possession n'a qu'une force qui peut être détruite par toute espèce de preuves, même par la preuve testimoniale. »

183. « Nous savons bien qu'à l'appui du système que nous combattons, on pourrait dire : Celui qui possède possède, et le fait seul de sa possession est une preuve de son droit de propriété, jusqu'à ce qu'une autre preuve vienne la détruire ; or, votre titre, que vous m'opposez, n'a aucune valeur vis-à-vis de moi, puisqu'il n'a pas été fait avec moi ou avec mon auteur ou mon vendeur. Soit, s'il en était ainsi ; mais ce n'est pas seulement mon titre que je vous oppose, c'est aussi le vôtre ; la quantité de terrain que mon titre m'attribue, le vôtre vous la refuse ; et si, à l'appui de cette première présomption si grave, qui s'élève contre vous, je prouve par d'autres voies, par une enquête, par l'état des lieux comparé à la description des titres, que vous avez pris ce qui était à moi, je ne serai pas écouté ! Et le juge n'aura pas même le droit de comparer nos titres communs avec vos prétentions, avec l'état des deux propriétés ! Non, nous le répétons, cela n'est pas soutenable et le législateur a été le premier à autoriser la preuve par les titres en matière de bornage, puisqu'il a voulu que le juge basât sa décision *sur les titres de propriété.* »

184. « Maintenant, si l'on veut savoir notre opinion tout entière, nous dirons encore, comme dans notre premier article, que

le juge ne doit pas trop facilement ajouter foi à des titres et à des mesurages auxquels le demandeur ou le défendeur ou leurs auteurs n'ont pas été parties; loin de nous également la pensée d'accorder une trop grande importance à la règle si souvent citée : *In antiquis enunciativa probant etiam contra alios* ; cette règle, en effet, ne doit être appliquée qu'avec la plus grande prudence ; et des énonciations de titres ne doivent pas prévaloir, à notre avis, contre une bonne et solide possession. — Nous répétons donc encore volontiers que la théorie de M. Morin sur la valeur des titres peut être utile, pourvu qu'on ne la pousse pas, comme lui, jusqu'à ses dernières conséquences. Mais vouloir exclure complétement les titres de la preuve en matière de bornage ; empêcher le juge de chercher dans des titres quelquefois concordants les moyens d'éclairer sa religion ; défendre d'invoquer les titres à l'appui de la preuve testimoniale ; interdire surtout au juge de paix de consulter les titres, un pareil système ne se soutient pas, et nous espérons, pour notre part, n'avoir plus à y revenir, ni à en fatiguer nos lecteurs. »

185. Nous ne saurions que persister aujourd'hui dans nos observations de 1857 : non, sans doute, les titres ne sont pas tout en matière de bornage, mais ils sont quelque chose. Il est certain qu'on ne peut opposer dans une instance, comme preuve juridique, des titres dans lesquels l'adversaire n'a pas été partie ; mais le législateur a si bien pensé que les titres peuvent servir de preuve, qu'il a fait dépendre la compétence du juge de paix et celle du tribunal d'arrondissement de la condition que les titres seraient ou non contestés.

186. Lorsqu'entre deux voisins les titres contradictoires manquent (et c'est là un caractère tout particulier de l'action en bornage), lorsque l'on n'a pour règle que des titres réciproquement étrangers à chacune des parties, c'est le cas d'appeler à son aide toutes les autres circonstances, la possession, les signes limitatifs, les bornes naturelles du terrain, ravins, ruisseaux, etc., la disposition des lieux, les anciens arpentages, plans terriers, le cadastre même, de joindre et de réunir tous les documents. Rien, dans cette matière, n'est interdit au juge ; la loi ne l'oblige pas plus à juger d'après les titres qu'à repousser les titres ; il doit chercher la vérité dans tous les documents de la cause et fonder sur tous sa décision.

187. Ainsi que nous l'avons dit plus haut, tous les genres de preuves sont admissibles en matière de bornage, les titres anciens ou nouveaux, même non contradictoires, la preuve testimoniale, les enquêtes, etc.

188. Les simples présomptions étant admises dans tous les cas où la loi permet la preuve testimoniale (C. Nap., art. 1353), il n'est pas douteux qu'elles ne puissent être également invoquées pour compléter le sens des titres et le caractère de la possession. Peut-être même les présomptions, quand elles sont graves, précises et concordantes, méritent-elles en général plus de confiance que la preuve testimoniale, car ce sont des inductions tirées d'un fait certain qui ne peut guère tromper, tandis que la confiance accordée à la preuve testimoniale n'est fondée que sur la supposition que les témoins ne veulent pas en imposer à la justice, et ce n'est là trop souvent qu'une illusion. Les indications fournies par les arbres ou arbustes excrus sur le terrain litigieux, par les chemins, les sentiers, les ravins et les ruisseaux, doivent donc être étudiées avec soin et préférées, dans leur impartialité, au témoignage des hommes. Curasson, t. II, p. 462; Vaudoré, *Droit civil des juges de paix*, vᵒ Bornage, nᵒ 18; Dalloz, au mot *Bornage*, nᵒ 55.

189. Le serment peut être déféré entre les parties, sur des faits de possession respectivement allégués. Celle à qui il est déféré ou qui le refuse, ou ne consent pas à le déférer à son adversaire, ou l'adversaire à qui il a été déféré et qui le refuse, doit succomber dans sa demande ou dans son exception (C. Nap., art. 1361). Le juge peut aussi déférer le serment à l'une des parties, pour en faire dépendre la décision de la cause, ou pour déterminer le montant de la condamnation. Mais, pour cela, deux conditions sont nécessaires; il faut : 1ᵒ que la demande ou l'exception ne soit pas pleinement justifiée ; 2ᵒ qu'elle ne soit pas totalement dénuée de preuves. C. Nap., art. 1366, 1367.

SECTION III. — *De la prescription en matière de bornage, considérée comme moyen d'établir la propriété.*

190. On a beaucoup discuté sur la prescription en matière de bornage, comme si les dispositions du Code Napoléon sur la prescription de trente ans ou de dix ans n'étaient pas applicables aux terrains placés sur les limites des propriétés. — Nous examinerons dans cette section les règles de l'application de la prescription de trente ans, de la prescription par dix et vingt ans, et de la prescription annale en bornage.

§ 1er. — De la prescription de trente ans.

191. La prescription de trente ans est-elle applicable en matière de bornage, de telle sorte qu'il soit possible de prescrire au delà de bornes contradictoirement posées? Cette question est née de ce que, sous l'ancienne jurisprudence, l'authenticité, l'espèce de caractère de solennité attaché aux *limites* avait fait rejeter cette prescription par quelques auteurs : les bornes, disaient-ils, *perpetuò clamant.* Aujourd'hui, la prescription devrait être admise, suivant les règles ordinaires, malgré cette considération; et cela est généralement admis.

192. Mais ce qui ne l'est pas autant, c'est le droit de prouver une possession trentenaire, à l'égard de petits empiétements successifs de quelques parcelles de terrains détournées successivement et insensiblement à chaque labour. Ainsi, d'après M. Dumay, « quand il s'agit d'une faible portion de terrain, de quelques sillons, par exemple, réunis au moyen d'anticipations successives et pour ainsi dire imperceptibles, la preuve trentenaire ne doit pas être admise par les tribunaux, parce que, quand elle serait faite, elle ne devrait inspirer aucune confiance, à raison de l'impossibilité où seraient les témoins de se rappeler que, pendant le laps si long de trente années, les choses ont toujours été dans l'état où on les voit actuellement. Mais il en serait autrement, s'il s'agissait d'une portion notable de terrain distraite en une seule fois de l'un des héritages, pour être réunie à l'autre, ou si même, s'agissant d'une parcelle d'une faible étendue, elle se trouvait séparée par des arbres, des portions de haies, des fragments de roches, en un mot, par quelque chose d'apparent, qui indiquât jusqu'où, pendant les trente années, s'est constamment étendue la possession; alors, d'une part, les témoins ont un point fixe; de l'autre, le voisin auquel on oppose la prescription a un moyen facile de reconnaître, et ne peut être présumé avoir ignoré l'empiétement commis sur le fonds. » — Curasson établit aussi en principe que, quand il s'agit d'anticipations d'une partie de tel champ, de tel pré, ces anticipations sont censées n'avoir eu lieu que successivement et d'une manière imperceptible ; le preuve qu'elles existent depuis plus de trente ans serait donc inadmissible, à moins que des indices certains et reconnaissables, tels qu'un buisson, un fragment de haie, un rocher, un arbre, ne pussent servir à attester le point extrême où la culture s'est arrêtée. Comment, en l'absence de ces signes, des témoins pourraient-ils déposer d'une manière impartiale et sans erreur, et le juge statuer en parfaite connaissance de cause ? Dans ces cas, on ne peut que s'en rapporter aux titres et aux preuves indiquées, ou s'en tenir à la possession actuelle à défaut de tous autres. T. II, Commentaire sur l'article 6, n° 4.

193. Cette doctrine était suivie dans l'ancienne jurisprudence, et elle a été consacrée par un arrêt de la Cour de Paris, du 28 février 1851, dans lequel on lit : « Considérant que les usurpations de terre qui se font graduellement en labourant sont presque toujours imperceptibles et ne donnent lieu qu'à une possession clandestine ; qu'une pareille possession, quelque longue qu'elle soit, ne peut jamais faire supposer de la part du propriétaire l'abandon de ses droits et servir de base à la prescription ; que la preuve testimoniale d'une pareille possession ne pourrait jamais être concluante, parce qu'en raison de la clandestinité de cette possession les témoins ne pourraient en avoir connaissance et attester sa continuité... »

194. Mais M. Troplong, dans son *Traité de la prescription*, t. Ier, n°s 352 et suiv., repousse cette espèce de présomption légale de clandestinité, que l'on voudrait attacher à l'usurpation des terrains de limites ; il critique, sur ce point, l'ancienne jurisprudence et l'arrêt de la Cour de Paris du 28 février 1851 ; il n'admet pas l'impossibilité absolue d'arriver à la preuve. — « Les cultivateurs, dit-il, ont ordinairement sur les limites des données positives : un buisson, un fragment de haie, une pierre, un arbre, un alignement, un point quelconque de repère peuvent indiquer le point extrême où la culture s'arrête depuis trente ou quarante ans ; et, dans ce cas, la prescription doit faire maintenir ces limites, quand même elles seraient hors des contenances fixées par les titres. Le parti le plus prudent est donc d'admettre le résultat des enquêtes : si elles déposent d'une possession continue, publique, dans les limites connues depuis plus de trente ans, il ne faudra pas hésiter à se prononcer en faveur de la prescription, quand même le terrain disputé serait de peu d'importance ; l'on n'écoutera pas, surtout, le propriétaire voisin, qui prétendra qu'à raison de l'exiguïté de la parcelle, l'usurpation a échappé à la surveillance, et qu'ainsi la possession manque de publicité. On ne saurait, en effet, transformer en acte clandestin une jouissance qui s'est produite au grand jour, et ce serait tout renverser que de mettre sur le compte de la ruse d'autrui la négligence dont on s'est rendu coupable envers soi-même. Mais si les témoins ne peuvent indiquer depuis combien de temps les anticipations ont eu lieu ; s'ils laissent croire que pendant trente ans on s'est avancé d'une manière lente, occulte, imperceptible, on rejettera la prescription, et l'on s'en référera aux énonciations contenues dans les titres. »

195. M. Millet, après avoir cité les diverses opinions des auteurs, résume ainsi la sienne propre : — « Toutes les fois qu'une des parties oppose la prescription trentenaire, il faut qu'elle précise les faits sur lesquels elle prétend fonder sa demande ; il ne suffirait pas de dire que depuis plus de trente ans on possède une quantité de ... excédant les titres de propriété, il faut, au contraire, établir, indiquer comment la possession s'est opérée. — Ainsi, on pourra considérer comme règle certaine le cas de signes, d'indices, établissant que la possession a dû être publique, et réunir toutes les conditions de la loi. — On décidera alors qu'en plaine, s'il n'existe aucun signe, la prescription n'aura pu être que clandestine. — Dans tous les autres cas, la demande à fin de preuve, basée sur des circonstances résultant de la situation des lieux, sera toujours accueillie, et l'on attendra le résultat de la preuve offerte. — C'est ainsi, ce me semble, que peut être restreinte, dans des limites toutes rationnelles, la prescription trentenaire. »

196. Ces conseils sont fort sages et doivent d'autant plus être suivis, que, toutes les fois qu'une enquête est demandée, le juge de paix peut exiger que les faits soient articulés, afin de décider s'ils sont permanents et admissibles ; c'est même la règle obligatoire devant les tribunaux ordinaires (C. proc., art. 252). Si la publicité de la possession ne résulte pas suffisamment des faits articulés, le juge pourra refuser l'enquête ; mais si l'on propose de prouver qu'on a, pendant trente ans, labouré telle portion de terrain bien déterminée, au vu et au su de tous, que ce soit en plaine, qu'il y ait des signes extérieurs, indices ou non, l'enquête devra être ordonnée, sauf à mettre ensuite les frais de la preuve à la charge du plaideur téméraire.

§ 2. — De la prescription par dix et vingt ans.

197. La prescription par dix et vingt ans peut aussi être opposée

en matière de bornage. — D'après l'article 2265 du Code Napoléon, celui qui acquiert de bonne foi et par juste titre un immeuble en prescrit la propriété par dix ans, si le véritable propriétaire habite dans le ressort de la Cour impériale, dans l'étendue de
laquelle l'immeuble est situé; et par vingt ans, s'il est domicilié
hors dudit ressort. — Les articles suivants portent :

« ART. 2266. Si le véritable propriétaire a eu son domicile, en
différents temps, dans le ressort et hors du ressort, il faut, pour
compléter la prescription, ajouter à ce qui manque, aux dix ans de
présence, un nombre d'année d'absence double de celui qui manque, pour compléter les dix ans de présence.

« ART. 2267. Le titre, nul par défaut de forme, ne peut servir de
base à la prescription de dix et vingt ans.

« ART. 2268. La bonne foi est toujours présumée, et c'est à
celui qui allègue la mauvaise foi à la prouver.

« ART. 2269. Il suffit que la bonne foi ait existé au moment de
l'acquisition. »

198. La possession doit être nécessairement conforme au titre
en vertu duquel on possède, et, dès lors qu'il s'agit de contenance
et d'étendue de terrain, comme en matière de bornage, il faut que
les actes décrivent les lieux, *selon certains signes ou limites*, et que
l'on puisse prouver que l'on a possédé publiquement, paisiblement
et à titre de propriétaire, pendant dix ans ou vingt ans, la quantité
de terrain comprise dans ces limites, ou bien encore que le fonds
ait été vendu *comme corps certain :* tels seraient un bois, une vigne, une oseraie, un étang, sans autre désignation de contenance,
un héritage clos de murs, de haies, de fossés, ou qui serait entouré
par un sentier, un ravin, des allées d'arbres, etc., etc. — Et il importerait peu, dans tous ces cas, que l'on pût opposer à la prescription des titres antérieurs énonçant une contenance beaucoup moindre, car on prescrit contre le titre ; la prescription est plus forte
que le titre.

§ 3. — De la possession annale opposée comme preuve de propriété
en matière de bornage.

199. Nous avons vu, plus haut, n°ˢ 177 et suiv., que d'après
la plupart des auteurs, lorsqu'il n'y a de titre de part ni d'autre
entre propriétaires voisins, dans une instance en bornage, la possession même annale doit faire règle. — Quant à nous, nous ne saurions admettre que la possession annale pût, même en l'absence

totale de titres, prévaloir contre toute possession antérieure, quelque lonque qu'elle fût, et même contre certains documents, tels que procès-verbaux d'arpentage, baux, plans non suspects, anciens vestiges, énonciations en titres étrangers aux parties, etc., etc. — Le seul effet que nos Codes attribuent à la possession annale, c'est, en cas de trouble, de faire maintenir au possessoire ceux qui, depuis une année au moins, étaient en possession paisible par eux ou les leurs, à titre non précaire (C. proc., art. 23). Mais cette maintenue en possession n'est ni une preuve absolue, ni une consécration de la propriété ; celui qui a succombé au possessoire peut réclamer ses droits au pétitoire, et là, lorsqu'il s'agit, non plus de la maintenue en possession, mais du droit de propriété, de décider quel est le véritable propriétaire, tous les genres de preuves peuvent être admis.

200. Comprend-on, par exemple, que celui qui opposera une simple possession d'an et jour puisse, par cela seul, faire écarter les prétentions de son voisin qui, précédemment, aura joui du même terrain, publiquement, paisiblement, pendant un grand nombre d'années ; qui pas plus que lui ne présentera, il est vrai, de titres, mais qui prouvera par d'anciens arpentements, par la disposition des lieux, par d'anciens vestiges, par d'anciens baux, d'accord avec son ancienne possession, que c'est lui qui est propriétaire ? — Toullier, l'illustre professeur de Rennes, a été pendant longtemps l'oracle du droit ; les auteurs qui l'ont suivi, subjugués par son autorité (V. ci-dessus, n° 180), ne nous paraissent pas avoir suffisamment compris les effets de la possession annale, toute-puissante au possessoire, mais qui a une valeur beaucoup moins grande au pétitoire, comme preuve de propriété.

CHAPITRE VIII. — Règles d'attribution de propriété particulières à certaines espèces de terrains, chemins, rivières, ruisseaux, rideaux, clôtures, talus, fossés.

201. On divise les chemins en deux grandes classes : les chemins *publics* et les chemins *privés*.

202. Les chemins publics, routes impériales, départementales, chemins vicinaux et même tous chemins classés ou appartenant aux communes, ne doivent pas être compris dans le bornage.

203. La qualité de chemins *vicinaux* n'a été assignée dans chaque commune qu'à un certain nombre de chemins publics, qui présentaient assez d'importance pour que leur entretien dût être mis à la charge de la commune, en sorte que, dans toutes les communes, il se trouve un assez grand nombre de voies de communication, chemins, sentiers, ruelles ou passages, qui, bien que d'une moindre importance, ne pouvaient cependant pas être supprimées sans inconvénient, soit parce qu'elles donnent accès à une fontaine publique, à un abreuvoir, à un pâturage communal, soit parce qu'elles sont nécessaires à l'exploitation de différents cantons de terres arables. — Ces voies de communication ont reçu de la circulaire du ministre de l'intérieur, du 19 novembre 1839, le nom de chemins *ruraux*. Cette dénomination se justifie, puisque, dans cette catégorie, ne rentre aucune des voies publiques qui règnent dans l'intérieur des villes, bourgs ou villages. — Les chemins ruraux sont des chemins publics, car ils servent ou peuvent servir à l'usage de tous, et ne sont réclamés par personne, à titre de propriété privée.

204. Les chemins *privés* sont ceux qui existent, soit à titre de propriété, la portion de terrain consacrée à leur formation appartenant à ceux qui en jouissent, soit à titre de servitude sur l'héritage d'autrui. Ces voies sont donc soumises aux règles ordinaires de propriété ou de servitude. — La circulaire précitée du 16 novembre 1839, conforme à un avis du Conseil d'Etat du 12 avril 1839, a prescrit de dresser dans chaque commune un tableau des chemins ruraux qui comprît même les simples sentiers, afin qu'il pût servir à établir pour toujours les droits de la commune. Ce tableau a dû être déposé pendant un mois à la mairie, et avis de ce dépôt a dû être donné par deux publications successives, afin de mettre tous les propriétaires de la commune, qu'ils y soient domiciliés ou non, à portée de venir en prendre connaissance et de réclamer, soit contre les omissions qu'ils remarqueraient, soit contre l'inscription au tableau des chemins dont ils prétendraient avoir la propriété à titre privé. Ces réclamations ont dû être soumises, avec le tableau même, à l'examen du Conseil municipal, qui devait discuter les réclamations, s'il en avait été présenté, et proposer de les admettre ou de les rejeter. — Les réclamations présentées, soit pendant, soit après le délai des publications, et qui n'ont pas été admises par le Conseil municipal, doivent être renvoyées à la connaissance des tribunaux civils, et ce n'est qu'après le jugement du litige, et si la commune triomphe, que le chemin peut être maintenu définitivement dans la catégorie des chemins ruraux. Foucart, t. II, p. 469.

205. Ainsi, à la différence des chemins vicinaux, les contestations sur la propriété des chemins ruraux devront être vidées avant que l'autorité administrative puisse imprimer à ces chemins le caractère de chemins publics, tandis que, pour le classement des chemins vicinaux, il n'y a point à s'arrêter devant les exceptions de propriété. La raison de cette différence gît en ce que l'arrêté du préfet n'est point attributif à la voie rurale du sol compris dans ses limites, comme cela a lieu en matière de chemins vicinaux. (L. 1836, art. 15.) — Par ce même motif, l'arrêté du préfet ne serait pas un obstacle à une action en revendication, puisque, ne statuant que sur la publicité du chemin, cet arrêté ne peut produire d'effet qu'autant que le chemin est la propriété commune. Foucart, t. II, p. 469.

206. Les rivières et cours d'eau appartiennent aussi, dans leur usage, au domaine public ou au domaine privé ; nous disons *dans leur usage*, car la propriété elle-même des eaux et du lit des rivières est considérée par plusieurs auteurs comme appartenant uniquement au domaine public. Mais cette question n'intéresse en rien le bornage, si ce n'est, toutefois, quant au lit des ruisseaux, qui peut être considéré sans inconvénient, lorsque les rivières ne sont ni navigables ni flottables, lorsqu'il s'agit surtout de simples ruisseaux courant dans des rigoles, comme appartenant à la propriété privée.

207. Les rivières navigables et flottables, étant dans le domaine public, ne doivent être comprises dans le bornage que comme limites ou confins des terrains à bornes.

208. Les articles 640 et suivants du Code Napoléon règlent les droits des propriétaires sur les sources ou cours d'eau qui naissent dans leurs propriétés, qui les traversent ou qui les longent. — « Il ne faut pas perdre de vue, dit M. Pardessus, que les cours d'eau, les sentiers ou autres passages qui ne sont pas publics font partie des propriétés qui les entourent ou qu'ils traversent ; par conséquent leur étendue doit compter dans celle du terrain, savoir : pour moitié, lorsque quelques-uns de ces objets sont mitoyens ; et pour la totalité, à celui à qui ils appartiennent exclusivement. »

209. D'après M. Frion, juge de paix, que nous avons déjà cité, il paraîtrait que, sous le régime féodal, on ne comprenait pas ordinairement dans la mesure du champ la moitié des rivières qui le bordaient, parce qu'elles appartenaient alors aux seigneurs, mais qu'on y portait comme aujourd'hui la partie qui le traversait. Depuis, tantôt on a compris dans la mesure, tantôt on a laissé en dehors l'étendue de la rivière qui longeait l'héritage, sans doute parce qu'après l'abolition de la féodalité, la propriété des cours d'eau était devenue incertaine, et que, plus tard, le Code Napoléon ne les a attribués aux propriétaires riverains que restrictivement. P. 48.

210. M. Millet croit que, *pour éviter toute méprise* sur l'application des énonciations des titres qui s'expliquent rarement sur les confins des rivières, il est, avant de se prononcer, un moyen prudent à employer, c'est de mesurer d'abord moitié de la rivière, et si, déduction faite de cette moitié, le riverain a sa quantité, ainsi que les autres propriétaires, alors on ne comprend pas la rivière ; si, au contraire, il résulte que la moitié de la rivière, dont la longueur peut être plus ou moins grande, a de l'influence sur la répartition des terrains, alors on mesure la rivière et on prend la moitié dans les quantités que donnent les titres.

211. Cette manière de procéder, indiquée par M. Millet, ne nous paraît pas devoir être entièrement suivie, ainsi que le dit M. Frion dans l'extrait cité plus haut ; sous le régime féodal, on ne comprenait pas ordinairement dans la mesure du champ la moitié des rivières qui le bordaient ; on ne trouverait donc dans beaucoup d'anciens titres aucune mention relative aux droits des parties sur ce point, et l'on s'exposerait par conséquent à infliger bien des mécomptes. — Il faut remarquer, d'ailleurs, que le Code Napoléon a établi une espèce de présomption du droit des riverains à la moitié de la rivière, puisque, d'après l'article 644, ceux dont les propriétés bordent une eau courante, autre que celles déclarées dépendances du domaine public, ont un droit égal à s'en servir à son passage, pour l'irrigation de leurs propriétés ; puisque, d'après l'article 561 sur le droit d'accession, « les îles et atterrissements qui se forment dans les rivières non navigables et non flottables appartiennent aux propriétaires riverains du côté où l'île s'est formée : si l'île n'est pas formée d'un seul côté, elle appartient aux propriétaires riverains des deux côtés, à partir de la ligne qu'on suppose tracée au milieu de la rivière. » — C'est donc la règle ou la présomption que chacun des propriétaires riverains a droit à la moitié du ruisseau, qui nous semble devoir être prise en considération, et, à moins que des titres il ne résulte le contraire, ce mode d'attribution doit être suivi.

212. Nous trouvons dans le remarquable Traité de M. Millet une discussion pleine de faits et de clarté sur les *tertres, arbres, haies, fossés et rideaux*, et sur les attributions qui doivent en être faites dans les bornages. — «Voici, dit M. Millet, ce qu'on lit dans

Fournel : On appelle *rideau* une langue (1) entre deux héritages voisins. Dans quelques coutumes, cette portion intermédiaire est connue sous le nom de *tertre* ou *terme*. Il y a de fréquents débats sur la propriété de cette pente, et sur la question de savoir auquel des deux héritages elle appartient, pouvant être considérée par l'une et l'autre partie comme une prolongation de son terrain. Plusieurs coutumes adjugent le rideau ou tertre au voisin supérieur : telle est celle d'Ayren, local d'Auvergne, qui porte : Quand il y a terme ou tertre entre les deux terres, le terme est à la terre supérieure. Mais l'usage le plus commun est d'adjuger la propriété du rideau au propriétaire inférieur, et de ne laisser au voisin supérieur que les jambes pendantes. On appelle ainsi l'espace que le propriétaire supérieur peut embrasser par ses jambes sur le côté du tertre. Cet usage est textuellement indiqué par quelques coutumes, et entre autres celle de Saint-Clément, local d'Auvergne, en ces termes : « Au seigneur supérieur de l'héritage appartient le terme étant entre deux héritages, tant que les pieds du seigneur de l'héritage se peuvent étendre, quand il est assis sur ledit terme ; le résidu appartient au successeur de la propriété qui est dessous. » Rien ne serait plus versatile que l'étendue de cette propriété, si elle pouvait varier d'un moment à l'autre, suivant l'étendue des jambes de chaque propriétaire, mais l'usage l'a réglée à deux pieds. V. *Traité du voisinage*, t. II, p. 407, v° *Rideau*.

213. « Souvent, dit Vaudoré, des tertres, rideaux, balmes ou lisières, séparent deux héritages, dont l'un est plus élevé que l'autre ; on adjuge la propriété de ces terrains, d'après l'usage le plus général, au propriétaire inférieur, et on en laisse au propriétaire supérieur deux pieds à peu près, afin que son héritage ne puisse s'ébouler. Néanmoins, on doit rigoureusement suivre les usages locaux. » — Vaudoré cite trois textes de coutumes : celle de la Marche, celle d'Ayren (haut pays d'Auvergne), et celle de Saint-Clément (local d'Auvergne). On connaît les deux dernières ; celle de la Marche porte : « Tertre et gorse, étant entre un pré et une terre, appartiennent au seigneur du pré, *s'il n'appert du contraire*. » — « On sent, ajoute l'auteur, que la coutume de Saint-Clément ne doit pas être suivie à la lettre, quant à la manière de mesurer la part revenant à chaque voisin ; l'usage a fixé la portion réservée pour l'héritage supérieur à deux pieds. Lorsque, continue-t-il, les tertres, rideaux ou lisières présentent un plan horizontal, on les partage par moitié entre les deux voi-

(1) C'est plutôt une éminence, une élévation de terrain.

sins. La possession peut être déterminante. » — Vaudoré fait remarquer que, quand la propriété est reconnue, les voisins peuvent se contraindre, soit à les partager, soit à les attribuer par des bornes à celui auquel ils appartiennent. Telle a été notre opinion, lorsque nous avons dit que les parties de fonds comme rideaux, ruisseaux, peuvent être délimitées séparément de ces mêmes fonds.

214. Nous avons vu que Pardessus appliquait maintenant aux rivières ce qu'il avait décidé pour les tertres et rideaux. Voici ce qu'il dit relativement à ces derniers objets, dans la huitième édition de son *Traité des servitudes* : « Il arrive souvent qu'à l'extrémité des propriétés qu'il s'agit de borner se trouvent des élévations résultant de l'inégalité du terrain, connues le plus souvent sous le nom de *rideaux, tertres, lisières*, ou sous d'autres dénominations locales. Quelques coutumes avaient à ce sujet des dispositions que l'on peut encore considérer comme des usages particuliers, utiles, d'après les articles 1159 et 1160 du Code, pour l'interprétation des titres. Ces rideaux, tertres ou lisières, lorsqu'ils présentent une pente ou un plan incliné, sont assez généralement considérés comme propriété de l'héritage inférieur, en laissant au propriétaire supérieur un espace suffisant pour le garantir des éboulements. Mais s'ils présentent un plan horizontal, il est plus naturel, en l'absence de titres, ou à défaut de possession suffisante qui les attribueraient à un seul héritage, de les partager par moitié. » Huitième édition, t. Ier, p. 306.

215. Les usages de chaque contrée sont tellement variables et contradictoires, qu'il est difficile de poser des règles fixes ; aussi Pardessus, au lieu de donner, comme il l'avait fait originairement, moitié du rideau à chaque voisin, s'en réfère maintenant aux usages et surtout à la disposition des lieux.

215 *bis*. Dans le département de l'Oise, et notamment dans l'arrondissement de Beauvais, les rideaux sont généralement attribués pour les deux tiers au propriétaire inférieur. Dans l'Aisne, au contraire, c'est presque toujours la moitié. On applique assez généralement l'ancienne opinion de l'auteur du *Traité des servitudes*.

216. Quant aux arbres et aux haies, ils sont toujours censés plantés en deçà de la ligne séparative, conformément aux anciens usages ou aux distances prescrites par nos lois nouvelles, sauf la preuve contraire qui peut résulter de la situation des lieux. Dans ce cas, l'espace de terrain situé au delà des arbres ou de la haie doit être mesuré, et compté à l'héritage où se trouvent et la haie et les arbres ; si les arbres ou haies sont mitoyens, moitié à chaque propriétaire. — Quelquefois on rencontre des arbres et des haies plantés sur la limite des héritages, et appartenant à un seul voisin ; que la plantation remonte à plus ou à moins de trente ans, on ne doit rien compter en ce cas au delà desdits arbres et haies. — Il en est ainsi des fossés ; une distance a pu être observée comme ne l'être pas, et souvent il arrive aussi qu'ils sont pratiqués sur la ligne. On sait que le rejet des terres est le signe de la mitoyenneté. Au surplus, la position des terrains a une grande influence sur toutes ces choses, et les décisions en dépendent presque toujours.

217. Nous terminerons par l'opinion qu'expriment MM. Dalloz en leur *Répertoire*, au mot *Bornage*, n° 60. « Les ruisseaux, haies, fossés, sentiers et autres chemins privés doivent être attribués en entier aux parties sur l'héritage desquelles ils se trouvent. Lorsqu'ils sont sur la limite des propriétés en litige, ils doivent être présumés mitoyens et attribués pour moitié à chacune des parties, sauf le droit de propriété exclusive que l'une d'elles peut avoir acquis à cet égard (Voir en ce sens Pothier, *Société*, n° 233 ; Pardessus, n° 122; Curasson, t. II, p. 261 ; Vaudoré, *Droit civil des juges de paix,* n° 29, 30). Les rideaux à plan incliné doivent, toutefois, être censés défendre les fonds supérieurs qu'ils soutiennent, à moins que le propriétaire de l'autre fonds ne justifie que, soit d'après l'usage des lieux, soit d'après son titre ou sa possession, le rideau doit lui appartenir (Vaudoré, *loc. cit.*, n° 31). Il n'est pas besoin de faire observer que les dépendances du domaine public, telles que les rivages, lais et relais de la mer, le lit des rivières navigables ou flottables, ne peuvent être comprises dans la délimitation des héritages (Val., *Ordonn. de la marine*, l. 4, t. VII, art. 1er; Pardessus, n° 122; Perrin, n° 915). Quant aux chemins de halage qui bordent les rivières, comme ils font partie des propriétés riveraines, ils doivent, au contraire, être compris dans le bornage. » Pardessus, n° 122 ; Vaudoré, *ibid.*, n° 34.

CHAPITRE IX. — Instruction de l'action en bornage. — Procédure. Expertise. — Formes à suivre. — Procès-verbal.

SECTION Ire. — *Distinction entre la délimitation et le bornage. — Partie de l'instance qui précède l'expertise. — Du bornage volontaire ou sans contestation devant le juge de paix. — De l'alignement et du consentement des parties en cas d'alignement.*

218. Le bornage implique deux opérations qui sont : 1° la délimitation des héritages; 2° le placement des bornes. Par la délimitation, on détermine les droits de chaque partie, la ligne séparative des fonds, soit que, les parties étant d'accord, le juge se borne à constater ce qui résulte de leurs actes, soit que, sur la contestation des droits et de la possession, le juge du pétitoire détermine les limites qu'elles doivent désormais reconnaître. — La plantation des bornes est l'opération qui a lieu après que la délimitation a été reconnue par les parties ou fixée par le juge.

219. Il arrive quelquefois que les parties s'accordent sur la délimitation de leurs héritages respectifs, et qu'elles veulent seulement faire planter des bornes, en vertu de jugement, sur la ligne qui les sépare, pour la fixer d'une manière invariable. Dans ce cas, pour constater l'accord des parties et prévenir des contestations ultérieures, le juge doit d'abord rendre une décision par laquelle il donne acte aux parties de ce qu'elles reconnaissent que la ligne séparative de leurs propriétés se trouve à tel point fixe, en indiquant ce point avec autant de précision que possible dans son jugement, sur les renseignements qui lui sont fournis par les intéressés. Par le même jugement, le juge de paix déclare qu'il se transportera sur les lieux avec ou sans experts, suivant qu'il juge convenable ; c'est en pareille circonstance que le secours des hommes de l'art peut paraître superflu et que le magistrat peut *se servir à lui-même d'expert et de géomètre*, suivant l'expression de M. Barthe (discours de présentation du projet devenu la loi de 1838, à la Chambre des députés). Au jour et à l'heure indiqués, le juge de paix se transporte sur les lieux, accompagné des parties, et fait planter les bornes sur la ligne divisoire fixée par son jugement. Lorsque cette opération est terminée, le greffier en dresse un procès-verbal circonstancié, contenant avec exactitude la désignation des bornes et des témoins de pierre ou de tous autres signes employés pour les faire facilement reconnaître. Le juge doit, en outre, s'attacher à décrire avec précision la ligne séparative, avec toutes les sinuosités, s'il en existe. Curasson, t. II, p. 465, conseille de plus de joindre au procès-verbal de bornage un plan qui en retrace les points les plus essentiels. Ce soin paraît utile, mais il exige le concours d'un homme de l'art, et l'opération devient par cela même plus dispendieuse.

220. D'autres fois, lors même que la ligne séparative des deux héritages résulte clairement des titres, on la modifie et on la déplace, afin d'en corriger les irrégularités, de faire disparaître, par exemple, les coudes et les angles rentrants ou saillants qu'elle

pourrait présenter. — Et alors le bornage constitue un véritable alignement *pour la commodité de l'un et de l'autre des propriétaires*, comme le dit Domat, *en laissant d'une part autant qu'on donne de l'autre. Lois civiles*, liv. II, t. VI, sect. II, n° 6.

221. A cet égard plusieurs questions peuvent se présenter : — 1° Le consentement des parties est-il nécessaire ? — 2° Ce consentement peut-il être donné par le tuteur figurant dans une action en bornage, au nom du mineur, ou par les époux mariés sous le régime dotal, relativement à l'immeuble constitué en dot ? — 3° Le bornage ainsi fait sera-t-il purement déclaratif ou sera-t-il, au contraire, attributif, de telle sorte, par exemple, que les créanciers hypothécaires soient fondés à prétendre qu'il y a là, en ce qui les concerne, une aliénation ordinaire, et qu'ils peuvent suivre dans les mains du propriétaire voisin la portion détachée de l'immeuble qui fait leur gage ? — M. Demolombe, après avoir posé ces questions, les résout ainsi : — « Que le consentement des parties soit nécessaire, nous le croyons ; car il s'agit entre elles d'une espèce d'échange, et le juge, chargé seulement de constater et de déterminer les limites existantes, ne nous paraîtrait pas pouvoir, même pour le plus grand intérêt des parties, les changer lorsqu'elles sont certaines et reconnues. Le magistrat n'a point chez nous, comme autrefois à Rome, le pouvoir de faire, en pareil cas, une *adjudicatio* (*Institutes, De officio judicis*, § 6). — Mais la solution de la première question n'entraîne-t-elle pas, dans le même sens, la solution des deux autres ? Et si le consentement des parties est nécessaire, parce que l'opération a le caractère d'une aliénation, n'en faut-il pas conclure qu'il ne peut être donné que par les parties capables d'aliéner et en ce qui concerne seulement les biens aliénables ? — Cette déduction semble, en effet, à première vue, rigoureusement logique, et pourtant nous ne croirions pas devoir l'adopter. — Nous supposons, bien entendu, deux choses : d'abord que l'espèce d'échange qui résulte du redressement, et plus généralement du déplacement de la ligne séparative des héritages, n'est que de peu d'importance, et ensuite que tout se passe, en fait, avec bonne foi. — Eh bien ! alors, notre avis est que cette opération devait être considérée comme un acte de bonne et sage administration, qui n'excède pas les pouvoirs du tuteur, ni ceux du mari, sous le régime dotal, relativement à l'immeuble constitué en dot. C'est ainsi que le tribunal civil de Caen a nettement décidé que le mari qui, en procédant au bornage des propriétés dotales, avait rectifié l'alignement, en cédant quelques portions à peu près égales à celles qu'il avait reçues, n'avait pas fait un échange auquel l'article 1559 fût applicable. — Par suite, les créanciers hypothécaires auraient été valablement représentés par le propriétaire agissant dans la limite du droit d'administration qu'il conserve. — Nous dirions donc, dans ce cas, du bornage comme du partage, qu'il est purement déclaratif. » *Cours de Code Napoléon*, t. XI, n° 274.

SECTION II. — *De la procédure en cas de renvoi devant le tribunal de première instance. — Du bornage après décision du tribunal de première instance ou arrêt sur l'appel. — Du bornage en cas de contestation sur les limites, sans contestation sur la propriété ou sur les titres. — Des experts. — Du transport du juge de paix sur les lieux contentieux.*

222. Lorsque le juge de paix s'est déclaré incompétent, le demandeur doit ajourner son adversaire devant le tribunal de première instance. Il est utile qu'il fasse signifier, en tête de l'exploit d'ajournement, la sentence rendue par le juge de paix, parce que cette décision devient un élément du procès et doit être nécessairement consultée par les juges, pour qu'ils puissent apprécier la conduite du défendeur et statuer sur les dépens.

223. Les juges peuvent, lorsque d'ailleurs ils sont suffisamment éclairés par les moyens d'instruction de la cause, fixer eux-mêmes la démarcation entre deux propriétés, sans ordonner une expertise. C'est ce qui a été jugé sous l'ordonnance de 1667 (Cass., 2 nov. 1808), et c'est ce qu'on jugerait sous le Code de procédure, car les juges ne sont pas astreints à suivre l'avis des experts, lorsqu'ils en ont nommé (C. proc., art. 323). A plus forte raison peuvent-ils se dispenser d'ordonner une expertise, lorsqu'ils la croient inutile.

224. Après avoir statué sur les questions de propriété, les juges doivent fixer avec soin la ligne divisoire, suivant les droits reconnus des parties ; prescrire la plantation des bornes sur cette ligne, conformément à ce qui a été expliqué, n° 46 ; ordonner la restitution des fruits en faveur de ceux auxquels la délimitation rend une partie de leur terrain, et statuer sur les dépens.

225. Lorsque le délai indiqué par le jugement qui a prononcé le sursis et renvoyé l'incident devant le tribunal d'arrondissement est expiré, ou après jugement et arrêt sur les questions de titre et de propriété, toutes les parties, ainsi que l'expert, se présentent à l'audience du juge de paix. — La partie la plus diligente présente le jugement qui a statué sur la contestation. — « Alors, dit M. Millet (deuxième édition, p. 544), les parties font tous dires et observations

qu'elles jugent convenables ; il est ordonné que l'expert rectifiera ou
complétera son travail de répartitions de terrain au cabinet, en
suivant pour base les décisions intervenues, tant du tribunal de
paix que du tribunal d'arrondissement. — Sur les lieux, en présence ou en l'absence des parties, l'expert représente son travail ;
chaque propriétaire est obligé de s'expliquer sur ce qui le concerne, approuve ou improuve ce qui a été fait sur le papier, en
demande la rectification ou la modification ; le voisin intéressé consent ou ne consent pas ; l'expert est entendu, et le juge décide si le
travail sera ou ne sera pas maintenu.

226. Sans contester ni la propriété ni les titres, les parties ne
s'accordant pas sur les limites, voici comment le juge de paix
devrait procéder. Il se ferait d'abord remettre les titres des parties,
et il ordonnerait ensuite que les propriétés litigieuses fussent arpentées par des experts qu'il nommerait, afin de déterminer, d'a-
près les actes, la ligne divisoire. Au jour indiqué par le jugement,
il se transporterait sur le lieu du litige avec les experts et les parties.
Les pièces à borner seraient alors arpentées, et la ligne divisoire déterminée conformément aux titres. Après cette opération, et sur le
rapport des experts, le juge devrait, autant que possible, et pour
éviter un nouveau déplacement, rendre sur les lieux, conformément
à l'article 42 du Code de procédure, une nouvelle sentence, par laquelle il fixerait les limites des deux propriétés contiguës et ordonnerait la plantation des bornes sur la ligne séparative fixée par le
résultat de l'expertise, sans cependant être astreint à suivre les indications des experts, s'il estimait qu'il y a eu erreur dans leur appréciation ou dans leur travail. Conformément à ce jugement, les bornes devront ensuite être placées, et il sera dressé procès-verbal de
cette opération. Mais ce procès-verbal ne suffirait pas ; un jugement devrait être nécessairement rendu, et cela pour deux raisons :
la première, c'est que la décision du juge de paix serait sujette à
l'appel et qu'il faudrait qu'elle fût transcrite pour être déférée au
juge du degré supérieur ; la seconde, c'est qu'il importerait que
chacune des parties eût un titre exécutoire contre son adversaire,
afin d'éviter une nouvelle contestation, et le procès-verbal serait
insuffisant pour assurer ce résultat.

227. M. Millet pose cette question : — « La restitution des terrains contestés ou non contestés peut-elle être ordonnée par le juge
de paix ? — Une fois les quantités matérielles connues par la voie
de l'arpentage, répond-il, une fois l'application des titres non contestés faite par le juge de paix, il ne reste plus qu'une seule chose

à faire, la répartition des terrains. Or, l'expert, d'après les indications données par le magistrat, opère les reprises selon les règles de son art, toujours eu égard aux titres des parties, c'est-à-dire qu'il retirera à l'un ce qu'il a de trop pour remettre à l'autre à qui il en manque. — Cette opération est une opération purement d'expert ; on doit conserver le plus possible aux pièces de terre leur configuration actuelle qui, par suite de tradition, sont l'image de la figure primitive qui aura été conservée, malgré les anticipations actives ou passives qu'elles auront faites ou auront eu à souffrir. — Les reprises sont tellement la conséquence du bornage, que ce n'est que pour atteindre ce but que l'on a recours à cette opération. — Ce qui se passe en cette circonstance est extrêmement simple : il ne s'agit que de constater des faits, de faire rentrer les pièces de terre dans leur état normal ; la plupart du temps, il ne se présente aucune contestation, si ce n'est pour quelques légères difficultés matérielles qui se trouvent bientôt aplanies. — Ce point de vue n'a pas encore été indiqué par les auteurs. — Dans un jugement rendu par nous le 27 septembre 1838, nous disions que les juges de paix avaient le droit de décider non-seulement les incidents relatifs à l'opération matérielle, mais encore de faire la répartition des terrains et d'ordonner les restitutions qui sont la conséquence de l'opération.

228. Comment le juge de paix doit-il procéder à la nomination des experts en bornage et combien d'experts doit-il nommer ? — L'article 42 du Code de procédure civile porte : « Si l'objet de la visite ou de l'appréciation exige des connaissances qui soient étrangères au juge, il ordonnera que les gens de l'art, qu'il nommera par le même jugement, feront la visite avec lui et donneront leur avis ; il pourra juger sur le lieu même, sans désemparer. Dans les causes sujettes à appel, procès-verbal de la visite sera dressé par le greffier, qui constatera le serment prêté par les experts. Le procès-verbal sera signé par le juge, par le greffier et par les experts ; et si les experts ne savent ou ne peuvent signer, il en sera fait mention. » — Carré, dans son ouvrage sur la juridiction des justices de paix, n° 2813, dit que le juge de paix peut ne nommer qu'un seul expert, si les parties y consentent, pourvu qu'elles aient la libre disposition de leurs droits ; si les parties nomment leurs experts, le juge doit leur confier l'opération ; sinon, il les nomme d'office, et, pour éviter le partage, il doit en nommer trois ; c'est du moins un argument qu'on peut tirer de l'article 303. Les parties ont, après cette nomination, la faculté de convenir d'autres experts (art. 305) ; elles doivent le faire dans les trois jours de la signification, si le jugement est interlocutoire, ou dans les trois jours de la prononciation, s'il est seulement préparatoire. Cette nomination est faite par une déclaration au greffe. — Dans ses *Lois de la procédure*, le même auteur se demande, sur l'article 42, quel doit être le nombre d'experts à nommer. Les experts, dit-il, dans les justices de paix, ne rédigent pas à la vérité de procès-verbal, mais dans les causes sujettes à appel le greffier doit tenir un procès-verbal, et dans les causes non susceptibles d'appel on doit, aux termes de l'article 43, insérer au jugement le résultat de l'expertise. On sent qu'en ces deux cas il doit être présenté un seul avis : il faut donc qu'il ait été nommé un ou trois experts. C'est, d'ailleurs, l'esprit général du Code (art. 303); il veut éviter le partage d'avis qui pourrait embarrasser le juge dans sa décision. — M. Chauveau, dans ses additions à Carré, croit que le juge de paix fera sagement de se conformer à ses prescriptions, quoiqu'aucune loi positive ne l'y oblige ; mais dans le système de M. Pigeau (*Comm.*, t. I, p. 106), il faut toujours trois experts, à moins que les parties, maîtresses de leurs droits, ne consentent à la désignation d'un seul. Dans celui de M. Thomine-Desmazures (t. I, p. 115 et 116), il n'en faut que deux, parce que le juge est le tiers expert ou l'expert suprême.

229. M. Millet critique ces diverses opinions; il soutient avec raison, et en cela il est d'accord avec Curasson (t. I, p. 113), que l'article 303 du Code de procédure, relatif aux tribunaux ordinaires, est, par là même, étranger aux justices de paix ; l'article 42 accordant aux juges de paix la faculté de recourir à des gens de l'art, sans en déterminer le nombre, tout à cet égard est laissé à l'arbitrage de ces magistrats. C'est au juge de paix qu'il appartient d'apprécier si la nomination d'un seul expert suffit, sans qu'il soit besoin pour cela du consentement des parties. M. Millet soutient donc qu'en justice de paix, en matière de bornage, comme en toute autre matière, la nomination des experts doit toujours être faite d'office, parce que le juge seul doit savoir si ses connaissances lui permettent ou non de pouvoir, sans le secours d'autrui, apprécier le litige. Il peut certes consulter les parties sur le choix à faire, mais il n'y est point obligé. — Quant au nombre des experts, le juge est entièrement libre à cet égard; la loi n'en a point limité le nombre. Cela est laissé à son appréciation. Dans les causes de peu d'importance, il n'en nommera qu'un seul, dans d'autres deux ; dans de graves affaires il devra en nommer trois.

230. Le procès-verbal dressé par le greffier constatera le serment prêté par les experts, lorsque le juge de paix aura eu recours à leur assistance. Cet acte doit, en outre, être signé par les experts, par le juge et par le greffier. Si les experts ne savent ni ne peuvent signer, il en sera fait mention. C. proc., art. 42.

231. Comment doit être faite l'expertise ? Le juge de paix doit-il être présent ? *Quid*, si l'expertise est ordonnée par le tribunal de première instance ? — D'après l'article 42 du Code de procédure civile, le juge de paix, après avoir nommé des experts pour faire *avec lui* la visite des lieux et donner leurs avis, peut juger sur les lieux mêmes sans désemparer. — Les articles 302 et suivants, qui règlent les rapports d'experts devant les tribunaux de première instance, supposent, au contraire, que le travail de l'expert se fait en dehors de la présence du juge. Ces derniers articles ne sont pas applicables aux expertises qui se font dans les justices de paix, lesquelles ne sont régies que par l'article 42 du Code ; mais quelles que soient les expressions de l'article 42, les experts nommés sur demande en bornage, de même que tous ceux qui opèrent en justice de paix, ne sont pas tenus absolument de procéder à leurs opérations *en présence du juge*. La question a été traitée par presque tous les auteurs qui ont écrit sur les justices de paix ; M. Chauveau, dans les *Lois de la procédure* de Carré, la pose et la résout ainsi : « Le juge de paix peut-il ordonner un rapport d'experts sans ordonner en même temps une descente ? M. Thomines-Desmazures (t. I, p. 115) décide qu'une expertise ordonnée par le juge de paix ne peut avoir lieu qu'en sa présence ; il est lui-même, dit cet auteur, l'expert désigné par la loi ; les gens de l'art ne sont que des aides, que ses conseillers. Il faut convenir que les dispositions et la rédaction de l'article 42 sont bien faites pour accréditer cette opinion. Ne semble-t-il pas que ces officiers soient nécessairement toujours ensemble et ne puissent opérer séparément ? L'article 43 paraît encore en être une autre preuve. Le Code ne trace d'ailleurs aucune règle pour le dressé, le dépôt du rapport, dans le cas où les experts procéderaient en l'absence du juge, nouvel argument en faveur de la solution de M. Thomines-Desmazures. Cependant, à y bien réfléchir, nous croyons qu'on doit se décider pour l'opinion contraire. M. Pigeau (Comm., t. I, p. 108) la professe sans difficulté, et il en tire une foule de conséquences pour l'application, aux expertises qui se font devant les justices de paix, des articles 302 et suivants, relatifs aux expertises devant les tribunaux ordinaires. — M. Chauveau cite à l'appui de son opinion un arrêt de la Cour de cassation du 20 juillet 1837, qui a déclaré qu'en n'assistant pas à toutes les opérations d'expertises, le juge de paix ne commet pas un excès de pouvoir ; il est à noter que, dans l'espèce, il y avait eu visite de lieu par le juge, et ce n'était que comme complément qu'il avait ordonné une expertise hors sa présence.

251 *bis*. Curasson, après s'être prononcé, dans son premier volume, pour la présence du juge dans les expertises des cas généraux ordinaires, admet l'expertise hors sa présence pour les opérations du bornage. — « Dans plusieurs affaires, dit-il, il est possible que le juge de paix puisse se servir à lui-même d'expert et de géomètre, comme le disait M. Barthe ; mais s'il s'agit d'appliquer des titres, de rechercher des limites incertaines, cette application, cette recherche, les mesurages nécessaires compliquent l'opération et rendent indispensable la nomination d'un ou de plusieurs experts entendus ; car les articles 302 et suivants du Code de procédure ne sont pas une loi pour le juge de paix. Ce magistrat peut présider à l'expertise, mais la règle établie à cet égard par l'article 42 dudit Code n'est point absolue. Si donc ses occupations ne lui permettent pas d'assister à l'opération, il peut statuer sur un rapport d'experts, sauf à compléter lui-même l'instruction sur les lieux, dans le cas où le rapport ne contiendrait pas des documents suffisants pour l'éclairer. La délimitation peut être importante et donner lieu à plusieurs jours de travail, s'il s'agit surtout du mesurage d'une grande étendue de terre auquel seraient intéressés cinq ou six voisins assignés par le demandeur ou appelés dans la cause, pour reconnaître lequel a anticipé, et dont chacun proposerait ses observations. En faisant procéder l'expert sans l'assistance du juge et en présence des parties, il y aura économie de frais pour elles et économie de temps pour le magistrat. » T. II, p. 343, n° 16.

252. M. Curasson (t. II, p. 459) enseigne même que le juge de paix n'est pas obligé de se transporter sur les lieux. MM. Dalloz émettent un avis contraire : « Si le juge de paix ne se transporte pas sur les lieux, disent-ils (*Répert.*, au mot *Bornage*), par qui sera rédigé le procès-verbal de bornage, lequel, d'après l'article 42 du Code de procédure, doit être signé par le juge ? Nous comprenons très-bien que, lorsque l'arpentage doit durer plusieurs jours, le juge n'assiste pas à cette opération, pour laquelle sa présence est inutile ; mais il doit, en général, être présent au bornage, afin de pouvoir ensuite signer le procès-verbal, conformément à l'article 42 dudit Code. Il ne doit lui être permis de se tenir éloigné du lieu de l'opération, que lorsqu'il est représenté un plan figuré des lieux auquel les parties disent s'être conformées dans la plantation des bornes. »

233. M. Millet, après avoir cité un passage de la brochure de
M. Frion, juge de paix à Chaumont (Oise), s'exprime ainsi : — « De
tout ce qui précède, on peut conclure que toutes les fois qu'il s'a-
gira de bornage dont les opérations ne sont pas susceptibles de durer plus d'un jour ou deux, le juge de paix ne devra nommer qu'un
seul expert arpenteur, lequel opérera en sa présence. — Que si le
bornage doit se prolonger plusieurs jours, comme au cas de mise
en cause des arrière-voisins, où il faut mesurer un grand nombre
de pièces de terre, le juge de paix nommera deux, trois experts et
plus, si les circonstances l'exigent ; il se rendra sur les lieux le premier jour, afin de vider toutes les difficultés matérielles d'exécution
résultant, soit d'accidents de terrains, d'existence de chemins, rivières, ruisseaux, ravins, rideaux, arbres et haies, etc. Il constatera la nature de ces objets, s'ils sont publics ou privés, s'ils sont
faits de main d'homme, s'ils ont plus de trente ans de plantation
et comment ils doivent être comptés dans le mesurage. Le juge
examine, en un mot, toutes les difficultés que peuvent faire naître
les accidents de terrain. — La mission du juge de paix au premier
jour de l'opération est d'éclairer la marche des experts, afin qu'ils
ne soient point arrêtés dans le cours de leurs opérations. — Les
difficultés matérielles aplanies, le juge indique le jour où la cause
sera appelée à l'audience, eu égard au temps nécessaire aux experts
pour faire l'arpentage, les calculs au cabinet, les reprises et la rédaction du plan. — Les experts opèrent et continuent pendant les
jours indiqués dans le procès-verbal. Le mesurage terminé, ils se
rendent au cabinet de l'un d'eux, font leurs calculs de chaque
quantité trouvée, selon les jouissances actuelles, et comparent ces
quantités avec les quantités énoncées dans les titres ; ensuite ils ef-
fectuent sur le papier les reprises et les font figurer en ligne rouge
sur le plan. Si des observations sont nécessaires pour l'intelligence
du plan, les experts les consignent en marge. — Le travail des
experts parachevé, les parties, ainsi que les experts, comparaissent
à l'audience, au jour fixé au procès-verbal du juge ; là, en présence
ou en l'absence des parties (le jour ayant été contradictoirement
indiqué), les experts déposent sur le bureau le plan de toutes les
pièces de terre, avec indication des reprises opérées. Chaque propriétaire intéressé est appelé pour prendre communication du travail ; les experts fournissent tous les renseignements nécessaires.
Si le travail est approuvé, comme s'il est désapprouvé, le greffier en
tient note sur le plumitif : tous dires et observations sont consignés
comme dans les affaires ordinaires. — Si le travail est entièrement

approuvé, ou si les difficultés soulevées sont aplanies, le juge en fait mention dans le simple jugement de remise de la cause et intime à tel jour, pour la plantation des bornes en sa présence et en présence de toutes les parties. Les bornes plantées, procès-verbal en est rédigé, et on y joint le plan des experts. »

234. Il y a dans cette manière d'opérer, décrite par M. Millet, une grande simplicité, et elle ne paraît contredire en rien le sens et l'esprit de la loi. Il est vrai que l'article 42 du Code de procédure civile paraît exiger que les experts fassent la visite des lieux avec le juge de paix lui-même ; mais cet article, comme on l'a fait observer, a eu en vue les cas les plus simples et les plus ordinaires ; on sait, d'ailleurs, que la procédure des justices de paix n'admet pas d'irrégularités irritantes ; qu'à la différence de ce qui a lieu dans les tribunaux ordinaires (C. proc., art. 1029), les nullités y sont, le plus souvent, simplement comminatoires.

235. Ces mêmes considérations nous porteraient à penser que, dans les cas où, pour l'utilité de la cause, il y aurait intérêt à ce que les experts ne fissent pas seulement un simple plan parcellaire, mais dressassent un rapport, ce rapport devrait être dressé. — Il peut se présenter des circonstances où un rapport ajouté au plan simplifierait beaucoup le jugement à rendre. Nous avons établi plus haut que les fonctions du juge de paix ne consistent pas uniquement dans l'apposition des bornes ; il peut avoir à prononcer sur l'interprétation et l'application des titres ; il est certain qu'à part même toute opération de bornage, il a droit, en pareil cas, de demander un avis et même un rapport d'experts. — Les explications des experts données à l'audience peuvent être beaucoup plus confuses, entraîner plus de perte de temps et être moins bien saisies par le greffier, que si elles avaient été consignées dans un rapport. — Puisque donc le rapport ne peut, dans aucun cas, entraîner nullité, nous ne voyons pas pourquoi, surtout dans les causes sujettes à l'appel, telles que le sont toujours les actions en bornage, il ne serait pas dressé par les experts. — Il pourrait, d'ailleurs, servir à simplifier la sentence du juge de paix et le procès-verbal d'apposition de bornes.

SECTION III. — *Du placement des bornes.* — *Bornes naturelles.* — *Bornes artificielles.* — *Procès-verbal.* — *Plan figuratif.*

236. Les bornes sont *naturelles*, comme rivières, rideaux, rochers, édifices, arbres, haies, fossés, chemins ; ou *artificielles* ou

accidentelles, comme piquets ou pieux, pierres enfoncées en terre, etc. On suit, quant au choix des bornes artificielles, les usages locaux.

237. La matière dont sont composées les bornes artificielles varie suivant les localités. On place sous les bornes, d'après les auteurs (Brodeau, *Coutumes du Maine*, art. 677 ; Vaudoré, vº *Bornage*, nº 39), des pierres cassées, des tuiles, du charbon, des tessons de bouteilles et même des métaux. Ces signes portaient autrefois le nom de *perdriaux*, *gardes*, *filleuls* ; on les nomme aujourd'hui *témoins* ou *garants*. C'est par des *termes*, ou *croix* faites sur les rochers, que, dans les pays de bois et de montagnes, la délimitation des propriétés s'opérait. Ces signes avaient le même effet que celui qui est attribué aux bornes dont il vient d'être parlé, dès qu'ils avaient été formés du consentement unanime des parties. Aix, 17 juill. 1838.

238. Voici de quelle manière le nouveau Denisart enseigne que le bornage doit être effectué : « La règle, en matière d'arpentage et de bornage, est que deux points marqués sur les limites des héritages indiquent qu'il faut tirer, pour former la limite, une ligne droite de l'un à l'autre. Ainsi, s'agit-il de marquer les limites d'un héritage carré, on plantera quatre bornes aux quatre coins, A, B, C, D, ce qui suffira pour indiquer que les lignes AB, BC, CD et DA, sont les limites de l'héritage. Cette règle ne souffre d'exception que lorsque la pente du terrain ou sa trop grande étendue font que l'on ne pourrait pas aisément d'une borne apercevoir l'autre. Pour indiquer une ligne circulaire et elliptique, il faut autre chose que des bornes plantées de distance en distance : il faut un mur, une haie ou un fossé, ou bien que le plan joint au procès-verbal d'arpentage-bornage indique que la ligne qui doit être tirée de tel à tel autre point est circulaire, et forme telle courbure d'un côté ou d'un autre. »

239. Nous devons ajouter qu'il est convenable de placer des bornes à la naissance de chaque courbe que peut décrire la ligne divisoire, afin d'en marquer, autant que possible, les points principaux.

240. Le placement des bornes est constaté par un procès-verbal. « On éviterait bien des difficultés, dit Perrin, et on se trouverait dans les termes et l'esprit d'un arrêt rendu par la Cour de Pau, le 29 mai 1839, rapporté aux *Annales de la législation*, t. VII, nº 171, si, profitant de l'avis que donne Toullier, on avait la précaution de clairement désigner les pierres bornales ou tous autres objets pris pour bornes dans le procès-verbal de bornage ; d'y éta-

blir les dimensions et la forme de ces pierres, la distance qui existe
entre les unes et les autres, leur direction, leur éloignement des
murs, arbres, haies, fossés, etc., de l'un ou de l'autre voisin, et
même de tous les deux, s'il est possible ; enfin, de désigner aussi les
objets qu'on a déposés comme témoins. »

241. Curasson conseille de joindre un plan à tout procès-verbal
de bornage, lorsque les propriétés à borner sont considérables ;
M. Millet considère le plan comme nécessaire dans tous les cas.
« Le plan, dit-il, est le plus sûr moyen d'obtenir une opération durable ; il peut avoir lieu pour tout bornage, quelque minime ou
important qu'il soit ; il est l'image, la reproduction de ce qui est,
de ce qui a été fait ; aussi cette reproduction des choses matérielles
est-elle appelée *plan figuratif*. Dans tout bornage un plan doit avoir
lieu et être joint au procès-verbal qui n'en est que l'explication motivée. »

242. Voici, d'après M. Millet, ce que doit contenir, dans les
cas ordinaires, le procès-verbal de bornage : — 1° Les formalités
communes à toutes les visites de lieux faites par expertise ; — 2° la
décision du juge sur les difficultés matérielles d'exécution ; — 3° les
contenances matérielles selon les jouissances actuelles ; — 4° les
contenances d'après les titres représentés ; — 5° les pièces de terre
qui n'ont pas leur compte ; — 6° les reprises effectuées sur telles
ou telles pièces ; — 7° la contenance de chaque pièce par suite des
reprises ; — 8° la condamnation à fin de restitution si les parties
n'y consentent ; — 9° la plantation des bornes, leur position, leur
direction et la distance des bornes entre elles, ou portée de chaîne
de l'une à l'autre borne, ou balance des bornes entre elles ; —
10° les restitutions des fruits, le cas échéant ; — 11° la condamnation aux dépens, avec la distinction admise entre les frais de procédure et ceux de l'opération, ainsi que les frais des incidents. Cette
énumération est complète, sauf qu'il faut y ajouter les considérants
sur lesquels serait basée la décision du juge de paix sur le bornage,
car l'acte que M. Millet décrit ainsi mérite plutôt le nom de *jugement* que celui de *procès-verbal* ; et, en effet, c'est un véritable jugement que rend le juge de paix, quand même il ne se serait pas
élevé de difficultés entre les parties ; aussi devrait-il être, à notre
avis, rédigé dans la forme des jugements.

CHAPITRE X. — Des restitutions des fruits et des dépens.

243. Après les reprises consenties ou ordonnées, le juge statue sur les restitutions de fruits, ainsi que sur les dépens, et ordonne la plantation des bornes. — A cet égard, tout ce qui a été fait, en ce qui concerne la jouissance antérieurement au procès, doit être maintenu, parce que chaque propriétaire est considéré comme étant de bonne foi, jusqu'à preuve contraire. Ainsi, lorsque la mauvaise foi n'est pas établie, celui à qui l'on reprend du terrain pour compléter la quantité du voisin, si ce terrain est couvert de récoltes, a le droit de recueillir les fruits ; en un mot, celui qui sème récolte. Ce mode est aussi simple que juste. Cependant, si les terrains n'étaient encore que préparés, le voisin aurait à tenir compte des labours et des semences. — Voici comment s'exprime, sur la restitution des fruits, Curasson, dont l'opinion est en ce point conforme à celle de tous les auteurs qui ont écrit sur ces matières : « La restitution des fruits est une conséquence de l'action en bornage, mais il faut observer que celui qui, par le résultat de cette opération, sera reconnu avoir anticipé, ne doit les fruits que depuis la demande en justice ; ceux antérieurs à la demande ne pourraient être réclamés que contre le possesseur de mauvaise foi ; mais la mauvaise foi ne se présume point, elle doit être prouvée ; il est rare que cette preuve puisse résulter d'un bornage dont l'objet est de faire réparer de légères anticipations dont on ignore l'époque et quelquefois la cause. »

244. D'après l'article 646 du Code Napoléon, « le bornage se fait à frais communs ; » mais dans cet article il ne peut être question que des frais du bornage proprement dit : tout jugement qui interviendrait sur les questions d'interprétation de titres ou de propriété devrait statuer sur les dépens de l'instance qui aurait donné lieu au jugement, et le sort de ces dépens serait fixé selon les règles ordinaires.

245. Quant aux frais du bornage proprement dit, les termes de l'article 646 ont donné lieu à des interprétations différentes. — Ainsi, d'après Pardessus, « la proportion dans laquelle les frais doivent être supportés serait celle de l'étendue de chaque propriété ; autrement le propriétaire d'une portion considérable de terrain, dont l'arpentage serait devenu nécessaire pour arriver à fixer le lieu de plantation des bornes, pourrait ruiner son voisin qui n'en aurait qu'une très-petite partie, en lui faisant supporter la moitié des dépens. Il semble naturel, dans ce cas, de distinguer entre le bornage et l'arpentage : le bornage intéresse dans la même proportion les deux voisins, car il peut seul prévenir les anticipations, mais l'arpentage concerne chacun pour ce qui lui appartient. — Curasson s'exprime ainsi : « Pardessus distingue, relativement aux frais, le bornage de la délimitation nécessaire pour y arriver ; les bornes étant destinées à prévenir les anticipations, dans l'intérêt des deux parties, elles doivent supporter également les frais de la plantation ; pour ce qui est de ceux de la délimitation, qui sont plus considérables, ils doivent être proportionels à l'étendue des terrains. »

246. M. Millet pense qu'un autre mode doit être suivi, plus conforme, d'après lui, à l'esprit de la loi et à la pratique des opérations de bornage, à savoir que les frais judiciaires proprement dits doivent être supportés en commun, et ceux d'opérations matérielles, y compris la plantation des bornes, répartis au prorata des quantités. — « Cette opération, dit-il, n'est pas contraire à l'esprit de la loi, pas même à ses termes, car *en commun* ne veut pas toujours dire *par moitié;* ce qui est commun peut être par portions inégales, tandis que la moitié est une quantité déterminée qui ne peut varier ; s'il y a deux ou dix propriétaires en cause, ce sera toujours la moitié, le tiers, le quart ; mais *en commun* peut se concevoir avec des quantités inégales, ce ne sera pas moins une répartition commune ; c'est donc avec intention que l'on a substitué le mot *commun* au mot *moitié.* — La répartition des frais, comme nous la concevons, est en outre dans l'esprit de la loi : les frais judiciaires doivent être par tête, parce qu'ils sont en quelque sorte personnels, que la plus ou moins grande quantité de terrain ne les diminue ni ne les augmente. Mais il n'en est pas de même des frais de l'opération matérielle ; plus les terres ont d'étendue, plus elles demandent de temps pour les mesurer. Il peut arriver aussi qu'un seul propriétaire ait plusieurs pièces de terres soumises au bornage.

247. M. Demolombe croit qu'il convient de distinguer entre les frais du bornage lui-même (art. 646), c'est-à-dire de l'opération matérielle de la plantation des bornes, et les frais du mesurage des propriétés respectives, qui a pu être nécessaire pour y arriver. — Les premiers doivent être supportés en commun, c'est-à-dire, suivant nous, par moitié, parce qu'en effet ceux-là sont également utiles à l'un et à l'autre. (Arg. de l'article 3 de la loi de 1791 et de l'article 14 du Code forestier.) — Quant aux frais d'arpentage, il semble logique et équitable qu'ils soient supportés proportionnellement à l'étendue de chaque propriété ; autrement, il pourrait arriver que le propriétaire qui aurait un domaine d'une grande étendue imposât ainsi, pour un simple bornage, une énorme charge à son voisin, qui n'aurait qu'un petit coin de terre.

248. D'après M. Dalloz (*Répertoire*, au mot *Bornage*), en cas de contestation, il faut faire deux parts distinctes des frais : la première, composée des dépens occasionnés par les exceptions et les interlocutoires, doit être supportée par la partie qui a succombé ; la seconde, formée des frais ordinaires du bornage, doit être payée en commun (Toullier, t. III, n° 180; Pardessus, n° 129; Solon, n° 178; Perrin, n° 923; Marcadé, *Eléments de droit civil français*, sous l'article 646). Plusieurs auteurs, MM. Merlin (*Rép.*, v° *Bornage*), Vaudoré (*Droit civil des juges de paix*, n° 53), Perrin (n° 922), enseignent toutefois que si la demande en bornage n'avait été portée devant le juge qu'à raison de la minorité ou de l'interdiction de l'une des parties, les frais nécessaires pour arriver au bornage devraient rester communs. Cette opinion, ajoutent MM. Dalloz, est justifiée par ce qui se pratique en matière de partage, mais elle n'est pas équitable. Il nous semble injuste de faire subir à l'une des parties les frais qui sont occasionnés uniquement par l'incapacité de son adversaire. Il est encore à remarquer que, lorsqu'il a été procédé à un arpentage, les frais ne doivent pas toujours en être supportés également par les deux parties. Ils doivent être supportés par les parties, dans la proportion de l'étendue de leurs héritages respectifs ; s'il en était autrement, le bornage pourrait devenir ruineux pour le propriétaire d'un petit champ contigu à une vaste propriété.

249. Ainsi quatre catégories de frais : —1° Les frais provenant des contestations ou des difficultés élevées par l'une ou l'autre des parties et qui donnent lieu à un jugement spécial ; ils doivent être mis à la charge de la partie qui succombe; du moins les articles 130 et 131 du Code de procédure civile sur les dépens y autorisent. — 2° Les frais occasionnés par l'état de minorité de l'une des parties ; ils doivent rester à sa charge, pourvu que ce soient des frais extraordinaires et relatifs à des autorisations à obtenir, ou à des formalités spéciales à cet état de minorité ; car, s'il s'agissait, par exemple, de la nécessité de borner *en vertu de jugement*, au lieu de borner *à l'amiable*, les frais du jugement constatant le bornage devraient être communs.— 3° Les frais d'arpentage, du rapport des experts et du plan peuvent être partagés proportionnellement à l'étendue des propriétés, ou au moins des champs et pièces de terre formant la limite des propriétés soumises au bornage. — 4° Les frais de procédure nécessaires au bornage ordinaire, lorsqu'ils ne sont pas augmentés par des contestations et des prétentions injustes ou téméraires, et les frais du jugement qui établit le bornage doivent être partagés entre les parties, à moins encore que les terrains formant la lisière des propriétés des unes soient beaucoup moins longues et moins étendues que ceux formant la lisière des propriétés des autres, auquel cas encore ces frais semblent pouvoir être répartis.

BOUCHERS. 1. Les bouchers sont soumis aux règlements municipaux, d'après l'article 3, n° 4, du titre XI de la loi du 24 août 1790, relativement au poids, au prix et à la salubrité des comestibles qu'ils exposent en vente. Cass., 17 mars 1810 et 17 mars 1841.

2. Les bouchers qui vendent de la viande au-dessus du prix fixé par la taxe légalement faite et publiée sont passibles d'une amende de 11 à 15 francs inclusivement (C. pén., art. 479, n° 6).—La peine d'emprisonnement peut même leur être appliquée, selon les circonstances, pendant cinq jours au plus. *Ibid.*, 480.

3. Le maire peut fixer le poids des morceaux de viande que les bouchers sont autorisés à vendre ou à étaler dans les boucheries publiques. Cass., 3 mai 1811.

4. Une ordonnance de police peut déterminer la largeur, la hauteur et la situation de l'étal servant à chaque boucher. Cass., 24 juin 1831.

5. Les maires ont également le droit d'ordonner, lorsqu'il n'y a pas d'abattoir dans une ville, que les bouchers tueront les bœufs, vaches, veaux et moutons, dans l'intérieur de leurs maisons, et qu'ils tiendront leur porte fermée au moment de l'abatage. Cass., 5 juin 1823. ANNALES, 1re série, t. I, p. 343.

6. L'autorité municipale a le droit d'imposer aux bouchers l'obligation d'être approvisionnés en qualité et quantités suffisantes pour satisfaire aux besoins journaliers de la consommation, suivant le prix dont la taxe est déterminée, eu égard à la diversité des viandes qu'ils sont tenus d'exposer en vente. Cass., 17 mars 1841. ANNALES, 1re série, t. I, p. 341.

7. Le règlement de police qui prescrit à tout individu voulant exercer la profession de boucher dans une commune l'obligation de se munir d'une patente, à peine de confiscation des marchandises, ne rentre point dans les attributions de l'autorité municipale et, par suite, n'est pas obligatoire pour les tribunaux. L. 16-24 août 1790, tit. XI, art. 3 ; Cass., 26 mars 1831. *Ibid.*, p. 344.

8. Mais le règlement qui soumet à l'obligation de se faire inscrire préalablement à la mairie tous ceux qui veulent exercer la profession de boucher dans la commune est légal et obligatoire. ANNALES, 1re série, t. I, p. 344.

BOULANGER, BOULANGERIE. La boulangerie est la fabrication et le commerce du pain, et le boulanger est celui qui se livre à cette fabrication et à ce commerce.

1. Dans tous les temps, les professions dont l'exercice intéresse la sûreté ou la vie des hommes ont été soumises à une police et à une surveillance particulières. La profession de boulanger est de ce nombre (Cass., 25 nov. 1812). Cette police et cette surveillance appartiennent soit à l'autorité administrative, soit à l'autorité municipale. Cass., 29 mai 1834. ANNALES, 1re série, t. I, p. 349.

2. Il suit de ces principes qu'on doit considérer comme obligatoire tout décret et règlement émané de l'autorité administrative et municipale.

3. Ainsi, il entre dans les attributions de l'autorité municipale de déterminer les espèces de pains que les boulangers peuvent fabriquer et vendre, et le poids que ces pains doivent avoir. Cass., 12 août 1813 et 15 oct. 1818.

4. L'exercice de la profession de boulanger peut être astreint à une permission de l'autorité municipale. Cass., 29 mai 1834. ANNALES, 1re série, t. I, p. 349.

5. Par suite, est légal et obligatoire l'arrêté municipal qui interdit l'exercice de la profession de boulanger sans une autorisation préalable du maire. Cass., 13 juin 1855. ANNALES, 1856, p. 68.

6. Mais un tel arrêté, ayant le caractère de règlement permanent sur l'exercice de la profession de boulanger, n'est exécutoire qu'à partir de son approbation par l'autorité supérieure, ou qu'un mois après la date du récépissé délivré par le sous-préfet. Même arrêt.

7. La permission d'exercer la profession de boulanger ne doit être accordée qu'à ceux qui jouissent d'une moralité reconnue et justifient d'une capacité suffisante. Si la permission est refusée, le postulant peut se pourvoir auprès de l'autorité supérieure.

8. Un tribunal de simple police ne peut refuser d'appliquer des arrêtés pris par un maire, et approuvés par le préfet, prescrivant aux boulangers de souffrir les visites du commissaire de police au sujet du pesage, de la marque, de la qualité et de la salubrité du pain. Cass., 1er févr. 1851.

9. Les lois des 24 août 1790, art. 3, § 4, tit. XI, et 22 juillet 1791, art. 46, tit. Ier, confèrent, en effet, à l'autorité municipale le droit de prendre des arrêtés sur les objets confiés à sa vigilance et à son autorité, parmi lesquels se place l'inspection sur la fidélité des denrées qui se vendent au poids et sur la salubrité des marchandises exposées en vente. Voir aussi la loi du 18 juillet 1837, art. 11.

10. Lorsqu'un boulanger est prévenu de contraventions à des règlements de police pour avoir omis d'apposer, sur plusieurs pains exposés en vente, la marque destinée à faire connaître l'établissement dans lequel les pains ont été fabriqués, le tribunal de police, saisi régulièrement de ces diverses contraventions, ne peut, sans faire une fausse application desdits règlements, et sans violer l'article 471, n° 15, du Code pénal, se contenter de prononcer contre le contrevenant une seule amende, par le motif que l'opération de la marque était une opération complexe, et que son omission ne présentait qu'une seule et même contravention. Cass., **22 juill. et 7 oct. 1852.**— V. *Contravention, § 3.*

11. Les boulangers d'une ville dans laquelle existe un arrêté municipal qui leur prescrit de munir leurs porteurs de balances et poids nécessaires pour le pesage des pains et fractions de pains ne peuvent être affranchis des peines de la contravention à cet arrêté, lorsqu'ils n'ont pas fourni les poids nécessaires pour le pesage d'un pain entier, par le motif qu'au moyen des fractions de pains autorisées par ledit arrêté, il était facile d'opérer le pesage. Cass., 25 mai 1855. ANNALES, 1856, p. 79.

12. Le règlement qui se borne à prescrire que *les boulangers seront tenus d'avoir leurs boutiques convenablement garnies de pains taxés* laisse au juge de police l'appréciation souveraine de la convenance de la quantité des pains trouvés dans la boutique du boulanger. Cass., 9 nov. 1855. ANNALES, 1856, p. 120.

13. D'après ce que nous avons exposé ci-dessus, n°s 2 et suiv., nul doute que l'autorité municipale n'ait le droit d'assurer le service régulier de la fabrication du pain, et de régler l'exercice de la boulangerie.

14. Par suite, cette autorité fait un acte légal en ordonnant qu'aucun boulanger, à moins d'y être autorisé, ne pourra, sous peine de contravention, restreindre son approvisionnement ou le nombre des fournées auxquelles il est tenu suivant sa classe. Cass., 14 déc. 1837. ANNALES, 1re série, t. I, p. 347.

15. Le boulanger qui se rendrait coupable de tentative de tromperie sur la quantité serait passible des peines portées par la loi du 27 mars 1851.

16. Jugé, d'après cette loi, que lorsqu'un usage ou un règlement local a affecté aux pains d'un certain poids une forme particulière, le fait par un boulanger d'avoir livré ou fait livrer, sans le peser devant l'acheteur, mais en le donnant comme ayant le poids voulu, un pain d'un poids moindre que celui indiqué par sa forme, et le fait d'exposer en vente un tel pain dans la case réservée aux pains de même forme qui ont le poids indiqué par le règlement, constituent, aux termes de l'article 1er, § 3, de la loi du 27 mars 1851, le premier, le délit de tromperie dans le poids de la marchandise vendue; le second, la tentative de ce délit (C. pén., art. 401), alors surtout que ce pain ne portait pas la marque exigée pour les pains soumis à la taxe, et que le déficit constaté dans son poids est tel qu'on ne peut le considérer comme un simple déchet opéré par la cuisson. Bourges, Ch. corr., 18 juill. 1851, et Orléans, Ch. corr., 11 nov. 1851.

BOURSE COMMUNE. On appelle ainsi le produit des portions d'honoraires que certains fonctionnaires ou officiers publics du même corps versent entre les mains de l'un d'entre eux, ou d'un préposé à cet effet, soit pour subvenir aux dépenses communes, soit même pour être partagé. Certains fonctionnaires, comme les commissaires-priseurs et les notaires, sont tenus d'avoir une bourse commune; pour certains autres, au contraire, son établissement est purement volontaire.

BRUIT ET TAPAGE. — V. *Tapage nocturne.*

C.

CABARETS. — V. *Lieux publics, Police municipale.*

CAFÉS. — V. *Lieux publics, Police municipale.*

CALOMNIE. L'article 367 du Code pénal définit la calomnie : « l'imputation de faits qui, s'ils existaient, exposeraient celui contre qui ils sont articulés à des poursuites criminelles ou correctionnelles, ou même l'exposeraient seulement au mépris ou à la haine des citoyens. » Les lois nouvelles, et notamment celles des 17 mars 1819 et 25 mars 1828, ont transporté à la diffamation cette définition, d'ailleurs un peu inexacte, en ce que le mot *calomnie* ne désigne, dans le langage ordinaire et dans son acception naturelle, que l'imputation d'un fait faux. — Le Code d'instruction criminelle et les lois dont nous venons de parler ont attribué aux tribunaux correctionnels et aux Cours d'assises la répression, dans l'intérêt de la vindicte publique, de la calomnie ou de la diffamation. Mais l'article 5 de la loi du 25 mai 1838 veut que les juges de paix puissent aussi connaître sans appel jusqu'à 100 francs, et à charge d'appel, à quelque valeur que la demande puisse s'élever, des actions civiles pour diffamations verbales, lorsque les parties ne se sont pas pourvues par la voie criminelle. — V. *Audience, Injure.*

CANAL. Conduit naturel ou artificiel qui reçoit des eaux et les conduit en quelque lieu. — V. *Eau, Francs-bords, Servitude.*

CANDIDAT A LA DÉPUTATION. 1. Nul ne peut être élu député au Corps législatif, si, huit jours au moins avant l'ouverture du scrutin, il n'a déposé, soit en personne, soit par un fondé de pouvoirs en forme authentique, au secrétariat de la préfecture du département dans lequel se fait l'élection, un écrit signé de lui, contenant le serment formulé dans l'article 16 du sénatus-consulte du 25 décembre 1852. — L'écrit déposé ne peut, à peine de nullité, contenir que ces mots : « *Je jure obéissance à la Constitution et fidélité à l'Empereur.* » — Il en est donné récépissé. Sénat-cons., 8 et 17 févr. 1858.

2. La publication d'une candidature, la distribution et l'affichage des circulaires et des bulletins électoraux pour lesquels le dépôt au parquet du procureur impérial aura été effectué, ne peuvent avoir lieu qu'après que le candidat s'est conformé aux dispositions de l'article précédent. — Toute publication, distribution, ou affichage antérieurs sont punis des peines portées par l'article 6 de la loi du 27 juillet 1849. *Ibid.*, art. 2.

3. Pendant la durée des opérations électorales, un tableau, certifié par le préfet, et contenant le nom des candidats qui ont rempli, dans le délai voulu, la prescription de l'article 1er du présent sénatus-consulte, doit être déposé sur le bureau. *Ibid.*, art. 3.

4. Les bulletins portant le nom d'un candidat qui ne s'est pas conformé aux dispositions de l'article 1er du présent sénatus-consulte sont nuls, et n'entrent point en compte dans le résultat du dépouillement du scrutin ; mais ils sont annexés au procès-verbal. *Ibid.*, art. 4. — V. *Élections.*

CARENCE (*Procès-verbal de*). Acte par lequel un huissier ou un juge de paix constate qu'il ne s'est trouvé dans une maison aucun effet mobilier susceptible d'être saisi, mis sous le scellé ou inventorié.

1. L'article 924 du Code de procédure civile dispose que : « S'il n'y a aucun effet mobilier, le juge de paix dressera un procès-verbal de carence. S'il y a des effets mobiliers qui soient nécessaires à l'usage des personnes qui restent dans la maison, ou sur lesquels le scellé ne puisse être mis, le juge fera un procès-verbal contenant description sommaire desdits effets. »

2. Nous pensons, pour la saine interprétation de cet article, qu'il y a lieu à procès-verbal de carence, toutes les fois que les effets délaissés n'ont aucune ou presque aucune valeur.

3. Ainsi, ajoute M. Carré, les procès-verbaux de description sommaire *avec prisée* se confondent naturellement avec les *procès-verbaux de carence;* les uns et les autres ont pour résultat le soulagement de la classe pauvre. Il y aura seulement cette différence entre eux que les uns, les procès-verbaux de carence, s'appliqueront aux successions tout à fait indigentes, tandis que les autres pourront être dressés lorsque le défunt aura laissé quelques effets excédant le strict nécessaire, mais dont les frais de scellé, d'inventaire avec prisée et de vente absorberaient la modique valeur.

4. Les greffiers peuvent faire viser pour timbre en *débet* les procès-verbaux de carence dressés d'office par les juges de paix. Arg. des décr. minist. des 20 fruct. an X et 1er prair. an XIII. — V. *Saisie, Scellé.*

CARRIÈRE. Le fait d'exploitation d'une carrière à ciel ouvert, sans autorisation de l'autorité locale, ainsi que l'exige l'article 81 de la loi du 21 avril 1810, constitue une infraction de police de la compétence de la juridiction de simple police, et est passible des peines de l'article 471, n° 15, du Code pénal. Cass., 23 janv. 1857. ANNALES, 1857, p. 178, et surtout p. 256.

CASSATION (*Pourvoi en*). Le pourvoi en cassation est une voie extraordinaire et extrême, par laquelle on demande l'annulation, pour contravention à la loi, des décisions judiciaires définitives et en dernier ressort qui, dans la forme ou au fond, ont violé les lois ou méconnu les règles de la compétence, ou qui sont viciées d'un excès de pouvoir.

Division.

§ 1er. *Des personnes qui peuvent se pourvoir en cassation, délai et forme du pourvoi.*

1. Toute personne ayant été partie par elle-même, ou par ceux qu'elle représente régulièrement dans une instance, peut se pourvoir contre la décision en dernier ressort qui la termine, si elle lui fait *grief*, si elle n'y a pas acquiescé. Cass., 30 mai 1826.

2. La partie qui se pourvoit est tenue de consigner une amende de 150 francs, ou la moitié de cette somme, si la décision attaquée a été rendue par contumace ou par défaut.

3. Les individus qui sont dans un état d'indigence constatée par un certificat délivré par le maire de leur commune, visé par le sous-préfet et approuvé par le préfet, sont dispensés de la consignation.

4. Une seule consignation d'amende suffit pour plusieurs parties qui ont un intérêt commun, tels que des cohéritiers ou des coacquéreurs. Cass., 15 janv. 1834.

5. Mais si ces parties ont des intérêts différents, ou si le pourvoi comprend plusieurs jugements concernant des contestations distinctes, indépendantes, il faut consigner autant d'amendes qu'il y a de jugements attaqués ou de parties qui demandent la cassation. Cass., 11 juin 1838.

6. Le pourvoi formé par les parties doit, sous peine de déchéance, avoir lieu, en matière criminelle et de simple police, dans les trois jours qui suivent celui de la décision (C. instr. crim., art. 373), ou dans les cinq jours, dans les affaires de la compétence des Cours d'assises (*Ibid.*, 296); et en matière civile, dans les trois mois, à compter de la notification à personne ou à domicile. L. 1er déc. 1790, art. 4; Cass., 12 août 1852.

7. Ce dernier délai est *franc*. Ainsi, ni le jour de la signification ni celui de l'échéance n'y sont compris (L. 1er frim. an II, art. 2). Et il court non-seulement contre les mineurs et les communes, mais encore contre le domaine de l'Etat. Merlin, *Question*, v° *Cassation*, § 5.

8. En matière criminelle, le pourvoi est fait au greffe de la Cour ou du tribunal qui a rendu l'arrêt ou le jugement attaqué, sur un registre à ce destiné, par la partie condamnée ou son fondé de pouvoirs. Aucun moyen ne doit être déduit.

9. En matière civile, il doit contenir les moyens sur lesquels il est fondé, être signé d'un avocat à la Cour de cassation, et il doit être accompagné : 1° de la copie signifiée ou d'une expédition en forme de l'arrêt ou du jugement attaqué ; 2° de la quittance de consignation d'amende ou du certificat d'indigence qui peut en tenir lieu.

10. Les formalités prescrites par l'article 417 du Code d'instruction criminelle, pour se pourvoir en cassation, sont substantielles. — En conséquence doit être déclarée non recevable la déclaration de pourvoi en cassation, formée par le ministère public, lorsqu'elle n'est ni signée du greffier ni transcrite sur les registres du greffe. Cass., 12 nov. 1852.

11. Jugé de même qu'est non recevable le pourvoi en cassation qui, au lieu d'être formé par une déclaration faite au greffier, signée de lui et de la partie, et inscrite sur un registre à ce destiné, l'a été par acte extrajudiciaire, signifié au greffier, et dans lequel la partie demanderesse se borne à déclarer qu'elle entend se pourvoir en cassation ; cet acte, en effet, alors même que l'original de signification serait visé par le greffier, ne saurait couvrir l'irrégularité du pourvoi, et remplacer la signature de la partie qui, seule, peut constater la volonté de se pourvoir. Cass., 8 juin 1855. Annales, 1856, p. 83.

12. L'absence de registre destiné à recevoir les déclarations de pourvoi en cassation constitue une faute grave de la part du greffier, qui ne peut entraver ni paralyser le droit qu'a le ministère public de se pourvoir en cassation. Cass., 15 janv. 1857. Annales, 1857, p. 186.

13. Arrêt du même jour, qui déclare aussi recevable le pourvoi en cassation du ministère public notifié en temps utile, signé de lui et laissé à la personne du greffier, lorsqu'il est constant que ce mode de procéder n'a été employé que par suite du refus du greffier de le recevoir, refus fondé sur l'absence de registre destiné à recevoir ces sortes de déclarations.

§ 2. *Des pourvois contre les décisions des juges de paix*
en matière civile.

14. Les jugements des juges de paix en matière civile ne peuvent être attaqués par la voie du recours en cassation que pour excès de pouvoir. L. 25 mai 1838, art. 15; Cass., 30 mai 1854, Annales, 1854, p. 16.

15. Diverses voies de recours sont ouvertes contre les jugements :

ainsi l'on peut appeler devant le tribunal de première instance des jugements rendus par les juges de paix dans les limites du premier ressort, et même de ceux rendus en dernier ressort qui ont statué sur des questions de compétence ou sur des matières que le juge de paix ne pouvait connaître qu'en premier ressort.

16. Quant aux jugements rendus en dernier ressort par les juges de paix, dans les limites de ce dernier ressort et de leur juridiction, la loi ne permet contre eux le recours en cassation que s'il y a eu *excès de pouvoir*.

17. Le sens de ce mot : *excès de pouvoir*, est, dans l'acception ordinaire, fort étendu ; mais la discussion de la loi l'a restreint dans d'étroites limites. « Quant aux excès de pouvoir, disait M. Barthe, en présentant le projet de loi à la Chambre des pairs, en les distinguant des cas d'incompétence, *ils consistent, non dans les actes par lesquels ce juge de paix aurait empiété sur les attributions d'une autre juridiction*, mais dans ceux par lesquels *il aurait fait ce qui ne serait permis à aucune juridiction établie*, par exemple, s'il avait disposé par voie réglementaire, fait un statut de police, taxé des denrées, défendu l'exécution d'une loi, d'un jugement, contrarié des mesures prises par l'administration; dans ces circonstances, toujours rares, mais importantes, l'ordre général est troublé. L'annulation de l'acte illégal ne peut être demandée à une autorité trop élevée. Le pourvoi doit d'autant mieux rester ouvert, que l'appel ne serait pas permis à la partie publique qui n'est pas représentée auprès du tribunal de paix jugeant civilement; et que c'est dans un intérêt public que sont demandées ordinairement les cassations pour excès de pouvoir, en vertu d'un droit constitutionnel dont le principe est écrit dans l'article 80 de la loi du 27 ventôse an VIII. »

18. L'excès de pouvoir ne peut donc consister ni dans l'incompétence, qui donne toujours lieu à l'appel, ni dans la violation de la chose jugée, lors même que le juge de paix statuerait sciemment, et en le déclarant dans son jugement, contrairement à une décision judiciaire précédemment rendue sur les mêmes faits : c'est au moins là l'opinion de Curasson ; mais elle est contredite par un arrêt de la Cour de cassation du 6 avril 1813, qui a, sur le réquisitoire du procureur général et dans l'intérêt de la loi, cassé un jugement d'un juge de paix annulant un jugement contradictoire précédemment rendu par le même juge. — L'interprétation donnée à la loi par M. le garde des sceaux, dans son discours du 8 mai 1837, est si restrictive, qu'il nous paraît aussi que l'on doit borner le recours pour excès de pouvoir au cas où le juge de paix aurait empiété sur les attributions du pouvoir administratif, ou disposé par voie réglementaire (C. Nap., art. 5), ordonné, en un mot, ce qui est en dehors des attributions judiciaires, ou contraire à l'ordre public et aux bonnes mœurs. C. Nap., art. 6.

19. La décision par laquelle un juge de paix, avant que l'interlocutoire par lui ordonné soit vidé, et sur les seuls renseignements par lui recueillis, condamne une partie défaillante, sans exprimer que le demandeur a justifié sa demande, n'est point entachée d'*excès de pouvoir*, dans le sens de l'article 15 de la loi du 25 mai 1838, et, par suite, ne peut, quelque grosses que soient les irrégularités qu'elle renferme, être déférée à la Cour de cassation. Cass., 10 mars 1847.

20. Le rejet par le juge de paix d'une exception de prescription, à l'aide de l'appréciation du fond du procès, peut bien être un mal jugé, mais ne constitue pas un excès de pouvoir donnant ouverture à cassation. Cass., 18 juill. 1848. ANNALES, 1re série, t. I, p. 370.

21. Jugé de même qu'une sentence en dernier ressort d'un juge de paix qui aurait à tort qualifié de transaction un simple dépôt de somme d'argent ne peut être déférée à la Cour de cassation pour excès de pouvoir, la violation où la fausse application des principes qui régissent la transaction pouvant bien constituer un mal jugé, mais non un excès de pouvoir. Cass., 21 mai 1855. ANNALES, 1856, p. 113.

22. Il y a excès de pouvoir de la part du juge qui, dans un jugement, qualifie de vexatoires les poursuites du ministère public et de l'autorité municipale. Cass., 13 nov. 1847. ANNALES, 1re série, t. I, p. 371.

23. Le juge de simple police, qui argue de partialité le procès-verbal dressé par un fonctionnaire de l'ordre administratif dans l'exercice de ses fonctions, et le qualifie de vexatoire, s'immisce dans les actes de ce fonctionnaire et commet un excès de pouvoir. Cass., 23 févr. 1847. *Ibid.*

§ 3. *Des pourvois contre les jugements rendus en matière de simple police.*

24. En règle générale, le recours en cassation ne peut être admis que contre les décisions rendues en dernier ressort. L'article 172 du Code d'instruction criminelle enseigne quels sont les jugements qui, en matière de simple police, doivent être réputés rendus en dernier ressort : ce sont ceux qui ne prononcent pas la peine d'emprisonnement, ou dans lesquels les amendes, restitutions ou autres réparations civiles n'excèdent pas la somme de 5 francs, outre les dépens.

25. Le pourvoi contre les décisions préparatoires ou d'instruction, ou les jugements en dernier ressort de cette qualité, n'est ouvert qu'après le jugement définitif, sans que l'exécution volontaire de ces décisions puisse jamais être opposée comme fin de non-recevoir. C. instr. crim., art. 416.

26. Il n'en est pas de même des jugements qui statuent sur la question de compétence; une décision sur ce point, pouvant préjuger le fond, est susceptible d'un recours sur-le-champ. *Ibid.*

27. Un jugement en matière de simple police peut être attaqué par la voie du recours en cassation : 1° s'il a été incompétemment rendu (art. 408, 413 et 416 C. instr. crim.); 2° pour excès de pouvoir, et notamment s'il a prononcé une condamnation pour fait que la loi n'a pas mis au nombre des contraventions; 3° s'il y a eu violation des formes; 4° s'il y a eu fausse application de la loi pénale.

28. Lorsque le recours en cassation contre un jugement en dernier ressort, rendu en matière de police, est exercé, soit par la partie civile, s'il y en a une, soit par le ministère public, ce recours, outre l'exception énoncée dans l'article 417 du Code d'instruction criminelle, doit encore être signifié à la partie contre laquelle il est dirigé, dans le délai de trois jours. *Ibid.*, art. 418.

29. A la vérité, l'omission de cette dernière formalité n'entraînerait pas la peine de nullité; mais cela constituerait une irrégularité dont la Cour devrait ordonner la rectification.

30. Le demandeur en cassation a dix jours, à partir de la déclaration du pourvoi, pour déposer au greffe de la Cour la requête contenant ses moyens ou le développement de ses moyens de cassation.

31. Cette requête est transmise directement, avec les autres pièces du procès, par le ministère public au ministère de la justice, qui, dans les vingt-quatre heures, doit adresser son dossier à la Cour de cassation, et donner avis de cet envoi au magistrat qui les lui a transmises. C. instr. crim., art. 422, 423 et 424.

32. En matière correctionnelle et de police, les parties ne peuvent être représentées devant la Cour de cassation que par l'un des avocats établis près cette Cour. Et, dans l'usage, la requête dont nous venons de parler, au lieu d'être déposée au greffe où le pourvoi a été formé, est rédigée par l'un de ces avocats, auquel les pièces sont adressées, et qui se charge de la suite de l'affaire.

33. Dans les mêmes matières, le pourvoi serait déclaré non recevable comme en matière civile, si le demandeur ou la partie civile n'avait pas consigné une amende de 150 francs, ou la moitié de cette somme si le jugement est par défaut. C. instr. crim., art. 419.

34. Mais il n'est pas indispensable que cette consignation ait lieu à l'instant du pourvoi. Il suffit, au contraire, qu'il en soit justifié par la quittance du receveur des domaines, avant le jugement de l'affaire.

35. Le procureur impérial près le tribunal de première instance est non recevable à se pourvoir en cassation contre le jugement émané d'un tribunal de simple police de son arrondissement. Ce pouvoir n'appartient qu'au commissaire de police ou au fonctionnaire désigné par les articles 167 et 177 du Code d'instruction criminelle. Cass., 1er mai 1857. ANNALES, 1857, p. 350, et la *note* à la suite de cet arrêt.

CAUTION. On appelle caution une personne qui répond de l'exécution d'une obligation contractée par une ou plusieurs autres ; et l'on désigne sous le nom de *caution juratoire* celle qui a prêté serment en justice d'accomplir ce qui est ordonné par un jugement ou par la loi, comme de représenter certaines choses, d'administrer fidèlement, etc. L'on entend par caution *judicatum solvi* celle que les articles 16 du Code Napoléon et 166 du Code de procédure exigent de l'étranger.

Division.

§ 1er. Caution légale et judiciaire.
§ 2. Caution *judicatum solvi*.
§ 3. De la réception de caution.

§ 1er. *Caution légale et judiciaire.*

1. Tous ceux qui ont le pouvoir de s'obliger peuvent être caution.

2. Le débiteur obligé à fournir une caution doit en présenter une qui ait la capacité de contracter, qui ait un bien suffisant pour répondre de l'objet de l'obligation, et dont le domicile soit dans le ressort du tribunal d'appel où elle doit être donnée. C. Nap., art. 2018.

3. La solvabilité d'une caution ne s'estime qu'eu égard à ses propriétés foncières, excepté en matière de commerce, ou *lorsque la somme est modique.* — On n'a point égard aux immeubles litigieux, ou dont la discussion deviendrait trop difficile par l'éloignement de leur situation. C. Nap., art. 2019.

4. Toutes les fois qu'une personne est obligée, par la loi ou par une condamnation, à fournir une caution, la caution offerte doit remplir les conditions prescrites par les articles 2018 et 2019. — Lorsqu'il s'agit d'un cautionnement judiciaire, la caution doit en outre être susceptible de contrainte par corps. *Ibid.*, art. 2040.

5. Celui qui ne peut pas trouver une caution est reçu à donner à sa place un gage en nantissement suffisant. *Ibid.*, art. 2041.

6. La caution judiciaire ne peut point demander la discussion du débiteur principal. *Ibid.*, art. 2042.

7. Ces dispositions doivent servir de règles aux juges de paix.

8. Devant les justices de paix, dit Curasson, t. II, p. 435, la plupart des condamnations prononcées se bornant à des sommes modiques et pour lesquelles l'article 2019 du Code Napoléon n'exige pas que la solvabilité de la caution s'estime eu égard à ses propriétés foncières, le juge de paix, en ordonnant l'exécution provisoire, peut à la même audience recevoir la caution qui lui est présentée, et même donner acte de sa soumission, si elle est présentée; ou, du moins, indiquer une audience prochaine pour sa réception.

9. Mais si l'affaire est de quelque importance, qu'il soit besoin de titres de propriété pour s'assurer de sa solvabilité, il faut mettre l'adversaire à même d'examiner ces titres; et, de tous les moyens de communication, le dépôt au greffe est le plus simple. Dans ce cas, celui qui doit fournir la caution doit donc l'indiquer par exploit, avec sommation d'avoir à l'accepter ou d'être présent à l'audience indiquée pour sa réception. Telle est la marche indiquée par l'article 21 du tarif relatif aux justices de paix, lequel taxe à 1 fr. 25 c. pour exploit de sommation *d'être présent à la réception et soumission de la caution ordonnée.*

10. Elle peut être acceptée par un simple acte; le défaut de la partie à l'audience fixée peut être aussi regardé comme une acceptation tacite; alors point de difficulté, la soumission de la caution suffira. En cas de contestation, le juge de paix recevra la caution, après avoir apprécié sa capacité et sa solvabilité, pouvant en même temps donner acte de sa soumission. Le jugement de réception sera exécutoire, nonobstant l'appel; l'article 52 du Code de procédure le déclare ainsi pour les tribunaux ordinaires, et l'article 441 pour ceux de commerce ; c'est une règle de droit commun qui doit être également suivie dans les justices de paix.

11. La caution ne saurait être obligée de se présenter à l'audience, elle peut même se trouver dans l'impossibilité d'y paraître : elle est donc libre de faire sa soumission au greffe de la justice de paix.

§ 2. *Caution* judicatum solvi.

12. La caution *judicatum solvi* est celle qu'en toutes matières autres que celles de commerce l'étranger demandeur est tenu de donner pour le payement des frais et dommages et intérêts résultant du procès, lorsqu'il ne possède pas en France des immeubles d'une valeur suffisante pour assurer ce payement. C. Nap., art. 16.

13. L'article 166 du Code de procédure dit aussi que « tous « étrangers demandeurs principaux ou intervenants seront tenus, si « le défendeur le requiert, avant toute exception, de fournir cau- « tion de payer les frais, dommages et intérêts auxquels ils pour- « raient être condamnés; » et comme cette disposition se trouve sous la rubrique des tribunaux ordinaires, de là est née la question de savoir si l'obligation de fournir caution est imposée à l'étranger demandeur, même en justice de paix. MM. Lepage, art. 166, n° 701, et Carré se sont prononcés pour l'affirmative, et nous approuvons cette solution. Il s'agit ici d'une mesure d'équité qui a pour but d'empêcher l'étranger de disparaître après avoir perdu sa cause, laissant le Français supporter des frais auxquels son adversaire serait condamné.

14. Le jugement qui ordonne la caution doit fixer la somme jusqu'à concurrence de laquelle elle sera fournie, et le demandeur qui consigne cette somme, ou qui justifie que ses immeubles situés en France sont suffisants pour en répondre, doit être dispensé de fournir caution. C. proc. civ., art. 167.

15. Il devrait en être également dispensé, dit M. Carré (*Ibid.*, n° 707), s'il était prouvé, par l'aveu du défendeur ou autrement, que celui-ci doit une somme suffisante pour répondre des frais et des dommages et intérêts.

§ 3. *De la réception de caution.*

16. Lorsque la loi oblige, ou lorsqu'un jugement condamne une partie à fournir caution, cette partie doit présenter un tiers pour garant. L'adversaire accepte ou refuse la garantie offerte. En cas de discussion, c'est la justice qui prononce. Après quoi, le tiers, si la solvabilité a été reconnue, s'engage et réalise ainsi le cautionnement. Voilà ce que l'on entend par réception de caution. — Voir le texte des articles 517, 518, 519, 520, 521 et 522 du Code de procédure.

17. La réception de caution doit être faite dans la forme ordinaire par le juge devant lequel l'instance est pendante. Et ce que l'on aurait pu dire pour dénier aux juges d'exception, aux juges de paix, par exemple, le droit de connaître de cet incident, et pour le faire considérer comme un acte d'exécution, se trouve aujourd'hui repoussé par la dernière disposition de l'article 11 de la loi du 25 mai 1838, qui s'applique avec plus de raison encore au cas de cautionnement dont il s'agit qu'à celui qu'il prévoit.

18. Lorsque le juge de paix ordonne l'exécution de ses jugements par provision, et que la somme faisant l'objet de la condamnation excède 300 francs, l'exécution provisoire de ce jugement ne peut être obtenue par le demandeur qu'à la charge par lui de fournir préalablement caution. Or, le paragraphe 3 de l'article 11 de la loi du 25 mai 1838, portant que cette caution sera reçue par le juge de paix, semble exiger que cette caution soit toujours présentée directement au juge de paix, à l'audience où le jugement a été prononcé, ou au plus tard à la prochaine audience, sans autre procédure ni formalité ; cependant nous ne pensons pas que le greffier puisse refuser, à une partie qui se présenterait au greffe pour faire une soumission de caution, de dresser un procès-verbal de cette soumission, parce que, d'un côté, il n'est pas juge de l'opportunité ou de la validité des procédures ordonnées par le juge de paix ou suivies par les parties, et que, de l'autre, si les rédacteurs de la loi de 1838 ont paru préférer le mode de réception de caution à l'audience même, le texte du paragraphe que nous avons cité n'est pas assez précis pour prohiber une procédure formellement indiquée par l'article 21 du tarif des frais et dépens.

CAUTIONNEMENT DES OFFICIERS PUBLICS OU MINISTÉRIELS. Somme que certains officiers publics sont tenus de verser au Trésor pour la garantie des abus et prévarications qu'ils peuvent commettre dans l'exercice de leurs fonctions.

1. Taux du cautionnement des greffiers des justices de paix à Paris. . . . . 10,000 fr.

A Bordeaux, Lyon, Marseille. . . . .   6,000 fr.
Dans les communes de 50,000 à 100,000 habitants.   4,000
  —   de 30,001 à 50,000 habitants.   3,000
  —   de 10,001 à 30,000 habitants.   2,000
  —   de 3,001 à 10,000 habitants.   1,800
  —   de 3,000 et au-dessous.   1,200

2. Le remboursement du cautionnement est exigible aussitôt après la démission, la destitution, l'interdiction civile ou le décès de l'officier qui l'a fourni; mais il ne peut être effectué qu'après l'accomplissement de certaines formalités qui diffèrent selon la nature des fonctions.

3. En ce qui concerne les titulaires de l'ordre judiciaire *qui réclament eux-mêmes* leur cautionnement, les réclamations consistent dans une déclaration, au greffe du tribunal civil de première instance dans le ressort duquel ils exercent, qu'ils cessent leurs fonctions.

4. Cette déclaration est affichée dans le lieu des séances du tribunal pendant trois mois; après ce délai et la levée des oppositions directement faites à la Caisse d'amortissement, s'il en était survenu, leur cautionnement leur est remboursé par cette caisse, sur la présentation et le dépôt d'un certificat du greffier, visé par le président du tribunal, et constatant: 1° que la déclaration prescrite a été affichée dans le délai fixé ; 2° que pendant cet intervalle il n'a été prononcé contre les titulaires aucune condamnation pour fait relatif à leurs fonctions, et qu'il n'existe au greffe du tribunal aucune opposition à la délivrance du certificat, ou que les oppositions survenues ont été levées. L. 25 niv. an XIII, art. 5.

5. En ce qui concerne *les héritiers* des titulaires décédés ou interdits, le remboursement leur est fait sur simple rapport : 1° du certificat d'inscription ou du titre constatant le payement du cautionnement ; 2° des certificats de *quitus ;* 3° et d'un certificat ou d'un acte de notoriété contenant les noms, prénoms et domicile des héritiers et ayants droit, la qualité en laquelle ils procèdent et possèdent, l'indication de leurs portions dans le cautionnement à rembourser, et l'époque de leur jouissance.

6. Ce certificat doit être délivré par le notaire rédacteur de la minute, lorsqu'il y aura eu inventaire ou partage par acte public, ou transmission gratuite à titre entre vifs ou par testament.

7. Il l'est par le juge de paix du domicile du décédé, sur l'attestation de deux témoins, lorsqu'il n'existe aucun desdits actes en forme authentique.

8. Si là propriété est constatée par le jugement, le greffier dépositaire de la minute délivre le certificat.

9. *Timbre et enregistrement.* Tous les titulaires d'offices doivent, avant d'entrer en fonctions, payer un droit qui, dans aucun cas, ne peut être inférieur au dixième du cautionnement attaché à la fonction ou à l'emploi. L. 25 juin 1841, art. 10.

10. Le droit d'enregistrement de la déclaration faite par le titulaire du cautionnement que les fonds lui ont été fournis par un tiers est de 1 franc. Décr. 22 déc. 1812, art. 3.

11. Cette déclaration n'est, dans aucun cas, sujette au droit proportionnel, même lorsqu'elle n'a pas été précédée d'un acte d'emprunt enregistré. Cass., 3 déc.1821; Décr. min. des fin., 23 mars 1822.

12. Les certificats délivrés par les greffiers, constatant qu'il n'existe pas d'opposition sur les cautionnements, doivent être écrits sur papier au timbre de 35 centimes et enregistrés au droit fixe de 2 francs.

CÉDULE. Acte délivré par le juge de paix dans les cas urgents, pour assigner à bref délai, tant en matière civile qu'en matière de simple police, ordonner l'exécution d'un interlocutoire, ou faire d'office quelques nominations. V. C. proc. civ., art. 6, et C. instr. crim., art. 146.

1. D'après l'article 17 de la loi du 25 mai 1838, « dans toutes les causes, excepté celles où il y aurait péril en la demeure et celles dans lesquelles le défendeur serait domicilié hors du canton ou des cantons de la même ville, le juge de paix pourra interdire aux huissiers de sa résidence de donner aucune citation en justice, sans qu'au préalable il n'ait appelé, sans frais, les parties devant lui. » Cette disposition est devenue obligatoire par la loi du 2 mai 1855. — V. *Conciliation*, § 1er.

2. Les cédules doivent contenir tous les éléments des citations directes, et notamment les motifs de la demande.

3. Elles sont faites au nom du juge, qui, sur l'exposé des parties requérantes, cite les parties défenderesses, les témoins, etc., et ordonne ce qu'il convient pour les jour et heure indiqués.

4. Ces cédules sont notifiées aux personnes qu'elles concernent par un exploit que dresse au bas l'huissier commis ou l'un de ceux du canton, comme cela se pratique pour les ordonnances des juges ordinaires.

5. M. Carré (*Droit franç.*, t. IV, n° 2685) se pose la question de savoir quel est, dans le cas de l'article 146 du Code d'instruction criminelle, le juge de paix compétent pour délivrer la cédule, et il attribue ce droit à celui qui est compétent pour connaître de la contravention. En effet, les motifs de la demande en abréviation de délai prennent naissance dans la nature de cette contestation. En cas d'éloignement, il serait donc irrégulier de s'adresser au juge dans le ressort duquel la citation doit être ordonnée plutôt qu'à celui qui doit statuer sur cette citation. Toutefois nous ne pensons pas que cette irrégularité pût vicier les actes et jugements qui en seraient la suite, mais il dépendrait du juge saisi d'une affaire en vertu d'une cédule qui n'émanerait pas de lui de remettre la cause à une audience autre que celle indiquée, si les circonstances ou ses occupations l'y engageaient.

6. Les cédules, de même que tous les autres actes de la justice de paix, peuvent être écrites par le greffier ou même, en cas d'urgence, par les parties qui les requièrent.

7. Lorsque les jugements sont rendus par suite de cédules en abréviation de délai, ils peuvent être prononcés avant l'enregistrement de la citation. Décr. minist. fin., 13 juin 1809.

CÉRÉMONIES PUBLIQUES. 1. D'après l'article 8 du décret du 24 messidor an XII, les autorités appelées aux cérémonies publiques doivent marcher dans l'ordre suivant : 1° les membres des Cours impériales; 2° les officiers de l'état-major de la division; 3° les membres des Cours criminelles; 4° les conseillers de préfecture; 5° les membres des tribunaux de première instance; 6° le corps municipal; 7° le corps de l'Académie; 8° les officiers de l'état-major de la place; 9° les membres du tribunal de commerce; 10° les juges de paix; 11° les commissaires de police. — V. *Préséances.*

2. Les suppléants des juges de paix, les greffiers des justices de paix, les notaires, les avoués, les huissiers, les commissaires-priseurs, le Conseil des prud'hommes, la Chambre consultative des manufactures, des arts et métiers, la Commission administrative des hospices, le bureau de bienfaisance, le garde champêtre, le percepteur des contributions directes, le receveur de l'enregistrement, les employés des contributions indirectes et les secrétaires des mairies, n'ont pas particulièrement droit de prendre rang et séance. — La prérogative d'assister officiellement aux fêtes publiques ne leur a pas été conférée, soit par le décret du 24 messidor an XII, soit par des lois ou ordonnances postérieures; mais rien ne s'oppose à ce que ces fonctionnaires et employés soient invités à la cérémonie, soit individuellement, soit en corps; et, dans ce cas, il n'existe entre eux aucune supériorité de rang : ils se placent comme ils l'entendent, sans pouvoir rien exiger.

CERTIFICAT. C'est un acte qui sert à rendre témoignage de la vérité d'un fait. Les officiers publics en délivrent soit *officiellement*, dans certains cas déterminés par les lois, soit *officieusement*, lorsque, hors les cas prévus par la loi, ils attestent tel ou tel fait dans l'intérêt d'une personne. Or, on conçoit toute l'influence que peut avoir, en certaines occasions, l'attestation d'un fait : aussi la loi, pour conserver aux certificats le caractère de vérité qu'ils doivent avoir, punit des peines du faux ceux qui attestent dans un certificat des faits qu'ils savent n'être pas vrais. C. pén., art. 162.

CERTIFICAT D'INDIGENCE. C'est un acte qui atteste qu'une personne est dans un état d'indigence qui la met dans l'impossibilité de payer telle ou telle somme.

1. Ce certificat doit être délivré par le maire, visé par le sous-préfet et approuvé par le préfet du département.

2. Il a pour effet d'exempter ceux à qui il est accordé de consigner préalablement l'amende exigée par l'article 419 du Code d'instruction criminelle, en cas de pourvoi en cassation. Mais il faut que cette attestation d'impossibilité de payer l'amende soit une impossibilité bien précise. Ainsi, il a été jugé que le certificat par lequel le maire d'une commune atteste qu'un particulier ne possède aucune propriété immobilière n'est pas suffisant pour constater son indigence. Cass., 27 août 1812.

3. Il faut conclure de là que ce que la loi demande dans le certificat du maire, c'est une attestation de ce qui est à sa connaissance personnelle ; et cette attestation doit porter sur *l'état* de l'individu, qui, s'il est jugé *indigent* par le maire de sa commune, est présumé l'être aussi dans tous les départements de la France. Mais si, au lieu de lui délivrer un certificat pur et simple d'indigence, le maire donne seulement une attestation que le demandeur en cassation ne possède aucun bien *dans sa commune*, cette attestation ne remplit pas le vœu de la loi, parce qu'elle est limitée, et parce qu'elle ne comprend pas l'état de l'individu. C'est donc avec raison qu'un pareil certificat a été déclaré insuffisant.

4. Quant aux certificats relatifs au mariage des indigents, à la légitimation de leurs enfants naturels, au retrait de ces enfants déposés dans les hospices, à la production de toutes pièces ou actes qui en sont la suite, ces certificats sont délivrés par le commissaire de police, ou par le maire, dans les communes où il n'existe pas de commissaires de police. — Ils sont visés et approuvés par le juge de paix du canton. L. 10 déc. 1850, art. 6. — V. ci-après, au mot *Indigent*, nos 11 et suiv., et surtout nos 17 et 18.

5. Le certificat d'indigence prescrit par les articles 419 et 420 du Code d'instruction criminelle, pour la mise en état devant la Cour de cassation, doit être conçu dans les termes prescrits par ces articles; il ne peut y être suppléé par un certificat du maire qui ne serait ni visé par le sous-préfet, ni approuvé par le préfet; la simple légalisation de la signature du maire est insuffisante. Cass., 8 mai 1858. ANNALES, 1858, p. 408, et nos observations à la suite de cet arrêt.

CERTIFICAT D'INDIVIDUALITÉ. Il désigne les nom, prénoms, âge, profession et domicile d'un individu ; c'est-à-dire que c'est là un acte qui atteste, d'une manière authentique, l'identité de cet individu avec celui qui se présente pour réclamer un droit, une créance, etc. — C'est donc au notaire qu'on s'adresse ordinairement pour la rédaction de ces certificats, quoique l'article 137 de la loi du 24 août 1793 ait exigé, pour les transferts de rentes, qu'ils soient rédigés par le juge de paix du domicile du demandeur.

CERTIFICAT DE PROPRIÉTÉ. C'est un certificat par lequel un officier public atteste le droit de propriété d'une ou plusieurs personnes, sur le capital ou les arrérages d'une rente sur l'Etat.

1. Le nouveau propriétaire d'une rente qui, dans le cas de mutations autres que celles par transferts, veut se faire immatriculer sur le grand livre, doit rapporter l'ancien extrait d'inscription et un certificat de propriété ou acte de notoriété contenant ses nom, prénoms et domicile, la qualité en laquelle il procède et possède. Cass., 28 flor. an VII, art. 6.

2. Ce certificat est délivré par le notaire détenteur de la minute, lorsqu'il y a eu inventaire ou partage par acte public, ou transmission gratuite à titre entre vifs ou par testament. *Ibid.*, § 1er.

3. Il est délivré par le juge de paix du domicile du décédé, sur l'attestation de deux témoins, lorsqu'il n'existe aucun desdits actes en forme authentique. *Ibid.*, § 2.

4. Cette disposition de loi du 28 floréal an VII, qui attribue aux juges de paix le droit de délivrer les certificats de propriété, dans le cas de non-existence d'actes authentiques, n'exclut pas les notaires du droit de recevoir l'attestation qu'elle prescrit, par acte de notoriété, et de délivrer en conséquence les certificats de propriété nécessaires aux héritiers du décédé. Cela résulte des dispositions générales de la loi du notariat et de l'usage constamment suivi. De telle sorte que la disposition de ladite loi, sur ce point, est commune aux juges de paix et aux notaires. Dalloz, *Répert. de législ.*, v° *Certificat de propriété*, n° 15.

TOME I. 21

5. Lorsque le juge de paix délivre un certificat de propriété à des héritiers, pour qu'ils puissent se mettre en possession d'une rente sur l'Etat, se faire rembourser le cautionnement de leur auteur décédé, ou en tout autre cas, il doit se faire représenter les actes de naissance, de décès et les titres, et vérifier, avec la plus scrupuleuse exactitude, si les noms et prénoms sont exacts dans toutes les pièces qui lui sont soumises.

6. Si ces noms ou prénoms ont été écrits d'une manière fautive dans l'une ou l'autre des pièces, il faut rectifier l'erreur dans le certificat, et appuyer la rectification d'un acte *notarié*, rédigé à cet effet, et attestant que la personne dénommée dans l'inscription ou dans tel autre acte est bien la même que celle dont les nom et prénoms s'écrivent de cette manière. — C'est, disons-nous, par un notaire que doit être dressé l'acte de notoriété destiné à rectifier les noms et prénoms, car les notaires seuls ont qualité pour cela ; cette espèce d'acte de notoriété n'entre pas dans les attributions des juges de paix.

7. Tous les certificats de propriété doivent être écrits sur papier timbré. Décis. adm., 7 oct. 1814 et 5 janv. 1823.

8. Ils sont tous assujettis au droit fixe d'enregistrement de 1 franc, excepté ceux délivrés aux veuves et orphelins des militaires.

9. Quel que soit le nombre des héritiers dénommés dans un certificat, il n'est dû qu'un seul droit pour tous, par le motif qu'ils n'ont tous qu'un seul intérêt. Instr. génér. du 4 mars 1823.

10. Ces certificats de propriété ne sont signés que par le juge de paix ; mais, dans l'usage, c'est le greffier qui les rédige. Il nous paraît donc juste d'accorder au greffier le même droit que pour les actes de notoriété.

CERTIFICAT DE VIE. Le certificat de vie est un acte qui sert à attester l'existence d'une personne.

1. Le propriétaire d'une rente viagère n'en peut demander les arrérages qu'en justifiant de son existence, ou de celle de la personne sur la tête de laquelle elle a été constituée. C. Nap., art. 1983.

2. Conformément au décret du 21 août 1806, art. 9, les certificats de vie nécessaires pour le payement des rentes viagères et pensions sur l'Etat sont délivrés exclusivement par les notaires, lesquels sont garants et responsables envers le trésor public de la vérité des certificats.

3. La délivrance de ces certificats n'est donc pas dans les attributions des juges de paix ; mais dans certaines circonstances, la loi a rendu leur concours nécessaire.

4. Ainsi, quand un rentier viager ou pensionnaire de l'Etat est atteint d'une maladie ou d'infirmités qui l'empêchent de venir requérir lui-même son certificat de vie, le notaire est autorisé à délivrer ce certificat ; mais seulement sur le vu d'une attestation du maire de la commune, visée par le sous-préfet ou le juge de paix, et constatant sa maladie ou ses infirmités. — Le certificat de vie doit contenir la mention détaillée de cette attestation, qui reste déposée entre les mains du notaire, et ne peut servir pour une autre échéance de payement.

CESSION. — V. *Vente.*

CHAMPART. — V. *Action possessoire.*

CHANDELLES. Le fabricant de chandelles prévenu d'avoir vendu des paquets de chandelles non conformes à un règlement de police qui veut que les paquets de chandelles portent sur l'enveloppe, en caractères d'un centimètre au moins de hauteur, une inscription indicative de leur poids net, enveloppe non comprise, précédée des mots *poids net*, ne peut être acquitté sous prétexte soit d'erreur, soit de son état de maladie. Cass., 20 févr. 1857. ANNALES, 1857, p. 205.

CHARIVARI. — V. *Tapage nocturne.*

CHARRUE. — V. *Instruments d'agriculture.*

CHASSE. Action de poursuivre les animaux sauvages, et, en général, toute sorte de gibier pour s'en emparer.

1. Dans chaque département, il est interdit de mettre en vente, de vendre, d'acheter, de transporter et de colporter du gibier pendant le temps où la chasse n'y est pas permise. — En cas d'infraction à cette disposition, le gibier est saisi et immédiatement livré à l'établissement de bienfaisance le plus voisin, en vertu soit d'une ordonnance du juge de paix, si la saisie a eu lieu au chef-lieu de canton, soit d'une autorisation du maire, si le juge de paix est absent ou si la saisie a été faite dans une commune autre que celle du chef-lieu. — Cette ordonnance ou cette autorisation est délivrée sur la requête des agents ou gardes qui auront opéré la saisie, et sur la présentation du procès-verbal régulièrement dressé. — La recherche du gibier ne peut être faite à domicile que chez les aubergistes, chez les marchands de comestibles et dans les lieux ouverts au public. — Il est interdit de prendre ou de détruire, sur le terrain d'autrui, des œufs et des couvées de faisans, de perdrix et de cailles. L. 3 mai 1844, art. 4.

2. Les procès-verbaux des maires et adjoints, commissaires de police, officiers, maréchaux des logis ou brigadiers de gendarmerie, gendarmes, gardes forestiers, gardes-pêche, gardes champêtres ou gardes assermentés des particuliers, font foi pour les délits de chasse, jusqu'à preuve contraire. L. 3 mai 1844, art. 22.

3. Dans les vingt-quatre heures du délit, les procès-verbaux des gardes sont, à peine de nullité, affirmés par les rédacteurs devant le juge de paix ou l'un de ses suppléants, ou devant l'adjoint, soit de la commune de leur résidence, soit de celle où le délit aura été commis.

4. Le fonctionnaire qui a rédigé le procès-verbal d'un garde champêtre peut en recevoir l'affirmation, pourvu qu'il soit du nombre des fonctionnaires entre les mains de qui elle doit être faite. Cass., 5 févr. 1825.

5. Le juge de paix, ses suppléants, le maire ou l'adjoint, sont également compétents et au même degré pour recevoir l'affirmation des procès-verbaux des gardes. Ces magistrats ne sont point appelés à défaut les uns des autres. Leurs pouvoirs à cet effet s'exercent concurremment, et c'est du garde seul qu'il dépend de saisir les uns ou les autres, à son choix.

6. Les délinquants ne peuvent être saisis, ni désarmés ; néanmoins, s'ils sont déguisés ou masqués, s'ils refusent de faire connaître leurs noms, ou s'ils n'ont pas de domicile connu, ils doivent être conduits immédiatement devant le maire ou le juge de paix, lequel s'assure de leur individualité. L. 3 mai 1844, art. 25.

7. Dans ces trois cas, la loi autorise le garde, non pas à *désarmer* le chasseur, mais seulement à le conduire, *même par la force*, devant le maire ou le juge de paix. — V. aussi la loi du 6 octobre 1790, art. 39.

8. Il résulte aussi de l'article 25, ci-dessus cité, que le juge de paix ou le maire n'auraient pas le droit de retenir le délinquant captif. Le droit des magistrats se borne à s'assurer de l'individualité du délinquant ; cette justification faite, le chasseur ne pourrait plus être retenu, sous peine de détention arbitraire. C. pén., art. 114 et suiv.

9. Quand le délit de chasse est commis par un juge de paix, c'est devant la Cour dont il relève qu'il doit être cité (C. instr. crim., art. 479 et suiv.). Ce privilége s'applique également aux suppléants des juges de paix (Cass., 29 nov. 1821, 9 juin 1830 et 14 janv. 1832). — Mais ce privilége des articles 479 et suivants ne s'applique pas aux greffiers. Cass., 26 nov. 1807 ; avis du Conseil d'Etat, 21 mai 1831.

10. Est légal et obligatoire l'arrêté municipal qui interdit la chasse à tir et au fusil dans des chemins et sur des terrains placés près

d'une ville et garnis d'habitations. Cet arrêté ne distingue pas entre le fait de tirer des coups de fusil et le fait de chasser ; dès lors, la contravention constatée par un procès-verbal régulier contre le prévenu qui a été trouvé chassant ne peut être excusée par le motif que le prévenu n'avait pas tiré des coups de fusil. Cass., 12 juill. 1855. ANNALES, 1856, p. 69.

11. L'arrêté dont il s'agit dans cette décision n'a évidemment pas eu pour objet de statuer sur le droit de chasse, mais seulement de protéger les passants contre l'imprudence des chasseurs, et de prévenir les accidents sur les chemins et dans les habitations qui entourent ou avoisinent les localités. Or, à ce point de vue, les dispositions de la loi du 14 décembre 1789, art. 50, et de celle du 24 août 1790, tit. XI, art. 3, placent dans les attributions de l'autorité municipale le droit de faire les règlements nécessaires pour procurer aux habitants les avantages d'une bonne police, et elles confient à leur vigilance la sûreté et la commodité du passage dans les rues, quais, places et voies publiques.

12. L'arrêté municipal qui interdit la chasse jusqu'après la vendange, dans une portion déterminée du territoire communal plantée en vignes, est légal et obligatoire, comme ayant pour but de protéger la sûreté des citoyens circulant ou travaillant dans cette portion de territoire. L. 24 août 1790, tit. XI, art. 3 ; 28 sept. 1791, tit. II, art. 9 ; Cass., 15 janv. 1857. ANNALES, 1857, p. 354.

13. Un tel arrêté doit, par sa nature et son objet, être considéré comme ayant un caractère permanent, et non comme étant purement temporaire. *Ibid.*

14. Les actions relatives aux délits de chasse sont prescrites par le laps de trois mois, à compter du jour du délit. *Ibid.*, art. 29.

CHAUFFAGE. La servitude de chauffage se rencontre sans doute bien rarement. Cependant, dès lors qu'elle est établie par un titre, elle est parfaitement légale. L'exercice de cette servitude doit dépendre aussi beaucoup de la disposition des lieux et des circonstances dans lesquelles elle a été constituée : ainsi, s'il s'agit du chauffage à un four, le mode de jouissance ne devra pas être de nature à empêcher le service du four ; il ne faudra pas non plus que l'on trouble le propriétaire en réclamant le chauffage pendant la nuit, si tel n'est pas l'usage sur les lieux. Mais le mode d'exercice de la jouissance longtemps prolongée nous paraît être une règle de décision à suivre. Toutefois, nous ne croyons pas que la manière dont on a usé d'une servitude discontinue, même pendant trente ans, soit un moyen bien certain de fixer les limites ou l'étendue de cette jouissance. L'article 708 du Code Napoléon porte que le mode de la servitude peut se prescrire comme la servitude même et de la même manière; c'est-à-dire que, si la servitude n'est pas de l'espèce de celles qui s'acquièrent par la prescription, la jouissance n'en pourra être accrue par l'usage, même lorsque cette servitude aura été, quant à son principe, établie par titre.

CHEMINÉE. Ceux qui négligent d'entretenir, réparer ou nettoyer les fours, cheminées ou cuisines où l'on fait usage du feu, encourent l'amende de 1 à 5 francs, aux termes de l'article 471, § 1er, du Code pénal.

1. Si un incendie résultait de cette négligence, la peine serait d'une amende de 50 à 500 francs, aux termes de l'article 458 du même Code; le fait sortirait alors de la compétence des tribunaux de simple police.

2. Nous devons ici une explication afin de faire sentir les différences qui existent entre ces deux articles; l'article 458, dans le seul des cas par lui prévus qui se rapporte au numéro 1er de l'article 471, punit d'une amende de 50 francs au moins et de 500 francs au plus l'incendie des propriétés mobilières ou immobilières d'autrui, qui aura été causé par la vétusté ou le défaut, soit de réparation, soit de nettoyage des fours, cheminées, forges, maisons ou usines prochaines. C'est, dans les deux articles, 458 et 471, le même fait de négligence ou d'infraction aux règlements, mais aggravé, dans le cas de l'article 458, par les effets qu'il a produits. Ce qui fait le *délit*, c'est le sinistre : il faut qu'il y ait eu incendie des propriétés mobilières ou immobilières d'autrui. La *contravention*, au contraire, c'est la simple négligence, lors même qu'aucun accident ne s'en serait suivi; il suffit qu'il y ait eu danger. Les ordonnances de police des 11 avril 1698 et 10 février 1735, art. 3, exigeaient, pour qu'il y eût infraction punissable, que le feu eût pris dans les cheminées. Les articles 3 et 13 de l'ordonnance du 15 novembre 1781 n'en faisaient point une condition de la contravention. C'est cette dernière ordonnance que le Code pénal a suivie.

3. Mais si l'incendie n'est pas nécessaire pour constituer la contravention, il peut au moins servir de preuve. Aussi a-t-il été jugé que la peine prononcée par l'article 471 du Code pénal, contre ceux qui ont négligé de faire nettoyer leurs cheminées, est encourue par cela seul que le feu a éclaté dans une cheminée et au dehors, lors même qu'il serait établi que cette cheminée a été nettoyée deux fois dans l'année, conformément à l'usage des lieux. Crim. cass., 13 oct. 1849.

4. Les maires doivent faire, au moins une fois par an, la visite des fours et des cheminées de toutes maisons et de tous bâtiments éloignés de moins de cent toises d'autres habitations. L. 1791, tit. II, art. 9.

5. Après la visite, ils ordonnent la réparation ou la démolition des fours et des cheminées qui se trouveraient dans un état de délabrement qui pourrait occasionner un incendie ou un accident. *Ibid.*

6. Il peut alors y avoir lieu à une amende déterminée par le numéro 1er de l'article 471 du Code pénal.

7. Celui qui veut construire, près d'un mur mitoyen ou non, cheminée, âtre, forge ou fourneau, est obligé de laisser là distance ou de faire les ouvrages prescrits par les règlements et usages. C. Nap., art. 674.

8. Les réparations des âtres et contre-cœurs des cheminées sont purement locatives, attendu qu'elles sont occasionnées par l'activité du feu et la manière plus ou moins attentive avec laquelle on l'alimente; et les difficultés relatives à la réparation sont, par conséquent, de la compétence des juges de paix, aux termes de l'article 10 de la loi du 25 mai 1838.

9. Il en est de même de celles relatives au ramonage des cheminées, et si le feu prend dans une cheminée, assez fortement pour en faire crever le tuyau, le locataire par la faute duquel cet accident est arrivé doit le faire rétablir.

CHEMINS. Cette dénomination s'applique généralement à toute espèce de terrain servant de communication d'un lieu à un autre.

Table sommaire.

§ 1er. *Chemins vicinaux. — Considérations générales.*

1. Les chemins vicinaux sont ceux que l'autorité administrative a déclarés nécessaires à la généralité des habitants d'une ou plusieurs communes.

2. La loi du 21 mars 1836 divise les chemins vicinaux en deux classes : 1° les chemins vicinaux ordinaires ; 2° les chemins vicinaux de grande communication.

3. Il suffit qu'une commune ait la possession de divers chemins utiles aux habitants pour qu'ils puissent être portés par le préfet sur le tableau de classement, alors même qu'il y aurait parmi ces chemins de simples sentiers, et qu'un particulier s'en prétendrait propriétaire, ainsi que des chemins. Ordonn. Cons. d'Etat, 23 août 1838.

4. Un chemin vicinal ne doit être considéré comme légalement reconnu et classé que lorsque la vicinalité a été déclarée par arrêté du préfet, sur une délibération du Conseil municipal, portant que ce chemin fait partie des chemins vicinaux de la commune. L. 9 vent. an XIII, 6 oct. 1791, 28 juill. 1824.

5. Avant comme depuis la loi de 1836, la déclaration de vicinalité a pour effet d'attribuer définitivement au sol du chemin le terrain compris dans les limites qui lui sont assignées, et de résoudre le droit des propriétaires dépossédés en une simple indemnité.

§ 2. *De la propriété des chemins vicinaux.*

6. Le Code Napoléon dispose (art. 538) que « les chemins, routes et rues *à la charge de l'Etat*, les fleuves, etc., sont considérés comme des dépendances du domaine public. » Et plus loin (art. 542), il définit les *biens communaux* : « ceux à la propriété ou au produit desquels les habitants d'une ou plusieurs communes ont un

droit acquis. » Or, les chemins vicinaux ne sont pas à la charge de
l'Etat, et la propriété en était acquise aux communes, d'après la loi
de 1793. — La discussion du Conseil d'Etat prouve qu'on n'a pas
entendu ranger les chemins vicinaux dans la classe de ceux dont il
est mention à l'article 538.

7. Jugé ainsi qu'un chemin vicinal n'est point, dans le sens de
l'article 538 du Code Napoléon, une dépendance du domaine public,
mais la propriété de la commune, pour les communications de laquelle ce chemin est nécessaire. Si donc un propriétaire voisin l'u-
surpe, c'est au maire de la commune, et non au préfet du département, qu'il appartient de se pourvoir. Metz, 28 therm. an XIII.

8. Les communes ont, à l'égard de leurs chemins vicinaux, le
genre de propriété qui est spécial à la vicinalité, et suffisant pour
autoriser de leur part l'action en revendication. Cass., 15 nov.
1831.

9. Les chemins vicinaux reconnus et maintenus comme tels sont
imprescriptibles. L. 21 mai 1836, art. 10.

10. Cet article restreint l'imprescriptibilité aux chemins reconnus et classés, et fait cesser par là une vive controverse.

11. L'imprescriptibilité ne commence qu'à partir de la date de
l'acte administratif qui a reconnu et maintenu la vicinalité, sans que
cet acte ait d'effet rétroactif, alors même qu'il énoncerait l'époque
où la vicinalité a commencé. On ne saurait donner un autre sens à
ces mots : « Les chemins vicinaux reconnus et *maintenus* comme
tels sont imprescriptibles. » Jusque-là, d'ailleurs, il est juste que
ces chemins, non régulièrement classés ni entretenus par la commune, soient considérés comme une propriété ordinaire susceptible
de prescription.

12. Les terrains formant les berges des chemins publics sont
destinés à rendre la viabilité plus facile et plus commode ; elles sont
par suite une dépendance vraiment nécessaire de ces chemins, et
comme eux forcément imprescriptibles. Caen, 18 mars 1855. An-
NALES 1856, p. 72.

§ 3. *Des chemins communaux.*

13. Les chemins communaux, c'est-à-dire ceux dont le sol est la
propriété des communes, se distinguent en chemins *vicinaux* et en
chemins *ruraux*. Les premiers, servant à mettre en communication
les communes entre elles, ont une plus grande importance que les

seconds, qui, tels que les sentes et sentiers, desservent seulement les propriétés rurales, ou sont appliqués aux besoins de la communication intérieure. C'est à raison du grand intérêt que présentent les chemins vicinaux que la loi du 21 mai 1836, article 15, a mis à la disposition de l'autorité administrative, pour la création ou la reconnaissance de ces chemins, le droit d'expropriation pour cause d'utilité publique, avec des formes spéciales. — Il résulte de la disposition citée que, par cela seul qu'un chemin vicinal se trouve compris dans l'arrêté de classement approuvé par l'autorité préfectorale, les droits de propriété privée sont éteints et transportés sur l'indemnité à laquelle la dépossession a pu donner lieu ; par conséquent, ceux qui prétendraient avoir été indûment dépouillés du sol attribué aux chemins de cette classe n'auraient aucun droit de propriété à revendiquer.

14. Mais la loi de 1836 ne concerne que les chemins vicinaux ; les chemins ruraux sont donc demeurés dans la condition de toute autre propriété privée. Cependant, depuis la promulgation de la loi de 1836, l'administration redoubla d'efforts pour l'amélioration de la voirie vicinale.

15. Ainsi, jugé que les attributions conférées à l'autorité municipale, en matière de chemins vicinaux ou de chemins communaux, ne peuvent être étendues à de simples chemins ruraux ; elle ne peut dès lors, par des arrêtés, ni déclarer leur existence et leur publicité, ni ordonner, même à titre de mesure provisoire, qu'ils seront ouverts à la circulation. Cass., 16 mai 1857. ANNALES, 1857, p. 356.

16. La rédaction des états de classement des chemins de la première classe avait été ordonnée par la loi de 1836 et par les lois précédentes; une circulaire ministérielle du 16 novembre 1839 prescrivit la rédaction des états de classement des chemins ruraux. On procéda dans toutes les communes à des reconnaissances et à des recensements des sentes et sentiers, on en afficha la liste, et on suivit à peu près les formalités tracées pour la reconnaissance des chemins vicinaux : les états de classement dressés par l'autorité municipale furent approuvés par les préfets. Ces états de classement des chemins ruraux devaient-ils avoir la même force d'expropriation que les arrêtés de classement des chemins vicinaux? L'analogie qui existe dans les opérations pratiquées pour la reconnaissance des chemins ruraux et celle relative aux chemins vicinaux avait fait naître des doutes, et l'on a pu croire que le droit de ceux qui se prétendaient propriétaires du sol des chemins ruraux devait aussi être converti, par l'effet du classement, en un droit d'indemnité.

17. Les chemins communaux même non classés au nombre des chemins vicinaux sont imprescriptibles par cela seul qu'ils sont affectés à la voie publique. L'article 10 de la loi du 21 mai 1836, en déclarant imprescriptibles les chemins vicinaux reconnus et maintenus comme tels, ne contient aucune dérogation à l'article 2226 du Code Napoléon, et l'imprescriptibilité des chemins communaux non classés s'étend à leurs berges. Cass., 3 mars 1846. ANNALES, 1re série, t. V, p. 402.

18. Par suite, la possession plus qu'annale du sol d'un chemin de cette nature ne donne pas droit à l'exercice de l'action possessoire. *Ibid.*

19. Le simple usage, fût-il immémorial, d'un chemin par les habitants d'une ou plusieurs communes est insuffisant pour attribuer la propriété de ce chemin à la commune. Il faut qu'à cet usage se réunissent des actes et des faits qui démontrent que, pendant et depuis trente années, la commune a manifesté l'intention de posséder le chemin à titre de propriétaire. Cass., 12 avr. 1856. ANNALES, 1857, p. 31.

20. Les arrêtés préfectoraux portant classement des chemins ruraux d'une commune n'ont pas, comme les arrêtés préfectoraux portant classement des chemins vicinaux, l'effet d'attribuer à la commune le sol de ces chemins, sous la réserve du droit des propriétaires riverains à une indemnité. *Ibid.*

20 *bis.* Les contestations sur la propriété des chemins ruraux doivent être vidées avant que ces chemins puissent être déclarés définitivement voies publiques. *Ibid.*

§ 4. *Des chemins privés.*

21. Il a été jugé qu'il n'y a d'autres chemins privés que ceux qui sont fermés par des grilles ou barrières. Cass., 26 août 1825.

22. Mais c'est là une erreur, car il en existe beaucoup qui sont particuliers, sans qu'ils s'annoncent par ces signes extérieurs.

23. Les sentiers qui divisent les propriétés rurales et qui servent à leur exploitation sont de simples *servitudes* ; ils ne peuvent être considérés comme vicinaux. — En conséquence, les contestations auxquelles pourrait donner lieu une anticipation faite sur cette voie par des particuliers sont du ressort des tribunaux et non de l'autorité administrative. Ordonn. Cons. d'État, 13 oct. 1809.

24. Un chemin privé dans l'origine peut devenir public par prescription. Ici ne s'applique pas l'article 691 du Code Napoléon; Bourges, 30 janv. 1820.

25. Les chemins privés peuvent exister à titre de propriété, parce que la portion de terrain consacrée à leur formation appartient à ceux qui en jouissent, ou à titre de servitude sur l'héritage d'autrui. Dans le premier cas, la contestation qui s'élèverait devrait être décidée par les règles ordinaires relatives à la propriété. La circonstance que le terrain forme un chemin ne peut rien changer à leur application. Celui qui se prétend propriétaire du chemin doit donc prouver son droit ou par titre ou par prescription.

§ 5. De la compétence en matière de chemins vicinaux.

26. La loi de 1836 accorde aux préfets un pouvoir considérable. Elle porte, art. 21 : « Dans l'année qui suivra la promulgation de la présente loi, chaque préfet doit faire, pour en assurer l'exécution, un règlement qui, après avoir été communiqué au Conseil général, doit être transmis au ministre de l'intérieur pour être approuvé s'il y a lieu. »

27. Ce règlement fixe, dans chaque département, le *maximum* de la largeur des chemins vicinaux; il fixe, en outre, les délais nécessaires à l'exécution de chaque mesure, *les époques auxquelles les prestations en nature doivent être faites, le mode de leur emploi ou de leur conversion en tâches,* et statue en même temps sur tout ce qui est relatif à la confection des rôles, à la comptabilité, aux adjudications et à leur forme, aux alignements, aux autorisations de construire le long des chemins, à l'écoulement des eaux, aux plantations, à l'élagage, aux fossés, à leur curage et à tous autres détails de surveillance et de conservation.

28. Sous la loi de 1836, toutes les contraventions dont les chemins vicinaux et leurs accessoires peuvent être l'objet sont de la compétence des tribunaux de police, à l'exclusion des Conseils de préfecture. Cette décision s'induit de la combinaison des articles 471, n° 15, et 479, n° 11, du Code pénal, avec l'article 21 de la loi de 1836.

29. Le juge de paix peut recevoir l'action possessoire, soit des communes, soit des particuliers, pour un chemin non classé. Il le peut encore, dans le cas de classement, mais alors il doit s'abstenir de rien prescrire qui contrarie l'exécution de l'arrêté administratif.

30. C'est pour cela qu'il lui est interdit d'ordonner la réintégrande d'un particulier dans la possession d'un terrain considéré comme chemin. Ordonn., 18 juill. 1821, 22 janv. 1824, 7 juin 1826.

31. Un acte administratif ne peut pas être considéré comme un trouble dans la possession, parce que ce n'est pas devant les tribunaux qu'il doit être attaqué, mais bien devant l'autorité administrative. Cass., 26 déc. 1826.

52. La loi du 21 mai 1836, sur les chemins vicinaux, a donné aux juges de paix attribution, à défaut de règlement amiable, de régler, sur rapport d'experts, l'indemnité due aux propriétaires dans le cas prévu par l'article 15 de cette loi, c'est-à-dire lorsqu'il s'agit de simple élargissement d'un chemin. Or, lorsqu'une loi spéciale, et qui ne touche pas à l'organisation judiciaire, prévoit un litige, et en remet la décision à tel ou tel juge, de quelque nature qu'il soit, administratif ou judiciaire, sans s'expliquer sur la nature et l'étendue de cette attribution, cette loi prend le juge et le laisse dans la sphère de juridiction qui lui appartient, en vertu des règles générales ; eh bien, la loi du 21 mai 1836, art. 15, n'a pas fait autre chose en désignant le juge de paix pour fixer, sur rapport d'experts, les indemnités dues aux parties expropriées, à raison de l'élargissement des chemins vicinaux ; il reste donc juge ; c'est comme tel qu'il prononce, et ses décisions sont soumises à l'appel, d'après les règles ordinaires de la juridiction.— Il est bien vrai que l'article 16 de la même loi institue, pour un autre cas, celui d'ouverture et de redressement des chemins vicinaux, un jury spécial chargé de régler les indemnités dues aux expropriés ; mais ce n'est pas à dire que, dans l'hypothèse prévue par l'article 15, le juge de paix fasse fonction de jury, et prononce de la même manière. Les espèces prévues par les articles 15 et 16 sont tout à fait différentes. Dans l'article 15, il s'agit du simple élargissement d'un chemin vicinal, tandis que dans l'article 16 il s'agit d'expropriation véritable, primitive, et non de l'extension d'une voie de communication déjà existante. On devait ici recourir au principe protecteur de l'intervention du jury, posé par la loi de 1833, tandis que là, la juridiction du juge de paix garantit suffisamment tous les intérêts. — Ajoutons à cela que les formes qu'il doit suivre sont celles de la juridiction ordinaire. C'est sur le rapport d'experts, nommés, l'un par le propriétaire, l'autre par le sous-préfet, qu'il prononce ; en cas de discord, le tiers expert est nommé par lui ; il est juge des incidents ; il n'est pas lié par le rapport des experts ; il doit entendre les parties en leurs observations ; en un mot, il est juge, dans la complète acception du mot, et la décision qu'il rend est un véritable jugement : d'où il suit

que ces décisions sont susceptibles d'appel, sauf les cas où le recours est interdit. Cons. d'Etat, 30 déc. 1841. ANNALES, 1re série,
t. V, p. 422.

33. Si le propriétaire dépossédé refusait de nommer son expert.
la nomination de celui-ci serait faite d'office par le juge de paix.

34. Les tribunaux civils sont compétents pour statuer : sur la
propriété de tout ou partie du sol qui sert d'emplacement au chemin inscrit ou non au tableau des chemins vicinaux ; — sur la propriété de simples sentiers ou chemins d'aisance, de vidange, d'exploitation ; — et sur la jouissance provisoire d'un chemin litigieux
entre deux particuliers, et non réclamé par la commune, soit comme
partie principale, soit comme intervenante : on conçoit, en effet,
que le jugement n'empêchera pas la commune de contester ou la
propriété devant les tribunaux ou la vicinalité devant l'administration. L. 21 mai 1836, art. 16 ; arrêté, 27 vend. an XII ; décr., 28
févr. 1809, 15 mai 1813 ; ordonn., 23 juin 1819, 28 sept. 1816.

35. La même règle de compétence est consacrée pour les décisions suivantes : 1° si une action est exercée par l'autorité municipale, pour clôture d'un prétendu sentier, et que le défendeur oppose l'exception de propriété, la question de savoir si le sentier est
public ou seulement une servitude particulière doit être résolue par
le tribunal civil, avant que le tribunal de police puisse prononcer
sur la poursuite en réparation. (Cass., 4 brum. an XIII.) — 2° De
même, le tribunal de police ne peut condamner un particulier à enlever du fumier déposé sur un terrain que celui-ci prétend lui appartenir, avant d'avoir fait juger par le tribunal civil si ce terrain
est bien sa propriété privée, ou s'il dépend de la voie publique. (Cass.,
3 vent. an XIII.) — 3° De même encore, si le prévenu d'avoir coupé
un arbre sur un terrain communal se prétend propriétaire du terrain qui portait l'arbre, la question de propriété doit être résolue
par le tribunal civil. Cass., 12 nov. 1807, 30 janv. 1808 ; Besançon,
2 août 1809 ; Bourges, 3 janv. 1831.

36. Quoique les tribunaux ne puissent réformer les actes de l'administration, ils n'en sont pas moins compétents pour prononcer
sur la demande d'un particulier, se prétendant propriétaire du sol
d'un chemin déclaré vicinal par acte administratif non réformé, encore bien que ses conclusions tendent, en outre, à le faire maintenir dans la possession et jouissance de ce même chemin. Paris,
22 janv. 1830.

37. Si le chemin n'avait pas été déclaré vicinal, ou s'il s'agissait
d'un simple chemin rural, le tribunal administratif ne serait plus

compétent pour en connaître. Si donc le prévenu soutenait que le chemin qu'il est accusé d'avoir dégradé est un chemin privé, ou que le terrain que l'on prétend être l'objet d'une usurpation ne fait pas partie du chemin, il y aurait là une question préjudicielle qui devrait être vidée devant la juridiction civile. —V. *Questions préjudicielles.*

58. Dans tous les cas où la question de propriété est préjudicielle, on doit, jusqu'à ce que la cause soit judiciairement terminée, surseoir à l'établissement du chemin vicinal là où il n'y avait encore aucun chemin public, parce qu'il faut une indemnité préalable à toute expropriation ou dépossession légale du propriétaire. Proud'hon, n° 599.

59. Si néanmoins les propriétaires du fonds étaient troublés dans leur jouissance par l'établissement du chemin, ils pourraient agir en maintenue de leur possession devant le tribunal d'arrondissement, qui est seul chargé par la loi d'arrêter les effets des expropriations pour cause d'utilité publique, lorsque les formalités voulues par les lois n'ont pas été remplies. *Ibid.*

40. Lorsqu'un chemin rural a été classé comme voie publique, par délibération du Conseil municipal, approuvée par le préfet, le juge de police ne peut plus remettre en question la publicité du chemin. La compétence du juge de police pour décider qu'un chemin est public ou non n'existe que lorsqu'il s'agit d'un chemin non classé. Cass., 20 nov. 1858. ANNALES, 1858, p. 55.

41. Mais le caractère de publicité d'un chemin ne pouvant s'appliquer qu'aux voies auxquelles ce caractère a été légalement donné, il en résulte que le juge de police ne violerait pas les règles de sa compétence en déclarant non public un chemin qu'aucun acte administratif n'aurait classé parmi les chemins ruraux d'une commune.

42. Le juge de police saisi d'une poursuite pour dégradation d'un chemin vicinal ne peut surseoir à statuer jusqu'à décision des tribunaux administratifs sur le dommage causé par le fait, objet de la poursuite; il doit, au contraire, si la contravention est établie, prononcer immédiatement la peine qui y est applicable. Cass., 27 août 1858. ANNALES, 1858, p. 100, et nos observations à la suite de cet arrêt.

43. Un autre arrêt, du 3 décembre 1858, s'est prononcé d'une manière plus explicite encore, en déclarant : que l'usurpation ou la dégradation d'un chemin vicinal donne lieu à une double compétence ; l'une, à celle du tribunal de police chargé d'appliquer la peine; l'autre, à celle du Conseil de préfecture chargé de faire cesser l'usurpation ou la dégradation, et de faire réparer le chemin.

44. Ces deux compétences sont donc distinctes et indépendantes l'une de l'autre, et le tribunal de police n'a ni à renvoyer la cause entière devant le Conseil de préfecture, ni à surseoir préalablement à statuer jusqu'après la décision de ce Conseil.

45. Ce n'est qu'au cas d'un véritable doute sur le sens de l'arrêté de classement, ou sur l'assiette ou les limites du chemin, qu'il y a lieu à sursis et à renvoi au préfet, pour l'interprétation de son arrêté.

46. La loi du 3 mai 1841, sur l'expropriation pour cause d'utilité publique, et la loi du 21 mai 1836, sur les chemins vicinaux, ont déterminé les formes d'après lesquelles il devait être accédé à l'expropriation des propriétés particulières dont le sacrifice serait jugé nécessaire à l'exécution des travaux publics en général, tels que routes nationales ou départementales, canaux, chemins de fer, chemins vicinaux, etc. Si ces formes ont été remplies, pas de difficultés; l'administration peut, après avoir versé entre les mains du propriétaire l'indemnité fixée par le jury d'expropriation, s'emparer des terrains expropriés, et ce dernier est tenu de lui en faire l'abandon. Mais si, au contraire, les formalités prescrites par la loi n'ont pas été remplies, alors le propriétaire, violemment dépouillé de sa propriété, et injustement troublé dans sa possession, peut former, devant les tribunaux ordinaires ou devant le juge de paix, auxquels sont exclusivement réservées les questions de cette nature, une action en revendication ou une action possessoire, à l'effet de se faire réintégrer dans la propriété ou dans la jouissance de l'immeuble ou du terrain dont il aurait été dépossédé. C'est ce qui a été décidé par le Conseil d'Etat, le 13 décembre 1845, et, dans ce cas, le Conseil d'Etat n'a fait que confirmer une jurisprudence constante, attestée par plusieurs arrêts des 14 octobre 1836, 30 décembre 1841, 21 juin 1842, 5 septembre 1842, et 4 juillet 1845.

47. Lorsque le juge de paix est appelé, en vertu de l'article 15 de la loi du 21 mai 1836, à régler l'indemnité due aux riverains dans le cas de reconnaissance ou d'élargissement de chemins vicinaux, il statue comme juge, et non comme faisant fonctions de jury spécial. — Dès lors sa décision, qui a le caractère d'un véritable jugement, est soumise à la règle ordinaire du double degré de juridiction. L. 25 mai 1838, art. 1er et 14; Cass., 19 juin 1843, 18 août et 10 déc. 1845, et 27 janv. 1847. ANNALES, 1re série, t. V, p. 380 et suiv.

48. Le magistrat chargé de diriger le jury d'expropriation, en matière de chemins vicinaux, doit assister à la délibération de ce jury; la délibération est nulle, s'il est constaté qu'elle a eu lieu hors la présence de ce magistrat, et sous la présidence de l'un des jurés. L. 21 mai 1836, art. 16 ; Cass., 4 juill. 1855. ANNALES, 1856, p. 123.

49. En cas de transport sur les lieux du jury d'expropriation, après la clôture des débats, les débats doivent être ensuite rouverts par le président, pour que les parties puissent s'expliquer sur les résultats du transport : les opérations du jury sont nulles si cette réouverture des débats n'est pas constatée. L. 3 mai 1841, art. 37, 38 ; Cass., 4 juill. 1855. ANNALES, 1856, p. 124.—V. *Expropriation.*

CHEMIN DE FER. 1. On nous a demandé si l'action dirigée par un voyageur contre une Compagnie de chemin de fer, en payement d'une somme inférieure à 1,500 francs, à raison de la perte de ses effets, pouvait être portée devant le juge de paix du lieu où se trouve établi le bureau ou station, soit du départ, soit de l'arrivée du voyageur. — Cette question a été l'objet de plusieurs décisions des tribunaux, entre lesquelles il existe une grande divergence.

2. Ainsi, par arrêt du 4 mars 1845, la Cour de cassation avait jugé qu'une Compagnie de chemin de fer n'avait pu être assignée par un entrepreneur de transports, en dommages-intérêts, pour avoir fait des actes de transport en dehors de l'enceinte du chemin, devant le tribunal d'une station dudit chemin. « On prétendrait à tort, dit dans cet arrêt la Cour suprême, qu'une société doit avoir autant de domiciles commerciaux qu'elle a d'établissements ; une société est un être moral, dont la condition, sous le rapport du domicile, est déterminée par les articles 102 et suivants du Code Napoléon. »

3. Depuis, la Cour de cassation a, relativement aux succursales ou stations principales des chemins de fer, persisté dans la même jurisprudence.

4. Cependant, la même Cour juge, sans cesse, que les Compagnies d'assurances, qui ont des succursales où elles ont placé des préposés, par l'intermédiaire desquels elles traitent avec les tiers, peuvent être assignées par ces tiers devant le tribunal de ces succursales. Nous ne voyons pas bien, nous l'avouons, la différence qui existe entre la succursale établie par une Compagnie d'assurances, où se trouve un directeur qui traite avec le public, et qui, le plus souvent même, est obligé de consulter sa Compagnie avant de l'engager, et le bureau d'un chemin de fer, où se trouve un chef de gare ou de station qui traite directement avec les voyageurs ou avec les expéditeurs ; et il nous semblerait qu'il y aurait de bonnes raisons de reconnaître la compétence du tribunal du lieu, dans un cas comme dans l'autre.

5. Contrairement à la jurisprudence de la Cour de cassation, la Cour de Bourges a décidé, par arrêt du 26 avril 1854, que l'action formée contre une Compagnie de chemin de fer, au sujet d'objets à transporter d'une station intermédiaire, peut être régulièrement portée devant le tribunal du lieu où est située cette station, et où la Compagnie, en la personne de ses agents, a promis et livré ses waggons et loué son industrie.

6. Cependant, nous devons faire remarquer que cet arrêt n'a ainsi jugé que par application de l'article 420 du Code de procédure civile, article qui ne s'applique pas à tous les cas, et qui ne saurait guère, d'ailleurs, être invoqué que devant un tribunal de commerce, ou devant un tribunal civil jugeant commercialement.

7. Nous ajouterons que la Cour de cassation elle-même s'est rendue à ce système de compétence, et qu'elle applique aussi l'article 420 aux actions intentées par les expéditeurs et par les voyageurs contre les chemins de fer.

8. La question est si importante que nous croyons, au reste, devoir rapporter ici un jugement du tribunal de commerce de Saumur, du 13 juin 1853, dans lequel des arguments du plus haut intérêt sont invoqués à l'appui de la compétence des tribunaux des succursales. — « Attendu, dit le tribunal, que le paragraphe 5 de l'article 59 du Code de procédure civile n'est pas applicable dans l'espèce ; — Que si, en matière de société, tant qu'elle existe, le défendeur doit être assigné devant le juge du lieu où elle est établie, on ne peut en conclure que la loi ait voulu créer un privilége en faveur des sociétés, et au détriment de ceux qui auraient des intérêts à débattre avec elles ; — Que, sans doute, c'est devant le juge du lieu où elles sont établies que doivent être portées toutes difficultés entre associés, toutes celles pouvant se rattacher soit directement, soit même indirectement à la formation, à l'existence d'une société, celles encore pouvant se rattacher aux frais généraux de son administration ; que sans doute, il a pu être décidé que, dans des circonstances semblables, une Compagnie de chemin de fer devait être assignée devant le juge du lieu de son principal établissement ; mais que jamais on n'a entendu en faire un principe général qui eût pour conséquence de faire échapper les sociétés commerciales aux exceptions créées par l'article 420 du Code de procédure civile ; — Attendu que la Compagnie du chemin de fer, en se chargeant du

transport de la dame Duribert et de ses bagages, avait contracté, vis-à-vis d'elle, une obligation de faire exécutable à Saumur ; — Que l'obligation de faire peut être assimilée à l'obligation de payer ; — Attendu encore, qu'en matière de transports, c'est au lieu où la marchandise doit être livrée que peuvent se constater les avaries de la marchandise et les fautes du transporteur ; que c'est là que peuvent être évalués les dommages-intérêts dus pour l'une ou l'autre cause ; que c'est là que doit en avoir lieu le payement ; — Que par ces motifs, de quelque manière qu'on interprète l'article 420 du Code de procédure civile, soit que l'on ne veuille entendre par le mot *payement* que la prestation d'un prix, soit que par une interprétation plus large et plus saine on y comprenne tout accomplissement d'une obligation contractée, dans l'un comme dans l'autre cas, le tribunal du lieu où l'objet à transporter devait être livré est compétent pour connaître des contestations entre le transporteur et le destinataire ; — Attendu que les principes que voudrait faire prévaloir la Compagnie du chemin de fer auraient, s'ils étaient admis, les conséquences les plus déplorables ; que si la prétention de faire porter au domicile de son principal établissement toutes les difficultés qui peuvent s'élever par suite des pertes de bagages était admise, elle atteindrait indirectement le privilège de se débarrasser, en fait, à peu près, de toute responsabilité pour les négligences et les infidélités possibles de ses agents, alors que les destinataires des objets transportés seraient dans l'obligation de porter leurs réclamations au siége de la société ; qu'on peut presque dire qu'il y a une question morale et d'ordre public à ce que, pour la restitution des objets qui ont été égarés ou détournés par les agents de la Compagnie, ou pour les dommages-intérêts à en obtenir, les destinataires puissent l'assigner devant les juges du lieu où l'obligation devait être exécutée ; — Attendu qu'il est de jurisprudence constante, qu'en fait d'assurance, les Compagnies peuvent être assignées au domicile de leurs agents ; — Que cette jurisprudence, adoptée en opposition aux principes de compétence énoncés en matière civile à l'article 59 du Code de procédure, ne l'a été que pour des motifs d'ordre public, les mêmes que ceux qui pèsent sur la question pendante devant le tribunal ; — Par tous ces motifs, le tribunal se déclare compétent ; ordonne qu'il sera plaidé au fond, etc. »

9. Quant à nous, nous regardons comme tellement important que les actions des voyageurs contre les Compagnies de chemins de fer puissent être portées devant le tribunal du lieu de départ ou devant le tribunal du lieu d'arrivée, que, si les tribunaux persistaient, contrairement à ce qu'ils décident sans cesse en matière d'assurance, à juger que les Compagnies de chemins de fer ne peuvent pas être, dans tous les cas, assignées par les voyageurs ou par les expéditeurs devant les tribunaux des succursales, nous croirions que le législateur ne devrait pas hésiter à intervenir et à introduire dans les lois de compétence une disposition qui permît à ces voyageurs et expéditeurs de faire valoir leurs droits sans aller plaider à des distances impossibles, et empêchât qu'ils ne fussent sacrifiés au bon plaisir des Compagnies.

CHIENS. 1. D'après l'article 475, § 7, du Code pénal, doivent être punis d'amende, depuis 6 francs jusqu'à 10 francs inclusivement, ceux qui excitent ou ne retiennent pas leurs chiens lorsqu'ils attaquent ou poursuivent les passants, quand même il n'en serait résulté aucun mal ni dommage.

2. L'article 14 du titre Ier de la loi des 19-22 juillet 1791 et l'article 605 du Code du 3 brumaire an IV punissaient aussi de peines de police : « ceux qui laissaient divaguer des insensés ou furieux, ou des animaux malfaisants ou féroces. »

3. Les animaux *malfaisants ou féroces* sont ceux qui peuvent être dangereux pour les propriétés ou pour les personnes.

4. Un chien peut être considéré comme un animal malfaisant ou féroce, mais seulement à cause du vice de son naturel particulier ou de sa mauvaise éducation (Cass., 2 sept. 1825). Ainsi, on ne devrait pas laisser divaguer un chien qui attaque et mord les passants, même dans une cour non close. Cass., 2 sept. 1825.

5. Est passible de dommages et intérêts et même d'emprisonnement celui qui, même sur son terrain, tue ou blesse un chien d'autrui (L. 6 oct. 1791, tit. II, art. 3; C. pén., art. 454). — Mais si c'était pour s'en défendre, il ne serait encouru aucune peine.

6. Le propriétaire d'un chien répond du dommage qu'il cause, et les juges de paix au civil sont compétents à cet égard, selon les limites tracées par la loi du 25 mai 1838. — V. *Animaux, Délit rural.*

7. Il a été établi dans toutes les communes et à leur profit une taxe sur les chiens, qui ne peut excéder *dix* francs ni être inférieure à *un* franc. Loi 4 avril-2 mai 1855, art. 1 et 2.

CHIRURGIEN. — V. *Médecin.*

CHOSE JUGÉE. Point de contestation entre une ou plusieurs personnes, sur lequel il a été statué par un jugement en dernier ressort, contre lequel il ne reste aucun moyen *ordinaire* de se pourvoir.

1. L'autorité de la chose jugée n'existe qu'à l'égard de ce qui fait l'objet du jugement ; et il faut encore que la chose demandée soit la même, que la demande soit fondée sur la même cause, qu'elle ait lieu entre les mêmes parties, et soit formée par elles et contre elles dans la même qualité. C. Nap., art. 1351 ; Cass., 5 mars 1857. ANNALES, 1857, p. 281. — V. *Jugement*.

2. C'est dans le dispositif et non dans les motifs des jugements ou arrêts que réside la chose jugée. Ainsi, en préjugeant, pour le besoin de la discussion à laquelle il se livre, un point de droit ou une appréciation de titre, le juge n'émet qu'un avis qui n'a point l'autorité de la chose jugée. C. Nap., art. 1350, 1351 ; Cass., 10 juin 1856, et Montpellier, 21 août 1856. ANNALES, 1857, p. 110 et 238.

3. Lorsque le dispositif et les motifs renferment des dispositions contraires, c'est, en effet, la décision contenue au dispositif qui, seule, doit faire la loi des parties ; c'est à elle seule qu'il faut attribuer l'autorité de la chose jugée.

CHOSE PERDUE. — V. *Épave*.

CIMETIÈRE. Lieu destiné spécialement à la sépulture des personnes décédées dans chaque commune. — V. *Sépulture*.

CIRCONSTANCES ATTENUANTES ET AGGRAVANTES. On entend par ces mots les particularités ou circonstances d'un fait qui augmentent ou font diminuer la peine dont il est passible.

1. Les circonstances atténuantes d'un crime, d'un délit ou d'une contravention en diminuent la gravité et conséquemment la peine qui y est attachée.

2. Avant le Code pénal de 1832, les Cours d'assises et les tribunaux correctionnels étaient seuls autorisés par l'article 463 du Code pénal de 1810 à diminuer la peine encourue par le délinquant, lorsque les circonstances du délit ou du crime paraissaient atténuantes ; aujourd'hui cette faculté est accordée également aux tribunaux de simple police par le paragraphe 2 de l'article 483, dont la disposition étant générale et absolue s'applique à toutes les contraventions *prévues* par le Code, qu'il y ait ou non récidive.

3. Jugé que les peines encourues pour contravention de simple police ne peuvent être réduites que par l'effet d'une déclaration de circonstances atténuantes. Cass., 2 mars 1833, 18 mai 1849.

4. Le juge ne peut abaisser la peine, eu égard aux circonstances atténuantes, qu'en déclarant que ces circonstances existent. Cass., 15 sept. 1843.

5. Mais les circonstances atténuantes ne peuvent être déclarées, et les conséquences de cette déclaration appliquées, que relativement aux contraventions *prévues par le Code;* l'article 483 le dit en termes formels, et ces termes sont d'autant plus significatifs que la première partie de l'article 463, relative aux peines prononcées par les Cours d'assises, sur déclaration du jury, applique généralement les circonstances atténuantes à toutes ces peines ; que la dernière partie du même article, relative au délit, ne permet l'application des circonstances atténuantes que *dans tous les cas où la peine de l'emprisonnement et celle de l'amende sont prononcées par le Code pénal;* qu'enfin l'article 483 contient, ainsi que nous l'avons fait observer, la même limitation relativement aux contraventions.

6. Ces principes ont, au reste, été reconnus et consacrés par la Cour de cassation à l'égard des délits de la presse (13 sept. 1832) ; à l'égard du délit forestier (12 juin 1832) ; à l'égard de la fabrication et de la détention des poudres (18 avril 1835) ; à l'égard de la diffamation (7 sept. 1837), etc.

7. Il a été jugé que l'abaissement de la peine en matière de contravention peut avoir lieu par application des circonstances atténuantes, lors même que le prévenu fait défaut. Cass.; 1er déc. 1842.

8. Les circonstances atténuantes sont applicables, malgré le cas de récidive. « La récidive, disent MM. Chauveau et Faustin Hélie, n'est donc plus en matière correctionnelle, comme en matière criminelle, une circonstance nécessairement aggravante ; l'aggravation qui peut en résulter n'est que facultative ; la généralité des termes du dernier paragraphe de l'article 463 autorise les tribunaux à l'effacer entièrement. » T. VIII, p. 265. — V. *Récidive.*

CIRCULAIRES MINISTERIELLES. Instructions en forme de lettres adressées par les ministres aux divers fonctionnaires de leurs départements. — Mais ces circulaires, n'étant que l'expression de l'opinion personnelle du ministre dont elles émanent, ne lient point les tribunaux. Cass.; 11 juin 1816, 20 juin 1820 et 22 février 1828.

CITATION. Assignation à comparaître devant un juge de paix, devant un tribunal de police, ou devant une Chambre de discipline.

Table sommaire.

Division.

§ 1er. De la citation au tribunal de paix et des formalités y relatives.
§ 2. Citation en conciliation. — V. au mot *Conciliation*.
§ 3. Citation au tribunal de police.
§ 4. Effets de la citation.

§ 1er. *De la citation au tribunal de paix et des formalités y relatives.*

1. La citation est en justice de paix ce que l'ajournement ou l'assignation est devant les autres tribunaux. — V. *Exploit.*

2. Dans le premier livre du Code de procédure qui règle la manière d'introduire et de juger les instances devant cette juridiction, le mot *nullité* ne se trouve pas une seule fois, et conséquemment les exploits de citation ne sont assujettis à aucune formalité irritante. Cependant, dit M. Favard de Langlade (*Répert.*, v° *Nullité*, § 1er, n° 4) : « L'omission de toute formalité qui est un élément nécessaire au pouvoir conféré par la loi, ou qui est indispensable pour qu'un acte remplisse le but de son institution, emporte nullité, encore bien que cette peine ne soit pas formellement prononcée par la loi. »

3. Tous huissiers ne sont pas également aptes à donner les citations en justice de paix. D'après l'article 4 du Code de procédure, ces citations devaient même être données exclusivement par les huissiers de la justice de paix. Mais depuis lors est intervenue la loi du 25 mai 1838, dont l'article 16 est ainsi conçu : « Tous les huissiers d'un même canton auront le droit de donner toutes les citations et de faire tous les actes devant la justice de paix. Dans les villes où il y a plusieurs justices de paix, les huissiers exploitent concurremment dans le ressort de la juridiction assignée à leur résidence. »

4. Ici se présente la question de savoir si les citations faites par un huissier d'un autre canton du même arrondissement seraient valables. — Pour l'affirmative, on peut dire que si l'article 16 a détruit le privilége établi par l'article 4 du Code de procédure civile, au profit de l'huissier-audiencier de la justice de paix, il n'a nullement modifié la loi d'institution des huissiers, et qu'un huissier ne peut pas plus instrumenter devant la justice de paix d'un canton autre que celui de sa résidence, qu'il ne pourrait le faire devant un tribunal d'arrondissement autre que celui devant lequel il exerce ; que, dans le cas où sa qualité n'existe plus, l'acte qu'il a signifié tombe, non pas parce qu'il est fait par un officier public incompétent, mais parce que, hors de la juridiction dans laquelle il instrumente, cet officier n'ayant plus aucun caractère public, cet acte manque de l'une des conditions les plus essentielles à son existence ; on peut ajouter que le juge de paix n'ayant un moyen de répression que contre les huissiers de son canton, il arriverait, si on admettait la validité de cette citation, que le juge de paix n'aurait plus aucun moyen de faire exécuter les ordres que l'article suivant l'autorise à donner, relativement à l'avertissement préalable. — Pour la négative, on peut se fonder, au contraire, sur l'article 1030 du Code de procédure civile, qui défend aux juges de prononcer une nullité qui ne serait pas prescrite par la loi, et encore sur la discussion à laquelle ont donné lieu l'article 16 et les deux suivants. — L'intention des rédacteurs de la disposition qui, en dernier résultat, fut admise et est restée au projet, n'a jamais été de modifier sur ce point le sens de l'article proposé par la Commission de 1837 ; elle l'a rejetée seulement comme inutile, ainsi qu'une autre disposition, proposée par M. Teniers (V. *Mon.* du 26 avril 1838), et qui consistait à exprimer que, lorsqu'un huissier de l'arrondissement donnerait une assignation devant le juge de paix d'un canton qui ne serait pas le sien, il encourrait l'amende voulue par l'article 13 de la loi du 27 mars 1791, mais que la nullité de l'assignation ne s'ensuivrait pas naturellement. — La disposition de la loi qui porte une pénalité contre les huissiers qui instrumentent hors du canton continuera de subsister, dit en cette occasion M. le rapporteur, et, quant à la nullité, nous restons dans les termes du droit commun ; il ne faut donc pas surcharger la loi de détails minutieux et superflus.

5. Aux termes de la loi des 10 avril-2 mai 1855, dans toutes les causes, excepté celles qui requièrent célérité, et celles dans lesquelles le défendeur serait domicilié hors du canton ou des cantons

de la même ville, il est interdit aux huissiers de donner aucune citation en justice sans qu'au préalable le juge de paix ait appelé les
parties devant lui, au moyen d'un avertissement sur papier non
timbré, rédigé et délivré par le greffier, au nom et sous la surveillance du juge de paix. — Dans les cas qui requièrent célérité, il ne
doit être remis de citation, non précédée d'avertissement, qu'en
vertu d'une permission donnée sans frais par le juge de paix, sur
l'original de l'exploit.

6. L'article 1er du Code de procédure civile détermine les
différentes mentions que la citation doit spécialement contenir ;
ce sont :

7. 1° *La date du jour, mois et an,* pour constater si la notification a été faite en temps utile, et si le délai dont nous parlerons ci-
après a été observé.

8. 2° *Les noms, profession et domicile du demandeur,* afin de ne
laisser au défendeur aucun doute sur la personne qui l'attaque, et
de le mettre ainsi en état de vérifier si elle a qualité ou droit pour
lui intenter une action, et de lui faire des offres si la qualité et le
droit sont reconnus.

9. La loi ne parle pas des *prénoms.* Mais, outre que le mot *noms,*
dont elle se sert, étant au pluriel, semble comprendre les noms et
prénoms, l'énonciation de ces derniers devient surtout nécessaire
lorsque plusieurs personnes du même nom et de la même profession
résident dans le même lieu.

10. Quant à la profession, il a été jugé par la Cour de Paris, le
17 août 1810, que la qualité de propriétaire suffit, même lorsque
le demandeur exerce une profession plus connue que sa qualité de
propriétaire.

11. 3° *Les noms, demeure et immatricule de l'huissier,* pour que
l'on puisse vérifier si ce fonctionnaire avait qualité pour instrumenter dans le lieu où il a donné la citation.

12. 4° *Les noms et demeure du défendeur,* afin que, s'il ne comparaît pas, il y ait une preuve incontestable qu'il a été cité.

13. L'article 1er du Code de procédure ne prescrit pas, comme
l'article 61, n° 2, la mention du nom de la personne à laquelle la
copie est laissée ; il ne faut pas en conclure que cette mention ne
doive pas avoir lieu : c'est une partie intégrante de tout exploit;
sans elle rien ne prouverait que le défendeur a reçu la citation.

14. A défaut de cette mention, le juge de paix devrait ordonner
la réassignation.

15. 5° *L'énonciation sommaire de l'objet et des moyens de la de-*

mande, afin que, si le défendeur le trouve bon, il puisse y souscrire.

16. La signification des pièces à l'appui de la demande, ordonnée en matière d'ajournement par l'article 65, n'est pas exigée pour les citations : l'économie dans les frais, qui est l'essence de la procédure en justice de paix, rendait cette disposition inutile. D'ailleurs, les causes à porter devant le tribunal sont ordinairement simples ; les parties peuvent prendre, à l'audience même, communication des pièces dont le demandeur veut faire usage ; et, souvent aussi, la contestation n'est appuyée sur aucun document écrit.

17. 6° *L'indication du juge de paix qui doit connaître de la demande.* Cette indication est suffisamment faite par la qualité du magistrat et l'indication du lieu où il exerce ses fonctions.

18. Mais les juges de paix n'ayant pas indispensablement d'audiences réglées, la double indication dont il s'agit est de rigueur, et nous dirons, avec M. Carré, que ces expressions : *dans les délais de la loi,* qui sont admises pour les ajournements devant les tribunaux civils de première instance, seraient insuffisantes devant les justices de paix.

19. L'obligation pour les huissiers, dont parle l'article 67 du Code de procédure, d'indiquer à la fin de chaque exploit qu'ils signifient le coût d'icelui, n'est pas rappelée relativement aux citations. Cependant nous pensons que l'huissier de justice de paix qui omettrait cette mention encourrait l'amende de 5 francs, parce que la prescription de l'article 67 est générale, et qu'elle a été rappelée d'une manière plus générale encore par l'article 48 du décret du 14 juin 1813.

20. En matière purement personnelle ou mobilière, la citation doit être donnée devant le juge du domicile du défendeur ; s'il n'a pas de domicile, devant le juge de sa résidence. C. proc., art. 2.

21. Le domicile est le lieu où l'on a son principal établissement (C. Nap., art. 102) ; mais ce lieu ne peut être ignoré du demandeur, et, dans le doute sur le domicile, il y a moins d'inconvénients à assigner devant le juge de la résidence, parce que la loi permet de le faire lorsqu'il n'y a pas de domicile. Or, c'est comme s'il n'y en avait pas, du moins à l'égard du demandeur, lorsque le le domicile du défendeur lui est inconnu (Demieau-Crouzilhac, p. 15 ; Carré, *Lois de la procédure*, art. 2, quest. 6). Il convient, en ce cas, que le demandeur déclare, dans la citation, qu'il assigne devant le juge de sa résidence, parce qu'il ignore le domicile de la partie adverse. Carré, *ibid.*

22. Lorsqu'un acte contient, de la part des parties ou de l'une d'elles, élection de domicile pour l'exécution de ce même acte, dans un autre lieu que celui du domicile réel, les significations, demandes et poursuites relatives à cet acte peuvent être faites au domicile convenu, et devant le juge de ce domicile (C. Nap., art. 111). Cette disposition concerne les justices de paix comme les autres tribunaux. Tous les auteurs sont d'accord sur ce point.

23. La citation doit être donnée devant le juge de la situation de l'objet litigieux, lorsqu'il s'agit : 1° des actions pour dommages aux champs, fruits et récoltes ; 2° des déplacements de bornes, des usurpations de terres, arbres, haies, fossés et autres clôtures, commis dans l'année ; des entreprises sur les cours d'eau, commises pareillement dans l'année, et de toutes autres actions possessoires ; 3° des réparations locatives ; 4° des indemnités prétendues par le fermier ou locataire, pour non-jouissance, lorsque le droit n'est pas contesté, et des dégradations alléguées par le propriétaire. C. proc., art. 3.

24. Lorsqu'une action embrasse tout à la fois des chefs de la compétence des juges de paix et des chefs réservés aux tribunaux ordinaires, il faut la porter devant ceux-ci, qui prononceront sur le tout: Paris, 8 août 1807.

25. La citation doit être notifiée par un huissier de l'arrondissement de la justice de paix du domicile du défendeur, en cas d'empêchement par celui qui serait commis par le juge. C. proc., art. 4 et 16; L. 25 mai 1838, combinés.

26. Copie de la citation est laissée à la partie. S'il ne se trouve personne en son domicile, la copie est laissée au maire ou adjoint de la commune, qui vise l'original sans frais. C. proc., art. 4.

27. L'exploit peut être remis également à la partie, hors son domicile.

28. L'huissier qui ne trouve personne au domicile de l'intimé n'est pas obligé, comme dans le cas de l'article 68, de présenter la copie à un voisin avant de la remettre au maire.

29. Si le maire et l'adjoint étaient absents, on pourrait la laisser au plus ancien membre du Conseil municipal: Décr. min. just., 6 juill. 1810. — *Contrà*, Nancy, 24 mai 1838.

30. Dans le cas enfin où le maire et l'adjoint refuseraient de recevoir la copie et de viser l'original, M. Carré, se fondant sur l'article 1039, dit que l'huissier devrait la remettre au procureur impérial, en constatant le refus du visa de la part du maire et de l'adjoint.

31. Lorsque la demande est dirigée contre plusieurs parties, chacune d'elles doit recevoir une copie de la citation.

32. L'huissier ne peut instrumenter pour ses parents en ligne directe, ni pour ses frères, sœurs et alliés au même degré. C. proc., art. 4.

33. Il y aura un jour au moins entre celui de la citation et le jour indiqué pour la comparution, si la partie civile est domiciliée dans la distance de trois myriamètres. Si elle est domiciliée au delà de cette distance, il sera ajouté un jour par trois myriamètres. C. proc., art. 5.

34. Ce délai d'un jour doit être franc ; c'est-à-dire qu'une citation donnée le 1er du mois ne peut contenir sommation de comparaître avant le 3.

35. Comme la brièveté de délai fixé par l'article 5 est toute dans l'intérêt du demandeur, il peut y renoncer, et citer pour une époque plus éloignée. C'est ce qui résulte du texte même de la loi : « Il y aura un jour au moins... » Donc il peut y avoir plus.

36. Lorsque la copie a été remise au défendeur, en parlant à sa personne, dans le lieu même où siège le juge de paix, faut-il augmenter le délai ordinaire en raison de l'éloignement de son domicile ? Oui, parce que le défendeur peut être obligé de retourner à sa demeure avant sa comparution, ou se trouver dans la nécessité de demander des pièces ou des renseignements qui lui seraient indispensables. Levasseur, n° 83 ; Carré, *Lois de la procédure civile*, art. 5, quest. 19.

37. La distance dont il s'agit en l'article 5 est toujours celle qui se trouve entre le domicile du défendeur et le lieu indiqué pour la comparution. Si donc la citation est donnée pour comparaître sur les lieux contentieux, il faut calculer la distance qui existe entre ces lieux et le domicile de l'intimé.

38. Comment se règle l'augmentation de délai, par rapport à la distance ? L'article 5, dit à égard M. Favard de Langlade (*Répert.*, v° *Citation*, t. Ier, n° 6), embrasse deux cas : le premier, lorsque le défendeur est domicilié *dans la distance* de trois myriamètres ; le second, quand il l'est *au delà* de cette distance. Au premier cas, la loi déclare qu'il n'y a pas lieu à augmenter le délai. Que le défendeur soit domicilié à un, deux ou trois myriamètres, le délai ne doit pas être augmenté, parce que le domicile est *dans la distance* de trois myriamètres : la loi le dit formellement. Au second cas, il y a lieu à augmentation, parce que le défendeur demeure au delà de trois myriamètres ; mais, comme le délai ne doit être augmenté qu'autant que la distance est *de plus* de trois myriamètres, si elle est de quatre ou de cinq, l'augmentation ne sera que d'un jour. Elle sera de deux jours, s'il y a sept ou huit myriamètres, et ainsi de suite, parce qu'il n'y a lieu à augmenter le délai qu'autant que la distance excède trois myriamètres ; d'où il résulte que la fraction de cette distance ne doit pas être prise en considération (*Répert.*, v° *Citation*, § 1er, n° 6).— MM. Lepage, Pigeau et Carré sont d'un sentiment contraire ; mais leurs motifs sont faciles à combattre. L'intention de la loi, disent-ils, est évidemment de donner à la partie à laquelle un acte est signifié tout le temps nécessaire pour parcourir la distance qui la sépare du lieu où elle doit comparaître. Or, dès que la loi a prononcé qu'il fallait à cette partie un jour pour parcourir trois myriamètres, elle présume, d'un autre côté, que celle-ci ne peut faire dans un jour plus de trois myriamètres, et, par conséquent, elle a entendu accorder cette augmentation de délai, même pour le cas où la distance n'est pas complète. C'est en ce sens que M. Pigeau (t. II, p. 55) a fait l'application de l'article 1033, en accordant cinq jours pour quatorze myriamètres, comme s'il y en avait quinze (Carré, *Lois de la procédure civile*, art. 5, quest. 21). — Sans doute, la loi a voulu que la partie citée eût le temps nécessaire pour parcourir la distance qui la sépare du lieu où elle doit comparaître ; mais elle a jugé que le délai ordinaire était suffisant, lorsque la distance n'excédait pas trois myriamètres. Cette distance ne doit pas être comptée pour l'augmentation de délai, c'est-à-dire que le délai doit être augmenté seulement pour ce qui excède trois myriamètres.

39. Dans les cas urgents, le juge donnera une cédule pour abréger les délais, et pourra permettre de citer, même dans le jour et à l'heure indiqués. C. proc., art. 6.

40. Cette cédule ne doit être accordée que lorsque l'urgence est bien reconnue, et qu'il y aurait péril dans le retardement, comme disait l'article 8, titre Ier, de la loi du 26 octobre 1790.—V. *Cédule*.

§ 2. *Citation en conciliation.*

Voir au mot *Conciliation*.

§ 3. *Citation au tribunal de police.*

41. Il suffit, pour la validité d'une citation, en cette matière, qu'elle fasse connaître aux contrevenants l'objet de la poursuite, les noms, qualités et demeure du poursuivant, le tribunal devant lequel ils doivent comparaître, les jour et heure de l'audience, et que copie leur en soit laissée.

42. Si l'action est dirigée à la fois contre un contrevenant et quelque personne civilement responsable, chacun d'eux doit être cité par copie séparée.

43. En matière de contravention ordinaire, lorsque le fait qui donne lieu à l'action a été l'objet d'un procès-verbal, il n'est pas indispensable de notifier ce procès-verbal au prévenu. Il suffit que la citation énonce ce qui en résulte. Cass., 13 avr. 1834.

44. Mais, en matière forestière, copie des procès-verbaux et des actes d'affirmation doit être donnée au prévenu, à *peine de nullité,* non-seulement lorsque les poursuites sont exercées par le ministère public, mais encore lorsqu'elles sont dirigées par les particuliers pour contraventions commises dans les bois et forêts qui leur appartiennent. C. forest., art. 172 et 189.

45. La citation donnée à la requête de la partie civile saisit également le tribunal de l'action publique, et la peine légale doit être appliquée au délinquant, même quand le ministère public prendrait des conclusions contraires. Mais la citation donnée à la requête du ministère public ne produit pas le même effet relativement à l'action civile ; il faut l'intervention directe de la partie lésée, pour que le tribunal puisse prononcer des condamnations à son profit. Cass., 16 nov. 1821.

46. Le ministère des huissiers n'est pas nécessaire pour les citations aux parties devant le tribunal de police présidé par le maire ; elles peuvent être faites par un avertissement de ce magistrat, qui annonce au défendeur le fait dont il est inculpé, le jour et l'heure où il doit se présenter. C. d'instr. crim., art. 169. — V. *Avertissement.*

47. Il en est de même pour les citations aux témoins ; il suffit qu'ils soient avertis du moment où leur déposition sera reçue. Art. 170. — V. *Comparution.*

48. M. Boucher d'Argis (*Code de simple police*) pense que, malgré cette disposition, il ne doit être prononcé de défaut que sur une citation régulière donnée par un huissier. Il se fonde sur cette expression facultative : *les citations* peuvent *être faites par un avertissement du maire*, et sur l'impossibilité de constater, d'une manière légale, la remise de cet avertissement.

49. Nous partageons l'opinion de cet estimable jurisconsulte, sur l'efficacité d'un avertissement donné par le juge de paix ; mais il n'en est pas de même de l'avertissement donné par le maire, comme président du tribunal de police. En effet, la faculté laissée au maire de citer par un simple avertissement ne donne pas au prévenu celle de ne point comparaître. Le maire *peut* faire la citation par un simple avertissement ; l'inculpé *doit* se présenter au moment fixé. La différence qui existe entre la rédaction de l'article 169 et celle de l'article 147 indique clairement une intention différente chez le législateur.

50. M. Legraverend est d'accord avec nous sur ce point. Nous remarquerons, à cet égard, dit-il, que si le Code autorise la comparution volontaire des parties devant le tribunal de police, il ne l'exige pas et ne pouvait l'exiger ; et que, dès lors, la citation devant le juge de paix, ou la formalité qui en tient lieu devant le maire, est nécessaire pour qu'on puisse rendre un jugement par défaut.

51. On peut encore se passer du ministère des huissiers pour les citations données à la requête de l'administration forestière. Les gardes de cette administration ont le droit de les signaler dans leurs arrondissements respectifs. C. forest., art. 173.

52. Il en est de même en matière de contributions indirectes ; les citations peuvent être notifiées par les commis de la régie. Décr. du 1ᵉʳ germ. an XIII, art. 28.—V. *Tribunaux de police*, § 3.

§ 4. *Effets de la citation.*

53. Le premier effet de la citation est d'obliger les parties à comparaître, l'une pour exposer sa prétention, l'autre pour y répondre, sous la peine du défaut et quelquefois de l'amende.

54. La citation suspend les poursuites jusqu'à l'expiration du délai fixé pour la comparution. Cass., 2 vend. an VII.

55. Elle est attributive de la cause au juge de paix devant lequel elle est portée, et elle oblige celui-ci à juger le différend qui lui est soumis dans les limites de sa compétence, sous peine de déni de justice. C. Nap., art. 4.

56. La citation en jugement interrompt aussi la prescription même lorsqu'elle est donnée devant un juge incompétent. C. Nap., art. 2246.

57. Toutefois, l'interruption est réputée non avenue s'il y a nullité de forme, désistement, prescription ou rejet de la demande. *Ibid.*, art. 2247.

58. La citation opère aussi la fixation de l'époque à compter de laquelle les intérêts commencent à courir au profit du demandeur.

CITERNE. Souterrain disposé de manière à recevoir et à conserver les eaux de pluie ou celles qui y sont apportées par le propriétaire.

1. L'article 674 du Code Napoléon est applicable, par analogie avec les cas qu'il prévoit, à l'établissement des citernes. Et, selon Desgodet, dont l'avis est fondé sur l'usage de plusieurs provinces, il suffit, pour appuyer une citerne contre un mur mitoyen, de faire au-devant un contre-mur d'un demi-pied d'épaisseur. *Cout. de Paris*, art. 191.

2. Les citernes diffèrent des puits en ce qu'elles contiennent des eaux pluviales, et les puits, des eaux vives; mais les règles, en cas de dommages, contestations, etc., sont les mêmes.

CLERC. Un clerc est un aide que l'homme de justice ou de pratique a chez lui pour faire ou transcrire les expéditions des actes judiciaires, et aussi pour dresser ces actes et partager le poids des affaires.

CLOTURE. On comprend, sous le nom de *clôture*, les murailles, fossés, haies, et tout ce qui enferme les héritages. Ce mot s'emploie aussi pour désigner le droit de se clore.

1. Le droit pour tout propriétaire de se clore résulte de l'article 647 du Code Napoléon.

2. Mais, à cette règle, une exception a été apportée par l'article 682 du même Code, pour laisser un passage au voisin en cas d'enclave.

3. Le propriétaire qui veut se clore perd son droit au parcours et à la vaine pâture, en proportion du terrain qu'il y soustrait. C. Nap., art. 648.

4. Le droit de se clore est facultatif dans les campagnes, mais il en est autrement dans les villes et faubourgs; là : «chacun peut contraindre son voisin à contribuer aux constructions et réparations de la clôture faisant séparation de leurs *maisons, cours et jardins*, assis ès villes et faubourgs.» C. Nap., art. 663.

5. Le voisin qui ne veut pas contribuer aux frais de clôture peut s'en dispenser en cédant la moitié de la place sur laquelle le mur de séparation doit être assis, et en renonçant à la mitoyenneté.

6. Mais lorsque deux propriétaires voisins sont convenus de construire un mur mitoyen, ils doivent contribuer aux frais par égale portion. Cass., 21 mars 1843. — V. *Fossé, Haie, Mitoyenneté, Servitude.*

7. Le mode de clôture des héritages ruraux varie suivant l'usage des lieux et la volonté du propriétaire. Ainsi, l'on doit considérer comme *parc* ou *enclos* tout terrain environné de fossés, de pieux, de claies, de planches, de haies vives ou sèches, ou de murs, de quelque espèce de matériaux que ce soit, quelles que soient la hauteur, la profondeur, la vétusté, la dégradation de ces diverses clôtures, quand il n'y aurait pas de porte fermant à clef ou autrement, ou quand la porte serait à claire-voie et ouverte habituellement. C. pén., art. 391.

8. Les clôtures doivent toujours être entretenues à frais communs, à moins que le propriétaire voisin ne préfère céder la moitié de l'emplacement et renoncer à la mitoyenneté. Merlin, *Répert.*, v° *Clôture.*

9. Le propriétaire dont l'héritage n'est séparé de celui d'un voisin que par une haie mitoyenne peut contraindre, dans les villes, le propriétaire contigu à la construction d'un mur mitoyen. Celui qui a été condamné au possessoire exécute suffisamment le jugement à l'effet d'être admis à se pourvoir au pétitoire, en rétablissant les lieux dans leur ancien état, et en payant les frais faits jusqu'alors, sans qu'il puisse être tenu d'acquitter les frais de l'expédition et de la signification du jugement qui auraient été faits postérieurement. Cass., 11 nov. 1842. ANNALES, 1re série, t. Ier, p. 405.

10. Les peines pour destruction de clôture sont déterminées par l'article 456 du Code pénal.

11. Jugé que le fait d'avoir détruit une clôture bordant la propriété d'autrui constituant le délit prévu et réprimé par l'article 456 du Code pénal, le tribunal de police saisi de la connaissance de ce fait doit se déclarer incompétent, et non acquitter le prévenu en se fondant sur ce que le fait poursuivi ne constitue ni délit ni contravention. Cass., 6 juin 1856. ANNALES, 1856, p. 464.

COALITION. C'est la réunion de plusieurs personnes qui s'entendent pour arriver au même but. Voir les articles 414, 415 et 416 du Code pénal, et surtout la loi du 27 novembre 1849 qui a modifié les articles du Code pénal. Mais leurs dispositions ne sont pas applicables aux propriétaires et fermiers, ni aux ouvriers des campagnes, dont les coalitions sont prévues par les articles 19 et 20, tit. II, de la loi des 28 septembre-16 octobre 1791, qui n'ont pas cessé d'être en vigueur.

COCHON. — V. *Animaux*, n° 3 et suiv.

COLOMBIER. — V. *Pigeons*.

COLPORTAGE. Le colportage et la distribution des écrits sont réglés par des lois particulières.

COMESTIBLES. On appelle ainsi tout ce qui sert d'aliments aux hommes.

1. La salubrité des comestibles mis en vente est surveillée par l'autorité municipale, par application du titre XI de la loi du 24 août 1790.

2. Ceux qui exposent en vente des comestibles gâtés, corrompus ou nuisibles, sont punis des peines portées par l'article 423 du Code pénal. L. 27 mars 1851.

3. Par suite, les tribunaux de simple police sont incompétents. — V. *Boissons*, *Lait*.

4. Mais les tribunaux de simple police sont compétents pour statuer sur une prévention d'exposition en vente, sur la place du marché, de denrées alimentaires corrompues, en contravention à un arrêté municipal, lorsqu'il n'est pas établi ni même articulé par le ministère public que le prévenu connaissait l'état de corruption de ces denrées. Cass., 18 avr. 1856. ANNALES, 1856, p. 374.

COMMIS-GREFFIER. On entend, par *commis-greffier*, un employé du greffe qui aide le greffier dans ses fonctions, et qui, quelquefois, le remplace; mais, dans ce cas, il faut qu'il soit assermenté.

1. Les greffiers de justice de paix sont autorisés à avoir des commis-greffiers qu'ils font recevoir au serment par le juge de paix. Le commis-greffier peut tenir la plume aux audiences, signer les expéditions et remplir toutes les fonctions qu'exercent les greffiers eux-mêmes. L. 28 flor. an X; Décis. minist. 24 pluv. an XII.

2. Par suite, les commis-greffiers sont soumis aux mêmes conditions d'âge, et on peut dire aux mêmes conditions d'aptitude et de moralité que les greffiers. Ces derniers, qui sont responsables de leurs actes, se doivent d'ailleurs à eux-mêmes de n'accepter que des commis capables et intelligents.

COMMISSAIRE DE POLICE. Officiers établis dans les villes populeuses pour veiller à ce que les citoyens jouissent de la sûreté et de la tranquillité, prévenir les délits, rechercher et poursuivre ceux qui enfreignent les lois répressives.

Table sommaire.

Division.

§ 1er. Des conditions nécessaires pour être nommé commissaire de police. — Aptitude. — Age. — Incompatibilités. — Traitement des commissaires de police. — Résidence. — Ressort. — Juridiction. — Etendue. — Organisation particulière des commissaires de police à Paris. — Commissaires de police près les chemins de fer.

§ 2. Du caractère des commissaires de police. — Magistrats, fonctionnaires publics. — Outrages à eux faits dans l'exercice de leurs fonctions. — Poursuites contre les commissaires de police.

§ 3. Fonctions et attributions des commissaires de police. — Police administrative. — Police judiciaire. — Droit de requérir la force publique. — Attributions en cas d'attroupements, sommations. — Ministère public près les tribunaux de police.

§ 4. Autorités desquelles dépendent les commissaires de police. — Maire, préfet, procureur impérial, Cours et tribunaux. — Concurrence des maires dans l'exercice des fonctions de police municipale.

§ 5. Des tournées que doivent faire les commissaires de police.

§ 6. De l'indemnité due aux commissaires de police en cas de transport pour procéder à des recherches ou informations.

§ 1er. *Des conditions nécessaires pour être nommé commissaire de police. — Aptitude. — Age. — Incompatibilités. — Traitement des commissaires de police. — Résidence. — Ressort. — Juridiction. — Etendue. — Commissaires de police près les chemins de fer.*

1. Avant le décret du 28 mars 1852, le gouvernement avait le

droit d'établir des commissaires de police, même dans les communes au-dessous de cinq mille habitants.

2. L'article 1er du décret du 21 septembre 1791 portait, d'une manière générale, qu'il serait établi des commissaires de police dans les villes où ils seraient jugés nécessaires ; seulement, quand le gouvernement croyait devoir user de ce droit, le traitement et les frais de bureau, mis à la charge des communes, dans les cas où la loi elle-même ordonnait l'institution de ces fonctionnaires, n'étaient plus obligatoires pour elles ; c'est ce qui est ressorti de la discussion de l'article 30 de la loi du 18 juillet 1837 sur l'organisation municipale.

3. Cet état de choses a été changé par le décret du 28 mars 1852. Ce décret permet au gouvernement d'établir des commissaires de police dans tous les cantons où il n'en existe pas, et met une partie de leur traitement à la charge de ces cantons.

4. La présentation et la nomination des commissaires de police sont réglées par le décret du 28 mars 1852, art. 6.

5. Les commissaires de police doivent réunir les mêmes qualités que celles exigées pour être nommé maire, c'est-à-dire être citoyens français, et âgés de vingt-cinq ans accomplis. Loi du 5 fructidor an III, art. 5 ; Mangin, *Traité des procès-verbaux,* n° 70.

6. Les fonctions de commissaire de police sont incompatibles avec celles de maire ou d'adjoint, de notaire ou d'avoué. Loi des 1er-8 juin 1792, art. 2.

7. On les regarde aussi, et avec raison, comme incompatibles avec celles d'huissier.

8. Mais la Cour de cassation a jugé que les fonctions de commissaire de police ne sont pas incompatibles avec celles de juge suppléant (Cass., 2 juin 1807). « Les juges suppléants des tribunaux civils d'arrondissement ou des justices de paix, dit M. Carré (*Lois de la compétence,* t. Ier, p. 383), n'ayant pas de fonctions habituelles, ne pouvaient, quant aux incompatibilités, être mis sur la même ligne que les juges ; il leur est donc permis de cumuler toute autre fonction. La loi n'excepte que celles d'huissier et de greffier près le tribunal auquel ils sont attachés, et de percepteur des contributions. » (Loi du 27 mars 1791, art. 8.) — Quant à nous, nous croyons que les fonctions de commissaire de police sont, par leur nature même, incompatibles avec toutes autres fonctions administratives ou judiciaires ; de ce qu'une incompatibilité n'est pas consacrée par un texte de loi, il ne s'ensuit pas qu'elle n'existe pas. Il faut, pour bien se fixer sur cette matière, examiner quel est le caractère des fonctions ; et, certes, le commissaire de police appelé à conclure devant le tribunal de police ne devra pas être admis à remplir les fonctions de suppléant du juge de paix, qui peut siéger comme juge au même tribunal.

9. Les commissaires de police prêtent serment, dans les départements, entre les mains des préfets qui peuvent, à cet effet, déléguer le sous-préfet de l'arrondissement de leur résidence (Circulaire du ministre de l'intérieur, du 14 déc. 1854). — Le serment est ainsi conçu : « *Je jure fidélité à l'Empereur et obéissance à la Constitution ; je jure de remplir les fonctions qui me sont confiées en bon et loyal magistrat.* »

10. Les commissaires de police sont répartis en cinq classes, et leurs traitement et frais de bureau sont, suivant la classe, fixés par le décret du 27 février 1855, ainsi qu'il suit :

	Frais de bureau et traitement.	Tournée.	Total.
1re classe...	4,000 fr.	800 fr.	4,800 fr.
2e classe...	3,000 fr.	600 fr.	3,600 fr.
3e classe...	2,000 fr.	400 fr.	2,400 fr.
4e classe...	1,500 fr.	300 fr.	1,800 fr.
5e classe...	1,200 fr.	240 fr.	1,440 fr.

11. Lorsque l'un des commissaires d'une même commune se trouve légitimement empêché, celui de l'arrondissement voisin est tenu de le suppléer, sans qu'il puisse retarder le service pour lequel il est requis, sous prétexte qu'il n'est pas le plus voisin du commissaire empêché, ou que l'empêchement n'est pas légitime ou n'est pas prouvé. C. instr. crim., art. 13 ; décret du 17 janv. 1853.

12. La compétence des commissaires de police cesse aux limites du canton ; hors de là, les actes de leur ministère n'auraient aucune valeur.

13. Dans les communes où il n'existe point de commissaire de police, les maires, et, à leur défaut, les adjoints du maire, en remplissent les fonctions. — Dans celles où il n'existe qu'un commissaire, s'il se trouve légitimement empêché, les mêmes fonctionnaires les remplacent tant que dure l'empêchement. C. instr. crim., art. 11, 14 et 144.

14. Les commissaires de police doivent toujours être en habit noir complet, et, lorsqu'ils sont en fonctions, être revêtus de leur écharpe. Circulaire du préfet, des 18 mai 1818 et 29 avr. 1819.

15. Il existe aussi près des chemins de fer des commissaires de police chargés spécialement de la police dans les gares, et même sur la ligne de parcours. Toutes les dépenses entraînées par l'exécution

des mesures de police près des chemins de fer sont à la charge des
Compagnies ; ainsi elles sont tenues de fournir, à leurs frais, des
locaux de surveillance pour les commissaires de police ou autres
agents de surveillance. Toutefois, les traitements des commissaires
et de leurs agents restent à la charge du Trésor public. — Voir les
cahiers des charges des chemins de fer, et notamment ceux des
16 juill. 1845, art. 39, et 19 juill. 1845, art. 82.

§ 2. *Du caractère des commissaires de police. — Magistrats. —*
Fonctionnaires publics. — Outrages à eux faits dans l'exercice de
leurs fonctions. — Poursuites contre les commissaires de police.

16. Les commissaires de police, exerçant par délégation directe
de la loi une part de l'autorité publique, soit qu'ils agissent comme
fonctionnaires de l'ordre administratif ou comme officiers de police
judiciaire, soit qu'ils remplissent les fonctions du ministère public
devant les tribunaux de police, et ayant de plus le pouvoir de requérir la force publique, ne peuvent être considérés comme agents
de la force publique, mais comme magistrats de l'ordre administratif ou judiciaire, selon qu'ils agissent dans l'un ou l'autre de leur
double caractère. Tous les auteurs sont d'accord sur ce point (Chauveau et Hélie, *Théorie du Code pénal*, t. IV, p. 355 ; Legraverend,
t. II, ch. IV, p. 364, note 11, 3° ; Carnot, *Code pénal*, t. Ier,
art. 226, n°s 6 et 7). Il avait cependant été jugé que les outrages qui
n'ont été faits à un commissaire de police ni dans l'exercice des
fonctions du ministère public au tribunal de simple police, ni à l'occasion de cet exercice, ne pouvaient pas être considérés comme faits
à un magistrat, et étaient passibles des peines portées, non par l'article 222, mais par l'article 225 du Code pénal. Cass., 7 août 1818.

17. Mais, par deux arrêts de 1837 et 1838, le second rendu en
audience solennelle, la Cour de cassation est revenue contre cette
jurisprudence.

18. Elle a jugé que les commissaires de police, agissant même
en dehors du tribunal de police, sont compris, quant à la répression
des outrages par paroles à eux faits dans l'exercice de leurs fonctions ou à l'occasion de cet exercice, dans la qualification générale
de magistrats de l'ordre administratif ou judiciaire, que porte l'article 222 du Code pénal, et qui se réfère aux divers genres de dépositaires de l'autorité publique. Cass., 9 mars 1837 et 2 mars 1838.

19. Déjà longtemps auparavant, il avait été jugé, d'après les mêmes principes, que les outrages commis envers un commissaire de police, dans l'exercice de ses fonctions, ne peuvent pas être considérés comme faits à un simple officier ministériel ou à un agent de la force publique. Cass., 20 juill. 1812.

20. Ces outrages doivent donc être punis des peines portées par l'article 222 du Code pénal, et non de celles de l'article 224, applicables seulement aux dépositaires de la force publique. Cass., arrêts de 1837 et 1838 précités.

21. Et particulièrement le fait d'avoir dit à un commissaire de police, qui explique à un individu les motifs de son expulsion d'un lieu public, qu'il en a menti et qu'il est un gredin, constitue de la part de cet individu l'outrage envers un magistrat de l'ordre administratif et judiciaire dans l'exercice de ses fonctions, prévu par l'article 222 du Code pénal, et non l'outrage fait publiquement à un fonctionnaire public à raison de ses fonctions ou de sa qualité, réprimé par l'article 6 de la loi du 29 mars 1822. Cass., 4 juill. 1833.

22. Lorsque le fait imputé à un commissaire de police se rattache à ses fonctions de police administrative, il ne peut être poursuivi qu'en vertu d'une autorisation du Conseil d'État. Cela résulte de sa qualité de fonctionnaire public. Constitution du 22 frimaire an VII, art. 75.

23. Si, au contraire, le fait incriminé se rattache aux fonctions de la police judiciaire, l'autorisation n'est pas nécessaire ; mais alors c'est devant la Cour impériale que l'action doit être portée. — Voir les articles 483 et 484 du Code d'instruction criminelle.

§ 3. *Fonctions et attributions des commissaires de police. — Police administrative. — Police judiciaire. — Droit de requérir la force publique. — Attributions en cas d'attroupements, sommations.*

24. Le décret du 4 brumaire an IX, quoique déterminant tout spécialement les fonctions et attributions des commissaires généraux, s'applique aux fonctions et attributions des simples commissaires de police.

25. Ainsi, notamment, tout ce qui intéresse le maintien du bon ordre, de la tranquillité, de la salubrité et de la sûreté publique, est du ressort des commissaires de police. Ils sont donc chargés : 1º du soin de la sûreté et de la commodité du passage dans les rues, sur les quais, places et voies publiques ; ce qui comprend le nettoiement, l'illumination, l'enlèvement des décombres, la démolition ou la réparation des bâtiments menaçant ruine ; l'interdiction d'exposer aux fenêtres ou autres parties des bâtiments des objets pouvant nuire par leur chute, et celle de jeter des choses pouvant blesser ou endommager les passants ou causer des exhalaisons nuisibles ; 2° du soin de prévenir les délits contre la tranquillité publique, tels que les rixes, les disputes accompagnées d'ameutement dans les rues, le tumulte dans les lieux publics, les bruits et attroupements nocturnes qui troublent le repos des citoyens ; 3° du maintien du bon ordre dans les endroits où il se fait de grands rassemblements d'hommes, tels que foires, marchés, réjouissances et cérémonies publiques, spectacles, jeux, cafés, églises et autres lieux publics ; 4° de l'inspection sur la fidélité du débit des denrées qui se vendent au poids, au mètre ou à la mesure de capacité, et sur la salubrité des comestibles et boissons mis en vente ; 5° du soin d'obvier ou de remédier aux événements fâcheux qui pourraient être occasionnés par les insensés ou furieux laissés en liberté, et par la divagation des animaux malfaisants ou féroces ; 6° du soin de prévenir par des précautions convenables et de faire cesser par la distribution des secours nécessaires les accidents et fléaux calamiteux, tels qu'incendie, épidémie, épizootie, etc.; 7° de l'inspection des fours et cheminées, de la vente du pain et de la viande au delà du prix fixé par la taxe légalement faite et publiée ; 8° de l'observation des règlements relatifs aux matières d'or et d'argent, à la vente des substances vénéneuses, à la tenue des registres que doivent avoir les pharmaciens, les brocanteurs, les orfèvres, les armuriers et autres artisans ; 9° du soin de surveiller les établissements, ateliers ou fabriques qui peuvent nuire à la sûreté ou à la salubrité de la ville.

26. Ils sont, en outre, chargés : 1° de parapher le registre sur papier timbré que doivent tenir les aubergistes, maîtres d'hôtels garnis et logeurs, en y inscrivant de suite, sans blanc, les noms, qualités, domicile habituel, dates d'entrée et de sortie de tous ceux qui couchent chez eux, même une seule nuit, et de se faire représenter ce registre tous les quinze jours, et plus souvent s'il y a lieu (loi du 19 juillet 1791, art. 5) ; 2° de tenir la main à ce que nul citoyen, non domicilié dans le canton, ne puisse s'y introduire sans passeport, et de faire arrêter les individus qui voyagent sans en être munis (loi du 2 germinal an IV, art. 8) ; 3° de faire des visites et des tournées pour veiller à la tranquillité et à l'observation des règlements, et de dresser procès-verbal en cas de contravention (loi du 19 juillet 1791, art. 12) ; 4° de veiller à ce que les nouveaux poids et mesures soient seuls employés dans le commerce, à ce qu'on ne se serve pas d'autres que ceux qui ont été poinçonnés [par l'administration ; d'assister les inspecteurs dans l'exercice de leurs fonctions, et d'obtempérer à leur réquisition pour les visites et la rédaction des procès-verbaux de contravention. Arrêté du 29 prairial an IX, art. 16.

27. Indépendamment des attributions générales que nous venons d'indiquer, les commissaires de police ont reçu de diverses lois spéciales la mission de rechercher et de constater les infractions commises contre la police générale de la pêche fluviale, sans distinction entre les simples contraventions et les délits correctionnels. Loi du 15 avril 1829, art. 36 ; Mangin, *Traité des procès-verbaux*, n° 73.

28. Les contraventions en matière de grande voirie, telles qu'anticipations, dépôts de fumiers ou autres objets, et toutes espèces de détériorations commises sur les grandes routes, sur les arbres qui les bordent, sur les fossés, ouvrages d'art et matériaux destinés à leur entretien, sur les canaux, fleuves et rivières navigables, leurs chemins de halage, francs-bords, fossés et ouvrages d'art. Loi du 29 floréal an X, art. 1 et 2.

29. Les contraventions à l'ordonnance du 4 février 1820 sur la police des diligences et des voitures publiques. Art. 13 de ladite ordonnance.

30. Les contraventions à la police de l'imprimerie et de la librairie. L'ordonnance du 13 septembre 1829, qui a supprimé les inspecteurs de la librairie, a investi les commissaires de police de leurs attributions.

31. La vente illicite, le colportage, la circulation illégale du tabac et des cartes à jouer. Ils doivent procéder à la saisie de ces objets, à celle des ustensiles et mécaniques prohibés, des chevaux et voitures, bateaux et autres objets servant au transport, et constituer prisonniers les fraudeurs et colporteurs. Loi 28 avr. 1816, art. 169 et 223 ; Cass., 10 févr. 1826.

32. Outre ces fonctions de police administrative, les commissaires de police exercent la police judiciaire. Comme officiers de police judiciaire, les commissaires de police peuvent : 1° requérir directement la force publique (C. d'inst. crim., art. 26) ; 2° faire saisir les prévenus en cas de flagrant délit (C. d'instr. crim., art. 40, 49 et 50 combinés) ; 3° décerner les mandats d'amener dans le même cas. Mêmes articles.

33. Le décret du 28 mars 1852 donne tout spécialement aux commissaires de police le droit de requérir au besoin les gardes champêtres et les gardes forestiers de leur canton; ces gardes doivent les informer de tout ce qui intéresse la tranquillité publique.

34. Ils font les sommations aux attroupements, concurremment avec les maires et autres officiers de la police judiciaire autres que gardes champêtres et forestiers. Loi 10 avr. 1851, art. 1er.

35. « Toutes personnes qui formeront des attroupements sur les places ou sur la voie publique seront tenues de se disperser à la première sommation des préfets, sous-préfets, maires, adjoints du maire, et de *tous magistrats et officiers civils chargés de la police judiciaire,* autres que les gardes champêtres et gardes forestiers. » Loi 10 avr. 1831, art. 1er.

36. « Si l'attroupement ne se disperse pas, les sommations seront renouvelées trois fois ; chacune d'elles sera précédée d'un roulement de tambour ou d'un son de trompe. Si les sommations sont demeurées inutiles, il sera fait emploi de la force, conformément à la loi de 1791. Les maires et adjoints de la ville de Paris ont le droit de requérir la force publique et de faire les sommations. Les magistrats chargés de faire lesdites sommations sont décorés d'une écharpe tricolore. » Même article.

37. Les commissaires de police, étant des *magistrats civils chargés de la police judiciaire,* sont au nombre des magistrats ayant pouvoir de faire les sommations. Un amendement qui tendait à les en exclure n'a pas été accepté.

38. Il n'en serait pas de même des officiers de gendarmerie, qui sont bien officiers *de police judiciaire,* mais qui ne sont pas des officiers *civils.*

39. Quant aux maires et adjoints de Paris, à l'égard desquels une disposition spéciale a paru nécessaire, à raison de la différence qui existe entre leurs attributions et celles des maires des autres communes, chacun d'eux ne peut exercer le droit conféré par la loi de 1831 que dans son arrondissement.

40. L'obligation, pour le magistrat qui fait les sommations, d'être décoré de l'écharpe tricolore, est impérieuse (rapport de M. le duc de Choiseul à la Chambre des pairs), et l'inaccomplissement de cette formalité rendrait les sommations illégales et nulles, si, d'ailleurs, rien n'indiquait qu'il y eût impossibilité de la remplir. Cass., 3 mai 1834.

41. Les sommations doivent être précédées d'un roulement de tambour ou d'un son de trompe ; de simples injonctions de se retirer ne suffiraient pas. « Ce n'est, a dit M. le garde des sceaux, qu'après une première sommation accompagnée d'un roulement de tambour que la mise en demeure commence. » Il résulte d'un arrêt de la Cour de Grenoble qu'on ne saurait suppléer à cette formalité par des cris et des exhortations. Grenoble, 17 avr. 1832.

42. La nécessité d'un roulement de tambour a été également reconnue par un arrêt de la Cour de cassation; mais cet arrêt excepte le cas où il aurait été impossible de remplir cette formalité. Cass., 3 mai 1834.

43. Les sommations préalables cesseront d'être nécessaires (art. 25, loi 1791) si des violences ou voies de fait sont exercées contre les dépositaires de la force publique, ou si ceux-ci ne peuvent défendre que par la force le terrain qu'ils occupent ou les postes dont ils sont chargés (Loi 3 août 1791). C'est là, disait M. Duboys Aimé, dans la discussion de la loi de 1831 à la Chambre des députés, le cas de légitime défense.

44. Mais, hors le cas de légitime défense constatée, les dépositaires de la force publique qui en feraient ou en laisseraient (par imprudence) faire usage avant l'accomplissement des formalités légales seraient responsables. Il a donc été jugé que le commissaire de police qui, chargé de diriger des troupes pour dissiper un rassemblement, s'est mis, par son imprudence, dans l'impossibilité de faire les sommations légales avant le choc qui a eu lieu entre les militaires et les citoyens, choc dans lequel des blessures ont été faites et la mort donnée, se rend coupable du délit prévu par les articles 319 et 320 (homicide involontaire par imprudence ou inobservation des règlements), quelles que soient, d'ailleurs, ses bonnes intentions. Grenoble, 17 avr. 1832.

45. Et le même arrêt ajoute que l'imprudence du magistrat et, conséquemment, sa responsabilité résultent du fait d'avoir quitté la force armée après l'avoir requise et conduite en présence d'un attroupement (Même arrêt). — Il est permis de croire qu'aujourd'hui, où les liens de l'autorité sont beaucoup moins relâchés qu'en 1832, les commissaires de police et autres officiers civils de police judiciaire recevraient, dans l'exercice de leurs fonctions, une protection plus efficace que celle que leur accorde cet arrêt.

46. Si les trois sommations sont devenues inutiles, il est fait emploi de la force, conformément à la loi du 3 août 1791. Cette loi portait (art. 26) que, dans ce cas, un officier civil (de ceux qu'elle désignait) se présenterait sur le lieu de l'attroupement, et prononcerait ces mots à haute voix : *Obéissance à la loi, on va faire usage de la force; que les bons citoyens se retirent !*

47. L'article 27 de la même loi ajoutait qu'après les sommations, et même dans le cas où, après une première ou une seconde sommation, il ne serait pas possible de faire la seconde ou la troisième sommation, si les personnes attroupées ne se retiraient pas paisiblement, et même s'il en restait plus de quinze rassemblées en état de résistance, la force des armes serait à l'instant déployée contre les séditieux, sans aucune responsabilité des événements.

48. Enfin, outre leurs fonctions de police administrative et de police judiciaire, les commissaires de police remplissent les fonctions du ministère public près les tribunaux de simple police. — V. *Ministère public.*

§ 4. *Autorités desquelles dépendent les commissaires de police. — Maire, préfet, procureur impérial, Cours et tribunaux. — Concurrence des maires dans l'exercice des fonctions de police municipale.*

49. Les commissaires de police exercent trois ordres de fonctions distinctes : police administrative ou municipale, police judiciaire, fonctions du ministère public près les tribunaux de police : on pourrait y ajouter la police politique.

50. Les commissaires de police, en ce qui concerne la police municipale, ne sont que les délégués du pouvoir municipal. — De là cette conséquence que, même dans les villes où il existe des commissaires de police, les maires et adjoints ont qualité pour rechercher et constater, concurremment avec eux, les contraventions aux règlements de police (Cass., 15 déc. 1838). — A ce titre, ils doivent aux administrations municipales un compte habituel et quotidien de leurs opérations, en un mot, le rapport de tous les faits intéressants pour le bon ordre, la tranquillité et la sûreté commune, sauf à Paris, où les commissaires relèvent uniquement du préfet de police.

51. En matière administrative, en effet, les commissaires de police relèvent, ceux de province, immédiatement des maires, plus des préfets et des sous-préfets; ceux de Paris, du préfet de police seul. Décret du 21 septembre 1791, art. 2 ; loi du 28 pluviôse an VIII, art. 18.

52. Une circulaire ministérielle, du 26 mai 1820, enjoint aux préfets d'adresser, tous les six mois, un état présentant des renseignements sur les commissaires de police de leur département, et notamment sur la manière dont chacun d'eux remplit les devoirs de sa place.

53. Quoique avant le décret du 28 mars 1852 aucun texte de loi n'attribuât aux préfets le droit de suspendre les commissaires de police, on leur reconnaissait ce droit par analogie de celui qu'ils avaient de suspendre les maires (Mangin, *Traité des procès-verbaux*, n° 70). Le décret du 28 mars ne laisse plus aucun doute à cet égard, puisque, par son article 6, il donne aux préfets le droit de révoquer les commissaires de police des villes de six mille âmes et au-dessous, sauf que la révocation, pour être définitive, devra être approuvée par le ministre.

54. Enfin, les commissaires de police, soit comme officiers du ministère public près les tribunaux de police, soit comme officiers de police judiciaire, dépendent encore des procureurs généraux près les Cours impériales, des procureurs impériaux, des Cours et des tribunaux ; mais ils ne sont justiciables que des Cours impériales pour les délits correctionnels commis dans l'exercice de leurs fonctions judiciaires ; et, pour les crimes, ils ne peuvent être, dans les mêmes circonstances, poursuivis que comme les autres magistrats.

§ 5. *Des tournées que doivent faire les commissaires de police.*

55. Les commissaires cantonaux doivent se transporter au moins une fois tous les trois mois, dans chaque commune de leur canton. Ils font, autant que possible, coïncider le jour de leur tournée avec celui des foires importantes de l'année et des fêtes votives. — Ils exercent, dans chaque commune de leur ressort, les fonctions qui leur sont attribuées par les lois, décrets et ordonnances en vigueur. — Une fois par mois, au moins, le commissaire cantonal confère avec les gardes champêtres des communes du canton. Il les convoque par une réquisition fixant le lieu, le jour et l'heure. Les convocations doivent être combinées de telle sorte qu'elles aient lieu successivement et sans porter préjudice au service de la police rurale. — La gendarmerie, les gardes champêtres, les gardes forestiers (en cas de nécessité seulement) et les gardes particuliers peuvent être requis par les commissaires de police, aux termes de l'article 3 du décret du 28 mars 1852. Les gardes doivent, conformément au même article, les informer, sans retard, de tout ce qui intéresse la tranquillité publique. — Le commissaire de police doit informer les gardes de ces obligations et veiller à ce qu'elles soient exactement remplies. Il doit aussi signaler ceux que l'âge, l'inconduite rendraient impropres au service. Circulaire du min. de l'int. du 21 juillet 1858.

§ 6. *De l'indemnité due aux commissaires de police en cas de transport pour procéder à des recherches ou informations.*

56. Les commissaires de police cantonaux n'ont pas droit à l'indemnité déterminée par le décret de 1811; ce décret ne peut, en effet, leur être applicable, puisqu'il n'existait pas de commissaires de police cantonaux, lorsque ce décret a été promulgué. Toutefois, il a paru juste de ne pas refuser à ces fonctionnaires des frais de déplacement lorsqu'ils se sont transportés au delà de cinq kilomètres de leur résidence. Circulaire du min. de la just. du 12 mai 1855.

57. D'après cette circulaire, lorsque les commissaires de police se sont transportés, en vertu de commissions rogatoires délivrées par MM. les juges d'instruction, à plus de cinq kilomètres de leur résidence et que l'information dont ils ont été chargés a été pour eux l'occasion de frais qu'il leur serait onéreux de supporter, ces frais peuvent leur être remboursés sur les fonds du ministère de la justice, à titre de dépense extraordinaire, et en se conformant aux prescriptions de l'article 136 du décret de 1811. *Ibid.*

58. Dans ce cas les commissaires de police doivent dresser un mémoire détaillé de leurs dépenses, et l'appuyer, autant que possible, de pièces justificatives. *Ibid.*

COMMISSAIRES - PRISEURS. Les commissaires - priseurs sont des officiers publics dont les fonctions consistent à vendre aux enchères et à priser des meubles et effets mobiliers.

C'est la loi du 18 juin 1843 qui règle aujourd'hui les droits et émoluments des commissaires-priseurs. — V. *Prisée, Vente de meubles.*

COMMISSION MUNICIPALE. — V. *Compétence,* n° 51.

COMMISSION ROGATOIRE. On nomme *commission rogatoire* un acte par lequel, dans les termes et occasions indiqués par la loi, tel magistrat en délègue un autre pour le suppléer dans une opération de sa compétence.

1. Quand il s'agira de recevoir un serment, une caution, de procéder à une enquête, à un interrogatoire sur faits et articles, de nommer des experts, et généralement de faire une opération quelconque en vertu d'un jugement, et que les parties ou les lieux contentieux seront trop éloignés, les juges pourront commettre un tribunal voisin, un juge, ou même un juge de paix, suivant l'exigence des cas ; ils pourront même autoriser un tribunal à nommer, soit un de ses membres, soit un juge de paix, pour procéder aux opérations ordonnées. C. proc., art. 1035.

2. Le juge de paix commis par un tribunal de première instance ou par une Cour, à l'effet d'entendre des témoins, doit procéder à l'enquête suivant la forme établie pour les enquêtes des tribunaux de première instance (Rennes, 5 avr. 1808 ; Paris, 26 juin 1809 ; Limoges, 6 août 1822 et 4 juill. 1827 ; Cass. 17 déc. 1811 et 22 juill. 1828). Tous les auteurs embrassent la même opinion (Carré et Chauveau sur Carré, quest. 163 et 985, n° 11 ; Boncenne, t. IV, p. 234). Le juge de paix représente le tribunal, lorsqu'il est commis par une enquête : il doit donc agir comme aurait agi le tribunal ; d'ailleurs, l'affaire ne change pas d'importance parce que l'enquête a lieu devant un juge de paix ; il ne peut donc dès lors être permis de la dépouiller des garanties dont la loi a voulu entourer l'instruction des affaires qu'elle soumet à la juridiction des tribunaux ordinaires.

3. Ainsi délégué par une Cour impériale ou un tribunal de première instance, le juge de paix suivrait donc toutes les formes prescrites par les articles 252 et suivants du Code de procédure civile ; il prendrait les attributions et encourrait la responsabilité du juge-commissaire. En cas de transport, il percevrait les indemnités ; il taxerait les témoins en vertu de l'article 167 du tarif, relatif aux enquêtes devant les tribunaux de première instance et des Cours impériales.

4. Si la délégation venait d'un autre juge de paix, le juge de paix délégué agirait, au contraire, suivant les articles 34 et suivants du Code de procédure, et taxerait les témoins en vertu de l'article 24 du tarif.

5. Les mêmes règles seraient suivies si la commission rogatoire avait pour objet de recevoir un serment, une caution, de procéder à un interrogatoire sur faits et articles, de nommer des experts.

6. Le juge de paix délégué ne peut refuser la commission qui lui est donnée, à moins qu'il ne soit commis pour remplir les fonctions pour lesquelles il serait essentiellement incompétent, ou pour procéder en dehors du ressort de sa juridiction.

7. Un juge de paix peut être désigné par une Cour impériale pour procéder à une enquête, alors même que l'enquête doit être faite au lieu où siége la Cour. Rennes, 21 déc. 1833.

8. S'il se présente sur une enquête des incidents qui ne tiennent pas à l'audition même des témoins, par exemple une demande à fin de prorogation de délai, pour faire la contre-enquête, le juge de paix doit se borner à renvoyer les parties à se pourvoir, au jour qu'il indique, devant le tribunal qui a ordonné l'enquête ; la décision d'une pareille demande ne peut, en effet, appartenir qu'au juge saisi du principal ; lui seul peut apprécier les circonstances qui peuvent militer en faveur de la prorogation. Besançon, 4 mai 1808; Carré, n° 1096; Favard, v° *Enquête*, 353 ; Pigeau, t. Ier, p. 332.

9. Le greffier du tribunal commis doit-il envoyer la minute ou seulement une expédition au tribunal commettant ? Pigeau (*Comment.*, t. II, p. 745) résout cette question au moyen d'une distinction : « Le greffier doit, dit cet auteur, envoyer la minute, s'il s'agit d'une enquête, d'un interrogatoire, d'un rapport d'experts, ou de toute autre opération où la vue de la minute peut jeter plus de jour sur l'affaire. Il doit envoyer une expédition seulement, s'il s'agit d'un serment, d'une réception de caution, d'une nomination d'experts, etc., où la vue de la minute est indifférente à la décision du juge. » M. Chauveau critique cette opinion : « Il nous paraît plus exact, dit-il (sur Carré, quest. 3419 *ter*), et plus conforme aux véritables principes, de décider que, le tribunal commis ne remplissant pas son propre office, la minute doit être, dans tous les cas, envoyée au tribunal commettant, qui est censé avoir fait lui-même l'acte en question. » Carré émet la même opinion dans son *Traité des justices de paix,* t. IV, p. 113, n° 2074.

10. Lorsqu'un juge de paix est commis par un autre tribunal pour recevoir les dépositions des témoins qui auraient leur résidence dans son canton, il n'est rien alloué aux greffiers pour la rédaction du procès-verbal de cette opération ; ses déboursés seuls peuvent être réclamés par lui contre la partie à la requête de laquelle il a été procédé, à moins toutefois que l'opération dont il s'agit ne rentre dans la catégorie des actes pour la rédaction desquels le tarif lui alloue des émoluments. — V. *Enquête, Transport.*

11. Les juges de paix sont appelés aussi, comme officiers de police judiciaire, à exécuter les commissions rogatoires, à eux adressées par des magistrats qui sont leurs supérieurs hiérarchiques, et plus communément par les juges d'instruction pour l'instruction des procédures criminelles. — V. *Audience, Compétence criminelle, Police judiciaire.*

COMMUNE. Une commune est une société de citoyens unis par des relations locales, soit qu'elle forme une municipalité particulière, soit qu'elle fasse partie d'une autre municipalité.

1. Les lieux qui appartiennent aux communes sont les rues, places et fontaines, les églises et autres édifices publics, les pâturages communs, les carrières et tourbières qui peuvent exister dans les fonds qu'elles possèdent, etc.

2. La commune qui a fait classer régulièrement un terrain comme chemin vicinal est, lorsqu'elle revendique ce terrain à titre de propriété, contre celui qui en était en possession avant l'arrêté de classement, obligée de prouver son droit de propriété, la possession du défendeur rejetant sur la commune tout le fardeau de la preuve. Cass., 22 nov. 1847.

3. De même, la commune qui revendique un terrain occupé par un particulier depuis vingt-huit ans et qu'elle prétend avoir été usurpé par celui-ci ne peut se faire un moyen de cassation fondé sur le motif que le demandeur a été maintenu en possession sans justifier de son droit soit par titre, soit par prescription, s'il est constaté par l'arrêt qu'elle-même n'a pu faire preuve de sa propriété. Cass., 8 févr. 1843.

4. Une commune peut être considérée n'avoir jamais été en possession de terres vaines et vagues, et être déclarée déchue de son action en revendication, lorsque, aux termes de l'article 9 de la loi des 28 août-14 septembre 1792, cette action n'a pas été formée dans le délai de cinq ans. — Le refus d'admettre la commune à la preuve de nouveaux faits de possession, sur le fondement que ces faits ne seraient pas pertinents et ne pourraient détruire la possession immémoriale de l'adversaire, ne peut donner prise à cassation. Cass., 10 août 1842.

5. Les contestations qui s'élèvent entre une commune et un particulier, relativement aux droits et aux intérêts de ce dernier, sont de la compétence de l'autorité judiciaire. — Ainsi, lorsqu'il s'agit de décider si l'on doit mettre à la charge de la commune contestante les frais d'une opération faite dans son intérêt par un particulier, la question est de la compétence des tribunaux. — Les dépenses communales ordonnées par une loi doivent être supportées par la commune, alors que ces dépenses sont jugées utiles et bien qu'elles n'aient pas été précédées d'une délibération du Conseil municipal ou approuvées postérieurement par lui. (L. 28 pluv. an VIII, art. 15; arrêté du 4 therm. an X, art. 9). — Ainsi la dépense faite, pour travaux de recherche et reconnaissance de biens communaux, par un expert nommé par le sous-préfet, d'après une décision du préfet, est obligatoire. L. 9 vent. an XII; ordonn., 23 juin 1819; Cass., 31 août 1841.

6. Les communes, en général, ne peuvent former une demande en justice, ou y défendre, qu'avec l'autorisation du Conseil de préfecture. Toutefois, la nature et l'urgence des actions possessoires ont fait introduire à cette règle une exception établie par l'article 55 de la loi du 18 juillet 1837, qui permet au maire, sans autorisation préalable, d'intenter toute action possessoire ou d'y défendre, même en appel, et de faire tous autres actes conservatoires ou interruptifs des déchéances. Cass., 2 févr. 1842. — V. *Action possessoire*, *Biens communaux*, *Chemins*, *Exécutoires*, *Pouvoir municipal*, *Tribunaux de police.*

COMMUNICATION DE PIÈCES. Connaissance que doit donner à sa partie adverse celui qui fait usage d'une pièce contre elle.

Aucune règle n'étant tracée pour la communication de pièces en justice de paix, nous croyons qu'elle doit avoir lieu à l'audience, en présence du juge.

COMPARUTION. Action de se présenter en justice ou devant un officier public pour y défendre des prétentions ou y constater des faits.

Table sommaire.

Assistance, 19.
Avocat, 15, 18.
Avoué, 12, 15, 18 et s.
Citation, 6 et s.
Commission, 11.
Comparution forcée, 7;
personnelle, 8, 10, 14 et
s.; volontaire, 2, 6.
Compétence, 2.
Déclaration, 3 et s., 11.
Défaut, 19.

Défense, 12 et s., 17 et s.
Empêchement, 11, 15.
Excès de pouvoir, 15.
Exécution, 5.
Fondé de pouv., 8, 15 et s.
Huissier, 18.
Interrogatoire, 11, 15.
Jugement, 4 et s., 19.
Mandataire, 3, 15 et s.
Matière de simple police,
6, 8.

Minute, 4.
Opposition, 19.
Procès-verbal, 11.
Rédaction, 5.
Refus, 19.
Serment, 9.
Signature, 3.
Simple police, 6, 8.
Transport, 11.
Usage, 17.

Division.

§ 1er. Principes généraux.
§ 2. De l'exercice du droit de défense devant les justices de paix.

§ 1er. *Principes généraux.*

1. La comparution est *volontaire* ou *forcée.*

2. La comparution *volontaire* devant le juge de paix en matière civile contentieuse est réglée par l'article 7 du Code de procédure civile, qui dispose que les parties peuvent toujours se présenter volontairement devant le juge de paix, auquel cas il juge leur différend, soit en dernier ressort, si la loi ou les parties l'y autorisent,

soit à la charge d'appel, encore qu'il ne soit le juge naturel des
parties ni à raison du domicile des défendeurs ni à raison de la
situation de l'objet litigieux.

3. Et l'article ajoute que la déclaration des parties qui demandent jugement doit être signée par elles, ou que mention doit être
faite qu'elles ne peuvent signer. Cette déclaration peut aussi être
signée par un mandataire muni d'un pouvoir spécial à cet effet.
Carré, *Lois de la procéd.*, note 31, sur l'article 7.

4. La décision du juge de paix sur comparution volontaire est
un véritable jugement dont il doit être gardé minute; il doit aussi
être fait minute de la déclaration des parties qui demandent jugement. Levasseur, n° 62.

5. Le même auteur ajoute, n° 63, que, dans les matières d'une
faible importance, il arrive fréquemment qu'on ne rédige ni la déclaration ni le jugement; que les parties exécutent de bonne foi,
et souvent sur-le-champ, la décision verbale, et qu'il n'y a pas
d'inconvénient dans cette marche. Quant à nous, nous ne préconi-
serons pas cette manière de procéder; peut-être est-il des cas où
elle économiserait du temps et des frais; mais, outre que cela fait
grief à l'administration de l'enregistrement, le juge lui-même pourrait se trouver embarrassé, et, en quelque sorte, compromis, si,
sur de nouvelles difficultés, l'une des parties invoquait son témoignage sur le contenu du jugement non régulièrement rédigé.

6. En matière de simple police, les parties peuvent, comme en
matière civile, comparaître volontairement, sans qu'il soit besoin
de citation. C. instr. crim., art. 147.

7. Quant à la comparution que nous appelons *forcée*, par opposition à la comparution *volontaire*, elle a lieu lorsqu'il existe une
citation qui ferait prendre avantage à une partie, si l'autre ne com-
paraissait pas.

8. Les parties citées, soit devant le tribunal de paix, soit devant
le tribunal de police, peuvent comparaître en personne ou par un
fondé de pouvoirs. C. proc. civ., art. 9, et C. instr. crim., art. 152.

9. Cependant, s'il s'agissait de prêter serment ou de faire tout
autre acte ayant un caractère personnel, les parties ne pourraient
se faire représenter.

10. De même, si, dans certains cas particuliers, le juge de paix
n'avait d'autres moyens d'arriver à la connaissance de la vérité
que d'ordonner la comparution des parties en personne, nous
pensons qu'il le pourrait. Ce droit appartient formellement aux
tribunaux civils et aux tribunaux de commerce, d'après les arti-

cles 119 et 428 du Code de procédure civile, et il n'existe aucune
raison pour croire que cette faculté n'appartient pas également
à une juridiction essentiellement d'équité.

11. Si la partie dont l'audition est indispensable était, pour
cause de maladie , dans l'impossibilité de se rendre à l'audience, le juge de paix pourrait se transporter chez elle et recevoir
sa déclaration. Dans le cas où elle serait seulement éloignée, il
pourrait commettre le juge de paix du lieu où elle habite pour
l'interroger et dresser procès-verbal de la réponse. C. proc.,
art. 326 et 428. — V. *Audience, Conciliation.*

§ 2. *De l'exercice du droit de défense devant les justices de paix.*

12. Dans les causes portées devant le juge de paix, la simplicité
des formes et la modicité de la plupart des contestations ont dû
faire exclure le ministère des avoués, et permettre aux parties de
s'expliquer elles-mêmes ou par tout mandataire quelconque de leur
choix. — L'article 9 du Code de procédure, qui en dispose ainsi, n'a
fait que renouveler la pensée du législateur de 1790 (L. 18-26
oct. 1790, tit. I, art. 1er; Voir ci-après n° 16). De plus, la loi veut
qu'aucune défense ne soit signifiée. *Ibid.*, C. proc.

13. La comparution des parties en personne est le vœu de la loi.
Ce vœu a été clairement manifesté lors de la discussion de la loi du
25 mai 1838 sur les justices de paix. « Il faut qu'il soit bien entendu,
disait M. Amilhau (séance du 25 avril 1838), et c'est la pensée de
votre Commission, comme c'est l'esprit du Code de procédure, esprit qui s'est révélé notamment dans l'article 35, relatif à la conciliation, que les parties doivent, autant que possible, comparaître en
personne... » Et il ajoutait : « Il y a beaucoup à faire sur la compétence, mais il faut que ce qu'il y a à faire soit mûri par le temps. En
attendant, il n'y a qu'une chose dont nous devions nous occcuper,
c'est de prier M. le garde des sceaux de vouloir inviter les juges de
paix à se conformer à l'article 53. — Je termine, continuait le rapporteur, en invitant les juges de paix à écarter de leur prétoire tout
ce qui tendra à vicier cette belle institution. Ils ont le droit de renvoyer les causes, de *se refuser à entendre les hommes qui seraient un
fléau pour la société tout entière.* »

14. Et l'instruction du ministre de la justice, sur l'exécution de
la loi, paraît avoir adopté cette base ; car, après avoir rappelé l'article 9 du Code de procédure, le ministre s'exprime ainsi : « Il est

néanmoins très-essentiel de remarquer que si le procureur fondé qu'ont choisi les parties ne paraît pas digne de la mission qui lui a été confiée, le juge conserve toujours le droit d'écarter cette entremise, alors inutile ou contraire à l'utilité de ceux qui réclament justice devant lui. Le droit commun veut qu'il puisse recourir à tous les moyens légaux d'éclairer sa décision; la comparution personnelle des parties constitue l'un de ces moyens... Il ne conviendra donc qu'au juge d'ordonner, s'il le croit convenable, cette comparution pour le jour qu'il indiquera, comme il peut prescrire la même mesure lorsqu'il n'est appelé à connaître l'affaire qu'à titre de conciliateur, puisque l'article 53 du Code de procédure n'autorise la présence d'un fondé de pouvoir qu'en cas d'empêchement de la partie. C'est encore au magistrat qu'il appartient de décider *s'il y a réellement empêchement, si l'excuse est justifiée, si la partie elle-même ne doit pas, sur son ordre, venir expliquer ses raisons.* Circ. min. just., 6 juin 1838.

15. Comme cette dernière interprétation ne conduit à rien moins qu'à l'abrogation de l'article 9 du Code de procédure, il nous est impossible de l'admettre. Que dit, en effet, cet article? Que les parties comparaîtront en personne ou par mandataire. Il y a donc alternative; il y a donc entière liberté pour les parties dans leur choix, tandis que cette alternative n'existe plus, comme l'enseignent MM. Boitard, t. Ier, p. 94 et 95, no 152, Chauveau sur Carré, art. 53, no 44, dans l'espèce prévue par l'article 53, la loi voulant que les parties *comparaissent en personne, et, en cas d'empêchement, par un fondé de pouvoir.* Encore des auteurs donnent-ils à cette disposition la même portée qu'à l'article 9. Quel que soit le désir manifesté par le législateur en 1838, désir auquel nous nous associons d'ailleurs, il n'a pas été transformé en un texte de loi; d'où la conséquence qu'il y aurait violation de la défense, excès de pouvoir, si, *directement* ou *arbitrairement,* le juge de paix repoussait le mandataire d'une partie, non pas que, lorsque le besoin de la cause l'exige, cette partie ne puisse être mandée, par exemple, pour être interrogée : c'est là une mesure d'instruction; mais l'abus consisterait à interdire la parole, *ab initio,* au tiers, sur ce motif unique que son mandant ne serait pas empêché de comparaître : seulement le magistrat a nécessairement le pouvoir de maintenir la dignité de l'audience, le respect de la justice. — Tout mandataire qui s'en écarterait, qui plaiderait des doctrines immorales, contraires aux mœurs, à l'ordre public, qui s'exprimerait grossièrement, serait répréhensible, et la parole, dont il fait un si triste usage, lui serait justement retirée;

mais il aurait été entendu, et ce n'est que parce qu'il y aurait faute de sa part que cette mesure aurait été prise.

16. Une circulaire de M. le garde des sceaux, du 15 mars 1822, décide que les parties ne peuvent se faire représenter par un avoué ou se faire assister par un avocat devant le juge de paix, en matière civile, en se fondant sur l'article 9. Mais cette facilité qui leur est donnée de comparaître sans être assistées d'un défenseur, et la prohibition de signifier des défenses, au lieu d'exclure la faculté de se faire défendre oralement, suppose, au contraire, cette faculté d'après la règle des exclusions ; autrement, il faudrait dire que, dans les matières sommaires pour lesquelles la loi ne permet aucune instruction par écrit (art. 405 C. proc.), et dans les matières commerciales où, de plus, les parties sont obligées de comparaître en personne ou par un fondé de pouvoir, de même que dans les contestations portées devant le juge de paix (art. 421 C. proc.), l'assistance d'un défenseur est également interdite aux plaideurs, ce qui est évidemment inadmissible. Quant à l'article 10, qui prescrit aux parties de s'expliquer avec modération, sa disposition est une suite nécessaire de l'article 9, qui veut la comparution en personne, et ne peut rien prouver de plus que cet article. Ainsi, le texte de la loi ne paraît pas justifier l'opinion exprimée dans la circulaire qui nous occupe. — Mais ce texte, au contraire, sert à prouver que la pensée des auteurs du Code de procédure (on verra que celle des auteurs de la loi nouvelle n'a pas changé) a été de donner à la défense la même liberté devant les justices de paix que devant les autres tribunaux. Il suffit, pour s'en convaincre, de rapprocher l'article 9 de l'article 1er, titre III de la loi des 18-26 octobre 1790, qui, avant le Code de procédure, réglait la procédure à suivre devant la justice de paix. Ce dernier article est ainsi conçu : « Au jour fixé par la citation..., les parties comparaîtront en personne, ou par leurs fondés de pouvoirs, devant le juge de paix, sans qu'elles puissent fournir aucunes écritures, ni se faire représenter ou assister par aucune des personnes qui, à quelque titre que ce soit, sont attachées à des fonctions relatives à l'ordre judiciaire. » Cette exclusion avait pour objet de bannir de la justice de paix tout esprit de chicane. Mais ce moyen, peu propre à atteindre le but que le législateur s'était proposé, présentait le grave danger d'exposer l'homme simple et sans expérience à devenir la dupe de la trop grande habileté de son adversaire. Il en résultait, d'ailleurs, l'inconvénient, non moins fâcheux, des mauvais jugements, surtout dans les contestations relatives aux actions possessoires, et autres matières fort délicates que la loi place dans les attributions des juges de paix, et à l'égard desquelles une bonne justice est bien difficile, si la religion du magistrat n'est éclairée par les lumières d'hommes versés dans la connaissance des lois. Aussi la prohibition de la loi de 1790 n'a-t-elle jamais été fidèlement observée dans la pratique.

17. Tels sont les puissants motifs qui ont déterminé les auteurs du Code de procédure à rétablir la liberté de la défense ; et leur intention à cet égard semble peu douteuse, quand on voit qu'en copiant littéralement, dans l'article 9, la première partie de l'article 1er, titre III, de la loi du 26 octobre 1790, ils ont rejeté la seconde partie du même article, qui refusait aux parties le droit de se faire représenter ou assister par des hommes de loi. Aussi n'hésitons-nous pas à enseigner que l'article 9 du Code de procédure n'a pas exclu les personnes attachées à l'ordre judiciaire de la faculté de représenter ou assister les parties en la justice de paix. Au surplus, cette opinion, qui a en sa faveur l'usage constamment pratiqué depuis la publication du Code de procédure, et même sous l'empire de la loi de 1790, se trouve confirmée d'une manière remarquable par un arrêt (Bourges, 2 févr. 1825). En effet, l'article 152 du Code d'instruction criminelle, au titre de la procédure devant les tribunaux de simple police, est conçu à peu près dans les mêmes termes que l'article 9 du Code de procédure, et porte que « la personne citée comparaîtra par elle-même ou par un fondé de procuration spéciale, » à la différence de l'article 161 du Code de brumaire an IV, qui ajoutait ces mots : « sans pouvoir être assistée d'un défenseur officieux ou conseil. » Or, la Cour de cassation s'est fondée sur la comparaison de ces deux textes, pour décider que l'article 152 du Code d'instruction criminelle avait restitué le droit naturel de défense devant le tribunal de police, comme nous nous fondons sur le rapprochement de l'article 1er, titre III, de la loi des 18-26 octobre 1790 avec l'article 9 du Code de procédure pour penser que ce dernier article consacre le même droit devant la justice de paix dans les matières civiles.

18. La loi du 25 mai 1838 a-t-elle modifié cet état de choses? Non, en ce qui concerne du moins les avoués et les avocats ; et cela résulte évidemment de la disposition de l'article 18, qui défend aux huissiers d'assister ou de représenter les parties devant cette juridiction, et garde le plus absolu silence à l'égard des autres personnes.—La même question se présente en matière de conciliation.

19. Il a été jugé avant la loi nouvelle : 1° que devant la justice de paix toute partie a le droit de se faire assister par un défenseur, et le juge ne peut refuser la parole à un avoué dont une partie s'est fait assister, sous le prétexte qu'il n'est pas muni d'un pouvoir (Trib. de Chinon, 25 mai 1832); 2° que le jugement d'un juge de paix rendu contre une partie qui a refusé de se défendre, sur le refus que le juge a fait à tort d'entendre son défenseur, doit être réputé par défaut et non contradictoire; il est dès lors susceptible d'opposition (même tribunal).

COMPÉTENCE ADMINISTRATIVE. — V. *Alignement*, *Chemins, Eau, Maire, Pouvoir municipal, Tribunaux de police.*

COMPÉTENCE CIVILE. Ce mot désigne en général la faculté accordée par la loi à un fonctionnaire public d'exercer son autorité dans les limites déterminées. — Il ne faut pas, dit M. Carré, *Droit français*, confondre la compétence avec la juridiction. La juridiction est le droit ou le pouvoir du juge; la compétence est la mesure de sa juridiction.

Table sommaire.

§ 1er. *De la compétence en général.*

1. La compétence tient à l'ordre public ; on pourrait la définir : la règle de séparation, les bornes, les limites de tous les pouvoirs. Elle est une des plus fortes garanties des droits ; sans elle, tout est confusion, anarchie.

2. Dans l'ordre judiciaire, la compétence pose les limites de la juridiction administrative et de la juridiction ordinaire.

3. Dans la juridiction ordinaire, on distingue les tribunaux qui ont la plénitude de juridiction et ceux auxquels sont déléguées des affaires spéciales. Cette dernière espèce de juridiction s'appelle encore juridiction extraordinaire.

4. L'autorité judiciaire, de quelque nature qu'elle soit, contient deux objets distincts : la *juridiction* et le *commandement*. —La juridiction, dans ce sens, s'entend de l'application de la loi aux cas divers.

5. Le commandement se divise en deux branches : d'abord le pouvoir qui appartient à tout magistrat de faire respecter sa personne, et d'appliquer sur-le-champ des peines à ceux qui le troublent et qui l'outragent dans l'exercice de ses fonctions, *coercitio*, et le commandement proprement dit, *merum imperium*, c'est-à-dire la portion de la force publique reçue et exercée pour rendre exécutoires les décisions et les mandements de la justice.

6. On distingue encore sous un autre rapport la juridiction de la compétence. La juridiction est le pouvoir de juger ; la compétence est la mesure de la juridiction. — Prise dans ce dernier sens, la juridiction se rapporte *au lieu, au territoire, à l'arrondissement ;* la compétence, *à l'espèce de la contestaton* ou *à son importance.* —

Ainsi, le ressort de chaque tribunal, l'étendue du territoire dont les habitants reçoivent de lui la justice, est nécessairement fixée, bornée par une loi, c'est la *juridiction*.

7. D'un autre côté, chaque tribunal n'a le droit de juger que certaines espèces d'affaires ou des affaires de telle ou telle importance ; l'espèce et l'importance sont aussi fixées d'avance ; c'est la compétence.

8. En instituant les juges de paix, la loi du 24 août 1790 (tit. III, art. 9 et 10) a déterminé les affaires dont ils pourraient connaître comme juges. Elle leur attribuait le jugement de toutes les causes purement personnelles et mobilières, jusqu'à la valeur de 100 livres (art. 9). Elle leur donnait aussi (art. 10) le droit de prononcer, à quelque valeur que les demandes pussent monter, sur les actions possessoires (V. ce mot) et sur certaines autres contestations dont nous parlons dans cet ouvrage, sous les mots *Injure, Louage, Voies de fait*, etc.

9. Depuis, leur compétence a été étendue à d'autres matières, dont nous nous occuperons notamment aux mots *Douanes, Octroi.*

10. La loi du 25 mai 1838 est venue ensuite, et elle a tellement augmenté les attributions des juges de paix en matière civile, qu'elle forme aujourd'hui la principale base de leurs attributions. — L'article 3 de cette loi a même été modifié par celle du 2 mai 1855. — V. *Louage*.

11. Comme la juridiction des tribunaux civils de première instance, celle qui appartient aux juges de paix se distingue en juridiction contentieuse et en juridiction gracieuse ou volontaire. La première est celle qui s'exerce entre deux ou plusieurs parties dont les prétentions se combattent respectivement, et qui aboutit à un jugement ; la seconde est celle qui s'exerce entre personnes qui n'ont aucun différend à terminer. Les actes qui appartiennent à la dernière juridiction sont, à la différence de ceux que comprend la première, susceptibles d'être faits ailleurs qu'au lieu où siège le tribunal ; le juge est moins rigoureusement soumis à la récusation pour intérêt personnel dans la cause. Cette distinction a encore d'autres effets indiqués sous les mots *Conciliation, Conseil de famille, Récusation, Scellés*.

12. Les juges de paix concourent aussi à la répression des délits. — Voir, pour cette partie de leurs attributions, les mots *Délits* et *Tribunal de simple police*.

§ 2. *De la nature de la compétence des juges de paix.*

13. On a longtemps proclamé, sur la nature de la compétence des juges de paix, un principe qui commence à être contesté de nos jours et que nous croyons en effet trop absolu. On a dit : « Les tribunaux civils forment la justice ordinaire et territoriale en matière civile ; ils sont investis de la plénitude de la juridiction sur les personnes et sur les choses. Ils ont naturellement la connaissance de toutes matières, sans autres exceptions que celles qui ont été attribuées expressément à d'autres juges ; » et M. Henrion de Pansey, qui le premier a tiré ces règles de Loiseau et de Domat, y a ajouté : « Si telle est la nature des tribunaux d'arrondissement, les justices de paix ne peuvent être et ne sont en effet que des tribunaux extraordinaires et d'exception. » Et de là on a déduit plusieurs conséquences : les unes relatives à la prorogation de juridiction ; les autres relatives à l'exécution des jugements, que nous ne contesterons pas, mais que nous ferons dériver de la seule volonté formellement exprimée du législateur ; d'autres, enfin, relatives au droit que les tribunaux civils auraient de connaître des matières attribuées aux justices de paix, et qui nous paraissent erronées. La théorie de M. Henrion de Pansey est basée sur les principes anciens et sur le texte de la loi de 1790 ; mais si, avant cette époque, il y avait eu une distance infranchissable entre les bailliages, les sénéchaussées et le parlement d'une part, et de l'autre, les juges du sel, les prévôts des vagabonds, les greniers à sel, etc., c'est que ces juridictions avaient des bases différentes ; c'est que les premières étaient territoriales, *quelquefois patrimoniales*, lorsque les secondes, ne se liant ni au droit seigneurial ni au sol, appartenaient à des institutions purement politiques ou provenant de mesures financières. Depuis lors il n'en est plus ainsi : l'Assemblée constituante, par des motifs trop connus pour avoir besoin d'être rappelés, a fait table rase des anciennes institutions judiciaires. Pouvoir constituant encore plus que législatif, elle a élevé sur le sol qu'elle venait de rendre à la patrie des édifices sociaux dont la propriété appartenait à la nation. L'administration de la justice fut alors répartie entre diverses autorités, puisant toutes leurs pouvoirs à la même source, se mouvant avec liberté et indépendance dans la sphère d'attributions que venait de lui tracer son créateur. — Ce fut la loi du 24 août 1790 qui fit cette répartition d'attributions dans les termes suivants : « Les juges de districts (tribunaux civils) connaîtront en première instance de toutes les affaires personnelles, réelles et mixtes, en toutes matières, *excepté* seulement celles qui ont été déclarées de la compétence du juge de paix, etc. » (Art. 4, tit. IV). Et c'est du mot *excepté*, que nous venons de souligner, que les partisans des anciens principes argumentent. Mais ce mot n'a certainement pas eu, dans la pensée du législateur de 90, l'importance qu'ils y attachent ; il paraît employé, au contraire, comme une expression commode pour fixer le point de départ entre le moindre tribunal dont il a d'abord fixé les attributions, et le tribunal plus considérable à qui il déclare attribuer ce qu'il n'a pas attribué à l'autre. En suivant, non plus la forme, mais l'ordre de la fixation, on pourrait au contraire considérer la première attribution comme base ou règle, et la seconde comme exception ; mais cela ne serait pas mieux raisonner. Chacune des deux fixations est un titre général, bien que la deuxième soit beaucoup plus étendue. Disons donc, pour ne donner dans aucun excès, qu'au lieu de considérer le mot *excepté* comme impliquant contrariété à la règle avec différence de nature, la loi de 1790 a appelé le juge de paix, de même que la loi du 25 mai 1838, à un partage de juridiction avec les tribunaux de première instance, en leur attribuant une part d'affaires pour des valeurs en partie limitées, en partie illimitées, mais dans la même nature d'intérêts. — Cela est incontestablement vrai, surtout relativement aux affaires personnelles et mobilières, jusqu'à la valeur de 100 francs en dernier ressort, et 200 francs à la charge d'appel ; car la généralité de ces affaires, qui se présentent dans chaque canton, sont attribuées au juge de paix qui y réside, de la même manière que celles d'une importance plus grande sont attribuées, dans chaque arrondissement, au tribunal de première instance qui y est établi ; de sorte que, quant à ces matières du moins, les juges de paix sont aussi bien juges des *personnes* et des *territoires*, comme l'ont dit Loiseau et M. Henrion de Pansey, que les tribunaux civils.

14. Il faut donc décider que les tribunaux civils ne pourraient pas connaître, avec leurs formes lentes et dispendieuses, d'une affaire personnelle et mobilière au-dessous de 200 francs, attribuée aux justices de paix, devant lesquelles les parties peuvent elles-mêmes présenter toutes leurs justifications, et où des formes brèves et économiques sont admises, sans commettre un excès de pouvoir, et se mettre en état flagrant de rébellion envers la loi.

§ 3. Compétence des juges de paix en matière personnelle et mobilière.

15. « Les juges de paix connaissent, ainsi que nous venons de le dire, de toutes actions purement personnelles ou mobilières, en dernier ressort, jusqu'à la valeur de 100 francs. » L. 25 mai 1838, art. 1er. — Mais voir *Louage*.

16. La rédaction de l'article 9 de la loi du 30 avril 1790, qui est remplacée aujourd'hui par la loi de 1838, à raison de ces mots : *causes personnelles et mobilières*, avait donné lieu à de sérieuses controverses.

17. On avait pensé que la conjonction *et* pouvait faire supposer que le juge de paix ne serait compétent qu'autant que la cause ou l'action (car ces deux mots doivent être pris dans le même sens) serait tout à la fois purement *personnelle* et *mobilière*. L'article 1er de la loi du 25 mai a tranché cette question au moyen de la particule disjonctive *ou*, placée à dessein dans la loi; il suffit donc que l'action ait l'un ou l'autre de ces caractères, pour que le juge de paix en ait la connaissance exclusive.

18. Aujourd'hui que, jusqu'à la valeur de 200 francs, la connaissance des actions purement personnelles ou mobilières est attribuée aux juges de paix, devra-t-on admettre, avec quelques auteurs recommandables, qu'elles ne pourront rester dans leurs attributions que lorsque le titre ne sera pas contesté ? — Nous croyons qu'il faut rejeter cette opinion. Le juge de paix, selon nous, connaîtra toujours de ces sortes d'actions, quelle que soit la contestation qui s'élève sur le titre, à moins qu'il ne s'agisse de difficultés sur des matières dont la connaissance est exclusivement attribuée par la loi à un autre tribunal, telles qu'une vérification d'écriture, une inscription de faux, etc. Mais, soit que le titre soit argué de nullité, de défaut de consentement, de capacité de contracter, soit qu'on prétende qu'il est le résultat du dol et de la fraude, ou qu'il repose sur une cause illicite et contraire à la loi, il est constant que le juge de paix saisi de la demande qui n'excède pas le taux de sa compétence pourra examiner le mérite de toutes ces exceptions, et employer tous les moyens de vérification et de preuves pour éclairer sa religion et se mettre à même de rendre une décision qui, en définitive, ne porte que sur une quotité dont la valeur ne sort pas des limites de sa juridiction.

19. Du principe que le juge de paix connaît de toutes les demandes purement personnelles et mobilières, en dernier ressort, jusqu'à la valeur de 100 francs, et jusqu'à 200 francs, à charge d'appel, il faut conclure qu'il est incompétent pour juger toutes les demandes de cette nature dont la valeur n'aurait pas été déterminée : de plus, c'est au demandeur seul à fixer, par ses conclusions, la valeur de la demande ; en d'autres termes, *la demande seule détermine la compétence.* Le juge ne peut lui-même en arbitrer la quotité ; ce serait outre-passer ses pouvoirs.

20. Il est bien important, relativement aux affaires personnelles ou mobilières qui sont de la compétence du juge de paix, de ne pas oublier comment se détermine la valeur de l'action : ainsi que nous venons de le dire, la valeur de l'action se détermine par la *somme demandée,* et jamais par celle adjugée ; et il faut comprendre dans ces mots : *somme demandée,* non-seulement ce qui est réclamé par l'exploit introductif d'instance, mais encore toutes les réclamations formées pendant cette instance, même celles reconventionnelles ou en compensation.

21. Le juge de paix ne peut connaître de la demande formée, contre une seule personne, de plusieurs sommes, dont l'une ou dont chacune est inférieure à 200 francs, mais qui, réunies, excèdent cette quotité ; si leur valeur totale, inférieure à 200 francs, s'élève au-dessus de 100 francs, il ne peut statuer qu'en premier ressort. L. 25 mai 1838, art. 9.

22. Si deux personnes sont assignées par un même exploit, en payement de deux sommes déterminées, qui, prises séparément, excèdent les limites de la compétence du juge de paix, il doit cependant en connaître, attendu qu'il est de principe que tout exploit, signifié à plusieurs ou à la requête de plusieurs, se divise par la pensée et aux yeux de la loi en autant d'exploits qu'il y a de parties. Merlin, *Répertoire,* v° *Dernier ressort,* § 7 bis. — La compétence des juges de paix, en ce qui concerne les *Actions possessoires,* les *Dommages aux champs,* l'*Elagage,* les *Fossés,* le *Louage,* la *Prorogation de juridiction,* les *Réparations locatives,* les matières de *Simple police,* les *Voyageurs,* etc., etc., est exposée sous ces divers mots avec la doctrine des auteurs, la jurisprudence et la législation. — Voir aussi au mot *Juge de paix.*

§ 4. *De la compétence des actions qui dérivent du droit de propriété.*

23. Les actions qui dérivent du droit de propriété sont essentiellement, et par leur nature même, de la compétence de l'autorité judiciaire.

24. Ainsi l'autorité judiciaire est compétente pour toute question de propriété, alors même que l'interprétation d'actes administratifs serait nécessaire ; elle doit seulement surseoir au jugement jusqu'après cette interprétation. L. 24 août 1790, tit. IV, art. 4, et 16 sept. 1807, art. 47 ; Cass., 24 août 1857; ANNALES, 1858, p. 17 et suiv.

25. En rapportant cet arrêt dans leur *Recueil de jurisprudence générale*, 1857, p. 321, MM. Dalloz l'accompagnent de remarquables et judicieuses considérations que nous avons transcrites à la suite de l'arrêt ci-dessus cité, et que nous recommandons à l'attention de nos lecteurs.

§ 5. *Du montant de la demande; demande déterminée ou indéterminée; reste de somme due; plusieurs exemples de demandes s'élevant au taux de* 200 *francs ou au-dessous.*

26. La loi n'indique pas de quelle manière doit être déterminée la valeur de la demande ; on doit s'en rapporter aux conclusions des parties et surtout au dernier état des conclusions. Si, par exemple, sur une demande en payement de 200 francs, le demandeur convient avoir reçu 100 francs, le litige ne porte réellement que sur une demande de 100 francs, et le jugement est rendu en dernier ressort.

27. Lorsqu'une demande supérieure au taux du dernier ressort est réduite au-dessous de ce taux par l'offre même non acceptée de la somme excédante faite par le débiteur, le jugement est rendu en dernier ressort.

28. Mais pour que la réduction du litige ait lieu pendant l'instance, il est nécessaire, dit Curasson (*Compét. des juges de paix*, commentaire de l'article 1er de la loi de 1838, n° 12 bis), que les deux parties comparaissent. Dira-t-on que le défendeur serait sans intérêt à se plaindre de ce que la demande aurait été réduite pendant son absence ? La loi qui fixe la compétence sur la valeur de la demande ne doit entendre qu'une demande signifiée au défendeur, ou réduite en sa présence pendant la contestation. Il y a donc incompétence dès l'instant que le défendeur n'a eu connaissance que de la citation qui excédait les bornes de la juridiction du juge de paix, soit en premier, soit en dernier ressort. Dans le premier cas, il n'était point tenu de se présenter devant un juge incompétent ; et s'il a négligé de paraître dans le second, c'est qu'il avait droit de compter sur le recours au juge supérieur.

29. Il n'est pas toujours facile de fixer le montant de la demande. S'il s'agit d'un reste de somme à payer, le juge de paix sera compétent en premier ou en dernier ressort, pourvu que ce reste de somme ne dépasse pas 200 ou 100 francs, et quelle que fût d'ailleurs l'importance de la dette originaire ; mais si la demande porte sur des arrérages échus, il pourra arriver que le titre de l'obligation principale soit mis en question, et alors le juge de paix, au lieu d'avoir à prononcer sur une somme d'arrérages dans les limites de sa compétence, aurait à décider de la validité ou de l'interprétation d'un titre beaucoup plus considérable. — Une pareille exception ou défense à l'action principale ferait sortir l'action elle-même des limites de la compétence du juge de paix, puisque la question incidente deviendrait l'objet principal de la contestation, et qu'il faudrait décider de la valeur du titre, prononcer sur le capital pour apprécier la demande d'arrérages. Cass., 17 août 1836.

30. Curasson soutient d'une manière absolue que la réclamation d'un meuble, ou de tout autre objet qu'une somme d'argent, est, de sa nature, *indéterminée* ; si, par conséquent, le demandeur ne donne pas une estimation à cet objet, ou ne demande pas une somme d'argent, à défaut de restitution, la demande est de plein droit en dehors de la compétence du juge de paix. Mais il ajoute que quand la valeur n'est point déterminée par la citation, il est facile d'en faire convenir le demandeur à l'audience ; que même si, sur une demande dont la valeur, quoique indéterminée, est moralement au-dessous de 100 francs, la partie adverse défendait sans proposer d'incompétence, ni le demandeur ni le défendenr ne seraient recevables à attaquer la décision du juge de paix, la demande et la défense impliquant, en pareil cas, reconnaissance de la part de chacune des parties que l'objet rentrait dans la compétence du juge de paix, ou prorogation de juridiction. C'est dans ce dernier sens qu'a jugé un arrêt de la Cour de cassation du 12 mars 1829, Chambre des requêtes, en rejetant un pourvoi contre un jugement du tribunal de Laon. On lit dans l'arrêt que « l'exploit introductif d'instance ne contenant pas l'évaluation de l'objet de la demande (il s'agissait de la coupe d'une portion de bois, précédemment adjugée pour 16 francs et qu'on prétendait avoir été recédée pour le même prix), la juridiction du juge de paix a été prorogée par le fait des parties, qui ont comparu et respectivement procédé devant lui, sans proposer ni déclinatoire ni exception d'incompétence. » Il est vrai que la Cour de cassation a jugé par plusieurs autres arrêts, et notamment le 20 mai 1829, que la compétence du juge de paix ne pouvait être prorogée que par une déclaration formelle des parties. Quoi qu'il en soit, le silence du défendeur et le défaut d'évaluation par le demandeur pourraient être considérés, sinon comme une prorogation de juridiction, au moins comme un assentiment sur la valeur de l'objet de la demande inférieure au dernier ressort.

31. Si la demande portait sur des fruits, redevances ou denrées, dont l'appréciation pourrait être faite par des mercuriales, le juge de paix, en cas de silence sur la valeur, devrait-il avoir recours à ces mercuriales pour fixer sa compétence ? L'article 3 de la loi de 1838 autorise cette fixation lorsqu'il s'agit de demandes en payement de loyers ou fermages, de congés, de résiliation de baux, etc. ; on en a conclu que le même mode d'appréciation pouvait être adopté dans les autres cas. Curasson rejette cette interprétation, parce qu'il est de jurisprudence, dit-il, que les tribunaux civils ne jugent qu'à charge d'appel les demandes qui ont pour objet des prestations en denrées ; cependant il reconnaît que la demande serait déterminée, s'il s'agissait de livraisons de pain ou de viande faites ou à faire par un boulanger ou un boucher, la taxe de l'autorité municipale, en vertu de l'article 30 de la loi du 22 juillet 1791, fixant alors d'une manière certaine la valeur de la chose. Mais n'en peut-on pas dire autant des mercuriales, et ne fixent-elles pas aussi d'une manière certaine la valeur des blés et autres denrées ? Cette considération, et la nécessité d'empêcher que le silence du demandeur n'enlève au juge de paix la connaissance d'une affaire de minime importance, nous font penser que non-seulement le juge de paix pourrait avoir recours aux mercuriales pour retenir une affaire de son ressort, mais que même elles pourraient être invoquées par l'une ou l'autre des parties pour s'opposer à l'appel de la sentence.

32. Le défendeur pourrait-il prétendre que l'évaluation donnée par le demandeur à l'objet de la demande serait inférieure à sa valeur réelle, et décliner la compétence du juge de paix, sous prétexte que le prix de la chose n'aurait été ainsi diminué que pour rentrer dans cette compétence ? Non, car il n'aurait aucun intérêt à se plaindre de ce qu'au lieu de lui demander le véritable prix de la chose qu'il détient, on lui demande moins. Si cependant, tout en évaluant ainsi l'objet de la demande, le demandeur ne laissait pas au défendeur l'option de lui restituer la chose ou son prix, mais tenait à la restitution de la chose elle-même, il semble que le demandeur pourrait se plaindre de ce qu'on l'aurait détourné de son juge naturel, en diminuant la valeur de l'objet de la contestation.

33. Une décision du juge de paix, portant sur une demande personnelle ou mobilière qui excède 100 francs, est sujette à l'appel, bien que la demande n'excède le taux du dernier ressort que par suite de la solidarité réclamée contre les défendeurs, et alors même que la solidarité n'a pas été prononcée par le juge. L. 25 mai 1838, art. 1er; Cass., 15 juill. 1856. Annales, 1857, p. 181.

34. La demande en délivrance d'un legs mobilier, évalué 100 francs par le demandeur, soit du legs lui-même ou de la somme de 100 francs pour tenir lieu des objets qui y sont compris, n'est pas de la compétence des juges de paix, lors même que le testament n'est pas contesté.

35. Un legs mobilier, consistant en meubles meublants ou autres objets mobiliers, est, par sa nature, d'une valeur indéterminée; mais du moment où le demandeur fixe cette valeur en donnant à sa demande une estimation à prix d'argent, la valeur est déterminée, et elle peut rentrer dans les limites de la compétence du juge de paix; aussi n'est-ce pas là le motif de l'incompétence.

36. Mais, d'après l'article 59 du Code de procédure civile, le défendeur doit être assigné, en matière de succession, *sur les demandes relatives à l'exécution des dispositions à cause de mort,* jusqu'au jugement définitif, devant le tribunal du lieu où la succession est ouverte. Cet article résout la question dans le sens de l'incompétence matérielle des juges de paix pour prononcer sur une somme, quelque minime qu'elle soit, réclamée en vertu d'un testament.

37. Il en serait de même, à plus forte raison, si le testament était contesté.

38. Une demande de 200 francs pour la valeur du tiers du mobilier d'une succession mobilière indivise, soit qu'elle fût pure et simple, soit qu'elle fût intentée en laissant au demandeur le choix de procéder au partage, ne pourrait, non plus, être portée, d'après le même article, que devant le tribunal civil du lieu où se serait ouverte la succession. Il faut, en effet, en matière de succession, de testament, de partage, etc., que toutes les contestations qui s'y rapportent soient déférées au même tribunal, les questions qui surgissent en pareil cas étant subordonnées les unes aux autres. Un copartageant, avant de donner à celui ou à ceux avec lesquels il partage le choix de lui délivrer tels ou tels effets mobiliers, ou de lui payer une somme déterminée, aura préalablement à prouver qu'il a droit aux effets qu'il réclame ou à la somme qu'ils représentent, c'est-à-dire qu'il faudra toujours, si les parties ne sont pas d'accord, en venir à un partage, et que l'exception de partage pourra être opposée en tout état de cause.

39. De même, s'il s'agit d'un testament, il peut y avoir lieu à réduction de legs et à plusieurs autres difficultés que la loi devait centraliser devant le même juge.

40. Mais il n'en serait pas de même d'une demande « de 200 francs de dommages-intérêts pour défaut de livraison d'une paire de bœufs vendus au demandeur par le cité moyennant 500 francs, si mieux n'aime ce dernier exécuter le marché en livrant les bœufs dans le délai de...»

41. Une pareille demande est purement personnelle et mobilière; les conclusions du demandeur la fixent dans les limites de la compétence du juge de paix, puisqu'en définitive le défendeur pourra se libérer et se dispenser de l'exécution du marché, en donnant 200 francs.

42. Sans doute, le juge de paix sera obligé, pour prononcer, de décider de l'existence et de la validité du marché qui a eu lieu entre les parties, et d'examiner peut-être un titre ; mais il n'est nullement interdit aux juges de paix de se livrer à l'examen des titres dont dépend la contestation qui leur est soumise, ni même de prononcer sur ces titres, pourvu que leur décision ne compromette pas un intérêt supérieur à leur compétence, ou n'entraîne pas jugement sur des questions immobilières et en dehors de leur juridiction ; aussi, par arrêt du 9 février 1847, la Cour de cassation a-t-elle décidé que le juge de paix, saisi d'une demande personnelle et mobilière rentrant dans les limites de sa compétence, est aussi compétent pour apprécier les clauses d'un contrat dont excipe le défendeur comme moyen de défense, alors que cette appréciation n'engage pas de question de propriété immobilière.

43. Dans le cas prévu dans les trois numéros ci-dessus, nul doute qu'il faut que la vente des bœufs soit avouée ou constatée par écrit ; car pour reconnaître s'il est dû des dommages-intérêts par suite de la non-exécution d'une convention qui est déniée, il est nécessaire d'établir avant tout l'existence de la convention dont la preuve testimoniale n'est admissible qu'autant qu'il s'agit d'une chose, d'une valeur qui n'est pas supérieure à 150 francs. — V. ci-après, nº 64.

44. Le juge de paix serait encore compétent pour prononcer sur la demande en payement d'une somme de 100 francs pour le double des arrhes données au cité à l'occasion de l'achat de deux vaches d'une valeur de 300 francs, qu'il s'est refusé de livrer au jour convenu.

45. La valeur du litige est, en effet, clairement déterminée par les conclusions ; elle l'est même par l'article 1590 du Code Napoléon, puisque, d'après cet article, si la promesse de vendre a été faite avec des arrhes, chacun des contractants est maître de s'en départir, celui qui les a données en les perdant, et celui qui les a reçues en restituant le double.

46. Soit que le défendeur nie le marché et la réception des arrhes, soit qu'il avoue le marché et nie la dation des arrhes, le litige reste toujours au-dessous de 200 francs, puisque le demandeur laisse l'option de doubler les 50 francs d'arrhes ou de livrer les vaches.

47. Cette même option laissée au défendeur réduisant la demande au-dessous de 150 francs, s'ensuit-il que la preuve testimoniale sur la dation des arrhes et même sur l'existence du marché soit admissible ? D'après l'article 1344 du Code Napoléon, « la preuve testimoniale sur la demande d'une somme même moindre de 150 francs ne peut être admise, lorsque cette somme est déclarée être le restant ou faire partie d'une créance plus forte, qui n'est point prouvée par écrit. » Cet article semblerait repousser la preuve testimoniale concernant la remise des arrhes, si le prix de la vente était supérieur à 150 francs ; mais il faut considérer que la stipulation relative aux arrhes forme un contrat tout particulier, indépendant de l'exécution de la vente, puisque c'est à défaut même de cette exécution que le double des arrhes devra être restitué.

48. Les arrhes se donnent bien plus pour un marché projeté que pour un marché conclu ; M. Troplong soutient même, dans son *Traité de la vente*, n° 181, que si le marché est définitivement arrêté, aucune des parties ne peut s'en dédire, soit en sacrifiant ses arrhes, soit en payant le double, à moins d'une convention expresse à cet égard. Le contrat d'arrhes est donc un tout autre contrat que le contrat de vente. D'où nous concluons que la remise des arrhes peut être, ainsi que tout ce qui s'y rapporte, établie par la preuve testimoniale, s'il s'agit d'une somme ou d'un dédit inférieur à 150 francs.

49. La demande de 100 francs de dommages-intérêts, si mieux n'aime le défendeur, dans le délai de..., contribuer par moitié à la construction du mur qu'il s'est engagé à bâtir à frais communs avec le demandeur, pour séparer leurs héritages, est également une demande personnelle et mobilière, puisqu'elle se résout en dommages-intérêts et qu'elle n'aboutit à aucun droit réel ; le juge de paix est donc encore compétent pour en connaître, et ce, quand même le titre contenant la promesse de bâtir serait contesté, puisque le jugement à intervenir ne porterait encore aucune atteinte à un droit mobilier, ni à un droit excédant la compétence des juges de paix.

§ 6. *Juridiction gracieuse ou extrajudiciaire des juges de paix.*

50. Les juges de paix sont chargés : 1° de convoquer et de présider les Conseils de famille ; — 2° de recevoir les actes d'adoption, d'émancipation et de tutelle officieuse (C. Nap., art. 353, 363 et suiv.); — 3° de délivrer, dans certains cas, les actes de notoriété ; — 4° de recevoir le serment des experts, dans certains cas ; — 5° de recevoir les testaments, dans la forme de l'article 985 du Code Napoléon; — 6° de dresser procès-verbal en cas de refus, par les conservateurs des hypothèques, de transcrire les actes de mutation, etc. (C. Nap., art. 2199) ; — 7° d'apposer et de lever les scellés, d'assister aux inventaires, etc. — 8° Le juge paix a, en outre, diverses missions à remplir lorsqu'il s'agit de *saisie-exécution*, de *saisie-arrêt*, de *saisie-brandon*, de l'exécution d'une contrainte par corps.

51. Enfin, des lois spéciales ont étendu la compétence extrajudiciaire du juge de paix aux cas suivants : 1° Il vise et déclare exécutoires, sans frais, les contraintes décernées par la régie ; il ne peut refuser le visa, sous peine de répondre personnellement des valeurs pour lesquelles la contrainte est décernée (décr. 1er germ. an XIII, art. 44) ; — 2° il reçoit le serment des experts nommés dans les affaires d'enregistrement, et l'affirmation des procès-verbaux par les préposés de l'enregistrement, des douanes, des impôts indirects et des octrois, et par les gardes champêtres ; — 3° il nomme le tiers expert dans le cas d'expertise requise par la régie, pour évaluation d'immeubles transmis à titre onéreux ou gratuit ; — 4° dans certaines circonstances, il est tenu de procéder à la vérification des registres de l'état civil (ordonn. 23 nov. 1833) ; — 5° il délivre aux notaires, greffiers, huissiers et autres officiers publics, exécutoire pour le montant des droits d'enregistrement qu'ils ont avancés pour leurs clients ; — 6° il appose les scellés à la mort d'un officier général ou supérieur de toutes armes, d'un intendant militaire, officier de santé en chef des armées retiré ou en non-activité de service; — 7° il cote et paraphe sans frais les répertoires des greffiers et huissiers du canton (L. 22 frim. an VII, art. 53; décr. 14 juin 1813, art. 46); — 8° dans les lieux où il n'y a pas de commissaire de police, il saisit, à la requête des auteurs, compositeurs ou de leurs héritiers ou concessionnaires, les exemplaires des éditions imprimées ou gravées sans leur permission formelle ou par écrit (L. 19 juill. 1793, art. 3, et 25 prair. an III); — 9° il peut, dans les ports où il n'y a pas de tribunal de commerce, recevoir les procès-verbaux de visite, dressés en exécution de l'article 225 du Code de commerce; dans les vingt-quatre heures de ce dépôt, il est tenu d'envoyer les procès-verbaux au président du tribunal de commerce le plus voisin, et le dépôt en est fait au greffe du tribunal (ordonn. 1er nov. 1826); — 10° certaines attributions sont aussi conférées au juge de paix par la loi de 1791, relative au sauvetage des navires; — 11° il a le droit d'exiger de tout individu qui expose des marchandises en vente l'exhibition de sa patente; — 12° il préside le jury de révision de la garde nationale, et tire au sort les jurés en audience publique (L. 22 mars 1831, art. 33 et 34; 13 juin 1851, art. 25, et 11 janv. 1852, art. 10); — 13° dans les départements, il est membre de la Commission municipale chargée de gérer les intérêts et de diriger l'éducation des orphelines adoptées par l'État. Décr. 26 nov. 1851, art. 1er.

§ 7. Compétence territoriale.

52. En matière purement personnelle ou mobilière, l'article 2 du Code de procédure veut que la citation soit donnée devant le juge du domicile du défendeur, et, s'il n'a pas de domicile, devant le juge de sa résidence.

53. Aux termes de l'article 3 du même Code, la citation doit être donnée devant le juge de la situation de l'objet litigieux, lorsqu'il s'agit: 1° d'actions pour dommages aux champs, fruits et récoltes; — 2° du déplacement de bornes, des usurpations de terre, arbres, haies, fossés et autres clôtures, commis dans l'année; des entreprises sur les cours d'eau commises pareillement dans l'année, et de toutes autres actions possessoires; — 3° des réparations locatives; — 4° des indemnités prétendues par le fermier ou locataire, pour non-jouissance, lorsque le droit n'est pas contesté, et des dégradations alléguées par le propriétaire.

54. En cas d'élection de domicile, le juge compétent est celui du domicile élu (C. Nap., art. 111). — Si le défendeur cité devant le juge de paix de sa résidence demande son renvoi devant son domicile, ce renvoi doit être ordonné ; mais si le demandeur ignorait ce domicile, la citation non plus que la procédure qui en a été la suite ne doivent pas être annulées, et leur coût reste, en définitive, à la charge de celle des parties qui succombe.

§ 8. *Jurisprudence.*

55. Le juge de paix est compétent pour statuer en dernier ressort sur une action alternative en payement de loyers ou en déguerpissement, intentée en vertu d'un bail expiré dont le prix est inférieur à 50 francs ; c'est là une action purement personnelle et non une action mixte. L. 16-24 août 1790, art. 9 et 3 ; Cass., 14 nov. 1832. ANNALES, 1re série, t. I, p. 478.

56. C'est devant les juges de paix et non devant les tribunaux civils que doivent être portées les actions à fin de répression des entreprises sur les cours d'eau commises dans l'année, et de rétablissement des lieux dans l'état où ils étaient avant ce trouble, bien qu'on y ait joint une demande en dommages-intérêts de la compétence des tribunaux civils. Amiens, 3 juill. 1828. *Ibid.*, p. 481.

57. L'exception tirée du fond du droit ne constitue pas une incompétence matérielle et doit être opposée *in limine litis* (C. proc., art. 173). — Ainsi, le fermier actionné en justice de paix par son propriétaire, pour fait de dégradations, s'il s'est laissé condamner à des dommages-intérêts, ne peut, sur l'appel de ce jugement définitif, exciper de l'incompétence du juge de paix, en soutenant que les clauses particulières de son bail l'autorisaient à faire ce qu'on lui reproche. L. 24 août 1790, tit. III. art. 1er; Cass., 17 mai 1820. *Ibid.*, p. 482.

58. Le défaut de fumage et le divertissement, par le fermier, des foins, pailles et engrais, au préjudice du propriétaire, constituent des dégradations dont la connaissance appartient au juge de paix. Cass., 29 mars 1820. *Ibid.*, p. 485.

59. Cette décision ne semble pas être admise sans restriction. Sans doute il est possible de voir une sorte de dégradation dans les ensemencements de terre sans fumier, qui, nécessairement, détériorent l'immeuble loué. On peut pareillement qualifier dégradation, soit l'enlèvement de pailles quand elles sont censées faire partie de la chose louée (C. Nap., art. 524), car alors elles ne peuvent en être séparées sans que la valeur de celle-ci se trouve diminuée, soit l'enlèvement des foins, lorsqu'ils sont communs au propriétaire et au locataire, qu'ils sont destinés à nourrir les bestiaux communs, et qu'ainsi ils peuvent être regardés comme étant immeubles par destination ; mais nous pensons avec M. Carou, n° 257, qu'il en est autrement quand, les foins enlevés, les pailles elles-mêmes appartenant au propriétaire ne devaient pas servir à l'exploitaton de l'immeuble, et ne sauraient être dès lors considérées que comme de simples récoltes ; l'action à laquelle leur enlèvement donne lieu ne semble pas devoir être l'*action pour dégradation* dont s'occupe l'article 4 de la loi du 25 mai 1838.

60. Les juges de paix compétents pour connaître des demandes reconventionnelles en dommages-intérêts fondées exclusivement sur la demande principale, *à quelque somme qu'elles puissent s'élever*, ne doivent statuer qu'à charge d'appel, lorsque ces demandes excèdent le taux du dernier ressort : le pouvoir attribué aux tribunaux de première instance, de prononcer sans appel dans les mêmes cas, ne peut être étendu aux juges de paix. L. 25 mai 1838, art. 7 et 8 ; 11 avr. 1838, art. 2 ; Cass., 16 juin 1847. ANNALES, 1re série, p. 487.

61. Les juges de paix sont incompétents pour prononcer sur le refus de payer une taxe établie pour l'entretien des routes. L. 3 niv. an VII, art. 45 ; Cass., 22 brum. an XIV. *Ibid.*, p. 491.

62. Il suffit que la demande formée devant le juge de paix soit personnelle-mobilière et n'excède pas le taux de la compétence, pour que ce magistrat puisse, sans sortir des limites de ses attributions, apprécier la clause d'un cahier des charges, invoquée par le défendeur pour repousser l'action intentée contre lui, encore bien que ce cahier des charges soit relatif à une vente dont le prix excède le taux de sa compétence. Cass., 11 avr. 1836. *Ibid.*

63. Lorsque le défendeur à une action de la compétence du juge de paix, telle qu'une action en indemnité pour dommages aux champs, oppose l'exception de propriété, le juge de paix, absolument incompétent pour statuer sur cette question préjudicielle de propriété immobilière, doit en renvoyer la connaissance à qui de droit, et conséquemment surseoir, jusqu'à ce qu'elle ait été vidée, à prononcer sur l'action en indemnité dont il a été régulièrement saisi. Cass., 22 juin 1842. *Ibid.*

64. Le juge de paix, compétent pour statuer sur la demande principale, cesse de l'être si le défendeur conteste la validité du

titre en vertu duquel il est assigné, lorsque la convention que renferme ce titre excède la compétence du juge de paix (L. 25 mai
1838, art. 1er, 7 et 8.) — On ne pourrait pas opposer que cette exception ne constitue qu'une simple demande reconventionnelle qui,
d'après la loi de 1838, ne met point obstacle à ce que le juge de
paix rende sa décision sur l'action principale, sauf à renvoyer la
demande reconventionnelle devant le juge compétent. — Cette exception est en réalité une défense au fond dont le juge de paix ne
peut connaître, lorsqu'elle excède sa compétence. Cass., 16 août
1843. ANNALES, 1re série, p. 493.

65. Décidé de même que le juge de paix est incompétent, *ratione
materiæ*, pour connaître de l'indemnité réclamée par le fermier, à
raison de non-jouissance d'une pièce de terre comprise dans le bail
de la ferme, alors que cette indemnité est constatée par le propriétaire, en ce que, par exemple, la non-jouissance est conforme à
l'usage des lieux, et cette exception peut être proposée pour la première fois en appel, même par la partie à laquelle le jugement
vicié d'incompétence aurait donné gain de cause. Cass., 5 pluv.
an XI, et 21 juin 1837. *Ibid.*, p. 494.

66. Le juge de paix ne peut connaître des dégradations commises par un usufruitier, au préjudice d'un propriétaire. C. proc.,
art. 3 ; Cass., 10 janvier 1808. *Ibid.*

67. Le juge de paix, incompétent, *ratione materiæ*, pour statuer
sur la demande en payement d'honoraires formée par un notaire
contre son client, est également incompétent pour connaître de
l'action en restitution de frais et honoraires payés à un notaire par
son client, bien qu'il s'agisse d'une somme de moins de 200 francs.
Cass., 12 déc. 1844. *Ibid.*

68. La demande formée, même en vertu d'une cause unique,
pour une somme supérieure à 200 francs contre plusieurs cohéritiers qui ne sont tenus de la dette que pour leur part et portion
civile inférieure à ce taux, est de la compétence du juge de paix, et
non de celle du tribunal d'arrondissement. Cass., 3 mai 1847.
Ibid., p. 497.

69. Mais si une telle demande, dont pouvait connaître du reste
sur appel le tribunal de première instance, d'après la somme dont
était tenu chaque héritier, a été formée de premier saut devant les
juges du second degré, sans que le renvoi ait été demandé devant
eux, l'exception se trouve couverte et ne peut être proposée sur
l'appel du jugement qui a statué sur le fond. *Ibid.*

70. Il est loisible aux parties de renoncer expressément ou tacitement à la règle des deux degrés de juridiction, qui n'a été établie que dans leur intérêt privé. *Ibid.*

71. Le juge de paix saisi d'une demande personnelle et mobilière rentrant dans les limites de sa compétence est aussi compétent pour apprécier les clauses d'un contrat dont excipe le défendeur comme moyen de défense, alors que cette appréciation n'engage pas de question de propriété. Cass., 9 févr. 1847. *Ibid.*, p. 501.

72. Les dommages-intérêts réclamés par le demandeur ne doivent être comptés, pour déterminer le degré de juridiction, qu'autant qu'ils ont une cause antérieure à l'introduction de l'instance. Ils ne peuvent être pris en considération pour fixer le taux de la compétence s'ils ont été réclamés par le demandeur, non pas dans l'acte d'ajournement, mais lors du jugement définitif, et s'ils sont fondés sur le mode de défense adopté par le défendeur. Limoges, 23 nov. 1846. *Ibid.*

73. Le 25 mars 1846, la Cour de Caen a jugé (mais à tort, selon nous) que le juge de paix était incompétent pour statuer sur la demande en payement de dépenses d'auberge, lorsque cette demande emprunte un caractère commercial de la qualité du défendeur qui est marchand. *Ibid.*, p. 502.

74. Cette décision nous semble reposer sur une erreur manifeste. Sans doute, il est vrai de dire que les actions commerciales, d'après la législation actuelle, sont hors de la compétence des juges de paix. Mais il n'est pas possible de dire avec la Cour de Caen, ainsi qu'elle l'expose dans les motifs de son arrêt, que l'article 2 de la loi du 25 mai 1838 n'a créé aucune exception à ce principe. Cet article y déroge, au contraire, très-expressément, en soumettant aux tribunaux de paix les contestations entre les aubergistes et les voyageurs pour pertes et avaries d'effets, ainsi que les différends de même nature élevés entre les voyageurs et les voituriers.

75. Toutefois, il a été décidé que l'action dirigée par un voyageur contre une Compagnie de chemin de fer en payement d'une somme inférieure à 1,500 francs, à raison de la perte de ses effets, est régulièrement portée, soit devant le tribunal de commerce dans l'arrondissement duquel le payement devait être effectué, soit devant le juge de paix du domicile social de la Compagnie, au choix du demandeur. Cass., 3 mai 1855. ANNALES, 1856, p. 61, et nos observations à la suite de cet arrêt.

76. Mais la Cour de Paris a jugé, au contraire, le 13 février 1844, que la demande formée par un voyageur contre une administration de bateaux à vapeur, en payement d'une valise perdue, est de la connaissance du juge de paix, à l'exclusion du tribunal de commerce. Voir en ce sens notre *Traité de compétence*, p. 8, n° 134, et ci-après, v° *Voiturier*.

77. Cette doctrine de l'arrêt de la Cour de Paris est préférable, elle est plus en harmonie avec les termes généraux de l'article 2 de la loi du 25 mai 1838.

78. La règle que le juge de l'action est juge de l'exception s'applique à la juridiction des tribunaux de paix. D'où il suit que le juge de paix saisi d'une action qui n'excède pas sa compétence est également compétent pour statuer sur la demande en garantie formée par le défendeur; alors même que la décision de cette dernière demande dépendrait de la validité ou de l'interprétation d'un titre portant sur une valeur indéterminée ou dépassant le taux de sa juridiction. L. 25 mai 1838, art. 1, 7 et 8; Cass., 4 nov. 1857. ANNALES, 1858, p. 84, et surtout les considérations consignées à la suite de cet arrêt.

79. L'action civile en réparation du dommage causé par un délit peut être exercée, indépendamment de l'action publique. D'où il suit que le juge de paix est compétent pour connaître d'une action civile en dommages et intérêts pour réparations d'injures verbales, quoique l'action publique, si elle était formée, ne fût pas de sa compétence ou de celle du tribunal de simple police. Cass., 21 décembre 1813. ANNALES, 1re série, t. I, p. 503. — V. *Injure*.

80. Un juge de paix peut rendre le jugement définitif dans une instance où son suppléant a déjà prononcé un jugement préparatoire. Cass., 19 nov. 1818. *Ibid.*, p. 506.

81. Les dispositions d'un jugement qui ne sont que les corollaires d'autres dispositions ne doivent pas, comme celles-ci, être motivées, à peine de nullité. C. proc., art. 141. *Ibid.*

82. Lorsque, sur l'appel d'un jugement de justice de paix, le défendeur oppose, comme moyen de défense à l'action principale, une demande en nullité d'un acte, demande d'une valeur indéterminée, le jugement que rend alors le tribunal civil n'en est pas moins en dernier ressort. L. 16-24 août 1790, art. 5; Cass., 7 juin 1826. *Ibid.*, p. 507.

COMPÉTENCE CRIMINELLE. — V., notamment, *Commissaire de police, Contravention, Délit, Injure, Police judiciaire, Tribunaux de simple police.*

COMPLICE, COMPLICITÉ. C'est la participation directe ou

indirecte, avec connaissance de cause, à un fait coupable dont un autre est l'auteur principal.

1. En thèse générale, il n'y a pas de poursuites médiates ou indirectes à exercer en fait de criminalité. Il peut y avoir complicité, mais rétroaction, jamais... Les crimes et les délits sont personnels: ceux-là seuls qui les commettent doivent en répondre et être punis. La loi caractérise ainsi la complicité : — « Seront punis comme complices d'une action qualifiée *crime ou délit* ceux qui, par dons, promesses, menaces, abus d'autorité ou de pouvoir, machinations ou artifices coupables, auront provoqué à cette action, ou donné des instructions pour la commettre ; ceux qui auront procuré des armes, etc. » Art. 60 C. pén.

2. Enfin, le complice est le *socius* et *particeps criminis*, et doit être puni comme l'auteur principal du fait criminel.

3. Mais il n'en est pas tout à fait ainsi en ce qui concerne les contraventions. Il n'y a pas lieu alors d'admettre la complicité ; telle est l'opinion de Carré, qui est néanmoins contredite par Boucher d'Argis. Mais un arrêt de la Cour de cassation, du 21 avril 1826, repousse la complicité.

4. Enfin, la même doctrine a été sanctionnée par un autre arrêt, du 24 février 1848.

5. Il y a une séparation profonde et une grande distinction à faire entre les trois degrés d'infractions établis par le Code pénal. Il demeure certain qu'en fait de crimes et de délits, il n'y a d'autres excuses que celles reconnues et admises par la loi ; et qu'en fait de contraventions il y a lieu, *quelquefois*, d'examiner la bonne foi du contrevenant, afin de pouvoir apprécier le principe et l'origine de son action, ainsi que les poursuites qui en ont été la suite. — Or, si l'auteur direct ou plutôt l'instrument de la contravention n'est pas coupable, il faut que l'on puisse remonter à celui qui l'a fait agir. Nous croyons donc pouvoir dire qu'en matière de simple police, il peut y avoir lieu à poursuivre celui qui a ordonné de commettre le fait condamnable, et que le maître ou le commettant peuvent quelquefois être condamnés à la peine appliquée par la loi à une contravention commise par leur domestique ou par leur préposé.

6. En principe, l'intention n'est pas constitutive de la contravention ; la matérialité du fait suffit. Mais ce genre d'infraction, par sa nature et son peu d'importance, laissant au juge plus de liberté dans son appréciation, peut lui permettre, dans certaines circonstances, de reporter la culpabilité de l'auteur passif et ignorant du fait matériel sur celui par l'ordre duquel il a agi. Par exemple, le domestique n'a fait qu'obéir aux ordres de son maître, en anticipant sur une voie publique, que le maître dit être sa propriété, jusqu'à un endroit qu'il lui a indiqué... Si le maître a ordonné à son berger de mener son troupeau sur telle prairie qu'il a dit lui appartenir... ; si un propriétaire a fait gauler par un ouvrier un arbre qu'il a dit être le sien : dans tous ces cas, sera-ce le domestique, le berger ou l'ouvrier qui devra subir la peine attachée au fait incriminé?... Nous ne le pensons pas : l'amende est une peine ; elle ne peut être infligée qu'au véritable coupable ; et il y aurait une injustice criante si l'on en frappait celui qui n'a été que l'instrument d'une volonté, et qui pouvait croire d'ailleurs qu'il ne commettait pas une infraction à la loi.

7. Le sentiment du crime et même du délit n'échappe jamais à personne ; on trouve toujours en soi quelque chose qui dit : Tu fais mal !... Mais une simple contravention, qui tient le plus souvent à une mesure d'ordre et de précaution, peut passer inaperçue aux yeux des hommes même les mieux intentionnés.

8. Aussi la Cour de cassation a-t-elle décidé, le 28 juin 1828, qu'un *délit* ne peut jamais trouver son excuse dans les ordres donnés à celui qui s'en est rendu coupable ; mais qu'il y avait lieu, *en fait de contravention, d'examiner jusqu'à quel point la bonne foi de celui-ci, lorsqu'il n'a été que simple manouvrier,* permet de faire *remonter* la culpabilité jusqu'aux auteurs du mandat qu'il a exécuté, et que, dans aucun cas, le délit ne peut rester impuni, etc.

9. Cet arrêt n'est pas le seul. Un autre de la même Cour, du 24 septembre 1829, porte la même décision, en s'appuyant sur les mêmes principes. Il dit : « Attendu que s'il est vrai, en droit, que « la partie civilement responsable n'est condamnable qu'autant « qu'il y a des prévenus en cause, il n'en est pas de même en ma- « tière de simple contravention de police et quand il ne s'agit, par « conséquent, ni de crime, ni de délit commis par les domestiques « ou gens de travail, lorsque le maître reconnaît que ses domesti- « ques ou gens de travail n'ont commis la contravention que par « suite des ordres qu'il leur a donnés, etc. »

COMPROMIS. Acte par lequel on nomme des arbitres pour décider une contestation sur laquelle on est divisé.

1. On peut faire un compromis devant le juge de paix. C. proc., art. 48 et 54 ; Cass., 13 juill. 1830.

2. Un compromis dressé par le juge de paix au bureau de conciliation, non signé des parties contractantes, est valable du moment où il est revêtu des signatures du juge de paix et du greffier. C. proc., art. 54 et 1005 ; Cass., 25 juin 1831.

COMPTE DE TUTELLE. — V. *Tutelle.*

CONCIERGE ou **PORTIER.** On nomme ainsi la personne qui a la garde d'un hôtel, d'une maison, d'un château, d'un palais, d'une prison.

1. Le concierge ou portier est tenu de recevoir les lettres adressées aux locataires. Son refus le rendrait passible de dommages et intérêts, et le propriétaire de la maison peut, en pareil cas, être considéré comme civilement responsable. Tribunal de la Seine, 22 juill. 1857, et jugement du juge de paix du XIe arrondissement de Paris, 10 mars 1840. ANNALES, 1857, p. 410 et suiv.

CONCILIATION. La conciliation est une procédure préliminaire aussi sage que bienfaisante, qui a lieu devant le juge de paix, dans le but de prévenir les procès.

Table sommaire.

Division.

§ 1er. De la conciliation devant le juge de paix, sur avertissement préalable, en exécution de la loi du 2 mai 1855.

§ 2. De la citation en conciliation. — Demandes qui doivent être soumises au préliminaire de conciliation, et de celles qui en sont dispensées.

§ 1er. De la conciliation devant le juge de paix, sur avertissement préalable, en exécution de la loi du 2 mai 1855.

1. Dans toutes les causes, excepté celles qui requièrent célérité, et celles dans lesquelles le défendeur serait domicilié hors du canton ou des cantons de la même ville, il est interdit aux huissiers de donner aucune citation en justice, sans qu'au préalable le juge de paix ait appelé les parties devant lui, au moyen d'un avertissement sur papier non timbré, rédigé et délivré par le greffier, au nom et sous la surveillance du juge de paix, expédié par la poste sous bande simple, et scellé du sceau de la justice de paix avec affranchissement. L. 10 avr., 2 mai 1855, art. 2.

2. A cet effet, il doit être tenu par le greffier un registre sur papier non timbré, constatant l'envoi et le résultat des avertissements; ce registre doit être coté et paraphé par le juge de paix. Le greffier reçoit pour tout droit, et par chaque avertissement, une rétribution de 25 centimes, y compris l'affranchissement, *qui sera, dans tous les cas, de* 10 *centimes. Ibid.*

3. S'il y a conciliation, le juge de paix, sur la demande de l'une des parties, peut dresser procès-verbal des conditions de l'arrangement ; ce procès-verbal aura force d'obligation privée. *Ibid.*

4. Dans les cas qui requièrent célérité, il ne sera remis de citation non précédée d'avertissement, qu'en vertu d'une permission donnée, sans frais, par le juge de paix, sur l'original de l'exploit. — En cas d'infraction aux dispositions ci-dessus de la part de l'huissier, il supportera, sans répétition, les frais de l'exploit. *Ibid.*

5. L'article 2 de la loi des 20 avril-2 mai 1855 exige quelques explications. — Remarquons d'abord que le commencement de l'article 2 est conçu dans les mêmes termes que l'ancien article 17 de la loi du 25 mai 1838 ; cet ancien article 17 portait aussi en effet : « Dans toutes les causes, excepté celles où il y aurait péril en la demeure, et celles dans lesquelles le défendeur serait domicilié hors du canton ou des cantons de la même ville, etc. » Cette similitude d'expressions laisse encore absolument intactes les règles d'interprétation de cette partie de l'article, que nous avons données dans notre *Traité de la compétence*. Ainsi, nous avons soutenu notamment que la défense de citer sans avertissement préalable ne s'appliquait qu'aux affaires qui sont de la compétence des juges de paix, et nullement aux affaires du bureau de conciliation. La disposition, en effet, ne s'applique qu'aux *causes*, c'est-à-dire aux affaires soumises à la décision du juge. Or, les affaires du bureau de conciliation n'arrivent pas devant le juge de paix à l'état de *causes*. Le juge de paix n'ayant rien à prononcer au bureau de conciliation, l'affaire portée à ce bureau n'est pas pour lui une *cause*. D'ailleurs il existe entre les affaires de la compétence du juge de paix comme juge et les affaires du bureau de conciliation une différence on ne peut plus tranchée ; le Code de procédure civile a même placé toutes les dispositions qui concernent le bureau de conciliation en dehors de celles concernant les justices de paix, et non pas seulement sous un autre *titre*, mais même dans un autre *livre* : ainsi le livre Ier, intitulé *De la justice de paix*, suit son cours et se termine sans qu'il soit dit un mot de la conciliation ; ce n'est qu'au livre II, intitulé *Des tribunaux inférieurs*, que la conciliation apparaît. Le législateur, en liant ainsi la conciliation à la procédure des *tribunaux civils de première instance*, a bien montré qu'il n'entendait pas qu'elle fît en rien partie de la *justice de paix*, qu'elle fût regardée comme une des attributions des juges de paix en leur qualité de *juges* ; aussi emploie-t-il l'expression de *bureau de conciliation* au lieu de *tribunal* ; aussi ne peut-on pas douter qu'une affaire portée au bureau de conciliation ne soit pas une *cause;* aussi enfin persistons-nous plus que jamais à croire que, lorsque le législateur a défendu que dans les causes portées devant le juge de paix on citât sans avertissement préalable, il a entendu parler des causes, des véritables actions en justice de paix, et non des affaires du bureau de conciliation.

6. A quoi bon d'ailleurs l'avertissement préalable de comparaître dans le cabinet du juge de paix pour une affaire qui devra donner lieu à une seconde citation et comparution en conciliation ? Car on ne prétendra pas que la comparution sur billet d'avertissement exemptera de la conciliation ordonnée par les articles 48, 49, 50, 51 52, 53, 54, 55, 56, 57 et 58 du Code de procédure civile ; il

faudrait pour cela supprimer, effacer tous ces articles, et c'est ce que le législateur n'a pas fait et n'a pas voulu faire.

7. Quant à soumettre les parties à un double essai de conciliation, c'est créer des entraves et des délais qui peuvent être très-préjudiciables, c'est sortir du domaine du juge et empiéter sur les pouvoirs du législateur. Nous avons cru devoir nous appesantir sur cette interprétation des premiers termes de l'article 2 de la loi, parce que quelques commentateurs des anciennes dispositions ont émis une opinion contraire.

8. Au reste, cette opinion et cette pratique vont se trouver désormais proscrites par les termes formels du rapport de la Commission du Corps législatif, chargée d'examiner le projet devenu loi du 2 mai 1855 : « Une remarque motivée par une pratique vicieuse, dit le rapport de la Commission (V. ANNALES, vol. de 1855, p. 138, 2ᵉ colonne), doit trouver ici sa place ; ce serait se tromper gravement que de soumettre aussi à la formalité de l'avertissement préalable les citations en conciliation, données en vertu des articles 48 et suivants du Code de procédure civile. Une semblable interprétation est aussi contraire à l'esprit qu'au texte du projet de loi. On établit par là, pour les instances appartenant aux tribunaux ordinaires, deux tentatives de conciliation, l'une sur lettre, l'autre sur citation ; dès lors on occasionne des retards et des déplacements dispendieux, on fait dégénérer en une formalité vexatoire une prescription salutaire. » — Il ne peut donc pas y avoir le moindre doute sur la question ; le billet d'avertissement ou l'envoi du billet d'avertissement ne s'applique aucunement aux affaires de conciliation ; la citation en conciliation ne doit pas être précédée du billet d'avertissement. Cela étant bien établi, examinons si, nonobstant, il appartient au juge de paix d'étendre aux citations en conciliation l'obligation de l'avertissement, et si, en outre, cette extension ne présente pas des inconvénients de plus d'un genre. — L'avertissement, l'obligation imposée au demandeur dans les affaires de justice de paix d'appeler le défendeur dans le cabinet du juge avant de l'appeler à l'audience, est une exception aux règles ordinaires de la procédure ; cette exception est sanctionnée par des peines : « Le juge de paix peut, dit l'article 19 de la loi du 25 mai « 1838, en cas d'infraction, défendre aux huissiers du canton de « citer devant lui, pendant un délai de quinze jours à trois mois, « sans appel, et sans préjudice de l'action disciplinaire des tribu- « naux et des dommages-intérêts des parties s'il y a lieu. » — Or, une disposition pénale ne saurait être étendue au delà de son

texte. Dès lors, la défense que ferait un juge de paix de citer devant lui en conciliation, avant l'envoi d'un billet d'avertissement, n'aurait aucune sanction ; et il s'exposerait, par conséquent, à voir mépriser cette défense, ce qui compromettrait son autorité. — Mais si une pareille mesure peut être préjudiciable au juge de paix, elle peut l'être encore plus aux parties, car il est des affaires qui ne souffrent aucun délai. « La citation en conciliation devant « le bureau de paix interrompt la prescription, du jour de sa date, « dit l'article 2245 du Code Napoléon, lorsqu'elle est suivie « d'une assignation en justice donnée dans les délais de droit. » — On porte en conciliation devant les juges de paix des affaires de la plus haute importance ; une prescription de dix ans, de trente ans, une prescription de plus courte échéance peuvent se trouver sur le point d'être acquises. Il pourrait donc y avoir le plus grand inconvénient à entraver l'action de la partie demanderesse, et lorsque l'on considère ce qu'il y a en outre d'anormal dans ce double essai de conciliation, on ne comprend pas le motif qui dirige quelques juges de paix dans leur persistance à l'imposer. — Enfin, dans tout ce qui tient aux formalités judiciaires, il faut tenir compte des attributions des officiers ministériels. L'existence de ces officiers dépend de l'observation et du respect des règles relatives à leurs attributions, et c'est surtout par les magistrats que ces règles doivent être respectées.

9. Lorsque les parties comparaissent devant le juge de paix, sur simple billet d'avertissement, le juge de paix ne peut être saisi légalement comme juge que si, conformément à l'article 7 du Code de procédure civile, les parties déclarent expressément par un acte signé d'elles, ou avec mention d'empêchement de signer, qu'elles veulent être jugées par le juge de paix. Trib. civ. d'Aix, 28 nov. 1856. ANNALES, vol. de 1857, p. 64.

10. On nous a souvent demandé si la prohibition de donner aucune citation devant le juge de paix, sans qu'au préalable les parties aient été appelées par avertissement devant ce magistrat, s'appliquaient aux citations données à la requête d'une partie civile à comparaître devant le tribunal de police, aussi bien qu'à celles qui peuvent être notifiées dans les matières civiles. — Nous avons toujours répondu négativement. La loi de 1838 et celle de 1855 qui la complète se sont, en effet, occupées exclusivement de la compétence et de la procédure en matière civile, et leurs dispositions, dès lors, ne sauraient, sans inconvénient, être étendues dans leur application à des objets qu'elles n'ont pas entendu régler. — Le

point de départ de la loi de 1855 n'est autre que la consécration
par le législateur de 1838 d'un usage préexistant et qui tendait
à se généraliser, usage d'après lequel les juges de paix prenaient
alors sur eux d'appeler les parties sans frais pour essayer de mettre
fin, par un arrangement amiable, aux contestations civiles qui les
divisaient. — Ces considérations indiquent déjà, ce semble, que
l'interdiction de citer ne s'applique qu'aux affaires de la compétence civile des juges de paix ; mais il est d'autres motifs qui nous
paraissent s'opposer péremptoirement à ce qu'elle soit étendue aux
demandes qu'une partie civile est autorisée à porter directement
devant le tribunal de simple police par les dispositions combinées des articles 3 et 145 du Code d'instruction criminelle. —
De ces dispositions il résulte, en effet, que, quand cette partie a
pris l'initiative des poursuites, quand elle a saisi le tribunal de répression à raison d'un fait à la fois punissable et dommageable, elle
a mis en mouvement, non-seulement sa propre action, mais encore
l'action publique, laquelle se trouve aussi régulièrement introduite
par cette voie que si le ministère public avait cité lui-même. —
Or, il est manifeste que la loi de 1838, et ensuite celle de 1855,
n'ont entendu apporter aucune entrave, nous ne dirons pas à l'exercice, car le ministère public a toujours le droit d'agir personnellement, mais à la poursuite de l'action publique ; ces lois ont laissé
entiers les deux modes d'introduction de cette action établis par le
Code d'instruction criminelle. — L'article 17 modifié fournit aussi
un nouvel argument à l'appui de la doctrine qui nous paraît devoir être préférée. Cet article met à la charge de l'huissier qui contrevient à la prohibition de la loi les frais des exploits non pré-
cédés d'avertissement. Or, pourrait-il en être ainsi du coût d'une
citation à la suite de laquelle interviendrait une condamnation
pénale ?

11. Il est quelques autres cas non spécifiés dans la loi, où l'avertissement préalable n'est cependant pas nécessaire ; ainsi, voici ce
que nous trouvons encore dans le rapport de la Commission du
Corps législatif (ANNALES, vol. de 1855, p. 138, 1re colonne) :
« Une raison d'équité fait excepter aussi les causes dans lesquelles
le défendeur est domicilié hors du canton ou des cantons de la
même ville. Agir autrement, ce serait lui imposer un double déplacement toujours pénible et dispendieux, qui n'aurait peut-être pour
cause que la mauvaise foi de son adversaire. Mais faut-il, comme le
proposent quelques personnes, accorder cette dispense au demandeur, s'il est placé dans les mêmes conditions d'éloignement ? Nous

ne l'avons pas pensé : le demandeur n'est pas dans une situation égale ; il a volontairement saisi la justice de ses prétentions, il doit aller trouver son adversaire et ne peut se plaindre de cette règle de droit en vigueur chez tous les peuples : *Actor sequitur forum rei.* Evitons enfin, si nous voulons que la loi soit sérieusement exécutée et produise le bien qu'on doit en attendre, d'y introduire de trop nombreuses exceptions.

« L'avertissement préalable a pour but de prévenir les procès ; il est donc inutile de le délivrer lorsque le procès est engagé ; il n'est plus alors qu'une formalité dérisoire et un retard inutile. Ainsi, lorsqu'une saisie-gagerie ou un protêt ont précédé la demande en payement, l'une des loyers, l'autre d'un billet qui rentre dans la compétence du juge de paix, ou bien encore lorsqu'une demande en garantie est formée au cours d'un procès encore pendant, on ne peut exiger l'avertissement, puisqu'il serait sans but et sans résultat. Pour mieux expliquer sa pensée, qui était aussi celle de MM. les commissaires du gouvernement, la Commission avait proposé, après ces mots : « Il est interdit aux huissiers de donner aucune citation, » d'ajouter ceux-ci : « introductive d'instance. » Le Conseil d'Etat a considéré que la loi était suffisamment claire sans cette addition, et a repoussé l'amendement comme inutile. »

12. Telle a été la pensée, tel a été l'avis du législateur, exprimés par la Commission chargée d'examiner le projet de loi. Cependant, dans ce cas, comme l'huissier, en dehors de toute autorisation de la loi, ne pourra décider par lui-même du droit de dispense d'avertissement, il sera bon qu'il fasse consigner, sur l'exploit, cette dispense par le juge, ainsi que le recommande, d'ailleurs, l'article 2 lui-même.

13. A la différence de la loi de 1838, qui laissait au juge de paix le droit d'interdire ou non aux huissiers de donner aucune citation en justice, sans l'avertissement préalable, la loi nouvelle porte interdiction formelle pour toutes les causes, excepté celles qui requièrent célérité, et celles dans lesquelles le défendeur serait domicilié hors du canton ou des cantons de la même ville.

14. L'avertissement doit être rédigé sur papier non timbré, et délivré par le greffier, au nom et sous la surveillance du juge de paix. Ainsi, le billet d'avertissement doit porter : « Au nom de M. le juge de paix du canton de..., le greffier invite, etc. » Mais c'est la signature du greffier et non celle du juge qui doit se trouver au bas du billet, puisque c'est lui qui le délivre.

15. Quant à la surveillance à laquelle la loi soumet le greffier,

elle ne l'oblige nullement à s'enquérir auprès du juge de paix s'il peut délivrer un billet d'avertissement, ou envoyer un billet d'avertissement sur la demande de telle ou telle personne ; ce serait soumettre le greffier à des formalités gênantes, pour le juge comme pour lui-même. Il est vrai que, dans le rapport de la Commission du Corps législatif, il est dit (V. ANNALES, vol. de 1855, p. 139, 1re colonne) : « Le principe posé, il faut lui donner une organisation uniforme. C'est le juge de paix qui dispense de la nécessité de l'avertissement ; c'est aussi en son nom, et sous sa surveillance, que les avertissements seront envoyés. Ce serait amoindrir sa position que le rendre, pour ainsi dire, étranger à une partie aussi importante du service ; lui seul, d'ailleurs, peut en assurer efficacement la bonne exécution, et prévenir les abus. Le greffier est le fonctionnaire le mieux placé pour faire parvenir les avertissements ; c'est donc lui qui les rédigera, sous la direction du juge de paix ; c'est lui qui recevra la modique consignation exigée des parties, et fera parvenir le billet par la voie économique et sûre de l'administration des postes. »

16. Mais il ne résulte, en définitive, de ces expressions qu'un droit de surveillance stricte et directe, attribué au juge de paix, c'est-à-dire que les juges de paix devront surveiller la tenue du registre, se transporter de temps en temps au greffe pour voir si le registre des billets d'avertissement est bien tenu, s'il y a quelqu'un à la disposition du public pour délivrer les billets aux heures convenables, si on ne les refuse pas à ceux qui les demandent. Il doit, en outre, faciliter l'accès près de sa personne, à tous ceux qui pourraient avoir, sous ce rapport, à se plaindre. Mais obliger le greffier à venir l'avertir, ou à lui demander son consentement pour la délivrance de chaque billet, serait soumettre le juge de paix à un assujettissement que les nouvelles dispositions ont justement eu en vue de lui épargner, et rendre, d'ailleurs, la délivrance des billets d'avertissement extrêmement pénible pour le greffier, et presque impraticable. Il va sans dire que le sceau de la justice de paix, nécessaire pour timbrer le billet d'avertissement, devra toujours être à la disposition du greffier.

17. Le registre sur lequel sont inscrits les avertissements doit être, comme les billets d'avertissement, en papier libre, c'est-à-dire non timbré.

18. Le greffier devra toujours laisser au défendeur un délai raisonnablement suffisant pour qu'il puisse se rendre sur l'invitation qui lui est donnée par le billet d'avertissement.

19. L'audience des personnes citées par billet d'avertissement

doit se tenir dans le cabinet du juge de paix, ou, si elle se tient dans la salle des audiences ordinaires, les portes en doivent être fermées, car le huis clos est un des éléments et des moyens essentiels de conciliation ; en face du public, on avoue plus difficilement ses torts, et l'on s'entête à ne pas céder ; il en est tout différemment lorsque l'on se trouve en présence d'un magistrat influent, remplissant des fonctions uniquement conciliatrices.

20. Le juge de paix n'a pas, au reste, besoin du concours du greffier pour l'accomplissement de ses fonctions ; le concours du greffier n'est nécessaire que lorsqu'il s'agit de donner aux actes de la justice de paix la forme authentique. Or, comme le dit l'article 2 de la loi, les actes que peut avoir à dresser le juge de paix, sur comparution par billet d'avertissement, n'ont que force d'*obligation privée*. La conciliation sur billet d'avertissement doit être, d'ailleurs, l'œuvre du juge de paix seul ; c'est toujours ainsi que cela s'est pratiqué dans les principales justices de paix de France, et notamment à Paris, où les greffiers n'assistent jamais à la petite conciliation, dans le cabinet du juge.

21. Cependant l'article 2 de la loi du 2 mai 1855 porte que le registre *tenu par le greffier*, outre l'envoi des avertissements, en constatera aussi le *résultat*. Mais, de ce que le greffier doive tenir le registre, ce n'est pas une raison pour que le résultat de la comparution ne soit pas porté par le juge de paix dans la colonne réservée.

22. Ainsi, d'ailleurs, que nous l'avons vu plus haut, les greffiers n'ont pas assisté jusqu'à présent, et il n'est pas nécessaire qu'ils assistent aux audiences de petite conciliation. Les juges pouvant très-bien les dispenser d'assister à *toutes les affaires*, ils consigneront donc eux-mêmes le résultat de la comparution.

23. S'il y a conciliation, dit l'article 2 de la loi du 2 mai 1855, le juge de paix, sur la demande de l'une des parties, peut dresser procès-verbal des conditions de l'arrangement ; ce procès-verbal aura force d'obligation privée.

24. Pour bien entendre ce que le législateur a entendu par ces expressions : *force d'obligation privée*, il est encore nécessaire de consulter le rapport de la Commission. Voici les termes de ce rapport (V. ANNALES, vol. de 1855, p. 140, 1re colonne) : « Les énonciations du registre, nécessairement sommaires, seraient quelquefois insuffisantes. La conciliation portera souvent sur des questions de servitudes ou de bornage, des intérêts possessoires, des modifications à un bail. Dans tous ces cas, et dans bien d'autres cas encore, les parties ont un intérêt puissant à conserver la preuve des conventions intervenues devant le magistrat. Nous avons donc proposé au Conseil d'État, qui a accueilli notre amendement, de donner la faculté au juge de paix, sur la demande de l'une des parties, de dresser procès-verbal des conditions de l'arrangement, et nous disons que ce procès-verbal aura force d'*obligation privée*. Nous reproduisons à dessein les termes employés dans des circonstances identiques par l'article 54 du Code de procédure civile. »

25. Ainsi, ce sont les mêmes règles qui sont applicables au procès-verbal de conciliation dressé en vertu de l'article 54 du Code de procédure civile, et au procès-verbal de conciliation dressé en vertu de l'article 2 de la loi du 2 mai 1855. Or, voici le résumé de la doctrine et de la jurisprudence sur ce point.

26. D'abord, les juges de paix doivent éviter de porter atteinte aux attributions des notaires, et empêcher, par exemple, que des parties ne sachant signer simulent une contestation pour se procurer un acte constatant une convention, qui, sans l'aide de cette simulation, n'aurait pu être rapportée que par un notaire.

27. Quant à la question de savoir si la mention par le juge de la non-signature des parties supplée à cette signature, il faut distinguer quelle a été la cause de l'inaccomplissement de la formalité. Est-ce par suite d'un refus ou bien par suite d'un empêchement quelconque que le procès-verbal n'a pas été signé par les parties ou par l'une d'elles ?

28. S'il y a refus de signer, la mention de cette cause ne peut suffire pour rendre le procès-verbal obligatoire. En effet, dès qu'il y a refus de signer par l'une des parties, l'accord n'existe point, et cette partie, en refusant de signer l'arrangement convenu, renonce, par cela même, à la conciliation. Et, dans un cas pareil, le juge de paix doit se borner à constater ce fait à la colonne d'observations du registre.

29. Mais si la non-signature provient d'un empêchement intellectuel ou physique, comme si la partie déclare ne savoir signer ou ne pouvoir le faire actuellement, à raison d'une blessure à la main droite, la mention, sur le procès-verbal, de cette cause d'empêchement, pourra-t-elle suffire ? L'affirmative ne semble pas douteuse. En effet, bien que les procès-verbaux du juge conciliateur n'aient pas la force des actes authentiques, ils en méritent la foi en ce qu'ils sont reçus par un officier public compétent (C. Nap., art. 1317) ; cette mention suffira pour rendre valable le procès-verbal de conciliation ordinaire (Boncenne, t. I, p. 45 ; Boitard, t. II, p. 159 ;

Chauveau-Carré, *Quest.* 231). Mais il importe de remarquer, avec ce dernier auteur, que, en cas de non-conciliation, comme on le dit plus loin, la mention, par le juge, qu'un aveu a été fait par une des parties, ne peut lier celle-ci qu'autant qu'elle a signé au procès-verbal.

30. Une autre observation fort importante qui nous reste à faire, relativement à l'avertissement et à la conciliation sur billet d'avertissement, c'est que, en cas de conciliation, les 25 centimes de frais ou autres, par exemple le coût du papier timbré qui aura servi au procès-verbal, doivent être supportés par la partie qui succombe, et, en tous cas, suivant les règles tracées par les articles 130 et 131 du Code de procédure civile.

31. L'exposé des motifs du projet de loi (ANNALES, 1855, p. 77, 1re colonne) le disait formellement en ces termes : « Il n'est pas besoin d'ajouter que le juge de paix, en conciliant les parties ou en jugeant le procès, s'il est intenté, dira à la charge de qui cette rétribution devra demeurer. » — La Commission a consigné le même principe dans son rapport (V. ANNALES, *ibid.*) : — « En conciliation, ou, s'il n'y réussit, en jugeant les parties, le juge de paix décidera par qui ou dans quelle proportion la consignation devra être remboursée ; enfin ces frais mêmes, si modiques qu'ils soient, pourront toujours être évités par la comparution volontaire des intéressés (art. 7 et 48 C. proc.). Il n'est pas besoin d'ajouter que quand la situation des parties le demandera, les juges de paix continueront à les appeler devant eux, afin de leur épargner une dépense onéreuse pour elles. »

32. Lorsque le juge de paix n'a pu, par la persuasion, faire accorder dans son cabinet, sur billet d'avertissement, des délais par un créancier à son débiteur, nous ne pensons pas que ce magistrat ait le droit d'interdire et de défendre à ce créancier de faire citer le débiteur avant telle époque, ni de refuser au créancier un permis de citer pur et simple.

§ 2. *De la citation en conciliation.* — *Des demandes qui doivent être soumises au préliminaire de conciliation, et de celles qui en sont dispensées.*

33. Aucune demande principale introductive d'instance entre parties capables de transiger, et sur des objets qui peuvent être la matière d'une transaction, ne sera reçue devant les tribunaux de première instance, que le défendeur n'ait été préalablement cité en conciliation devant le juge de paix, ou que les parties n'y aient volontairement comparu. C. proc., art. 42.

34. Sont exceptées du préliminaire de la conciliation les demandes qui intéressent l'Etat et le domaine, les communes, les établissements publics, les mineurs, les interdits, les curateurs aux successions vacantes. C. proc., art. 19, § 1er.

35. Quoique le paragraphe 1er de l'article 49 ne parle pas des héritiers bénéficiaires, il faut également leur appliquer la dispense de conciliation, parce qu'ils ne sont que des administrateurs comptables; cependant, s'ils sont cités en conciliation, il leur est libre de transiger; mais, en le faisant, ils perdent leur qualité, et ils deviennent héritiers purs et simples. Toullier, t. IV, p. 356; Paris, 8 juin 1808.

36. Les demandes qui requièrent célérité sont exceptées par le paragraphe 2 de l'article 49 du préliminaire de conciliation.

37. En général, la célérité ou l'urgence des contestations dépend de leur nature. On doit considérer comme telles toutes celles qui sont soumises aux Chambres de vacations des Cours et Tribunaux (décret du 30 mars 1808); toutes celles qui sont relatives à des alignements, à des revendications, nominations ou destitutions de tuteurs; à des choses périssables et à tous les cas où il y a péril en la demeure, notamment les demandes en mainlevée d'une opposition à mariage.

38. Le paragraphe 3 de l'article 49 excepte les demandes en garantie et en intervention de la tentative de conciliation.

39. Les demandes en matière de commerce sont aussi exceptées (§ 4, art. 49), parce que non-seulement elles sont urgentes, mais encore d'une nature sommaire qui doit les faire juger sans retard ni formalités par des juges spéciaux. On ne peut donc leur appliquer une procédure préliminaire établie pour des actions purement civiles.

40. Néanmoins, il faut admettre une exception lorsqu'un billet à ordre est consenti par un propriétaire ou un non-commerçant, à l'ordre d'un banquier ou négociant. Le signataire du billet, après le protêt, s'il est poursuivi seul, ne devra point être traduit au tribunal de commerce, mais bien cité en conciliation, parce qu'il n'existe, pour le payement de ce billet, qu'une action purement personnelle.

41. A l'égard des demandes de mise en liberté, en mainlevée de saisie ou d'opposition, en payement de loyers, de fermages, d'arrérages de rentes ou pensions, de celles des avoués en payement de frais, que le paragraphe 5 de l'article 49 excepte de la formalité de la conciliation, il suffit de les énoncer pour voir qu'elles requièrent célérité. Tout retard pourrait leur être nuisible, et on peut aisément les faire juger dans un temps moindre ou égal à celui que le préliminaire de la conciliation exigerait. Il faut mettre sur la même ligne les oppositions aux commandements, qui ne sont que la suite d'une poursuite précédente. Nancy, 20 nov. 1827.

42. Les demandes en séparation de corps sont aussi dispensées de la conciliation devant le juge de paix, parce que les parties en ont dû faire l'essai devant le président du tribunal, qui, dans cette circonstance, remplit le ministère de pacificateur. C. proc., art. 878; Cass., 17 janv. 1822.

43. Enfin, par son dernier paragraphe, l'article 49 dispense de la conciliation les demandes en vérification d'écritures, en désaveu, en règlement de juges, en renvoi, en prise à partie, etc. Le motif en est que plusieurs de ces actions tiennent à l'ordre public sous divers rapports, et que d'autres ne sont pas susceptibles de transaction, notamment les tutelles, curatelles, séparations de biens.

44. Cette dispense ne s'applique pas, selon nous, à une demande formée par un mineur émancipé, à raison des choses dont la loi lui attribue la libre disposition. L'émancipé est réputé majeur à l'égard de ces choses; il peut donc transiger ou se concilier sur ce point. Pigeau, t. I, p. 35; Delvincourt, t. I, p. 300.

45. Une demande formée contre plus de deux parties est dispensée du préliminaire de la *conciliation*, lors même que l'une d'elles devait seule être appelée en cause. C. proc., art. 49; Cass., 20 févr. 1810.

46. Jugé de même que dans l'action dirigée contre plusieurs défendeurs, bien qu'ils aient des intérêts séparés et des exceptions différentes à opposer, comme si, par exemple, une action en délaissement est formée contre plusieurs usurpateurs, chacun en droit soi est dispensé de l'essai préalable de conciliation, alors que l'action dérivée du même titre. C. proc., art. 49; Montpellier, 7 févr. 1839.

47. La demande en mainlevée d'inscriptions hypothécaires qui retardent le payement des deniers exigibles est du nombre des actions qui requièrent célérité, et comme telle dispensée du préliminaire de conciliation. C. proc., art. 48 et 49; Limoges, 11 mars 1845.

§ 3. *Citation en conciliation.* — *Juge de paix compétent.* —
Comparution volontaire.

48. Le défendeur doit être cité en conciliation : 1° en matière
personnelle et réelle, devant le juge de paix de son domicile ; s'il y a
deux défendeurs, devant le juge de l'un d'eux, au choix du demandeur (C. proc., art. 50) ; — 2° en matière de société autre que celle
de commerce, tant qu'elle existe, devant le juge du lieu où elle est
établie (C. proc., art. 50); — 3° en matière de succession : sur les
demandes entre héritiers, jusqu'au partage inclusivement ; sur les
demandes qui seraient intentées par les créanciers du défunt avant
le partage ; sur les demandes relatives à l'exécution des dispositions
à cause de mort, jusqu'au jugement définitif, devant le juge de paix
du lieu où la succession est ouverte. C. proc., art. 50.

49. La citation en conciliation sur les demandes, entre héritiers,
en rescision ou en garantie de partage, se porte, même après le
partage définitif, devant le juge du lieu de l'ouverture de la succession (arg. de l'art. 822 C. Nap.) ; alors, l'existence légale du partage
étant remise en question, c'est comme s'il n'y en avait pas eu.
Boncenne, II, 27.

50. Il n'y a pas lieu d'appliquer le troisième alinéa de l'article 50,
lorsqu'il s'agit d'une demande formée contre un héritier unique :
c'est devant le juge de son domicile qu'il doit être cité en conciliation. Boncenne, II, 7.

51. L'incompétence du juge de paix serait couverte par la comparution du défendeur, sans réclamation de sa part. Rennes, 9 févr.
1813.

52. Du reste, les règles ci-dessus ne sont d'aucune application
pour le juge de paix devant lequel les parties comparaissent volontairement : il a toujours pouvoir de les concilier, quel que soit leur
domicile, et quelle que soit la situation des biens litigieux ; ainsi,
par exemple, le procès-verbal de conciliation dressé par le juge du
domicile du demandeur, devant lequel le défendeur a comparu, n'a
pas moins de force que si cet acte avait été dressé par le juge du
domicile du défendeur.

53. Un juge de paix ne peut rendre un jugement entre les parties qui comparaissent devant lui sur une citation tendant seulement à se concilier. L. 18-26 oct. 1790, tit. I, art. 1er; Cass., 21
mess. an V.

54. La citation en conciliation sur une demande relative à la propriété d'un terrain constitue un trouble qui donne au possesseur de ce terrain le droit de demander, devant les tribunaux, à être maintenu dans sa propriété. C. proc. civ., art. 57 ; Metz, 14 nov. 1816.

55. Le défendeur doit toujours être cité en conciliation devant le juge de paix de son domicile réel, lors même qu'il y aurait eu élection d'un autre domicile dans l'acte intervenu entres les parties ; — l'élection de domicile ne peut avoir d'effet que pour les ajournements. Art. 111 C. Nap., 50 et 59 C. proc. civ.; Cass., 18 mars 1847.

56. Le défendeur, cité en conciliation devant un juge de paix incompétent, qui déclare ne se présenter que pour obéir à justice, en protestant de nullité et de fin de non-recevoir contre l'action intentée, sous réserve de déduire devant le tribunal compétent tous moyens qu'il avisera bien, peut toujours proposer le moyen d'incompétence devant le tribunal civil. — Sa comparution n'élève pas de fin de non-recevoir. Art. 7 et 50 C. proc. civ. *Ibid.*

57. L'article 1033 du Code de procédure civile, d'après lequel les délais accordés au défenseur pour se présenter doivent être augmentés à raison de la distance de son domicile au lieu où il est assigné, s'applique aux citations en conciliation comme aux ajournements. En conséquence, le procès-verbal de non-conciliation dressé sur une citation où les délais des distances n'ont pas été observés est nul. Cass., 21 févr. 1837.

58. Un exploit d'ajournement est nul comme ne contenant pas la copie du procès-verbal de non-conciliation, si, le demandeur ayant cité séparément plusieurs défendeurs au bureau de paix, le procès-verbal de non-conciliation mis en tête des copies d'assignation n'est pas celui dressé contradictoirement avec la partie assignée ; et cela, quand même il serait déclaré dans le corps de l'exploit que les défendeurs ont tous été cités, et que la conciliation n'a pas pu s'opérer. Cass., 16 févr. 1843.

59. La citation en conciliation n'est interruptive de la prescription qu'autant qu'elle est suivie d'un procès-verbal signifié dans le mois avec ajournement. *Ibid.*

§ 4. *Citation. — Délai. — Comparution des parties. — Procuration.*

60. Lorsque les parties ne comparaisssent pas volontairement, le délai de la citation doit être de trois jours francs au moins (C. proc., art. 51 et 1033), sauf, si la partie citée est domiciliée au delà de la distance de 3 myriamètres, l'augmentation d'un jour de délai par 3 myriamètres. C. proc., art. 1033.

61. La citation sera donnée par un huissier de la justice de paix du défendeur ; elle énoncera sommairement l'objet de la conciliation. C. proc., art. 62.

62. Les parties comparaîtront en personne ; en cas d'empêchement, par un fondé de pouvoir. (C. proc., art. 53.) — Il est dans le vœu de la loi que les parties comparaissent en personne au bureau de conciliation. C'est par cette raison que le décret du 6 mars 1791 avait autorisé le juge de paix à accorder un sauf-conduit (art. 23) à celui qui était exposé à l'exécution d'une prise de corps pour contrainte civile ; mais le Code de procédure ne contient aucune disposition pareille ; aussi est-il admis que le juge ne peut contraindre à la comparution personnelle, et que la partie qui se fait représenter par un fondé de pouvoir n'est pas tenue d'alléguer les motifs de l'empêchement. V. ANNALES, vol. de 1851, p. 194 et suiv.

63. Le Code n'exclut pas non plus, comme l'avait fait la loi de 1791, les personnes attachées à l'ordre judiciaire. Mais la défense faite par l'article 18 de la loi du 25 mai 1838 à tout huissier d'assister comme conseil, ou de représenter les parties en qualité de procureur fondé, à peine d'une amende de 25 à 50 francs, qui sera prononcée sans appel par le juge de paix, s'étend-elle aux affaires portées au bureau de paix ou de conciliation ? Contrairement à l'avis de M. Benech, Curasson se prononce pour la négative, se fondant sur ce qu'au bureau de paix le juge n'exerce qu'une juridiction gracieuse ; l'huissier, d'ailleurs, est plus propre que personne à représenter ceux qui, éloignés de leur domicile, sont obligés de recourir à la tentative de conciliation.

64. Quoi qu'il en soit, l'interdiction ne pourrait être opposée à l'huissier qui représenterait un de ses parents au degré fixé par l'article 86 du Code de procédure. L. 1838, art. 18.

65. Pour prévenir toutes difficultés, il est prudent de remettre au fondé de pouvoir une procuration authentique. Dans l'usage, on se contente le plus souvent d'une simple procuration sous seing privé, sur papier timbré et enregistrée. Mais l'autre partie peut refuser d'en connaître l'écriture ; en ce cas, la partie absente ne se trouve plus valablement représentée, et encourt l'amende prononcée par l'article 56. Favard, *Rép.*, v° *Conciliation*.

66. La loi du 27 mars 1791 exigeait que la procuration de com-

paraître pour autrui au bureau de paix contînt des pouvoirs suffisants à l'effet de transiger. Pigeau, t. 1, p. 43, estime que cette
disposition est encore obligatoire, quoique non renouvelée par le
Code de procédure, parce que l'essai de conciliation n'a d'autre but
que d'amener les parties à un arrangement ; mais il fut observé par
le tribunal qu'il serait déraisonnable de contraindre les parties qui
ne peuvent se présenter elles-mêmes de remettre à un tiers la disposition de leur fortune, quand, d'ailleurs, il dépend de ces mêmes parties de rendre sans objet la tentative de conciliation, en refusant de s'arranger (Berriat, t. I, p. 189 ; Carré, t. I, p. 106).
On voit par là que la procuration pour comparaître au bureau de
paix ne contient pas implicitement le pouvoir de transiger ; un tel
pouvoir doit être spécial et exprès.

67. Le mari peut valablement représenter sa femme en conciliation, sans être muni de sa procuration, lorsqu'il s'agit d'actions
purement mobilières et personnelles. Mais une procuration est indispensables s'il s'agit d'actions immobilières (arg. de l'art. 1428 C.
Nap. ; Carré, p. 105). Il est vrai que le mari pourrait se porter fort
pour sa femme, et la représenter ainsi sans procuration au bureau
de paix, même lorsqu'il s'agit d'une action immobilière ; mais la
garantie du mari ne vaudra, au moins en cas de conciliation, que si
elle était acceptée par l'autre partie.

§ 5. *Citation en conciliation.* — *Pouvoirs du juge de paix.* —
Serment déféré.

68. Lors de la comparution, le demandeur pourra expliquer,
même augmenter sa demande, et le défendeur former celles qu'il
jugera convenables ; le procès-verbal qui en sera dressé contiendra
les conditions de l'arrangement, s'il y en a. Dans le cas contraire,
il fera sommairement mention que les parties n'ont pu s'accorder.
Les conventions des parties, insérées au procès-verbal, ont force
d'obligation privée. C. proc., art. 54 ; L. 2 mai 1855, art. 2.

69. Si l'une des parties défère le serment à l'autre, le juge de
paix le recevra, ou fera mention du refus de le prêter. C. proc.,
art. 55.

70. Le procès-verbal devait, d'après la loi des 16-24 août 1790,
tit. X, art. 3, contenir les dires respectifs des parties, les inter-
pellations qu'elles se sont faites et leurs réponses ; mais l'article 54
du Code de procédure porte que, dans le cas de *non-conciliation*,

il suffit d'indiquer *sommairement* que les parties n'ont pu s'accorder ; on en a conclu avec raison que le procès-verbal de non-conciliation doit énoncer seulement que les parties n'ont pu se concilier. Le vœu de la loi a été que les parties, en paraissant devant le magistrat conciliateur, aient la certitude que leur inexpérience ou leur ignorance des affaires ne pourra, dans aucun cas, préjudicier à leurs intérêts. Cette sécurité n'existerait pas si elles savaient que leurs déclarations devront être enregistrées, et qu'elles pourront leur être opposées ultérieurement. D'ailleurs un adversaire habile parviendrait, par des questions captieuses et détournées, à embarrasser l'autre partie, et amènerait ainsi des réponses et des déclarations compromettantes pour les intérêts de celle-ci. Cass., 7 sept. 1838. ANNALES, 1re série, t. III, p. 197 ; Boncenne, 2, 40 ; Boitard, 1, 148 ; Carré, art. 54 ; Victor Augier, II, 150 ; Pigeau, I, 98, note 2 ; Thomine, I, 138. *Contrà*, Toullier, VIII, 120.

71. Mais toutes les parties peuvent, d'un commun accord, charger le juge de paix de mentionner dans son procès-verbal leurs dires respectifs.

72. Un mandataire ne peut déférer le serment ou consentir, pour son mandant, à le prêter, que si son pouvoir contient mention expresse à ce sujet.

73. Lorsque le juge de paix reçoit le serment déféré à l'une des parties, il doit en appliquer les effets tels qu'ils sont établis par les articles 1358 et suivants du Code Napoléon.

74. Le juge de paix ne peut ordonner la comparution personnelle de la partie à laquelle le serment est déféré, lorsque celle-ci est représentée par un mandataire ; seulement il constaterait, le cas échéant, que le mandataire est convenu avec l'autre partie du renvoi de l'essai en conciliation à tel jour, pour que le mandant vienne, s'il le juge convenable, s'expliquer sur l'offre qu'on lui fait de s'en rapporter à son serment. Boncenne, II, 43.

75. La partie à qui le serment est déféré peut, sans contredit, le référer à l'autre. Carré sur l'article 55.

76. Le serment décisoire déféré au bureau de conciliation n'est pas un serment *déféré en justice*. Ainsi, la partie qui refuse de le prêter n'est passible d'aucune des conséquences prévues par l'article 1361 du Code Napoléon ; elle conserve le droit de le prêter ou de le déférer devant le tribunal civil. Ce refus de prêter serment ne constitue qu'un refus de se concilier. Cass., 13 sept. 1809 et 17 juill. 1810 ; Poitiers, 3 févr. 1841 ; Douai, 5 janv. 1854 ; Boncenne, II, 44.

§ 6. *Citation en conciliation.* — *Amende pour non-comparution.*

77. Celle des parties qui ne comparaîtra pas sera condamnée à une amende de 10 francs ; et toute audience lui sera refusée jusqu'à ce qu'elle ait justifié de la quittance. C. proc., art. 56.

78. Il résulte de cette disposition, porte une décision du ministre de la justice du 31 juillet 1808, que la demande n'est pas encourue de plein droit, et qu'elle ne pourrait pas être exigée si la demande n'était pas portée au tribunal de première instance ; mais quand le demandeur poursuit devant le tribunal, et y obtient contre le défendeur un jugement qui le condamne au payement du principal et aux dépens, ce jugement, quoique par défaut, doit comprendre l'amende comme un accessoire de la condamnation principale, parce que c'est un véritable jugement définitif qui termine le procès, et qui, pour cette raison, doit contenir toutes les condamnations qui résultent de la loi, conséquemment celle portée par l'article 56 du Code de procédure ; autrement ce serait violer la disposition formelle de cet article ; tel était également le vœu formel de la loi du 27 mars 1791.

79. On voit, par cette décision, que ce n'est pas au juge de paix qu'il appartient de condamner à l'amende la partie qui ne comparaît pas ; le tribunal de première instance seul peut et doit prononcer cette condamnation (Pigeau, I, 152 ; Favard, I, 628). A l'appui de cette opinion, qu'il adopte, Carré cite un arrêt de la Cour de Rennes, du 2 septembre 1808. Un arrêt de la Cour de cassation du 8 août 1832 a jugé dans le même sens.

§ 7. *Effets de la citation en conciliation.* — *Prescription.* — *Interruption.* — *Péremption.*

80. La citation en conciliation interrompra la prescription, et fera courir les intérêts ; le tout, pourvu que la demande soit formée dans le mois, à dater du jour de la non-comparution ou de la non-conciliation. C. proc., art. 57.

81. En cas de non-comparution de l'une des parties, il en sera fait mention sur le registre du greffe de la justice de paix, et sur l'original ou la copie de la citation, sans qu'il soit besoin de dresser procès-verbal. C. proc., art. 58.

82. L'essai de conciliation est soumis à la péremption triennale de l'article 397 du Code de procédure ; cela résulte des paroles prononcées par le rapporteur, lors de la discussion de l'article 57 au Conseil d'Etat : « On n'a voulu faire de la citation un moyen d'interrompre la prescription que quand elle sera réellement le préliminaire de l'action à laquelle seule cet effet appartient : il ne faut pas que la partie puisse se borner à citer en conciliation tous les trois ans, en éludant toujours de faire juger son droit. » Cette dernière opinion, qui, du reste, n'est pas à l'abri de doutes sérieux, est professée par Favard, vº *Conciliation* ; par Boncenne, II, 61.

§ 8. *Droits des greffiers des justices de paix pour les affaires de citation en conciliation.*

83. Dans les affaires soumises aux préliminaires de conciliation, il peut se présenter trois cas : ou le défendeur ne comparaît pas, ou il comparaît, et les parties déclarent ou ne pouvoir ou ne vouloir se concilier, ou enfin les parties se concilient, et le juge de paix dresse un procès-verbal de leur arrangement.

84. Dans le premier cas, il n'est rien alloué au greffier pour la mention de défaut sur le registre du greffe et sur l'original ou la copie de la citation en conciliation. Décr. 16 févr. 1807, art. 13.

85. Dans le second cas, il est alloué au greffier, pour l'expédition du procès-verbal de non-conciliation, à Paris, 1 franc, et dans les villes et cantons ruraux, 80 centimes.

86. On a prétendu que lorsque ce procès-verbal contient plus de deux rôles, le greffier était autorisé à percevoir pour l'expédition un droit plus fort que celui dont nous venons de parler. En effet, dit-on, indépendamment de ce que l'exploit de demande en conciliation peut être longuement motivé, et qu'il peut n'être pas possible au greffier d'en prendre la substance sans nuire au demandeur, la réponse du défendeur peut être telle qu'il y ait nécessité de la transcrire littéralement, quelle que soit son étendue. D'un autre côté, parmi les dires des parties, il en est qui doivent rester même au procès-verbal de non-conciliation pour fixer l'état du litige et pour conserver entiers les droits des parties, par exemple les demandes additionnelles du demandeur ou reconventionnelles du défendeur, les contestations qu'elles auraient pu élever sur la régularité de la procuration, sur la compétence du juge, etc. Dans ce cas, il y aurait injustice à vouloir que le greffier rédacteur ne prît qu'un droit invariable basé sur le prix de deux

rôles, somme égale au droit énoncé dans l'article 10; car si cet article taxe un droit fixe pour l'expédition du procès-verbal de non-conciliation, il n'a disposé que pour les cas ordinaires, lorsqu'il n'existe qu'une simple mention. A l'appui de cette opinion, on cite celle des auteurs qui soutiennent que le juge de paix doit insérer au procès-verbal les dires et aveux des parties, et ce, en conformité de l'article 3, titre X, de la loi du 24 août 1790, non abrogé par la disposition de l'article 55 du Code pénal. Favard de Langlade, *Répert.*, v° *Conciliation*, § 5, n° 9; Toullier, t. IX, n° 120; Boncenne, t. II, p. 40; Carré, *Lois de la procédure*, n° 228; Rodière, *Exposition raisonnée*, t. I, p. 254.

87. Ces considérations ne manquent certainement ni de force ni de raison ; mais en présence du texte si positif de l'article 10 du décret de 1807, elles ne prouvent, selon nous, qu'une chose, c'est qu'il y a nécessité de réformer une loi qui n'est plus en harmonie avec les principes de la logique et de l'équité.

88. Enfin, dans le troisième cas, si les parties se sont conciliées, si elles demandent une expédition du procès-verbal qui constate leurs arrangements, elles doivent acquitter non plus le droit fixe de 1 franc ou 80 centimes dont nous venons de parler, mais celui fixé pour les expéditions de tous les actes ; car alors on n'a plus, pour se refuser à l'application des motifs invoqués dans le paragraphe précédent, la disposition prohibitive du décret de 1807. Victor Fons, *Commentaire du tarif*, 1re partie, p. 27.

CONCLUSIONS. Exposé sommaire des prétentions des parties.

1. Les conclusions sont *principales* lorsqu'elles portent directement sur le fond de toute la contestation ; *subsidiaires*, quand elles indiquent des prétentions auxquelles on se rattache pour le cas où les conclusions principales ne seraient pas adjugées; *exceptionnelles*, lorsque, sans s'occuper de l'affaire, elles tendent à une mesure préjudicielle, comme à être renvoyé devant un autre tribunal, obtenir une communication de pièces, etc.

2. Devant les justices de paix ou les tribunaux de simple police, elles sont contenues dans la citation, ou se prennent verbalement à l'audience.

3. En toutes matières, les conclusions peuvent être modifiées pendant le cours de l'instance, et c'est par les conclusions définitives seules que se règlent la compétence et le ressort. — V. *Appel, Justice de paix, Ministère public, Tribunal de police.*

CONCUSSION. Action, de la part d'une personne publique, de percevoir ou d'exiger ce qu'elle sait ne lui être pas dû, ou l'excéder.

1. La loi répute concussionnaires tous fonctionnaires, tous officiers publics, tous percepteurs des droits, taxes, contributions, revenus publics ou communaux, et leurs commis ou préposés qui ordonnent de percevoir, ou exigent et reçoivent ce qu'ils savent ne leur être pas dû pour droits, taxes, contributions, deniers ou revenus, ou pour salaires ou traitements. C. pén., art. 174.

2. La concussion est rangée parmi les crimes. Elle entraîne, savoir : pour les fonctionnaires ou officiers publics, la peine de la réclusion ; et pour leurs commis ou préposés, un emprisonnement de deux ans au moins et de cinq ans au plus. En outre, les coupables sont condamnés à une amende dont le maximum est le quart des restitutions et des dommages-intérêts, et le minimum le douzième. *Ibid.*

CONFISCATION. C'est l'attribution à l'Etat ou au fisc, ou à un établissement public, de tout ou partie des biens d'un condamné pour certains crimes, délits ou contraventions.

1. En matière de contravention, l'article 464 du Code pénal met la confiscation au rang des peines de simple police, et l'article 470 permet aux tribunaux de police de prononcer, dans les cas déterminés par la loi, la confiscation, soit des choses saisies en contravention, soit des choses produites par la contravention, soit des matières ou des instruments qui ont servi ou étaient destinés à la commettre.

2. Les tribunaux de simple police doivent également ordonner la confiscation des pièces d'artifice saisies au moment où on les voulait tirer dans des lieux prohibés, et des coutres de charrues, instruments et armes laissés dans les lieux publics, dont pourraient abuser les voleurs et autres malfaiteurs. C. pén., art. 472.

3. Seront aussi saisis et confisqués : les tables, instruments, appareils de jeux ou de loteries établis dans les rues, sur les chemins et voies publiques, ainsi que les enjeux, les fonds, denrées, objets ou lots proposés aux joueurs ; les boissons falsifiées trouvées appartenir au débitant ou au vendeur, les écrits ou gravures contraires aux mœurs ; les comestibles gâtés, corrompus ou nuisibles; les faux poids, les fausses mesures, ainsi que les poids et mesures différents de ceux que la loi a établis. *Ibid.*, art. 477.

4. Doivent encore être confisqués les instruments, ustensiles et costumes servant ou destinés à l'exercice du métier de devin, pronostiqueur ou interprète de songes. *Ibid.*, art. 48?.

5. La confiscation doit positivement être prononcée dans les cas que nous venons de signaler. L'article 470 du Code pénal dit à la vérité que les tribunaux de police *pourront* prononcer la confiscation, ce qui a fait dire à quelques auteurs que cette mesure était facultative ; mais c'est là une erreur selon nous, car cet article ajoute immédiatement : *dans les cas déterminés par la loi* ; or, ces cas étant ceux prévus par les articles 472, 477 et 481, qui prescrivent *impérieusement* la confiscation et ne laissent au tribunal aucune faculté, il en résulterait que la confiscation, *facultative* d'après l'article 470, serait *obligatoire* d'après les articles 472, 477 et 481, les seuls qui autorisent la confiscation en matière de police ; et, en effet, la Cour de cassation a jugé plusieurs fois, notamment en cas de contravention sur les poids et mesures, que la peine de la confiscation n'est pas facultative pour le juge qui ne peut se dispenser de l'ordonner, dans le cas où elle est prononcée par la loi. Cass., 1er sept. 1832, 6 avr. 1833, 18 juin 1835.

6. Jugé, en ce sens, que l'article 463, sur les circonstances atténuantes, n'autorise pas les juges à faire remise de la confiscation dans les cas où elle est ordonnée par la loi. Cass., 14 déc. 1832.

7. Mais la peine de la confiscation n'est pas applicable contre les boulangers qui vendent le pain au-dessous du poids fixé par les règlements de police, parce que la loi n'a pas prononcé cette peine de la confiscation. Cass., 31 janv. 1831.

8. Il y a contradiction et violation des articles 137 et 151 du Code d'instruction criminelle dans un jugement qui déclare que les prévenus n'ont commis aucune contravention, et qui néanmoins prononce la confiscation des objets saisis. Cass., 15 mars 1828.

CONFLIT. 1. Le conflit consiste dans la prétention de deux corps judiciaires ou de deux tribunaux différents à retenir ou à revendiquer une contestation, ou à se déclarer incompétents pour en connaître.

2. Lorsque la prétention existe entre deux tribunaux de l'ordre judiciaire, le conflit se nomme *conflit de juridiction*, et donne lieu à un *règlement de juges*.

3. Lorsqu'il s'établit entre l'autorité judiciaire et l'autorité administrative, le conflit prend le nom de *conflit d'attribution*.

4. Le conflit ne peut pas être élevé devant une justice de paix. — Mais sur l'appel formé tout à la fois contre le jugement rendu sur la compétence et sur le fond par le juge de paix, le préfet peut élever le conflit, pourvu qu'il ne soit pas encore intervenu de jugement au fond devant le tribunal d'appel. Cons. d'Etat, 5 sept. 1836.

5. Jugé aussi que le conflit ne peut pas être élevé devant les tribunaux de simple police. Cons. d'État, 16 juill. 1846.

CONGÉ. Ce mot a plusieurs acceptions. Relativement à l'ordre judiciaire et administratif, il signifie la permission de s'absenter pendant un certain temps ; relativement au contrat de louage, il a pour but de faire connaître que l'une des parties veut que ce contrat prenne fin à une époque déterminée. Nous nous occuperons ici seulement de la première acception ; quant à la seconde, voir au mot *Louage,* § 2.

1. Lorsqu'un juge de paix veut s'absenter de son canton, il doit en obtenir l'autorisation du procureur impérial près le tribunal de l'arrondissement.

2. Si l'absence doit durer plus d'un mois, c'est au ministre de la justice que l'autorisation doit être demandée.

3. Dans l'un et l'autre cas, le juge de paix doit justifier d'un certificat du premier suppléant, et, à son défaut, du second, constatant que le service public ne souffrira point de l'absence de ce magistrat. L. 28 flor. an X, art. 9.

4. Lorsque les présidents des tribunaux de première instance, et les procureurs impériaux près ces tribunaux, délivrent des congés aux juges de paix et suppléants, et aux greffiers des justices de paix, ils doivent en rendre compte, dans le délai de trois jours, au garde des sceaux. Autrement le congé est déclaré nul de plein droit. Le garde des sceaux a, d'ailleurs, le droit de le révoquer, lorsqu'il juge qu'il a été accordé sans cause valable, ou qu'il serait nuisible au service public. Ordonn. 6 nov. 1822.

5. Le juge de paix qui s'absente, en vertu d'un congé donné dans la forme prescrite par les articles 9 et 10 de la loi du 28 floréal an X, ne perd aucune portion de son traitement. Inst. min. 16 nov. 1822, art. 10.

6. Si le juge de paix s'absente sans congé, il est privé de son traitement pendant tout le temps de son absence, conformément à l'article 48 de la loi du 20 avril 1810. Moitié de ce traitement appartient au suppléant, et l'autre moitié du traitement reste au trésor national. *Ibid.,* art. 21.

7. Si l'absence a lieu pour un service public, le juge de paix ne perd aucune portion de son traitement. Dans ce cas, il doit donner connaissance des causes de l'absence au procureur impérial du tribunal de son arrondissement. *Ibid.,* art. 23.

CONGÉ DE LOCATION. — V. *Bail, louage.*

CONSEIL DE FAMILLE. On appelle Conseil de famille une

assemblée de parents ou d'amis, réunis par un juge de paix compétent, pour délibérer sur les intérêts des mineurs, conférer la tutelle dative, donner ou refuser les autorisations exigées par la loi relativement aux personnes et aux biens des mineurs, pour les émanciper, etc.

Table sommaire.

Division.

§ 1er. De l'origine des Conseils de famille.

§ 2. Attributions ordinaires des Conseils de famille en cas de minorité.

§ 1er. De l'origine des Conseils de famille.

1. Le Conseil de famille était inusité sous la législation de Rome, soit pour la nomination du tuteur, soit pour son administration.

2. Lorsque le tuteur n'était pas nommé par le père, il l'était par le magistrat, ou bien la tutelle appartenait au plus proche parent des mineurs ; mais le magistrat nommait ou ratifiait sans consulter les parents. Cependant les lois romaines offrent quelques exemples de parents consultés, en cas de tutelle. « On voit bien dans le droit romain, dit Domat (*Lois civiles*, liv. II, tit. I, sect. II), qu'en certains cas le magistrat prenait d'office l'avis des parents, comme pour régler l'éducation des mineurs lorsqu'il s'y trouvait quelques difficultés, ou pour l'aliénation de ses biens ; on y voit aussi l'exemple d'un Conseil donné au tuteur par le père du mineur ; mais notre usage pour le Conseil du tuteur est différent, et s'étend, en général, à toute son administration, et c'est selon cet usage qu'il faut entendre les règles qui regardent le pouvoir des tuteurs. »

3. Il serait difficile de préciser l'époque où naquit le Conseil de famille ; il est probable qu'il s'est introduit peu à peu dans les mœurs, soit au moyen âge, soit même auparavant, et qu'il a subi plusieurs modifications avant de devenir obligatoire et d'être assujetti à des règles certaines. — Il paraît avoir appartenu surtout aux coutumes et au droit coutumier. On sait que les diverses provinces qui forment aujourd'hui la France étaient régies, les unes par des coutumes et usages qui leur étaient propres, les autres par le droit romain.

4. Dans les pays de droit romain, le Conseil de famille, ou plutôt l'*Avis de parents*, car c'est sous ce nom qu'on le désignait anciennement, eut des racines moins profondes ; il ne fut même pas appliqué à la nomination du tuteur. Les lois romaines, telles que nous les avons analysées plus haut, ont été, dans ces pays, longtemps les seules applicables à cette nomination, c'est-à-dire que la tutelle dépendait de la puissance paternelle, était ou légitime ou dative, et que la nomination du tuteur datif appartenait uniquement au magistrat. « Mais, pour tout ce qui regarde le pouvoir et les engagements du tuteur, dit encore Domat (*loco citato*), les manières de régler l'éducation des mineurs, l'emploi de leurs deniers, la conduite de leurs affaires, leurs dépenses de toute nature, et ce qui peut être à régler dans l'administration de la tutelle, et recevoir quelque difficulté, l'usage est, en France, qu'on nomme des parents, ou d'autres personnes, de qui le tuteur est obligé de prendre l'avis et de se régler par leur conseil ; et c'est sur les délibérations et les avis de ces personnes qu'on examine la conduite des tuteurs, et qu'on alloue leurs dépenses, qui pourraient recevoir quelque difficulté, ou qu'on les rejette. Et pour les choses les plus importantes, comme pour le mariage d'un mineur ou d'une mineure, pour l'aliénation de leurs immeubles, et autres affaires de conséquence, on assemble, devant le juge, ou ces personnes ou un plus grand nombre de parents, pour donner leur avis, qui sert de règle au tuteur. »

5. Dans la France coutumière, au contraire, la tutelle *dative* était seule en usage ; les tutelles testamentaires et légitimes n'étaient admises que par quelques coutumes exceptionnelles. Il est vrai que, lorsque le père ou la mère avaient nommé un tuteur à leurs enfants, on ne refusait guère ce tuteur en justice ; et, quand ils étaient vivants, s'ils voulaient accepter la tutelle, ils étaient ordinairement préférés ; mais il n'y avait en cela rien d'obligatoire.

6. C'est l'usage de la tutelle dative qui, sans doute, amena celui de l'avis des parents. Meyer, dans son ouvrage sur *l'Esprit, l'origine et les progrès des institutions judiciaires des principaux pays de l'Europe*, s'exprime ainsi sur les Conseils de famille : « Nous « avons eu occasion de signaler comment, en d'autres pays, l'oli- « garchie aristocratique s'était immiscée dans les intérêts les plus « sacrés des familles ; ou comment de petits souverains, obligés, « pour étendre la sphère de leur pouvoir, de se mêler des affaires « particulières de leurs sujets, ont arraché aux familles le droit de « veiller à la garde, à l'éducation et à la protection des mineurs, « tandis qu'en Angleterre et dans l'ancienne France, les rois avaient « assez d'autorité pour ne point s'abaisser à de pareilles minuties, « ou pour les abandonner soit à des seigneurs, soit à des magistrats « subalternes » (**T. IV**, p. 375).

7. Un des plus anciens monuments se rattachant aux avis de parents est un édit du roi René, donné pour la ville d'Aix, du 11 juin 1403, portant que « les tutelles ne seront déférées par le juge « qu'après avoir ouï, *outre les parents du pupille*, les trois syndics, « ou deux au moins, qui informeront le juge des mœurs et condi- « tions des tuteurs. »

8. Quant aux coutumes, la composition des Conseils de famille n'y était pas tellement arrêtée qu'elle ne dût, plus tard, être réglementée par des édits. Ainsi, l'article 485 de la coutume de Bretagne portait seulement « qu'en procédant à la création des tuteurs ou cu- « rateurs à mineurs, serait par même moyen (en justice), *en la* « *présence et par l'avis des parents assemblés*, délibéré sur l'édu- « cation et entretènement desdits mineurs, tant pour l'instruction « au fait des armes, lettres, qu'autres professions, selon leur qualité « et quantité des biens desdits mineurs ; » mais un édit royal, de décembre 1732, décréta que le nombre des parents serait de douze, savoir : les six plus proches du côté paternel, et les six plus proches du côté maternel.

9. Un édit du 7 mars 1673 avait également réglé la composition des Conseils de famille sous la coutume de Normandie ; le nombre des parents devait y être le même.

10. Dans la coutume du Nivernais, le Conseil était composé de sept membres ; dans celle de Berry, de six ; dans celle d'Orléans, de cinq.

11. D'après un arrêt du Parlement de Bordeaux du 13 juillet 1700, trois parents paternels et trois parents maternels devaient s'assembler pour délibérer sur les tutelles. — Il était de règle partout qu'à défaut des parents on devait choisir pour nominateurs les voisins et les amis du père décédé. — Cependant, c'est aux premières lois de la Révolution française, et depuis au Code Napoléon, que l'on doit un corps complet de dispositions sur la composition et les attributions du Conseil de famille.

12. La loi laisse aux parents les plus proches des mineurs, comme liés par les nœuds les plus sacrés, et intéressés au bonheur des pupilles ainsi qu'à la conservation de leurs biens, le soin de leur personne, de leur éducation, de leur fortune ; c'est le Conseil de famille qui nomme à la tutelle, si le père ou la mère n'y ont pourvu ; c'est sous sa surveillance que le tuteur donne des soins à l'éducation physique et morale des mineurs, qu'il gère l'administration à lui confiée ; c'est au Conseil que doivent être soumises toutes les difficultés qui se présentent pendant la minorité : c'est lui qui juge des motifs d'exclusion ou d'excusation de la tutelle ; c'est lui qui a la faculté d'émanciper le mineur. Mais la famille seule pourrait être conduite par des motifs étrangers aux intérêts des pupilles ; la diversité d'opinions pourrait amener des disputes, sans conduire à une décision ; et la loi a cru que les parents ne devaient s'assembler que sous la présidence d'un magistrat, impartial dans les discussions et inaccessible aux passions qui aveugleraient les parents, relevé par la considération due à sa personne et à sa charge, connaissant les véritables intérêts de tous ceux qui résident dans le ressort de sa juridiction, capable de diriger les délibérations vers un point fixe et constant, suffisamment versé dans la connaissance des lois pour guider les décisions incertaines des parents peu instruits. Le juge de paix remplissait toutes ces conditions, et c'est à lui que la présidence des Conseils de famille a été attribuée : rapproché des habitants de son canton, il peut connaître leur position ; honoré de la confiance la plus intime, il est appelé à éclairer leurs démarches, sans pouvoir cependant disposer contre le gré de la famille, qui, même en sa présence, a une liberté pleine et entière de délibérer, et qui décide à la majorité des voix.

§ 2. *Attributions ordinaires des Conseils de famille en cas de minorité.*

13. Les attributions du Conseil de famille sont principalement :
De nommer un tuteur et un subrogé tuteur au mineur non émancipé, resté sans père ni mère, ni tuteur élu par ses père et

mère, ni ascendants mâles, comme aussi lorsque le tuteur légal ou élu par les père et mère se trouve, ou dans les cas d'exclusion, ou valablement excusé. C. Nap., art. 405.

14. De régler par aperçu, et selon l'importance des biens régis lors de l'entrée en exercice de toute tutelle autre que celle des père et mère, la somme à laquelle pourra s'élever la dépense annuelle du mineur, ainsi que celle de l'administration de ses biens. C. Nap., art. 454.

15. De spécifier si le tuteur est autorisé à s'aider, dans sa gestion, d'un ou de plusieurs administrateurs particuliers, salariés et gérant sous sa responsabilité. C. Nap., art. 544.

16. De déterminer positivement la somme à laquelle commencera, pour le tuteur, l'obligation d'employer l'excédant des revenus sur la dépense ; cet emploi doit être fait dans le délai de six mois, passé lequel le tuteur doit les intérêts à défaut d'emploi. C. Nap., art. 455.

17. Le tuteur, même le père ou la mère, ne peut emprunter pour le mineur, ni aliéner ou hypothéquer ses biens immeubles, sans y être autorisé par un Conseil de famille. — Cette autorisation ne doit être accordée que pour une cause d'une nécessité absolue, ou d'un avantage évident. Dans le premier cas, le Conseil de famille n'accordera son autorisation qu'après qu'il aura été constaté par un compte sommaire présenté par le tuteur, que les deniers, effets mobiliers et revenus du mineur sont insuffisants ; le Conseil de famille indiquera, dans tous les cas, les immeubles qui devront être vendus de préférence, et toutes les conditions qu'il jugera utiles. C. Nap., art 457.

18. Les délibérations du Conseil de famille, relatives à cet objet, ne seront exécutées qu'après que le tuteur en aura demandé et obtenu l'homologation devant le tribunal de première instance, qui y statuera en la Chambre du Conseil, et après avoir entendu le procureur impérial. C. Nap., art. 458.

19. Les inscriptions ou promesses d'inscriptions au-dessus de 50 francs de rente, appartenant à des mineurs, ne pourront être vendues par les tuteurs ou curateurs qu'avec l'autorisation du Conseil de famille, et suivant le cours du jour, légalement constaté ; dans tous les cas, la vente peut s'effectuer sans qu'il soit besoin d'affiche ni de publication. L. 24 mars 1806, art. 3.

20. Les tuteurs ou curateurs des mineurs ou interdits, qui n'auraient en inscriptions ou promesses d'inscriptions de 5 pour 100 consolidés qu'une rente de 50 francs et au-dessous, en pourront

faire le transfert, sans qu'il soit besoin d'autorisation spéciale, ni d'affiche, ni de publication, mais seulement d'après le cours constaté du jour, et à la charge d'en compter comme du produit des meubles. L. 24 mars 1806, art. 1er.

21. Les mineurs émancipés qui n'auraient de même en inscriptions ou promesses d'inscriptions qu'une rente de 50 francs et au-dessous pourront également les transférer avec la seule assistance de leurs curateurs, et sans qu'il soit besoin d'avis de parents ou d'aucune autre autorisation. Même loi, art. 2.

22. Les dispositions de cette loi du 24 mars 1806, relatives au transfert d'inscriptions de 5 pour 100 consolidés appartenant à des mineurs ou interdits, sont rendues applicables aux mineurs ou interdits, propriétaires d'actions de la Banque de France, toutes les fois qu'ils n'auront qu'une action ou un droit dans plusieurs actions, n'excédant pas en totalité une action entière. Décr. 25 sept. 1813, art. 1er.

23. Le tuteur ne peut accepter ni répudier une succession échue au mineur, sans une autorisation préalable du Conseil de famille. L'acceptation n'aura lieu que sous bénéfice d'inventaire. C. Nap., art. 461.

24. Dans le cas où la succession répudiée au nom du mineur n'aurait pas été acceptée par un autre, elle pourra être reprise soit par le tuteur, autorisé à cet effet par une nouvelle délibération du Conseil de famille, soit par le mineur devenu majeur, mais dans l'état où elle se trouvera lors de la reprise, et sans pouvoir attaquer les ventes et autres actes qui auraient été légalement faits durant la vacance. C. Nap., art. 462.

25. La donation faite au mineur ne peut être acceptée par le tuteur qu'avec l'autorisation du Conseil de famille. Elle a, à l'égard du mineur, le même effet qu'à l'égard du majeur. C. Nap., art. 463.

26. Si le tuteur est un ascendant, cette autorisation n'est pas nécessaire. C. Nap., art. 935.

27. Aucun tuteur ne pourra introduire en justice une action relative aux droits immobiliers du mineur, ni acquiescer à une demande relative aux mêmes droits, sans l'autorisation du Conseil de famille. C. Nap., art. 464.

28. La même autorisation sera nécessaire au tuteur pour provoquer un partage; mais il pourra, sans cette autorisation, répondre à une demande en partage dirigée contre le mineur. C. Nap., art. 465.

29. Le tuteur ne pourra transiger au nom du mineur qu'après y avoir été autorisé par le Conseil de famille, et de l'avis de trois jurisconsultes désignés par le procureur impérial près le tribunal de première instance. La transaction ne sera valable qu'autant qu'elle aura été homologuée par le tribunal de première instance, le procureur impérial entendu. C. Nap., art. 467.

30. Le tuteur qui aura des sujets de mécontentement graves sur la conduite du mineur pourra porter ses plaintes à un Conseil de famille, et, s'il y est autorisé par ce Conseil, provoquer la réclusion du mineur, conformément à ce qui est statué à ce sujet au titre *De la puissance paternelle.* C. Nap., art. 468.

§ 3. *Attributions du Conseil de famille relativement au mineur émancipé.*

31. Le mineur resté sans père ni mère pourra, mais seulement à l'âge de dix-huit ans accomplis, être émancipé si le Conseil de famille l'en juge capable. En ce cas, l'émancipation résultera de la délibération qui l'aura autorisée, et de la déclaration que le juge de paix, comme président du Conseil de famille, aura faite dans le même acte, que le mineur est émancipé. C. Nap., art. 478.

32. Le compte de tutelle sera rendu au mineur émancipé, assisté d'un curateur qui lui sera nommé par le Conseil de famille. C. Nap., art. 480.

33. Le mineur émancipé ne pourra faire d'emprunts, sous aucun prétexte, sans une délibération du Conseil de famille, homologuée par le tribunal de première instance, après avoir entendu le procureur impérial. C. Nap., art. 483.

34. Il ne pourra non plus vendre ni aliéner ses immeubles, ni faire aucun acte autre que ceux de pure administration, sans observer les formes prescrites au mineur non émancipé, c'est-à-dire sans l'autorisation du Conseil de famille, aux termes des articles 457 et suivants, 461 et suivants du Code Napoléon. A l'égard des obligations qu'il aurait contractées par voie d'achat ou autrement, elles sont réductibles en cas d'excès ; les tribunaux prendront, à ce sujet, en considération la fortune du mineur, la bonne ou mauvaise foi des personnes qui auront contracté avec lui, l'utilité ou l'inutilité des dépenses. C. Nap., art. 484.

35. Tout mineur émancipé dont les engagements auraient été réduits, comme entachés d'excès, aux termes de l'article 484 du Code

Napoléon, pourra être privé du bénéfice de l'émancipation, laquelle lui sera retirée en suivant les mêmes formes que celles qui auront eu lieu pour la lui conférer (C. Nap., art. 485), c'est-à-dire que le Conseil de famille prononcera comme dans le cas de l'article 478.

36. C'est encore le Conseil de famille qui, à défaut du père ou de la mère, autorise le mineur émancipé, âgé de dix-huit ans accomplis, à faire le commerce. C. comm., art. 2.

§ 4. *Attributions en cas de choix d'un tuteur par une mère remariée; — en cas de second mariage de la mère, et autres cas divers.*

37. Le survivant des père et mère a le droit individuel de choisir, pour les enfants qu'il laisse à son décès, un tuteur parent ou même étranger. C. Nap., art. 397, 398.

38. Mais lorsque la mère remariée et maintenue dans la tutelle aura fait choix d'un tuteur aux enfants d'un premier mariage, ce choix ne sera valable qu'autant qu'il sera confirmé par le Conseil de famille. C. Nap., art. 400.

39. Quand le Conseil de famille refuse de confirmer le choix de la mère, il n'est point obligé d'énoncer les motifs de son refus. Duranton, n° 438.

40. Si le Conseil n'adhère pas à la nomination faite par la mère, le tuteur qu'elle a désigné peut attaquer la délibération, quant à la forme, mais non quant au fond, parce que la nomination n'est valable que sous la condition qu'elle aura été approuvée par le Conseil de famille. Duranton, n° 437.

41. Le Conseil de famille autorise encore le tuteur à consentir à l'enrôlement volontaire du mineur de moins de vingt ans. L. 21 mars 1832, art. 32.

42. C'est encore le Conseil de famille qui nomme le curateur chargé d'accepter une donation pour un sourd-muet qui ne sait pas écrire. C. Nap., art. 396.

43. Le Conseil de famille nomme le tuteur chargé de l'exécution d'une disposition entre vifs ou testamentaire, contenant substitution, lorsque ce tuteur n'aura pas été nommé par l'acte contenant la substitution même. C. Nap., art. 1055.

44. A défaut de ce tuteur, il en sera nommé un à la diligence du grevé, ou de son tuteur, s'il est mineur, dans le délai d'un mois, à compter du jour du décès du donateur ou testateur, ou du jour où, depuis cette mort, l'acte contenant la disposition aura été connu. C. Nap., art. 1056.

45. Si, lors du décès du mari, la femme est enceinte, il est nommé un curateur au ventre par le Conseil de famille. A la naissance de l'enfant, la mère en devient la tutrice, et le curateur est de plein droit le subrogé tuteur. C. Nap., art. 393.

46. Il faut bien remarquer que le curateur, en pareil cas, est un curateur au ventre, et non à l'enfant seul qui doit naître ; il doit non-seulement veiller aux droits de cet enfant, mais encore à ceux des personnes qui recueilleraient à son défaut la succession de l'époux décédé. Toullier, t. II, n° 1100 ; Duranton, t. III, n° 430.

47. La mère n'est point tenue d'accepter la tutelle ; néanmoins, en cas qu'elle la refuse, elle doit en remplir les fonctions jusqu'à ce qu'elle ait fait nommer un tuteur (C. Nap., art. 394). Cette disposition de l'article 394 est générale et s'applique à tous les cas de la tutelle légale de la mère.

48. Si la mère tutrice veut se remarier, elle doit, avant l'acte de mariage, convoquer le Conseil de famille, qui décide si la tutelle doit lui être conservée. — A défaut de cette convocation, elle perd la tutelle de plein droit, et son nouveau mari est solidairement responsable de toutes les suites de la tutelle qu'elle a indûment conservée. C. Nap., art. 395.

49. Lorsque le Conseil de famille, dûment convoqué, conservera la tutelle à la mère, il lui donnera nécessairement pour cotuteur le second mari, qui deviendra solidairement responsable, avec sa femme, de la gestion postérieure au mariage. C. Nap., art. 396.

50. Une controverse s'est élevée sur l'interprétation de l'article 395 : cet article, en disant que la mère tutrice qui se remarie perd la tutelle de plein droit, si elle ne s'y fait maintenir avant de contracter le second mariage, entend-il que la tutelle ne pourra plus tard être rendue par le Conseil de famille à la mère déchue ? la mère remariée est-elle, par sa déchéance, rendue incapable ? Plusieurs arrêts ont déclaré que la déchéance de la mère était absolue, en ce sens que les actes faits par elle, comme tutrice, après le convol, ne peuvent être validés par sa nomination ultérieure, lorsqu'elle est rappelée à la tutelle par le Conseil de famille (Nîmes, 19 prair. an XII). Un arrêt de la Cour de Limoges, du 17 juillet 1822, a, au contraire, validé les actes faits par la mère dans l'intérêt du mineur pendant la continuation de sa gestion. Il semble, d'un autre côté, résulter implicitement d'un arrêt de la Cour de cassation en date du 31 août 1815, que le convol rend la mère incapable. Cependant cet arrêt, sainement entendu, dit seulement que la mère ne peut, en pareil cas, empêcher que le Conseil de famille ne la remplace dans la tutelle : « Cette question, dit Carou (*De la juridiction civile des juges de paix*, t. III, p. 102, n° 860, 2ᵉ édition), se présente fréquemment ; et, dans l'usage, le Conseil de famille, quand il n'a, d'ailleurs, aucun autre motif d'exclusion contre la mère, maintient celle-ci dans la tutelle, en nommant son mari cotuteur. Or, cet usage ne me paraît contraire à aucune disposition de la loi ; la mère a perdu, dans le cas que nous supposons, la tutelle légale qu'elle avait ; mais elle n'en est pas exclue ; et si le Conseil de famille juge utile aux intérêts des enfants de la lui rendre, je ne trouve, encore une fois, dans la loi rien qui s'y oppose ; et ce système, au contraire, n'est pas seulement conforme à la raison, mais il se fonde, de plus, sur une puissante considération de moralité, parce qu'il est toujours fâcheux de consacrer un acte qui doit isoler la mère de ses enfants, et qui ne peut que relâcher les liens d'affection mutuelle qui devaient exister entre eux. »

51. Dans nos précédents travaux nous avons émis une opinion contraire en nous appuyant, ainsi que nous venons de le faire remarquer ci-dessus, de l'autorité de plusieurs Cours, notamment d'un arrêt de la Cour de cassation, du 31 août 1815 ; mais comme la question se présente souvent, et qu'il paraît être passé dans la pratique que le Conseil de famille a le droit de renommer la mère tutrice après la déchéance qu'elle a encourue, nous avons dû examiner plus à fond la question. Par suite, nous avons reconnu, et nous sommes d'avis que quelque absolue que soit la disposition de l'article 395, elle ne prive la mère que de la tutelle *légale*, mais elle ne la rend pas incapable de recevoir la tutelle *dative* ; il faut donc dire que la déchéance prononcée contre la mère tutrice qui n'a pas convoqué le Conseil de famille avant de convoler en secondes noces n'emporte pas contre elle une incapacité absolue, tellement qu'elle ne puisse recouvrer la tutelle par nomination expresse du Conseil de famille. Il ne s'agit point ici, en effet, nous le reconnaissons, d'une des causes d'exclusion ou de destitution contenues dans les articles 442 et suivants du Code Napoléon. « Autre chose, dit Demolombe, t. VII, n° 130, est une exclusion ou une destitution fondée sur l'inconduite ou l'immoralité, autre chose, cette déchéance prononcée par l'article 395, pour un fait d'omission et peut être d'ignorance, qui doit être très-excusable. »

§ 5. *Attributions du Conseil de famille en cas de réduction de l'inscription hypothécaire du mineur et de la femme mariée.*

52. Lors de la nomination du tuteur, le Conseil de famille peut consentir à ce que, pour l'hypothèque légale du mineur, il ne soit pris inscription que sur quelques-uns de ses immeubles (C. Nap., art. 2141); lorsque l'hypothèque n'a pas été restreinte par l'acte de nomination du tuteur, le Conseil donne son avis sur la demande en réduction formée ultérieurement par le tuteur, dont les immeubles excèdent notoirement les sûretés suffisantes pour sa gestion (C. Nap., art. 2143). La demande du tuteur est, en pareil cas, formée contre le subrogé tuteur. Même article.

53. Pourra pareillement le mari, du consentement de sa femme, et après avoir pris l'avis des quatre plus proches parents d'icelle, réunis en assemblée de famille, demander que l'hypothèque générale, prise sur tous ses immeubles, pour raison de la dot, des reprises et des conventions matrimoniales, soit restreinte aux immeubles suffisants pour la conservation entière des droits de la femme. C. Nap., art. 2144. — V. *Hypothèque.*

§ 6. *Attributions du Conseil de famille en cas de poursuites en interdiction et de dation d'un conseil judiciaire.*

54. En cas de poursuites en interdiction et de demande portée à cet égard devant le tribunal de première instance, le tribunal ordonnera que le Conseil de famille, formé selon le mode déterminé à la section IV du chapitre II du titre *De la minorité, de la tutelle et de l'émancipation,* donne son avis sur l'état de la personne dont l'interdiction est demandée. C. Nap., art. 494; C. proc., art. 892.

55. Après l'interdiction prononcée par un jugement du tribunal civil, s'il n'y a pas d'appel de ce jugement ou s'il est confirmé sur appel, il est pourvu à la nomination d'un tuteur et d'un subrogé tuteur à l'interdit, suivant les règles prescrites au même titre *De la minorité, de la tutelle et de l'émancipation.* C. Nap., art. 505; C. proc., art. 895.

56. La femme peut être nommée tutrice de son mari ; en ce cas, le Conseil de famille règle la forme et les conditions de l'administration, sauf le recours devant les tribunaux de la part de la femme qui se croirait lésée par l'arrêté de la famille. C. Nap., art. 507.

57. L'interdit est assimilé au mineur, pour sa personne et pour ses biens; les lois sur la tutelle des mineurs s'appliquent à la tutelle des interdits. C. Nap., art. 509.

58. Les revenus d'un interdit doivent être essentiellement employés à adoucir son sort et à accélérer sa guérison, selon le caractère de sa maladie et l'état de sa fortune; le Conseil de famille pourra arrêter qu'il sera traité dans son domicile, ou qu'il sera placé dans une maison de santé et même dans un hospice. C. Nap., art. 510.

59. Lorsqu'il sera question du mariage de l'enfant d'un interdit, la dot ou l'avancement d'hoirie, et les autres conventions matrimoniales, seront réglés par un avis du Conseil de famille homologué par le tribunal, sur les conclusions du procureur impérial. C. Nap., art. 511.

60. L'interdiction cesse avec les causes qui l'ont déterminée: néanmoins la mainlevée ne sera prononcée qu'en observant les formalités prescrites pour parvenir à l'interdiction, et l'interdit ne pourra reprendre l'exercice de ses droits qu'après le jugement de mainlevée. C. Nap., art. 512; C. proc., art. 896.

61. La loi des 30 juin 6 juillet 1838, sur les aliénés, donne encore quelques attributions au Conseil de famille : ainsi, d'après l'article 15, avant même que les médecins aient déclaré la guérison, toute personne placée dans un établissement d'aliénés cessera d'y être retenue, dès que la sortie sera requise par l'une des personnes ci-après désignées, savoir : 1° le curateur nommé à l'interdit, en vertu de l'article 38 de la même loi, outre l'administrateur provisoire; 2° l'époux ou l'épouse; 3° s'il n'y a pas d'époux ou d'épouse, les ascendants; 4° s'il n'y a pas d'ascendants, les descendants; 5° la personne qui aura signé sur la demande d'admission, à moins qu'un parent n'ait déclaré s'opposer à ce qu'elle use de cette faculté sans l'assentiment du Conseil de famille; 6° toute personne à ce autorisée par le Conseil de famille; s'il résulte d'une opposition notifiée au chef de l'établissement par un ayant droit qu'il y a dissentiment, soit entre les ascendants, soit entre les descendants, le Conseil de famille prononcera.

62. L'article prévoit ensuite le cas où l'état mental du malade pourrait compromettre l'ordre public ou la sûreté des personnes, cas dans lequel le maire du lieu peut ordonner immédiatement un sursis provisoire à la sortie, à la charge d'en référer dans les vingt-quatre heures au préfet. Le préfet est tenu de statuer et de donner ses ordres dans la quinzaine.

63. En cas de minorité ou d'interdiction, ajoute l'article, le tuteur pourra seul requérir la sortie.

64. L'article 32 de la même loi pourvoit à la nomination d'un administrateur provisoire aux biens de toute personne non interdite placée dans un établissement d'aliénés. Cette nomination, confiée, comme celle d'un interdit, au tribunal civil, n'aura lieu, dit l'article, qu'après délibération du Conseil de famille, et sur les conclusions du ministère public.

65. Les attributions du Conseil de famille s'étendent aussi à la nomination d'un conseil judiciaire. La défense de procéder sans l'assistance d'un conseil peut être provoquée par ceux qui ont droit de demander l'interdiction ; leur demande doit être instruite et jugée de la même manière. C. Nap., art. 514.

66. Cette défense ne peut être levée qu'en observant les mêmes formalités.

§ 7. *Attributions en cas d'absence des père et mère. — Attributions relatives à l'enfant naturel. — Opposition au mariage d'un mineur. — Tuteur nommé en cas de désaveu d'un enfant.*

67. Il est encore des cas spéciaux où la loi exige l'avis du Conseil de famille, ainsi : les articles 141 et suivants du Code Napoléon, au titre *De l'absence*, règlent la surveillance des enfants du père qui a disparu, laissant des enfants mineurs issus d'un commun mariage ; la mère en aura la surveillance, et elle exercera tous les droits du mari, quant à leur éducation et à l'administration de leurs biens (C. Nap., art. 141). Six mois après la disparition du père, si la mère était décédée lors de cette disparition, ou si elle vient à décéder avant que l'absence du père ait été déclarée, la surveillance des enfants sera déférée, par le Conseil de famille, aux ascendants les plus proches, et, à leur défaut, à un tuteur provisoire. C. Nap., art. 142.

68. Il en sera de même dans le cas où l'un des époux qui aura disparu laissera des enfants mineurs issus d'un mariage précédent, C. Nap., art. 143.

69. Dans le cas d'absence du père, c'est donc la mère qui exerce la puissance paternelle ; si elle existe, il n'y a pas lieu à nommer de tuteur à ses enfants mineurs, ni même de l'instituer tutrice. Elle exerce tous les droits du mari de la même manière que celui-ci les aurait exercés lui-même ; ses biens ne sont pas frappés d'hypothèque légale ; il n'est pas nommé de subrogé tuteur ; la femme peut également, en pareil cas, administrer les biens de la communauté, même les biens propres de son mari. C. Nap., art. 124.

70. L'enfant naturel qui n'a point été reconnu, et celui qui, après l'avoir été, a perdu ses père et mère, ou dont les père et mère ne peuvent manifester leur volonté, ne pourra, avant l'âge de vingt et un ans révolus, se marier qu'après avoir obtenu le consentement d'un tuteur *ad hoc* qui lui sera nommé (C. Nap., art. 159). — Ce tuteur *ad hoc* doit nécessairement être nommé par le Conseil de famille. C. Nap., art. 405.

71. S'il n'y a ni père ni mère, ni aïeuls ni aïeules ou s'ils se trouvent tous dans l'impossibilité de manifester leur volonté, les fils ou filles mineurs de vingt et un ans ne peuvent contracter mariage sans le consentement du Conseil de famille (C. Nap., art. 160).— Le Conseil ne se borne point à autoriser le mariage, il nomme un tuteur *ad hoc* au mineur pour l'assister dans le contrat et dans le règlement des conventions matrimoniales. C. Nap., art. 1398.

72. Il résulte évidemment de cet article que le mariage du mineur qui n'a ni père ni mère, ni ascendants, doit être autorisé directement par le Conseil de famille et non par un tuteur ou curateur *ad hoc ;* et, à notre connaissance, aucun arrêt de la Cour de cassation n'a jugé le contraire.

73. Lorsque le contrat se rédige, la présence de tous les membres du Conseil de famille n'est pas nécessaire. Tous les auteurs sont d'accord sur ce point ; il suffit, et tel est l'usage, que le Conseil soit représenté par un délégué, qui est ordinairement le tuteur du mineur non émancipé, ou le curateur du mineur émancipé.

74. La délibération du Conseil de famille ne doit pas nécessairement détailler les stipulations à insérer dans le contrat de mariage; mais le Conseil doit décider sous quel régime se mariera le mineur, régime de la communauté, régime dotal, etc. MM. Rodière et Pont (t. I, n° 42) soutiennent qu'il suffirait que la délibération autorisât de déléguer *pour toute espèce de conventions ou donations.* Ce serait, à notre avis, trop vague. Le régime à adopter doit être spécifié, et il vaut même mieux, si l'on autorise les donations, en fixer l'importance et le caractère, par exemple, donation en toute propriété, donation en usufruit, etc. Voir la 3ᵉ édition de notre *Traité des Conseils de famille*, p. 87 et suiv., nᵒˢ 108, 111 et suiv.

75. L'impossibilité des père et mère, aïeuls ou aïeules, de manifester leur volonté, résulte, ou de leur interdiction, ou de leur absence, déclarée ou non, ou de leur disparition, ou de leur domicile inconnu.

76. L'article 174 du Code Napoléon permet au frère ou à la sœur, à l'oncle ou à la tante, au cousin ou à la cousine germains, majeurs, de former, à défaut d'aucun ascendant, opposition à la célébration du mariage du mineur qui a contracté sans le consentement du Conseil de famille, requis par l'article 160 précité, ou lorsque l'opposition est fondée sur l'état de démence du futur époux.

77. D'après l'article 175, dans ces deux cas, le tuteur ou curateur ne pourra, pendant la durée de la tutelle ou curatelle, former opposition qu'autant qu'il y aura été autorisé par un Conseil de famille, qu'il pourra convoquer. — Le tuteur qui a été ainsi autorisé à former opposition à la célébration, pour cause de démence, doit s'engager devant le tribunal à provoquer l'interdiction, et à y faire statuer dans le délai qui sera fixé par le jugement. C. Nap., art. 174.

78. De même que la loi ne lui permet pas d'autoriser seul, sans le consentement du Conseil de famille, le mariage du mineur, de même elle lui a imposé l'autorisation du Conseil pour former opposition à la célébration.

79. L'exécution des articles 267 et 302, qui permettent à la famille de demander que les enfants mineurs, en cas de demande de divorce ou de séparation de corps, ou après le divorce et la séparation de corps prononcée (C. Nap., art. 307), soient remis à celui des époux qui est le plus capable d'en prendre soin, ou même à une tierce personne, est encore confiée au Conseil de famille.

80. En cas de désaveu d'un enfant de la part du mari ou de ses héritiers, l'article 318 déclare non avenu l'acte extrajudiciaire contenant ce désaveu, s'il n'est suivi, dans le délai d'un mois, d'une action en justice, dirigée contre un tuteur *ad hoc*, donné à l'enfant. Mais qui nomme ce tuteur ? Le Conseil de famille, sans contredit, dont la convocation est requise du juge de paix compétent par le mari désavouant.

81. C'est encore le Conseil de famille [qui règle les conditions qui doivent être acceptées par le tuteur officieux, en cas de tutelle officieuse. C. Nap., art. 361.

§ 8. *Du domicile du mineur.*

82. De nombreuses controverses se sont élevées sur la question du domicile du mineur. On a prétendu que ce domicile pouvait varier suivant celui du tuteur. Mais on a répondu « que le mineur a deux domiciles : l'un pour la gestion de sa tutelle, qui est inséparable de celui du gérant ; l'autre pour le Conseil de famille, qui est celui de l'ouverture de la tutelle, le mineur étant alors dans la maison de son père ou de sa mère non décédés. » Cette doctrine a été approuvée par des jurisconsultes distingués (Toullier, *Droit civil*, t. II, n° 1114 ; Duranton, t. III, n° 453 ; Carré, t. III, p. 251 ; Berriat, p. 678 ; Delvincourt, t. I, p. 431, et Favard de Langlade, v° *Tutelle*, § 4), et confirmée par plusieurs arrêts de la Cour de cassation, notamment par celui du 23 mars 1819, rapporté dans nos ANNALES DES JUSTICES DE PAIX, 1re série, t. V, p. 258.

83. Jugé encore que l'on doit réputer nulle la nomination d'un subrogé tuteur faite par un Conseil de famille convoqué devant le juge de paix d'un domicile autre que celui qu'avait le père du mineur au moment de son décès, et adopté par le tuteur depuis l'ouverture de la tutelle. Cass., 11 mai 1842. ANNALES DES JUST. DE PAIX, 1re série, t. II, p. 107.

84. Cependant s'il s'agissait d'un tuteur légal, par exemple, de la mère survivante au père du mineur, le domicile de ce dernier ne serait-il pas celui de la mère, lors même qu'elle aurait cessé de résider dans le lieu où son époux était décédé ? Dans notre opinion, cette circonstance ne peut rien changer à la règle que le lieu de l'ouverture de la tutelle établit le domicile du mineur, domicile qui lui est acquis par le seul fait du décès de son père. Cass., 13 mai 1811.

85. Les choses seraient les mêmes, encore que la mère survivante viendrait à décéder avant la majorité de son mineur, par la raison que déjà ce mineur était en tutelle avant le décès de sa mère, et que ce décès ne donne lieu qu'à la continuation de la tutelle et du domicile acquis au mineur. — Toullier et Duranton, tout en admettant en principe que la tutelle, être moral, a un domicile qui ne varie pas, distinguaient le cas où ce serait le père ou la mère qui auraient changé de domicile depuis l'ouverture de la tutelle en sa personne ; et dans ce cas, ils pensent que les convocations du Conseil de famille pendant la tutelle devraient avoir lieu devant le juge de paix de son domicile actuel, qui est celui du mineur. L'amour paternel, disent ces auteurs, est une garantie puissante contre les inconvénients sur lesquels le système contraire est fondé. Cette distinction a été consacrée par un arrêt de la Chambre des requêtes, en date du 10 août 1825, qui a jugé que le domicile

du mineur était celui du dernier décédé de ses père et mère. Mais cette décision est intervenue dans une affaire où l'incompétence du Conseil de famille, dont on voulait faire annuler la délibération, était proposée par l'adversaire du mineur ; et il faut remarquer que cette annulation aurait causé à ce dernier un grave préjudice, et que cette considération a pu exercer une certaine influence sur l'arrêt de rejet rendu par la Cour. — La loi n'établit, en effet, aucune différence entre le cas où la tutelle est légale et celui où elle doit être déférée par le Conseil de famille. L'article 407 du Code Napoléon dispose d'une manière générale que le Conseil de famille doit être convoqué dans le lieu de l'ouverture de la tutelle. Or, la tutelle s'ouvre par le décès du premier mourant des père et mère ; c'est donc le domicile qu'avait à cette époque le père du mineur, et qui, par suite, était le domicile du mineur placé sous sa puissance paternelle, qui doit rester celui de la tutelle.

86. Le tuteur, fût-il le père ou la mère du mineur, ne peut à son gré, par son seul caprice ou dans un but d'intérêt illicite, se soustraire à la juridiction du juge de paix dans le ressort duquel la tutelle s'est ouverte, et conférer ainsi la compétence à celui de son nouveau domicile. Nous le répétons, par une semblable manœuvre, il serait facile d'écarter les parents du Conseil de famille, de ne le composer que d'inconnus ou de personnes entièrement ignorantes des affaires du mineur, et de couvrir de cette façon soit des spéculations illégitimes, soit de honteuses dilapidations.

87. Nous venons de faire remarquer que M. Duranton, tout en admettant que c'est, suivant la règle générale, devant le juge de paix du lieu où s'est faite la nomination d'un tuteur que le Conseil de famille doit être convoqué pendant toute la durée de la tutelle, excepte le cas où la tutelle est exercée par le père ou la mère ou tout autre ascendant. « Si le père ou la mère, ou tout autre ascendant tuteur, dit-il, change de domicile après l'ouverture de la tutelle, le Conseil de famille doit être convoqué devant le domicile actuel de l'ascendant. » — Le premier vice de cette opinion ou de ce système, c'est de n'être basé sur aucune disposition légale, et même, si nous avons bien compris et bien expliqué le sens de la loi, de lui être tout à fait contraire. — Mais au moins M. Duranton fonde-t-il sur quelque motif plausible, sur quelque raison valable, une modification, une exception aussi grave au principe général qu'il reconnaît? Nullement. Il n'invoque que l'intérêt de l'ascendant, que l'on ne doit pas exposer à des déplacements gênants et dispendieux, et la garantie que le mineur trouve dans la tendresse paternelle qui le défend contre tous les inconvénients du changement de domicile. — Quant à l'intérêt de l'ascendant, l'intérêt que l'on doit chercher, avant tout, dans une tutelle, est celui du mineur, et non celui du tuteur. — Quant à la tendresse paternelle, la loi y a eu tous les égards que de raison, soit en créant la tutelle légale même, soit en dispensant de certaines formalités le tuteur légal; mais il ne faut pas dépasser les limites qu'elle a posées. Il n'appartient qu'au législateur de créer des *exceptions*, c'est une règle élémentaire, et l'on a droit de s'étonner que M. Duranton ait pu s'y méprendre. — Enfin, d'après l'article 521 du Code Napoléon, le tuteur légal, avant d'entrer en fonctions, doit convoquer, pour la nomination du subrogé tuteur, *un Conseil de famille composé d'après les mêmes règles;* et ses comptes, de même que ceux de tout autre tuteur, sont rendus par lui *devant les juges du lieu où la tutelle a été déférée* (C. proc., art. 527). Ces textes sont la condamnation du système de M. Duranton. — Enfin, M. Duranton ajoute qu'à la mort de l'ascendant, la tutelle dative venant à s'ouvrir, ce sera évidemment au dernier domicile de cet ascendant que le Conseil de famille devra être composé. En supposant que cette considération soit fondée, ce n'est pas une raison de dire que ce qui devrait avoir lieu dans l'avenir serait une obligation pour le présent; et certes, de ce que la tutelle dative s'ouvrirait, au décès de l'ascendant, dans le lieu de ce décès, on ne pourrait conclure que la tutelle de l'ascendant a eu nécessairement avant son décès ce lieu pour domicile; que c'est là que le Conseil de famille a dû être convoqué, par exception à des dispositions légales, formelles et positives. Il suffit d'établir le défaut de liaison entre les prémisses de ce raisonnement et sa conséquence, pour démontrer combien la déduction est peu fondée.

88. Jugé néanmoins que l'article 406 du Code Napoléon n'est pas tellement absolu, que la délibération prise devant un juge de paix autre que celui du domicile du mineur doive être annulée, alors que la délégation de ce juge de paix a été faite par jugement passé en force de chose jugée. Metz, 20 avril 1820.

89. Cette décision, intervenue à l'occasion de la nomination d'un tuteur, est fondée sur ce que la délégation du juge de paix avait été faite par jugement passé en force de chose jugée, puisqu'il avait été exécuté sans contestation. Cependant, en principe, nous n'admettons pas qu'un tribunal puisse, sans motif de récusation alléguée contre le juge de paix du domicile du mineur, déférer à un autre juge de paix le droit de présider le Conseil de famille pour la nomination du tuteur. En effet, la juridiction du juge de paix, en pareil cas, n'est pas une juridiction ordinaire : c'est une magistrature particulière dont il est investi. La loi le constitue le protecteur né du mineur, et le charge de provoquer d'office la nomination du tuteur. — Elle l'investit d'un pouvoir discrétionnaire pour appeler, s'il le juge nécessaire, des parents domiciliés hors de la distance qu'elle a déterminée. Elle veut que l'assemblée se tienne de plein droit chez lui, à moins qu'il ne trouve convenable de désigner un autre local. Enfin elle le constitue membre et président du Conseil de famille; elle lui donne voix délibérative, et va même jusqu'à lui donner voix prépondérante en cas de partage. — Ainsi, ce n'est point un juge qui reçoit les votes des parents assemblés, et qui a seulement le droit de sanctionner le résultat de ces votes. C'est le premier membre de l'assemblée, celui sans lequel la loi ne reconnaît pas de Conseil de famille. Mais il ne faut pas croire que la seule qualité de juge de paix suffise pour exercer de pareilles fonctions ; il faut qu'il soit le juge de paix du domicile du mineur : c'est exclusivement à lui seul que la loi les attribue. Il est facile, d'après tout ce que nous avons dit ci-dessus, de reconnaître le motif de la loi ; un autre que le juge du domicile peut-il être aussi à portée que lui de connaître et d'apprécier une foule de circonstances qui se rattachent aux intérêts du mineur et au choix de son tuteur? La loi ne peut accorder à un juge de paix étranger, ni la même confiance, ni le même pouvoir, et celui du domicile ne peut être récusé que sur des motifs d'exclusion fondés sur des causes expressément déterminées par la loi.

Ces principes nous paraissent d'une telle force, d'une telle évidence, que, dans le cas même où il aurait été commis par le juge de paix du domicile du mineur quelque faute, quelque erreur assez grave pour faire annuler une première nomination, ce ne serait pas un motif suffisant pour ordonner une nouvelle convocation devant un autre juge de paix. C'est ce que la Cour de cassation a jugé le 13 octobre 1807. — En effet, quel motif puissant pourrait-on exprimer pour prendre légalement une semblable détermination ? Dirait-on que ce juge de paix déclaré compétent par la loi a consommé son droit; que la règle de la compétence a reçu son exécution, et qu'un autre juge de paix peut lui être substitué? — Ce serait une nouvelle erreur. La compétence du juge de paix du domicile du mineur n'est pas consommée parce qu'il a présidé un Conseil de famille; tant que la tutelle dure, il continue d'être membre et président né de tous les Conseils de famille qui peuvent être appelés à délibérer sur la personne ou sur la fortune du mineur ; et dans le cas même où le mineur aurait un autre domicile, ce serait toujours devant le juge de paix de l'ouverture de la tutelle que le Conseil de famille devrait être convoqué. Angers, 22 févr., et Cass., 29 nov. 1809.

§ 9. *Qui convoque le Conseil de famille?* — *Membres qui doivent le composer.* — *Exclusions.*

90. Le Conseil de famille est convoqué, sur la réquisition et à la diligence des parents du mineur, de ses créanciers, ou d'autres parties intéressées, soit même d'office, par le juge de paix du domicile du mineur. — Toute personne peut dénoncer à ce juge de paix le fait qui donne lieu à la nomination d'un tuteur. C. Nap., art. 406.

91. Le Conseil de famille, appelé à nommer un *nouveau tuteur*, doit être convoqué, ainsi que nous l'avons démontré au paragraphe qui précède, dans le lieu du *domicile naturel* du mineur, c'est-à-dire de celui qu'il avait lors de l'ouverture de la tutelle, et non dans le lieu du domicile du dernier tuteur. Cass., 29 nov. 1809, et 23 mars 1819 ; Toullier, t. II, n° 1114 ; Duranton, t. III, n° 453 ; Magnin, *Des tutelles*, t. I, n° 78 ; Favard de Langlade, *Rép.*, v° *Tutelle*, § 4, n° 4.

92. Le Conseil de famille est composé, non compris le juge de paix, de six parents ou alliés, pris tant dans la commune où la tutelle sera ouverte, que dans la distance de deux myriamètres, moitié du côté maternel, moitié du côté paternel, et en suivant l'ordre de proximité dans chaque ligne. — Le parent est préféré à l'allié du même degré ; et, parmi les parents du même degré, le plus âgé à celui qui le sera le moins. C. Nap., art. 407.

93. Les frères germains du mineur, et les maris des sœurs germaines, sont seuls exceptés de la limitation de nombre posée en l'article précédent. — S'ils sont six, ou au delà, ils seront tous membres du Conseil de famille, qu'ils composent seuls, avec les veuves d'ascendants, et les ascendants valablement excusés, s'il y en a. — S'ils sont en nombre inférieur, les autres parents ne sont appelés que pour compléter le Conseil. C. Nap., art. 408.

94. L'observation de cet article 408 peut avoir pour effet de rompre la balance entre les deux lignes ; ainsi, il arrivera souvent qu'il y aura plus d'ascendants dans une ligne que dans une autre ; il se pourra même qu'il n'y en ait que dans une seule. Mais le texte de l'article 408 est trop positif pour que l'on puisse, en pareil cas, soit les exclure, soit appeler, pour contre-balancer leur nombre, des parents de l'autre ligne.

95. Lorsque les parents et alliés de l'une ou de l'autre ligne se trouveront en nombre insuffisant sur les lieux, ou dans la distance désignée par l'article 407, le juge de paix appellera, soit des parents ou alliés domiciliés à de plus grandes distances, soit, dans la commune même, des citoyens connus pour avoir eu des relations habituelles d'amitié avec le père ou la mère du mineur. C. Nap., art. 409.

96. Le juge de paix peut, lors même qu'il y a sur les lieux un nombre suffisant de parents ou alliés, permettre de citer, à quelque distance qu'ils soient domiciliés, des parents ou alliés plus proches en degré, ou de mêmes degrés que les parents ou alliés présents, de manière, toutefois, que cela s'opère en retranchant quelques-uns de ces derniers, et sans excéder le nombre réglé par les précédents articles. C. Nap., art. 410.

97. L'inobservation des règles prescrites pour la composition des Conseils de famille n'entraîne pas de plein droit nullité des délibérations prises par le Conseil irrégulièrement composé. Les articles 407 et 409 du Code Napoléon ne disposant pas à peine de nullité, on doit laisser à la sagesse et à la prudence des tribunaux le soin d'apprécier les circonstances particulières qui peuvent excuser des irrégularités exemptes de tout soupçon de dol ou de connivence.

98. Ne peuvent être tuteurs ni membres du Conseil de famille : 1° les mineurs, excepté le père ou la mère ; 2° les interdits ; 3° les femmes autres que la mère et les ascendants ; 4° tous ceux qui ont, ou dont les père ou mère ont, avec le mineur, un procès dans lequel l'état de ce mineur, sa fortune, ou une partie notable de ses biens sont compromis. C. Nap., art. 442.

99. Tout individu qui a été exclu ou destitué d'une tutelle ne peut non plus être membre d'un Conseil de famille. C. Nap., art. 445.

100. Outre ces exclusions, résultant de la loi des tutelles, il en est d'autres aussi formelles, attenantes à l'état ou à la capacité civile des citoyens. Ainsi, la mort civile rend celui qui en est frappé incapable d'être nommé tuteur, ni de concourir aux opérations relatives à la tutelle. C. Nap., art. 25 ; C. pén., art. 28, 34, 4°.

101. La dégradation civique entraîne l'incapacité de faire partie d'aucun Conseil de famille et d'être tuteur, curateur, subrogé tuteur,

ou conseil judiciaire, si ce n'est de ses propres enfants, et sur l'avis conforme de la famille. C. pén., art. 34, 4°.

102. La condamnation à la peine des travaux forcés à temps, de la détention, de la réclusion ou du bannissement, emportera la dégradation civique; la dégradation civique sera encourue du jour où la condamnation sera devenue irrévocable; et, en cas de condamnation par contumace, du jour de l'exécution par effigie. C. pén., art. 28.

103. L'interdiction du vote et suffrage, dans les délibérations de famille, peut être aussi attachée à une peine correctionnelle : les tribunaux, jugeant correctionnellement, pourront, dans certains cas, dit l'article 42 du Code pénal, interdire, en tout ou en partie, l'exercice des droits civiques, civils et de famille suivants... 3° de vote et de suffrage dans les délibérations de famille.

104. Mais les tribunaux ne peuvent admettre d'autres causes d'exclusion que celles résultant d'une disposition formelle de la loi. Il a été jugé que les articles 442 et 445 du Code Napoléon ne sont pas démonstratifs, mais bien limitatifs, et qu'ils doivent être pris à la lettre. Cass., 13 oct. 1807.

105. Il a été jugé que l'état de faillite du père était une cause d'exclusion de la tutelle (Dijon, 28 prair. an XII) ; mais cette décision n'a pas notre assentiment; nous sommes d'avis, au contraire, qu'un failli, alors même qu'il ne serait pas réhabilité, peut très-bien être tuteur, curateur, membre d'un Conseil de famille. Il suffit, en effet, de faire remarquer que la privation du droit d'être tuteur ou membre d'un Conseil de famille est considérée par les articles 9 et 42 du Code pénal comme une peine correctionnelle, que les tribunaux ne peuvent prononcer qu'autant qu'elle est infligée par une disposition particulière de la loi.

106. Jugé, dans ce sens, que le failli conserve, malgré sa faillite, le droit d'être tuteur ou membre d'un Conseil de famille (Bruxelles, 14 août 1833). — Or, c'est avec juste raison que cet arrêt a refusé de priver d'un droit de famille le failli qui peut sans doute, en général, être coupable d'imprudence ou même de négligence, mais non pas d'un délit. — V. notre *Traité des Conseils de famille*, 3me édit., n° 149.

107. Ainsi, les causes même d'exclusion de la tutelle ne sauraient être étendues à l'exclusion des Conseils de famille ; mais le juge de paix peut se dispenser d'appeler tel parent désigné par la loi, pourvu, toutefois, qu'il ne soit ni ascendant, ni frère ou sœur germain, ni mari de sœur germaine, s'il reconnaît que sa présence pourrait être nuisible ou même inutile dans le Conseil. L'article 40, en lui permettant de désigner même en dehors de la localité, et quoiqu'il y ait sur les lieux un nombre suffisant de parents ou alliés, des parents ou alliés de même degré que ceux présents, lui donne les moyens de composer presque toujours convenablement le Conseil de famille; il ne faut pas qu'il en abuse, mais il peut en user.

§ 10. *Convocation du Conseil de famille. — Formes. — Absence des membres. — Excuses. — Amendes. — Délibération. — Majorité. — Refus de voter. — Procès-verbal.*

108. Celui qui demande la convocation du Conseil de famille requiert cédule du juge de paix. Mais la cédule n'est pas nécessaire, quand tous les parents sont d'accord pour comparaître au jour indiqué par le juge de paix pour l'assemblée. — Aux termes de l'article 412, coté ci-après, le fondé de pouvoirs ne peut représenter qu'une seule personne, d'où il faut conclure que la personne qui fait déjà partie du Conseil de famille pour son propre compte ne peut représenter un autre membre par procuration.

109. Le délai pour comparaître sera réglé par le juge de paix à jour fixe, mais de manière qu'il y ait toujours, entre la citation notifiée et le jour indiqué pour la réunion du Conseil, un intervalle de trois jours au moins, quand toutes les parties citées résideront dans la commune ou dans la distance de deux myriamètres. — Toutes les fois que, parmi les parties citées, il s'en trouvera de domiciliées au delà de cette distance, le délai sera augmenté d'un jour par trois myriamètres. C. Nap., art. 411.

110. Les parents, alliés ou amis, ainsi convoqués, sont tenus de se rendre en personne, ou de se faire représenter par un mandataire spécial. — Le fondé de pouvoirs ne peut représenter plus d'une personne. C. Nap., art. 412.

111. La procuration donnée au fondé de pouvoirs doit être enregistrée. Il n'est pas nécessaire qu'elle soit faite par acte devant notaire; une procuration sous seing privé suffit. Cependant, il faut que le juge de paix puisse s'assurer que la signature, au bas de chaque procuration, est bien celle du membre cité; on peut, à cet effet, la faire légaliser par le maire et par le sous-préfet.

112. Est-il nécessaire que la procuration mentionne la volonté du mandant, qu'elle exprime l'objet de la délibération pour laquelle il est convoqué, qu'elle limite même et détermine les pouvoirs du mandataire, en spécifiant, par exemple, s'il s'agit de la nomination d'un tuteur, que le mandataire devra nommer telle ou telle personne ; ou bien, s'il s'agit d'autoriser le tuteur à faire tel ou tel acte, que cette autorisation devra ou ne devra pas être donnée? — Nous pensons que l'objet de la délibération doit être mentionné dans la procuration, de même qu'il l'est dans la cédule signifiée ; mais il n'est pas nécessaire de limiter les pouvoirs du mandataire. Il pourrait même être nuisible, en certaines occasions, de le faire, puisqu'on entraverait ainsi la délibération du Conseil de famille, et qu'on en rendrait le succès impossible par l'accord de tous les membres. Cependant il semble difficile d'empêcher un parent de préciser sa volonté dans la procuration qu'il donne.

113. L'article 409 n'autorise le juge de paix à permettre la convocation, à défaut de parents demeurant sur les lieux, que des amis du père et de la mère du mineur habitant dans la commune même. Des amis domiciliés hors de la commune ne seraient donc pas tenus de se rendre à la convocation.

114. Tout parent, allié ou ami, convoqué, et qui, sans excuse légitime, ne comparaît point, encourt une amende qui ne pourra excéder 50 francs, et sera prononcée sans appel par le juge de paix. C. Nap., art. 413.

115. Mais l'amende prononcée par cet article ne pourrait être appliquée au parent, allié ou ami qui, tout en ayant comparu, aurait refusé de délibérer, sous prétexte, par exemple, de l'irrégularité de la composition du Conseil de famille (Cass., 10 déc. 1828. ANNALES DES JUST. DE PAIX, 1re série, t. II, p. 133.) — Cette décision est exacte; les peines, en effet, ne se suppléent pas, elles ne peuvent être étendues d'un cas à l'autre.

116. Il importe de faire remarquer que la convocation soit légale et obligatoire, et qu'elle comporte l'amende pour défaut de comparution, il faut qu'elle soit notifiée par huissier; autrement il n'y aurait pas la preuve que la convocation amiable soit bien parvenue à son adresse.

117. S'il y a excuse suffisante et qu'il convienne, soit d'attendre le membre absent, soit de le remplacer ; en ce cas, comme en tout autre où l'intérêt du mineur semblera l'exiger, le juge de paix peut ajourner l'assemblée ou la proroger. C. Nap., art. 414.

118. L'assemblée se tient de plein droit chez le juge de paix, à moins qu'il ne désigne lui-même un autre local. La présence des trois quarts au moins des membres convoqués est nécessaire pour qu'elle délibère. C. Nap., art. 415.

119. Le nombre légal des membres du Conseil de famille étant de sept personnes, six parents ou amis et le juge de paix, c'est sur ce nombre sept qu'il faut calculer les trois quarts. Or, les trois quarts de sept étant cinq un quart, il s'ensuit que le Conseil de famille ne peut délibérer qu'au nombre de six membres, cinq parents ou amis et le juge de paix ; car la présence du juge de paix ou d'un suppléant est toujours nécessaire, le Conseil de famille ne pouvant être présidé que par eux : « Le Conseil de famille est présidé par le juge de paix, qui y a voix délibérative et prépondérante en cas de partage. » C. Nap., art. 416.

120. Quand les membres du Conseil de famille sont réunis en nombre suffisant, sous la présidence du juge de paix, ce magistrat, ou la partie requérante, expose les motifs de la convocation. Chaque membre qui veut discuter, rejeter ou approuver la proposition, peut le faire, et les autres membres peuvent lui répondre. Après la discussion finie, ou s'il n'y en a point, on passe à la délibération, et les voix sont recueillies par le président, qui en proclame le résultat devant le Conseil.

121. Mais quel est le nombre de voix nécessaire pour former la majorité ? La loi ne s'explique pas positivement sur ce sujet. Mais il résulte de l'article 416, qui accorde au juge de paix, en cas de partage, la voix prépondérante, que c'est à la majorité simple des voix que les délibérations se forment. En effet, cette voix prépondérante n'est nécessaire que pour établir la majorité relative.

122. Le projet de rédaction de l'article 416 du Code Napoléon portait, dans le principe, qu'en cas de partage, les membres du Conseil devaient s'accorder sur le choix du départageant, et, à défaut par eux de s'entendre sur ce choix, il enjoignait au juge de paix de faire cette nomination. Sur l'observation de M. Tronchet, que ce mode de départager pourrait entraîner des embarras et des longueurs, le juge de paix fut chargé lui-même de départager. Partant de là, et attachant peut-être au mot *départager* une importance plus grande qu'il ne faudrait, M. Duranton (t. III, p. 458) y a vu la nécessité pour le Conseil de se diviser, en cas de partage, en deux parties égales, et, par analogie de ce qui se pratique en pareil cas parmi les juges d'un tribunal, il a voulu que s'il se formait dans le Conseil plus de deux opinions sur le choix du tuteur, les membres plus faibles en nombre fussent tenus de se réunir à l'une des deux opinions qui auraient été émises par le plus grand nombre. De cette manière, le juge de paix n'aurait, en se décidant pour l'une des deux opinions, qu'à faire pencher la balance pour compléter la majorité absolue, indispensable, selon l'auteur, pour la régularité de la délibération. Nous devons ajouter que cette opinion a été suivie par quelques arrêts. Bruxelles, 15 mars 1806 ; Metz, 16 févr. 1812 ; Aix, 10 mars 1840. — C'est aussi l'avis de Rolland de Villargues, v° *Conseil de famille*, n° 16 ; de Favard de Langlade, v° *Tutelle*, § 4, n° 6.

123. Mais nous ne croyons pas devoir nous arrêter à l'argumentation qui a séduit ces autorités, et nous pensons au contraire avec M. Toullier (t. II, p. 331) que la majorité absolue des suffrages n'est pas nécessaire pour former la délibération des Conseils de famille ; que la majorité relative suffit, parce que ce n'est qu'à cette majorité que peut se rapporter la prépondérance du juge de paix. — Si donc trois de ses membres convoqués donnaient leurs voix à un candidat, deux autres à un second candidat, et le sixième à un troisième, le second serait nommé si le juge de paix lui donnait son suffrage.

124. Nous ajoutons enfin : 1° qu'il est des cas où l'opinion de M. Duranton sur la majorité absolue ne pourrait trouver son application ; 2° qu'entendre, comme le fait cet auteur, la faculté accordée au juge de paix, c'est créer pour les membres du Conseil une obligation qui n'est pas dans la loi.

125. Nous disons d'abord qu'elle ne pourrait s'appliquer à tous les cas. En effet, dans l'exemple cité par M. Duranton, le Conseil se compose de six membres, plus le juge de paix ; dès lors, il y a possibilité de partage égal entre ces six membres. Mais s'il arrive que le Conseil ne soit composé que de cinq membres, minimum des membres exigés pour qu'une délibération puisse être prise (C. Nap., art. 415), comment concevoir un partage égal autrement qu'en leur adjoignant le juge de paix, en lui accordant double vote, c'est-à-dire une voix comme membre du Conseil, qui servira à compléter les trois voix qui doivent établir la balance, plus une autre voix pour la faire pencher ? Or, ce double vote est précisément ce que le jurisconsulte avec lequel nous nous trouvons en opposition refuse au juge de paix. Qu'il nous dise comment ici la prépondérance pourrait s'exercer autrement.

126. Nous répétons ensuite que ce serait arbitrairement imposer aux membres du Conseil les plus faibles en nombre l'obligation d'opter pour l'une des deux opinions principales, tandis que la loi a voulu leur laisser une complète liberté, et que, par l'article 883 du Code de procédure civile, elle a réservé formellement à chacun d'eux le droit de se pourvoir, pour faire réformer une délibération prise contrairement à leur opinion.

127. Ainsi, nous sommes d'avis, avec M. Toullier, déjà cité, et avec MM. Locré, *Esprit du Code Napoléon*, p. 89 ; Dalloz, v° *Tuteur;* et Carré, *Des justices de paix*, t. III, p. 89, qu'il n'est pas possible d'étendre aux Conseils de famille les dispositions de la loi applicables aux délibérations des membres des tribunaux, sans abandonner le rôle d'interprète de la loi pour s'ériger en législateur, et qu'en cette matière l'opinion de la majorité relative doit prévaloir, lorsqu'elle est appuyée par le juge de paix.

128. Comme partisan de l'opinion que nous venons de soutenir, nous pouvons encore citer M. Taulier, professeur de droit civil à la faculté de Grenoble, auteur de la *Théorie raisonnée du Code Napoléon*; après avoir exposé un système absolument semblable à celui que nous avons adopté, M. Taulier ajoute : « Il peut se présenter toutefois des hypothèses où toute majorité sera impossible ; par exemple, sur cinq membres, deux sont d'une opinion, deux autres d'une seconde opinion, et le juge de paix adopte une troisième opinion isolée ; ou bien deux opinions ont réuni chacune trois voix, et une troisième opinion deux voix, y compris celle du juge de paix. Alors, même en comptant sa voix pour deux, il y aura égalité entre tous les avis. Il deviendra donc indispensable d'appeler, non pas seulement un nouveau membre, mais deux membres pris chacun dans une ligne différente, afin de vider le partage en maintenant l'égalité d'influence des deux. »

129. Mais si la délibération était empêchée par un membre convoqué qui, après avoir comparu, refuserait de voter, que devrait-il être fait ? Le refusant serait-il passible de l'amende énoncée en l'article 412 ? — A cette dernière question, la Cour régulatrice a répondu négativement : « Attendu que les peines ne se suppléent pas et ne peuvent s'appliquer d'un cas à un autre ; qu'ainsi on ne doit point assimiler le refus de délibérer dans un Conseil de famille au refus d'y comparaître sans excuse légitime. » Cass., 10 déc. 1828.

130. Néanmoins, si, par le refus de voter, le Conseil de famille ne se trouvait pas en nombre pour délibérer, il serait indispensable de faire remplacer le refusant, ou d'ajourner le Conseil, suivant les circonstances. Mais alors resterait la question de savoir si le refusant ne serait pas passible des frais qu'il aurait ocasionnés, et même de dommages-intérêts envers le mineur ; question qui, selon nous, se déciderait, suivant que le refusant aurait ou n'aurait pas eu de motifs graves pour s'abstenir de voter.

131. Si la délibération du Conseil de famille est unanime, il suffit d'en consigner le résultat dans le procès-verbal.

132. Toutes les fois que les délibérations du Conseil de famille ne sont pas unanimes, l'avis de chacun des membres qui le composent doit être mentionné sur le procès-verbal (C. proc., art. 883); cette mention est nécessaire, puisque le même article 883 donne aux membres de la minorité le droit de se pourvoir contre la délibération.

133. Il a été jugé que la délibération d'un Conseil de famille portant nomination d'un tuteur peut être attaquée au fond par les membres de ce Conseil contre l'avis desquels elle a été rendue; qu'il peut en être ainsi alors même que les membres du Conseil de famille n'allèguent contre le tuteur nommé aucune cause légale d'incapacité ou d'exclusion (C. proc., art. 883), et qu'en cas pareil, l'honorabilité du tuteur nommé n'est pas une considération qui puisse empêcher l'annulation de sa nomination, si, en réalité, le choix de sa personne comme tuteur est, en fait, préjudiciable aux intérêts du mineur. Nancy, 3 avr. 1857. ANNALES, 1857, p. 403.

134. Nous avons enseigné une doctrine contraire à cette décision. Et, en effet, une délibération du Conseil de famille, régulière dans la forme, qui nomme un tuteur contre lequel on n'allègue aucune cause d'incapacité ou d'exclusion, ne doit pas pouvoir être attaquée, sous prétexte qu'elle n'aurait pas été prise à l'unanimité des voix. Ce n'est point à ce cas que peut s'appliquer la seconde disposition de l'article 883 du Code de procédure, qui donne aux membres de l'assemblée le droit de se pourvoir pour faire réformer la décision, quand elle n'a pas été prise à l'unanimité. Cette disposition s'entend principalement des cas où la délibération a besoin d'être homologuée, et voilà pourquoi la première partie de l'article exige que l'avis de chacun des membres soit mentionné au procès-verbal, afin que les juges puissent y trouver des éléments de détermination ; mais elle ne s'applique pas à l'élection régulière d'un tuteur, dont la nomination s'opère d'après la juste application des articles 415 et 416 du Code Napoléon, tuteur qui entre même *de suite* en fonctions, s'il est présent à sa nomination. Cass., 6 oct. 1814. ANNALES, 1re série, t. II, p. 126 et suiv.

135. On va plus loin, et l'on prétend que les nominations faites par le Conseil de famille sont toujours susceptibles d'être soumises au contrôle des magistrats. Or, voilà ce qui nous paraît inadmissible, parce que, selon nous, ces sortes de délibérations ne peuvent point être déférées aux magistrats, lors même qu'elles n'auraient pas été prises à l'unanimité.

136. C'est au Conseil de famille lui-même que la loi confère le droit de nommer, dans certains cas, le tuteur ; ce droit lui est propre, de même que le droit de nommer un tuteur testamentaire est propre au dernier mourant des père et mère ; or, la nomination faite par le dernier mourant des père et mère ne pourrait pas, bien entendu, être déférée à la révision du tribunal ; donc il doit en être ainsi de la nomination faite par le Conseil de famille, qui, encore une fois, exerce alors la même attribution. — Nous répétons donc qu'il n'est pas possible, sur le point qui nous occupe, de nous opposer la généralité des termes de l'article 883 du Code de procédure, qui ne concerne que les délibérations relatives à l'administration des biens ; et c'est dans cette limite seulement qu'il est général. — Lorsqu'il s'agit, en effet, d'une délibération relative au *matériel* de la tutelle, le tribunal ou la Cour peuvent réformer cette délibération, et décider eux-mêmes ce qui devra être fait dans l'intérêt du mineur ; mais nous soutenons que les délibérations relatives *au personnel* ne peuvent pas être attaquées.

137. Prétendrait-on que les magistrats, en réformant la délibération qui nomme un tuteur, pourraient en nommer eux-mêmes un autre à sa place ? Nous ne le pensons pas ; car ce droit de nomination appartient exclusivement au Conseil de famille (V. ci-après, n° 248). Toutefois, enfin, en admettant que l'annulation de cette nomination fût prononcée, que fera-t-on ? On ordonnera, sans doute, une nouvelle convocation, afin de procéder à la nomination d'un autre tuteur ; mais si les membres du Conseil croient devoir persister dans leur premier choix, que faire ? — Disons donc que lorsqu'il s'agit de ces questions de personnes, de la question de savoir si tel individu convient ou ne convient pas à la tutelle, disons qu'il importe de laisser au Conseil de famille toute son indépendance.

138. Mais, ajoute-t-on, si le Conseil de famille fait un choix détestable, il n'y aura donc pas moyen de réparer son erreur ? — Nous répondrons que la *tutelle légitime* peut parfaitement aussi échoir à un parent peu recommandable, et que le dernier mourant des père et mère peut également avoir été très-peu clairvoyant dans son choix : il faudrait donc adresser cette objection à tous les modes de nomination ; et qu'on remarque qu'elle est peu grave, en ce qui concerne la tutelle dative, qui est déférée en connaissance de cause, par une assemblée que préside le juge de paix, et dont les membres exposeraient même leur responsabilité personnelle, s'ils faisaient un choix compromettant pour le mineur. D'ailleurs, il ne faut pas supposer trop facilement que toute la famille du mineur trahisse ainsi ses devoirs. — V. ci-après, nᵒˢ 188 et suiv.

§ 11. De l'homologation des délibérations des Conseils de famille.

139. Il est certains cas où la loi ordonne que les délibérations des Conseils de famille soient soumises, avant d'être exécutées, à l'homologation du tribunal de première instance.

140. C'est le tuteur, lorsque le mineur n'est pas émancipé; le curateur, lorsque le mineur est émancipé, qui demandent l'homologation. Le tribunal statue en la Chambre du conseil, après avoir entendu le procureur impérial. C. Nap., art. 458.

141. Dans tous les cas où il s'agit d'une délibération sujette à homologation, une expédition de la délibération est présentée au président, lequel, par ordonnance au bas de ladite délibération, ordonne la communication au ministère public, et commet un juge pour en faire le rapport à jour indiqué. C. proc., art. 886.

142. Le procureur impérial donne ses conclusions au bas de ladite ordonnance; la minute du jugement est mise à la suite des dites conclusions sur le même cahier. C. proc., art. 886.

143. Si le tuteur ou un autre, chargé de poursuivre l'homologation, ne le fait dans le délai fixé par la délibération, ou, à défaut de fixation, dans le délai de quinzaine, un des membres de l'assemblée fait poursuivre l'homologation contre le tuteur, et aux frais de celui-ci, sans répétition. C. proc., art. 887.

144. Ceux des membres de l'assemblée qui croient devoir s'opposer à l'homologation le déclarent, par acte judiciaire, à celui qui est chargé de la poursuivre; et s'ils ne sont pas appelés, ils peuvent former opposition au jugement. C. proc., art. 888.

145. Le tribunal, en homologuant une délibération, ne peut la modifier en quoi que ce soit, même sous le prétexte de l'intérêt du mineur. S'il le faisait, le tuteur pourrait interjeter appel du jugement; et, à défaut du tuteur, le Conseil de famille serait admis à l'interjeter lui-même, après une délibération préalable, qui nommerait un de ses membres pour suivre l'appel. Colmar, 11 avr. 1822.

146. Les jugements rendus sur délibération du Conseil de famille sont toujours sujets à l'appel. C. proc., art. 889.

147. En indiquant ci-dessus les actes sur lesquels le Conseil de famille est appelé à délibérer, nous avons indiqué quelles sont les délibérations sujettes à homologation. Celles que la loi n'assujettit pas à cette formalité en sont dispensées.

148. Au nombre des actes pour lesquels l'homologation est nécessaire, on remarque : 1° ceux qui sont pris en vertu des articles 457 et 458 du Code Napoléon, relativement aux ventes et aliénations des biens immeubles des mineurs; 2° ceux qui ont lieu en vertu de l'article 467 pour autoriser le tuteur à transiger pour son mineur; 3° ceux qui prononcent la destitution d'un tuteur ou d'un subrogé tuteur, mais seulement dans le cas où le destitué réclame contre la délibération ; 4° ceux qui autorisent un mineur émancipé à emprunter (art. 483 et 484) ; 5° ceux qui établissent la dot, les avancements d'hoirie et les stipulations du mariage de l'enfant d'un interdit (art. 511) ; 6° enfin ceux qui autorisent, pour le compte d'un interdit, des emprunts, des aliénations, des transactions. Art. 509.

149. Mais les nominations de tuteur et curateur, l'autorisation de vendre les biens meubles du mineur, et notamment les rentes sur l'Etat (V. ci-dessus, n° 7), les autorisations pour accepter une succession ou y renoncer, les délibérations sur l'administration de la tutelle, etc., ne sont pas sujettes à l'homologation. — V. *Acceptation de succession.*

§ 12. *De l'appel des délibérations des Conseils de famille.*

150. Toutes les fois que les délibérations du Conseil de famille ne sont pas unanimes, l'avis de chacun des membres qui le composent est mentionné dans le procès-verbal. Le tuteur, subrogé tuteur ou curateur, même les membres de l'assemblée, peuvent se pourvoir contre la délibération ; ils forment leurs demandes contre les membres qui ont été de l'avis de la délibération, sans qu'il soit nécessaire d'appeler en conciliation. C. proc., art. 883.

151. Plusieurs difficultés ont été soulevées sur cet article, soit relativement à l'intimation du juge de paix sur l'appel de la délibération, soit relativement au droit du juge de paix lui-même d'interjeter cet appel.

152. L'article 883 du Code de procédure civile, rapporté ci-dessus, donne au tuteur, au subrogé tuteur, au curateur, *même aux membres de l'assemblée*, le droit de se pourvoir contre la délibération du Conseil de famille. L'article dit : *les membres de l'assemblée*, sans distinction ; or, le juge de paix est de droit membre du Conseil de famille : n'en doit-on pas conclure que le pourvoi lui appartient ?

153. La loi du 24 août 1790, titre VIII, article 2, refuse action au ministère public pour se pourvoir contre tout jugement civil. « Au civil, dit cet article, le ministère public exercera son ministère, non par voie d'action, mais seulement par voie de réquisition, dans les procès dont les juges auront été saisis. » Il importait donc d'autant plus d'attribuer aux juges de paix le droit de se pourvoir, que ce droit était interdit au ministère public. On sait, d'ailleurs, que le juge de paix est le membre principal du Conseil de famille ; il peut le convoquer d'office, toutes les fois que l'intérêt du mineur l'exige ; le droit d'actionner, en pareil cas, est une conséquence du droit de convoquer ; nous pensons donc qu'il appartient aux juges de paix de procéder par voie d'action, dans l'intérêt du mineur, contre la délibération du Conseil de famille.

154. Il est vrai que les auteurs et la jurisprudence ont repoussé l'action qui serait intentée par les autres membres du Conseil, *contre le juge de paix lui-même*, en nullité de la délibération prise par le Conseil de famille que le juge de paix aurait présidé. Quoique le juge de paix soit de droit membre du Conseil, a-t-on dit, il ne peut être intimé ; car il n'agit qu'à raison de son office, en sa qualité de juge ; or, la loi ne rend les juges responsables, à raison de leur ministère, que lorsqu'il y a dol et fraude de leur part, responsabilité qui ne peut être poursuivie que par la voie de la prise à partie (Demiau-Crouzilhac, p. 389 ; Hautefeuille, p. 521 ; Favard de Langlade, t. I, p. 280 ; Thomine-Desmazures, t. II, p. 497 ; et un arrêt de la Cour de cassation du 29 juillet 1812). Cette opinion paraît on ne peut plus fondée ; mais de ce que le juge de paix ne pourrait être *intimé* sur le pourvoi, il ne s'ensuivrait pas qu'il ne pût se pourvoir lui-même ; sa qualité de membre du Conseil de famille l'y autorise, et l'intérêt du mineur peut l'exiger impérieusement, surtout dans les campagnes, où l'ignorance et les difficultés des formes judiciaires retiennent presque toujours les membres des Conseils de famille, et favorisent la négligence ou les malversations des tuteurs.

155. Les frais faits par un membre du Conseil de famille qui s'est pourvu contre la délibération sont passés en dépenses d'administration, même quand il succombe, à moins qu'on ne puisse lui reprocher une action sans aucun fondement, personnellement hostile ou haineuse, auquel cas les juges ont la faculté de déclarer qu'il supportera personnellement les dépens. C'est l'opinion de Locré, t. II, p. 207; de Toullier, t. II, p. 419; de Thomine-Desmazures, t. II, p. 492; elle peut s'appuyer, par analogie, sur l'article 441 du Code Napoléon.

156. Quant au juge de paix, il ne pourrait nécessairement, dans aucun cas, supporter ces dépens; d'ailleurs, quand un juge agit d'office, l'administration de l'enregistrement fait l'avance de tous les frais, sauf recours. Instruction du directeur général de l'enregistrement, du 3 fructidor an XIII, n° 290, § 3. — V. encore, sur le droit du juge de paix de se pourvoir, ANNALES, 1850, p. 121.

§ 13. *Des fonctions du Conseil de famille dans l'admission des excuses, de l'exclusion ou de la destitution du tuteur.*

157. Les articles 427 et suivants du Code Napoléon déterminent les causes qui dispensent de la tutelle. Si le tuteur nommé est présent à la délibération qui lui défère la tutelle, il doit sur-le-champ, et sous peine d'être déclaré non recevable dans toute réclamation ultérieure, proposer les excuses sur lesquelles le Conseil de famille délibère. C. Nap., art. 438.

158. Lorsque la nomination d'un tuteur n'aura pas été faite en sa présence, elle lui sera notifiée, à la diligence du membre de l'assemblée qui aura été désigné par elle ; ladite notification sera faite dans les trois jours de la délibération, outre un jour par trois myriamètres de distance entre le lieu où s'est tenue l'assemblée et le domicile du tuteur. C. proc., art. 882.

159. Si le tuteur nommé n'assiste pas à la délibération qui lui défère la tutelle, il peut faire convoquer le Conseil de famille pour délibérer sur les excuses. Les diligences à ce sujet doivent avoir lieu dans le délai de trois jours, à partir de la notification qui lui est faite de sa nomination, lequel délai est augmenté d'un jour par trois myriamètres de distance du lieu de son domicile à celui de l'ouverture de la tutelle, et passé ce délai il est non recevable. C. Nap., art. 439.

160. Si les excuses sont rejetées, il peut se pourvoir devant les tribunaux pour les faire admettre; mais il est, pendant le litige, tenu d'administrer provisoirement. C. Nap., art. 440.

161. S'il parvient à se faire exempter de la tutelle, ceux qui ont rejeté l'excuse sont condamnés aux frais de l'instance; s'il succombe, il est condamné lui-même. C. Nap., art. 441.

162. Outre les excuses, il est aussi des incapacités, des exclusions et destitutions de la tutelle. C. Nap., art. 42 et suiv. — V. ci-dessus, n°s 74 et suiv.

163. Toutes les fois qu'il y a lieu à une destitution de tuteur, elle est prononcée par le Conseil de famille, convoqué à la diligence du subrogé tuteur, ou d'office par le juge de paix. Celui-ci ne peut se dispenser de faire cette convocation, quand elle est formellement requise par un ou plusieurs parents ou alliés du mineur, au degré de cousin germain ou à des degrés plus proches. C. Nap., art. 446.

164. Toute délibération du Conseil de famille qui prononce l'exclusion ou la destitution du tuteur est motivée, et ne peut être prise qu'après avoir entendu ou appelé le tuteur. C. Nap., art. 447.

165. Si le tuteur adhère à la délibération, il en est fait mention, et le nouveau tuteur entre aussitôt en fonctions. S'il y a réclamation, le subrogé tuteur poursuit l'homologation de la délibération devant le tribunal de première instance, qui prononce sauf l'appel. Le tuteur exclu ou destitué peut lui-même, en ce cas, assigner le subrogé tuteur, pour se faire déclarer maintenu en la tutelle. C. Nap., art. 448.

166. Les parents ou alliés qui ont requis la convocation pourront intervenir dans la cause, qui sera instruite et jugée comme affaire urgente. C. Nap., art. 449.

§ 14. *De l'enregistrement des délibérations de famille.*

167. Les cédules du juge de paix pour composer et convoquer un Conseil de famille, soit qu'elles soient délivrées sur la réquisition d'un parent ou d'un tuteur, soit que les magistrats les délivrent d'office, ne sont assujetties à aucun droit d'enregistrement, mais elles doivent être écrites sur du papier timbré; les notifications qui en sont faites par un huissier doivent le même droit que les citations.

168. La loi du 19 juillet 1845, portant fixation du budget des recettes de l'exercice 1846, contient les dispositions suivantes :

169. « Art. 5. A partir du 1er juin 1846, le droit d'enregistrement de 1 franc, établi par l'article 68, § 1er, n° 30, de la loi du 22 frimaire an VII, pour les exploits relatifs aux procédures en matière civile devant les juges de paix, jusques et y compris les significations des jugements définitifs, sera porté à 1 fr. 50 c. en principal.

170. « Le droit de 2 francs, établi par l'article 63, § 2, n°s 3 et 4, de la loi du 22 frimaire an VII, et par l'article 43, n° 3, de la loi du 20 avril 1816, pour les avis de parents, les procès-verbaux de nomination de tuteur et de curateur et les procès-verbaux d'apposition, de reconnaissance et de levée des scellés, sera porté à 4 francs en principal. *Ibid.*

171. « Le droit de 5 francs, établi par l'article 68, § 4, n° 2, de la loi du 22 frimaire an VII, pour les actes d'émancipation, sera porté à 10 francs en principal. »

172. Conformément à l'article 68, § 2, n° 3, de la loi du 22 frimaire an VII, auquel se réfère l'article 5 de la loi du 19 juillet 1845, le droit de 4 francs pour les procès-verbaux d'apposition, de reconnaissance et de levée des scellés, *est dû pour chaque vacation.* Celui de 10 francs, pour les actes d'émancipation, *est dû pour chaque émancipé,* suivant l'article 68, § 4, n° 2, de la loi précitée. *Ibid.*

173. On remarquera que les actes de notoriété passés devant les juges de paix restent soumis au droit de 2 francs, en vertu de l'article 43, n° 2, de la loi du 28 avril 1816. Il n'est point innové non plus à l'égard des actes de tutelle officieuse, tarifés au droit de 50 francs, par l'article 48, n° 1, de la même loi.

174. S'il y a plusieurs mineurs émancipés par le même acte, il est dû le même droit pour chacun. Ce droit est exigible aussi bien pour l'émancipation conférée par les père et mère que pour celle qui est accordée par le Conseil de famille. Mais lorsque la première est immédiatement suivie de la nomination d'un curateur à l'émancipé, il n'est dû aucun droit pour cette nomination, quoiqu'elle soit faite par le Conseil de famille.

175. La délibération de ce Conseil, qui fixe les dépenses et honoraires du tuteur, n'est passible que d'un droit simple, et non d'un droit proportionnel, attendu que ce règlement rentre dans celui de la dépense annuelle du mineur, qui doit avoir lieu à l'entrée en exercice de toute tutelle. Ainsi l'a décidé le ministre des finances.

176. Mais il est plusieurs autres délibérations du Conseil de famille qui sont sujettes à des droits proportionnels; ce sont celles qui ne sont pas pures et simples, et qui contiennent des conventions, des engagements, des autorisations assimilées à des obligations. Par exemple, la délibération qui permet au tuteur de retenir le reliquat de son compte après l'émancipation, à la charge d'en payer intérêt et de fournir une hypothèque ou une caution pour la garantie du reliqual, est soumise au droit de 1 pour 100. Cass., sept. 1820.

177. Par exemple encore, la délibération qui autorise le tuteur à employer, pour la nourriture et l'entretien des mineurs, la totalité des revenus, sans être tenu à en rendre compte, peut être passible de 5 1/2 pour 100, étant dans le cas d'être considérée comme une cession des revenus des mineurs pendant dix ans. Décis. du ministre des finances, 9 mars 1818.

178. Pour connaître ces droits proportionnels et les divers cas d'application, voir les paragraphes 1, 2, 3, 4, 5, 6, 7 et 8 de l'article 69 de la loi du 22 frimaire an VII, et les articles 50, 51, 52, 53 et suivants de la loi du 28 avril 1845. Voir aussi les lois des 15 mai 1818 et 16 juin 1824, qui modifient plusieurs droits proportionnels d'enregistrement, et les dispositions ci-dessus, n° 169 de la loi du 19 juillet 1845.

179. L'autorisation du Conseil de famille, donnée au tuteur pour consentir à l'enrôlement volontaire du mineur, est exempte des droits de l'enregistrement, et les expéditions qui en sont délivrées sont dispensées du timbre, pourvu toutefois que le juge ou le greffier énonce sur la minute et l'expédition de l'acte la destination ou le but de la délibération. Décis. du ministre des finances, 9 nov. 1832.

180. Les actes relatifs aux poursuites en interdiction suivies d'office par le ministère public doivent être visés pour timbre et enregistrés en débet. L. 22 frim. an VII; ord. 22 mai 1816.

§ 15. *De la communication et de l'expédition des minutes des délibérations de famille. — De l'expédition des procurations et annexes.*

181. Les minutes des actes des Conseils de famille n'appartenant pas à la publicité, les greffiers des justices de paix ne doivent pas en délivrer expédition à ceux qui n'y ont pas été parties. « Attendu, dit un arrêt de la Cour de cassation du 30 décembre 1840, que les délibérations du Conseil de famille ne sont ni des jugements ni des actes appartenant à la publicité; — Attendu que le dépôt des minutes des actes émanés de ces Conseils aux greffiers des justices de paix a lieu dans l'intérêt des familles, et non pour livrer au public le secret des délibérations; — Attendu que la loi n'a point ordonné la transcription de ces actes sur des registres publics, et que leur indication sommaire sur les registres de l'enregistrement contient la mention qu'il suffit au public de connaître. »

182. Les procurations annexées à un avis de parents doivent-elles être expédiées en même temps que l'avis des parents? Oui, si l'avis des parents est destiné à être homologué, et si l'expédition est demandée pour l'homologation. Il faut, en effet, que le tribunal puisse vérifier si les procurations ont été données en bonne forme ; le tribunal est juge non-seulement de la légalité de la délibération au fond, mais encore de la légalité dans la forme.

183. Mais, hors ce cas, il ne paraît pas nécessaire d'annexer les procurations. Il est admis d'ailleurs en principe que la copie entière des annexes ne doit pas toujours, et de toute nécessité, être portée sur les expéditions, mais que l'officier public est juge de cette nécessité ; que c'est lui qui, d'après les circonstances et l'usage que l'on veut faire de l'acte, décide si les annexes doivent être seulement mentionnées, analysées ou copiées.

§ 16. *De la récusation des juges de paix.*

184. Le Code Napoléon accorde au juge de paix non-seulement droit de suffrage, mais voix prépondérante dans les assemblées de famille ; nous sommes d'avis qu'il peut être récusé dans ces circonstances. On ne peut aujourd'hui dire, comme M. Guichard en 1791, *qu'il ne fait que recevoir la délibération de la famille.*

185. Ainsi, toutes les règles tracées par l'article 44 du Code de procédure sur la récusation du juge de paix peuvent être appliquées au juge de paix qui préside un Conseil de famille. Néanmoins, s'il est parent ou allié de celui qui est ou qui va être mis en tutelle, il peut faire partie de l'assemblée dans la ligne à laquelle il appartient.

186. Si le juge de paix est récusable ou récusé, dit Magnin (*Des minorités*, t. 1er, p. 277), la présidence passe de plein droit à l'un de ses suppléants : et si ses suppléants sont eux-mêmes récusables, c'est au tribunal du siége de cette justice de paix à nommer le juge de paix le plus voisin pour présider le Conseil.

187. Cette récusation peut être portée devant le tribunal par l'un des membres de la famille, si le Conseil n'a pas été constitué dans la forme que nous venons d'indiquer.

§ 17. *De la responsabilité des membres du Conseil de famille.*

188. Les membres du Conseil de famille ne sont pas responsables des conséquences de leurs avis, à moins qu'il n'aient agi frauduleusement ou avec une indifférence telle que la faute devrait être assimilée au dol, comme faute grossière (C. Nap., art. 1382 et 1383). On pourrait certainement puiser dans ces articles le principe de la responsabilité des membres d'un Conseil de famille qui nommeraient pour tuteur un individu notoirement connu pour être un dissipateur, un homme de mauvaise conduite ou en état de faillite.

« Si les membres du Conseil de famille, dit Marchand (*De la minorité*, p. 198), étaient mus par des vues d'intérêt personnel ; s'ils s'entendaient avec le tuteur pour profiter des actes de sa gestion ; s'ils nommaient, dans ce but frauduleux, celui-ci plutôt que celui-là ; si, en un mot, une connivence aussi coupable était démontrée, non-seulement il y aurait lieu d'annuler la délibération, mais encore les membres de l'assemblée qui seraient d'intelligence seraient passibles de dommages-intérêts, par application du principe général que tout fait de l'homme qui cause un préjudice, à autrui exige une réparation. » C. Nap., art. 1382.

189. Dans tous les cas, la gravité de la faute, résultant d'une foule de circonstances qu'il est impossible de prévoir, et tirant principalement son caractère de la nature des actes, rentre, par cela même, dans l'appréciation discrétionnaire des tribunaux. Duranton, n° 607.

190. Cependant il y a des cas de responsabilité que la loi établit expressément, et qui échappent au pouvoir discrétionnaire du juge, dit M. Dalloz (*Dict. génér.*, v° *Tutelle*) ; par exemple, lorsque le tuteur a négligé d'exercer le reméré (C. Nap., art. 1663), ou d'appeler dans le délai utile (*Ibid.*, 444), ou d'interrompre une prescription. *Ibid.*, art. 2278.

191. Lorsque le Conseil de famille n'a autorisé le placement des capitaux appartenant au mineur que sous la condition d'une garantie hypothécaire, le subrogé tuteur *gérant*, et par suite faisant les fonctions du tuteur, qui en a placé sans exiger cette garantie, est responsable du placement. Paris, 19 avr. 1823.

§ 18. *Droit des greffiers des justices de paix.*

192. L'article 16 du décret de 1807, § 1er, accorde aux greffiers, pour assistance aux Conseils de famille, les deux tiers de l'allocation qui était accordée aux juges de paix avant la loi du 21 juin 1845, qui a supprimé les vacations de ces magistrats, c'est-à-dire : à Paris, 3 fr. 33 c.; dans les villes où il y a un tribunal de première instance, 2 fr. 50 c.; et dans les autres villes et cantons ruraux, 1 fr. 66 c.; sans qu'ils puissent, dans aucun cas, réclamer plus de deux vacations par chaque Conseil. Décr. 1807, art. 4.

193. L'acte d'émancipation fait par le père ou la mère paraissant rentrer dans la catégorie des actes des Conseils de famille, et demandant le même soin et le même emploi de temps, le greffier a droit de réclamer une vacation pour cet acte. Il est vrai que l'on a contesté ce droit ; mais il trouve sa base dans l'exposé des motifs fait par M. le garde des sceaux à la Chambre des députés, lorsqu'il présenta, le 17 mars 1845, le projet de loi sur le traitement des juges de paix et le tarif des greffiers. — En effet, après avoir indiqué les actes pour lesquels le tarif de 1807 accorde des vacations, M. le garde des sceaux s'exprimait ainsi : « Les greffiers sont, en outre, dans l'usage de percevoir, par analogie, des droits et vacations pour assistance aux actes d'adoption, de tutelle officieuse et d'*émancipation* ; aux actes portant autorisation à un mineur émancipé de faire le commerce, à une femme mariée de consentir une réduction dans son hypothèque sur les biens de son mari ; aux actes de nomination d'un tuteur; de nomination, par le père d'enfants mineurs, du Conseil de leur mère tutrice; ou à ceux contenant bail à nourriture, et pour toute opération qui peut être assimilée aux scellés, comme procès-verbal de carence, description de mobilier avec prisée, inventaire d'objets naufragés. » — M. le garde des sceaux ajoutait : « Il n'est rien dû aux greffiers des juges de paix pour l'inscription des causes sur les registres d'audience, etc. »

194. Ainsi le ministre de la justice constatait le droit des greffiers à des vacations pour certains actes non spécifiés au tarif de 1807. — Dans les rapports et discussions qui suivirent la présentation de ce projet de loi, il ne fut fait aucune objection contre ces observations de M. le garde des sceaux. — On peut donc tenir pour constant que des vacations sont dues aux greffiers pour les actes d'émancipation, et autres mentionnés dans l'exposé des motifs du projet de loi de 1845.

195. Toute vacation commencée est réputée accomplie; ainsi, lorsqu'une opération dure plus de trois heures, quatre heures, par exemple, le greffier peut avoir droit à deux vacations. *Tarif*, art. 1er.

196. De ce que l'article 4 du tarif se borne à citer l'article 406 du Code Napoléon, il ne s'ensuit nullement que les droits de vacation ne soient dus que pour les actes énoncés dans cet article; ils sont dus pour l'assistance du greffier à *tout* Conseil de famille.

197. Ainsi, l'article 4 du tarif s'applique lorsque le Conseil de famille délibère sur la nomination des tuteurs, subrogés tuteurs, cotuteurs et curateurs (C. Nap., art. 395, 405, 480); leur destitution ou leur exclusion (*Ibid.*, art. 446); la tutelle officieuse (*Ibid.*, art. 351); la confirmation du tuteur élu par la mère remariée qui a été maintenue dans la tutelle (*Ibid.*, art. 400); la fixation des dépenses du mineur et les frais d'administration (*Ibid.*, art. 454); l'obligation d'employer l'excédant des revenus (*Ibid.*, art. 455); l'autorisation à donner au tuteur pour prendre à ferme ou acheter les biens du mineur (*Ibid.*, art. 450); aliéner ou hypothéquer les mêmes biens (*Ibid.*, art. 457, et L. 2 juin 1841, art. 3); accepter ou répudier les successions ou donations (C. Nap., art. 461, 463); introduire une action relative aux droits immobiliers du mineur, ou y acquiescer (*Ibid.*, art. 464); provoquer un partage (*Ibid.*, art. 465, 817); transiger (*Ibid.*, art. 467); faire détenir le mineur par voie de correction (*Ibid.*, art. 468); l'émancipation (*Ibid.*, art. 478); la révocation de l'émancipation (*Ibid.*, art. 485); la réduction de l'hypothèque légale du mineur ou de la femme (*Ibid.*, art. 2141, 2143, 2144); le consentement, l'avis ou l'autorisation pour les mariages des mineurs (*Ibid.*, art. 160); l'opposition à y former (*Ibid.*, art. 175); l'interdiction (*Ibid.*, art. 494); la nomination d'un conseil judiciaire (*Ibid.*, art. 514); la manière de régler les conventions matrimoniales des enfants d'un interdit (*Ibid.*, art. 513); la nomination d'un administrateur provisoire aux biens de toute personne non interdite, placée dans un établissement d'aliénés (L. 30 juin 1838, art. 32); enfin sur tous les actes qui ne sont pas d'une administration ordinaire. Victor Fons, *Tarif*, p. 15.

198. C'est ainsi qu'il est dû une vacation au greffier pour assistance au Conseil de famille qui nomme un curateur à un émancipé, ou qui émancipe un mineur âgé de dix-huit ans, resté sans père ni mère.

199. En présence de l'article 4 du tarif qui, avant la loi du 21 juin 1845, établissait d'une manière aussi positive les droits du juge de paix, et de l'article 16, qui fixe d'une manière non moins certaine ceux du greffier, aucun doute à cet égard ne peut s'élever sur l'application des articles précités du tarif. Dans l'émancipation d'un mineur, faite par un tuteur légal, il faut bien soigneusement distinguer deux choses : 1° la déclaration de ce tuteur, que reçoit le juge de paix, assisté de son greffier, conformément à l'article 477 du Code Napoléon, et 2° la nomination du curateur par le Conseil de famille. Ce sont là deux opérations bien distinctes qui peuvent être faites dans la même séance, mais qui peuvent l'être aussi à un intervalle plus ou moins éloigné ; par conséquent, elles donnent lieu à deux actes séparés, pour lesquels les greffiers peuvent percevoir des émoluments distincts. Lorsque l'émancipation est provoquée par le Conseil de famille, et prononcée par le juge de paix, comme président de ce Conseil, le curateur sera nommé séance tenante, ou bien dans une réunion ultérieure ; dans le premier cas, on peut dire que les deux délibérations se confondent, qu'en réalité il n'y a eu qu'une seule assemblée de parents, et qu'il n'est pas dû un double émolument au greffier pour son assistance à un Conseil de famille ; cependant nous pensons que si la délibération a été longue, le greffier peut prendre deux vacations, ainsi que cela lui est permis, d'après l'observation même placée à la fin de l'article 4. Mais quelque longue qu'elle puisse être, il ne peut en être pris plus de deux.

200. Lorsque, par suite d'incidents étrangers au greffier, il a été sursis plusieurs fois à une délibération commencée, il nous semble que des honoraires ne peuvent être refusés au greffier, et c'est le cas de décider avec la Cour de cassation que lorsqu'un acte ou une opération ont pris un temps, un travail excédant celui que le greffier devait y employer en se conformant aux devoirs de son état, il lui est dû une somme d'honoraires proportionnée à ce surcroît de travail, s'il a agi en vertu d'une réquisition formelle des parties.

201. Mais le greffier ne pourrait exiger une vacation de plus, sous prétexte qu'il aurait passé plus de temps que le juge de paix, qu'il se serait employé à indiquer d'avance les formalités à remplir ; car il nous semble résulter du texte de l'article 16 du *Tarif* de 1807, que le greffier n'a droit à la vacation que pour le temps pendant lequel *il assiste au Conseil de famille,* pour lequel la présence du juge de paix est indispensable, et qu'on ne doit considérer comme *assistance au Conseil de famille,* pouvant donner lieu à des vacations, que celle qui a lieu lorsque le Conseil est formé, lorsque l'on a pris séance, et que le greffier ne pourrait, au moins en vertu du tarif, réclamer des vacations pour tout ce qu'il ferait en dehors de la séance, et avant qu'elle fût ouverte ; mais, d'un autre côté, comme le greffier n'est pas tenu d'employer son temps à indiquer d'avance aux parties les formalités qu'elles ont à remplir, il est sans doute dans l'esprit et dans l'institution des justices de paix de procurer aux parties, au moins de frais possible, tous les renseignements qui leur sont nécessaires sur ce point ; cependant on ne peut exiger d'un greffier qu'il prépare le travail avec les parties, qu'il les dirige, qu'il les éclaire, qu'il accomplisse l'office d'un Conseil, qu'il dépense un temps appréciable, et tout cela gratuitement ; nous pensons qu'il pourra se faire honorer en sus de ses vacations, s'il a donné des soins extraordinaires aux préliminaires d'un Conseil de famille ; non pas qu'il ait droit de faire taxer, d'exiger même, par voie de contrainte, des honoraires ; mais, en s'entendant à l'avance avec les parties, il trouvera la juste indemnité de ses soins et de l'emploi de son temps.

202. Les frais occasionnés pour la convocation du Conseil de famille doivent être avancés par la personne qui a le droit de faire cette convocation ; et si le juge de paix a lui-même convoqué d'office le Conseil de famille, tous les actes, en ce cas, sont visés pour timbre et enregistrés en débet quand ils sont relatifs : 1° à la tutelle des mineurs qui n'ont ni tuteur ni curateur (Décis. du ministre des finances, 28 fruct. an VIII; 20 fruct. an X ; 1er prair. an XIII et Inst. de la régie, n° 290); — 2° à la nomination d'un subrogé tuteur dans le cas de l'article 421 du Code Napoléon (Décis. du ministre des finances, 28 juin 1808; Inst. de la régie n° 390) ; — 3° à une interdiction d'office (Décis., 22 oct. 1817).—Ces frais sont ensuite remboursés sur les biens des mineurs, ou par ceux dans l'intérêt desquels les Conseils de famille ont eu lieu.

202 bis. « En cas d'indigence du mineur, dit Carré (*Justices de paix*, t. III, p. 118), constatée par un certificat du maire ou du commissaire de police, il n'y a point de vacation pour le greffier. » — Ceci peut s'appliquer à tous autres actes intéressant un incapable, hors d'état d'en payer les frais.

§ 19. *Jurisprudence.*

203. C'est au juge de paix seul, et non à celui qui a provoqué la réunion d'un Conseil de famille, qu'il appartient de convoquer des amis à défaut de parents. C. Nap., art. 409; Cass., 9 avril 1808.

203 *bis*. Un arrêt de la Cour de Colmar, du 14 juillet 1836, a jugé cependant et avec raison, selon nous, que la délibération est régulière, bien que la convocation des amis ait été faite par ceux qui ont provoqué l'interdiction, lorsque, d'ailleurs, le juge de paix l'a approuvée en agréant les personnes qui lui ont été présentées.

204. Jugé dans ce sens qu'un Conseil de famille est régulièrement composé, encore qu'il ne soit pas prouvé qu'il l'ait été par un juge de paix. Rennes, 6 janv. 1814.

205. C'est le domicile du mineur au moment de l'ouverture de la tutelle qui détermine la compétence du juge de paix devant lequel devront se tenir tous les Conseils de famille dont la convocation deviendra nécessaire pendant le cours de la tutelle. — En conséquence, on doit réputer nulle la nomination d'un subrogé tuteur faite par un Conseil de famille convoqué devant le juge de paix d'un domicile autre que celui qu'avait le père du mineur au moment de son décès, et adopté par le tuteur depuis l'ouverture de la tutelle. Cass., 11 mai 1842.

206. La mention expresse, dans l'acte d'assemblée de famille, que tels parents intervenants ont été convoqués par défaut ou par éloignement d'autres parents plus proches, lorsqu'elle ne résulte d'aucune exclusion volontaire et frauduleuse, n'est point prescrite à peine de nullité. C. Nap., art. 407; Turin, 5 mai 1810.

207. Il est, d'ailleurs, reconnu que les délibérations des Conseils de famille ne sont pas nulles, bien qu'on n'y ait pas appelé les parents les plus proches, lorsqu'il y a eu bonne foi dans la composition de ce Conseil. Aix, 19 mai 1837, et Lyon, 30 nov. 1837.

208. Jugé que l'inobservation des règles prescrites pour la composition des Conseils de famille n'entraîne pas la nullité des délibérations du Conseil irrégulièrement formé, s'il est reconnu que la famille, soit du côté paternel, soit du côté maternel, a été réellement représentée par ce Conseil, et que le mineur ou interdit y a trouvé la garantie que la loi voulait lui assurer. Cass., 3 mars 1856. ANNALES, vol. de 1857, p. 25.

209. Ainsi, la nomination du tuteur faite par un Conseil dans lequel ont été appelés deux amis, quoique, du côté que ces amis représentaient, il existât des parents domiciliés dans le périmètre légal (deux myriamètres), est valable, s'il est démontré, d'une part, que l'existence de ces parents était ignorée du juge de paix, et que, d'autre part, les intérêts du mineur ou de l'interdit n'en ont pas souffert. *Ibid*.

210. En tous cas, la mère tutrice qui a indiqué elle-même

les parents et amis dont le Conseil de famille a été composé n'est
pas recevable à critiquer la composition de ce Conseil, sous prétexte que des amis ont été appelés, alors qu'il y avait des parents
dans le périmètre légal, ou que les personnes appelées à défaut
de parents n'avaient pas la qualité d'amis. *Ibid.*

211. La Cour de Rouen, par arrêt du 9 décembre 1854 (ANNA-
LES, vol. de 1855, p. 161), a décidé que le Conseil de famille est
permanent dans sa composition, et que, dès lors, le tuteur ne peut
demander la nullité d'une délibération sous prétexte que le Conseil
aurait été irrégulièrement composé, s'il l'a été des mêmes personnes
qui en avaient précédemment fait partie à la requête du tuteur lui-
même.

212. Presque tous les auteurs ont émis un avis contraire à cette
décision, tels que Zachariæ, *Droit français*, § 92 et note 3 ; Aubry
et Rau, sur Zachariæ, troisième édition, § 91 et note 5 ; Massé et
Vergé sur Zachariæ, note 3, sur le § 201 ; Ducaurroy, Bonnier et
Roustain, t. Ier, n° 609. — Nous avons aussi émis une opinion
contraire, dans la troisième édition de *Traité des Conseils de famille*,
p. 39, n° 36. On nous avait demandé si, lorsqu'une nouvelle réunion du Conseil de famille était devenue nécessaire après plusieurs
années d'intervalle, il fallait que les membres qui avaient délibéré une
première fois fussent les mêmes à cette seconde convocation. Nous
avons répondu négativement, et nous pensons encore que nous
avions raison. « La qualité de membre du Conseil de famille, disions-nous, est, en général, attachée à la proximité du degré dans
la parenté ou l'alliance ; il peut donc se faire que, dans l'intervalle
d'une assemblée à l'autre, il se trouve sur les lieux des parents ou
alliés plus proches. L'intérêt du mineur veut que ces parents ou
alliés soient appelés, quoiqu'ils n'aient pas fait partie des précédentes réunions ; le juge de paix qui ne les convoquerait pas commet-
trait donc une violation de l'article 407, qui a fixé la composition
du Conseil de famille, non pas seulement pour la première convocation, mais pour toutes les convocations subséquentes. C'est, selon
nous, une erreur de considérer le Conseil de famille comme constituant un corps permanent ; il doit être recomposé de la manière
prescrite par la loi toutes les fois qu'il devient nécessaire de l'assembler. » — M. Demolombe, *Cours de Code Napoléon*, t. VII,
p. 174, en citant le passage ci-dessus de notre *Traité des Conseils de famille*, fait remarquer que notre opinion ne manque pas
d'exactitude ; mais notre proposition lui paraît formulée dans des
termes trop absolus : « Je concède, dit le savant professeur de droit

à la Cour de Caen, que le Conseil de famille, une fois formé, n'est pas, si vous voulez, un corps absolument permanent et immuable, et que si, dans l'intervalle d'une assemblée à l'autre, des parents ou alliés plus proches viennent résider dans le rayon légal, il y aura lieu à les admettre. Mais je ne voudrais pas non plus poser en principe que la séance une fois levée, il n'y a plus rien, et que tous les éléments du Conseil sont complétement désassemblés et détruits. Je n'admets pas tant d'inconstance et de mobilité! Ce qui me paraît vrai, au contraire, c'est que le Conseil de famille, une fois composé, demeure le même, tant que le juge de paix n'y apporte pas de modifications; et on conçoit qu'il sera souvent très-désirable qu'une affaire commencée, soumise déjà pendant plusieurs séances peut-être au Conseil de famille, puisse être présentée encore, au moment de la conclusion, à ce même conseil, formé des mêmes éléments, afin de n'être pas obligé de tout recommencer. — La doctrine contraire, poussée à l'extrême, détruirait d'ailleurs toute unité, tout esprit de suite, toute vue d'ensemble enfin, dans l'administration de la tutelle. — C'est au juge de paix qu'il appartient d'apprécier, sous ce rapport, les circonstances, et d'appliquer, de la manière la plus intelligente et la plus convenable pour le mineur, les articles 407, 409 et 410. — Il y a là sans doute quelque chose d'incertain et de vague ; aussi, M. Ducaurroy (t. I, n° 699), en constatant que « rien n'oblige le juge de paix à suivre, pour une nouvelle convo- « cation, les règles qu'il a observées précédemment, » voit-il là un *vice capital*. — Mais peut-être est-il difficile d'éviter tout à fait cet inconvénient ; les règles absolues conviennent peu en cette matière, et, par exemple, en déclarant immuable la composition une fois formée, ne s'expose-t-on pas à l'inconvénient aussi très-grave d'en exclure à toujours un parent très-proche, qui serait venu s'établir dans la commune? » — Comme on le voit, notre opinion diffère peu de celle de l'éminent professeur, dont nous préférons, en tous cas, la sage doctrine à la décision si absolue de la Cour de Rouen.

213. La délibération du Conseil de famille est nulle si le juge de paix, au lieu d'y prendre une part active, s'est borné à présider le Conseil. C. Nap., art. 416 ; Bordeaux, 21 juill. 1808.

214. L'intervention du juge de paix dans les délibérations du Conseil de famille n'est point une vaine et insignifiante formalité : c'est une autorité tutélaire qui, placée entre la loi et les passions d'autrui, protége l'une sans trop froisser les autres. L'interdiction d'un citoyen, la nomination d'un tuteur à un malheureux orphelin, ne sont point des choses indifférentes ni étrangères au ministère de la justice. Si, dans de pareilles hypothèses, la famille doit être consultée, il faut au moins s'assurer que sa délibération est dictée par la sagesse et le véritable intérêt du pupille ou de la personne à interdire, et la loi, à cet égard, ne pouvait trouver de garantie plus sûre que la présence du magistrat conciliateur aux délibérations du Conseil de famille : arbitre d'autant plus impartial qu'il est sans intérêt personnel, ses observations persuadent, ses conseils dirigent, son autorité réprime, et, dans le conflit des passions qui souvent agitent les assemblées de ce genre, la justice est assurée, autant que possible, que la loi a été observée et que la délibération est le fruit d'un juste discernement. Mais alors le rôle du juge de paix n'est point un rôle purement passif et qui se borne à la présidence du Conseil. L'article 416 du Code Napoléon veut expressément qu'il y ait voix délibérative et prépondérante, en cas de partage ; donc, et par une conséquence nécessaire, si ce magistrat ne prend point une part active à la délibération, elle est radicalement nulle, parce que le vœu de la loi n'a pas été rempli. Rennes, 30 juill. 1833. V. conf. Carré, t. I, p. 551, note 2, n° 1er ; Pigeau, *Comment.*, t. II, p. 584 ; Favard de Langlade, t. V, p. 822.

215. Mais il suffit, pour la validité d'une délibération d'un Conseil de famille, qu'il résulte implicitement du procès-verbal que le juge de paix a voté, quoiqu'il n'en soit pas fait mention expresse. Rennes, 6 janv. 1814.

216. Les enfants de la personne dont l'interdiction ou la dation de conseil judiciaire est poursuivie ont voix délibérative dans le Conseil de famille lorsqu'ils ne sont pas les provocateurs de l'interdiction. C. Nap., art. 495 ; Cass., 25 mars 1833 ; Bordeaux, 21 janv. 1852, et Paris, 15 juin 1857. ANNALES, vol. de 1852, p. 252, et vol. de 1857, p. 399.

217. Les motifs de le décider ainsi sont parfaitement exposés par M. Demolombe (*Cours de Code Napoléon*, t. VIII, p. 360, n° 500). « Nous n'admettons pas l'opinion, dit cet auteur, qui induit de la seconde partie de l'article 495 que l'époux ou les enfants n'ont jamais voix délibérative dans le Conseil de famille, convoqué à l'effet de donner son avis sur une demande en interdiction, lors même que ce ne sont pas eux qui la provoquent. Il nous paraît certain, au contraire, qu'ils ont le droit de voter, comme tout autre membre du Conseil. — 1° On prétend qu'il ne serait pas moral que l'époux ou les enfants de celui qu'il est question d'interdire pussent être obligés de délibérer sur cette matière. On ajoute qu'ils

y ont intérêt, et qu'il faudrait craindre de voir un Conseil de famille, composé uniquement de l'époux et des enfants, délibérer sur
une question d'interdiction. — Nous répondons d'abord que la loi
autorise l'époux et les enfants eux-mêmes à provoquer l'interdiction de leur époux ou de leur ascendant, et que dès lors il n'est
pas possible d'argumenter de l'inconvenance qu'il y aurait à les
admettre dans le Conseil de famille avec voix délibérative, sur une
demande d'interdiction provoquée par un autre. Car une demande
directe en interdiction est bien plus grave assurément qu'un simple
vote à exprimer dans le Conseil de famille ; et ce serait une contradiction manifeste que d'autoriser une personne à former elle-même
la demande et de lui défendre de voter, comme membre du Conseil,
sur une demande formée par un autre! Il est donc évident que cette
considération n'a pas touché le législateur. C'est qu'il s'est placé à
un autre point de vue plus noble et plus élevé ; c'est qu'il a considéré qu'il y avait là un devoir à remplir ; et, quant à l'objection
de leur intérêt personnel, elle n'a pas non plus arrêté le législateur ;
car il tient compte de cet intérêt même dans une juste mesure. Notons enfin que l'hypothèse où l'époux et les enfants formeraient à
eux seuls le Conseil de famille ne sera pas fréquente ; car elle suppose que celui dont l'interdiction est provoquée aurait cinq fils
majeurs ; et, en tout cas, la loi accorde très-justement plus de confiance à l'époux et aux enfants qu'aux parents collatéraux et même
qu'aux ascendants ; nous en avons ici la preuve, car l'époux et les
enfants, lors même qu'ils ont provoqué l'interdiction, seront admis
au Conseil de famille avec voix délibérative. — 2° On invoque les
travaux préparatoires du Code Napoléon et l'article 8 du projet, qui
déclarait positivement que l'époux et les enfants peuvent être admis
au Conseil de famille, et *n'y ont pas voix délibérative*, *encore
qu'ils n'aient pas provoqué l'interdiction.* — Mais précisément cet
article a été changé ; et ce changement même est une preuve certaine que la disposition du projet n'a pas été finalement adoptée. »

218. Nous approuvons entièrement ces considérations. La loi
(art. 495 C. Nap.), en excluant du Conseil de famille ceux qui ont
demandé l'interdiction, et en disant aussitôt que *cependant* l'époux
ou l'épouse et les enfants peuvent y être admis, mais sans voix délibérative, fait une allusion évidente au cas où ces personnes ont
elles-mêmes provoqué l'interdiction. Donc, si elles ne l'ont pas
provoquée, elles n'ont pas besoin de l'exception faite en leur faveur, car nulle exclusion n'est portée contre elles. — Ne serait-
il pas bizarre, en effet, de faire la même part au conjoint et aux

enfants, dans les délibérations du Conseil, qu'ils aient ou non provoqué l'interdiction. Eh quoi! dans l'hypothèse où d'autres sont
complètement exclus, la loi, par une confiance exceptionnelle, ac-
cueille au moins leur présence, et dans celle où d'autres seraient
tout à fait admis, elle les réduirait encore à un rôle secondaire!
Cela ne peut pas être. — Mais, dit-on, leur intérêt est direct. Sans
doute. Mais n'est-ce pas au nom de cet intérêt qu'ils peuvent demander eux-mêmes l'interdiction ? Comment donc la même affection, les mêmes craintes, les mêmes espérances ne les autoriseraient-
elles pas à prendre part à une délibération qui n'est, après tout,
qu'un renseignement pour la justice. — Est-il vrai qu'il est inconvé-
nant et peu moral de mettre un époux et des enfants dans la nécessité
de prononcer contre un époux ou un père? Non, certes; car la loi
ainsi que le dit M. Demolombe, en donnant à chaque époux et aux
enfants le droit de provoquer l'interdiction, permet une attaque
publique, directe, et dès lors bien autrement grave qu'un suffrage
discrètement exprimé dans une réunion de famille. Enfin, s'il faut
suspecter leur impartialité et leur tendresse, alors même qu'en
s'abstenant d'agir ils ont gardé un silence qui ne saurait s'expliquer
que par le respect, quelle réunion de famille pourra paraître assez
pure aux yeux de la loi et à la conscience du juge?

219. Mais la délibération du Conseil de famille à laquelle a concouru le demandeur en interdiction n'est pas nulle s'il est constant
que ce concours n'a point exercé d'influence décisive sur le sort de
la délibération. C. Nap., art. 495; Bordeaux, 9 juill. 1845.

220. Lorsque les parents de l'une ou l'autre ligne se trouvent
en nombre insuffisant sur les lieux pour composer un Conseil de
famille, c'est au juge de paix qu'il appartient d'appeler soit des
parents domiciliés à plus grande distance, soit des amis. Rennes,
20 févr. 1823.

221. Le procès-verbal de la délibération d'un Conseil de famille
doit, à peine de nullité, constater quel a été le vote du juge de paix,
alors surtout qu'en raison de la manière dont les avis étaient divisés, ce vote aurait pu entraîner une nomination autre que celle qui
a été faite. *Ibid.*

222. Lorsque les délibérations des Conseils de famille ne sont
pas unanimes, l'avis de chacun des membres doit, à peine de nullité,
être constaté au procès-verbal. *Ibid.*

223. La mention spéciale du vote du juge de paix ne serait pas
nécessaire s'il n'y avait pas eu partage d'opinions (Turin, 5 mai
1810). Au reste, il paraît reconnu que le fait même de la participa-

tion du juge de paix ne doit pas être constaté spécialement ; il suffit qu'il résulte du procès-verbal. Mais la délibération est nulle si le juge de paix, au lieu de participer à la délibération, s'est borné à présider le Conseil.

224. Jugé que c'est d'après les règles générales établies par les articles 407 et suivants du Code Napoléon que doit se former le Conseil de famille appelé à nommer un tuteur *ad hoc* à l'enfant contre lequel est dirigé un désaveu ; que par suite la nomination de ce tuteur *ad hoc* est nulle si, bien qu'il existât des parents dans le rayon déterminé par la loi, le Conseil de famille n'était composé que d'amis. Montpellier, 12 mars 1853.

225. Il n'est pas nécessaire, pour la validité d'une délibération du Conseil de famille, que tous les membres convoqués et présents aient voté, si d'ailleurs elle a été prise par un nombre de parents égal au moins aux trois quarts. C. Nap., art. 415 ; Rouen, 17 nov. 1810.

226. Le subrogé tuteur peut, bien qu'il ait provoqué la réunion du Conseil de famille appelé à délibérer sur la destitution du tuteur, faire partie de ce Conseil et y voter. *Ibid.*, et Rennes, 14 févr. 1810.

227. La veuve qui veut se remarier peut être comptée au nombre des six parents dont la convocation est nécessaire pour former le Conseil de famille qui doit décider si elle conservera la tutelle ou si elle en sera privée. C. Nap., art. 442 ; Bordeaux, 17 août 1825.

228. Mais elle ne peut voter dans ce Conseil. — Et les cinq autres parents, réunis au juge de paix, prennent une délibération valable. *Ibid.*

229. Les parents d'un mineur, domiciliés au delà de deux myriamètres, ne peuvent être admis au Conseil de famille, quoique plus proches en degré que les autres membres de ce Conseil, qu'autant que le juge de paix aurait autorisé leur admission. C. Nap., art. 110 ; Rennes, 30 juill. 1833.

230. Un Conseil de famille est irrégulièrement composé, lorsque cinq parents ou alliés seulement ont été cités, au lieu de six ; on ne peut dire qu'il suffit, dans ce cas, que les trois quarts au moins des membres y aient assisté, pour que la délibération soit valable (C. Nap., art. 407 et 415). — Cette délibération est nulle, si les parents convoqués n'étaient pas les plus proches en degré. Rouen, 7 avr. 1817.

231. Une délibération du Conseil de famille régulière dans la forme, qui nomme un tuteur contre lequel on n'allègue aucune cause d'incapacité ou d'exclusion, ne peut être attaquée, sous prétexte qu'elle n'a pas été prise à *l'unanimité* des voix. En d'autres termes, l'article 883 du Code de procédure ne s'applique pas aux délibérations du Conseil de famille qui ont pour objet de nommer un tuteur. Il ne déroge pas à l'article 418 du Code Napoléon. Paris, 6 oct. 1841.

232. Si la délibération dans laquelle le juge de paix a émis son avis est annulée, on doit renvoyer devant un autre juge, quoique ce ne soit pas celui du domicile du mineur. *Ibid.*

233. Le Conseil de famille appelé à prononcer sur l'état d'une personne dont l'interdiction est provoquée peut être composé en partie d'amis, quoiqu'il y ait des parents dans l'arrondissement. Paris, 28 févr. 1814.

234. Il n'en est pas de même du cas où un des parents appelés au Conseil de famille s'abstient par suite d'excuse ou de récusation, comme de celui d'absence prévu par l'article 415 du Code Napoléon. Dans ce cas, il y a lieu de compléter le Conseil de famille ; dès lors, s'il y a eu dispense ou excuse d'un membre d'un Conseil de famille composé de six, les cinq autres ne peuvent prendre valablement de délibération avant que le Conseil ne soit complété. Agen, 26 mars 1810.

235. La délibération du Conseil de famille n'est pas nulle, parce qu'on n'y a point appelé la femme de l'individu dont l'interdiction est provoquée. *Ibid.*

236. Les parents et amis appelés à donner leur avis peuvent se borner à émettre leur opinion sur l'état de l'individu dont l'interdiction est provoquée, sans déclarer qu'il y a lieu ou qu'il n'y a pas lieu à l'interdiction. *Ibid.*

237. Jugé de même que les membres d'un Conseil de famille appelés à donner leur avis sur l'état mental d'une personne contre laquelle est formée une demande en interdiction ou en dation de conseil judiciaire ne sont tenus de rendre compte que du résultat de leurs connaissances personnelles (C. Nap., art. 416).—Spécialement on ne peut pas entacher de nullité la délibération du Conseil de famille lorsque le juge de paix qui le présidait s'est abstenu d'émettre une opinion, en déclarant ne pas connnaître l'état physique et moral de la personne qu'on voulait interdire. Cass., 20 juill. 1842.

238. La peine de l'amende que, par l'article 413 du Code Napoléon, le juge de paix est autorisé à prononcer contre le parent ou l'allié qui, convoqué à un Conseil de famille, ne comparaît pas et ne fait présenter aucune excuse légitime, ne peut, par analogie, être appliquée au parent ou à l'allié qui, ayant comparu, a refusé de délibérer, par suite d'un incident élevé dans le sein du Conseil, sur l'irrégularité de sa composition. L. 27 vent. an VIII, art. 77 ; C. Nap., art. 413 ; Cass., 10 déc. 1828.

239. L'autorisation donnée au tuteur par le Conseil de famille de suivre une demande intéressant le mineur n'emporte pas celle d'interjeter appel, lorsqu'il appert des termes de la délibération qu'elle a été restreinte au procès engagé en première instance. Cass., 10 mars 1846.

240. Doit être déclarée nulle la délibération d'un Conseil de famille, lorsque, pour la convocation des membres qui doivent le composer, on n'a point observé le délai des distances prescrit par l'article 411 du Code Napoléon. Caen, 30 août 1847.

241. Tant que la tutelle n'est pas complétement ou définitivement organisée, le mineur est réputé n'avoir d'autre domicile que son domicile d'origine ; il a, lorsque la tutelle est organisée, pour domicile légal celui de son tuteur, pour tout ce qui concerne les actes d'administration de ce tuteur, pourvu, toutefois, que les intérêts de ce dernier ne puissent éprouver aucun préjudice. — Ainsi, lorsqu'il s'agit de la nomination ou du remplacement du tuteur ou du subrogé tuteur, le Conseil de famille doit être convoqué au lieu de l'ouverture de la tutelle ; tandis que cette convocation peut être régulièrement faite au domicile nouvellement acquis par le tuteur, lorsqu'il y a lieu d'autoriser des actes de tutelle, et, par exemple, de délibérer sur l'acceptation d'une donation, telle qu'un partage d'ascendant, faite au mineur ou à l'interdit... alors, d'ailleurs, qu'il est établi que les intérêts du mineur ont été aussi bien protégés au domicile du tuteur qu'ils l'auraient été au lieu de l'ouverture de la tutelle. Cass., 4 mai 1846.

242. Lorsqu'un père de famille, tuteur et usufruitier légal de son fils mineur, est tombé dans un état d'insolvabilité notoire, par suite duquel il y a tout lieu de craindre que la fortune mobilière de son pupille ne soit mal administrée par lui, le Conseil de famille et les tribunaux ont le droit de décider qu'un capital appartenant au mineur et assuré sur fonds suffisants par un privilége de vendeur restera entre les mains du propriétaire de cet immeuble, et ne pourra être touché par le tuteur, qui en percevra seulement les revenus. Une pareille détermination ne porte pas atteinte aux droits du père de famille comme tuteur et comme usufruitier. C. Nap., art. 384, 350, 601 ; Limoges, 28 févr. 1846.

243. Le Conseil de famille appelé à procéder au remplacement du tuteur, ou à délibérer sur tous autres actes de tutelle, doit être convoqué au lieu de l'ouverture de la tutelle, et non à celui du do-

micile du tuteur. — Et il en est ainsi, même en cas de tutelle légitime. Aix, 7 mars 1846.

244. La mère tutrice qui a perdu la tutelle pour s'être remariée
sans se conformer aux dispositions de l'article 395 du Code Napoléon ne peut faire partie du Conseil de famille qui doit nommer un
nouveau tuteur : il en est de même du second mari. *Ibid.*

245. L'observation des règles relatives à la composition des
Conseils de famille n'est pas prescrite à peine de nullité. — Et
spécialement, un ami de la famille a pu faire partie du Conseil de
famille, bien qu'il existât dans un rayon de 2 myriamètres des parents de la ligne dans laquelle il a été placé. *Ibid.*

246. On ne peut pas considérer comme contraire à l'ordre public l'obligation imposée par le Conseil de famille au tuteur de l'interdit, et acceptée par ce tuteur, de ne pouvoir toucher ni placer
aucun capital sans le concours du subrogé tuteur, et de ne faire
d'autres placements que des placements sur hypothèque. — C'est là
au contraire une garantie de plus dont le Conseil de famille entoure
les intérêts du mineur. Cass., 20 juill. 1842.

247. La tutelle de l'interdit est absolument *dative ;* le Conseil de
famille peut la conférer à tout autre que la femme de l'interdit,
sans être obligé d'exprimer les motifs de sa préférence. C. Nap.,
art. 507 et 447 ; Cass., 27 nov. 1816.

248. Le tribunal qui annule une nomination de tuteur ne peut
y procéder lui-même : il doit renvoyer cette nomination au Conseil
de famille. *Ibid.*

249. On ne peut assister à un Conseil de famille en la double
qualité de membre de ce Conseil et de représentant d'un autre
membre. Turin, 20 févr. 1807.

250. Mais, bien qu'un des membres du Conseil ait été illégale-
ment représenté, la délibération n'en est pas moins valable, si le
Conseil a été d'ailleurs composé d'un nombre suffisant de parents.
Ibid.

251. Le ministère public n'a pas qualité pour requérir d'office,
et comme partie principale, la nullité d'une délibération de Conseil
de famille portant nomination d'un tuteur. Orléans, 23 févr. 1837.

252. C'est par voie d'autorisation et non par simple avis que le
Conseil de famille doit prononcer sur une demande en restriction
de l'hypothèque légale d'un mineur. — En conséquence, le jugement qui doit suivre la délibération du Conseil de famille doit être
rendu par la voie contentieuse, contradictoirement avec le subrogé
tuteur, et non sur simple requête. Cass., 3 juin 1834.

253. Les minutes des actes émanés des Conseils de famille n'appartiennent pas à la publicité. — En conséquence, les greffiers de justices de paix ne doivent pas en délivrer expédition à ceux qui n'y ont pas été parties. Cass., 30 déc. 1840.

CONSEIL JUDICIAIRE. Le Conseil judiciaire est un surveillant imposé par la justice à celui qui, par suite de prodigalité, de faiblesse d'esprit ou d'une autre cause analogue, est hors d'état de régir convenablement ses affaires. C. Nap., art. 499 et 513.

Table sommaire.

Division.

§ 1er. Des personnes auxquelles il peut être nommé un conseil judiciaire.

§ 2. Qui peut provoquer la nomination, et forme de cette nomination.

§ 3. Effet du jugement de nomination d'un conseil judiciaire ; ses attributions.

§ 4. Réhabilitation.

§ 1er. *Des personnes auxquelles il peut être nommé un conseil judiciaire.*

1. Plusieurs circonstances peuvent nécessiter la nomination d'un conseil judiciaire. — Lorsqu'un homme, sans être absolument en démence, est néanmoins trop faible de caractère et de raison pour diriger seul ses affaires, et qu'il se trouve par là exposé à des surprises, ou entraîné à des actes susceptibles de consommer sa ruine, il doit être pourvu d'un conseil judiciaire. Merlin, *Rép.*, v° *Cons. judic.*; Toullier, n° 1368 ; Paris, 4 mai 1825.

2. Mais, à cet égard, nous devons faire remarquer que quelques erreurs commises, par exemple le mauvais choix d'un mandataire, ne pourraient, de même que des faits isolés et intermittents, sans suite caractéristique du vice reproché, être considérés comme suffisants pour entraîner la dation du Conseil. Angers, 10 prair. an XIII ; Aix, 14 févr., et Besançon, 9 avr. 1808.

3. La prodigalité est une autre cause, et même la cause la plus ordinaire, de la dation d'un conseil judiciaire (C. Nap., art. 513). Mais qu'est-ce que la prodigalité? On peut, d'après M. Toullier, t. II, n° 1370, considérer comme prodigue celui qui ne met ni frein ni mesure à ses dépenses, qui dissipe son bien en profusions que les gens sensés qualifient de folies. Ainsi, celui qui, chaque jour, dépense inutilement des sommes excessives ou consume son bien en procès ruineux, qui s'obère au point de vendre son patrimoine, est nécessairement un prodigue. Metz, 22 févr. 1812; Turin, 20 févr. 1807.

4. A ces causes de dation judiciaire quelques auteurs ont joint le mutisme de naissance, lorsque le sourd-muet n'a reçu aucune instruction. Cette opinion s'étaye de l'article 936 du Code Napoléon, au titre *Des donations entre vifs*, où l'on voit que lorsque le sourd-muet sait écrire, il peut accepter une donation, soit par lui-même, soit par un fondé de pouvoir, mais qu'il doit être assisté par un curateur nommé à cet effet ; d'où la conséquence que, dans ce dernier cas, le législateur a jugé qu'il y avait trop d'incertitude sur le degré d'intelligence de l'homme pour qu'on lui permît de se diriger par lui-même.

5. Ainsi, Pothier (*Donation entre vifs*, sect. Ire, art. 1er) dit : « Le sourd-muet qui ne sait pas écrire ne peut donner des signes certains de sa volonté ; d'où il suit qu'il est dans le cas de l'interdiction, et que, par conséquent, il ne peut donner entre vifs. »

6. Merlin, *Rép.*, v° *Sourd-muet*, répète cette opinion, et ajoute : « Le Code Napoléon, en le déclarant incapable de figurer comme donataire dans une donation, est censé, à bien plus forte raison, le déclarer incapable d'y figurer comme donateur. » Grenier, *Donations*, n° 283 ; Favard, *Rép.*, v° *Sourd-muet*, n° 2 ; et même le président Poujol, qui a écrit après eux, partage cette doctrine, confirmée par un arrêt de la Cour de Liège du 12 mai 1809. Nous pourrions multiplier les citations ; mais il nous semble que ces estimables jurisconsultes, entraînés par l'autorité des traditions et par l'influence qu'ils ont successivement exercée l'un sur l'autre, se sont plutôt montrés les échos des législations anciennes qu'ils n'ont tenu compte des améliorations que la civilisation moderne a apportées à l'existence matérielle et surtout intellectuelle des sourds-muets. Aussi, tout récemment, la Cour de cassation, par arrêt du 30 janvier 1844, a-t-elle décidé que la donation consentie sans l'assistance d'un curateur, par un sourd-muet de naissance, qui ne sait ni lire ni écrire, était valable, et qu'ici ne s'appliquait pas l'article 936 du Code Napoléon, qui exige cette assistance pour l'acceptation des donations, cet article ayant pour but de faciliter aux sourds-muets l'acceptation des libéralités, mais non de diminuer leur capacité.

7. Cette interprétation de la loi nous paraît d'autant plus juste aujourd'hui, que les perfectionnements si remarquables que l'éducation des sourds-muets de naissance a reçus depuis le commencement de ce siècle devaient faire repousser les doctrines absolues puisées dans le droit romain, et accréditées à des époques où les sourds-muets illettrés étaient considérés comme privés des facultés les plus essentielles de l'intelligence. Dans le cas où le sourd-muet sait écrire, son infirmité n'est sans doute pas de nature à altérer sa capacité : l'article 936 le déclare expressément ; mais lorsqu'il est illettré, ne suffit-il pas qu'il soit en rapport avec des personnes habituées à ses signes, pour qu'il puisse très-clairement manifester une volonté et s'assurer que cette volonté est remplie d'une manière conforme à ses intentions? Et si cette condition a été remplie (ce que les tribunaux apprécieront), quelle cause peut faire restreindre sa capacité? Il ne semble en exister aucune dans la loi, qui, à l'occasion des contrats et obligations en général, ne s'est point occupée de la capacité des sourds-muets. Le Code ne les répute point incapables, comme le faisait l'ancien droit romain, et il se tait sur eux, même au sujet de l'acte le plus important de la vie civile, au sujet du mariage. Et si, à cet égard, on se reporte aux procès-verbaux du Conseil d'Etat, du 29 fructidor an IX, on y trouve la preuve que ce silence a été volontaire, et qu'il est tout à fait significatif. La Commission chargée de rédiger le projet de loi du titre du mariage y avait inséré un article portant que « les sourds-muets de naissance ne peuvent se marier qu'autant qu'il serait constaté, dans les formes prescrites par la loi, qu'ils sont capables de manifester leur volonté. »

8. Mais après un débat plein d'intérêt, auquel le premier Consul prit une part active, cet article fut retranché. Il devait être rem-

placé par une disposition sur la manière dont les sourds-muets exprimeraient leur consentement. Cependant cette disposition elle-même ne se trouve pas dans le Code, et la raison en est, dit Locré, qu'on a laissé à l'arbitraire des tribunaux, comme le voulait la section, le discernement des circonstances et des signes qui peuvent faire juger si le sourd-muet a ou non consenti.

9. Ainsi, sous le rapport du mariage, le sourd-muet n'est point déclaré incapable de contracter, pourvu qu'il soit en état de manifester son consentement, et la loi laisse aux tribunaux un pouvoir discrétionnaire pour apprécier les éléments et les conditions de cette manifestation. Si le sourd-muet ne sait pas écrire, et si le langage des signes est le seul moyen qui lui soit donné d'exprimer et de communiquer sa pensée, ce langage sera interprété, et l'on constatera s'il traduit fidèlement un consentement volontaire et éclairé. Si le sourd-muet illettré peut utilement, à l'aide des signes, exprimer une volonté, un consentement qui valide son mariage; si, malgré son infirmité et l'incapacité où il se trouve de manifester sa pensée par l'écriture, il est des cas où on lui peut supposer assez de discernement pour ne pas douter qu'il ne comprenne toute l'importance de l'acte de mariage; et si, dans ce cas, son consentement peut être valablement exprimé sans le secours de l'écriture, pourquoi n'en serait-il pas de même pour lui, à l'occasion des autres contrats? — Et d'abord, si on le reconnaît habile à contracter mariage, comment lui pourrait-on interdire les conventions et donations qui se font par contrat de mariage, quand l'article 1398 du Code Napoléon autorise le mineur à faire de semblables dispositions, pourvu qu'il soit assisté des personnes dont le consentement est nécessaire pour la validité du mariage? — Le discernement et la maturité de raison que suppose nécessairement l'acte de mariage pourraient-ils ensuite être mis en doute chez le même individu, restant dans les mêmes conditions, lorsqu'au lieu de ce contrat il s'agira, par exemple, d'une donation entre-vifs? Pourquoi, dans ce dernier acte, le même mode de manifestation du consentement ne serait-il pas jugé suffisant? La parole et l'écriture ne sont autre chose que des signes conventionnels : pourquoi n'y pourrait-il être utilement suppléé par d'autres signes? On sait à l'aide de quels merveilleux procédés se fait de nos jours l'éducation des sourds-muets, et comment pour eux le langage des signes est devenu aussi rapide, aussi expressif, on pourrait dire aussi complet que toute langue écrite ou parlée. Le Code d'instruction a considéré ce langage comme un idiome étranger; il veut, d'après son article 333,

qu'à l'instar de ce qui se fait dans le cas où l'accusé, les témoins ou l'un d'eux, ne parlent pas la même langue, il soit nommé un interprète au sourd-muet, accusé ou témoin. Alors il se défend par signes, il dépose en justice par signes, et ce témoignage est compris, accepté, et tenu pour digne de foi!!! — Nous demandons pourquoi le sourd-muet qui ne sait pas écrire ne pourrait pas, pour tous les actes de la vie civile, communiquer utilement ses volontés ou ses intentions par le même procédé, et pourquoi les tribunaux ne resteraient pas toujours maîtres, en cas de doute ou de contestation, de décider, eu égard aux circonstances, si la volonté ou l'intention a été librement et clairement manifestée? — On oppose à notre opinion l'article 936 du Code Napoléon ; mais il faut prendre garde à deux choses : la première, c'est que cet article, placé dans le chapitre qui règle la forme des donations entre vifs, ne peut être réellement considéré comme établissant une règle de capacité; la seconde, c'est qu'il ne parle que de l'acceptation des donations, et que c'est seulement par induction et à l'aide d'un *à fortiori* un peu suspect qu'on en veut étendre l'application à la confection même de l'acte de donation. De ce que la loi exige que le sourd-muet illettré ne puisse valablement accepter que par l'entremise d'un curateur *ad hoc*, est-on bien autorisé à en conclure qu'elle n'a pas voulu qu'il pût faire personnellement une donation? L'analogie manque, à moins qu'on ne prétende qu'il pourra faire cette donation avec l'assistance d'un curateur. Et puis, ce que l'on induit de cet article pour le cas d'une donation, on l'induirait, au même titre, pour tout autre contrat. Le raisonnement serait le même, fondé sur le même *à priori*; il conduirait à décider que le sourd-muet qui ne sait pas écrire ne peut contracter mariage à l'aide d'un consentement manifesté par des signes, puisqu'il ne peut par le même procédé accepter la donation faite à son profit.

10. Lorsqu'il est constant qu'un individu, à raison de son grand âge, a éprouvé un affaiblissement de mémoire considérable, et que, d'un autre côté, il résulte de la procédure et des actes les plus récents faits par lui qu'il a conservé son bon sens et sa raison, les tribunaux, au lieu de recourir, à son égard, à la mesure extrême de l'interdiction, doivent se contenter de lui nommer un conseil judiciaire. Lyon, 2 prair. an XII.

11. Une faiblesse d'esprit naturelle, jointe à des attaques accidentelles d'épilepsie, ne peut également qu'autoriser la nomination d'un conseil judiciaire. Colmar, 2 prair. an XIII.

12. Pour arrêter le prodigue, il ne faut pas attendre que sa fortune soit dissipée : le remède viendrait trop tard. Ainsi, quoique protégé par la tutelle, le mineur peut être placé sous la dépendance d'un conseil judiciaire. — Tout démontre, en effet, que si le mineur, dans l'âge le plus tendre, n'a pas à redouter à l'instant sa faiblesse d'esprit ou la prodigalité, l'une ou l'autre lui offre un péril bien grand, lorsque, parvenu à l'âge où il a la faculté de tester, ou se trouvant à la veille de devenir majeur, il est exposé à des surprises qui tendent à compromettre son existence.

13. La femme mariée, qu'elle soit ou non séparée de biens de son mari, peut être pourvue d'un conseil judiciaire, à raison de sa prodigalité. On dirait en vain que la dation d'un conseil judiciaire à la femme est une atteinte illégale aux droits que confère la puissance maritale, et même qu'elle est inutile par l'effet de cette puissance. C. Nap., art. 490 ; Cass., 4 juill. 1838.

14. Celui dont la fortune ne consisterait qu'en rentes viagères, et qui se trouve dans le cas d'un prodigue, peut être pourvu d'un conseil judiciaire. On a prétendu qu'en pareil cas la mesure était sans objet : nous disons, au contraire, qu'elle nous paraît nécessaire, soit parce que des successions pourraient encore échoir au prodigue, soit parce que ce prodigue, qui n'a qu'une simple pension viagère, pourrait plaider, transiger et emprunter, et faire des aliénations de son droit en tout ou en partie ; et il suffit de la possibilité de ces cas, pour qu'il puisse y avoir nomination d'un conseil judiciaire. Turin, 20 févr. 1807.

§ 2. *Qui peut provoquer la nomination du conseil judiciaire, et forme de cette nomination.*

15. La défense de procéder sans l'assistance d'un conseil, dit l'article 514, peut être provoquée par ceux qui ont le droit de demander l'interdiction. Or, il résulte de l'article 490, qui s'est occupé de la matière, que tout parent, même l'un des époux, est recevable à l'égard de l'autre à introduire l'action. Quand même le demandeur serait étranger à la France, il aurait cette prérogative, puisqu'il suffit de la parenté, et que le législateur n'a fait aucune distinction.

16. En renvoyant, dans la dation du conseil, au titre *De l'interdiction*, l'article 513 semble avoir donné au ministère public le droit de poursuivre la dation du conseil judiciaire ; car l'article 491, qui se trouve compris dans le titre auquel il a été renvoyé, conti-

nue par ces mots : « Dans le cas de fureur, si l'interdiction n'est provoquée ni par l'époux ni par les parents, elle doit l'être par le procureur impérial, qui, dans le cas d'imbécillité ou de démence, peut aussi la provoquer contre un individu qui n'a ni époux, ni épouse, ni parents connus. »

17. Nous ne pensons pas cependant que la demande en nomination de conseil puisse être intentée d'office : elle diffère de l'interdiction proprement dite, en ce qu'elle ne tient pas à l'ordre public, et qu'elle est bornée à de simples intérêts. Besançon, 25 août 1810.

18. Les parents sont intéressés à prévenir la dilapidation des biens qu'ils ont en perspective, et c'est ce qui constitue leur qualité : quant aux alliés, ne succédant point, ils n'ont pas un intérêt reconnu à la dation du conseil, et ils ne peuvent la provoquer. Paris, 25 mars 1835.

19. Sur ce point, il existe cependant une exception en faveur de l'épouse et de l'époux ; mais, d'après quelques auteurs, ce dernier ne pourrait même pas formuler la demande en son nom, quoiqu'il eût, à raison du régime sous lequel il s'est marié, l'initiative des actions de sa femme ; il faudrait qu'il la poursuivît au nom de celle-ci, avec son concours, ou comme mandataire. — Le motif prédominant de cette opinion est que l'action en dation du conseil n'est pas purement relative aux biens de la femme, héritière présomptive, dont le mari a l'administration. Duranton, *Cours de droit français*, t. III, n° 718 ; Thomine-Desmazures, *Proc. civ.*, n° 1048 ; et Toullier, t. II, n° 1317.

20. Jugé que le mari est admissible à provoquer contre la femme la nomination d'un conseil judiciaire, lorsqu'elle n'est que séparée de biens. Montpellier, 14 déc. 1841.

21. Il est certain que, lorsqu'il s'agit de la dation d'un conseil judiciaire, la loi ne distingue pas la femme mariée ou séparée de biens ; les articles 489, 499 et 513 du Code Napoléon contiennent les dispositions générales applicables à la femme comme à tout autre majeur ; l'article 506 même prouve évidemment que la demande en interdiction peut être formée contre la femme mariée, puisque, d'après ses termes, le mari est tuteur de droit de sa femme interdite. Or, la demande en conseil judiciaire peut être formée pour des causes de même nature que celles qui donnent lieu à l'interdiction, mais dont le caractère est moins grave. En effet, d'après l'article 499, en rejetant la demande en interdiction, le tribunal peut pourvoir la personne contre qui on l'a provoquée d'un conseil judiciaire, sans lequel certains actes lui seront interdits, et cette disposition doit être prise, si les circonstances l'exigent. — Ainsi, les causes qui servent de fondement aux deux actions sont du même ordre, quoique différentes dans leur gravité ; les personnes qui en peuvent être l'objet, et celles qui peuvent les intenter, sont aussi les mêmes par rapport à l'une comme par rapport à l'autre. Telle est aussi la disposition de l'article 514, qui veut que la demande du conseil judiciaire pour cause de prodigalité puisse être formée par les mêmes personnes, et jugée de la même manière que la demande en interdiction.

22. Le prodigue, le faible d'esprit, le sourd-muet, sont recevables à conclure pour eux-mêmes à la dation de ce conseil. Nous voyons quelquefois le mal qui nous menace, et nous ne nous croyons pas assez forts pour lui résister en face : il doit nous être permis de nous retrancher derrière un appui. Toullier, *Cours de droit civil*, t. II, n° 1373.

23. Un tuteur, qu'il soit parent ou non de celui qu'il s'agit de faire pourvoir de conseil, a incontestablement qualité, si son pupille est lui-même parent ou allié. L'article 450 du Code Napoléon veut que le tuteur prenne soin du mineur, et qu'il le représente dans tous les actes de la vie civile. Or, cette locution : *tous les actes*, est générique ; elle n'en excepte aucun. Ainsi il n'est pas douteux qu'un tuteur, qui n'est que l'image du parent, de l'allié dont il a la tutelle, ne puisse introduire l'action en justice, parce que le mineur ne peut être privé d'un recours que le majeur est libre d'exercer. Bruxelles, 15 mai 1807 ; *contrà*, Delvincourt, t. I, p. 322.

24. Toutefois, le droit de poursuivre la dation du conseil judiciaire ne peut être exercé par les créanciers des parents qui négligeraient de former eux-mêmes la demande ; à la vérité, l'article 1066 permet à un créancier d'exercer tous les droits et actions de son débiteur, mais il ne le peut qu'à l'exception de ceux qui sont attachés à la personne. Or, le droit dont il s'agit, quoique réel sous quelques rapports, nous paraît être plus personnel que réel.

25. En énonçant que cette demande doit être instruite et jugée comme la demande en interdiction, l'article 514 se réfère à l'article 492, qui exige qu'elle soit portée devant le tribunal de première instance. L'article 890 du Code de procédure civile reproduit la disposition attributive, mais n'explique rien et laisse tout dans le vague. De là, nous devons induire que le législateur a voulu s'en tenir au droit commun.

26. L'article 514 du Code Napoléon ajoute que la nomination peut être faite d'office par les juges, lorsque, sur une demande d'interdiction, ils ne trouvent pas de motifs suffisants pour prononcer une interdiction complète. C. Nap., art. 999.

27. Les parties intéressées qui ont qualité pour provoquer l'interdiction d'un individu peuvent, par action principale, réclamer qu'il lui soit nommé un conseil judiciaire. En effet, l'article 499 du Code Napoléon, en autorisant les tribunaux à nommer, suivant les circonstances, un conseil judiciaire, ou bien à prononcer l'interdiction, a évidemment autorisé les parties intéressées à ne réclamer par action principale que cette dernière mesure, parce que, lorsque la loi a investi le magistrat du pouvoir de statuer, elle a, par voie de conséquence nécessaire, donné à la partie qui a intérêt la faculté de réclamer. Agen, 4 mai 1836.

28. Jugé que la nomination d'un conseil judiciaire prononcée contre un mineur qui n'a subi aucun interrogatoire, et qui ne figurait pas personnellement dans l'instance, mais qui y a été seulement représenté par son subrogé tuteur, est nulle comme irrégulière. Nîmes, 22 avr. 1839.

29. Cette décision est fondée sur la combinaison des articles 496 et 514 du Code Napoléon. On ne saurait douter que le prodigue ne doive nécessairement figurer en personne comme défendeur dans une instance où il s'agit de lui nommer un conseil judiciaire, ou qu'il ne doive, du moins, y être appelé pour subir l'interrogatoire, qui forme une des formalités substantielles de toute procédure en interdiction ou en nomination d'un conseil. Procéder autrement ce serait exposer le mineur parvenu à sa majorité à se trouver incapable sans le savoir, et à induire les tiers en des erreurs désastreuses.

30. Les tribunaux nomment ordinairement pour conseil judiciaire des magistrats, des jurisconsultes, des notaires, des avoués, ou d'autres personnes éclairées.

31. Les personnes nommées conseils judiciaires n'ayant aucune administration, et leurs fonctions se bornant à donner des avis, elles ne sont comptables de rien, ni assujetties à aucune responsabilité. Toullier, n° 1377.

32. Le conseil judiciaire peut se composer d'une ou plusieurs personnes. Si le jugement ne porte qu'elles sont nommées pour agir l'une à défaut de l'autre, l'avis de toutes devient nécessaire pour les actes qui requièrent l'assistance du conseil ; si elles ont été nommées pour agir l'une à défaut de l'autre, il faut s'adresser de préférence à la première nommée, et ne s'adresser aux autres qu'en cas d'empêchement de la première. *Ibid.*

§ 3. *Effet du jugement de nomination du conseil judiciaire.* — *Ses attributions.*

33. Les seuls actes pour lesquels l'assistance du conseil est nécessaire sont les suivants : plaider, transiger, emprunter, recevoir un capital mobilier, en donner décharge, aliéner, grever ses biens d'hypothèques (C. Nap., art. 499 et 513). Le pourvu de conseil demeure libre à l'égard de tous autres, et les tribunaux ne pourraient, sans excéder leurs pouvoirs, déférer à l'assistance du conseil nommé les actes que la loi n'y a point assujettis. Duranton, *Cours de droit français*, t. III, n° 799, et Toullier, *Cours de droit civil*, t. II, n° 1378.

34. Ainsi, un individu pourvu de conseil a pu, sans requérir son concours, doter un de ses enfants, parce que c'est là l'exécution d'une obligation naturelle, sacrée, un devoir, enfin, imposé par les lois : *officium paternum est dotare filios ;* et l'on ne peut pas taxer d'acte de prodigalité ou d'imbécillité une action qne tout homme sensé aurait pu faire. Pau, 25 juin 1806.

35. Ainsi le conseil n'est pas non plus un obstacle à ce que l'individu soumis à sa direction reconnaisse un enfant naturel et lui attribue toutes les prérogatives qui s'attachent à une telle filiation. Douai, 23 janv. 1819.

36. La position de celui qui est soumis à un conseil judiciaire présente la plus grande analogie avec celle du mineur, à l'égard duquel on ne peut plus guère soutenir aujourd'hui qu'il soit civilement incapable de reconnaître un enfant naturel. La Cour de cassation a, en effet, jugé que le mineur âgé de dix-neuf ans, et dans la plénitude de sa raison, n'est pas civilement incapable de reconnaître un enfant naturel. Cass., 22 juin 1813.

37. D'après ces principes encore, la constitution d'une rente viagère pour services rendus peut être obligatoire, quoique le conseil n'ait pas assisté à l'acte, parce qu'on ne saurait en inférer une aliénation proprement dite, lors surtout qu'il existe un juste équivalent. Paris, 12 déc. 1835.

38. Cette décision repose sur un principe d'une équité qui mérite notre respect. Le législateur, en plaçant auprès des personnes reconnues faibles d'esprit un conseil judiciaire, a voulu seulement leur donner un guide qui pût les diriger dans l'administration des biens qui leur a été réservée, et les éclairer sur les fausses opérations où elles pourraient être entraînées ; mais il n'a dit nulle part que l'approbation de ce conseil serait essentiellement et toujours nécessaire pour valider les obligations que voudrait contracter la personne placée sous sa direction, surtout si ces obligations ne pouvaient en rien blesser ses intérêts.

59. Les prescriptions commencées avant l'imposition du conseil n'interrompent pas leur cours, et les déchéances continuent de même sans aucune dénonciation au conseil nommé, telle que le droit d'interjeter appel d'un jugement préexistant. Paris, 2 janv. 1836.

40. Ainsi, puisque le conseil judiciaire n'est imposé que pour prévenir et empêcher la dilapidation du patrimoine du prodigue, nul doute que celui-ci n'ait la faculté de disposer de ses biens par testament, sauf, s'il s'agissait de faiblesse d'esprit, l'application de l'article 901, qui exige que le testateur ait l'usage de sa raison pour pouvoir faire une libéralité. Cass., 17 mars 1813. — V. aussi 19 déc. 1814.

41. Ainsi, du principe qu'il n'y a que les actes prévus par les articles 499 et 513 qui soient soumis à l'influence du conseil, découle la conclusion que le mariage en est excepté. Il est certain que le majeur ne peut, à raison de cet acte, être frappé que des incapacités légales, lorsqu'elles sont positives. Le mariage est plutôt un contrat de droit naturel qu'une stipulation civile, et ce qui le prouve, c'est qu'aux termes de l'article 25 du Code Napoléon, le mort civilement peut se marier.

42. La seule difficulté consiste à savoir si le conseil judiciaire doit ou non être présent aux conventions civiles du mariage. Il faut cette présence pour la validité des clauses qui ont le caractère d'aliénation actuelle de tout ou partie des biens de l'époux qui a été placé sous la direction de ce conseil ; mais le règlement des gains de survie, une donation à cause de mort, en sont dispensés. Duranton, t. III, n° 800; Merlin, *Rép. de Jurispr.*, v° *Prodigue*, § 5; et Toullier, t. II, n° 1379.

43. L'individu pourvu d'un conseil judiciaire peut bien contracter mariage sans son assistance; mais il ne s'ensuit pas que s'il se rencontre à l'exercice de ce droit des obstacles qui l'obligent d'avoir recours à l'autorité de la justice, il puisse se dispenser de l'assistance de ce conseil. En vain dirait-on que ce serait gêner la liberté la plus précieuse : le conseil judiciaire n'est établi que pour garantir le prodigue de sa propre faiblesse et de ses penchants à la dissipation de ses biens; le législateur, en laissant au prodigue le droit de disposer de sa personne, n'a mis à ce droit aucune restriction. Mais l'article 513 du Code Napoléon est positif, absolu, et il en résulte que le pourvu d'un conseil judiciaire ne peut plaider sans l'assistance de ce conseil.

44. Il a été décidé que le mari auquel un conseil est donné n'a pas capacité suffisante pour autoriser sa femme à ester en jugement, et que le conseil doit, par sa présence, ratifier l'autorisation (Paris, 27 août 1833). Mais la loi, d'accord avec la morale, ne veut pas qu'un tiers puisse exercer un droit exclusivement attaché à la personne. Concourir à l'acte qui prend naissance dans la prérogative maritale, c'est s'ingérer indubitablement dans des choses qui tombent sous le lien naturel du mariage, et violer de la sorte le précepte prohibitif.

45. Si le Conseil judiciaire ne peut agir seul, à l'insu et en l'absence du prodigue, il est partie nécessaire pour défendre à toutes les actions intentées contre le prodigue, comme pour l'assister dans toutes les actions qu'il intente (C. Nap., art. 513); ce principe a été consacré par deux arrêts de la cour de Cassation, des 20 mai 1806 et 6 juin 1810.

46. Le majeur soumis à la direction d'un conseil, dit M. Toullier (t. II, n° 1372), « agit par lui-même; son conseil ne doit point paraître en son nom dans le procès ou dans les actes qu'il fait, il doit n'y être nommé que comme approuvant ce qu'il fait. » Favard, t. 1, p. 664 ; Rolland de Villargues, *Répert.*, v° *Conseil judiciaire*, n°s 15 et 35.

47. Mais le conseil judiciaire est recevable à former seul, en sa qualité, opposition à la condamnation par défaut prononcée contre lui et le prodigue, sur une assignation qui lui avait été donnée conjointement. C. Nap., art. 513 ; C. proc., art. 158 ; Cass., 8 déc. 1841 et 27 déc. 1843.

48. Cette distinction est exacte. En effet, en pareil cas, le conseil judiciaire devient partie dans l'instance, et son opposition est la continuation d'un procès déjà formé, et non l'introduction d'une action nouvelle. Il agit ici dans les limites de son droit ; disons même qu'il accomplit un devoir que l'inaction du prodigue, peut-être concertée avec ses créanciers, ne doit pas pouvoir l'empêcher de remplir.

49. Jugé encore que le conseil judiciaire peut demander seul, en justice, la nullité des engagements souscrits par le prodigue, sans son assistance, lorsque celui-ci garde le silence. Paris, 26 juin 1838.

50. M. Rolland de Villargues professe une doctrine contraire à cette décision, qui nous paraît cependant fort sage ; car la loi, qui n'a donné au prodigue un conseil judiciaire que pour le préserver de la ruine, n'atteindrait pas son but, si le conseil judiciaire ne pouvait agir seul en justice pour la défense des intérêts de son pupille ; et, s'il en était autrement, il arriverait que le prodigue, après avoir contracté des engagements sans l'assistance de son conseil, de concert avec ses créanciers, se laisserait condamner et leur donnerait ainsi des titres qui pourraient le faire exproprier. Or, nous pensons, contre l'avis du jurisconsulte que nous venons de citer, que le conseil judiciaire, lorsqu'il s'agit de défendre les intérêts du prodigue, puise ses droits dans son mandat, qui lui impose de protéger son pupille, même lorsque celui-ci garde le silence.

51. On a aussi soulevé la question de savoir si la personne assistée d'un conseil judiciaire peut être régulièrement maintenue sur la liste du jury. Cette question a été résolue pour la négative par un arrêt de la Cour de cassation du 23 juillet 1825.

52. Mais tous les arrêtistes ont critiqué cette décision, qui s'appliquait à un simple prodigue dont rien ne pouvait faire suspecter l'aptitude à remplir les fonctions de juré, et qui ne pourrait se comprendre que s'il s'était agi d'une personne assistée d'un conseil judiciaire pour cause de faiblesse d'esprit.

53. La nomination d'un conseil, dit l'article 502 du Code Napoléon, aura son effet du jour du jugement. Tous actes passés postérieurement sans l'assistance du conseil seront nuls de droit. L'article 503 continue ainsi : « Les actes antérieurs pourront être annulés, si la cause existait notoirement à l'époque où les actes ont été faits. »

54. L'inexécution des dispositions de l'article 513 du Code Napoléon, qui défendent au prodigue de plaider, transiger emprunter, etc., sans l'assistance du conseil qui lui a été nommé, entraîne de plein droit la nullité desdits actes.

55. Jugé, en ce sens, que l'acte d'emprunt passé par le prodigue, sans l'assistance de son conseil, est nul, alors même que le prêteur aurait reçu pour le recouvrement de ses fonds une délégation sur les revenus échus du prodigue. Caen, 13 mai 1845.

56. Ces principes ont été l'objet d'une forte critique, que nous nous dispenserons de reproduire, car, selon nous, elle ne peut être soutenue d'une manière sérieuse. Et, en effet, la prévoyance du législateur serait dérisoire si l'inexécution des articles 502 et 503 du Code Napoléon n'entraînait pas de plein droit la nullité de tout acte qui dépouille le prodigue de tout ou partie de sa fortune mobilière, sous prétexte que l'exécution de ces dispositions n'est pas prescrite à peine de nullité.

57. Il faut distinguer entre ce qui constitue la capacité des parties et ce qui tient à la forme des actes. Quant à la forme et aux formalités, leur inobservation ne rend l'acte nul qu'autant qu'un texte de loi prononce cette nullité.

58. Mais ce qui tient à la capacité des contractants, ce qui constitue le pouvoir de consentir, affecte tellement l'acte que, cette capacité ou ce pouvoir n'existant plus, l'acte ne peut se soutenir, comme manquant d'une condition essentielle du Code Napoléon, art. 1108.

59. Remarquons, enfin, que le prodigue est celui qui n'a ni ordre, ni frein, ni mesure dans ses dépenses ; qui s'engage follement, emporté par la seule idée de satisfaire ses passions ou ses fantaisies, dissipant son patrimoine par de vaines profusions et par des superfluités qui ne laissent que des traces nulles ou fugitives ; or, de cet état naît la présomption de non-discernement établie par les articles 502 et 503 précités, en sorte que le consentement du prodigue pour emprunter, plaider, aliéner, etc., n'est complet qu'avec l'assistance ou le consentement de son conseil.

60. Le billet souscrit par un individu pourvu d'un conseil judiciaire, mais portant une date antérieure à l'incapacité, fait foi de sa date tant qu'il n'est pas prouvé, soit par témoins, soit par des présomptions graves, précises et concordantes, qu'il a été antidaté (C. Nap., art. 502, 1319, 1322, 1328 ; Orléans, 21 mars 1838). La preuve de cette antidate est à la charge du prodigue ou de son conseil ; toutefois, le serment supplétoire peut être déféré au porteur du billet. Cass., 8 mars 1836.

61. En droit, dans la situation exceptionnelle d'un individu placé sous la direction du conseil judiciaire, si, pour ne pas rendre souvent illusoire une obligation signée par lui, la disposition de l'article 1322 du Code Napoléon porte que l'acte sous seing privé a, entre ceux qui l'ont souscrit et leurs héritiers et ayants cause, la même foi que l'acte authentique, il ne leur est pas permis non plus d'envisager la date y apposée comme frauduleuse et nulle de plein droit, ce qui pourrait souvent tromper les créanciers de bonne foi et entraver notamment les rapports de commerce ; les juges doivent donc chercher et fixer, dans les éléments et les circonstances de la cause, la vérité du fait, c'est-à-dire l'époque véritable à laquelle l'obligation a été signée, et déterminer par là si le signataire jouissait ou non alors du plein et libre exercice de ses droits.

62. Tout arrêt ou jugement portant nomination de conseil sera, à la diligence des demandeurs, levé, signifié à partie, et inscrit dans les dix jours sur les tableaux qui doivent être affichés dans la salle de l'auditoire et dans les études des notaires de l'arrondissement. Cette formalité a pour but de faire connaître au public l'incapacité du défendeur ; aussi, jusqu'à ce qu'elle ait été remplie, les obligations qu'il contracte sont exécutoires, pourvu qu'elles ne soient point entachées de dol. Cass., 16 juin 1810.

63. D'un autre côté, la règle posée par l'article 457 du Code de procédure civile, portant que l'appel des jugements définitifs ou interlocutoires sera suspensif du jugé, est applicable en matière de nomination du conseil. C'est ce qui résulte de l'article 505 du Code Napoléon, où l'on voit que : « S'il n'y a pas appel du jugement, ou s'il est confirmé sur l'appel, il sera pourvu à la nomination d'un tuteur et d'un subrogé tuteur à l'interdit. » D'où il faut tirer cette conséquence, que tout engagement sérieux et de bonne foi, fait dans l'intervalle, doit être exécuté. Toulouse, 29 janv. 1821 ; Duranton, *Cours de droit français*, t. III, n° 749 ; Proudhon, *Droit français*, t. II, p. 332 ; et Toullier, *Cours de droit civil*, t. II, n° 1335.

64. La procédure dirigée contre le conseil judiciaire serait nulle ; c'est la personne soumise à la direction du conseil qu'il faut assigner directement, sauf au demandeur, s'il ne justifie pas de l'avis du conseil, à obtenir un jugement qui oblige le conseil à satisfaire à cette formalité. Toullier, art. 1381.

65. Lorsque l'individu placé sous l'assistance d'un conseil judiciaire a une action à exercer contre celui-ci, c'est par le tribunal et non par un conseil de famille que doit être nommé le conseil *ad hoc*, dont l'assistance lui est nécessaire pour l'exercice de cette action. Turin, 12 avr. 1808.

66. Les actes sur lesquels le conseil judiciaire doit être consulté sont nuls s'ils ont été passés sans son assistance, et, ainsi que nous l'avons déjà vu ci-dessus, n° 53, cette nullité est de droit pour tous ceux qui sont postérieurs au jugement de nomination (C. Nap., art. 502); les actes antérieurs sont inattaquables hors le cas de dol. Toullier, art. 1383.

67. Il a été jugé à cet égard, par la Cour de cassation, le 9 juillet 1816, que les juges peuvent, par application des articles 503 et 1328 du Code Napoléon, déclarer nulles les obligations souscrites par le pourvu et n'ayant pas date certaine avant la nomination du conseil.

68. Mais depuis lors, la même Cour, faisant la part des tiers qui peuvent avoir traité dans l'ignorance de l'incapacité de leur débiteur, a validé l'obligation si le tiers porteur est de bonne foi, lors surtout que la date est sérieuse et vraie, quoique l'acte n'ait pas été enregistré (Cass., 4 févr. 1835; Paris, 20 avr. 1831; Orléans, 25 août 1837). — Il est bon de remarquer que la Cour de cassation ne juge pas qu'il soit nécessaire que l'obligation ait acquis date certaine avant la dation du conseil judiciaire; elle décide seulement qu'il suffit, pour la validité de l'obligation, qu'il soit établi qu'elle est réellement antérieure à la nomination de ce conseil.

69. Enfin, à l'égard des contractants eux-mêmes, la jurisprudence établit que la nullité résultant du défaut de date certaine n'existe pas même par présomption; qu'il suffit que l'obligation soit antérieure; et que, tant que l'antidate n'est pas démontrée, force doit rester à l'acte, qui fait pleine foi aussi bien de sa date que de son contenu, entre ceux qui l'ont souscrit, leurs héritiers et ayants cause. C. Nap., art. 1322; Cass., 17 mai 1831 et 8 mars 1836.

§ 4. *De la réhabilitation.*

70. L'assistance du conseil judiciaire doit être levée, et le jugement dont elle résulte doit être révoqué, lorsque les circonstances ou le caractère de la personne qui en ont été l'objet ont changé au point qu'il n'y a plus de danger à la laisser agir sans conseil. Toullier, n° 1386.

71. Cette demande en réhabilitation peut être introduite, soit par celui qui a provoqué la dation du conseil, soit par le conseil, soit même par l'assisté lui-même.

72. Lorsqu'une obligation contractée pendant la dation du conseil est ratifiée par l'assisté depuis sa réhabilitation, cette ratification a un effet rétroactif, même à l'égard de l'hypothèque attachée à l'obligation. Paris, 14 prair. an X.

CONSEILS DE PRUD'HOMMES. — V. *Ouvriers.*

CONSENTEMENT. — V. *Acceptation, Autorisation.*

CONSTRUCTIONS. — V. *Alignement.*

CONTRAINTE PAR CORPS. 1. La contrainte par corps est un mode d'exécution des actes et jugements, qui donne au créancier le droit de faire emprisonner le débiteur jusqu'à ce qu'il ait acquitté son obligation.

2. La contrainte par corps, en matière civile, n'est admise que fort rarement, parce que la loi n'a pas dû permettre que les cioyens sacrifiassent leur liberté pour des intérêts pécuniaires. Ainsi, hors les cas spécialement exprimés par la loi, lorsqu'on contracte une obligation civile, on n'y est pas engagé par corps. C. Nap., art. 2063.

3. Il en est de même en matière commerciale, et même en matière criminelle. Mais, sous l'empire de la législation actuelle, les juges de paix n'ont jamais, même par prorogation de juridiction, à prononcer sur les matières commerciales. Il serait bon, toutefois, que ces magistrats eussent compétence à cet égard, ainsi que nous en avons souvent démontré l'utilité.

Table sommaire.

Division.

§ 1er. De la contrainte par corps en matière civile.

§ 2. De la contrainte par corps en matière criminelle, correctionnelle et de police.

§ 3. Règles particulières relatives à l'exécution de la contrainte par corps, à l'assistance du juge de paix et à l'indemnité qui lui est due en cas de transport pour cette assistance.

§ 1er. *De la contrainte par corps en matière civile.*

4. Ce sont principalement les articles 2059 à 2070 du Code Napoléon, la loi du 17 avril 1832 et la loi du 13 décembre 1848, qui règlent aujourd'hui la contrainte par corps.

5. Un décret du gouvernement provisoire du 9 mars 1848 avait suspendu l'exercice de la contrainte par corps : sous l'empire de ce décret, il n'y avait donc pas lieu de l'exercer ; maïs, cependant, on la prononçait en en suspendant l'exercice jusqu'à ce que l'Assemblée nationale eût décidé si elle devait ou non être rétablie : telle avait été l'interprétation donnée au décret par la jurisprudence.

6. La loi du 13 décembre 1848 porte, art. 1er, que le décret du 9 mars 1848, qui suspend l'exercice de la contrainte par corps, cesse d'avoir son effet. La législation antérieure sur la contrainte par corps est remise en vigueur sous les modifications portées par cette loi.

7. Le juge de paix peut, comme tous les autres juges des tribunaux, prononcer la contrainte par corps lorsqu'il applique une loi d'après laquelle elle doit être prononcée. Nous nous bornerons, dans ce premier paragraphe, à déterminer les cas où la contrainte par corps est attachée aux matières civiles qui sont de leur compétence.

8. D'après les articles 2059 et suivants du Code Napoléon, la contrainte par corps a lieu en matière civile pour stellionat, pour dépôt nécessaire, en cas de réintégrande, pour répétition des deniers consignés entre les mains de personnes publiques, pour la représentation des choses déposées aux séquestres, commissaires et autres gardiens ; contre les cautions judiciaires et contre les cautions des contraignables par corps, lorsqu'elles se sont soumises à cette contrainte ; — contre tous officiers publics, pour la représentation de leurs minutes, quand elle est ordonnée ; — contre les notaires, les avoués et les huissiers, pour la restitution des titres à eux confiés, et des deniers par eux reçus pour leurs clients, par suite de leurs fonctions ; — contre ceux qui, par jugement au pétitoire, ont été condamnés à désemparer un fonds ; — contre les fermiers pour le payement des fermages des biens ruraux, si la contrainte par corps a été stipulée formellement dans l'acte de bail, et contre les colons partiaires pour la représentation, à la fin du bail, des bétails, semences et instruments aratoires qui leur ont été confiés.

9. Parmi les divers cas où la contrainte par corps peut être prononcée en matière civile, il en est qui, comme le stellionat, la représentation des minutes des officiers publics, la restitution des titres confiés à des notaires, avoués, huissiers, etc., ne peuvent se

présenter devant les juges de paix ; mais il n'en est pas de même de plusieurs autres, et notamment de la réintégrande, du dépôt nécessaire, etc.

10. Les juges de paix sont appelés aussi à prononcer sur le payement des fermages. Ils connaissent, d'après l'article 1er de la loi du 5 mai 1855, sans appel, jusqu'à la valeur de 100 francs, et à charge d'appel, à quelque valeur que la demande puisse monter, des actions en payement de loyers ou fermages, lorsque les locations verbales ou par écrit n'excèdent pas annuellement 400 francs ; mais la disposition de l'article 2062 du Code Napoléon, relative aux fermages, a été abolie par la loi du 13 décembre 1848, dont l'article 2 porte : « A l'avenir, la contrainte par corps ne pourra être stipulée dans un acte de bail pour le payement des fermages des biens ruraux. »

11. Il est encore une autre disposition qui permet aux juges de paix de prononcer la contrainte par corps en matière civile. L'article 126 du Code de procédure civile porte : « La contrainte par corps ne sera prononcée que dans les cas prévus par la loi » (c'est la répétition de la disposition de l'article 2063 du Code Napoléon); « il est néanmoins laissé à la prudence des juges de la prononcer : — 1° pour dommages et intérêts en matières civiles, au-dessus de la somme de 300 francs ; 2° pour reliquats de comptes de tutelle, de curatelle, d'administration de corps et communautés, d'établissements publics, ou de toute administration confiée par justice, et pour toutes restitutions à faire par suite desdits comptes. » — Comme il est une procédure toute particulière pour la reddition des comptes (art. 526 et suiv., C. proc.), qui ne peut être suivie que devant les tribunaux de première instance, ces tribunaux seuls aussi peuvent prononcer la contrainte par corps pour reliquats ; mais il n'en est pas de même des dommages-intérêts : les juges de paix ont à prononcer des dommages-intérêts en plusieurs circonstances ; la demande en dommages-intérêts, comme purement personnelle et mobilière, rentre même par sa nature dans la compétence ordinaire des juges de paix, c'est-à-dire qu'ils peuvent toujours en connaître en dernier ressort jusqu'à la valeur de 100 francs, et, à charge d'appel, jusqu'à la valeur de 200 francs (L. 25 mai 1838, art. 1er). — L'article 5 de la même loi de 1838 élève même leur compétence sans appel jusqu'à la valeur de 100 francs, et, à charge d'appel, à quelque valeur que la demande puisse s'élever, relativement aux actions pour dommages faits aux champs, fruits et récoltes, soit par l'homme, soit par les animaux, et aux actions civiles pour diffamation verbale, pour injures publiques ou non publiques, verbales ou par écrit autrement que par la voie de la presse, pour actions par suite de rixes et voies de fait, le tout lorsque les parties ne se sont pas pourvues par la voie criminelle.

12. L'article 14 de la loi du 17 mai 1832 porte : que tout jugement qui interviendra au profit d'un Français contre un étranger non domicilié en France emportera la contrainte par corps, à moins que la somme principale de la condamnation ne soit inférieure à 150 francs, sans distinction entre les dettes civiles et les dettes commerciales.

13. Mais cette disposition n'a rapport qu'aux *étrangers*, et non aux *étrangères;* la contrainte par corps, dit l'article 18 de la même loi, ne sera pas prononcée contre les *étrangères* pour dette civile, sauf le cas de stellionat, conformément au premier paragraphe de l'article 2066 du Code Napoléon, qui lui est déclaré applicable.

14. La contrainte par corps ne peut non plus être prononcée contre l'étranger qui a commencé sa soixante-dixième année. L. 17 mai 1832, art. 18.

15. Dans les cas même où elle est autorisée, la contrainte par corps ne peut être prononcée ni exécutée contre le débiteur au profit : 1° de son mari ou de sa femme ; 2° de ses ascendants, descendants, frères ou sœurs ou alliés au même degré (L. 17 mai 1832, art. 19) ; 3° de l'oncle ou de la tante, du grand-oncle ou de la grand'tante, du neveu ou de la nièce, du petit-neveu ou de la petite-nièce, ni des alliés au même degré. L. 31 déc. 1848, art. 10.

16. La contrainte par corps ne peut non plus être prononcée en matière civile contre les mineurs. C. Nap., art. 2064.

17. Elle ne peut être prononcée contre les septuagénaires, les femmes et les filles, que dans le cas de stellionat. Il suffit que la soixante-dixième année soit commencée, pour jouir de la faveur accordée au septuagénaire. C. Nap., art. 2066.

18. En aucune matière, la contrainte par corps ne peut être exercée simultanément contre le mari et la femme, même pour des dettes différentes. — Les tribunaux peuvent même, dans l'intérêt des enfants mineurs du débiteur et par le jugement de condamnation, surseoir, pendant une année au plus, à l'exécution de la contrainte par corps. L. 13 déc. 1848, art. 11.

19. Nous avons jusqu'ici considéré la contrainte par corps relativement à la personne : elle doit être aussi considérée relativement à la somme ; ainsi, elle ne peut être prononcée pour une somme moindre de 300 francs (C. Nap., art. 2065), et cette règle s'applique à tous les cas de contrainte par corps en matière civile : en matière commerciale, le minimum de la condamnation pour lequel la contrainte par corps peut être prononcée est de 200 francs. L. 1832, art. 1ᵉʳ.

20. Dans tous les cas où la contrainte par corps a lieu en matière civile ordinaire, la durée en doit être fixée par le jugement de condamnation (L. 1832, art. 7). Cette durée était, d'après le même article 7 de la loi de 1832, d'un an au moins, et de dix ans au plus, à moins qu'il ne s'agit de l'exécution de condamnations intervenues dans les cas où la contrainte par corps n'est pas obligée, et où la loi attribue seulement au juge la faculté de la prononcer, auxquels cas la durée n'était que d'un an au moins, et de cinq ans au plus (L. 17 mai 1832, art. 7). Mais, d'après l'article 12 de la loi du 13 décembre 1848, dans tous les cas où la durée de la contrainte par corps n'est pas déterminée par cette dernière loi (et elle ne détermine la durée pour aucun cas de contrainte en matière civile), elle doit être fixée, par le jugement de condamnation, dans les limites de six mois à deux ans ; néanmoins, ajoute le même article, les lois spéciales qui assignent à la contrainte une durée moindre continueront d'être observées.

21. Dans les affaires où les tribunaux civils ou de commerce statuent en dernier ressort, la disposition de leurs jugements relative à la contrainte par corps est sujette à l'appel (L. 17 mai 1832, art. 20); cet appel n'est pas suspensif.

22. L'article 7 de la loi du 13 décembre 1848 ajoute : « Le débiteur contre lequel la contrainte par corps aura été prononcée (avant cette loi) par jugement des tribunaux civils ou de commerce, conservera le droit d'interjeter appel du chef de la contrainte, dans les trois jours qui suivront l'emprisonnement ou la recommandation, lors même qu'il aurait acquiescé au jugement, et que les délais ordinaires de l'appel seraient expirés. Le débiteur restera en état. »

§ 2. *De la contrainte par corps en matière criminelle,*
correctionnelle et de police.

23. La contrainte par corps en matière de police peut être exercée soit relativement à l'amende, soit relativement aux dommages-intérêts, soit relativement aux frais.

24. Les articles 467, 468, 469 du Code pénal, placés sous la rubrique : *Des contraventions de police et peines*, portent : « ART. 467. La contrainte par corps a lieu pour le payement de l'amende. —

Néanmoins, le condamné ne pourra être, pour cet objet, détenu plus de quinze jours, s'il justifie de son insolvabilité.

25. « ART. 468. En cas d'insuffisance des biens, les restitutions et les indemnités dues à la partie lésée sont préférées à l'amende.

26. « ART. 469. Les restitutions, indemnités et frais entraîneront la contrainte par corps, et le condamné gardera prison jusqu'à parfait payement ; néanmoins, si ces condamnations sont prononcées au profit de l'Etat, les condamnés pourront jouir de la faculté accordée par l'article 467, dans le cas d'insolvabilité prévu par cet article. »

27. La loi du 17 mai 1832 contient aussi un chapitre intitulé : *Dispositions relatives à la contrainte par corps en matière criminelle, correctionnelle et de police.* Quoique la plupart des articles de ce titre aient rapport plutôt à l'exécution de la contrainte par corps qu'à la condamnation, nous les rapporterons ici, vu que leurs dispositions s'enchevêtrent et sont pour la plupart dépendantes les unes des autres. — « ART. 33. Les arrêts, jugements et exécutoires portant condamnation, au profit de l'Etat, à des amendes, restitutions, dommages-intérêts et frais en matière criminelle, correctionnelle ou de police, ne pourront être exécutés par la voie de la contrainte par corps que cinq jours après le commandement qui sera fait aux condamnés, à la requête du receveur de l'enregistrement et des domaines. Dans le cas où le jugement de condamnation n'aurait pas été précédemment signifié au débiteur, le commandement portera en tête un extrait de ce jugement, lequel contiendra le nom des parties et le dispositif. Sur le vu du commandement, et sur la demande du receveur de l'enregistrement et des domaines, le procureur impérial adressera les réquisitions nécessaires aux agents de la force publique et autres fonctionnaires chargés de l'exécution des mandements de justice. Si le débiteur est détenu, la recommandation pourra être ordonnée immédiatement après la notification du commandement.

28. « ART. 34. Les individus contre lesquels la contrainte par corps aura été mise à exécution, aux termes de l'article précédent, subiront l'effet de cette contrainte jusqu'à ce qu'ils aient payé le montant des condamnations ou fourni une caution admise par le receveur des domaines, ou, en cas de contestation de sa part, déclarée bonne et valable par le tribunal civil de l'arrondissement ; la caution devra s'exécuter dans le mois, à peine de poursuites.

29. « ART. 35. Néanmoins, les condamnés qui justifieront de leur insolvabilité, suivant le mode prescrit par l'article 420 du Code d'instruction criminelle, seront mis en liberté après avoir subi quinze jours de contrainte, lorsque l'amende et les autres condamnations pécuniaires n'excéderont pas 15 francs ; un mois, lorsqu'elles s'élèveront de 15 à 50 francs ; deux mois, lorsque l'amende et les autres condamnations s'élèveront de 50 à 100 francs, et quatre mois lorsqu'elles excéderont 100 francs.

29 *bis.* « ART. 36. Lorsque la contrainte par corps aura cessé en vertu de l'article précédent, elle pourra être reprise, mais une seule fois, et quant aux restitutions, dommages-intérêts et frais seulement, s'il est jugé contradictoirement avec le débiteur qu'il lui est survenu des moyens de solvabilité.

30. « ART. 37. Dans tous les cas, la contrainte par corps, exercée en vertu de l'article 33, est indépendante des peines prononcées contre les condamnés.

31. « ART. 38. Les arrêts et jugements contenant des condamnations en faveur des particuliers pour réparation de crimes, délits ou contraventions commis à leur préjudice, seront, à leur diligence, signifiés et exécutés suivant les mêmes formes et voies de contrainte que les jugements portant des condamnations au profit de l'Etat. Toutefois, les parties poursuivantes seront tenues de pourvoir à la consignation d'aliments, aux termes de la présente loi, lorsque la contrainte aura lieu à leur requête et dans leur intérêt.

32. « ART. 39. Lorsque la condamnation prononcée n'excédera pas 300 francs, la mise en liberté des condamnés, arrêtés ou détenus à la requête et dans l'intérêt des particuliers, ne pourra avoir lieu, en vertu des articles 34, 35 et 36, qu'autant que la validité des cautions ou l'insolvabilité des condamnés auront été, en cas de contestation, jugées contradictoirement avec le créancier. La durée de la contrainte sera déterminée par le jugement de condamnation dans les limites de six mois à cinq ans.

33. « ART. 40. Dans tous les cas, et quand bien même l'insolvabilité du débiteur pourrait être constatée, si la condamnation prononcée, soit en faveur d'un particulier, soit en faveur de l'Etat, s'élève à 300 francs, la durée de la contrainte sera déterminée par le jugement de condamnation, dans les limites fixées par l'article 7 de la présente loi, c'est-à-dire dans la limite d'un an au moins, et de dix ans au plus. Néanmoins, si le débiteur a commencé sa soixante-dixième année avant le jugement, les juges pourront réduire le minimum à six mois, et ils ne pourront dépasser un maximum de cinq ans. S'il atteint sa soixante-dixième année pendant la durée de la contrainte, sa détention sera de plein droit réduite à la moitié du temps qu'elle avait encore à courir aux termes du jugement.

34. « Art. 41. Les articles 19, 21 et 22 de la présente loi sont applicables à la contrainte par corps exercée par suite des condamnations criminelles, correctionnelles et de police. » — Les articles 19, 21 et 22 sont relatifs à la contrainte par corps entre parents, à la défense de l'appliquer simultanément contre le mari et contre la femme, au droit du débiteur arrêté de se faire conduire en référé devant le président du tribunal de première instance.

35. La loi du 13 décembre 1848 contient aussi des dispositions sur la contrainte par corps en matière criminelle, correctionnelle et de police. — « Art. 8. La durée de la contrainte par corps, dans les cas prévus par l'article 35 de la loi du 17 avril 1832, ne pourra excéder trois mois. Lorsque les condamnations auront été prononcées au profit d'une partie civile, et qu'elles seront inférieures à 300 francs, si le débiteur fait les justifications prescrites par l'article 39 de la même loi, la durée de l'emprisonnement sera la même que pour les condamnations prononcées au profit de l'Etat. Lorsque le débiteur de l'Etat ou de la partie civile ne fera pas les justifications exigées par les articles ci-dessus indiqués de la loi du 17 avril 1832, et par le paragraphe 2 de l'article 420 du Code d'instruction criminelle, la durée de l'emprisonnement sera du double.

36. « Si le débiteur a commencé sa soixante-dixième année avant le jugement, la contrainte par corps sera déterminée dans la limite de trois mois à trois ans. S'il a atteint sa soixante-dixième année avant d'être écroué ou pendant son emprisonnement, la durée de la contrainte par corps sera, de plein droit, réduite à la moitié du temps qui restera à courir. — Art. 9. La contrainte par corps, en matière criminelle, correctionnelle et de police, ne sera exercée, dans l'intérêt de l'Etat ou des particuliers, contre les individus âgés de moins de seize ans accomplis à l'époque du fait qui a motivé la poursuite, qu'autant qu'elle aura été formellement prononcée par le jugement de condamnation. »

37. Ainsi, cette dernière loi a apporté des modifications importantes aux précédentes ; elle consacre, par son article 12, rapporté ci-dessus, n° 20, combiné avec les autres articles de la même loi, le principe absolu et sans exception que la durée de l'incarcération est essentiellement temporaire; en aucun cas, elle ne pourra excéder cinq années, c'est-à-dire la moitié du terme le plus long posé par la loi du 17 avril 1832. D'autres réductions ont été opérées dans des proportions encore plus fortes : le maximum de l'emprisonnement d'un débiteur pour condamnation supérieure à 300 francs, prononcée au profit d'un particulier en matière criminelle, correctionnelle ou de police, se trouve abaissé de cinq années à six mois (Comparaison des articles 39 de la loi de 1832 et 8 de la loi de 1848).

58. Le dernier paragraphe de l'article 39 de la loi du 17 avril 1832 prescrivait de déterminer par le jugement de condamnation la durée de la contrainte par corps pour le cas où le débiteur ne justifierait pas de son insolvabilité; cette disposition se trouve encore abrogée par le paragraphe 3 de l'article 8 de la loi de 1848, qui fixe dans ce cas la durée de la contrainte, soit qu'elle ait été prononcée au profit de l'Etat, soit qu'elle ait été prononcée au profit d'une partie civile, au double de ce qu'elle aurait été si les justifications eussent été faites; c'est-à-dire que les condamnés seront mis en liberté après trente jours lorsque l'amende et les autres condamnations pécuniaires n'excéderont pas 15 francs; après deux mois lorsqu'elles s'élèveront de 15 à 50 francs; après trois mois lorsqu'elles s'élèveront de 50 à 100 francs; après six mois lorsqu'elles excéderont 100 francs et seront inférieures à 300 francs.

59. Le paragraphe 1er de l'article 40 de la loi du 17 avril 1832 règle encore aujourd'hui les condamnations s'élevant à 300 francs; ou plutôt, comme ce taux n'est pas prévu par la loi nouvelle, il y a lieu d'appliquer l'article 12 de cette même loi, déjà plusieurs fois cité, c'est-à-dire de fixer la durée de la contrainte par corps, dans le jugement de condamnation, dans les limites de six mois à cinq ans, à moins que les lois spéciales n'assignent une durée moindre.

40. La contrainte par corps en matière criminelle, correctionnelle et de police, est attachée de plein droit au recouvrement des amendes et autres condamnations pécuniaires. Il n'est donc pas nécessaire qu'elle soit prononcée par les arrêts et jugements (C. pén., art. 52, 467, 469; C. forest., art. 211; L. pêche fluv., art. 77); le juge a cependant à s'expliquer sur la durée, lorsque, ce qui arrive très-fréquemment, cette durée n'est pas fixée par la loi.

41. Cependant, le troisième paragraphe de l'article 9 de la loi de 1848 (V. ci-dessus, n° 36) a introduit en faveur de l'individu âgé de moins de seize ans accomplis, à l'époque du fait qui a motivé la poursuite, une exception au principe que la contrainte par corps a lieu de plein droit : le législateur a voulu que les juges appréciassent, en pareil cas, si la jeunesse du condamné n'est pas un obstacle à l'exercice de cette voie d'exécution; ils décideront, d'après les circonstances de la cause, les dispositions plus ou moins perverses du condamné, le développement de ses facultés intellectuelles, la nature de l'infraction qui lui est reprochée et ses moyens de libération, s'il doit être soumis à l'emprisonnement pour dettes.

42. Le premier paragraphe de l'article 12 de la loi de 1848 (**V.** ci-dessus, n° 20) s'applique à la durée de la contrainte par corps toutes les fois qu'il ne s'agit pas d'une dette commerciale, d'une condamnation en matière criminelle, correctionnelle et de police, inférieure à 300 francs, ou contre un septuagénaire. Ce sont là, en effet, les seules matières spécialement réglées par cette loi.

43. En dehors de ces trois cas, le jugement de condamnation doit donc fixer la durée de l'emprisonnement dans les limites de six mois à cinq ans, ou suivant les lois spéciales qui assignent à la contrainte une durée moindre. Le juge de paix, appelé à prononcer sur les contraventions de douane, toutes les fois qu'elles n'entraînent qu'une condamnation à l'amende (L. 4 germ. an II), est soumis sur ces matières, comme tout autre, à l'observation de notre article 12. Il semble même qu'il doive également appliquer aux contraventions de douane les autres dispositions générales de la loi de 1848, comme celles relatives aux mineurs, aux septuagénaires, etc.

§ 3. *Formalités relatives à l'exécution de la contrainte par corps, à l'assistance du juge de paix, et à l'indemnité qui est due à ce magistrat en cas de transport pour cette assistance.*

44. D'après l'article 1er de la loi du 4 avril 1855, le débiteur ne peut être arrêté dans une maison quelconque, même dans son domicile, à moins qu'il n'ait été ainsi ordonné par le juge de paix du lieu, lequel juge de paix doit, dans ce cas, se transporter dans la maison avec l'officier ministériel, ou déléguer un commissaire de police.

45. Ainsi un commissaire de police ne doit pas déférer à la réquisition directe qui lui serait faite par l'huissier. Celui-ci doit s'adresser d'abord au juge de paix, qui, après avoir examiné les pièces, autorise, s'il y a lieu, l'arrestation du débiteur dans la maison où il se trouve, et s'y transporte avec l'officier ministériel, ou délégue par écrit le commissaire de police pour s'y transporter à sa place. Le pouvoir du commissaire de police n'existe pas en dehors de cette délégation, et il doit s'abstenir de toute démarche, tant qu'elle ne lui est pas remise.

46. Le mot *maison* comprend non-seulement le corps de logis,

mais encore les cours, basses-cours, jardins (arg. Cass., 18 juin 1812,
16 avr. 1813) ; — les édifices ayant leur clôture particulière dans
la clôture ou enceinte générale (C. pén., art. 390) ; — la cour intérieure de la maison (Lyon, 10 juin 1824) ; — la cour d'une maison
tierce, même quand le débiteur ne s'y est réfugié qu'après avoir
été saisi au corps. Limoges, 27 mars 1828.

47. En cas d'absence ou d'empêchement, le juge de paix est
remplacé par son suppléant. Colmar, 12 mars 1828.

48. Si, au lieu d'absence ou d'empêchement du juge de paix, il
y avait refus du juge de paix d'autoriser l'arrestation du débiteur à
domicile, l'huissier ne pourrait passer outre ni s'adresser à un suppléant ; car le juge de paix n'est pas obligé de déférer à la demande de l'huissier, toutes les fois que celui-ci le requiert d'être
présent à une capture. Le mettre dans la nécessité d'obéir à chaque
réquisition serait le réduire au rôle de garde du commerce ; il ne
doit donc point accorder son ordonnance indistinctement. Pothier,
Proc., 5ᵉ partie, chap. Iᵉʳ, § 5 ; Thomine-Desmazures, 354 ; Bioche
et Goujet, *eod.*

49. L'absence ou l'empêchement du juge de paix est suffisamment constaté par l'ordonnance du suppléant, sa signature et son
transport en la demeure du débiteur. Colmar, 12 mars 1828.

50. La délégation que la loi du 1ᵉʳ avril 1855 autorise le juge de
paix à donner au commissaire de police, à l'effet de se transporter
à sa place dans la maison où doit s'opérer l'arrestation, doit résulter d'un acte rendu par ce magistrat en forme d'ordonnance, de
manière qu'il en puisse être justifié au débiteur ; autrement l'arrestation est irrégulière. On ne peut suppléer à cette ordonnance
par les énonciations du procès-verbal de l'huissier. On ne peut,
non plus, pour établir l'existence de la délégation et justifier de la
régularité de l'arrestation, recourir au témoignage du juge de paix.
Bordeaux, 21 août 1856.

51. Les formes prescrites par l'article 781 du Code de procédure
civile, pour l'arrestation du débiteur dans la demeure d'un tiers ou
dans la sienne, sont des formes protectrices de la liberté et du domicile, par conséquent substantielles, et qui doivent être observées
à peine de nullité. L'ordonnance du juge de paix qui autorise une
arrestation suppose un examen préalable et constitue un acte de
juridiction qui doit, comme tout acte de cette nature, être constaté
par le juge dont il émane. Le procès-verbal de l'huissier fait foi de
la réquisition qu'il adresse au juge de paix, afin d'obtenir l'ordre
d'arrestation, parce que cette réquisition est un acte du ministère

de l'huissier ; mais il ne peut régulièrement constater l'ordonnance du juge de paix parce qu'elle est l'acte du magistrat et non celui de l'officier ministériel. La délégation autorisée par la loi du 1er avril 1855 doit être faite par écrit, et il serait abusif de recourir après coup au témoignage du juge. Il doit, du reste, être donné justification de cette délégation au débiteur qui a le droit de vérifier s'il est arrêté selon les formes de la loi et en présence du magistrat compétent.

52. Le juge de paix recevait autrefois une vacation pour son assistance à l'arrestation d'un débiteur condamné par corps dans le domicile où ce dernier se trouvait, vacation montant, à Paris, à 10 francs ; dans les villes où il y avait tribunal de première instance, à 7 fr. 50 c. ; dans les autres villes et cantons ruraux, à 5 francs (tarif de 1807, art. 6). Cette vacation est mentionnée au tarif de 1807 sous le nom de *transport* ; mais c'était une véritable vacation, puisque l'article 7 du tarif l'accordait sans distinction des distances. Les vacations des juges de paix ayant été abolies par la loi du 21 juin 1845, il n'y a plus lieu qu'à un droit au transport, réglé par l'ordonnance du 6 décembre même année. — V. *Transport.*

CONTRAT D'APPRENTISSAGE. — On appelle ainsi le contrat par lequel un fabricant, un chef d'atelier ou un ouvrier s'oblige à enseigner la pratique de sa profession à une autre personne qui s'oblige, en retour, à travailler pour lui, le tout à des conditions et pendant un temps convenus.

Table sommaire.

Division.

§ 1er. De la nature et de la forme du contrat.
§ 2. Des conditions du contrat.
§ 3. Devoirs des maîtres et des apprentis.
§ 4. De la résolution du contrat.
§ 5. De la compétence.

§ 1er. De la nature et de la forme du contrat.

1. Le contrat d'apprentissage est fait par acte public ou par acte sous seing privé. — Il peut aussi être fait verbalement ; mais la preuve testimoniale n'en est reçue que conformément au titre du Code Napoléon : *Des contrats ou des obligations conventionnelles en général.* L. 22 févr.-4 mars 1851, art. 2.

2. Les notaires, les secrétaires des Conseils de prud'hommes et les greffiers de justices de paix peuvent recevoir l'acte d'apprentissage. *Ibid.*

3. Cet acte est soumis, pour l'enregistrement, au droit fixe de 1 franc, lors même qu'il contiendrait des obligations de sommes ou valeurs mobilières, ou des quittances. *Ibid.*

4. Les honoraires dus aux officiers publics sont fixés à 2 francs. *Ibid.*

5. Reçu par les notaires, les secrétaires des Conseils de prud'hommes et les greffiers de justices de paix, le contrat d'apprentissage a donc tous les caractères de l'acte public. D'où il suit que les notaires, comme dans tous les autres actes ressortissant à leurs attributions, ne peuvent instrumenter qu'avec le concours d'un second notaire ou de témoins. Mais les greffiers des justices de paix peuvent procéder sans assesseurs.

6. L'acte d'apprentissage contiendra : — 1° les nom, prénoms, âge et domicile du maître ; — 2° les nom, prénoms, âge et domicile de l'apprenti ; — 3° les noms, prénoms, profession et domicile de ses père et mère, de son tuteur, ou de la personne autorisée par les parents, et, à leur défaut, par le juge de paix ; — 4° la date et la durée du contrat ; — 5° les conditions de logement, de nourriture, de prix, et toutes autres arrêtées entre les parties. — Il devra être signé par le maître et par les représentants de l'apprenti. *Ibid.*, art. 3.

§ 2. Des conditions du contrat.

7. Nul ne peut recevoir des apprentis mineurs, s'il n'est âgé de vingt et un ans au moins. *Ibid.*, art. 4.

8. Aucun maître, s'il est célibataire ou en état de veuvage, ne peut loger, comme apprenties, des jeunes filles mineures. *Ibid.*, art. 5.

9. Sont incapables de recevoir des apprentis : — 1° les individus qui ont subi une condamnation pour crime ; — 2° ceux qui ont été condamnés pour attentat aux mœurs ; — 3° ceux qui ont été condamnés à plus de trois mois d'emprisonnement pour les délits prévus par les articles 388, 401, 405, 406, 407, 408, 423 du Code pénal. L. citée, art. 6.

10. L'incapacité résultant de l'article 6 pourra être levée par le préfet, sur l'avis du maire, quand le condamné, après l'expiration de sa peine, aura résidé pendant trois ans dans la même commune. — A Paris, les incapacités seront levées par le préfet de police. *Ibid.*, art. 7.

§ 3. *Devoirs des maîtres et des apprentis.*

11. Le maître doit se conduire envers l'apprenti en bon père de famille, surveiller sa conduite et ses mœurs, soit dans la maison, soit au dehors, et avertir ses parents ou leurs représentants des fautes graves qu'il pourrait commettre ou des penchants vicieux qu'il pourrait manifester. *Ibid.*, art. 8.

12. Il doit aussi les prévenir sans retard, en cas de maladie, d'absence, ou de tout fait de nature à motiver leur intervention. *Ibid.*

13. Le maître ne doit employer l'apprenti, sauf conventions contraires, qu'aux travaux et services qui se rattachent à l'exercice de sa profession. Il ne l'emploiera jamais à ceux qui seraient insalubres ou au-dessus de ses forces. *Ibid.*

14. La durée du travail effectif des apprentis âgés de moins de quatorze ans ne peut dépasser dix heures par jour. — Pour les apprentis âgés de quatorze à seize ans, le travail ne peut dépasser douze heures. — Aucun travail de nuit ne peut être imposé aux apprentis âgés de moins de seize ans. — Est considéré comme travail de nuit tout travail fait entre neuf heures du soir et cinq heures du matin. — Les dimanches et jours de fêtes reconnues ou légales, les apprentis, dans aucun cas, ne peuvent être tenus, vis-à-vis de leur maître, à aucun travail de leur profession. — Dans le cas où l'apprenti serait obligé, par suite des conventions ou conformément à l'usage, de ranger l'atelier aux jours ci-dessus marqués, ce travail ne doit pas se prolonger au delà de dix heures du matin. *Ibid.*, art. 9.

15. Si l'apprenti, âgé de moins de seize ans, ne sait pas lire, écrire et compter, ou s'il n'a pas encore terminé sa première éducation religieuse, le maître est tenu de lui laisser prendre, sur la journée de travail, le temps et la liberté nécessaires pour son instruction.—Néanmoins, ce temps ne peut excéder deux heures par jour. L. citée, art. 10.

16. L'apprenti doit à son maître fidélité, obéissance et respect ; il doit l'aider, par son travail, dans la mesure de son aptitude et de ses forces. — Il est tenu de remplacer, à la fin de l'apprentissage, le temps qu'il n'a pu employer par suite de maladie ou d'absence ayant duré plus de quinze jours. *Ibid.*, art. 11.

17. Le maître doit enseigner à l'apprenti, progressivement et complétement, l'art, le métier ou la profession spéciale qui fait l'objet du contrat. — Il lui délivrera, à la fin de l'apprentissage, un congé d'acquit, ou certificat constatant l'exécution du contrat. *Ibid.*, art. 12.

18. Tout fabricant, chef d'atelier ou ouvrier, convaincu d'avoir détourné un apprenti de chez son maître, pour l'employer en qualité d'apprenti ou d'ouvrier, peut être passible de tout ou partie de l'indemnité à prononcer au profit du maître abandonné. *Ibid.*, art. 13.

§ 4. *De la résolution du contrat.*

19. Les deux premiers mois de l'apprentissage sont considérés comme un temps d'essai, pendant lequel le contrat peut être annulé par la seule volonté de l'une des parties. Dans ce cas aucune indemnité ne sera allouée à l'une ou à l'autre partie, à moins de conventions expresses. *Ibid.*, art. 14.

20. Le contrat d'apprentissage est résolu de plein droit : — 1° par la mort du maître ou de l'apprenti ; — 2° si l'apprenti ou le maître est appelé au service militaire ; — 3° si le maître ou l'apprenti vient à être frappé d'une des condamnations prévues en l'article 6 de la présente loi ; — 4° pour les filles mineures, dans le cas de décès de l'épouse du maître, ou de toute autre femme de la famille qui dirigeait la maison à l'époque du contrat. *Ibid.*, art. 15.

21. Le contrat peut être résolu sur la demande des parties ou de l'une d'elles ; — 1° dans le cas où l'une des parties manquerait aux stipulations du contrat ; — 2° pour cause d'infraction grave ou habituelle aux prescriptions de la présente loi ; — 3° dans le cas d'inconduite habituelle de la part de l'apprenti ; — 4° si le maître transporte sa résidence dans une autre commune que celle qu'il habitait lors de la convention : néanmoins, la demande en résolution de contrat fondée sur ce motif ne sera recevable que pendant trois mois, à compter du jour où le maître aura changé de résidence ; — 5° si le maître ou l'apprenti encourait une condamnation emportant un emprisonnement de plus d'un mois ; — 6° dans le cas où l'apprenti viendrait à contracter mariage. L. citée, art. 16.

22. Si le temps convenu pour la durée de l'apprentissage dépasse le maximum de la durée consacrée par les usages locaux, ce temps peut être réduit ou le contrat résolu. *Ibid.*, art. 17.

§ 5. *De la compétence.*

23. Toute demande à fin d'exécution ou de résolution de contrat doit être jugée par le Conseil des prud'hommes dont le maître est justiciable, et, à défaut, par le juge de paix du canton. *Ibid.*, art. 18.

24. Les réclamations qui pourraient être dirigées contre les tiers, en vertu de l'article 13 de la loi des 22 février-4 mars 1851, doivent être portées devant le Conseil des prud'hommes, ou devant le juge de paix du lieu de leur domicile. *Ibid.*

25. Dans les divers cas de résolution prévus en la section IV du titre 1er, les indemnités ou les restitutions qui pourraient être dues à l'une ou à l'autre des parties sont, à défaut de stipulations expresses, réglées par le Conseil des prud'hommes, ou par le juge de paix dans les cantons qui ne ressortissent point à la juridiction d'un Conseil de prud'hommes. *Ibid.*, art. 19.

26. Les décisions ainsi rendues, lorsque l'importance du litige le comporte, sont évidemment susceptibles d'appel : celles du Conseil des prud'hommes devant le tribunal de commerce ; celles du juge de paix devant le tribunal civil.

27. Toute contravention aux articles 4, 5, 6, 9 et 10 de la loi ci-dessus citée doit être poursuivie devant le tribunal de police, et punie d'une amende de 5 à 15 francs. Pour les contraventions aux articles 4, 5, 9 et 10, le tribunal de police peut, dans le cas de récidive, prononcer, outre l'amende, un emprisonnement d'un à cinq jours. *Ibid.*, art. 20.

28. En cas de récidive, la contravention à l'article 6 est poursuivie devant les tribunaux correctionnels, et punie d'un emprisonnement de quinze jours à trois mois, sans préjudice d'une amende qui peut s'élever de 50 francs à 300 francs.

CONTRAT JUDICIAIRE. Accord que font les parties en présence du juge. — Le contrat judiciaire est *exprès* lorsque les stipulations sont positivement intervenues, soit devant la justice, soit au greffe, comme lorsqu'il s'agit d'adjudication de réceptions, de cautions, etc.

1. Pour qu'il y ait contrat judiciaire, il ne suffit pas qu'un consentement ait été donné en justice par une partie, il faut que l'autre partie l'ait accepté. C. Nap., art. 1356 ; Cass., 13 mai 1824.

2. Le contrat judiciaire ne peut être invoqué que par les parties entre lesquelles il est intervenu. Cass., 14 janvier 1839.

3. La déclaration que font les parties, dans le cas de l'article 7 du Code de procédure, a le caractère de contrat judiciaire, de telle sorte que cette déclaration, authentiquement constatée par le juge de paix, lui attribue, soit en dernier ressort, soit à charge d'appel, une compétence qu'il n'avait, ni à raison du domicile du défendeur, ni à raison de la situation de l'objet litigieux.

4. Ainsi, jugé que les parties auxquelles un juge de paix a donné acte de leur consentement à la prorogation d'une enquête ne peuvent rétracter plus tard ce consentement, sous prétexte qu'elles ne l'ont pas signé. Cass., 3 oct. 1808. — V. *Acquiescement.*

5. Mais les transactions qui peuvent intervenir au bureau de conciliation ne constituent pas le contrat judiciaire. L'article 54 du Code de procédure ne leur attribue que force d'obligation privée. L. 2 juin 1855, art. 2. — V. *Conciliation*, n° 3.

FIN DU PREMIER VOLUME.

TYPOGRAPHIE HENNUYER, RUE DU BOULEVARD, 7. BATIGNOLLES.
Boulevard extérieur de Paris.

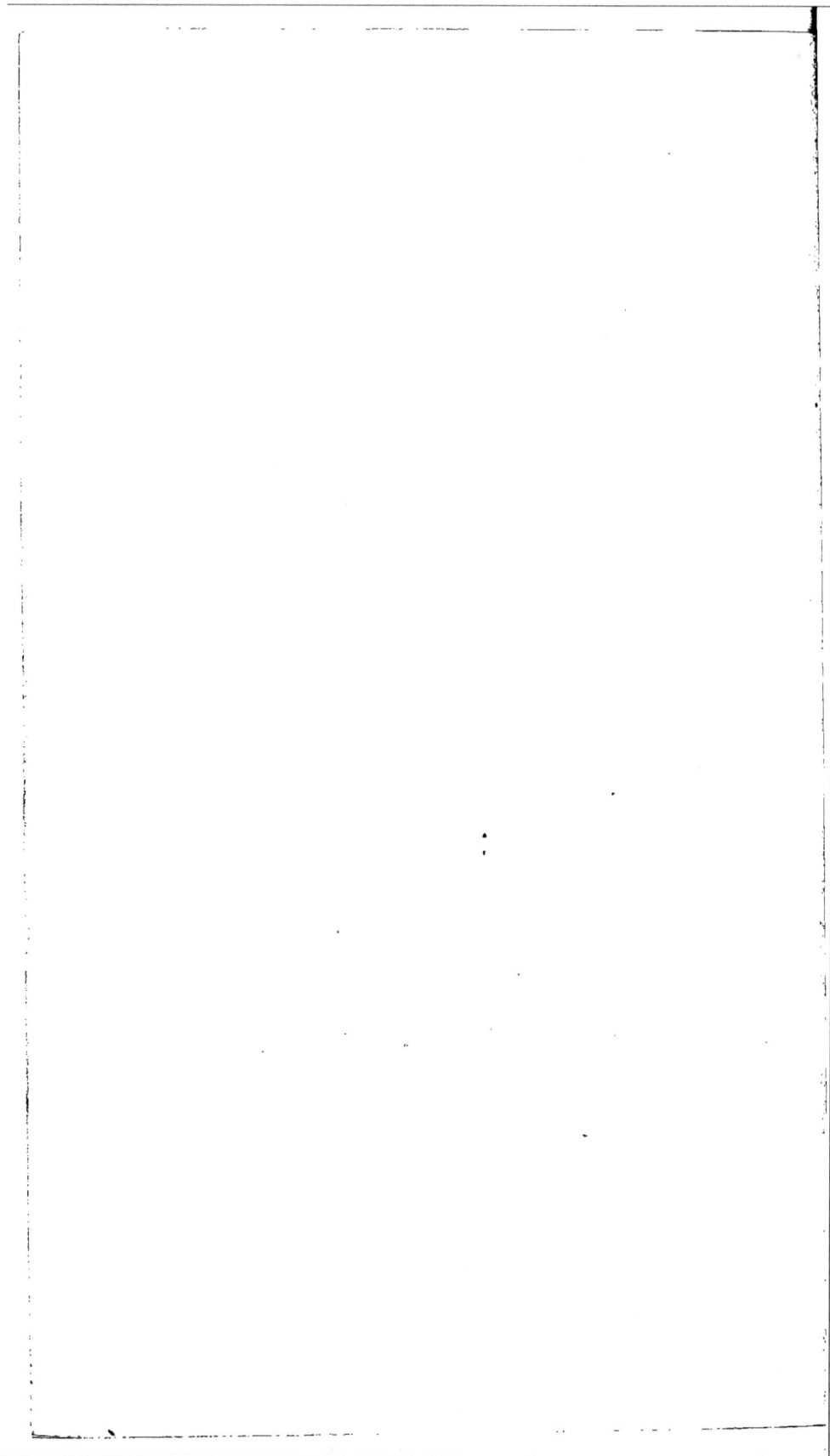

www.ingramcontent.com/pod-product-compliance
Lightning Source LLC
Chambersburg PA
CBHW060927220326
41599CB00020B/3046